Entscheidungen

des

Reichsgerichts.

Herausgegeben

von

den Mitgliedern des Gerichtshofes
und der Reichsanwaltschaft.

Entscheidungen in Zivilsachen.

123. Band.

Berlin und Leipzig 1929

Walter de Gruyter & Co.

vormals G. J. Göschen'sche Verlagshandlung - J. Guttentag, Verlagsbuchhandlung - Georg Reimer - Karl J. Trübner - Veit & Comp.

Entscheidungen

des

Reichsgerichts

in

Zivilsachen.

---

123. Band.

Mit Anhang: Entscheidungen des Staatsgerichtshofs.

Berlin und Leipzig 1929

Walter de Gruyter & Co.

vormals G. J. Göschen'sche Verlagshandlung - J. Guttentag, Verlagsbuchhandlung - Georg Reimer - Karl J. Trübner - Veit & Comp.

Druck von Metzger & Wittig in Leipzig

Inhalt.

I. Bürgerliches Recht.

a. Reichsrecht.

b. Landesrecht.

II. Öffentliches Recht.

III. Gerichtliches Verfahren.

Anhang: Entscheidungen des Staatsgerichtshofs.

1. 1. Ist eine Aufwertung von Baubeihilfen aus öffentlichen Mitteln zur Erbauung von Bergmannswohnhäusern durch § 29 der Dritten Steuernotverordnung vom 14. Februar 1924 ausgeschlossen?

2. In welchem Umfang liegt bei Sicherung durch eine Höchstbetragshypothek eine „durch Hypothek gesicherte Forderung" im Sinne des Aufwertungsgesetzes vor?

BGB. §§ 242, 1190. AufwG. §§ 9, 10, 62, 63, 69.
Dritte Steuernotverordnung § 29.

VII. Zivilsenat. Urteil v. 4. Mai 1928 i. S. Stadtgemeinde F. (Bekl.) w. Verein zur Errichtung von Bergmannswohnungen e. V. (Kl.). VII 642/27.

I. Landgericht Dresden.
II. Oberlandesgericht daselbst.

Die ehemalige Landgemeinde Z. erhielt in der Zeit vom 13. Oktober 1921 bis zum 13. April 1923 auf ihr Ansuchen von dem klagenden Verein zur Errichtung eines Wohnhauses mit fünf Bergmannswohnungen auf ihrem Grundstück in Z. in verschiedenen Teilbeträgen 350000 PM. ausgezahlt. Dies geschah auf Grund der Bestimmungen des Reichsarbeitsministers über die Gewährung von Beihilfen aus Reichsmitteln zur Errichtung von Bergmannswohnungen vom 21. Januar 1920 (Zentralblatt für das Deutsche Reich 1920 S. 65) und der dazu ergangenen Nachträge. Nach der Bekanntmachung des Sächsischen Ministeriums des Innern vom 8. April 1920 (Nr. 80 der Sächs. Staatszeitung vom 9. April 1920) ist der Kläger die nach Nr. 4 jener Bestimmungen zuständige Stelle. Die der Gemeinde Z. gewährten Mittel stammten hiernach aus der sog. Kohlenbauabgabe, die — nach einem nicht veröffentlichten

Beschluß des Reichskohlenverbands vom 30. Dezember 1919 und dessen später herausgegebenen Bekanntmachungen — zur Förderung des Wohnungsbaues für Bergleute durch Erhöhung der Kohlenpreise von der Allgemeinheit aufgebracht wurde. Zur Sicherung für alle Forderungen, die dem Kläger aus der Gewährung von Beihilfen erwachsen würden, bestellte ihm die Gemeinde Z. laut Urkunde vom 10. Oktober 1921 an einem Grundstück Sicherungshypothek zum Höchstbetrag von 268800 PM. Die Gemeinde Z. ist nach dem Jahre 1921 in die beklagte Stadtgemeinde F. aufgegangen, die damit in alle Rechte und Pflichten der Gemeinde Z. eingetreten ist. Der Kläger verlangt Aufwertung der ihm aus der Gewährung der Beihilfen zustehenden persönlichen Forderung zum vollen Betrag des Goldmarkwerts in Höhe von 6757,10 GM. Er hat beantragt, in erster Linie dahin zu erkennen, daß seine Ansprüche gegen die Beklagte auf Zahlung der der Gemeinde Z. gewährten Beträge auf 6757,10 GM. aufzuwerten seien, und die Beklagte zur Zahlung von 342,72 GM. sowie auf die Zeit vom 1. Juli 1926 ab zur Zahlung von 5% Zinsen jährlich auf den aufgewerteten Betrag von 6757,10 GM. zu verurteilen. Hilfsweise hat er andere Anträge gestellt und diese in der Berufungsinstanz dahin abgeändert:

1. in erster Linie festzustellen, daß die Ansprüche des Klägers an die Beklagte aus den der Gemeinde Z. in den Jahren 1921 bis 1923 gewährten Baubeihilfen nach den Bestimmungen des Aufwertungsgesetzes aufzuwerten seien und daß diese Aufwertung gemäß § 62 AufwG. nach den allgemeinen Vorschriften zu erfolgen habe;

2. in zweiter Linie festzustellen, daß die Ansprüche des Klägers auf Zahlung der der Gemeinde Z. gewährten Beträge nach den allgemeinen Grundsätzen aufzuwerten seien, und zwar ohne daß bei dieser Aufwertung eine gesetzliche Beschränkung auf 25% des sich aus der Umrechnungstabelle des Aufwertungsgesetzes ergebenden Goldmarkbetrags bestehe.

Das Landgericht hat die Klage abgewiesen. Auf die Berufung des Klägers hat das Oberlandesgericht dahin erkannt: „Es wird festgestellt, daß die Ansprüche des Klägers an die Beklagte aus den der ehemaligen Landgemeinde Z. in den Jahren 1921 bis 1923 gewährten Baubeihilfen nach den Bestimmungen des Aufwertungsgesetzes vom 16. Juli 1925 aufzuwerten sind." Im übrigen hat es die Berufung zurückgewiesen.

Die Revision der Beklagten wurde zurückgewiesen. Auf die Anschlußrevision des Klägers wurde das Berufungsurteil insoweit aufgehoben, als es den die Summe von 268800 PM. übersteigenden Teil des Klaganspruchs betrifft. In diesem Umfang wurde die Sache an das Berufungsgericht zurückverwiesen.

Gründe:

1. Die Parteien streiten in erster Linie darüber, ob eine Aufwertung der Baubeihilfen sowohl nach dem Aufwertungsgesetz als auch nach den allgemeinen Vorschriften (§ 62 AufwG., § 242 BGB.) durch die Vorschrift in § 29 der Dritten Steuernotverordnung ausgeschlossen ist. Nach dieser unterliegen nach dem 1. Juli 1918 bezugsfertig gewordene Neubauten, Um- oder Einbauten nur dann der Aufwertungssteuer, wenn sie mit Beihilfen aus öffentlichen Mitteln ausgeführt worden sind; an Stelle dieser Steuer können die Landesregierungen Grundstücke mit Gebäuden, die mit solchen Beihilfen errichtet worden sind, zur Förderung des Wohnungsbaues mit einer Grundschuld bis zu 40% (später abgeändert auf 25%) des in Goldmark umgerechneten Wertes der Beihilfe oder bis zu einem entsprechenden Hundertsatz des Friedenswerts des Grundstücks belasten. Die Beklagte folgert hieraus, daß die Aufwertung solcher Baubeihilfen aus öffentlichen Mitteln allein den Landesregierungen überlassen worden sei. Dieser Einwand ist vom Berufungsrichter zutreffend für unbegründet erklärt worden. Er läßt die Frage, ob die hier fraglichen Baubeihilfen als Beihilfen aus öffentlichen Mitteln anzusehen seien, dahingestellt; er stellt ferner, für das Revisionsgericht bindend (§ 562 ZPO.), fest, daß in Sachsen von der Belastung der mit Beihilfen aus öffentlichen Mitteln errichteten Gebäude mit Grundschulden Abstand genommen worden sei und daß die Beklagte für das hier in Frage kommende Gebäude auf Grund des § 3 Nr. 2 des sächs. Gesetzes über den Geldentwertungsausgleich auch keine Aufwertungssteuer zu entrichten brauche. Er führt weiter aus, daß durch § 29 keineswegs den Ländern die Aufwertung der aus öffentlichen Mitteln stammenden Beihilfen zu Wohnungsbauten ausschließlich überlassen worden sei. Dieser Entscheidung und ihrer Begründung kann nur beigepflichtet werden. Mit Recht folgert das Berufungsgericht aus der Stellung

des § 29 im Art. III der Dritten Steuernotverordnung und im Unterabschnitt „Geldentwertungsausgleich zugunsten der Länder", sowie aus der Vorschrift des § 28 Abs. 3 das., welche für den Fall des Bestehens von Aufwertungsverpflichtungen Steuermilderungen vorsieht, daß durch die zugunsten der Länder getroffenen öffentlichrechtlichen Bestimmungen der §§ 26 flg. die bürgerlichrechtlichen Aufwertungsansprüche der Beihilfen-Darlehensgeber nicht beseitigt sind. Ob es auf diese Ansprüche von Einfluß wäre, wenn eine Grundschuld nach § 29 bestellt worden wäre, bedarf hier keiner Entscheidung, da, wie erwähnt, in Sachsen von solchen Belastungen Abstand genommen worden ist.

Der auf § 29 der Dritten Steuernotverordnung gestützte Angriff ist daher unbegründet. Gegenüber der Meinung der Revision, daß durch § 29 der Ausschluß des Rechtswegs angeordnet werde, sei übrigens bemerkt, daß, auch wenn diese Vorschrift sich auf bürgerlichrechtliche Aufwertungsansprüche erstrecken sollte, nicht von einem Ausschluß des Rechtswegs, sondern höchstens von einer materiellrechtlichen Einschränkung der Aufwertungsansprüche die Rede sein könnte.

Die Beklagte hat keinen Revisionsangriff gegen die Zurückweisung ihres Einwandes erhoben, daß die Aufwertung des Beihilfedarlehens nicht nach Maßgabe des Aufwertungsgesetzes, sondern höchstens nach dem Anleiheablösungsgesetz zu erfolgen habe. Auch in dieser Hinsicht ist dem Berufungsrichter darin zuzustimmen, daß schon das Nichtvorliegen eines Schuldscheins im Sinne des § 30 dieses Gesetzes seine Anwendung ausschließt.

Endlich unterliegt auch die von der Beklagten bestrittene Sachbefugnis des Klägers nach den Feststellungen des Vorderrichters keinem Bedenken. Die Revision der Beklagten ist demnach zurückzuweisen.

2. Dagegen ist der Anschlußrevision des Klägers, der in erster Linie volle Aufwertung der Baubeihilfen nach allgemeinen Grundsätzen begehrt, zum Teil stattzugeben.

Zwar ist mit dem Berufungsrichter und der in der Rechtsprechung (Ring AufwRspr. Bd. 1 S. 328, 749; JW. 1928 S. 179) und im Schrifttum (Mügel AufwRecht 5. Aufl. S. 591 und die dort Angeführten) vorherrschenden Meinung anzunehmen, daß § 9 AufwG. auf die durch eine Höchstbetragshypothek gesicherten Forderungen mindestens dann anwendbar ist, wenn, wie hier, bereits beim Inkrafttreten des Aufwertungsgesetzes endgültig feststand, daß eine bestimmte Forderung durch die Höchstbetragshypothek gesichert war. Die Anschlußrevision bekämpft auch zu Unrecht die Ansicht des Berufungsgerichts, daß nicht die ordentlichen Gerichte, sondern die Aufwertungsstellen darüber zu befinden haben, ob einer der Fälle des § 10 AufwG. vorliegt, in denen eine höhere Aufwertung der durch Hypotheken gesicherten Forderungen als auf 25% zulässig ist (§ 69 Satz 2 AufwG.).

Das Berufungsgericht nimmt aber rechtsirrig an, daß die ganze Forderung des Klägers von 350000 PM. durch die Höchstbetragshypothek von 268800 PM. gesichert sei. Bei einer Höchstbetragshypothek haftet das Grundstück für die Forderung, zu deren Sicherung sie bestellt ist, nur bis zu dem eingetragenen Höchstbetrag (§ 1190 Abs. 1 BGB.); nur insoweit kann der Gläubiger für seine Forderung aus dem Grundstücke Befriedigung suchen. Der überschießende Betrag ist nicht dinglich gesichert. Auf ihn können daher die §§ 9flg. AufwG. ebensowenig Anwendung finden, wie auf den überschießenden Betrag einer nur zum Teil durch eine Verkehrshypothek gesicherten Forderung (vgl. dazu RGU. vom 17. Juni 1927 VII 46/27, AufwKart. § 9 Nr. 5a). Seine Aufwertung richtet sich vielmehr gemäß §§ 62flg. AufwG. nach den allgemeinen Vorschriften und unterliegt der Entscheidung der ordentlichen Gerichte. Die Entscheidung des Berufungsgerichts, daß die Ansprüche des Klägers aus den gewährten Baubeihilfen nach dem Aufwertungsgesetz aufzuwerten sind und daß über den Aufwertungsbetrag die Aufwertungsstellen zu entscheiden haben, kann demnach nur für den die Summe von 268800 PM. nicht übersteigenden Teil der Ansprüche aufrecht erhalten werden. Über den überschießenden Teil hat das Berufungsgericht auf den Hauptantrag des Klägers zu erkennen. Ihm ist auch die Entscheidung zu überlassen, ob eine Vermögensanlage im Sinne des § 63 AufwG. vorliegt oder die Baubeihilfen nicht als eine solche anzusehen sind, sei es weil die Begriffsbestimmung der Vermögensanlage auf sie nicht zutrifft oder weil einer der Fälle des § 63 Abs. 2, z. B. — wie der Kläger unter Bezugnahme auf die bei Ring AufwRspr. Bd. 2 S. 467 abgedruckte Entscheidung geltend macht — ein Beteiligungsverhältnis im Sinne des § 63 Abs. 2 Nr. 1 vorliegt.

2. 1. Kann ohne genaue Feststellung der zur Aufrechnung gestellten Gegenforderungen ein Urteil über den Grund des Anspruchs erlassen werden, wenn nur feststeht, daß die Klagforderung zu irgendeinem Betrag jedenfalls besteht?

2. Ist die Erlassung eines Grundurteils ohne Prüfung des geltend gemachten Zurückbehaltungsrechts zulässig?

3. Ist gegenüber einem Anspruch aus einer vorsätzlich begangenen unerlaubten Handlung Aufrechnung zulässig mit einer Gegenforderung aus einer andern solchen Handlung?

ZPO. § 304. BGB. §§ 273, 393, 394.

VI. Zivilsenat. Urt. v. 6. Dezember 1928 i. S. M. St. GmbH. u. Gen. (Bekl.) w. B. (Kl.). VI 229/28.

I. Landgericht Dresden.
II. Oberlandesgericht daselbst.

Die beklagte Gesellschaft hat dem Kläger durch Vertrag den Generalvertrieb ihrer Erzeugnisse übertragen. Mit der Behauptung, ihre Vertreter hätten ihn durch unwahre Angaben zum Abschluß des Vertrags bestimmt und es sei ihm dadurch ein großer Schaden entstanden, hat er gegen die Gesellschaft und ihre Vertreter auf Zahlung von etwa 9000 RM. geklagt. Die beklagte Gesellschaft hat unter anderem geltend gemacht: Der Kläger schulde ihr noch etwa 200 RM. Kaufgeld und habe ihr durch Verbreiten unwahrer Gerüchte und sonstiges unredliches Verhalten einen Schaden von etwa 10000 RM. zugefügt. Mit diesen Forderungen rechne sie auf, auch übe sie deswegen ein Zurückbehaltungsrecht aus. Landgericht und Oberlandesgericht haben den Klaganspruch gegen die Gesellschaft und ihre Vertreter dem Grunde nach für gerechtfertigt erklärt. Die Revision der Beklagten hatte keinen Erfolg.

Gründe:

Die Begründung, mit der das Berufungsgericht die zur Aufrechnung gestellten Gegenforderungen als für den Erlaß des Grundurteils unbeachtlich erklärt, ist, wie die Revision zutreffend geltend macht, rechtsirrtümlich. Sie geht dahin, daß der Klaganspruch die Gegenforderungen in jedem Falle übersteige. Das reicht aber für den Erlaß eines Urteils nach § 304 ZPO. nicht aus.

Es müssen im Grundverfahren alle Einwendungen erledigt werden, die den Grund des Anspruchs betreffen, und dazu gehört nach der ständigen Rechtsprechung des Reichsgerichts auch die Aufrechnung mit Gegenforderungen. Denn sie bewirkt, daß der Klaganspruch in der entsprechenden Höhe als erloschen gilt, insoweit also gar nicht besteht. Deshalb läßt sich eine genaue Prüfung der Klagforderung und der Gegenforderung selbst dann nicht umgehen, wenn schon feststeht, daß der Klaganspruch auch nach Abzug der Gegenforderung jedenfalls noch in irgendwelcher Höhe besteht. Denn soweit die Aufrechnung durchgreift, besteht der Klaganspruch eben nicht und muß endgültig abgewiesen werden (JW. 1906 S. 115 Nr. 6, 1909 S. 225 Nr. 20, 1917 S. 815 Nr. 8; LZ. 1916 Sp. 1295 Nr. 17; WarnRspr. 1915 Nr. 36, 1916 Nr. 223).

Daß gleiches auch für das Zurückbehaltungsrecht des § 273 BGB. gelte, kann der Revision allerdings nicht zugegeben werden. Denn dieses Recht läßt den Anspruch als solchen, auch dem Grunde nach, unberührt und ändert nur die Art der Leistung. Deshalb braucht diese Einrede nicht im Grundverfahren erledigt zu werden, sondern kann dem Betragsverfahren vorbehalten werden (so auch RGU. vom 21. September 1909 VII 521/08, Auszug im Recht 1909 Nr. 3591). Was die von der Revision angezogene Entscheidung des Oberlandesgerichts Colmar (ROLG. Bd. 25 S. 97) dagegen vorbringt, greift nicht durch.

Da die Beklagten in erster Reihe Aufrechnung geltend gemacht haben und da, wie noch darzulegen sein wird, in Wahrheit nur Aufrechnung in Frage kommen kann, so ist die Entscheidung des Berufungsgerichts mit der von ihm gegebenen Begründung nicht haltbar. Trotzdem ist sie im Ergebnis nicht zu beanstanden. Es ist nämlich bisher übersehen worden, daß sich der Klaganspruch nach den Ausführungen des Klägers und den Darlegungen des Berufungsgerichts als Schadensersatzforderung aus einer vorsätzlich begangenen unerlaubten Handlung darstellt und daß daher nach § 393 BGB. gegen ihn eine Aufrechnung überhaupt nicht zulässig ist. Bei der bestimmten Fassung des Gesetzes muß das auch gelten, wenn die Gegenforderung selbst wieder, wie es hier zum größten Teil der Fall ist, aus einer vorsätzlich begangenen unerlaubten Handlung des Klägers hergeleitet wird. Das Gesetz verbietet hier eben die Aufrechnung schlechthin, und man kann nicht sagen, daß Treu und Glauben eine solche Aufrechnung in diesem besonderen Falle trotzdem gebieten, wie das im Falle der Geltendmachung einer gleichen Gegenforderung gegen eine solche im Sinne des § 394 BGB. zutrifft (RGZ. Bd. 85 S. 109). So auch Planck BGB. § 393 Anm.; Lindemann-Sörgel BGB. § 393 Anm. 4; Schollmeyer Recht der Schuldverhältnisse § 393 Anm. Abs. 2; Weigelin, Das Recht zur Aufrechnung als Pfandrecht an der eigenen Schuld S. 111. Aus dem Gesichtspunkt des Zurückbehaltungsrechts, das, abgesehen von besonderen Fällen, an sich auch gegenüber Forderungen aus unerlaubter Handlung ausgeübt werden kann (RJG. Bd. 72 S. 67 und RGU. vom 16. März 1921 V 466/20), können aber die Beklagten keine Einwendung erheben, da es sich bei Klage- und Gegenforderung um beiderseits fällige Geldforderungen handelt und unter diesen Umständen in der Geltendmachung des Zurückbehaltungsrechts in Wahrheit die Erklärung einer Aufrechnung liegt, die eben unzulässig ist (RGR. Komm. § 273 Anm. 1 Abs. 2; RGZ. Bd. 83 S. 140, Bd. 85 S. 109). . . .

---

3. Gilt das Aufrechnungsverbot des § 19 GmbHGes. auch für die Mitgesellschafter eines mit der Leistung seiner Einlage rückständigen Gesellschafters, wenn sie auf Grund ihrer in § 24 das. angeordneten Haftung zur Zahlung herangezogen werden?

II. Zivilsenat. Urt. v. 7. Dezember 1928 i. S. Z. (Bekl.) w. Dr. A. als Verwalter im Konkurs über das Vermögen der Fr. E. u. A. GmbH. (Kl.). II 252/28.

I. Landgericht Frankfurt a. M., Kammer für Handelssachen.
II. Oberlandesgericht daselbst.

Der Beklagte und sein Schwiegersohn R. waren die Gesellschafter der jetzt im Konkurs befindlichen Firma Fr. E. u. A. GmbH. Die Stammeinlage des Beklagten betrug 12000 RM., die des R. 8000 RM. Beide waren zugleich Geschäftsführer. Anfang 1927 wurde über das Vermögen der Gesellschaft das Konkursverfahren eröffnet; der Kläger wurde zum Konkursverwalter bestellt. Er verlangt vom Beklagten u. a. Zahlung von

6000 RM., den angeblich uneinbringlichen Betrag von der Stammeinlage des Mitgesellschafters R., der vermögenslos und seines Geschäftsanteils für verlustig erklärt worden ist. Der Beklagte will gegenüber dem Anspruch auf die 6000 RM. mit Gegenforderungen aus Darlehen und Bürgschaft von zusammen mehr als 45000 RM. aufrechnen, auch auf Grund dieser Gegenforderungen ein Zurückbehaltungsrecht geltend machen. Letzteres stützt er außerdem auf Aussonderungsansprüche wegen angeblich ihm gehöriger, im Besitz des Klägers als Konkursverwalters befindlicher Fahrnisstücke. Der Kläger bestreitet die Gegenansprüche und die Zulässigkeit der Aufrechnung und der Zurückbehaltung.

Das Landgericht sprach die Klage zu, soweit es sich um den Anspruch auf die 6000 RM. handelt. Die Berufung des Beklagten war erfolglos. Auch seine Revision wurde zurückgewiesen.

Aus den Gründen:

... Die Revision wendet sich gegen die Zurückweisung des Aufrechnungseinwands und der Einrede der Zurückbehaltung, Rechtsbehelfe, mit denen der Beklagte seine Inanspruchnahme wegen des rückständigen Teils der Stammeinlage des ausgeschlossenen Gesellschafters R. bekämpft. Die Revision verkennt nicht, daß sich die Ansicht des Berufungsgerichts mit der Auffassung des erkennenden Senats deckt, wie sie in den Urteilen RGZ. Bd. 92 S. 365, Bd. 98 S. 276 niedergelegt ist und auch im Schrifttum geteilt wird (Scholz GmbHG Anm. 5 zu § 24; Liebmann-Sänger GmbHG. Anm. 1 zu § 25; Warneyer-Koppe GmbHG. Anm. 4 zu § 19; a. M. Brodmann GmbHG. Anm. zu § 25 und Hachenburg GmbHG. 5. Aufl. Anm. 2 zu § 25). Sie meint aber, es liege kein innerer Grund vor, die Gesellschaft oder gar die Konkursgläubiger zu begünstigen und die durch die gesetzliche Haftung aus § 24 GmbHG. ohnehin benachteiligten übrigen Gesellschafter noch weiter zu verkürzen. Es besteht indessen kein Anlaß, von dem bisherigen, in RGZ. Bd. 92 S. 365 erörterten Standpunkt abzugehen. § 19 Abs. 2 GmbHG. will für die Fälle, wo nicht nach dem Gesellschaftsvertrag eine Sacheinlage zu leisten ist, besondere Vorsorge dafür treffen, daß das Stammkapital auch wirklich in bar der Gesellschaft zufließt und daß sie namentlich wegen ihrer Einlageforderung von dem Gesellschafter nicht auf eine ihm zustehende Gegenforderung verwiesen werden kann. Aufrechnungs-,

Zurückbehaltungs-, Stundungs- und Erlaßverbot sind Wesenseigentümlichkeiten des Anspruchs auf Einzahlung der Gesellschaftseinlage, die ihn zu einer bevorzugten Forderung machen. Um die Tilgung einer solchen Forderung handelt es sich auch dann, wenn Mitgesellschafter zur Deckung des durch Zahlungsunfähigkeit eines Mitgesellschafters entstandenen Ausfalls herangezogen werden müssen. Die in § 24 GmbHG. angeordnete Kollektivhaftung der Gesellschafter soll die den Gesellschaftern nach § 19 obliegenden Zahlungsverpflichtungen für den Fall der Leistungsunfähigkeit des einen oder andern Gesellschafters möglichst sicherstellen. Damit wäre unvereinbar, wenn der Haftungspflichtige sich der Barleistungspflicht durch Aufrechnung entschlagen und damit die dem Schutze der Gläubiger dienenden Vorschriften der § 19 Abs. 2, § 24 GmbHG. zu einem guten Teil gegenstandslos machen könnte. Mit Recht wird in RGZ. Bd. 92 S. 365 darauf hingewiesen, daß bei einer anderen Auslegung der Umgehung des Gesetzes Tür und Tor geöffnet wäre. Eine solche Möglichkeit müßte gerade bei der Gesellschaft mbH. zu bedenklichen Folgen und schwersten Mißbräuchen führen. Aus Stellung, Wortlaut und Inhalt der §§ 24, 25 GmbHG. lassen sich demgegenüber keine überzeugenden Gegengründe herleiten. Ob etwas anderes gelten würde, wenn der Gesellschaftsvertrag dem ausgefallenen Gesellschafter eine Verrechnungsbefugnis zugestanden hätte, kann beim Fehlen einschlägiger tatsächlicher Behauptungen unerörtert bleiben.

Das Berufungsgericht hat demnach die Aufrechnung mit Recht für unzulässig erklärt, und ein gleiches gilt auch für die Einrede der Zurückbehaltung (RGZ. Bd. 83 S. 268).

---

4. 1. Zum Begriff der vorsätzlichen Verletzung der Deklarationspflicht des Versicherungsnehmers im Sinne von § 97 Abs. 6 letzter Satz der Allgemeinen Deutschen Seeversicherungsbedingungen von 1919.

2. Was sind gefahrerhebliche und deshalb anzeigepflichtige Umstände nach § 19 daselbst?

I. Zivilsenat. Urt. v. 8. Dezember 1928 i. S. E.scher Lloyd und Gen. (Bekl.) w. M. & R. (Kl.). I 238/28.

I. Landgericht Bremen, Kammer für Handelssachen.
II. Oberlandesgericht Hamburg.

Die Klägerin hatte mit den Beklagten auf Grund einer laufenden Polize einen Versicherungsvertrag auf Zeit geschlossen, der wiederholt verlängert worden war. Auf die Versicherung sollten die Allgemeinen Deutschen Seeversicherungsbedingungen von 1919 (ADS.), vorbehaltlich vereinbarter Abweichungen, Anwendung finden. Durch die laufende Versicherung waren unter anderem die Verschiffungen der Klägerin von Graphit von Madagaskar nach Europa gedeckt. In der Polize war bestimmt, daß die Versicherung mit dem Zeitpunkt beginne, in dem die Güter am Ablade- oder Verschiffungsplatz zur Beförderung auf der versicherten Reise von der Stelle entfernt würden, wo sie bisher aufbewahrt waren. Demgemäß waren auch die Vorreisen vom Inneren Madagaskars bis zur Küste, unter anderem die Eisenbahnreise von Brickaville auf Madagaskar bis zu dem etwa 60 km entfernten Hafenplatz Tamatave und die Lagerung der Güter in Tamatave bis zur Verschiffung, von der Versicherung gedeckt gewesen. Die Klägerin hatte aber zunächst diese Vorreisen den Versicherern nicht angezeigt, sondern bei den jeweiligen Deklarationen der einzelnen Transporte nur die Abladung der Güter ab Tamatave vermerkt. Erst am 11. März 1927 hat sie auf die laufende Polize deklariert: rund 70000 kg und etwa 80000 kg Graphit mittels Bahn von Brickaville nach Tamatave und weiter mit aufzugebendem Dampfer nach Hamburg von Haus zu Haus ohne Unterbrechung des Risikos. Am gleichen Tage ist eine entsprechende Einzelpolize ausgestellt worden. Einige Tage später zeigte die Klägerin den Versicherern an, daß laut telegraphisch eingegangener Nachricht 50 Tonnen Graphit im Hafen von Tamatave durch Seewasser beschädigt worden seien infolge eines Zyklons, der eine Überschwemmung der Lagerhäuser in Tamatave zur Folge gehabt habe. Mit der Klage verlangt die Klägerin von den Beklagten anteilig die Erstattung ihres Schadens. Die Beklagten wenden ein, daß die Klägerin die früheren Vorreisen vertragswidrig nicht deklariert habe und daß damit die laufende Versicherung nach § 97 Abs. 6 Schlußsatz ADS. erloschen sei. Auch habe die Klägerin ihrer Anzeigepflicht nach § 19 das. nicht genügt.

Das Landgericht wies die Klage ab. Das Oberlandesgericht gab ihr im wesentlichen statt. Die Revision der Beklagten hatte keinen Erfolg.

Aus den Gründen:

... Richtig ist, daß bei der laufenden Versicherung der Versicherer in ganz besonderem Maße auf die Vertragstreue des Versicherungsnehmers und seiner Erfüllungsgehilfen angewiesen ist. So kann zu der Zeit, wo der Versicherungsnehmer vom Beginn der Versicherung Kenntnis erlangt und die in Betracht kommenden Beförderungsgüter dem Versicherer aufgibt, bereits ein Teil des von der Versicherung gedeckten Risikos glücklich überstanden sein. Es besteht dann die Gefahr, daß der Versicherungsnehmer nur das restliche Risiko deklariert, um an der Versicherungsprämie zu sparen. Es bedarf aber keiner näheren Darlegung, daß in derartigen Fällen grundsätzlich die Voraussetzungen von § 97 Abs. 6 letzter Satz ADS. vorliegen, daß nämlich der Versicherungsnehmer die Güter vorsätzlich nicht oder vorsätzlich unrichtig aufgegeben hat. Die Schwierigkeit für den Versicherer besteht dann nur darin, die wahre Sachlage zu erkennen und nötigenfalls zu beweisen. Aber diese formelle Schwierigkeit kann das materielle Rechtsverhältnis zwischen Versicherer und Versicherungsnehmer nicht derart beeinflussen, daß in § 97 Abs. 6 Schlußsatz unter vorsätzlichem Handeln oder Unterlassen etwas anderes zu verstehen wäre, als was nach allgemeinen Rechtsgrundsätzen darunter verstanden wird (vgl. auch Allgemeine Seeversicherungsbedingungen von 1867 § 64 Abs. 2; Voigt Seeversicherungsrecht S. 337 flg.; § 817 Abs. 2 HGB.). Danach gehört zum Begriff der Vorsätzlichkeit als einer Verschuldensform das Bewußtsein der Rechtswidrigkeit, also bei vorsätzlicher Verletzung einer vertraglichen Verpflichtung durch Handlung oder Unterlassung (Vertragsdolus) eine wissentliche Verletzung der durch das besondere Vertragsverhältnis gebotenen Vertragspflicht (Komm. von RGRäten zum BGB. § 276 Anm. 4 a, b; Staudinger BGB. 9. Aufl. Vorbem. zu §§ 275 bis 282 B I 2 flg. S. 265 flg.; § 276 Anm. II S. 285 flg.). Somit genügt zur vorsätzlichen Verletzung der Deklarationspflicht im Sinne von § 97 Abs. 6 Schlußsatz nicht schon die bloße Tatsache, daß der Versicherungsnehmer die Güter vorsätzlich nicht aufgibt, sondern er muß dies im Bewußtsein der damit zusammenhängenden Verletzung der Deklarationspflicht unterlassen haben (Ritter Seeversicherung § 97 Anm. 64 S. 1172/73). Das ist hier nicht der Fall. Nach den Feststellungen des Berufungsgerichts hat die Klägerin die Deklaration der Vorreisen nicht deshalb unterlassen, um Prämien zu ersparen, sondern nur aus dem Grunde, weil sie und ihr Ablader angenommen haben, daß eine solche Deklarationspflicht nicht bestehe. Und diese Feststellung konnte das Berufungsgericht ohne Rechtsirrtum auch für den Fall treffen, daß die Klägerin sich zwar bewußt war, die jeweilige Vorreise falle unter die Versicherung, daß sie aber diese Vorreise deshalb nicht für deklarationspflichtig hielt, weil sie bereits ohne Unfall beendet und für die Prämienberechnung nach ihrer Ansicht bedeutungslos war.

Nach der laufenden Polize war zwischen den Parteien vereinbart, es solle die Prämie „bei Anmeldung einer jedesmaligen gegen diese laufende Polize validierenden Abladung durch gegenseitige Übereinkunft zwischen den Versicherten und den Versicherern bestimmt werden." Die Beklagten behaupten, daß sie bei der nach dieser Bestimmung erfolgten jeweiligen Prämienvereinbarung einen höheren Provisionssatz, als geschehen sei, hätten beanspruchen können und beansprucht haben würden, wenn sie von den nicht deklarierten, aber unter die Versicherung fallenden Vorreisen Kenntnis gehabt hätten. Sollte das richtig sein, so war es ihnen unbenommen, sobald sie von den unterlassenen Deklarationen erfuhren, ihre erhöhten Prämienansprüche nachträglich geltend zu machen. Anderseits fiel, wie dargelegt, die streitige letzte Versicherungsreise ab Brickaville einschließlich der Lagerung der Güter in Tamatave unter die nach wie vor bestehende Versicherung. Die Klägerin war nicht nur berechtigt, sondern auch verpflichtet, diese Vorreise mitzudeklarieren. Sollte sie diese Rechtspflicht nur um deswillen erfüllt haben, weil sie infolge „präjudizierlicher" Nachrichten mit neuer Beschädigung der Güter rechnete, so ist das hier ohne rechtliche Bedeutung. Insbesondere kann das Verhalten der Klägerin nicht als gegen Treu und Glauben im Sinne von § 13 ADS. verstoßend erachtet werden, zumal da die Deklaration der früheren Vorreisen aus den vom Berufungsgericht angeführten Gründen unterlassen worden, also nicht vorsätzlich im Sinne von § 97 Abs. 6 Schlußsatz ADS. unterblieben war.

Das Berufungsgericht hat angenommen, die Klägerin habe dadurch, daß sie die ihr zugegangenen Nachrichten über den Zyklon in Madagaskar nicht alsbald an die Beklagten weitergegeben habe, ihre Anzeigepflicht nach § 19 ADS. nicht verletzt. Dies ist von der Revision nicht ausdrücklich beanstandet worden, auch vom Rechtsstandpunkt aus nicht angreifbar. Der Versicherungsvertrag war bereits rechtsverbindlich abgeschlossen. Er umfaßte die mit dem Zyklon zusammenhängende Reisegefahr, da die Güter laut ausdrücklicher Vorschrift der Polize ohne weiteres unter die Versicherung fielen, sobald sie in Brickaville auf Madagaskar von ihrer Aufbewahrungsstelle zur Beförderung über Tamatave nach Europa entfernt wurden. Die Beklagten konnten sich, auch wenn ihnen zur Zeit der Deklaration der Vorreise das durch den Zyklon erhöhte Versicherungsrisiko oder der Unfall selbst bekannt gewesen wäre, ihren Verpflichtungen aus dem Versicherungsvertrag nicht entziehen. Auch war nach der übereinstimmenden Erklärung der Parteien das Einlaufen von „präjudizierlichen" Nachrichten der fraglichen Art für die Höhe der Prämie ohne Bedeutung. Es handelt sich also nicht um einen gefahrerheblichen Umstand im Sinne von § 19 ADS. . . .

---

5. Zum Begriff:

a) des Versicherungsrisikos bei laufender Versicherung,

b) der allgemein bekannten Umstände im Sinne von § 19 der Allgemeinen deutschen Seeversicherungsbedingungen von 1919.

I. Zivilsenat. Urt. v. 8. Dezember 1928 i. S. Br.er Versicherungs-AG. (Bekl.) w. H.-Maatschappij G. & S. (Kl.). I 100/28.

I. Landgericht Hamburg, Kammer für Handelssachen.
II. Oberlandesgericht daselbst.

Auf Grund einer laufenden Polize hat die Klägerin als Versicherungsnehmerin mit der Ba. Transport-Versicherungs-Aktiengesellschaft und der Beklagten als Versicherern ein Abkommen über Transportversicherung getroffen. Die Versicherung erstreckte sich für die Zeit vom 8. September 1925 bis zum 8. September 1926 „auf Güter aller Art, hauptsächlich Kopra in Säcken . . . für Reisen von Häfen oder Plätzen Niederländisch-Ostindiens, Straits Settlements, der Philippinen, Südsee-Inseln und Ceylons nach Häfen oder Plätzen Europas". Die Polize enthält unter anderem für „Kopra in Säcken" die Bestimmung, daß Manko und/oder Untergewicht, frei von dem ersten 1%, mitversichert ist. Es ist hinzugefügt:

„Manko und/oder Untergewicht, d. h. die Differenz zwischen Abgangs- und Empfangsgewicht, wie nachstehend festgelegt, ist in allen Fällen zu ersetzen, ohne Rücksicht auf die Ursache der Entstehung. ...

Als Gewichtsnachweis dienen:

für das Abgangsgewicht: das Gewicht in der Faktura oder im Konnossement; für das Empfangsgewicht: amtliche bzw. beeidigte Gewichtsnoten resp. Quaigewichtsnoten resp. Veem-Gewichtsnoten resp. Wiegenoten der Kontroll-Comp. mbH."

Auf Grund der laufenden Polize nebst den unter den gleichen Bedingungen gezeichneten Einzelpolizen nimmt die Klägerin die Beklagte auf Zahlung von Versicherungsschaden in Anspruch, weil sich bei verschiedenen unter die Versicherung fallenden Verschiffungen von Kopra aus der Zeit vom Oktober 1925 bis zum Mai 1926 Mankos herausgestellt hätten.

Die Beklagte hat unter anderem eingewandt, daß die Versicherung, soweit es sich um den Reise-Gewichtsverlust handle, nicht gültig sei, weil von vornherein festgestanden habe, daß dieser Verlust infolge der Verdunstung des in der Kopra enthaltenen Wassers im Durchschnitt 3—4% betragen würde. Dies sei ihr, der Beklagten, bei Abschluß des die laufende Polize betreffenden Vertrags und bei Beginn der einzelnen Versicherungen nicht bekannt gewesen, wohl aber der Klägerin. Diese habe insoweit ihre Anzeigepflicht verletzt. Der Versicherungsvertrag sei wegen Verstoßes gegen die guten Sitten nichtig und auch wegen arglistiger Täuschung gehörig angefochten worden. In Wahrheit habe die Klägerin durch den Gewichtsverlust der Kopra auf den betreffenden Versicherungsreisen keinen Schaden erlitten. Sie habe die Kopra nach Abladegewicht in Übersee gekauft. Dabei sei in den Kaufpreis der durchschnittliche Reise-Gewichtsverlust der Ware mit 3—4% eingerechnet gewesen, so daß die Klägerin um so viel billiger gekauft habe, als wenn sie die Ware nach dem Empfangsgewicht in Europa gekauft hätte.

Demgegenüber hat die Klägerin geltendgemacht, daß nicht der durchschnittliche Gewichtsverlust, sondern der bei jeder einzelnen Beförderung entstehende Gewichtsverlust in Betracht komme. Daß der durchschnittliche Gewichtsverlust 3—4% betrage, habe die Klägerin der Beklagten schon um deswillen nicht mitzuteilen brauchen, weil sie die Kenntnis dieser Tatsache bei der Beklagten habe voraussetzen dürfen. Der für die Kopra in Übersee gezahlte Einkaufspreis sei für den Versicherungsschaden ohne Bedeutung.

Das Landgericht sprach der Klägerin durch Teilurteil einen Betrag von 5000 holl. Gulden nebst Zinsen zu. Das Oberlandesgericht bestätigte diese Entscheidung. Die Revision der Beklagten hatte keinen Erfolg.

Aus den Gründen:

Nach der laufenden Polize finden auf die Versicherung die Allgemeinen Deutschen Seeversicherungsbedingungen von 1919 (ADS.) nebst den Zusatzbestimmungen des Vereins Hamburger Assekuradeure Anwendung. Nach § 126 ADS. ist für das Versicherungsverhältnis das deutsche Recht maßgebend. Mit dem Berufungsgericht ist von folgendem auszugehen. Die streitigen Schäden beruhen ausschließlich auf Gewichtsverlust der Kopra, d. h. auf dem Unterschied zwischen Abgangs- und Empfangsgewicht, auf Versicherungsreisen von Indien oder der Südsee nach Europa. Es tritt bei derartigen Verschiffungen durchschnittlich ein Gewichtsverlust des beförderten Gutes von 3—4% ein. Auch hatte die Klägerin — wenn sie, wie behauptet ist, die Kopra in Übersee nach dem abgeladenen Gewicht gekauft haben sollte — einen Kaufpreis zu zahlen, der um den erwähnten durchschnittlichen Gewichtsverlust geringer war, als wenn sie nach dem Empfangsgewicht gekauft hätte. ... (Nach Wiedergabe von Ausführungen des Berufungsgerichts fährt das Urteil wie folgt fort:)

1. Die laufende Versicherung bewirkt nur, daß — bei Vorhandensein der erforderlichen Voraussetzungen — die einzelne Versicherungsreise als solche unter die Versicherung fällt. Wie groß das Abgangsgewicht der Kopra auf der einzelnen Versicherungsreise und wie groß die Zahl dieser Versicherungsreisen sein würde, stand bei Abschluß der laufenden Polize nicht fest. Insbesondere aber war bei Abschluß der laufenden Polize sowie bei Beginn der die einzelne Beförderung betreffenden Versicherung oder beim Entstehen des Versicherungs-Interesses (Eintritt der Versicherungsreise) ungewiß, ob die Kopra auf der jeweiligen Versicherungsreise an Gewicht verlor, wie groß gegebenenfalls dieser Gewichtsverlust war und ob er einem Durchschnittsverlust von 3—4% entsprach.

Daraus entnimmt das Berufungsgericht zutreffend, daß für jede Versicherungsreise hinsichtlich des Gewichtsverlustes der Kopra eine besondere Gefahr und damit ein versicherbares Risiko bestanden habe.

Zu Unrecht beruft sich die Revision darauf, daß der Gewichtsverlust der Kopra nur durch Verdunsten überflüssiger und wertloser Feuchtigkeit entstanden und daß dadurch die Ware weder beschädigt noch in ihrem Wert verringert worden sei. Es kommt für die maßgebliche Reisegefahr nicht auf den inneren Wert der beförderten Ware an, sondern auf ihren vom Versicherten zu erzielenden Verkaufswert. Dieser ist aber nach den Feststellungen des Berufungsgerichts, da die Kopra in Europa nach Gewicht gehandelt wird, um so geringer, je mehr die Ware auf der einzelnen Versicherungsreise durch Verdunstung oder auf andere Weise an Gewicht verloren hatte. Für diesen vom Ankunftsgewicht der Ware abhängigen Verkaufspreis und für die mit diesem Ankunftsgewicht verknüpfte Beförderungsgefahr ist oder war es unerheblich, welchen Kaufpreis die Klägerin ihrerseits für die Ware gezahlt hat, auf Grund welcher Berechnungen dieser Kaufpreis festgesetzt und ob dabei ein durchschnittlicher Reise-Gewichtsverlust eingerechnet worden ist, wenn nur — wie hier — die Klägerin selbst nicht nach dem tatsächlichen Ankunftsgewicht gekauft hat. Der Umstand, daß der durchschnittliche Gewichtsverlust bekannt war, ändert nichts daran, daß der allein für die Versicherung maßgebliche Gewichtsverlust auf der einzelnen Versicherungsreise ungewiß war.

2. Zur Frage, ob die Klägerin die Anzeigepflicht verletzt hat.

In § 19 ADS. ist bestimmt:

„Der Versicherungsnehmer hat bei Schließung des Vertrags alle ihm bekannten Umstände, die für die Übernahme der Gefahr erheblich sind, dem Versicherer anzuzeigen, es sei denn, daß die Umstände allgemein bekannt sind."

... (Die Ausführungen des Vorderrichters hierzu werden mitgeteilt, ebenso der Revisionsangriff.)

Es kann dahingestellt bleiben, ob — wie das Berufungsgericht meint — zu den allgemein bekannten Umständen im Sinne von § 19 ADS. auch solche Umstände zu rechnen sind, von denen der Versicherungsnehmer annehmen kann, daß der Versicherer sich darüber unterrichtet hat oder unterrichten werde. Denn jedenfalls gehören zu diesen allgemein bekannten Umständen solche, die in den beteiligten Fachkreisen allgemein bekannt sind. Daß dies für die Tatsache des regelmäßigen Gewichtsverlustes von Kopra auf derartigen Reisen zutrifft, hat das Berufungsgericht ohne Rechtsirrtum festgestellt. Seine weiteren Ausführungen ergeben aber auch, daß die Klägerin annehmen durfte, die Beklagte sei — gegebenenfalls auf Grund besonderer Erkundigungen — zur Zeit des Abschlusses des Versicherungsvertrags auch über die Höhe des durchschnittlichen Gewichtsverlustes (3—4%) unterrichtet gewesen. Auch diese Feststellung ist tatsächlicher Natur und frei von Rechtsirrtum. Insbesondere ist nicht ersichtlich, daß der Vorderrichter den Grundsatz verkannt hätte, wonach dem Versicherer für die Umstände, die ihm an sich der Versicherungsnehmer nach § 19 ADS. anzuzeigen hat, keine besondere Erkundigungspflicht obliegt. Denn die Feststellungen des Berufungsgerichts gehen nicht etwa von einer solchen Erkundigungspflicht, sondern nur davon aus, daß die Klägerin auf Grund allgemeiner kaufmännischer Gepflogenheiten habe annehmen dürfen, die Beklagte habe bei Abschluß des Versicherungsvertrags auch von der Höhe des durchschnittlichen Gewichtsverlustes Kenntnis gehabt. Im übrigen geben die Erwägungen des Oberlandesgerichts auch eine genügende Unterlage für die Annahme, daß hier, wo die Tatsache des regelmäßigen Gewichtsverlustes durch Verdunstung von Wasser ein allgemein bekannter Umstand im Sinne von § 19 ADS. ist, die Höhe dieses durchschnittlichen Gewichtsverlustes zu den generellen gefahrerheblichen Umständen gehört, die sich aus der Natur des Versicherungs-Risikos ergeben und die daher der Versicherer als Grundlage für seine Prämienberechnung und zur sachgemäßen Beurteilung des Risikos verkehrsüblicherweise zu ermitteln hat.

Nach alledem kann im Verhältnis der Parteien der Klägerin das Unterlassen der Anzeige über die Höhe des durchschnittlichen Gewichtsverlustes nicht zur Last fallen, sei es, weil es sich um einen nach § 19 ADS. nicht anzeigepflichtigen Umstand handelt, sei es, weil die Klägerin diese Anzeige gemäß § 20 Abs. 2 ADS. ohne Verschulden unterlassen hat (vgl. auch § 16 VVG.).

3. Auch die übrigen Ausführungen des Berufungsgerichts sind rechtlich ohne Bedenken. Insbesondere ist der gegen die Klägerin erhobene Vorwurf arglistiger Täuschung schon dann unbegründet, wenn — wie das Berufungsgericht festgestellt hat — die Klägerin

bei Abschluß der laufenden Polize annehmen durfte, daß der Beklagten nicht nur die Tatsache des regelmäßigen Gewichtsverlustes, sondern auch dessen Höhe bekannt war.

---

6. Zur Auslegung des § 892 BGB. in Fällen, in denen gleichzeitig mit einem Eigentumswechsel die Löschung einer Hypothek in das Grundbuch eingetragen worden ist, durch die das Grundbuch unrichtig geworden sein soll.

V. Zivilsenat. Urt. v. 8. Dezember 1928 i. S. Breslauer Baubank AG. (Kl.) w. D. und Gen. (Bekl.). V 672/27.

I. Landgericht III Berlin.
II. Kammergericht daselbst.

Eine Kaufgeldresthypothek von 53137,60 M., die zugunsten der Rechtsvorgängerin der Klägerin auf einem damals im Eigentum des Beklagten zu 1 stehenden Grundstück eingetragen war, ist am 7. Dezember 1922 ausgezahlt worden. Am 10. Dezember 1924 verkaufte der Beklagte zu 1 das Grundstück an den Beklagten zu 2. Der Eintragungsantrag ging am 18. Dezember 1924 beim Grundbuchamt ein, die löschungsfähige Quittung über die Heimzahlung der Hypothek wurde dem Beklagten zu 1 aber erst am 14. Januar 1925 erteilt. Eigentumswechsel und Löschung wurden am 28. Februar dess. Jahres eingetragen, letztere auf Grund eines Antrags, den der Beklagte zu 1 am 27. Januar 1925 dem Grundbuchamt eingereicht hatte.

Das Landgericht hat der Klage auf Feststellung der Aufwertungspflicht des Beklagten zu 1 als persönlichen, des Beklagten zu 2 als dinglichen Schuldners stattgegeben. Auf die Berufung des Beklagten zu 2 hat das Kammergericht die gegen ihn gerichtete Klage abgewiesen. Die Revision der Klägerin blieb erfolglos.

Gründe:

Das Berufungsgericht verneint, daß für den allein in die Revisionsinstanz erwachsenen dinglichen Aufwertungsanspruch gegen den Beklagten zu 2 als Grundstückserwerber der Absatz 2 des § 20 AufwG. eingreife, weil zur Zeit des Eingangs des Antrags auf Eintragung des Eigentumswechsels die löschungsfähige Quittung noch nicht erteilt worden war. Deswegen sei, so meint das Berufungsgericht, nach Abs. 1 des § 20 zu prüfen, ob der Beklagte zu 2 am 28. Februar 1925, dem Tage seiner Eintragung als Eigentümer, gutgläubig gewesen sei. Es genüge der gute Glaube im Zeitpunkt des Erwerbs. Zu Unrecht berufe sich die Klägerin auf die Vorschriften der Grundbuchordnung, um darzutun, daß der öffentliche Glaube des Grundbuchs in jenem Zeitpunkt dem Beklagten zu 2 nicht zur Seite gestanden habe. Allerdings sei im vorliegenden Falle der Antrag auf Eigentumseintragung der Löschungsbewilligung und dem Löschungsantrag vorausgegangen, und sowohl die Umschreibung als auch die Löschung gleichzeitig verfügt und unter demselben Datum im Grundbuch eingetragen worden. . . .

Die Revision rügt Verletzung der Vorschriften des bürgerlichen Rechts, insbesondere des § 20 AufwG. Sie vermißt die nach ihrer Ansicht erforderliche Feststellung, daß der Grundbuchrichter die Eintragungen gleichzeitig vorgenommen habe, und bittet um Nachprüfung der im Beschluß des erkennenden Senats vom 9. Juli 1927 (RGZ. Bd. 116 S. 356) ausgesprochenen Rechtsgrundsätze.

Mit Recht hält das Berufungsgericht den Absatz 2 des § 20 AufwG. nicht für anwendbar. Denn der Antrag auf Eintragung des Eigentumswechsels ist am 18. Dezember 1924 beim Grundbuchamt eingegangen. Die löschungsfähige Quittung ist aber erst am 14. Januar 1925 ausgestellt worden. Der erkennende Senat hat den § 20 Abs. 2 dahin ausgelegt (RGZ. Bd. 116 S. 348) und an dieser Auslegung seither festgehalten (vgl. u. a. RGZ. Bd. 116 S. 360), daß die Löschungsbewilligung — der die löschungsfähige Quittung gleichsteht — den Schutz des öffentlichen Glaubens für den Erwerber nur dann herbeiführt, wenn sie spätestens zur Zeit des Eintragungsantrags erteilt war. Eine derartige Sachlage ist hier nicht gegeben.

Deshalb muß es bei der Anwendung des § 20 Abs. 1 AufwG. sein Bewenden behalten, der die Wiedereintragung einer im Grundbuch bereits gelöschten Hypothek in Höhe der Aufwertung mit dem sich aus § 6 ergebenden Range anordnet, soweit nicht die Vorschriften über den öffentlichen Glauben des Grundbuchs entgegenstehen. Dafür sind die Vorschriften im § 892 BGB. heranzuziehen. Für den Fall, daß die Hypothek, deren Aufwertung in Betracht kommt, im Zeitraum zwischen der Stellung des Antrags auf Eintragung des

Eigentumswechsels und der Eintragung selbst gelöscht worden ist, werden jene Vorschriften in RGZ. Bd. 116 S. 361, anschließend an das dort S. 351 abgedruckte Senatsurteil, dahin ausgelegt, daß der Absatz 2 des § 892 nur den Fall zugunsten des Erwerbers regeln will, wenn dieser schlechtgläubig wird, nachdem er den Antrag auf Eintragung gestellt hat. Nur für einen derartigen Fall ist (vgl. daselbst S. 354) der Entstehungsgeschichte des Gesetzes im Zusammenhalt mit der bisherigen Rechtsprechung des Reichsgerichts eine Rückbeziehung des sonst maßgebenden Zeitpunktes auf denjenigen entnommen worden, in dem der Antrag auf Eintragung gestellt ist.

Einen ausreichenden Anlaß, von dieser Auslegung abzugehen, bieten weder die in der Revisionsbegründung erwähnten Ausführungen von Böhmer in DJZ. 1927 S. 1518flg., noch die weiteren von Mügel in JRsch. 1928 S. 45flg. (vgl. anderseits neuerdings Roth „Umwertung und Aufwertung" § 23 S. 170flg.). Böhmer sieht als ausschlaggebend die Unterscheidung zwischen dem Eintrag einer wirksamen dinglichen Rechtsänderung und einem Unrichtigwerden des Grundbuchs in der Schwebezeit zwischen Eintragungsantrag und Eintragung des Erwerbers an. Ob eine abweichende rechtliche Behandlung beider Fälle stattfinden müßte, und wie in jedem von ihnen zu entscheiden sein möchte, bedarf indessen keiner Erörterung. Denn für die von Böhmer gemachte Unterscheidung findet sich kein Anhalt im § 892. Dieser Paragraph stellt in seinem Absatz 1 Satz 1 vorbehaltlich zweier Ausnahmen eine dem Gegenbeweis unzugängliche Vermutung auf, die er an die Tatsache des Rechtserwerbes knüpft. Der Rechtserwerb vollendet sich bei Grundstücksrechten mit dem Zeitpunkte der Eintragung im Grundbuch, der somit für den öffentlichen Glauben maßgebend bleibt. Der Grundbuchinhalt zu jenem Zeitpunkte „gilt" zugunsten des Erwerbers als richtig. Der Absatz 2 hat es nicht mit dieser gesetzlichen Vermutung selbst, sondern nur mit einer der im Absatz 1 zugelassenen Ausnahmen zu tun, indem er, gleichfalls zugunsten des Erwerbers, den für dessen Kenntnis maßgebenden Zeitpunkt vorverlegt. Dem Erwerber könnte mithin kraft der im Absatz 2 enthaltenen Vorschrift im Falle der Änderung des Grundbuchinhalts während der Schwebezeit die bloße Kenntnis dieser Änderung des Grundbuchinhalts nicht schädlich sein, die er während der Schwebezeit erlangt hat. Das ändert aber nichts an der dem Absatz 1 zu entnehmenden Regel, daß der Erwerber sich auf den Grundbuchinhalt zur Zeit der Vollendung seines Rechtserwerbs berufen kann, gleichviel ob der Grundbuchinhalt ihm im letzteren Zeitpunkt bekannt war oder nicht. Der öffentliche Glaube des Grundbuchs würde dem Erwerber — vorbehaltlich des hier nicht in Betracht kommenden Vorliegens von Sonderfällen aus dem Aufwertungsgesetz — nur dann nicht zur Seite stehen, wenn ihm nachgewiesen würde, daß ihm zur Zeit der Umschreibung bekannt war, das Grundbuch sei durch eine zu Unrecht vorgenommene Eintragung unrichtig geworden.

Von diesem Standpunkt aus hat das Berufungsgericht mit Recht für grundsätzlich wesentlich die Beantwortung der Frage gehalten, welchen Bestand das Grundbuch zur Zeit der Eintragung des Beklagten zu 2 als Eigentümers aufwies. In dem Fall nämlich stände dem neuen Eigentümer gemäß § 892 Abs. 1 BGB. der öffentliche Glaube des Grundbuchs zur Seite, wenn das Grundbuch die Hypothek nicht mehr enthielt. Hingegen wäre die Klägerin zum Beweise zuzulassen, daß dem Grundstückserwerber zur Zeit des Eigentumswechsels die Unrichtigkeit des Grundbuchs bekannt war, d. h. hier, wo es sich um eine dem Aufwertungsgesetz unterliegende Hypothek handelt, daß Umstände vorlagen, aus denen der Beklagte zu 2 entnehmen mußte und entnommen hat, durch die Hypothekenlöschung sei das Grundbuch unrichtig geworden. Dem Berufungsgericht kann nun nicht entgegengetreten werden, wenn es dahingestellt läßt, ob eine derartige Unrichtigkeit eingetreten ist, und wenn es bei Würdigung der einschlägigen Vorschriften der Grundbuchordnung annimmt, die Hypothekenlöschung sei nicht etwa vor dem Eintrag des Eigentumswechsels, sondern gleichzeitig mit ihm erfolgt. Daß beide Eintragungen in derselben Verfügung angeordnet und unter demselben Datum eingetragen worden sind, erhellt als Annahme des Berufungsgerichts aus dem Urteil. Bei solcher Sachlage muß, solange keine Anhaltspunkte für das Gegenteil vorliegen, davon ausgegangen werden, daß sowohl die Verfügung wie die Eintragung beider Rechtsänderungen in einer Handlung des vollziehenden Beamten erledigt worden sind. Bei gleichzeitiger Erledigung beider Anträge hat jedoch, da kein Rangverhältnis zwischen ihnen besteht, die Eintragung beider Rechtsänderungen mit der Vollziehung der letzten Eintragung als einheitlich abgeschlossen zu gelten. Hier sind mithin die erforderlichen Feststellungen getroffen, die der erkennende Senat in RGZ. Bd. 116 S. 363 der damals angegriffenen Entscheidung nicht hat entnehmen können. Sie rechtfertigen die Nachprüfung der Gutgläubigkeit des Erwerbers über den Inhalt des Grundbuchs zur Zeit der Umschreibung.

Für diesen Zeitpunkt hat aber das Berufungsgericht rechtlich bedenkenfrei eine Kenntnis des Beklagten zu 2 von der Unrichtigkeit des Grundbuchs verneint. Welche Anforderungen an solche Kenntnis bei Löschung von Rechten der hier in Frage stehenden Art gestellt werden müssen, ist in den Urteilen des erkennenden Senats vom 9. Februar 1927 (RGZ. Bd. 116 S. 102), vom 1. Juni 1927 (RGZ. Bd. 117 S. 180) und vom 5. Oktober 1927 (LZ. 1927 Sp. 1537) näher dargelegt. Das Berufungsgericht ist mit Gründen, die den in diesen Entscheidungen ausgesprochenen Grundsätzen gerecht werden, zu der Annahme gelangt, der Beklagte zu 2 habe zur Zeit seiner Eintragung als Eigentümer der vollen Überzeugung sein können, daß er durch die Löschung ein von der Hypothek befreites Grundstück erhalte. Damit hat es gleichzeitig widerlegt, daß der Beklagte zu 2 im maßgebenden Zeitpunkte von einer Unrichtigkeit des Grundbuchs hinsichtlich der Hypothek Kenntnis hatte, deren dingliche Aufwertung mit der Klage begehrt wird.

---

7. Unter welchen Umständen kann, wenn nach Beendigung der bürgerlichrechtlichen Gesellschaft ein Gesellschafter gegen einen andern Schadensersatzansprüche wegen Verletzung des Gesellschaftsvertrags erhebt, von der vorherigen Einleitung des Auseinandersetzungsverfahrens abgesehen werden?

BGB. §§ 326, 730.

II. Zivilsenat. Urt. v. 11. Dezember 1928 i. S. K. u. Gen. (Bekl.) w. M. (Kl.). II 437/28.

I. Landgericht II Berlin.
II. Kammergericht daselbst.

Der Kläger, der Erstbeklagte und der inzwischen verstorbene Ehemann und Erblasser der Zweitbeklagten beabsichtigten Ende 1925 zur Anfertigung und zum Vertrieb eines vom Kläger hergestellten Motorrades „Hermes" eine Gesellschaft mbH. zu gründen. Es kam jedoch nicht zum Abschluß eines formgültigen Gesellschaftsvertrags; soweit überhaupt schriftliche Abmachungen getroffen wurden, geschah das nur formlos. Nach Behauptung des Klägers hatten sich der Erstbeklagte und der Erblasser der Zweitbeklagten zu einer Einlage von zunächst 30000 RM. verpflichtet; unstreitig haben sie aber nur 9000 RM. eingezahlt; die Zahlung der restlichen 21000 RM. sollen sie verweigert haben. Außerdem behauptet der Kläger, die beiden Genannten hätten ihm die fünf zuerst hergestellten Motorräder nebst sämtlichen Unterlagen, Prospekten und sonstigen Geschäftspapieren heimlich weggenommen und sie fortgeschafft, um in Zukunft solche Motorräder allein, unter Ausschließung des Klägers, herstellen und vertreiben zu können. Durch diese Vertragswidrigkeiten seiner Vertragsgenossen sei ihm, dem Kläger, die weitere Herstellung von „Hermes"-Motorrädern unmöglich gemacht worden, so daß er seinen Betrieb habe einstellen müssen. Er verlangt daher von den Beklagten Schadensersatz in Höhe von 5000 RM. Das Landgericht wies die Klage ab. Das Kammergericht dagegen erklärte den Klaganspruch dem Grunde nach für gerechtfertigt. Die Revision der Beklagten blieb ohne Erfolg.

Aus den Gründen:

Das Berufungsgericht stellt fest, daß in die beabsichtigte Gesellschaft mbH. der Kläger seinen bisher von ihm allein geführten Betrieb, seine Erfahrungen und seine Kenntnisse in Ansehung des Motorrades „Hermes", der Erstbeklagte und der verstorbene Ehemann der Zweitbeklagten aber vorläufig 30000 RM. einzulegen hatten. Weiter nimmt der Vorderrichter an, die Gesellschaft mbH. sei mangels Beobachtung der für den Gesellschaftsvertrag vorgeschriebenen gerichtlichen oder notariellen Form nicht zur Entstehung gelangt; die Beteiligten hätten nur eine Gesellschaft bürgerlichen Rechts gebildet, die formlos begründet werden könne.

Diese Auffassung ist nicht zu beanstanden; sie entspricht der ständigen Rechtsprechung des Reichsgerichts und der Ansicht des Schrifttums. Es handelt sich um eine Vereinigung von Personen, die allerdings nicht zur Gründung der beabsichtigten Gesellschaft mbH. gelangt sind. Aber diese Personen bildeten insofern eine vom Recht anerkannte Vereinigung, als sie einen gemeinsamen Zweck verfolgten und zu seiner Erreichung sich gegenseitig vertragliche Bindungen in bezug auf Rechte und Pflichten auferlegt hatten (§§ 705flg. BGB.). ...

Der Erstbeklagte und der verstorbene Ehemann der Zweitbeklagten haben, wie der Berufungsrichter feststellt, ihre Verpflichtung zur sofortigen Einbringung von 30000 RM. in Höhe des Betrags von 21000 RM. nicht erfüllt. Außerdem haben sie durch heimliche Wegnahme der ersten vom Kläger erbauten 5 Hermesräder nebst allen dazu gehörigen Unterlagen, Prospekten und sonstigen Geschäftspapieren die Erreichung des Gesellschaftszwecks vereitelt. Denn der Gesellschaft sei — so führt das angefochtene Urteil aus — durch die Wegnahme der Räder samt Unterlagen in Verbindung mit der Nichtzahlung der restlichen Einlage von 21000 RM. die Möglichkeit genommen gewesen, weiter solche Räder zu bauen, zumal da der Erstbeklagte nach der Wegschaffung der fünf Räder dem Kläger erklärt habe, er und der Ehemann der Zweitbeklagten würden künftig nicht mehr mit ihm zusammenarbeiten, sondern die Herstellung von Hermesrädern ohne ihn betreiben.

Das Berufungsgericht erblickt sowohl in der zum erwähnten Zweck ausgeführten heimlichen Wegnahme der Räder wie auch in der Weigerung zur Zahlung der restlichen Einlage eine nach § 326 BGB. zum Schadensersatz wegen Nichterfüllung verpflichtende positive Vertragsverletzung. Das ist nicht zu beanstanden. Inwiefern die schriftliche Erklärung des Klägers vom 28. November 1925: „Ich übereigene der Hermes-Motorfahrzeug-Gesellschaft die bisher fertiggestellten Hermes-Motorräder mit allen genehmigten und angemeldeten Patenten" das Verschulden der Beklagten bei der Wegnahme der Motorräder ausschließen sollte (wie die Revision meint), ist nicht verständlich. Diese Erklärung ist rechtlich ohne Bedeutung. Denn die fünf Räder sind nach Eingehung der bürgerlichrechtlichen Gesellschaft mit deren Mitteln unter Aufsicht des Klägers gebaut und daher ohne weiteres Gesellschaftsvermögen, also gemeinschaftliches Vermögen der drei Gesellschafter geworden (§ 718 BGB.). Nach dem klaren Wortlaut jener Erklärung, die von der Übereignung an die Gesellschaft spricht, kann es sich nicht um eine gemeinsame Verfügung der drei Gesellschafter zugunsten des Erstbeklagten und des Erblassers der Zweitbeklagten handeln.

Nachdem die Gesellschaft durch die Vereitelung des Gesellschaftszweckes, wie schon erwähnt, ihr Ende erreicht hat, hätte nach § 730 BGB. die Auseinandersetzung unter den früheren Gesellschaftern stattzufinden. Da die im Gesellschaftsvertrag von jedem Gesellschafter übernommenen Verpflichtungen gegenüber jedem andern Gesellschafter übernommen werden, hat jeder Gesellschafter Anspruch auf Erfüllung der nach dem Vertrag von einem Mitgesellschafter zu bewirkenden Leistungen. Der Anspruch geht während Bestehens der Gesellschaft auf Leistung an die Gesamtheit der Gesellschafter, d. h. auf Leistung in das Gesellschaftsvermögen. Nach Beendigung der Gesellschaft ist jeder frühere Gesellschafter berechtigt, insoweit Schadensersatz wegen positiver Vertragsverletzung zu verlangen, als sein Interesse an der Ordnungsmäßigkeit der Vertragserfüllung durch das vertragswidrige Verhalten des andern Gesellschafters beeinträchtigt worden ist. Nach § 730 BGB. wäre der Kläger, um zu seinem Schadensersatz zu gelangen, an sich verpflichtet, gegen die beiden andern früheren Gesellschafter auf Auseinandersetzung zu klagen und dann im Auseinandersetzungsverfahren seinen Schadensersatzanspruch geltend zu machen. Ausnahmsweise kann aber von der Klage auf Auseinandersetzung abgesehen werden, nämlich dann, wenn die Verhältnisse so einfach liegen, daß sich das, was jeder zu beanspruchen hat, ohne besonderes Abrechnungsverfahren ermitteln läßt (RGR. Komm. Anm. 3 zu § 730 BGB.). Dieser Fall ist hier gegeben, da die Gesellschaft nur wenige Wochen gedauert hat und ein anderer Anspruch als der mit der Klage geltend gemachte Schadensersatzanspruch nicht in Frage kommt. Mit Recht hat daher das Berufungsgericht den Klaganspruch dem Grunde nach für gerechtfertigt erklärt.

---

8. 1. Kommt im Verfahren zur Errichtung eines Rentengutes nach Aufnahme und Bestätigung eines Rezesses dem vorausgegangenen Grundstücksveräußerungs-Vertrag noch selbständige Bedeutung zu oder regeln sich die Rechtsbeziehungen aller Beteiligten für die Folge ausschließlich nach dem Inhalt des Rezesses?

2. Haben sonstige Verhandlungen und Vereinbarungen, die dem Rezeß vorausgegangen sind, aber mit seinem Inhalt in Widerspruch stehen, neben ihm noch Gültigkeit?

3. Kann nach der Bestätigung des Rezesses der ihm zugrunde liegende notarielle Kaufvertrag mit der Behauptung angefochten werden, daß der Kaufpreis unrichtig angegeben und der Vertrag daher wegen Formmangels nichtig sei?

4. Sind für bürgerliche Rechtsstreitigkeiten aus dem Verfahren über die Bildung von Rentengütern die ordentlichen Gerichte oder die Landeskulturbehörden zuständig?

Preußische Verordnung wegen der Organisation der Generalkommissionen usw. vom 20. Juni 1817 (GS. S. 161) §§ 158flg., 170.
Preußische Verordnung wegen des Geschäftsbetriebes in den Angelegenheiten der Gemeinheitsteilungen usw. vom 30. Juni 1834 (GS. S. 96) § 7.
Preußisches Gesetz über Rentengüter vom 27. Juni 1890 (GS. S. 209).
Preußisches Gesetz betr. die Beförderung der Errichtung von Rentengütern vom 7. Juli 1891 (GS. S. 279) § 12.
Preußisches Gesetz über Landeskulturbehörden vom 3. Juni 1919 (GS. S. 101) § 1 Abs. 5.

III. Zivilsenat. Urt. v. 11. Dezember 1928 i. S. N. (Kl.) w. Preuß. Staat (Bekl.). III 513/27.

I. Landgericht I Berlin.
II. Kammergericht daselbst.

Im Jahre 1920 wurde das B.sche Gut R. durch Vermittlung des Kulturamts in Rentengüter aufgeteilt. Laut Rezeß vom 29./30. Juni 1920 erwarb der Kläger das Rentengut R. 2. Vor Anlegung des neuen Grundbuchblattes verkaufte er das Gut durch notariellen Vertrag vom 30. März 1921 an den Landwirt Sch. Am 15. Juli 1921 wurde mit dem Kläger, Sch. und B. vom Kulturamt ein Rezeßnachtrag aufgenommen, worin unter Hinweis auf den als „Bestandteil dieses Nachtrags bezeichneten notariellen Kaufvertrag" die Ablösung einer für B. eingetragenen Hypothek durch Sch. vereinbart wurde. Der Nachtrag wurde am 13. September 1921 vom Kulturamt bestätigt. Später verlangte der Kläger mit der Behauptung, die Höhe des Kaufpreises sei im notariellen Vertrag vom 30. März 1921 falsch beurkundet worden, wegen Nichtbeachtung der Form des § 313 BGB. Rückgabe des Rentengutes und erwirkte am 14. November 1921 eine einstweilige Verfügung, durch die dem Kulturamt bis zur Beibringung einer anderweitigen rechtskräftigen Entscheidung untersagt wurde, an das Grundbuchamt das Ersuchen auf Eintragung des Sch. oder eines seiner Rechtsnachfolger als Eigentümer des Rentenguts R. 2 zu richten, sofern dieses Ersuchen den zwischen den Parteien abgeschlossenen notariellen Kaufvertrag über das Rentengut zur Grundlage habe. Die einstweilige Verfügung wurde dem Prozeßbevollmächtigten des Klägers am 15. November 1921 und von diesem drei Tage später dem Kulturamt zugestellt. Hierauf erhob der Kläger gegen Sch. Klage mit dem Antrag, ihn zu verurteilen, dem Kulturamt gegenüber auf die Rechte aus dem Nachtragsrezeß zu verzichten und ihm, dem Kläger, das Rentengut zurückzugewähren. Von der Klagerhebung erhielt das Kulturamt durch Schreiben des Rechtsanwalts K. vom 2. Juni 1922 Kenntnis. Am 29. dess. Mon. berichtete es über die Rentengutsangelegenheiten an den Präsidenten des Landeskulturamts und wurde von diesem am 24. Dezember 1922 angewiesen, das Eintragungsersuchen abgehen zu lassen. Dieser Anweisung gab das Kulturamt am 3. Januar 1923 Folge. Zur Eintragung des Sch. als Eigentümer des Rentenguts R. 2 kam es jedoch erst am 2. Januar 1924.

Inzwischen war das Rentengut von Sch. durch notariellen Vertrag vom 17. September 1921 weiterverkauft und dann noch mehrfach veräußert worden. Am 21. Dezember 1923 erstritt der Kläger ein seinem oben bezeichneten Klagantrag entsprechendes Urteil, das rechtskräftig geworden ist. Eine mit Gründen versehene Urteilsausfertigung ging am 10. Januar 1924 an die Prozeßbevollmächtigten der damaligen Parteien ab. Eine Vollstreckung des Urteils war unmöglich, weil das Kulturamt am 11. Januar 1924 sämtliche bis dahin geschlossenen Kaufverträge über das Rentengut R. 2 genehmigt hatte und der letzte Erwerber daraufhin als Eigentümer des Rentenguts eingetragen worden war, der es dann ungeachtet einer die Veräußerung und Belastung verbietenden Verfügung des Landgerichts vom 23. Februar 1924 weiter aufgelassen hatte.

Der Kläger hat wegen der Vereitelung seiner Rechte aus dem rechtskräftigen Urteil vom 21. Dezember 1923 den preußischen Staat wegen Amtspflichtverletzungen der Kulturamtsbehörden auf

Schadensersatz in Anspruch genommen, weil ihre Nichtbefolgung der einstweiligen Verfügung vom 14. November 1921 ihn um das Rentengut gebracht habe und von dem vermögenslosen Sch. keine Entschädigung zu erlangen sei. Er verlangt Verurteilung des Beklagten zur Zahlung von 123918 RM., in denen auch die Kosten des gegen Sch. geführten Prozesses enthalten sind. Das Landgericht wies die Klage ab. Das Kammergericht erklärte den Anspruch dem Grunde nach für gerechtfertigt. Nach Aufhebung dieser Entscheidung durch den erkennenden Senat[1]) bestätigte das Berufungsgericht das dem Kläger ungünstige landgerichtliche Urteil. Die Revision des Klägers blieb ohne Erfolg.

Gründe:

Der erkennende Senat hatte in seinem ersten Urteil ein Verschulden des Kulturamts darin erblickt, daß es von seinem an das Grundbuchamt gerichteten Ersuchen um Eintragung des Sch. als Eigentümer des Rentenguts R. 2 dem Kläger keine Mitteilung gemacht habe. Demgemäß hat er damals dem Berufungsgericht aufgegeben zu prüfen, ob der Kläger, wenn das Kulturamt pflichtgemäß gehandelt hätte, in der Lage gewesen wäre, sei es ohne, sei es mit dessen Hilfe die Eintragung des Sch. oder eines seiner Rechtsnachfolger zu verhindern und sich vor Schaden zu bewahren. Das Kammergericht hat nunmehr, im Gegensatz zu seiner früheren Entscheidung und zu der Auffassung des Reichsgerichts, das Kulturamt nicht für verpflichtet erachtet, seine Absicht, die Eintragung des Sch. als Eigentümer des Rentenguts R. 2 zu veranlassen, dem Kläger kund zu tun, und hat daher die Klagabweisung in erster Reihe auf den Mangel eines Verschuldens auf seiten des Kulturamts gestützt.

Ob das Berufungsgericht durch Nachprüfen des im früheren Revisionsurteil festgestellten Verschuldens des Kulturamts den § 565 Abs. 2 ZPO. verletzt hat und ob die Verneinung einer Amtspflichtverletzung durch das Kammergericht auf Rechtsirrtum beruht, kann hier dahingestellt bleiben. Denn der Berufungsrichter hat für den Fall, daß seine Annahme unrichtig sei, in schlüssiger und überzeugender Weise dargelegt, daß die Verletzung der dem Kulturamt obliegenden Mitteilungspflicht für den Schaden des Klägers nicht ursächlich geworden sei; das Kulturamt würde, wenn es seinen

[1]) Durch Urteil vom 31. Mai 1927 III 299/26, abgedr. JW. 1927 S. 2204 Nr. 22 und Gruchot Bd. 69 S. 625. D. R.

Eintragungsantrag dem Kläger rechtzeitig kund getan hätte, auch erneuten Vorstellungen des Klägers gegenüber an ihm festgehalten haben, und der Kläger wäre nicht in der Lage gewesen, die Eintragung des Sch. zu verhindern; denn ohne Mitwirkung und gegen den Willen des Kulturamts hätte er das nicht vermocht. Die Revision beanstandet, daß das Kammergericht von der Gutgläubigkeit der Rechtsnachfolger Sch.s spricht, ohne anzugeben, auf welche Tatsachen es diese Annahme stützt. Aber der schon im ersten Urteil des Senats geschilderten Rechtsmachtstellung des Kulturamts gegenüber, das die Eintragung des Sch. ohne dessen Zutun, ja gegen dessen Willen herbeiführen konnte, kam es auf eine Gutgläubigkeit oder Bösgläubigkeit der Sch.schen Rechtsnachfolger gar nicht an. Es ist auch nicht ersichtlich, in welcher Beziehung die ersten Käufer des Sch.schen Gutes bösgläubig gewesen sein sollen, da L. es von ihnen am 17. September 1921 und die Eheleute Th. am 18. Oktober 1921, also lange vor der Erwirkung der einstweiligen Verfügung vom 14. November 1921 und vor dem Vorgehen des Klägers gegen Sch. gekauft haben. Im übrigen ist die Verneinung des ursächlichen Zusammenhangs zwischen Amtspflichtverletzung und Schaden für diese Instanz bindend. Die Ansicht der Revision, daß das Kulturamt mit Rücksicht auf die Gesamtumstände des Falles amtlich verpflichtet gewesen wäre, erneuten Vorstellungen des Klägers stattzugeben und den Eintragungsantrag nicht zu stellen oder zurückzuziehen, ist rechtsirrig.

Die Angriffe der Revision gehen zwar zutreffend davon aus, daß Willensmängel (Irrtum, Betrug, Zwang) eine geeignete rechtliche Grundlage für die Anfechtung eines Rezesses bilden können. Die Revision übersieht aber, daß eine Anfechtung des Rezesses überhaupt nicht in Frage stand; die Klage im Vorprozeß war nur auf eine Verzichtserklärung des Sch. gegenüber dem Kulturamt gerichtet; sie war nicht auf Willensmängel, sondern auf falsche Beurkundung des Kaufpreises im notariellen Kaufvertrag gestützt. Diesem Vertrag kam infolge der Aufnahme und Bestätigung des Nachtragsrezesses keine selbständige Bedeutung mehr zu. Ob das Kulturamt die falsche Preisbeurkundung für einen hinreichenden Grund ansehen wollte, um von der Ausführung des Nachtragsrezesses Abstand zu nehmen, hing allein von seinem pflichtmäßigen Ermessen ab. Eine Rechtspflicht, den Vorstellungen des Klägers nachzugeben, bestand, wie schon betont, für das Kulturamt nicht. Auch Billigkeitsgründe sprechen nach der Feststellung des Kammergerichts nicht für das Verlangen des Klägers als Schwarzverkäufers. Die Rechtssicherheit forderte vielmehr die Beendigung des Rentengutsverfahrens und die endliche Herbeiführung eines klaren Rechtszustandes. Wenn das Kammergericht im Anschluß hieran ausführt, daß die Entscheidung des Kulturamts aus „Opportunitätsgründen" stets die gleiche geblieben wäre, so will es damit zum Ausdruck bringen, daß nach dem pflichtmäßigen Ermessen des Kulturamts überwiegende Gründe für die Eintragung des Sch.schen Eigentums sprachen.

Muß hiernach die Revision schon an der überwiegend auf tatsächlichen Erwägungen beruhenden Begründung des angefochtenen Urteils scheitern, so vermag auch eine eingehendere Erörterung der Rechtslage kein dem Kläger günstigeres Ergebnis herbeizuführen.

Die Klage gegen Sch. im Vorprozeß war als Bereicherungsklage aus §§ 812flg. BGB. angestellt und stützte sich lediglich auf die Behauptung, daß der Kaufpreis für das Rentengut im notariellen Vertrag vom 30. März 1921 um 170000 M. zu niedrig angegeben sei. Das Landgericht sah dieses Vorbringen für erwiesen an, da Sch. in einer gleichfalls am 30. März 1921 unterzeichneten Privaturkunde erklärt hatte, dem Kläger als Kaufpreis für das Gutsinventar 170000 M. zu schulden. Daraus zog es die rechtliche Folgerung, daß der notarielle Vertrag gemäß § 313 BGB. nichtig sei, daß Sch. die Rechte aus dem Nachtragsrezeß sowie den Besitz des Grundstücks N. 2 ohne rechtlichen Grund erlangt habe und daher dem Kulturamte gegenüber auf seine Rechte aus dem Rezeß verzichten und dem Kläger das Rentengut zurückgeben müsse. Daß der Kläger mit diesem Urteil, auch wenn es vor der Eintragung des Sch. als Eigentümers ergangen wäre, nichts hätte erreichen, insbesondere das Rentengut nicht hätte zurückerlangen können, ist bereits im früheren Senatsurteil dargetan worden. Anderseits hat das Kammergericht in seinem zweiten Urteil, wie schon angeführt, einwandfrei festgestellt, daß das Kulturamt seine Mithilfe zur Verwirklichung des Urteils im Vorprozeß verweigert haben würde. Man kann den tatsächlichen Erwägungen des Kammergerichts noch hinzufügen, daß das landgerichtliche Urteil rechtlich insoweit fehlerhaft war, als seine Annahme, Sch. sei durch den Rezeß um den Besitz des Rentenguts ungerechtfertigt bereichert, der Rechtslage widersprach. Solange der Nachtragsrezeß zu Recht bestand, bildete er ohne Rücksicht auf die Nichtigkeit des notariellen Kaufvertrags den alleinigen und einwandfreien Rechtstitel für den Besitz und das zukünftige Eigentum des Sch. an dem Rentengut; für seine Rezeßrechte war die Nichtigkeit des notariellen Kaufvertrags unerheblich. Die Sache lag nicht anders, als wenn der Kläger und Sch. vor dem Kulturamt mit einem privatschriftlichen, also einem nach § 313 BGB. nichtigen Grundstücksveräußerungs-Vertrag erschienen wären und seine Bestimmungen mit zum Inhalt des vom Kulturamt aufgenommenen Nachtragsrezesses gemacht hätten. Der privatschriftliche Vertrag hätte der Formvorschrift des Art. 12 § 1 preuß. AG. z. BGB. genügt und nur die Eigenschaft eines Vorvertrags gehabt, dessen Inhalt in dem Rezeß auf- und untergegangen wäre. Das gleiche Schicksal hatte aber auch der notarielle Vertrag, gleichviel ob er rechtsgültig oder wegen des ihm anhaftenden Beurkundungsmangels nichtig war. Nach der Aufnahme des Rezesses war er keinesfalls anders zu beurteilen, als wenn er privatschriftlich geschlossen worden wäre; denn nach diesem Zeitpunkt regelte allein der Nachtragsrezeß die Rechtsbeziehungen der Parteien. Auch wenn der notarielle Vertrag den Kaufpreis richtig angegeben hätte, also gültig gewesen wäre, hätte Sch. aus ihm nach der Bestätigung des Rezesses keinen Erfüllungs- und keinen Auflassungsanspruch gegen den Kläger herleiten können (vgl. Haack in Pr. Agrargesetzgebung 2. Aufl. Bd. 1 S. 43, Urteil des Gerichtshofes zur Entscheidung der Kompetenzkonflikte vom 13. Dezember 1924, Zeitschrift für Agrar- und Wasserrecht Bd. 5 S. 59). Umgekehrt hätte auch der Kläger keine Kondiktionsansprüche gegen Sch. auf den Vorvertrag stützen können.

Der Kläger mußte also, wenn er die Eintragung des Sch. als Eigentümers verhindern wollte, nicht den Kaufvertrag, sondern den Nachtragsrezeß beseitigen. § 12 Abs. 4 des preußischen Gesetzes betr. die Beförderung der Errichtung von Rentengütern vom 7. Juli 1891 erklärt die für Gemeinheitsteilungen geltenden Vorschriften auf das Rentengutsverfahren für anwendbar. Auf sie ist also zurückzugreifen. § 7 der Verordnung wegen des Geschäftsbetriebes in den Angelegenheiten der Gemeinheitsteilungen usw. vom 30. Juni 1834 berief die Auseinandersetzungsbehörden zur Entscheidung aller im Verfahren entstehenden und mit der Auseinandersetzung zusammenhängenden Streitigkeiten. Solange das Auseinandersetzungsverfahren noch nicht abgeschlossen war, erledigte die Generalkommission und das Oberlandeskulturgericht auch Streitigkeiten über die Gültigkeit eines Rezesses (Urteil des Oberlandeskulturgerichts vom 16. Mai 1902, abgedr. Zeitschr. für Landeskultur-Gesetzgebung Bd. 35 S. 271, Urteil des Gerichtshofs zur Entscheidung der Kompetenzkonflikte vom 14. Juni 1902, abgedr. das. S. 281). Nach Bestätigung und Ausführung des Rezesses, d. h. nach völligem Abschluß des Auseinandersetzungsverfahrens, waren aber die ordentlichen Gerichte zur Entscheidung über Klagen zuständig, durch welche die Ungültigkeit eines Rezesses wegen Betrugs oder Irrtums festgestellt werden sollte (Urteil des Oberlandeskulturgerichts in der Zeitschr. für Landeskultur-Gesetzgebung Bd. 33 S. 140 insbesondere S. 145; Entscheidungen des Obertribunals Bd. 28 S. 246, Bd. 35 S. 269, Bd. 36 S. 96; Erkenntnis des Gerichtshofs zur Entscheidung der Kompetenzkonflikte vom 12. Mai 1860, abgedr. Preuß. JMBl. 1861 S. 205; RGZ. Bd. 22 S. 361, Bd. 29 S. 149).

Die nach früherem Recht während des schwebenden Auseinandersetzungs- oder Rentengutsverfahrens sehr weitgehende Spruchkompetenz der Generalkommission und der ihr übergeordneten Behörden hat durch § 1 Abs. 5 des preuß. Gesetzes über Landeskulturbehörden vom 3. Juni 1919 eine erhebliche Einschränkung erfahren. Sie ist beseitigt für solche Streitigkeiten, die außerhalb eines Auseinandersetzungs- oder Rentengutsverfahrens Gegenstand eines Rechtsstreits hätten werden können und dann vor die ordentlichen Gerichte gehört hätten. Wie aus der amtlichen Begründung des Gesetzes und aus den den Landeskulturbehörden vom Gesetzgeber zugewiesenen Aufgaben erhellt, sollte ihnen der Charakter richterlicher Behörden genommen und sie zu Verwaltungsbehörden umgestaltet werden; die Entscheidung aller bürgerlichrechtlichen Streitigkeiten sollte den ordentlichen Gerichten zurückgegeben werden und den Kulturbehörden nur noch die Entscheidung von Streitigkeiten verbleiben, welche öffentlichrechtliche Angelegenheiten oder behördliche Anordnungen betreffen (vgl. Drucks. der verfassunggebenden Preuß. Landesversammlung Nr. 191 S. 346). Trotzdem nehmen die Landeskulturbehörden eine weitgehende Spruchbefugnis, namentlich in Streitigkeiten über die Erfüllung von Rezeßverpflichtungen, in

Anspruch (vgl. Beschlüsse des Oberlandeskulturamts vom 2. Januar, 5. März und 9. Juli 1926 sowie vom 24. Juni 1927, abgedr. Zeitschr. für Agrar- und Wasserrecht Bd. 7 S. 169 und S. 175, Bd. 8 S. 76, und Bd. 10 S. 70). Der Beschluß vom 9. Juli 1926 erklärt einen vom Kulturamtsvorsteher aufgenommenen Rentengutsvertrag für rechtsunwirksam, weil in ihm kein bestimmter und auch kein bestimmbarer Kaufpreis angegeben sei. Diese Inanspruchnahme richterlicher Befugnisse, die auch im Urteil des Gerichtshofes zur Entscheidung der Kompetenzkonflikte vom 13. Dezember 1924 (Zeitschrift für Agrar- und Wasserrecht Bd. 5 S. 59) Billigung gefunden hat, kann nicht als mit dem geltenden Recht im Einklang stehend erachtet werden. Der VI. Zivilsenat des Reichsgerichts hat sich im Urteil vom 4. Juni 1928 (RGZ. Bd. 121 S. 190, insbesondere S. 194, 195) klar und unzweideutig auf einen entgegengesetzten Rechtsstandpunkt gestellt und die Zuständigkeit der ordentlichen Gerichte für Streitigkeiten, die bei allen Kaufverträgen vorkommen können, auch dann bejaht, wenn sie aus einem vom Kulturamt vermittelten Rentengutskauf erwachsen. Dem ist beizutreten.

Verfehlt ist demnach die Ansicht des Revisionsklägers, er hätte, wenn er von der Meinungsänderung des Kulturamts über die verbindliche Kraft der ihm zugestellten einstweiligen Verfügung rechtzeitig unterrichtet worden wäre, vom Landeskulturamt oder Oberlandeskulturamt im Beschwerdeweg die Feststellung der Unrechtmäßigkeit des Sch.schen Besitzes und zugleich eine einstweilige Verfügung zum Schutze seines Rechts am Rentengut erwirken können. Zu beiden Maßnahmen waren die Kulturamtsbehörden nicht zuständig; der Streit zwischen dem Kläger und Sch. über die Befugnis des letzteren, Rechte aus dem Nachtragsrezeß herzuleiten, gehörte ausschließlich dem Gebiete des bürgerlichen Rechts an und war von den ordentlichen Gerichten zu entscheiden, auch wenn das Rentengutsverfahren noch schwebte. Daran vermag auch der Umstand nichts zu ändern, daß die Landeskulturbehörden zu Unrecht ihre Zuständigkeit annehmen; denn das Revisionsgericht hat seiner Entscheidung die richtige Gesetzesauslegung zugrunde zu legen (RGZ. Bd. 117 S. 293 und die dort angezogenen Urteile). Solange aber der Nachtragsrezeß zu Recht bestand, hing seine Durchführung und die Wahl des Zeitpunktes dafür allein vom pflichtmäßigen Ermessen der Kulturämter ab. Und daß diese sich weder durch die Vorstellungen des

Klägers noch durch einen Verzicht des Sch. auf seine Rezeßrechte von der Durchführung des Nachtragsrezesses hätten abhalten lassen, ist vom Kammergericht, wie schon hervorgehoben, rechtsirrtumsfrei festgestellt worden.

Es wäre dem Kläger also — theoretisch betrachtet — als einziger, möglicherweise Erfolg versprechender Weg die Anfechtung des Nachtragsrezesses vor dem ordentlichen Richter übrig geblieben. Daß er diesen Weg bei Kenntnis der Absichten des Kulturamts eingeschlagen hätte, ist von ihm nicht behauptet, auch in hohem Grade unwahrscheinlich, da dieser von vornherein offenstehende Weg damals nicht gewählt worden ist. Wäre es aber noch nachträglich geschehen, so hätte dem Kläger auch nicht geholfen werden können. Neben dem notariellen Grundstückskaufvertrag hatten der Kläger und Sch. ein privatschriftliches Abkommen getroffen, wonach Sch. das Gutsinventar für 170000 M. kaufen und diese Summe neben dem beurkundeten Preise zahlen sollte. Der notarielle Vertrag hat, wie schon betont, bei Beurteilung der Rechtslage auszuscheiden. An seine Stelle ist der Nachtragsrezeß vom 15. Juli 1921 getreten. Für Rezesse besteht der Zwang zur notariellen und gerichtlichen Beurkundung nicht; hier gilt daher die Vorschrift des § 313 BGB. weder unmittelbar noch mittelbar. Nebenabreden neben dem Rezeß haben aber trotzdem keine Wirksamkeit. Er muß alles enthalten, was von den Beteiligten wegen der einzelnen Rentengüter vereinbart ist (§§ 158flg. der preuß. Verordnung wegen der Organisation der Generalkommissionen usw. vom 20. Juni 1817). Nur sein Inhalt ist für die Beurteilung des Rechtsverhältnisses der Parteien maßgebend. Das Oberlandeskulturgericht hat wiederholt ausgesprochen — und darin ist ihm nach allgemeinen Rechtsgrundsätzen beizupflichten —, daß in der Regel kein Gewicht auf die Verhandlungen und Vereinbarungen zu legen sei, die der Vollziehung des Rezesses vorhergehen, und daß bei widersprechendem Inhalt angenommen werden muß, sie seien durch den Rezeß abgeändert worden. Das Oberlandeskulturgericht verweist hierzu auf § 170 der Verordnung vom 20. Juni 1817 sowie darauf, daß der Rentengutsvertrag ein Vertrag eigener Art sei, der eben nicht ausschließlich den Regeln des Privatrechts folge, sondern mit Rücksicht auf das von der Behörde geleitete, nicht nur im Privatrecht, sondern auch im öffentlichen Recht wurzelnde Verfahren und auf die Notwendigkeit der Schaffung eines sicheren Rechtszustandes die ausschließliche Beachtung der Rezeßbestimmungen verlange (Urteil des Oberlandeskulturgerichts vom 16. Mai 1902, abgedr. Zeitschr. für Landeskultur-Gesetzgebung Bd. 35 S. 275 und die dort angezogenen weiteren Urteile). Selbstverständlich bleibt auch von diesem Standpunkt aus für eine Anfechtung wegen Betrugs oder Irrtums, immer Raum. Arglistige Täuschung durch Sch. oder ein beachtlicher Irrtum des Klägers liegen aber nach dem festgestellten Sachverhalt nicht vor. Auch die Klage im Vorprozeß war nicht auf das Vorhandensein von Willensmängeln gestützt, sondern nur auf den Mangel der Form des § 313 BGB. Nun wurzelt aber, wie das Oberlandeskulturgericht hervorgehoben hat, das Verfahren zur Bildung von Rentengütern auch im öffentlichen Recht. Mit ihr werden nicht nur Privatinteressen wahrgenommen, sondern auch öffentlichrechtliche Zwecke verfolgt. Im Rezeß vom 15. Juli 1921 haben der Kläger und Sch. rechtsgeschäftliche Erklärungen nicht nur untereinander ausgetauscht, sondern auch gegenüber dem Rentengutsausgeber B. und anderen Rezeßinteressenten abgegeben. Durch die Bestätigung des Rezesses ist der Kläger seiner Eigenschaft als Rentengutskäufer entkleidet und sind die privatrechtlichen und öffentlichrechtlichen Verpflichtungen des Sch. allen Rezeßbeteiligten gegenüber endgültig festgestellt worden. Bei solcher Sachlage wäre es mit den öffentlichrechtlichen Aufgaben und Zielen der Rentengutsbildung und mit den Interessen und der Rechtssicherheit aller Rezeßbeteiligten unvereinbar, wenn dem Rentengutsverkäufer oder dem Rentengutserwerber aus der unrichtigen Angabe des Kaufpreises beim Kulturamt das Recht erwachsen sollte, die Unwirksamkeit des Rentengutskaufs geltend zu machen und so die anderen Rezeßinteressenten möglicherweise auf das empfindlichste zu schädigen. Es ist Sache und Pflicht derjenigen, die Kenntnis von den abweichenden Vereinbarungen haben, die Unstimmigkeit vor der Vollziehung des Rezesses zu rügen, ihre Unterschrift zu verweigern oder nur unter Vorbehalt zu geben. Tun sie das nicht, so verwirken sie im Rentengutsverfahren das Recht, sich auf die verschwiegenen Nebenabreden und die Täuschung des Kulturamts zur Vernichtung des Rezesses und seiner Wirksamkeit zu berufen. Dann ist aber auch für die Anwendung der §§ 116 flg. BGB. kein Raum, weil die anderen Rezeßbeteiligten außer dem Kläger und Sch. unmöglich annehmen konnten, daß ihnen von diesen beiden nur ein Scheinwille erklärt worden sei. Die beiden standen eben nicht sich allein, sondern auch dem Rentengutsausgeber, der Rentenbank und anderen Rezeßinteressenten als Erklärende gegenüber.

Aber selbst wenn die Ungültigkeit des Nachtragsrezesses ausgesprochen werden könnte, wäre für den Kläger immer noch nichts gewonnen. Dieser ist von allen Rezeßbeteiligten mit Zustimmung des Kulturamts aus seinen Rezeßverpflichtungen entlassen worden und hat ihnen gegenüber auf seine Rezeßrechte verzichtet. Denn nur auf dieser Grundlage war die Aufnahme des Nachtragsrezesses möglich. Es darf nicht übersehen werden, daß dieser, wie schon wiederholt betont, nicht nur das Rechtsverhältnis zwischen dem Kläger und Sch., sondern vor allem die Rechtsbeziehungen dieser beiden zu dem Ausgeber des Rentenguts und anderen Rezeßbeteiligten regelte. Die Folge der Nichtigkeit des Nachtragsrezesses würde nicht etwa das Wiederinkrafttreten der aufgehobenen Bestimmungen des Hauptrezesses und der durch sie begründeten Rechte des Klägers am Gute, sondern nur die gewesen sein, daß nunmehr eine Lücke entstanden und ein Rentengutsvertrag über das Gut R. 2 überhaupt noch nicht zustandegekommen wäre, also die Pflicht und Zuständigkeit des Kulturamts zur Vermittlung eines solchen wieder aufgelebt wäre (Urteil des Gerichtshofes zur Entscheidung der Kompetenzkonflikte vom 22. November 1851, abgedr. Preuß. JMBl. 1852 S. 102; Entscheidung des Oberlandeskulturgerichts, abgedr. Zeitschr. für Landeskultur-Gesetzgebung Bd. 33 S. 145). Das Kulturamt hätte den eingetretenen Mangel beseitigen und einen neuen Rezeß oder Nachtragsrezeß über das Gut aufnehmen müssen. Ob es dabei den Kläger, dessen Verhalten die ganze Verwirrung angerichtet oder wenigstens mitangerichtet hat, von neuem als Rentengutskäufer zugelassen hätte, steht völlig dahin, sofern man nicht schon in dem angefochtenen Urteil die Feststellung findet, daß das Kulturamt jede weitere Zusammenarbeit mit dem Kläger abgelehnt hätte. Es bedarf aber keiner Erörterung dieser Frage. Denn der Verlust seiner Rechte aus dem Hauptrezeß war endgültig und wäre nicht beseitigt worden, wenn es dem Kläger nach erlangter Kenntnis von dem beabsichtigten Antrage des Kulturamts rechtzeitig gelungen wäre, die Erklärung der Nichtigkeit des Nachtragsrezesses zu erwirken. Zwischen diesem Verlust und dem

Verhalten des Kulturamts fehlt es also am ursächlichen Zusammenhange.

Der Kläger hätte nach alledem seine Rechtslage auch dann nicht günstiger gestalten und namentlich auch nicht, wie die Revision meint, durch Erwirkung und Vollziehung eines Arrestbefehls verbessern können, wenn ihm noch am Tage der Eintragung des Sch. als Eigentümers des Rentenguts, dem 2. Januar 1924, von dieser Tatsache Mitteilung gemacht worden wäre.

---

9. Wird dem im § 554 Abs. 3 Nr. 2a ZPO. aufgestellten Erfordernis der Revisionsbegründung durch die Erklärung genügt, daß die Verletzung des materiellen Rechts gerügt werde?

VII. Zivilsenat. Beschl. v. 6. November 1928 i. S. E. (Kl.) w. A. V. A. GmbH. (Bekl.). VII 514/28.

I. Landgericht Nürnberg.
II. Oberlandesgericht daselbst.

Die Frage ist verneint worden aus folgenden

Gründen:

Im Schriftsatz vom 23. August 1928 ist zur Begründung der Revision nur angeführt: „Gerügt wird die Verletzung des materiellen Rechts. Weitere ausführliche Revisionsbegründung wird nachgebracht.“ Weitere Ausführungen sind aber binnen der Frist des § 554 Abs. 2 ZPO. nicht zu den Akten gebracht worden.

Die Begründung entspricht nicht dem Erfordernis des § 554 Abs. 3 Nr. 2a ZPO., wonach die Revisionsbegründung die Bezeichnung der verletzten Rechtsnorm enthalten muß. Die Bestimmungen des § 554 Abs. 3 verfolgen den Zweck, die Einlegung aussichtsloser Revisionen nach Möglichkeit zu verhindern. Deshalb muß auch die Rechtfertigung eines sachlichrechtlichen Angriffs erkennen lassen, daß der die Revisionsbegründung einreichende Rechtsanwalt sich einer Nachprüfung des Urteils unterzogen hat, und auch einem solchen Angriff muß eine sorgfältige, über ihren Umfang und Zweck keinen Zweifel lassende Begründung zuteil werden (RGZ. Bd. 117 S. 170). Entsprechend der Fassung der Nr. 2a muß nun zwar die bloße Bezeichnung der verletzten Gesetzesvorschrift mit der Paragraphennummer für ausreichend erachtet werden, wie umgekehrt die Angabe dieser Nummer nicht unbedingt erforderlich ist, wenn nur die verletzte Vorschrift deutlich genug umschrieben ist. Aber das bloß formelhafte Anführen, daß die Verletzung des materiellen Rechts gerügt werde, kann nicht als „Bezeichnung der verletzten Rechtsnorm" angesehen werden. Ob nach dem Inhalt des angefochtenen Urteils nur wenige oder gar nur eine Rechtsnorm, insbesondere ein Gesetzesparagraph ausschlaggebend gewesen ist und danach auch eine allgemeine Rüge der Verletzung des materiellen Rechts ohne Schwierigkeiten als die Rüge der Verletzung gerade dieser wenigen Rechtsnormen oder dieser einzigen ausgelegt werden könnte, ist ebenso unerheblich wie der Umstand, daß etwa aus einer Verweisung auf einen anderen Schriftsatz die Richtung der Revisionsrüge als auf eine bestimmte Rechtsnorm bezüglich festzustellen wäre. Denn es handelt sich eben um die zwingende Formvorschrift, daß in der Revisionsbegründung selbst die Rechtsnorm bezeichnet werden muß. Auch kann es gegenüber dieser Formvorschrift nicht von Bedeutung sein, daß, wenn eine an sich schlüssige — gleichviel ob wirklich begründete oder nicht begründete — Verfahrensrüge erhoben wird, diese die Wirkung hat, daß dann das Urteil auch in sachlicher Beziehung nachzuprüfen ist, ohne daß eine Verletzung des materiellen Rechts überhaupt, auch noch so allgemein, gerügt zu sein brauchte (RGZ. Bd. 87 S. 5/6). Diese sich aus der besonderen Vorschrift in § 559 S. 2 ZPO. ergebende Folge vermag die Wirksamkeit der Vorschrift des § 554 Abs. 3 Nr. 2a im übrigen nicht zu beeinträchtigen.

Auf den Standpunkt, daß das Erfordernis dieser Vorschrift durch eine allgemeine Rüge der Verletzung des materiellen Rechts nicht erfüllt wird, hat sich dauernd das Reichsgericht gestellt (Urteile vom 7. April 1906 I 473/05, vom 11. Mai 1907 JW. 1907 S. 482, vom 6. Mai 1915 IV 673/14, vom 30. Mai 1915 Seuff. Arch. Bd. 71 S. 124; vgl. die RGZ. Bd. 117 S. 170 angezogenen Entscheidungen für die Notwendigkeit besonderer Begründung zu jedem von mehreren Streitpunkten) und die gleiche Ansicht herrscht auch im Schrifttum (Stein-Jonas Zivilprozeßordnung 14. Aufl. § 554, Anm. III A 2, Förster-Kann 3. Aufl. § 554, Anm. 5b bb, Baumbach 4. Aufl. § 554, Anm. 5 B).

10. 1. Ist der Übergang des Schadensersatzanspruchs auf einen Versicherungsträger schon bei der Entscheidung über den Grund des Anspruchs zu berücksichtigen?

2. Wie gestaltet sich der Rechtsübergang, wenn der Höchstbetrag des Kraftfahrzeuggesetzes in Frage kommt?

3. Inwieweit ist bei Festsetzung einer Schadensrente künftigen Veränderungen Rechnung zu tragen?

RVO. § 1542. Kraftfahrzeuggesetz § 12. ZPO. § 304.

VI. Zivilsenat. Urt. v. 13. Dezember 1928 i. S. Rh. M. & S. GmbH. (Bekl.) w. Kn. Erben (Kl.). VI 454/28.

I. Landgericht Düsseldorf.
II. Oberlandesgericht daselbst.

Am 26. Juli 1924 wurde der Anstreicher Kn. in D. vom Anhängewagen eines Lastkraftwagens der Beklagten überfahren und verletzt. Er erhob gegen sie Klage auf Feststellung ihrer Schadensersatzpflicht und auf Zahlung von 2000 GM. Das Landgericht stellte durch Urteil vom 21. Dezember 1925 die Schadensersatzpflicht der Beklagten im Rahmen des Kraftfahrzeuggesetzes fest und verurteilte sie zur Zahlung von 2000 RM. Hiergegen legte sie Berufung ein mit dem Antrage, die Klage abzuweisen. Am 20. Februar 1926, während der Rechtsstreit in der Berufungsinstanz schwebte, starb Kn. an den Folgen der Verletzung. Seine Witwe und Kinder, die jetzigen Kläger, setzten den Rechtsstreit als seine Erben fort und erhoben zugleich eigene Ansprüche wegen des ihnen entgangenen Unterhalts, indem sie sich der Berufung der Beklagten anschlossen. Ihren Anträgen entsprechend wies das Oberlandesgericht die Berufung der Beklagten zurück und erklärte den im Wege der Anschlußberufung erhobenen, auf Zahlung von noch 2372,30 RM. und einer mit dem 20. Februar 1926 beginnenden Monatsrente von 125 RM. gerichteten Anspruch im Rahmen des Kraftfahrzeuggesetzes dem Grunde nach für gerechtfertigt. In den Gründen ist gesagt, daß der Schaden den Betrag von 2000 RM. übersteige, selbst wenn man die gesamten Leistungen der Krankenkasse und der Berufsgenossenschaft abziehe. Dieses Urteil wurde rechtskräftig. In dem nun folgenden Betragsverfahren sprach das Oberlandesgericht durch Urteil vom 18. Juni 1928 den Klägern außer dem bereits zuerkannten Betrag von 2000 RM. noch zu: 1. 1442,13 RM. nebst 6% Zinsen von 3442,13 RM. seit dem 1. Juni 1927, 2. eine Monatsrente von 70 RM. vom 20. Februar 1926 bis zum 23. September 1947, dem Tage, an welchem Kn. sein 65. Lebensjahr vollendet haben würde, nebst 6% Zinsen von den Rückständen, unter Offenhaltung der Anrechnung bereits gezahlter Beträge. Im übrigen wurde die Anschlußberufung zurückgewiesen.

Gegen dieses Urteil legte die Beklagte Revision ein, mit der sie die Herabsetzung ihrer Leistungspflicht auf diejenigen Beträge erstrebte, die sich ergeben, wenn die Leistungen der Berufsgenossenschaft auf die Höchstrente des Kraftfahrzeuggesetzes voll angerechnet werden. Die Revision führte zur Aufhebung und Zurückverweisung.

Gründe:

Das Berufungsgericht hat in der Formel des rechtskräftigen Zwischenurteils vom 12. März 1928 nicht zum Ausdruck gebracht, daß der mit der Anschlußberufung geltend gemachte Anspruch nur insoweit für gerechtfertigt erklärt werden sollte, als er nicht auf einen Versicherungsträger übergegangen war. Diese Einschränkung gehörte zum Grunde des Anspruchs (RGZ. Bd. 62 S. 338; vgl. Sydow-Busch 19. Aufl. § 304 ZPO. Anm. 3). Indessen ergibt der oben angeführte Satz der Entscheidungsgründe, die zur Auslegung der Urteilsformel verwandt werden müssen, daß das Berufungsgericht jene Einschränkung hat machen wollen. Die Rechtskraft des Urteils vom 12. März 1928 stand daher der Berücksichtigung des § 1542 RVO. nicht entgegen.

Mit Recht beschwert sich aber die Beklagte darüber, daß § 1542 RVO. nicht genügend berücksichtigt worden ist. Das Berufungsgericht stellt zunächst — abgesehen von den Kosten der versuchten Heilung, von denen die Zahlungen der Krankenkasse mit 418 RM. voll abgezogen sind, und den Beerdigungskosten — den Vermögensnachteil fest, den der Verunglückte bis zu seinem Tode erlitten hat, und zwar unabhängig von der in § 12 Nr. 1 KFG. gezogenen Grenze. Wenn es dabei den Betrag ermittelt, der „den Klägern" entgangen ist, so verfährt es nicht folgerichtig; denn festzustellen war in diesem Punkte ein Schadensersatzanspruch, der in der Person des Verunglückten zur Entstehung gelangt war und von den Klägern als seinen Erben geltend gemacht wird. Indessen kommt darauf im Ergebnis nichts an; keinesfalls ist die Beklagte dadurch beschwert. Den Betrag stellt das Berufungsgericht wegen Verdienstausfalls für 570 Krankheitstage auf 3025 RM. fest, während unter Zugrundelegung der Höchstrente von monatlich 125 RM. (§ 12 Nr. 1 KFG.) für denselben Zeitraum (26. Juli 1924 bis 20. Februar 1926 = 18⁵/₆ Monat) 2350,50 RM. zu entrichten gewesen wären. Die Leistungen der Berufsgenossenschaft betrugen in diesem Zeitraum nach der Feststellung des Berufungsgerichts 1227,71 RM. Diesen Betrag rechnet das Berufungsgericht auf den von ihm ermittelten Betrag von 3025 RM. an und gelangt so zu dem Betrag von 1797,83 RM., den es den Klägern zuspricht. Die für diese Berechnungsart angeführten Gründe sind nicht stichhaltig. Die Vorschriften des § 12 KFG. schränken nicht nur, wie das Berufungsgericht meint, die Verbindlichkeit des Entschädigungspflichtigen ein, sondern auch den Anspruch des Entschädigungsberechtigten. Nach § 1542 RVO. geht aber der Anspruch auf die Versicherungsträger insoweit über, als sie den Entschädigungsberechtigten nach der Reichsversicherungsordnung Leistungen zu gewähren haben. Bei der Anrechnung dieser Leistungen ist also von dem Betrag auszugehen, den der Entschädigungsberechtigte nach dem Kraftfahrzeuggesetz zu beanspruchen hat, wenn ihm, wie hier, nur auf Grund dieses Gesetzes ein Anspruch zusteht. Ein darüber hinausgehender Schaden kommt nicht in Betracht, denn insoweit besteht kein Entschädigungsanspruch (vgl. RGZ. Bd. 91 S. 402; JW. 1909 S. 471 Nr. 42). Das Berufungsgericht verweist darauf, daß bei mitwirkendem Verschulden des Verletzten die ihm nach § 254 BGB. zustehende Quote unabhängig von § 12 KFG. errechnet und ihm voll zugesprochen werde, wenn sich der errechnete Betrag innerhalb der Grenzen des § 12 KFG. halte. Das trifft zwar zu (RGZ. Bd. 87 S. 402), beweist aber nichts für die richtige Anwendung des § 1542 RVO. Denn dieser Paragraph regelt den Übergang des Anspruches, setzt also das Bestehen eines solchen voraus. Nach der Berechnungsweise des Berufungsgerichts wäre auf die Berufsgenossenschaft ein Betrag übergegangen, dem zum Teil ein Anspruch überhaupt nicht zugrunde lag; für diesen Teil fände die Berufsgenossenschaft keine Deckung.

Demselben Rechtsirrtum verfällt das Berufungsgericht bei der Bemessung der Rente, die es den Klägern vom Todestag des Verunglückten ab zuspricht. Es geht von einem Rentenbetrag von monatlich 160 RM. aus und rechnet auf diesen die Monatsleistungen der Berufsgenossenschaft von 90 RM. an, berücksichtigt also nicht, daß den Klägern über den nach § 12 KFG. zulässigen Höchstbetrag hinaus überhaupt kein Anspruch zusteht, und daß die Berufsgenossenschaft dabei zum Teil ungedeckt bleiben würde.

Dieser Rechtsirrtum nötigt dazu, das Urteil insoweit aufzuheben, als es durch ihn beeinflußt ist. Für die Zeit bis zum Tode des Verunglückten mit Einschluß der Beerdigungskosten kann in der Sache selbst entschieden werden. Denn für diese Zeit reichen die Feststellungen des Berufungsgerichts aus.

(Folgt die Berechnung der Beträge.)

Für die Festsetzung der Rente, die auf Grund des § 10 Abs. 2 KFG. seit dem Todestage des Verunglückten beansprucht wird, fehlt es bisher an der Feststellung der Geburtsdaten der beiden mitklagenden Kinder. Das Berufungsgericht hat die Rente für die Zeit vom 20. Februar 1926 bis zum 23. September 1947, dem Tage, an welchem Kn. sein 65. Lebensjahr vollendet haben würde, im gleichbleibenden Betrage von 70 RM. festgesetzt, der „an die Kläger zu Händen der Klägerin" zu zahlen ist. Daß die Leistungen der Berufsgenossenschaft von monatlich 90 RM. nicht von monatlich 160 RM., sondern von monatlich 125 RM. abzuziehen gewesen wären, ergibt sich aus dem bereits Gesagten. Das Berufungsgericht hat aber zwei Umstände unbeachtet gelassen, welche die Höhe der Rente beeinflussen und, soweit sie in der Zukunft eintreten, zu den voraussehbaren Umständen gehören, die schon jetzt berücksichtigt werden müssen (RGZ. Bd. 83 S. 65; JW. 1905 S. 283 Nr. 4). Der eine ist, daß die Unterhaltspflicht des Verunglückten gegenüber seinen Kindern nach § 1602 BGB. mit dem Zeitpunkte geendet haben würde, von dem ab sie imstande sind oder sein werden, sich selbst zu unterhalten; von da an stünde ihnen ein Anspruch auf Grund des § 10 Abs. 2 KFG. nicht mehr zu. Ob der für die Klägerin verbleibende Unterhaltsanspruch auf mindestens 125 RM. monatlich und demgemäß ihr Anspruch aus § 10 Abs 2 KFG. auf 125 RM. monatlich anzunehmen wäre, ist nach den Feststellungen des Berufungsgerichts nicht völlig sicher und bedarf der Nachprüfung.

Der andere nicht berücksichtigte Umstand ist, daß die Leistungen der Berufsgenossenschaft für die Kinder des Getöteten nach § 591 RVO. durch deren Alter begrenzt sind. Soweit diese Leistungen aufhören, vermindert sich der nach § 1542 RVO. auf die Berufsgenossenschaft übergegangene Teil des Anspruchs. Die Rente wird daher unter Berücksichtigung dieser Gesichtspunkte anderweit festzusetzen sein.

---

11. 1. Geht der Enteignete, der in einem Vorprozeß die Enteignungsentschädigung unrichtig berechnet hatte, durch die Rechtskraft des der Klage entsprechenden Vorprozeßurteils seines Mehranspruchs auf Entschädigung verlustig?

2. Ist der Rechtsweg, der für den Anspruch auf eine Enteignungsentschädigung auf Grund der Verordnung zur Behebung der dringendsten Wohnungsnot vom 15. Januar 1919 in einem Vorprozeß zulässig war, für Nachforderungen auch weiter zulässig geblieben, nachdem die Verordnung vom 9. Dezember 1919 den Rechtsweg ausgeschlossen hat?

ZPO. § 322. Verordnung zur Behebung der dringendsten Wohnungsnot vom 15. Januar 1919 (RGBl. S. 69) § 4. Verordnung vom 9. Dezember 1919 (RGBl. S. 1965) § 4.

VII. Zivilsenat. Urt. v. 14. Dezember 1928 i. S. Siedlungsgenossenschaft L. (Bekl.) w. S. u. Gen. (Kl.). VII 261/28.

I. Landgericht Potsdam.
II. Kammergericht Berlin.

Die Kläger waren Eigentümer eines Grundstücks, das durch Beschluß des Regierungspräsidenten in Potsdam vom 3. Juni 1919 in seiner Eigenschaft als Bezirkswohnungskommissar zugunsten der beklagten Genossenschaft enteignet wurde. Als Enteignungsentschädigung wurde der Betrag von 82540 M. festgesetzt. Die Enteigneten haben in einem Vorprozeß die Erhöhung der Entschädigungssumme um 125810 M. verlangt, und das Landgericht in Potsdam hat ihnen durch Urteil vom 24. Oktober 1922 außer den ihnen im Verwaltungsweg zugebilligten 82540 M. noch weitere 87460 M. als Entschädigung zugebilligt. Eine Abweisung wegen des verlangten Mehrbetrags ist nicht ausdrücklich ausgesprochen worden. Die zuerst zugebilligten 82540 M. sind am 29. September 1919 von der Beklagten gezahlt und die weiteren 87460 M. am 5. Februar 1923 im Wege der Zwangsvollstreckung beigetrieben worden.

Die Kläger behaupten, daß sie durch die empfangenen 170000 Papiermark nicht voll befriedigt worden seien, weil die ihnen zugebilligte Entschädigung am Tage der Zustellung des Feststellungsbeschlusses, dem 6. Juni 1919, einen Goldwert von 52870 Goldmark gehabt habe, während die von der Beklagten geleisteten Zahlungen nur 15529,30 Goldmark wert gewesen seien. Sie haben deshalb von den ihnen angeblich noch zustehenden 37340,70 Goldmark einen Teilbetrag von 12000 RM. im jetzigen Rechtsstreit eingeklagt. Die Beklagte hat eingewendet, dem Klaganspruch stehe die Rechtskraft des im Vorprozeß ergangenen Urteils des Landgerichts entgegen und die Kläger könnten bestenfalls Ansprüche daraus herleiten, daß ihnen die durch dieses Urteil zugesprochenen 87460 M. erst am 5. Februar 1923 gezahlt worden seien.

Die Vorinstanzen haben der Klage stattgegeben. Die Revision der Beklagten blieb ohne Erfolg.

Gründe:

... Das Landgericht hat im Vorprozeß-Urteil vom 24. Oktober 1922 die Kläger mit dem Betrag von 38350 M., den sie über den ihnen zugesprochenen Betrag hinaus verlangt hatten, nicht ausdrücklich abgewiesen. Aber im Sinne der Entscheidung hat dies offenbar gelegen, sodaß auch der entscheidende Teil jenes Urteils dahin verstanden werden muß. Ohne Rechtsirrtum hat das Berufungsgericht auch angenommen, daß in dieser Entscheidung der 6. Juni 1919, d. i. der Tag der Zustellung des Feststellungsbeschlusses, als der für die Wertermittlung maßgebende Stichtag angesehen worden ist.

Der zugesprochene Betrag deckte aber unzweifelhaft den den Klägern zustehenden Entschädigungsanspruch nicht, weil dabei, wie das Berufungsgericht zutreffend ausführt, die vom 6. Juni 1919 bis zum 24. Oktober 1922 eingetretene Geldentwertung nicht berücksichtigt war und richtigerweise die für den 6. Juni 1919 auf 170000 M.

festgestellte Entschädigung nach dem verringerten Kaufkraftwert der Mark zur Zeit der Erlassung des Urteils hätte umgerechnet werden müssen. Wenn dies geschehen wäre, würde das Landgericht im Vorprozeß auch nicht zur Abweisung des damaligen Klaganspruchs in Höhe von 38350 M. gekommen sein. Aber auf der anderen Seite hätte es den damaligen Klägern auch keinesfalls mehr als den geforderten Papiermarkbetrag von 125810 M. zubilligen können, weil es über den Antrag der Kläger nicht hinausgehen konnte (§ 308 ZPO.).

Damit ist indes noch nicht die Frage entschieden, ob die Kläger durch die Rechtskraft des früheren Urteils gehindert sind, im gegenwärtigen Rechtsstreit eine Nachforderung zu erheben, nachdem inzwischen durch die Rechtsprechung des Reichsgerichts geklärt worden ist, daß der Enteignete den für den Tag der Zustellung des Feststellungsbeschlusses ermittelten Wert des Grundstücks in dem Markbetrag ersetzt verlangen kann, der nach seinem Kaufkraftwert am Tage des Urteils dem für jenen Tag festgestellten Wert- und Entschädigungsbetrag entspricht. Diese Rechtsfrage ist bereits im Urteil des erkennenden Senats vom 6. Januar 1928 (RGZ. Bd. 119 S. 362) entschieden und dort in dem Sinne beantwortet worden, daß die Rechtskraft des Papiermarkurteils auch bei dem Entschädigungsanspruch aus der Enteignung die Nachforderung nicht hindert. An dieser Auffassung hat der Senat im Urteil vom 9. Oktober 1928 VII 109/28 festgehalten und die Wirkungen der Rechtskraft in einer Entscheidung vom gleichen Tage (RGZ. Bd. 122 S. 110) nur für den Fall anders beurteilt, wo in der Vorentscheidung die Geldentwertung zwar berücksichtigt, aber nach rechtlich unrichtigen Gesichtspunkten behandelt worden war. Diesem reichsgerichtlichen Standpunkte wird das Berufungsurteil gerecht. Ihn aufzugeben, bieten die Ausführungen der Revision keinen Anlaß.

Zwar ist auch im Schrifttum die Entscheidung des Senats vom 6. Januar 1928 angegriffen worden (vgl. Pagenstecher in der JW. 1928 S. 2858 und seine Schrift „Die Einrede der Rechtskraft im Aufwertungsprozeß"). Allein der gegen sie erhobene Angriff ist nicht gerechtfertigt. Im gegebenen Falle mag die Rechtskraft des Vorprozeßurteils so weit reichen, daß der Wert des enteigneten Grundstücks nach dem Marktwerte vom 6. Juni 1919 endgültig als auf 170000 M. festgestellt zu gelten hatte. Aber es trifft nicht zu, daß damit auch der

Mehrbetrag der Entschädigung als rechtskräftig aberkannt anzusehen wäre, der sich durch die Umrechnung dieser 170000 M. auf den Markwert vom 24. Oktober 1922 ergibt. Allerdings sind die Entschädigungsansprüche aus der Enteignung für das Gebiet der Geldentwertung nicht nach den Grundsätzen über die Aufwertung zu behandeln, weil die Entschädigung eine Wertschuld ist und deshalb eine Aufwertung für sie nicht in Betracht kommt. Aus diesem Grunde mag der vom Reichsgericht für die Aufwertung ausgesprochene Satz, daß die Rechtskraft des Papiermarkurteils nicht den nachträglich erhobenen Anspruch auf Aufwertung ausschließt, nicht unmittelbar auf die Enteignungsentschädigung passen. Trotzdem bleibt aber bestehen, daß der Enteignete, der den Wertschuldcharakter seiner Forderung und die Folgen, die sich daraus für die Berechnung der Entschädigung ergaben, verkannt und deshalb von seinem Schuldner irrtümlich zu wenig gefordert hat, dadurch nicht seiner Mehransprüche infolge der Rechtskraft der über die Entschädigung ergangenen Vorentscheidung verlustig geht. Der Umstand, daß im früheren Prozeß die Kläger die Einklagung ihrer ganzen Entschädigungsforderung beabsichtigt hatten, kann eine so weitgehende Folge nicht begründen. Sie wäre nur dann zu rechtfertigen, wenn der nachgeforderte Mehrbetrag durch das frühere Urteil als abgewiesen zu gelten hätte. Eine solche Abweisung kann aber für einen Anspruch nicht in Frage kommen, der gar nicht erhoben war. Daß er erhoben gewesen wäre, kann auch nicht daraus entnommen werden, daß die Kläger im Vorprozeß mit ihrem Anspruch die ganze Entschädigungsforderung haben einklagen wollen. Denn das haben sie nur in dem Umfang getan, in dem sie diese nach ihrer irrtümlichen Vorstellung für die ganze Forderung hielten. Durch diesen Irrtum haben sie aber das Recht auf Nachforderung nicht eingebüßt, gleichwie auch der Verkäufer, der infolge einer falschen Berechnung der Kaufpreisschuld seinen Anspruch gegen den Käufer zu gering eingeklagt hat, sein Recht auf den Mehrbetrag nicht etwa verliert, weil er zu wenig gefordert hat (Recht 1925 S. 757). Daß bei der Entschädigungsforderung aus der Enteignung die Geldentwertung nur einen Berechnungsfaktor für die von Anfang an bestehende Wertschuld bildet, mag diesen Fall von dem Aufwertungsanspruch unterscheiden. Aber für die Wirkung der Rechtskraft des lediglich über den Papiermarkanspruch — also ohne Berücksichtigung der Geldentwertung — ergangenen Urteils hat dies keine

Bedeutung. Denn im einen wie im andern Falle liegt es infolge der zu geringen Bezifferung des früher eingeklagten Anspruchs tatsächlich so, daß nur über einen Teilbetrag erkannt ist. Daß der Anspruch nicht als Teilanspruch eingeklagt war, ändert daran nichts. Auch kann das über den Papiermarkbetrag erlassene Urteil nicht etwa als Fehlurteil angesehen werden, wenn die Partei selbst nur den Papiermarkbetrag gefordert hat. Darum passen auf ein solches Urteil auch nicht die für die Rechtskraftwirkung eines unrichtigen Urteils geltenden Grundsätze, wonach durch dessen Rechtskraft allerdings dem Kläger unter Umständen ein Anspruch verloren gehen kann. Und endlich hat hier auch die aus dem Vorprozeßurteil zu entnehmende Teilabweisung keine abweichende Rechtslage geschaffen. Denn mit ihr war nur der eingeklagte Papiermarkanspruch zum Teil abgewiesen, was höchstens zur Folge hat, daß die Entschädigung als für den 6. Juni 1919 rechtskräftig auf 170000 M. festgestellt zu gelten hat.

War nach alledem durch das rechtskräftige Vorprozeßurteil nicht über den ganzen Entschädigungsanspruch erkannt, so war durch dieses Urteil das Entschädigungsverfahren noch nicht abgeschlossen. Darum war die jetzige Klage auch nicht verspätet, wenn sie erst nach Ablauf der im § 4 Abs. 3 der Verordnung zur Behebung der dringendsten Wohnungsnot vom 15. Januar 1919 vorgeschriebenen Ausschlußfrist erhoben wurde. Denn der Rechtsweg war, wie bereits in der Entscheidung RGZ. Bd. 119 S. 362 ausgeführt ist, für die Geltendmachung des gesamten Entschädigungsanspruchs schon durch die im Vorprozeß erhobene Klage eröffnet. Dadurch blieb er aber offen, bis über die ganze Entschädigungsforderung rechtskräftig entschieden war. Zwar hat die weitere Enteignungsverordnung vom 9. Dezember 1919 den ordentlichen Rechtsweg nicht mehr zugelassen. Aber diese Verordnung berührte den im Vorprozeß zulässig gewesenen Rechtsweg nicht und blieb deshalb auf den gegenwärtigen Prozeß ohne Einfluß. . . .

12. 1. Kann eine eingetragene Auflassungsvormerkung wegen des öffentlichen Glaubens des Grundbuchs auch zum Nachteile dessen geltend gemacht werden, zu dessen Gunsten sie bewilligt wurde?

2. Wann ist die Ablösung einer Hypothek für Rechnung des Erwerbers erfolgt?

BGB. § 892. AufwG. § 20. Reichsges. v. 9. Juli 1927 (RGBl. I S. 171) § 14.

V. Zivilsenat. Urt. v. 15. Dezember 1928 i. S. Stadtgemeinde W. (Kl.) w. M. (Bekl.). V 66/28.

I. Landgericht Wiesbaden.
II. Oberlandesgericht Frankfurt a. M.

Für die Klägerin haftete auf einem in Wiesbaden gelegenen Grundstück eine Darlehenshypothek von 129000 M., die ihr am 4. August 1922 von den damaligen Eigentümern, Eheleuten N., in Papiermark zurückgezahlt und auf Grund ihrer den Schuldnern am 17. August 1922 erteilten Löschungsbewilligung am 29. August 1922 gelöscht worden ist. An demselben 4. August, an dem die Zahlung geleistet war, haben die Eheleute N. das Grundstück dem Beklagten verkauft. Im § 2 Abs. 2 des Vertrags ist bestimmt:

„Auf dem Hausgrundstück ruht eine Hypothek zugunsten der Stadtgemeinde W. von 129000 M. nebst Zinsen, welche von den Verkäufern schon bezahlt ist. Die Parteien beantragen und bewilligen schon heute die Löschung der Hypothek im Grundbuch. Verkäufer verpflichten sich, Löschungsbewilligung beizubringen. Im übrigen wird der Kaufpreis von 1750000 M. heute in bar gezahlt, worüber die Verkäufer hiermit quittieren."

Dem Beklagten wurde eine Auflassungsvormerkung bewilligt, die auf Antrag vom 7. am 10. August 1922 eingetragen wurde. Die Auflassung an den Beklagten erfolgte am 1. November 1922, die Umschreibung des Grundstücks auf ihn gemäß Antrag vom 2. am 8. November 1922.

Die Klägerin beansprucht dingliche Aufwertung, ist aber damit in den Vorinstanzen abgewiesen worden. Ihre Revision hatte Erfolg.

Gründe:

Allerdings geht die Rüge fehl, daß die Eintragung der Auflassungsvormerkung dem Beklagten, weil damals die Hypothek weder gelöscht, noch Löschungsbewilligung erteilt gewesen sei, die Befugnis nehme, die spätere Löschung geltend zu machen. Es widerspricht schon dem Sinn einer zum Schutze des Grundstückserwerbers gegen Änderungen des Grundbuchstandes gedachten Eintragung, daß sie zu seinem Nachteil soll wirken können; auch schloß an sich die Tatsache, daß zur Zeit des Eintrags der Vormerkung weder eine Löschung noch auch nur eine Löschungsbewilligung vorlag, die Gutgläubigkeit über die volle Wirksamkeit späterer Löschung keineswegs aus. Es kam aber auch, seitdem der Vormerkung die endgültige Eintragung, nämlich die Umschreibung des Grundstücks auf den Beklagten, nachgefolgt war, für die Frage des gutgläubigen Erwerbs in erster Linie nicht mehr auf die Vorgänge bei der Vormerkung an, sondern nach § 892 BGB., § 20 AufwG. auf die Vorgänge bei der Umschreibung. Nach § 892 Abs. 2 BGB. war maßgebender Zeitpunkt der Eingang des Umschreibungsantrags beim Grundbuchamt am 2. November 1922. Damals aber war die Hypothek der Klägerin gelöscht. Daß sie zur Zeit des Vormerkungsantrags noch im Grundbuch gestanden hatte, konnte von einiger Bedeutung nur unter dem Gesichtspunkt eines tatsächlichen Anhalts für die Kenntnis des Beklagten von erst kürzlich erfolgter Auszahlung in entwerteter Papiermark sein, eines Anhalts, dessen es jedoch im vorliegenden Fall nach dem eigenen Vortrag des Beklagten über den Verlauf des Kaufabschlusses nicht bedurfte. Daß aber durch die bloße Kenntnis der Zahlung mit entwertetem Gelde für die damalige Zeit regelmäßig nicht die Gutgläubigkeit über endgültiges Erloschensein des daraufhin gelöschten dinglichen Rechts widerlegt wird, steht in der Rechtsprechung fest (vgl. RGZ. Bd. 116 S. 102), und besondere Tatsachen, die zum Nachteil des Beklagten eine strengere Beurteilung rechtfertigen könnten, sind nicht vorgebracht.

Seit dem Inkrafttreten des § 14 des Gesetzes vom 9. Juli 1927 (RGBl. I S. 171) ist aber gegenüber dem dinglichen Aufwertungsanspruch die Berufung auf den öffentlichen Glauben des Grundbuchs, was das Erloschensein einer Hypothek anlangt, demjenigen Grundstückserwerber versagt, von dem oder für dessen Rechnung die Hypothek abgelöst worden war. Das Berufungsgericht hat die Anwendbarkeit dieser Vorschrift auf den vorliegenden Streitfall eingehend geprüft, die Möglichkeit ihres Zutreffens auch nicht verneint, ist aber dennoch zur Bestätigung der Klagabweisung gelangt, weil es dafür hält, daß die Klägerin der ihr obliegenden Behauptungs- und Beweispflicht nicht genügt habe. Die Ausführungen des Berufungsgerichts sind jedoch in zweifacher Beziehung nicht bedenkenfrei. Es nimmt an, die Klägerin hätte behaupten und beweisen müssen,

1. daß ein Zusammenhang zwischen Ablösung und Grundstückserwerb bestanden hat,

2. daß tatsächlich eine Inanspruchnahme der Mittel des Beklagten zur Rückzahlung stattgefunden hat,

3. daß diese Inanspruchnahme mit Wissen und Wollen des Beklagten geschehen ist.

Vom Vorliegen eines genügenden Zusammenhangs zwischen Ablösung der Hypothek und Grundstückserwerb des Beklagten geht auch das Berufungsgericht mit zutreffender Begründung aus. Es erörtert selbst die Voraussetzungen einer Ablösung für Rechnung des Erwerbers in nahezu völliger Übereinstimmung mit dem erkennenden Senat (RGZ. Bd. 119 S. 178, 182). Der Beklagte hat selbst nachdrücklich betont, daß verlangt worden sei, er müsse die Hypothek beseitigen. Das Berufungsgericht vermißt aber Behauptung und Beweis, daß der Hypothekenbetrag mit Mitteln des Beklagten bezahlt worden sei; es nimmt an, daß als Ablösung für Rechnung des Erwerbers nicht eine Zahlung gelten könne, die am Vormittag des 4. August 1922 mit anderweit vom Veräußerer beschafften Mitteln geleistet sei, während die Zahlung des Kaufpreises an ihn erst am Nachmittag desselben Tages erfolgt sei (wie der Beklagte die Sache darstellt). Damit hat aber das Gericht die Voraussetzung einer Ablösung für Rechnung des Erwerbers zu eng gefaßt. Auch eine Ablösung mit einstweilen anderweit aus dem eigenen Vermögen des Veräußerers entnommenen Mitteln, die aber auf Verlangen des Erwerbers und im Hinblick auf die bevorstehende Erstattung aus dem Kaufpreis bewirkt wurde, muß als eine solche für Rechnung des Erwerbers im Sinne des § 14 AufwNov. angesehen werden. Wollte man dies verneinen, so würde man die Entscheidung, ob ein Fall des § 14 vorliege, von Nebenumständen des Ablösungshergangs abhängig machen, die den Kernpunkt, die Herbeiführung der Ablösung durch den Erwerber, der ein reines Grundbuch zu haben wünscht, nicht berühren. So hat denn inzwischen auch die überwiegende Mehrzahl der dem erkennenden Senat bekannt gewordenen Berufungsentscheidungen die nur mittelbare Bereitstellung der Mittel des Erwerbers für genügend erklärt.

Das Berufungsurteil kann daher schon deshalb nicht aufrechterhalten bleiben, weil bisher die Frage, ob die Ablösung mit Mitteln des Erwerbers erfolgt ist, unter einem zu engen Gesichtspunkt geprüft worden ist. Es kommt aber weiter hinzu, daß die Ablösung mit Mitteln des Erwerbers nur einen der möglichen Fälle einer Ablösung für Rechnung des Erwerbers darstellt. Eine Ablösung des Erwerbers im Sinne des § 14 kann auch dann vorliegen, wenn der Kaufpreis mit Rücksicht auf die geforderte Beseitigung der Hypothek durch den Veräußerer höher bemessen worden ist. Der Beklagte selbst hat ausgeführt, daß dies wirtschaftlich die Regel sein werde. Notwendig ist es nicht. Ist z. B. der Kaufpreis in einer hohen runden Papiermarksumme festgesetzt und daneben der Papiermarkbetrag der zu beseitigenden Hypothek gering, so kann die Übernahme der Verpflichtung zur Beseitigung der Hypothek ohne Einfluß auf den Kaufpreis geblieben sein.

Von dieser rechtlichen Beurteilung aus wird das Berufungsgericht den Sachverhalt auf Grund des Vorbringens der Parteien erneut zu prüfen haben.

---

13. 1. Liegt auch dann Übernahme eines Vermögens im Sinne des § 419 BGB. vor, wenn die zum Vermögen gehörenden Gegenstände mehreren Personen in der Weise übertragen werden, daß jede von ihnen das Alleineigentum an einem Teile der Gegenstände erlangt?

2. Genießt der Erwerb auf Grund einer Vermögensübernahme im Sinne des § 419 BGB. den Schutz des öffentlichen Glaubens des Grundbuchs? Wie verhält es sich mit diesem Schutz, wenn der Erwerb auf Grund eines Gutsüberlassungsvertrags stattfindet, der eine vorweggenommene Erbschaft darstellt?

BGB. §§ 419, 892.

V. Zivilsenat. Urt. v. 15. Dezember 1928 i. S. B. (Kl.) w. B. u. Gen. (Bekl.). V 550/27.

I. Landgericht Stendal.

Für den verstorbenen B. standen auf dem Grundbesitz des W. B., einem Bauerngut von etwa 300 Morgen Größe, seit 1908 zwei Darlehenshypotheken von 40000 M. und 2000 M. eingetragen. B. ist von seiner Witwe, der Klägerin, beerbt worden. Der Eigentümer-Schuldner zahlte die Hypothekenschulden im März 1923 zum Nennwert zurück; am 1. Mai 1923 wurde die Lasten gelöscht. W. B. übertrug durch Vertrag vom 26. November 1923 und darin erklärte Auflassung etwa 90 Morgen seines Gutes seiner Tochter, der Beklagten zu 2, mit einem Teil des Mobiliars zu Eigentum und gab den gesamten Rest des Gutes mit Gebäuden und Inventar seinem Sohn, dem Beklagten zu 1. Die Tochter übernahm dafür auf Lebenszeit der Eltern die Leistung einer Roggenrente, der Sohn bestellte ein Altenteil. Der Grundbesitz wurde am 18. Dezember 1923 auf Sohn und Tochter umgeschrieben. Die Klägerin hat die Hypotheken zur Aufwertung angemeldet, und zwar begehrt sie Aufwertung der persönlichen Forderung gegenüber dem W. B. und Aufwertung der dinglichen Last gegenüber den Beklagten zu 1 und 2 auf dem ihnen vom Vater übertragenen Grundbesitz. Die Aufwertungsstelle hat die Aufwertung der persönlichen Forderung auf 9994,45 RM. und 499,97 RM bestimmt. Beide Beklagte bestreiten ihre Aufwertungspflicht. Die Klägerin begehrt von ihnen die Bewilligung der Wiedereintragung der eingetragen gewesenen Lasten mit den sich aus dem Aufwertungsgesetz ergebenden Beträgen auf dem früher belasteten Grundbesitz. Die Beklagten berufen sich auf den öffentlichen Glauben des Grundbuchs, wonach sie den Grundbesitz ohne diese Lasten bekommen hätten.

Die Klägerin macht geltend, auf den öffentlichen Glauben des Grundbuchs könnten sich die Beklagten nicht berufen, weil Übertragung eines ganzen Vermögens vorliege; außerdem hafteten die Beklagten aus Bereicherung, da die Übertragung zum weitaus größten Teil, mindestens zu 80%, unentgeltlich geschehen sei. Die Beklagten bestreiten, daß eine Gesamt-Vermögensübertragung vorliege und daß die Übertragung unentgeltlich erfolgt sei. Das Landgericht hat die Klage abgewiesen. Die unmittelbar zum Reichsgericht eingelegte Revision der Klägerin führte zur Aufhebung des Urteils und zur Zurückverweisung.

Aus den Gründen:

Das Landgericht kommt zur Klagabweisung, weil der öffentliche Glaube des Grundbuchs die Beklagten schütze. Es meint, die Vorschrift des § 892 BGB. werde durch § 419 BGB. nicht ausgeschaltet; es komme aber auf eine Erörterung dieser Frage deswegen nicht an, weil die Übertragung des Grundbesitzes in Einzelteilen und an zwei verschiedene Personen erfolgt, somit ein Fall des § 419 BGB. nicht gegeben sei; auch § 816 BGB. sei nicht anwendbar, weil die Beklagten ein Entgelt gewährt hätten.

Diese Ausführungen sind nicht frei von Rechtsirrtum: Das Vorliegen einer Vermögensübernahme kann nicht aus dem Grunde verneint werden, daß die Übertragung des Gutes nicht auf ein Kind, sondern in Teilen auf zwei Kinder stattgefunden hat. Die Rechtsprechung hat der Vermögensübertragung im ganzen den Fall gleichgestellt, daß einzelne Vermögensstücke übertragen sind, wenn diese tatsächlich das ganze Vermögen des Übertragenden gebildet haben oder doch nur unerhebliche Stücke bei ihm zurückgeblieben sind (RGZ. Bd. 65 S. 171, Bd. 69 S. 284, Bd. 80 S. 260). Liegt beim Übertragenden eine Gesamtabgabe in Einzelstücken vor, so kann es für die Annahme einer Vermögensübernahme und die daraus zu ziehenden rechtlichen Folgerungen keinen Unterschied machen, daß diese Einzelstücke nicht an eine Person, sondern an mehrere gegeben sind, wenn nur eine dieser Personen einen wesentlichen Teil des Vermögens bekommen hat oder das bei mehreren von ihnen der Fall gewesen ist. So wird § 419 BGB. auch im Falle einer Übertragung von Vermögensbruchteilen angewandt, was im ersten Entwurf des Bürgerlichen Gesetzbuchs ausdrücklich bestimmt war, dann aber als selbstverständlich gestrichen worden ist. Vermögensnachfolge liegt in gleicher Weise vor, ob nun der Übertragende sein Vermögen an eine Person gibt, oder ob er sich des ganzen Vermögens zugunsten mehrerer Personen entäußert; gleichgültig ist es auch, ob die Entäußerung an mehrere unter Scheidung nach Bruchteilen oder durch Bezeichnung von Einzelgegenständen geschieht. Der Empfänger von Einzelgegenständen wird jedoch bei solcher Vermögensentäußerung dann nicht als Vermögensübernehmer anzusehen sein, wenn die ihm zugeteilten Sachen zusammengefaßt nicht als Vermögensinbegriff, als eine Gesamtheit (universitas juris), anzusehen sind; wenn also etwa der betreffenden Person nur einzelne im Verhältnis zum

Ganzen geringwertige Stücke bestimmt worden sind, während das Vermögen in seinem wesentlichen Bestande geschlossen anderweit zugeteilt worden ist. Nach diesen Ausführungen könnte der in Einzelteilen geschehene Empfang der mehreren Beklagten von ihrem Vater doch den Begriff einer Vermögensübernahme erfüllen.

Aus diesem Grunde ist weiter die Frage zu erörtern, ob in Fällen der Vermögensübernahme dem Übernehmer die Berufung auf den öffentlichen Glauben des Grundbuchs zu versagen ist. Hierbei ist der Meinung der Revision nicht zuzustimmen, die dahin geht, daß in allen Fällen einer Vermögensübertragung im Sinne des § 419 BGB., wie sie hier entgegen der Ansicht des Landgerichts vorliege, dem Übernehmer der Schutz des § 892 BGB. zu versagen sei. Bei solcher Vermögensübertragung sind zum Übergang der einzelnen Vermögensgegenstände besondere dingliche Übertragungsakte erforderlich. Das sind Rechtsgeschäfte im Sinne des § 892 BGB., durch die das Recht am Grundstück erworben wird und an welche das Gesetz den Schutz des guten Glaubens knüpft. Es findet hier dinglich Sondernachfolge statt. Im Gegensatz dazu stehen die Fälle der Gesamtnachfolge, wo der Erwerb der Vermögensstücke ohne hierauf gerichtetes Rechtsgeschäft kraft Gesetzes geschieht und der Schutz des § 892 BGB. deshalb nicht Platz greift, so namentlich im Falle der Erbfolge. Die in § 419 BGB. angeordnete Mithaftung des Übernehmers für die Schulden kann nur einen persönlichen Anspruch gegen diesen begründen, ist jedoch ohne Einfluß auf die dingliche Rechtsänderung und ihre Gestaltung. Trotz Rückzahlung des Papiermarkbetrags im März 1923 sind die Darlehensschulden und die Hypothekenbelastungen bestehen geblieben. Nach ihrer Löschung bestand ein Anspruch auf Berichtigung des Grundbuchs (§ 894 BGB.), nämlich auf Wiedereintragung der Hypotheken gegen den Eigentümer W. V. Ihm gegenüber erlosch dieser dingliche Anspruch — der sich nur gegen den Eigentümer als solchen richtete — sobald sein Eigentum aufhörte (Gruch. Bd. 65 S. 725). Auf seine Nachfolger sind zwar bei Anwendung des § 419 BGB. die bestehenden schuldrechtlichen Verpflichtungen übergegangen; aber für den im Augenblick des Eigentumsübergangs gegenüber den Übertragenden erlöschenden dinglichen Anspruch aus § 894 BGB. besagt § 419 nichts. Auch ist nichts ersichtlich von einem besonderen schuldrechtlichen Anspruch gegen den Darlehensnehmer W. V., daß er die dingliche Sicherheit aufrecht zu erhalten und zu gewährleisten habe, einem Anspruch, der dann gemäß § 419 BGB. auch gegen einen etwaigen Vermögensnachfolger bestehen könnte. Ein derartiger Gewährleistungsanspruch liegt regelmäßig nicht im Rahmen eines Darlehensvertrags mit Bestellung dinglicher Sicherheit.

Hiernach führt eine Vermögensübertragung nicht schon dann, wenn sie unter § 419 BGB. fällt, und auch nicht deshalb, weil sie darunter fällt, zur Ausschaltung des § 892 BGB. Gleichwohl ist die Berufung auf den öffentlichen Glauben des Grundbuchs dem Vermögensempfänger dann zu versagen, wenn der dingliche Einzelrechtserwerb erfolgt ist in Ausführung eines Gutsüberlassungsvertrags, der sich sowohl nach der tatsächlichen Gestaltung, wie auch nach dem Willen der Beteiligten als eine Vorwegnahme der Erbfolge (successio anticipata) im Kreise der Familie, namentlich zugunsten der Kinder der Übertragenden, darstellt, wie dies hier möglicherweise der Fall ist. Schon die preußische Praxis hatte den Satz entwickelt, daß Auflassung infolge „Vitalitienvertrags" keinen gutgläubigen Erwerb vermittle (JW. 1888 S. 42). Es wurde gesagt, weil hier der Erwerber in die passiven Beziehungen des Veräußerers eingetreten sei, müsse er gleich diesem der Berichtigung des Grundbuchs zustimmen (Turnau-Förster Liegenschaftsrecht 3. Aufl., Bd. 1 S. 248). Wenn auch eine Vermögensaufteilung unter Lebenden, die zum Zwecke der Erbregelung stattgefunden hat, keineswegs der Erbfolge gleich zu behandeln ist, so ist doch in solchem Falle kein Raum für den Zweckgedanken des § 892 BGB. Diese Festlegung des öffentlichen Glaubens des Grundbuchs greift rechtsvernichtend in die wirkliche Rechtslage ein, um zur Sicherheit des Rechtsverkehrs und zum Vorteil des Erwerbers dessen Vertrauen auf die Zuverlässigkeit des Grundbuchs zu rechtfertigen (RGZ. Bd. 119 S. 126). Der neu hinzutretende Erwerber, der dem Gegenstand des Rechtsgeschäfts bisher ferngestanden hat und daher auf die Richtigkeit des Grundbuchs angewiesen ist, soll vor den Folgen eines Irrtums geschützt werden. Wie in der oben angeführten Entscheidung ein solcher Vertrauensschutz da nicht für rechtens erachtet worden ist, wo zwar juristisch Eigentumswechsel stattgefunden hat, dabei aber nur die Rechtsform geändert und in Wahrheit das Grundstück in der Hand derselben natürlichen Personen geblieben ist, so besteht auch keine Veranlassung für solchen Vertrauensschutz in den Fällen, wo Kinder von Vater oder Mutter das Familiengut, dessen rechtliche und tatsächliche Beziehungen ihnen mutmaßlich wohl bekannt, zum mindesten leicht erforschbar sind, in einer Weise erwerben, welche die spätere Erbfolge vorwegnimmt. Wäre es zum Erbgang gekommen, so wäre bei der dann eintretenden Gesamtrechtsnachfolge die Berufung auf den öffentlichen Glauben des Grundbuchs ausgeschlossen. Der Vorteil einer solchen Berufung, zum Schaden des Aufwertungsgläubigers, darf dem Übernehmer nicht dadurch zufallen, daß zu seinem Nutzen das Ergebnis einer Erbfolge schon durch Rechtsgeschäft unter Lebenden herbeigeführt wird, auch wenn dabei vom Übernehmer Verpflichtungen eingegangen werden, die sich aus den Familienverhältnissen ergeben.

Von diesem Standpunkt aus kommt es also hier darauf an, ob in der Gutsüberlassung die Übertragung des Vermögens auf die beiden Beklagten derart liegt, daß damit die zukünftige Erbfolge vorweggenommen ist und werden sollte. Über diese Frage, die nicht allein auf rechtlichem, sondern auch auf tatsächlichem Gebiet liegt, wird der Vorderrichter sich noch auszusprechen haben. Die obigen Ausführungen darüber, daß auch eine Zuteilung in Einzelsachen und an mehrere Kinder eine solche Annahme zuläßt, sind dabei zu berücksichtigen. Findet § 892 BGB. keine Anwendung, so müssen die Beklagten gemäß § 20 AufwG. die Eintragung der Aufwertungshypotheken dulden.

Sollte das Ergebnis der weiteren tatsächlichen Erörterung der Klägerin ungünstig sein, so käme doch noch die Behauptung der Klägerin in Betracht, daß die Übertragung an die Beklagten zu 80% unentgeltlich geschehen sei. Der Vorderrichter berücksichtigt nicht, daß, wenn auch ein von den Beklagten zu leistendes Entgelt vereinbart ist, doch eine gemischte Schenkung vorliegen könnte, wobei freilich zu beachten ist, daß das Wesen der entgeltlichen Verfügung oder des ihr zugrundeliegenden Rechtsgeschäfts nicht ausschließlich in objektiven Begriffsmerkmalen (den Wertverhältnissen) gesucht werden darf (RGZ. Bd. 68 S. 328, Bd. 81 S. 365). Der Vorderrichter wird sich gegebenenfalls hierüber und über die Anwendung des § 816 BGB. (RGZ. Bd. 119 S. 308) auszusprechen haben.

14. Zum Tatbestand des Vorbenutzungsrechts nach § 5 des Patentgesetzes.

I. Zivilsenat. Urt. v. 15. Dezember 1928 i. S. M.-B.-Bl. AG. (Bekl.) w. Ws. M.-Werke GmbH. (Kl.). I 217/28.

I. Landgericht I Berlin.
II. Kammergericht daselbst.

Die Klägerin war bisher Inhaberin des vom 29. August 1905 ab geschützten DRP. Nr. 194174, betr. Verfahren und Einrichtung zur schnellen Herstellung von mit Farbe überzogenen Papierbahnen und dergl. . . Die Patentansprüche lauten:

„1. Verfahren zur Herstellung von mit Farbe überzogenen Papierbahnen und dergl., dadurch gekennzeichnet, daß die unter Beigabe von Harz in Spiritus gelöste, in beliebiger Weise auf die Bahn aufgetragene Farbe unmittelbar darauf durch kräftige Beheizung der sich fortbewegenden Papierbahn rasch getrocknet und die auf solche Weise erzeugte, infolge der Erwärmung zunächst noch weiche Harzhaut zur Erzielung einer innigen Verbindung mit der Papierbahn und zur Verhütung des Zusammenklebens der beim Aufwickeln sich übereinanderlegenden Papierschichten durch künstliche Kühlung zum Erhärten gebracht wird.

2. Einrichtung zur Ausübung des Verfahrens nach Patentanspruch 1, gekennzeichnet durch die Anordnung einer Farbauftragwalze (c) mit Gegendruckwalze (d), einer Heizwalze (f) und einer Kühlwalze (g)."

Die Beklagte vertreibt Buntpapierbahnen, die sie dadurch herstellt, daß sie unter Anwendung einer mit einer Gegendruckwalze versehenen Farbauftragwalze die mit Harzbeigaben und flüchtigen Lösungsmitteln versetzte Farbe auf die Papierbahn bringt, diese sodann zu rascher Trocknung unmittelbar einer Heizwalze und anschließend zur Erhärtung und zur Verhinderung des Zusammenklebens der sich beim Aufwickeln übereinanderlegenden Papierbahnen einer Kühlwalze zuführt. Die Klägerin erblickt darin eine mindestens grob fahrlässige Verletzung ihres Patents und hat auf Unterlassung, Rechnungslegung und Feststellung der Schadensersatzpflicht Klage erhoben. Die Beklagte hat nach Klagezustellung die Kühlwalze aus ihrer Maschine entfernt, den Unterlassungsanspruch anerkannt und im übrigen gebeten, die Klage abzuweisen und die gesamten Kosten des Rechtsstreits der Klägerin aufzuerlegen. Sie hat zu ihrer Verteidigung geltend gemacht, daß der Fabrikant F. in R., von dem sie ihre Maschine bezogen habe, schon vor Anmeldung des Klagepatents einer Firma in Paris eine gleiche Maschine angeboten und dadurch ein Vorbenutzungsrecht erworben habe. Jedenfalls sei sie schuldlos, da sie das Patent nicht gekannt habe und niemals verwarnt worden sei.

Die Beklagte unterlag in allen drei Rechtszügen.

Gründe:

Das Kammergericht hält es im Anschluß an die neuere Rechtsprechung des Reichsgerichts an sich zwar für möglich, daß der Lieferant der Beklagten, Fabrikant F., durch die behaupteten Benutzungshandlungen an dem Patent der Klägerin ein Vorbenutzungsrecht habe erwerben können, verneint dieses Recht aber gleichwohl auf Grund folgender Erwägungen. Es sagt, nach dem Ergebnis der Beweisaufnahme sei der alleinige Erfinder des Patents W. gewesen, der zur Ausübung seines Verfahrens verschiedene Gesellschaften gegründet habe. Da er keine Maschinenfabrik besessen habe, seien die Maschinen in der Maschinenfabrik von F. gebaut und von dieser an die von W. gegründeten Gesellschaften geliefert worden. W. habe bereits vor Anmeldung des Patents der Maschinenfabrik von F. den Auftrag gegeben, die Maschinen mit einer Kühlwalze zu versehen und sie der von ihm gegründeten Pariser Firma anzubieten. F. habe schon am 31. Juli 1905 ein Angebot an die Pariser Firma gesandt, und diese habe mit Schreiben vom 5. August 1905 die Maschinen mit Kühlwalzen in Auftrag gegeben. Gleich danach sei mit dem Bau der Maschinen begonnen worden, während das Patent erst am 29. August 1905 angemeldet worden sei. Bei dieser Sachlage würde der Tatbestand einer rechtswidrigen Patententnahme vorgelegen haben, wenn F. die Einrichtung mit der Kühlwalze zum Patent angemeldet hätte. Er würde damit das zwischen ihm und W. bestehende Vertrauensverhältnis in schwerer Weise verletzt und gegen § 826 BGB. verstoßen haben, um W. um die Früchte seiner Erfindung zu bringen. Schon deshalb müsse ein Vorbenutzungsrecht des F. verneint werden. Es sei ja zutreffend, daß der Vorbenutzer sich nicht in einem vom späteren Erfinder unabhängigen Besitz befunden haben müsse. Allein wenn Abhängigkeit, wie im vorliegenden Falle, gegeben sei, so müsse geprüft werden, ob überhaupt ein Besitz des angeblichen Vorbenutzers anzuerkennen sei und ob sich der Benutzer im redlichen Besitzstande befinde. F. habe sich überhaupt in keinem Besitzstand befunden. Er habe zu W. in einem Vertragsverhältnis gestanden, das auch ihm Pflichten auferlegt habe, insbesondere die Pflicht, die Erfindung geheimzuhalten und sie nicht gegen W.'s Willen auszunutzen. Schon daraus folge, daß F. an der Erfindung überhaupt keinen Besitz gehabt habe oder doch nur insoweit, als die Ausnutzung sich nicht gegen die Interessen von W. gerichtet habe. Unter diesen Umständen könne auch von einer Redlichkeit der Benutzung keine Rede sein, da F. damit habe rechnen müssen, daß W. seine Erfindung zum Patent anmelden würde.

Die Revision greift diese Ausführungen an. Sie meint, nach den getroffenen Feststellungen sei F. durch die Klägerin zur Benutzung ihrer Erfindung voll berechtigt worden. Daraus habe er nach seiner vom Kammergericht übersehenen Eingabe in den Patenterteilungsakten vom 10. November 1906 sein Recht zur unbeschränkten Benutzung der Erfindung hergeleitet, und zwar auch gegenüber der Klägerin, und diese habe dem nicht widersprochen. Ein Besitzrecht F.'s an der Erfindung sei daher zu Unrecht verneint worden. Für den Tatbestand des Vorbenutzungsrechts komme es nur auf die objektive Rechtslage an. Hier sei objektiv die Berechtigung F.'s zur Benutzung der Erfindung gegeben, und daraus folge sein Vorbenutzungsrecht. Rechtsirrig sei die Heranziehung subjektiver Gesichtspunkte durch das Berufungsgericht. Unter besonderen Umständen sei es allerdings denkbar, daß der Patentinhaber ein an sich gültig entstandenes Vorbenutzungsrecht durch die Einrede der allgemeinen Arglist oder auf Grund eines besonderen Vertragsverhältnisses entkräften könne. Dadurch werde aber das Vorbenutzungsrecht als solches nicht aufgehoben, sondern der Vorbenutzer nur der Befugnis beraubt, es auszuüben. Das sei nicht scharf auseinandergehalten, und dadurch sei auch die Beklagte beeinträchtigt worden. Ihr von F. abgeleitetes Vorbenutzungsrecht werde durch das Innenverhältnis zwischen F. und der Klägerin nicht berührt und sei als solches gültig geblieben.

Diese Angriffe können keinen Erfolg haben; den Ausführungen des Berufungsgerichts ist vielmehr im Ergebnis beizutreten.

Nach § 5 Abs. 1 Satz 1 PatG. tritt die Wirkung des Patents gegen denjenigen nicht ein, der zur Zeit der Anmeldung bereits im Inland die Erfindung in Benutzung genommen oder die zur

Benutzung erforderlichen Veranstaltungen getroffen hatte. Die erste Voraussetzung für den Erwerb des Vorbenutzungsrechts ist hiernach, wie von den Bearbeitern des Patentrechts vielfach gelehrt und auch vom Reichsgericht wiederholt anerkannt worden ist, Besitz der durch das Patent geschützten Erfindung zur Zeit der Anmeldung. Es handelt sich dabei nicht nur, wie in der älteren Rechtsprechung mehrfach ausgesprochen worden ist, um den Fall der Doppelerfindung, sondern auch andere Tatbestände werden von der gesetzlichen Bestimmung getroffen (RGZ. Bd. 114 S. 249). Unter Erfindungsbesitz versteht man in der Rechtslehre den tatsächlichen Zustand, der nach der Auffassung des Verkehrs die Möglichkeit gewährt, die Erfindung so zu genießen, wie es ihre Natur gestattet. Er erfordert daher Kenntnis der Erfindung oder doch den Besitz von Zeichnungen, Beschreibungen oder dergleichen anderen Unterlagen, aus denen diese Kenntnis gewonnen werden kann (Isay PatG. 4. Aufl. S. 112). Hieran wird es nach den getroffenen Feststellungen im vorliegenden Falle nicht gefehlt haben. Wie der Senat in RGZ. Bd. 114 S. 250 im Gegensatz zu einer weit verbreiteten Meinung angenommen hat, muß der Besitz redlich gewesen sein. Ob dieses Erfordernis bei F. vorgelegen hat, worüber die Parteien streiten, brauchte nicht geprüft zu werden, denn es wäre nicht gerechtfertigt und würde dem Zwecke des Gesetzes nicht entsprechen, wenn man jedem Redlichen ein Vorbenutzungsrecht einräumen wollte, der zur Zeit der Anmeldung des Patents die tatsächliche Möglichkeit des Erfindungsgenusses gehabt hat.

Der Gedanke, welcher der Vorschrift in § 5 Abs. 1 Satz 1 PatG. zugrunde liegt, ist in RGZ. Bd. 75 S. 318 auf Grund der Entstehungsgeschichte entwickelt worden. Danach sollen Kraft, Zeit und Kapital auf bestehende Anlagen, die entweder die Erfindung bereits verwerten, oder bei denen der ernstliche Wille, sie zu verwerten, durch Veranstaltungen zur Benutzung betätigt worden ist, nicht umsonst aufgewandt sein; ein solcher Besitzstand soll nicht durch die Patentanmeldung eines anderen entwertet werden. Hiernach sind es Billigkeitserwägungen, die zur Einführung des Vorbenutzungsrechts geführt haben, und § 5 Abs. 1 Satz 1 bedarf einer einschränkenden Auslegung dahin, daß dort, wo Gründe der Billigkeit vollkommen fehlen, der Erwerb eines Vorbenutzungsrechts ausgeschlossen ist. Ob noch weitere Einschränkungen geboten sind auf dem Wege entsprechender Anwendung des § 855 BGB. oder, wie das Reichsgericht mehrfach ausgesprochen hat, dadurch, daß man vom Patentinhaber Unabhängigkeit des Erfindungsbesitzes verlangt (vgl. RGZ. Bd. 37 S. 44, Bd. 45 S. 118 und dazu RGZ. Bd. 114 S. 249), braucht hier nicht untersucht zu werden.

Ebensowenig ist darauf einzugehen, ob der erste Entscheidungsgrund des Kammergerichts zutrifft, wonach das Vorbenutzungsrecht F.'s schon deshalb entfallen soll, weil er gegen § 826 BGB. verstoßen und sich einer rechtswidrigen Patententnahme schuldig gemacht haben würde, wenn er die Erfindung seinerseits zum Patent angemeldet hätte. Denn der festgestellte Sachverhalt zeigt klar, daß sein Erfindungsbesitz jedenfalls kein solcher gewesen ist, der aus Billigkeitsgründen des Schutzes gegen die rechtlichen Folgen der Anmeldung des Patents durch die Klägerin bedürfte. W. hatte dem F. nämlich seine Erfindung zwar überlassen, aber nur zu einem bestimmten vorübergehenden Zweck, um danach Maschinen anzufertigen, die W., weil ihm die dazu erforderlichen Einrichtungen fehlten, selbst nicht anfertigen konnte, und sie einer von W. zur Verwertung seiner Erfindung gegründeten französischen Gesellschaft anzubieten. Hierzu blieb F. auf Grund seines Vertrages mit W., solange dieser Vertrag bestand, berechtigt, auch nachdem das Patent angemeldet worden war. Nachdem dieser Zweck aber erreicht, die Maschinen gebaut und der französischen Firma angeboten und geliefert waren, hatte F. keinerlei Anspruch mehr darauf, daß ihm der Besitz der Erfindung weiterhin überlassen wurde. Das mußte ihm bei Übernahme des Auftrags klar sein und darauf mußte er sich mit seinen geschäftlichen Maßnahmen einrichten. Er ist des Schutzes in keiner Weise bedürftig. Dagegen würde es eine grobe Unbilligkeit gegenüber dem Erfinder bedeuten und dem F. einen weder von ihm erwarteten noch von W. beabsichtigten ungerechtfertigten Gewinn verschaffen, wenn das Patent wegen dieser Vorgänge dem F. gegenüber dauernd ohne Wirkung bleiben sollte. Zu einem solchen Ergebnis darf die Anwendung des Gesetzes nicht führen.

Hiernach ist der Standpunkt der Revision nicht zu billigen, daß zum Erwerb des Vorbenutzungsrechts durch F. schon die vorübergehende Überlassung der Erfindung durch den Anmelder des Patents — unter Hinzutritt der Inbenutzungnahme oder der zur Benutzung erforderlichen Veranstaltungen — hinreiche und daß es auf die

Rechtsbeziehungen F.'s zu der Klägerin oder W. sonst nicht ankomme. Im Gegenteil ist eine zutreffende Beurteilung nur möglich, wenn diese Beziehungen, wie es hier durch das Berufungsgericht geschehen ist, klargestellt werden, da nur dann geprüft werden kann, ob die Verhältnisse so liegen, daß der nach dem Gesetz durch das Vorbenutzungsrecht gegenüber dem Patentinhaber begründete Schutz den Umständen nach gerechtfertigt und billig ist. Hat aber F. kein Vorbenutzungsrecht erworben, so ist der Einrede der Beklagten der Boden entzogen, und ihre Benutzung des klägerischen Patents stellt sich als rechtswidrig dar. Es liegt nicht so, daß dieses Vorbenutzungsrecht entstanden und als solches gültig und wirksam geblieben und die Klägerin darauf beschränkt wäre, von F. eine Unterlassung der Benutzung zu fordern.

Damit erledigt sich auch der Angriff, den die Revision dagegen richtet, daß die Beklagte das Patent der Klägerin aus grober Fahrlässigkeit verletzt habe; denn er fußt auf der Annahme, daß F. ein Vorbenutzungsrecht besitze. Im übrigen handelt es sich insoweit im wesentlichen um eine tatsächliche Würdigung, die aus Rechtsgründen nicht zu beanstanden ist. Daß die Beklagte verwarnt worden ist und das Verfahren der Klägerin trotzdem angewendet hat, ist ausdrücklich festgestellt worden.

---

15. Genügt für die Anwendung von § 20 Abs. 2 des Aufwertungsgesetzes eine Löschungsbewilligung auch dann, wenn sie einen Vorbehalt wegen des dinglichen Rechts enthält?

V. Zivilsenat. Urt. v. 15. Dezember 1928 i. S. Ehel. F. (Bekl.) w. Gl. R.=AG. (Kl.). V 668/27.

I. Landgericht München-Gladbach.
II. Oberlandesgericht Düsseldorf.

Die Klägerin beansprucht dingliche Aufwertung für Hypotheken im Gesamtbetrag von 70000 M., die für sie auf einem jetzt den Beklagten gehörenden Grundstück eingetragen waren, ihr aber am 7. März 1923 vom Voreigentümer in Papiermark zurückgezahlt und am 9. April 1923 im Grundbuch gelöscht worden sind. Laut notariellen

Vertrags vom 30. März 1923 haben die Beklagten das Grundstück hypothekenfrei gekauft und sind auf Grund ihres Antrags vom 3. April am 28. April 1923 als Eigentümer eingetragen worden. Die am 29. März 1923 unterschriftlich beglaubigte Löschungsbewilligung der Klägerin, die, wie nicht streitig, erteilt war, als die Beklagten die Umschreibung des Grundstücks beantragten, enthält die Erklärung, daß sich die Gläubigerin alle aus dem Schuldverhältnis erworbenen und in Zukunft noch Gesetz werdenden Rechte vorbehalte. Dieses Vorbehalts wegen haben die Vorinstanzen den Beklagten die Berufung auf die Vorschriften über den öffentlichen Glauben des Grundbuchs nach § 20 Abs. 2 AufwG. versagt und demgemäß die Verpflichtung der Beklagten festgestellt, die Wiedereintragung der Hypotheken nach Maßgabe des Aufwertungsgesetzes zu dulden. Die Revision der Beklagten führte zur Aufhebung und Zurückverweisung.

Gründe:

Die Vorinstanzen haben (das Landgericht wenigstens in erster Linie) ihre Entscheidung dem § 20 Abs. 2 AufwG. entnommen, indem sie verneinen, daß in dem in § 892 Abs. 2 BGB. bestimmten Zeitpunkt eine Löschungsbewilligung erteilt gewesen sei, die dem § 29 GBO. entsprochen habe. Dabei ist jedoch nicht beachtet, daß die Hypotheken der Klägerin zwar im Grundbuch noch eingetragen standen, als die Beklagten (am 3. April 1923) ihre Eintragung als Eigentümer des Pfandgrundstücks beantragten, dagegen bereits gelöscht waren, als (am 28. April 1923) die Umschreibung des Grundstücks erfolgte und das Eigentum auf die Beklagten überging. Damit hatte aber die Vorschrift des § 20 Abs. 2 AufwG. für den vorliegenden Fall ihre Bedeutung dann eingebüßt, wenn die Beklagten im Zeitpunkt ihres Eigentumserwerbs über die Richtigkeit des Grundbuchs gutgläubig waren. Denn § 20 Abs. 2 will zum Zweck einer Erweiterung des durch den öffentlichen Glauben des Grundbuchs gewährten Schutzes die Erteilung einer die Löschung begründenden Urkunde der vollzogenen Löschung gleichstellen. Es bedarf daher dieser Vorschrift dann nicht, ein Mangel in ihren Voraussetzungen kann dann aber auch nicht schaden, wenn die Beklagten im Zeitpunkt der Vollendung des Rechtserwerbs keine Kenntnis von der nunmehr durch die Löschung der Hypotheken eingetretenen Unrichtigkeit des Grundbuchs hatten, wobei der Zeitpunkt des Umschreibungsantrags wegen damals noch bestehender Richtigkeit des Grundbuchs (vgl. RGZ. Bd. 116 S. 351) auszuschalten ist.

Nur dann könnte hiernach auch im Falle der — später, aber noch vor dem Eigentumserwerb nachfolgenden — wirklichen Löschung der Hypotheken die Vorschrift des § 20 Abs. 2 AufwG. noch von Erheblichkeit sein, wenn die Beklagten etwa nach der Löschung durch Erkenntnis der damit eingetretenen Unrichtigkeit des Grundbuchs schlechtgläubig geworden wären. Denn die Vorschrift des § 20 Abs. 2 will ja eine nach dem Zeitpunkt des § 892 Abs. 2 BGB. erworbene Kenntnis von der Unrichtigkeit des Grundbuchs schon dann unschädlich sein lassen, wenn in jenem Zeitpunkt eine genügende Löschungsurkunde bereits erteilt war oder gleichzeitig erteilt wurde. Für Tatbestände wie den vorliegenden bedarf es somit einer Einschränkung des in RGZ. Bd. 116 S. 362/363 ausgesprochenen Satzes, daß die Vorschrift des § 20 Abs. 2 AufwG. nur für solche Fälle Bedeutung habe, wo die Hypothek erst nach der Eintragung des Erwerbers als Eigentümers gelöscht worden sei. Was aber eine etwaige frühere, im Zeitpunkt des Umschreibungsantrags vorhandene Gutgläubigkeit der Beklagten anlangt, so ist dem Berufungsgericht nicht entgegenzutreten, wenn es nach den Umständen des gegebenen Falles das Vorliegen der objektiven Voraussetzungen des § 20 Abs. 2 AufwG. deshalb verneint hat, weil es an einer dessen Anforderungen entsprechenden Löschungsurkunde fehlte. Seinem Wortlaute nach erfordert zwar § 20 Abs. 2 AufwG. nur eine dem § 29 GBO. entsprechende Löschungsurkunde, und § 29 GBO. bestimmt (als Ordnungsvorschrift) nur die Form, der die Eintragungsbewilligung oder die sonstigen zur Eintragung erforderlichen Erklärungen genügen müssen, wenn eine Eintragung erfolgen soll. Da aber nach dem Sinn des § 20 Abs. 2 AufwG. die Erteilung der Löschungsurkunde die wirklich geschehene Löschung vertreten soll, so ist es nicht rechtsirrtümlich, wenn das Berufungsgericht annimmt, daß die Löschungsurkunde im Falle des § 20 Abs. 2 AufwG. auch inhaltlich eine ausreichende Grundlage der Löschung sein muß. Das hat der Berufungsrichter für den vorliegenden Fall wegen des in der Urkunde ausgesprochenen Vorbehalts verneint. Hiergegen besteht kein rechtliches Bedenken. Nach der Auslegung, die er dem Vorbehalt gibt, die möglich ist und keinen rechtlichen Irrtum erkennen läßt, betraf der Vorbehalt auch das dingliche Recht der Hypothek. Dann war aber die Urkunde in sich widerspruchsvoll; sie bewilligte die Löschung der dinglichen Rechte und behielt diese auch wieder vor, und war aus diesem Grund ungeeignet, der Löschung als Grundlage zu dienen. Demnach war den Erfordernissen des § 20 Abs. 2 AufwG. schon objektiv nicht entsprochen.

Schied demzufolge die Anwendung des § 20 Abs. 2 AufwG. in jedem Fall aus, so war doch das Berufungsgericht nicht der Prüfung überhoben, ob nicht infolge der tatsächlich bewirkten Löschung den Beklagten im Augenblick ihres Eigentumserwerbs der gute Glaube über die Richtigkeit des Grundbuchs zur Seite stand. Das Landgericht hat zwar in zweiter Linie, freilich mit einer nach der Rechtsprechung des Reichsgerichts (RGZ. Bd. 116 S. 102; SeuffArch. Bd. 81 S. 295) unzulänglichen Begründung, auch die Gutgläubigkeit der Beklagten verneint; das Oberlandesgericht hat aber zu dieser Frage noch keine Stellung genommen. Es bedurfte daher der Zurückverweisung der Sache an die Vorinstanz.

---

16. Kann ein Hypothekengläubiger noch Aufwertung kraft Vorbehalts verlangen, wenn durch rechtskräftiges Urteil festgestellt ist, daß seine Forderung durch Zahlung ihres Nennbetrags in Papiermark getilgt sei?

ZPO. § 322. AufwG. § 68.

V. Zivilsenat. Urt. v. 15. Dezember 1928 i. S. E. u. Gen. (Bekl.) w. Witwe D. (Kl.). V 177/28.

I. Landgericht Elberfeld.
II. Oberlandesgericht Düsseldorf.

Im Grundbuch von W. war auf Grundstücken, die dem Fabrikanten E. gehörten, zugunsten des Klägers D. eine Darlehenshypothek von 55000 M. eingetragen. In der dieser Eintragung zugrunde liegenden Schuldurkunde war vereinbart, daß alle Zahlungen „in deutscher Goldwährung" zu leisten seien. Im Jahre 1919 entstand zwischen D. und E. Streit darüber, ob die Darlehensforderung infolge von Zinszahlungsverzug des E. fällig geworden sei und ob die vereinbarte Goldklausel als Goldwertklausel oder nur als Goldmünzklausel auszulegen sei. Wegen beider Streitpunkte erhob E. negative Feststellungsklage, zahlte dann aber am 5. Februar 1920 an D. den Nennbetrag des Darlehens in Papiermark aus und beantragte nunmehr: 1. festzustellen, daß durch diese Zahlung die Darlehensforderung des D. getilgt sei; 2. den D. zur Herausgabe der Schuldurkunde und zur Bewilligung der Löschung der Hypothek zu verurteilen. D. erhob Widerklage mit dem Antrag festzustellen, daß E. verpflichtet sei, die Schuldsumme von 55000 M. nebst Zinsen in deutscher Goldwährung und zwar nach dem Kurswerte des deutschen Geldes zur Zeit der Fälligkeit zu zahlen. In jenem Rechtsstreit wurde in allen Instanzen, und zwar in der Revisionsinstanz durch Urteil des erkennenden Senats vom 11. Januar 1922, zugunsten des damaligen Klägers E. erkannt; auf Grund des Urteils wurde die Löschung der Hypothek vollzogen und die Herausgabe der Schuldurkunde erzwungen. E. verkaufte demnächst die Grundstücke durch notariellen Vertrag vom 8. Juli 1922 an seine Kinder, die Beklagten zu 1—3, 5—7, 9, 10, 12 und 14, die darauf als Eigentümer eingetragen wurden. Am 7. Oktober 1924 ist E. verstorben; er ist von seinen genannten Kindern beerbt worden.

Nach dem Inkrafttreten des Aufwertungsgesetzes meldete D. seine Hypothekenforderung rechtzeitig zur Aufwertung kraft Vorbehalts an und erhob, nachdem die Beklagten Einspruch eingelegt hatten, gegen sie Klage; abgesehen von weiteren, vom Landgericht abgewiesenen und hier nicht mehr in Betracht kommenden Anträgen beantragte er:

1. festzustellen, daß seine Darlehenshypothek auf 11055 RM. aufzuwerten und nach Maßgabe des Aufwertungsgesetzes zu verzinsen und zurückzuzahlen sei,

2. die Beklagten zu 1—3, 5—7, 9, 10, 12 und 14 zu verurteilen, die Wiedereintragung der Hypothek zu bewilligen und die vollstreckbare Ausfertigung der Schuldurkunde an ihn herauszugeben, im Unvermögensfalle in die Erteilung einer neuen vollstreckbaren Ausfertigung zu willigen,

Diesen Anträgen hat das Landgericht entsprochen. Die sich gegen diesen Teil des landgerichtlichen Urteils richtende Berufung der Beklagten ist, nachdem die Witwe D. als Alleinerbin ihres im Lauf des Prozesses verstorbenen Mannes an seiner Stelle in den Rechtsstreit eingetreten war, vom Oberlandesgericht zurückgewiesen worden.

Auf die Revision der Beklagten ist das Berufungsurteil, soweit zuungunsten der Beklagten erkannt war, aufgehoben und die Klage in vollem Umfang abgewiesen worden.

Gründe:

Beide Vorinstanzen haben die Einwendungen der Beklagten für nicht begründet erachtet. Die Revision wendet sich nur gegen die Ablehnung des Einwands der Beklagten, daß der Geltendmachung der Ansprüche der Klägerin die Rechtskraft des im Prozeß der Rechtsvorgänger der Parteien erlassenen Urteils des erkennenden Senats vom 11. Januar 1922 entgegenstehe. Diese Rüge ist begründet.

Allerdings sind nach § 322 ZPO. Urteile der Rechtskraft nur insoweit fähig, als über den durch die Klage oder durch die Widerklage erhobenen Anspruch entschieden ist. Auch hat das Reichsgericht aus dieser Vorschrift in feststehender Rechtsprechung (RGZ. Bd. 109 S. 153, 195, 345, 375, Bd. 110 S. 127, 147, 388, Bd. 111 S. 361, Bd. 113 S. 53, 324, Bd. 114 S. 85 und Bd. 119 S. 362) gefolgert, daß die Rechtskraft von Urteilen, durch die nur über Papiermarkansprüche entschieden ist, der Geltendmachung von Aufwertungsansprüchen nicht entgegensteht, die sich aus dem den Papiermarkansprüchen zugrunde liegenden Rechtsverhältnis ergeben. Allein darum handelt es sich hier nicht. Denn hier ist durch das im Vorprozeß ergangene Urteil des Senats festgestellt, daß die Forderung des Rechtsvorgängers der jetzigen Klägerin aus der am 19. August 1914 errichteten Urkunde durch Zahlung von 55000 Papiermark gänzlich getilgt war, und es ist deshalb der Rechtsvorgänger der Klägerin auch verurteilt worden, die in seinem Besitz befindliche Schuldurkunde dem Schuldner herauszugeben und die Löschung der zu ihrer Sicherung bestellten Hypothek zu bewilligen. Damit ist aber der Bestand jeglicher Forderung des Rechtsvorgängers der Klägerin aus der erwähnten Schuldurkunde und damit auch der Bestand des hier im Streit befangenen Aufwertungsanspruchs der Klägerin verneint. Allerdings ist im Vorprozeß die Frage der Aufwertung nicht erörtert und auch bei der Entscheidung der Gesichtspunkt der Aufwertung nicht erwogen worden. Allein hierauf kann es nicht entscheidend ankommen. Denn die Tatsachen, auf welche die Klägerin ihren Aufwertungsanspruch gründet, waren im Vorprozeß sämtlich vorgetragen. Was sich geändert hat, ist nur die Rechtsauffassung über die rechtliche Bedeutung dieser Tatsachen, indem die Rechtsprechung erst nach der Erlassung des im Vorprozeß ergangenen Urteils mit dem diesem Urteil noch zugrunde liegenden Satze Mark = Mark gebrochen hat. Diese Änderung ist aber ohne Belang für die Beurteilung der Tragweite des unter der Herrschaft der früheren Auffassung ergangenen Urteils. Die gegenteilige Meinung müßte auch zu dem Ergebnis führen, daß eine Änderung der Rechtsprechung die Wirkung der Rechtskraft der unter der Herrschaft einer früheren Rechtsauffassung ergangenen Urteile in Frage stellen würde. Die Unannehmbarkeit dieses Ergebnisses liegt auf der Hand; sie hat denn auch bei Erlassung des Aufwertungsgesetzes dazu geführt, daß im § 68 eine Einschränkung der Grundsätze der Rechtskraft nur für die in Abs. 2 dieses Paragraphen bezeichneten Fälle vorgesehen wurde, in denen es sich um die Anwendung der §§ 15 bis 24 über die Aufwertung kraft Rückwirkung handelt, nicht aber für den Fall, daß wie hier Aufwertung kraft Vorbehalts verlangt wird. Nach alledem kann der Auffassung des Berufungsrichters nicht beigetreten werden, daß der Einwand der Rechtskraft unbegründet sei, weil die hier streitigen Ansprüche in ihren letzten Voraussetzungen erst nach Erlassung des früheren Urteils des Senats entstanden seien.

---

17. 1. Wie weit geht die Rechtskraftwirkung eines im Vollstreckungsverfahren ergangenen Beschlusses, der den Antrag auf Einstellung einer innerhalb der Frist des § 21 Abs. 4 der früheren Geschäftsaufsichtsverordnung vorgenommenen Zwangsvollstreckung zurückgewiesen hat?

2. Können zwei zeitlich auseinanderfallende Zwangsvollstreckungen, die auf Grund desselben Vollstreckungstitels erfolgt sind, für die Berechnung der bezeichneten Frist als eine einheitliche Zwangsvollstreckungsmaßnahme betrachtet werden?

Geschäftsaufsichtsverordnung in der Fassung vom 14. Juni 1924 § 21 Abs. 4. ZPO. § 766.

VII. Zivilsenat. Urt. v. 18. Dezember 1928 i. S. v. St. (Kl.) w. H. (Bekl.). VII 230/28.

I. Landgericht Potsdam.
II. Kammergericht Berlin.

Der Beklagte ließ auf Grund eines Vollstreckungsbefehls des Amtsgerichts in R. vom 25. November 1925 beim Kläger am 3. Dezember 1925 verschiedene Gegenstände pfänden. Da einige davon sich als unpfändbar herausstellten, gab er diese frei und erteilte dem Gerichtsvollzieher am 3. Februar 1926 den weiteren Auftrag, auf Grund des bezeichneten Schuldtitels das gesamte Gutsinventar des Klägers zu pfänden. Diese Pfändung wurde am 4. Februar 1926 vorgenommen. Inzwischen hatte der Kläger am 1. Februar 1926 die Anordnung der Geschäftsaufsicht über sein Vermögen beantragt, worauf am 11. Februar das Geschäftsaufsichtsverfahren eröffnet wurde. Am 13. August 1926 kam es in diesem Verfahren zu einem Zwangsvergleich, der rechtskräftig bestätigt wurde. Durch den Vergleich wurde dem Kläger ein einjähriges Moratorium bewilligt und bestimmt, daß er sein gesamtes Vermögen zur Befriedigung seiner Gläubiger bestmöglich verwerten sollte. Mit der Durchführung des Vergleichs durch diese Verwertung und Verteilung des Erlöses unter die Gläubiger sollten diese alle als befriedigt gelten.

Der Kläger beantragte auf Grund des § 21 der früheren Geschäftsaufsichtsverordnung in der Fassung vom 14. Juni 1924 beim Amtsgericht in R. die Einstellung der Zwangsvollstreckung vom 4. Februar 1926; das Amtsgericht gab durch Beschluß vom 17. Februar dem Antrag für die Dauer der Geschäftsaufsicht statt. Auf sofortige Beschwerde des Beklagten hob das Landgericht diesen Beschluß am 2. Dezember 1926 auf, indem es sich auf den Standpunkt stellte, daß die Pfändungen vom 3. Dezember 1925 und 4. Februar 1926 als eine einheitliche Zwangsvollstreckung anzusehen seien und, wenn ihr Beginn bereits auf den 3. Dezember 1925 falle, die Vorschrift des § 21 Abs. 4 der Geschäftsaufsichtsverordnung nicht Platz greife. Die weitere Beschwerde des Klägers gegen diesen Beschluß wurde vom Kammergericht wegen verspäteter Einlegung verworfen.

Nunmehr stellte der Kläger mit der Klage, die er in der Klagschrift selbst als Zwangvollstreckungsgegenklage bezeichnete, im Laufe des Prozesses aber auch als Widerspruchsklage angesehen wissen wollte, auf Grund des § 21 Abs. 4 GAV. den Antrag, die Fortsetzung der im Auftrag des Beklagten am 4. Februar 1926 vorgenommenen Zwangsvollstreckung für unzulässig zu erklären. Das Landgericht gab der Klage statt, das Kammergericht wies sie ab.

Die Revision des Klägers führte zur Aufhebung des Berufungsurteils und zur Wiederherstellung des landgerichtlichen Urteils.

Gründe:

Nach § 21 Abs. 4 der früheren Geschäftsaufsichtsverordnung hatten Zwangsvollstreckungen, die zugunsten der vom Geschäftsaufsichtsverfahren betroffenen Gläubiger in der Zeit zwischen dem Antrag auf Einleitung der Geschäftsaufsicht und ihrer Anordnung vorgenommen waren, für das Verfahren der Geschäftsaufsicht keine rechtliche Wirksamkeit. Das hieß aber nicht, daß solche Zwangsvollstreckungen unzulässig waren; denn der Antrag auf Einleitung der Geschäftsaufsicht hinderte sie ebensowenig wie der Antrag des Schuldners auf Konkurseröffnung, und erst nach der Anordnung der Geschäftsaufsicht konnten keine Zwangsvollstreckungen mehr zugunsten der vom Geschäftsaufsichtsverfahren betroffenen Gläubiger stattfinden (§ 6 Abs. 2 GAV.). Aus § 21 Abs. 4 das. war deshalb nur zu entnehmen, daß die zwischen dem Antrag auf Einleitung der Geschäftsaufsicht und ihrer Anordnung bewirkten Zwangsvollstreckungen für das Aufsichtsverfahren als nicht vorgenommen gelten sollten. Trotzdem mag sein, daß gestützt auf diese Vorschrift der Schuldner oder die Aufsichtsperson gemäß § 766 ZPO. verfahrensrechtlich auch die einstweilige Einstellung der Zwangsvollstreckung betreiben durften, wenn der Pfändungsgläubiger versuchte, die Zwangsvollstreckung trotz ihrer zeitweiligen Unwirksamkeit fortzusetzen, oder auch nur die Besorgnis bestand, daß er es tun werde. Auf jeden Fall ist es aber zulässig, gegen die Fortsetzung der Zwangsvollstreckung die Vollstreckungsgegenklage zu erheben, wenn der Pfändungsgläubiger, nach Beendigung des Geschäftsaufsichtsverfahrens durch Zwangsvergleich, Anspruch darauf erhebt, sein durch die Pfändung erworbenes Pfandrecht nunmehr weiter zu verwirklichen. Denn jetzt handelt es sich um die Frage, ob der frühere Vollstreckungstitel und damit auch die auf Grund dieses Titels erfolgte Pfändung durch den Zwangsvergleich endgültig ihre Wirkung verloren haben. Zur Geltendmachung dieser nachträglichen Einwendungen gegen den früheren Zwangsvollstreckungstitel ist die Vollstreckungsgegenklage der zulässige und gegebene Rechtsbehelf. Es kommt deshalb nicht darauf an, ob dem Kläger auch die Widerspruchsklage zustand.

Auch für die Frage, ob der Zwangsvergleich die bisher nur relative, nämlich für die Dauer der Geschäftsaufsicht bestehende, Unwirksamkeit der Pfändung zu einer endgültigen gemacht hat oder ob die Zwangsvollstreckung mit der Beendigung des Aufsichtsverfahrens von der Schranke des § 21 Abs. 4 GAV. frei geworden ist und deshalb weiter betrieben werden darf, ist es erheblich, ob die in Rede stehende Pfändung überhaupt unter die Vorschrift des § 21 Abs. 4 GAV. fiel. Dies ist zwar im Vollstreckungsverfahren durch den landgerichtlichen Beschluß vom 2. Dezember 1926 verneint worden; aber rechtsirrig ist es, wenn das Berufungsgericht meint, daß damit diese Frage rechtskräftig und deshalb auch für den gegenwärtigen Prozeß bindend entschieden sei. Denn auch wenn eine materielle Rechtskraft dieses Beschlusses anzuerkennen ist, so ist mit ihr doch nur die Unbegründetheit des Einstellungsantrags rechtskräftig ausgesprochen, dessen Zurückweisung das Beschwerdegericht im Vollstreckungsverfahren zwar unrichtigerweise nicht besonders zum Ausdruck gebracht hat, mit der Aufhebung des amtsgerichtlichen Beschlusses aber offenbar hat ausdrücken wollen. Daß die Zwangsvollstreckung vom 4. Februar 1926 im Beschluß nicht als unwirksam angesehen worden ist, war nur Entscheidungsgrund. In Wirklichkeit war die Auffassung des Beschwerdegerichts unrichtig. Denn die erwähnte Zwangsvollstreckung war tatsächlich nicht etwa bloß eine Fortsetzung der am 3. Dezember 1925 erfolgten Zwangsvollstreckung, sondern eine neue Vollstreckung, da sie sich auf andere als die bisher gepfändeten Sachen bezog und dem Gerichtsvollzieher auch ein neuer Auftrag erteilt war. Sie fiel deshalb unter die Vorschrift des § 21 Abs. 4 GAV., weil sie nach dem am 1. Februar 1926 gestellten Antrag auf Anordnung der Geschäftsaufsicht vorgenommen war. Das Gegenteil ist auch nicht daraus zu entnehmen, daß in der Vorschrift des § 21 Abs. 4 a. a. O. die „Einleitung" der Zwangsvollstreckung als der für die Frist erhebliche Akt bezeichnet ist. Denn daraus folgt nicht, daß zwei zeitlich verschiedene Zwangsvollstreckungen, auch wenn sie auf Grund desselben Titels geschehen sind, als eine einheitliche Vollstreckungsmaßnahme anzusehen wären. Das würde auch dem Zweck des § 21 Abs. 4 GAV. widersprechen. Mit dieser Vorschrift soll vermieden werden, daß dem Vermögen des Aufsichtsschuldners zugunsten eines einzelnen Gläubigers Vermögenswerte entzogen werden, nachdem bereits die Anordnung der Geschäftsaufsicht beantragt war. Um dies aber zu erreichen, kann es grundsätzlich nur auf die Zwangsvollstreckung ankommen, welche die in Frage kommenden Gegenstände selbst erfaßt hat, und damit verbietet sich die Zusammenziehung der mehreren Zwangsvollstreckungsakte zu einer Vollstreckungsmaßnahme, auch wenn sie alle auf Grund desselben Titels vorgenommen worden sind.

Wie der Senat schon im Urteil vom 5. Oktober 1928 (RGZ. Bd. 122 S. 84) ausgesprochen hat, war zwar die Unwirksamkeit der in die Frist des § 21 Abs. 4 GAV. fallenden Zwangsvollstreckungen keine absolute, sondern sie bestand nur für das Verfahren der Geschäftsaufsicht zugunsten der an ihm beteiligten Gläubiger und des Schuldners. Aber diese beschränkte Unwirksamkeit genügte, um die Anwendung des § 13 Nr. 4 GAV. auf den Beklagten auszuschalten und somit auch ihn als am Aufsichtsverfahren beteiligt anzusehen und damit auch an dem Zwangsvergleich, der ein Teil dieses Verfahrens war. Das hatte zur Folge, daß sich nach dem Abschluß des Zwangsvergleichs der Anspruch des Beklagten auf Befriedigung nach Maßgabe des Zwangsvergleichs beschränkte. Hiermit verlor aber der bisherige Vollstreckungstitel und auch das mit ihm erlangte Pfändungspfandrecht seine Wirkung. In dem Falle, der dem angezogenen Urteil zugrunde lag, galt der Pfändungsgläubiger durch Empfang eines Teiles der Vergleichsquote und durch die Möglichkeit, den hinterlegten Restbetrag der Quote jederzeit zu erlangen, allerdings schon als befriedigt wegen seiner Ansprüche aus dem Zwangsvergleich. Aber darüber hinaus muß angenommen werden, daß der Zwangsvergleich auch sonst die nach § 21 Abs. 4 GAV. nur für das Verfahren der Geschäftsaufsicht vorgeschriebene Unwirksamkeit der Zwangsvollstreckung zu einer endgültigen werden läßt, weil er an sich den Anspruch des Pfändungsgläubigers verändert und für ihn einen neuen Titel zur Entstehung bringt. Es kommt deshalb nicht darauf an, daß im vorliegenden Falle der Beklagte wegen seiner Vergleichsquote anscheinend noch nicht befriedigt ist. ...

18. Welche Rechte stehen einem Hypothekengläubiger, wenn seine Hypothek gelöscht ist, aber die Voraussetzungen der Aufwertung kraft Rückwirkung vorliegen, in dem Falle zu, daß die Wiedereintragung der Hypothek hinsichtlich eines nach ihrer Löschung veräußerten Eigentumsbruchteils wegen der Vorschriften über den öffentlichen Glauben des Grundbuchs ausgeschlossen ist?

BGB. § 1132.

V. Zivilsenat. Urt. v. 19. Dezember 1928 i. S. R. (Bekl.) w. R. (Kl.). V 693/27.

I. Landgericht Hamburg.
II. Oberlandesgericht daselbst.

Zugunsten des verstorbenen Ehemanns der Klägerin waren im Grundbuch Hypotheken von 18500 und 30000 M. eingetragen. Der Beklagte, der das belastete Grundstück am 9. Mai 1923 erworben hatte, zahlte die Hypotheken am 1. Oktober 1923 in Papiermark zum Nennbetrag zurück, worauf sie am 31. Januar 1924 gelöscht wurden. Am 25. August 1924 wurde P. auf Grund der Auflassungserklärung des Beklagten als Miteigentümer des Grundstücks zur ideellen Hälfte eingetragen. Die Klägerin, welche Alleinerbin ihres Mannes geworden ist, hat die Hypotheken rechtzeitig zur Aufwertung kraft Rückwirkung bei der Aufwertungsstelle angemeldet und den Beklagten wegen der vollen Hypothekenbeträge als persönlichen und dinglichen Schuldner in Anspruch genommen. Der Beklagte hat Einspruch eingelegt und seine persönliche Haftung gänzlich, seine dingliche Haftung dagegen in Höhe des seinen Eigentumsbruchteil übersteigenden Bruchteils bestritten. Die Klägerin hat daher Feststellungsklage dahin erhoben, daß der Beklagte zur persönlichen und dinglichen Aufwertung und zur Bewilligung der Wiedereintragung der Hypotheken in ihrem vollen Betrag verpflichtet sei.

Das Landgericht wies die Klage ab, soweit sie auf die Feststellung der persönlichen Aufwertungspflicht gerichtet war, gab ihr dagegen im übrigen statt. Das Oberlandesgericht wies die Berufung des Beklagten zurück. Auch seine Revision hatte keinen Erfolg.

Gründe:

Das Berufungsgericht nimmt an, es ergebe sich, wenn nicht aus entsprechender Anwendung der Vorschriften des Bürgerlichen Gesetzbuchs über die Gesamthypothek, so doch aus den Rechtsfolgen, die im Falle der realen Teilung eines Grundstücks eintreten, daß die Klägerin aus der dem Beklagten verbliebenen Eigentumshälfte Befriedigung wegen ihrer ganzen Hypothekenforderung beanspruchen könne.

Die Revision weist demgegenüber darauf hin, daß es sich hier um Hypotheken handle, die an einem einzigen, im Alleineigentum eines Eigentümers stehenden Grundstück bestellt worden seien und die nur infolge der Veräußerung einer ideellen Eigentumshälfte an einen gutgläubigen Dritten zu Hypotheken an dem dem früheren Alleineigentümer verbliebenen Restbruchteil geworden seien. Sie meint, auf solche Hypotheken seien die Vorschriften über Gesamthypotheken auch nicht entsprechend anwendbar; ihre Anwendung entspreche auch nicht der Billigkeit.

Die Rüge ist nicht begründet. Zwar liegt nach dem Wortlaut des § 1132 BGB. eine Gesamthypothek nur vor, wenn für eine Forderung eine Hypothek an mehreren Grundstücken besteht, und diese Voraussetzung trifft hier nicht zu, weil die Hypotheken nur an einem Grundstück bestellt worden sind, das auch jetzt noch in der bisherigen Weise fortbesteht. Indes ist diese Vorschrift nach der im Schrifttum herrschenden und auch in der Rechtsprechung des Reichsgerichts anerkannten Meinung auf Grundstücksbruchteile, soweit sie nach § 1114 BGB. mit Hypotheken belastet werden können, mindestens entsprechend anzuwenden: es sind die Bruchstücke in Ansehung des Umfangs ihrer Haftung (§ 1132 Abs. 1 Satz 2 BGB.) den Grundstücken gleichzustellen und es kann hiernach ein Hypothekengläubiger, dem für seine Forderung eine Hypothek an mehreren Eigentumsbruchteilen zusteht, aus jedem dieser Bruchteile nach seinem Belieben Befriedigung für seine Forderung ganz oder zu einem Teile suchen (vgl. JW. 1910 S. 473 Nr. 12, sowie Planck-Strecker 4. Aufl. § 1132 BGB. Anm. 1 γ und die daselbst weiter angeführten Schriftsteller und Urteile). Nun sind freilich im vorliegenden Falle, wie der Revision zuzugeben ist, infolge der Vorschriften über den öffentlichen Glauben des Grundbuchs die Hypotheken an dem vom früheren Alleineigentümer veräußerten Eigentumsbruchteil erloschen, also Hypotheken an mehreren Eigentumsbruchteilen nicht entstanden. Vielmehr sind die Hypotheken aus Einzelhypotheken an einem Grundstück Hypotheken geworden, die nur auf einem Eigentumsbruchteil haften. Indes kann dieser Umstand nicht von entscheidender Bedeutung für die Frage sein, in welchem Umfang der Eigentumsbruchteil für die Hypothekenforderungen haftet. Es muß vielmehr auch insoweit die Vorschrift des § 1132 Abs. 1 Satz 2 BGB. sinngemäß zur Anwendung kommen. Überdies weist der Berufungsrichter mit Recht darauf hin, daß die Haftung für die ganze Hypothekenforderung dann nicht in Zweifel zu ziehen ist, wenn der Alleineigentümer des belasteten Grundstücks einen realen Teil dieses Grundstücks an einen Dritten veräußert, und zwar auch dann nicht, wenn infolge dieser Veräußerung die Hypothek am veräußerten Teile wegen der Vorschriften über den öffentlichen Glauben des Grundbuchs erlischt. Es ist aber kein Grund ersichtlich, weshalb im Falle der Veräußerung eines ideellen Eigentumsbruchteils der Umfang der Haftung anders beurteilt werden sollte. Daß dieses Ergebnis bei Berücksichtigung der berechtigten Interessen des Hypothekengläubigers nicht der Billigkeit entspreche, ist nicht anzuerkennen.

---

19. Genügt zur Wahrung der Frist des § 16 Abs. 1 der Aufwertungsnovelle vom 9. Juli 1927 (RGBl. I S. 171) die Nachholung der Anmeldung bei einer örtlich unzuständigen Aufwertungsstelle?

V. Zivilsenat. Beschluß vom 19. Dezember 1928 i. S. R. w. C. V B 49/28.

I. Aufwertungsstelle Breslau.
II. Landgericht daselbst.

Der Sachverhalt und die Entscheidung ergeben sich aus folgenden

Gründen:

Mit einer Eingabe, die, vom 30. September 1927 datiert und an die Aufwertungsstelle des Amtsgerichts Berlin-Mitte gerichtet, dort am 1. Oktober 1927 einging, meldete die Beschwerdeführerin, indem sie gleichzeitig Wiedereinsetzung in den vorigen Stand beantragte, eine Restkaufgeldforderung von 50000 M. zur Aufwertung an, die für ihren am 10. November 1926 verstorbenen und von ihr allein beerbten Ehemann auf einem Grundstück in P. hypothekarisch gesichert gewesen, ihm aber am 14. Dezember 1923 ausgezahlt worden war. Nachdem das Kammergericht gemäß Art. 118 der DurchfVo. zum

AufwG. vom 29. November 1925 das Amtsgericht in Breslau als zuständiges Gericht bestimmt hatte, gewährte die dortige Aufwertungsstelle durch Beschluß vom 11. Mai 1928 die erbetene Wiedereinsetzung gegen die Versäumung der Anmeldefrist. Das Landgericht Breslau dagegen hob auf sofortige Beschwerde des Antragsgegners den Beschluß auf und lehnte die Wiedereinsetzung ab. Hiergegen richtet sich die sofortige weitere Beschwerde der Gläubigerin mit der Bitte um Wiederherstellung des Beschlusses erster Instanz. Das Kammergericht hält die weitere Beschwerde für unbegründet, weil die Anmeldung nicht rechtzeitig bei der zuständigen Aufwertungsstelle nachgeholt worden sei, glaubt sich aber an eigener Entscheidung durch den in der Rechtsprechung für Aufwertungssachen 1928, 3. Sonderheft S. 94, abgedruckten Beschluß des Oberlandesgerichts Karlsruhe vom 18. Februar 1928 gehindert und hat deshalb die Sache gemäß § 74 AufwG. in Verbindung mit § 28 FGG. dem Reichsgericht vorgelegt.

Die Vorlegung ist zu recht erfolgt und die Zuständigkeit des Reichsgerichts zur Entscheidung begründet. Die Frage, die den Anlaß zur Vorlegung gegeben hat, brauchte dann nicht entschieden zu werden, wenn die Anmeldung auch bei der unzuständigen Aufwertungsstelle verspätet eingereicht worden wäre, so daß sich schon aus diesem Grund ihre Zurückweisung gebieten würde. Das konnte immerhin deshalb zweifelhaft erscheinen, weil die Anmeldung bei der Aufwertungsstelle des Amtsgerichts Berlin-Mitte erst am 1. Oktober 1927 eingelaufen ist, das Gesetz aber dem Bedenken Raum läßt, ob der 1. Oktober 1927 selbst noch in die durch § 16 AufwNov. bestimmte Frist fällt. Das Kammergericht, das diesen Punkt in den Gründen seines Vorlegungsbeschlusses nicht berührt, hält ihn offensichtlich in Übereinstimmung mit seiner sonstigen Rechtsprechung und der herrschenden Meinung (Mügel Aufwertung 5. Aufl. S. 671) für unzweifelhaft in dem Sinn daß die Einreichung der nachgeholten Anmeldung am 1. Oktober 1927 zur Wahrung der Frist genügt habe. Ihm darin entgegenzutreten, besteht kein Anlaß.

Aber auch in der Hauptfrage ist dem Kammergericht beizupflichten. Das Oberlandesgericht Karlsruhe will auch eine bei der zuständigen Aufwertungsstelle verspätet eingegangene Nachholung der Anmeldung dann als rechtzeitig anerkennen, wenn sie bei einer unzuständigen Aufwertungsstelle innerhalb der Frist eingereicht war.

Es gründet diese mildere Ansicht auf den Unterschied zwischen Forderung und Hypothek, wonach nur für Hypotheken die Erwägungen zuträfen, aus denen sich der jetzt wiederum zur Entscheidung berufene Senat des Reichsgerichts in seinem Beschluß vom 29. Juni 1927 (RGZ. Bd. 117 S. 346) für die strengere Meinung entschieden habe. Hierbei geht es zutreffend davon aus, daß die Frage für § 16 der Aufwertungsnovelle nur im gleichen Sinne beantwortet werden könne, wie für § 16 AufwG. Denn auch in § 16 der Aufwertungsnovelle ist von der Anmeldung bei „der Aufwertungsstelle" die Rede und damit nichts anderes bezeichnet als die Aufwertungsstelle des Aufwertungsgesetzes. Die Ansicht des Oberlandesgerichts hätte aber dann die Folge, daß bei einer Anmeldung nach § 16 AufwG., welche — wie es in der überwiegenden Zahl der Fälle gewesen sein wird — zugleich Forderung und dingliches Recht betraf, unterschieden werden müßte, nämlich dahin, daß eine bei der unzuständigen Stelle rechtzeitig, bei der zuständigen aber verspätet eingegangene Anmeldung zwar beim dinglichen Recht für wirkungslos erklärt, bei der persönlichen Forderung aber als wirksam anerkannt würde. Das kann bei der nicht unterscheidenden Fassung des § 16 AufwG. nicht der Wille des Gesetzgebers gewesen sein.

Allerdings hatte sich der Beschluß des Senats vom 29. Juni 1927 unmittelbar nur mit Aufwertungswidersprüchen gegen Hypothekenlöschungen zu befassen, deren gültige Eintragung vom Vorliegen einer wirksamen Anmeldung des dinglichen Rechts zur Aufwertung abhing. Aber er hat anderseits auch mit keinem Wort auf die Zulässigkeit einer Unterscheidung zwischen persönlicher Forderung und dinglichem Recht in der Frage der Wahrung der Frist hingedeutet. Auch hat er zwar seine strengere Auslegung im wesentlichen auf die außerordentliche Tragweite der Hypothekenaufwertung für den Grundstücksverkehr und den Realkredit gegründet. Aber die in dieser Hinsicht angestellten Erwägungen treffen in gewissem Maß auch für die persönlichen Forderungen und Schulden zu. Auch über die Anmeldung persönlicher Ansprüche auf Aufwertung sind nach Art. 126 DurchfVo. (Abs. 1 a, e) Bescheinigungen zu erteilen, die für die Entschließungen der Beteiligten von großer Bedeutung sein können, deren Zuverlässigkeit aber wesentlich beeinträchtigt würde durch die Berücksichtigung von Anmeldungen, die der zuständigen Stelle verspätet zugehen. Hiernach kann eine verschiedene Behandlung der Forderung und des dinglichen Rechts nicht für statthaft erachtet werden. Muß aber — unter Aufrechterhaltung des Beschlusses vom 29. Juni 1927 — auch für die Anmeldung der persönlichen Forderung als Bedingung ihrer Wirksamkeit gefordert werden, daß sie der zuständigen Aufwertungsstelle rechtzeitig zugegangen ist, so muß die gleiche Anforderung an die Nachholung der Anmeldung der persönlichen Forderung gestellt werden, welche der § 16 AufwNov. gestattet. Denn dafür, daß in dieser Beziehung etwas von der Regelung des Hauptgesetzes Abweichendes hätte bestimmt werden sollen, fehlt es an einem Anhalt.

---

20. 1. Welche Bedeutung kommt der Rechtsnachfolge im Eigentum an einem Grundstück während des Rechtsstreits zu?

2. Zum Begriff der „Annahme der Leistung" im Sinne des § 15 Abs. 1 AufwG.

3. Wie weit erstreckt sich die Wirkung der Einschränkung, die in § 22 Abs. 2 AufwG. für den öffentlichen Glaubens des Grundbuchs angeordnet ist?

AufwG. § 15 Abs. 1, § 22 Abs. 2. ZPO. § 266.

V. Zivilsenat. Urt. v. 19. Dezember 1928 i. S. F. (Bekl.) w. Ev. Kirchengemeinde F. (Kl.). V 651/27.

I. Landgericht II Berlin.
II. Kammergericht daselbst.

Für die Klägerin war auf einem Grundstück eine Vorkriegshypothek von 105000 M. eingetragen. Das Grundstück wurde von der früheren Eigentümerin, der Grundstücksgesellschaft W. mbH. in B. (gegen die ursprünglich die Klage gerichtet war) durch Kaufvertrag vom 29. September 1925 an die jetzige Beklagte, die frühere Nebenintervenientin, verkauft und am selben Tage aufgelassen. Die jetzige Beklagte wurde am 17. August 1926 als Eigentümerin eingetragen. Am selben Tage wurde auch die Hypothek der Klägerin auf Grund einer Löschungsbewilligung vom 11. Mai 1922 gelöscht. Die Klägerin meldete die Hypothek am 25. September 1925 zur Aufwertung an. Die ursprüngliche Beklagte erhob Einspruch. Die Aufwertungsstelle setzte das Verfahren aus.

Die Klägerin macht geltend, die Annahme des Hypothekenkapitals sei erst nach dem 15. Juni 1922 erfolgt. Sie begehrt die Feststellung, daß sie die Leistung in der Zeit vom 15. Juni 1922 bis zum 14. Februar 1924 angenommen habe. Die ursprüngliche und die jetzige Beklagte — diese zunächst als Nebenintervenientin — baten um Klagabweisung. Das Landgericht erkannte auf einen Eid für die Klägerin. Die nunmehrige Beklagte legte gegen dieses Urteil Berufung ein, der sich die Klägerin anschloß. Die Beklagte übernahm in der Berufungsinstanz den Rechtsstreit als Hauptpartei. Das Kammergericht wies die Berufung der Beklagten zurück und erklärte den Anspruch der Klägerin auf Aufwertung der Hypothek dem Grunde nach für gerechtfertigt. Die Revision der Beklagten führte zur Aufhebung des Berufungsurteils und zur Zurückverweisung der Sache an das Berufungsgericht.

Gründe:

(Nach Zurückweisung von Bedenken gegen die Ordnungsmäßigkeit der Berufung wird fortgefahren:) Dagegen erscheint der von der Klägerin angeregte Zweifel berechtigt, ob das Berufungsgericht die ursprüngliche Beklagte mit Recht aus dem Rechtsstreit entlassen hat, indem es die Übernahme des Rechtsstreits durch die damalige Nebenintervenientin für zulässig hielt. Die Klägerin hat dieser Übernahme ausdrücklich widersprochen. Nach § 266 Abs. 2 ZPO. ist die Übernahme nicht zulässig, wenn die ursprüngliche Nebenintervenientin sich auf den öffentlichen Glauben des Grundbuchs berufen kann (RGZ. Bd. 108 S. 352). Die Frage der Zulässigkeit der Übernahme ist daher in Wirklichkeit keine verfahrensrechtliche, sondern sie betrifft die dem sachlichen Recht angehörende Sachbefugnis des Dritten, der den Rechtsstreit übernehmen will. Da nun, wie noch zu erörtern sein wird, die Meinung des Berufungsrichters, daß die Berufung auf den öffentlichen Glauben des Grundbuchs der jetzigen Beklagten versagt sei, von Rechtsirrtum beeinflußt und da aus diesem Grunde die Aufhebung des Berufungsurteils geboten ist, so wird der Berufungsrichter bei der erforderlichen neuen Erörterung der Sache Gelegenheit haben, auch die Zulässigkeit der Übernahme des Rechtsstreits durch die jetzige Beklagte neuerlich zu prüfen.

(Es wird ausgeführt, daß das Feststellungsbegehren der Klägerin an sich zulässig sei, und sodann fortgefahren:)

In der Sache selbst hält der Berufungsrichter die Voraussetzungen der rückwirkenden Aufwertung für gegeben, weil die Annahme der Leistung erst nach dem 14. Juni 1922 erfolgt sei (§ 15 AufwG.). Da die Klägerin selbst erst dadurch die Verfügungsgewalt über das Hypothekenkapital erlangt hat, daß es ihrer Bank überwiesen wurde, wo es erst am 1. Juli 1922 einging, so kann es sich nur fragen, ob die Überweisung des Kapitals durch die ursprüngliche Beklagte an den Notar R. anfangs Mai 1922 bereits als Zahlung an die Klägerin zu gelten hat und ob die Klägerin ihren Willen, diese Zahlung als eine, wenn auch nur teilweise Erfüllung gelten zu lassen, ausdrücklich oder durch schlüssiges Verhalten erklärt hat (RGZ. Bd. 111 S. 320, Bd. 119 S. 80). In dieser Beziehung hatte die Beklagte Zeugenbeweis dafür angetreten, daß mit der Klägerin vor und bei Ausstellung der Quittung vom 11. Mai 1922 vereinbart worden sei, das Hypothekenkapital solle an Notar R. zur Verfügung der Klägerin eingezahlt werden, uud daß die Klägerin am 11. Mai 1922 die Verfügung über den eingezahlten Betrag erlangt und noch an diesem Tage oder einige Tage später die löschungsfähige Quittung an das Vorstandsmitglied der früheren Beklagten, Rechtsanwalt B., ausgehändigt habe. Der Berufungsrichter meint, wenn diese Behauptungen zuträfen, dann wäre allerdings die Annahme als vor der Rückwirkungszeit geschehen anzusehen. Denn die Annahme der Leistung wäre dann spätestens durch die Erteilung der Quittung vom 11. Mai 1922 zum Ausdruck gelangt. Wenn jedoch auch der Beweis der behaupteten Vereinbarung erbracht werden sollte, so könne nicht durch Zeugen bewiesen werden, daß die Klägerin gemäß dieser Vereinbarung auch tatsächlich die Verfügung über das Kapital erhalten und löschungsfähige Quittung erteilt habe. Die etwaige Beweiskraft der Quittung für den Zeitpunkt der Annahme sei durch die sonstigen Urkunden vollkommen zerstört. Von entscheidender Bedeutung sei das Schreiben des Notars R. vom 1. Juni 1922. Hieraus ergebe sich deutlich, daß am 11. Mai 1922 das Kapital der Klägerin noch keineswegs zur freien Verfügung gestanden habe; denn der Notar habe noch am 1. Juni 1922 die Auszahlung von der Erteilung einer Abtretungserklärung und von der Vorlegung des Hypothekenbriefs abhängig gemacht. Die Quittung sei auch insofern unrichtig, als entgegen ihrem Inhalt die Zinsen am 11. Mai 1922 noch nicht gezahlt gewesen seien (folgen nähere Ausführungen).

Die hiergegen von der Revision erhobenen Angriffe sind unbegründet. Zutreffend nimmt der Berufungsrichter an, daß eine Quittung der ihr nach § 368 BGB. gemeinhin anhaftenden Eigenschaft als Empfangsbekenntnis für die Zahlung und, soweit Aufwertung in Betracht kommt, für die Annahme der Leistung, durch andere Beweismittel entkleidet werden kann (RGZ. Bd. 119 S. 279). Die Rechtsbegriffe der „Annahme" der Leistung und der „Erteilung" einer Quittung hat der Berufungsrichter nicht verkannt. Im übrigen bewegen sich seine Ausführungen auf dem der Revision verschlossenen Gebiete der Tatsachenwürdigung. Die Revision meint, der Umstand, daß die Klägerin am nämlichen Tage, an dem das Geld für sie bei Notar R. eingezahlt worden sei, in der Quittung bescheinige, Kapital und Zinsen erhalten zu haben, könne nach Treu und Glauben nicht anders aufgefaßt werden als dahin, daß sie sich damit einverstanden erkläre, der Notar solle von jetzt ab als ihr Bevollmächtigter das Geld besitzen. Dem kann nicht beigetreten werden. Der von der Revision gezogene Schluß wäre vielmehr, wie auch der Berufungsrichter nicht verkennt, nur dann gerechtfertigt, wenn die löschungsfähige Quittung am 11. Mai 1922 nicht nur ausgestellt, sondern auch im Sinne von RGZ. Bd. 116 S. 346 (wenngleich die Anwendung des § 20 Abs. 2 Aufw.G , wie noch zu erörtern sein wird, hier nicht in Frage kommt) „erteilt" worden wäre, wenn sie also dem Rechtsanwalt B. als Geschäftsführer der damaligen Eigentümerin oder dem Notar als seinem Vertreter zur Herbeiführung der Löschung ausgehändigt worden wäre. Aber gerade das hält der Berufungsrichter nicht für bewiesen. Es kann der Revision auch nicht zugegeben werden, daß die unter Beweis gestellte Vereinbarung nur in dem Sinne verstanden werden könne, es solle zwischen den Parteien so gelten, als wäre das zu Händen des Notars gezahlte Geld von ihm für die Klägerin in Empfang genommen. Die vom Berufungsrichter gegebene Auslegung, nach der es noch einer Annahmeerklärung durch die Klägerin selbst bedurfte, ist möglich; sie wird auch der Sachlage durchaus gerecht, da der Notar nach dem festgestellten Sachverhalt nur der Vertrauensmann des Geschäftsführers der Eigentümer war.

Dagegen sind die Gründe, aus denen der Berufungsrichter der Beklagten die Berufung auf den öffentlichen Glauben des Grundbuchs versagt, nicht frei von Rechtsirrtum. Die Löschung der Hypothek der Klägerin ist am 17. August 1926, also nach Inkrafttreten des

Aufwertungsgesetzes erfolgt. Die Vorschrift des § 20 Abs. 2 dieses Gesetzes steht daher, wie das Berufungsurteil zutreffend annimmt, der Beklagten nicht zur Seite (RGZ. Bd. 117 S. 107; JW. 1928 S. 1361). Wenn der Berufungsrichter jedoch weiter meint, der § 22 Abs. 2 das. stehe dem gutgläubigen Erwerb der Beklagten im Wege, so kann dem nicht beigetreten werden. Wie das Kammergericht in der ausführlich begründeten Entscheidung vom 24. März 1927 (AufwRspr. 1927 S. 297), der sich der Senat anschließt, überzeugend darlegt, schaltet die Ausnahmevorschrift des § 22 Abs. 2 AufwG. für die Zeitdauer ihrer Geltung nicht den öffentlichen Glauben des Grundbuchs gänzlich aus; sie will vielmehr nur diejenigen Rechte vor einer Benachteiligung durch den öffentlichen Glauben des Grundbuchs schützen, deren Wiedereintragung in den §§ 20, 21 AufwG. vorgesehen ist, also solche Rechte, die beim Inkrafttreten des Aufwertungsgesetzes schon gelöscht waren. Der § 22 Abs. 2 AufwG. ist dagegen nicht anwendbar, wenn eine Papiermarkhypothek nach Inkrafttreten des genannten Gesetzes auf Grund der früheren Löschungsbewilligung zu Unrecht gelöscht worden ist und wenn nach Löschung und vor Wiedereintragung der Aufwertungshypothek ein gutgläubiger Erwerb stattgefunden hat (vgl. Mügel Aufw. Recht 5. Aufl. S. 782). Es bedarf deshalb eines sachlichen Eingehens auf die Frage des gutgläubigen Erwerbs durch die Beklagte, und zwar im Hinblick auf die allgemeine Vorschrift des § 892 BGB. Der Berufungsrichter wird daher zunächst zu prüfen haben, ob Abs. 2 dieser Vorschrift zutrifft, verneinendenfalls, ob zur Zeit der Vollendung des Rechtserwerbs der Beklagten, also zur Zeit ihrer Eintragung als Eigentümerin, der Stand des Grundbuchs für sie sprach, und ob sie in diesem Augenblick gutgläubig war (RGZ. Bd. 116 S. 361). Die Umschreibung des Eigentums auf die Beklagte und die Löschung der Hypothek haben nach der Feststellung des Berufungsrichters an demselben Tage stattgefunden. Nach den vom Senat im Urteil vom 8. Dezember 1928 V 672/27 (S. 19 dieses Bandes) aufgestellten Richtlinien wird der Berufungsrichter zunächst aufzuklären haben, ob ein dieser Entscheidung entsprechender Tatbestand vorliegt und ob dann der gute Glaube der Beklagten ausgeschlossen war. Der § 325 Abs. 2 ZPO., auf den das Berufungsgericht ebenfalls hinweist, kommt hier nicht in Betracht, da es sich nicht um ein rechtskräftiges Urteil gegen den Vorbesitzer handelt, sondern die Erwerberin selbst in den

Rechtsstreit eingetreten ist. Wohl aber wird die etwaige Kenntnis der jetzigen Beklagten von der anhängigen Feststellungsklage gegen ihre Rechtsvorgängerin ein wesentliches Beweisanzeichen gegen die Gutgläubigkeit der Beklagten sein (vgl. im übr. das Urteil des erkennenden Senats vom 5. Oktober 1927 V 31/27, LZ. 1927 Sp. 1537, JW. 1928 S. 102).

---

21. Wie ist ein im Ehescheidungsprozeß geschlossener Vergleich zu beurteilen, der die Zurücknahme eines Rechtsmittels betrifft und zur Erleichterung der Scheidung dienen soll?

ZPO. §§ 515, 617 flg. BGB. § 134.

VIII. Zivilsenat. Urt. v. 20. Dezember 1928 i. S. Ehem. Sch. (Bekl.) w. Ehefr. Sch. (Kl.). VIII 240/28.

I. Landgericht Göttingen.
II. Oberlandesgericht Celle.

Die Klägerin erhob im Oktober 1926 Klage auf Scheidung der Ehe auf Grund von § 1568 BGB. Das Landgericht erkannte nach ihrem Antrag. Der Beklagte legte Berufung ein und beantragte Abweisung der Klage, hilfsweise Mitschuldigerklärung der Klägerin; diese beantragte Zurückweisung der Berufung.

Das Oberlandesgericht erhob Beweis über die zur Zumutungsfrage und zum Mitschuldantrag vorgetragenen Tatsachen. Vor Erledigung der Beweiserhebung kam am 16. März 1928 vor dem Amtsgericht N. als ersuchtem Gericht ein Vergleich zustande, den für die Klägerin ein nur für diesen Beweistermin bevollmächtigter Rechtsanwalt mit dem Beklagten, der mit einem „Rechtsbeistand" erschienen war, wie folgt, abschloß:

> Der Beklagte .... nimmt hiermit die gegen das Urteil des Landgerichts G. vom 3. Mai 1927 eingelegte Berufung zurück.
>
> Die Klägerin verpflichtet sich hiermit, an den Beklagten ... ab 1. April 1928 monatlich im voraus bis an sein Lebensende 80 GM. ..... zu zahlen. ....

Der Prozeßbevollmächtigte des Beklagten hat trotz des Vergleichs die Zurücknahme der Berufung nicht erklärt und die seitherigen Anträge in der weiteren Verhandlung wiederholt. Er hat den Vergleich wegen Irrtums, arglistiger Täuschung und Drohung angefochten. Das Oberlandesgericht verwarf die Berufung des Beklagten auf Grund des Vergleichs als unzulässig. Die Revision des Beklagten hatte Erfolg.

Gründe:

Der Berufungsrichter hat die vom Beklagten selbst im Termin vor dem Amtsgericht abgegebene Vergleichserklärung, daß er die Berufung zurücknehme, nicht als verfahrensrechtlich wirksame Berufungszurücknahme im Sinne von § 515 ZPO. angesehen, aber die Erklärung dahin umgedeutet, daß der Beklagte sich verpflichte, die Berufung zurückzunehmen. Diese Umdeutung und die daraus gezogene Folgerung, daß die trotzdem aufrechterhaltene Berufung als unzulässig zu behandeln sei, werden von der Revision zu Unrecht als verfahrenswidrig bezeichnet.

Dem Sinne nach ist die Deutung der Erklärung durch den Berufungsrichter ohne jedes Bedenken. Es ist nicht anzuerkennen, daß der Gedanke des Anwaltszwangs (der übrigens nach § 78 Abs. 2 ZPO. für das Verfahren im Vergleichstermin vor dem er suchten Richter nicht galt) der Übernahme vertraglicher Bindungen durch die Partei selbst über ihr Verhalten zum und im Prozeß entgegensteht.

Hat der Beklagte sich im Vergleich zur Zurücknahme der Klage geschäftsfähig und ohne Willensmangel verpflichtet, so hat der Berufungsrichter (wenn der Vergleich nicht sonst ungültig ist) mit Recht den Einwand gelten lassen, daß die Übernahme jener Verpflichtung der Fortführung des Berufungsverfahrens entgegenstehe und die Berufung unzulässig mache. Für den Fall der Vereinbarung der Klagezurücknahme hat das Reichsgericht im Urteil RGZ. Bd. 102 S. 217 zutreffend dargelegt, daß es nicht angängig sei, das durch den Vergleich begründete Vertragsrecht auf Zurücknahme der Klage zu seiner Durchsetzung auf den Weg eines neuen Rechtsstreits zu verweisen, und die Folgerung gezogen, daß die dennoch aufrechterhaltene Klage wie eine unvorschriftsmäßig angebrachte abzuweisen sei.

Für die Verpflichtung zur Zurücknahme der Berufung muß Entsprechendes gelten (RGU. vom 23. Februar 1923 VII 141/22). Der gebotene Ausdruck für die Versagung des Prozeßrechts im

Berufungsverfahren ist die Verwerfung der Berufung als unzulässig. Dagegen kann nicht eingewendet werden, daß die Berufung zunächst zulässig gewesen sei; denn auch in anderen Fällen (Vorhandensein der Revisions- und der Berufungssumme) ist in der Rechtsprechung anerkannt, daß die anfänglich zulässige Berufung unzulässig werden kann (RGZ. Bd. 107 S. 53 und die dort angezogene Rechtsprechung). Über den Erfolg der Revision entscheidet deshalb die Stellungnahme zur Gültigkeit des Vergleichs vom 16. März 1928.

Aus diesem Gesichtspunkt muß die Revision durchgreifen. Mit Unrecht beruft sich der Vorderrichter auf das Urteil RGZ. Bd. 105 S. 353 für seine Annahme, daß Vergleiche zulässig seien, durch die sich jemand nach dem Erlaß des erstinstanzlichen Urteils — auch eines auf Scheidung lautenden — zum Verzicht auf die Berufung oder zur Zurücknahme der Berufung verpflichte. Diese Entscheidung und die darin angeführten weiteren Entscheidungen, insbesondere Bd. 59 S. 346 und Bd. 104 S. 133, betreffen die verfahrensrechtliche Wirksamkeit des einseitigen Verzichts auf Rechtsmittel nach § 514 ZPO. gegenüber den besonderen Verfahrensvorschriften des Eheprozesses, namentlich § 617 ZPO. Sie lassen aber ausdrücklich unberührt die Fragen der materiellrechtlichen Wirksamkeit von Vereinbarungen dahin, daß ein Berufungsverzicht oder eine Berufungszurücknahme erfolgen soll.

Für den Streitfall stellt der Berufungsrichter fest: soweit irgend abzusehen, sei der Vergleich nicht geschlossen, um die Ehescheidung der Parteien in gesetzwidriger Weise zu erleichtern, sondern um die Weiterführung eines für beide Parteien unangenehmen Scheidungsprozesses zu vermeiden und um dem Beklagten einen Unterhaltsanspruch zu gewähren, den er in dem wahrscheinlichen Fall seines Unterliegens nicht hätte. Die Berufung des Beklagten wird danach nicht als aussichtslos, ihr Mißerfolg nur als wahrscheinlich, nicht als sicher oder nahezu sicher hingestellt. Das steht im Einklang mit dem Inhalt des zur Zeit des Urteils noch nicht erledigten Beweisbeschlusses, der außer den Behauptungen über die Zumutungs- und die Mitschuldfrage die Vernehmung von Zeugen auch darüber anordnet, ob die Klägerin ihren Mann nach der Trennung wieder in ihr Haus aufnehmen und die Scheidungsklage gar nicht anhängig machen wollte, und ob sie nur auf Veranlassung ihrer Tochter von einer Versöhnung mit dem Beklagten Abstand genommen habe. Deshalb war nach der

Auffassung des Berufungsrichters die Wirkung des Vergleichs unbedenklich eine Erleichterung der Scheidung.

Wenn trotzdem der Berufungsrichter feststellt, daß der Vergleich, soweit ersichtlich, nicht geschlossen sei, um die Scheidung zu erleichtern, so bindet diese tatsächliche Feststellung über die von den Parteien verfolgten Zwecke das Revisionsgericht ohne Rücksicht auf die aus der Sachlage sich ergebenden Zweifel.

Indes wird folgendes Bedenken nicht beseitigt: Der Berufungsrichter hat als allein entscheidenden Gesichtspunkt das Vorliegen eines gegen die guten Sitten verstoßenden Zweckes angesehen. Er hat außer acht gelassen, daß für die Frage, ob Verträge über das Verhalten zum Scheidungsstreit nichtig sind, einen wesentlichen Punkt auch das gegenständliche Bedenken dagegen bildet, den Bestand der Ehe von der Privatverfügung der Ehegatten abhängig zu machen. Das Urteil RGZ. Bd. 118 S. 171 sagt zutreffend, daß Abmachungen der Ehegatten, die der Erleichterung der Scheidung dienen, jedenfalls auch unter § 134 BGB. fallen, weil der Grundsatz des Eheschutzes auch gegenüber dem Willen der Ehegatten in den Vorschriften des Eheverfahrens, insbesondere in §§ 617 bis 622 ZPO. zum Ausdruck kommt. Zur Anwendung des § 134 BGB. ist aber keinesfalls zu fordern, daß die Parteien die Verletzung des Gesetzes gerade bezwecken.

---

22. Wird von der in § 14 der Aufwertungsnovelle vom 9. Juli 1927 (RGBl. I S. 171) bestimmten Einschränkung in bezug auf den Schutz des öffentlichen Glaubens des Grundbuchs auch ein Hypothekengläubiger betroffen, der seine Hypothek vom Grundstückserwerber vor dem Inkrafttreten des erwähnten Gesetzes erworben hat?

V. Zivilsenat. Beschl. vom 22. Dezember 1928 i. S. der Städt. Sparbank in S. (Antragst.) w. die Dir. der D. G. in Berlin (Antragsgegn.) V B 53/28.

I. Amtsgericht (Grundbuchamt) Sonneberg.
II. Landgericht Meiningen.

Für die Antragstellerin war auf einem in S. gelegenen Grundstück eine Darlehenshypothek von 30000 M. aus dem Jahre 1898 eingetragen, die am 2. Mai 1923 zurückgezahlt und am 17. November 1923 gelöscht worden ist. Am 27. Juli 1923 hat der gegenwärtige Eigentümer M. das Grundstück erworben. Ihm gegenüber war die Gläubigerin mit ihrem dinglichen Aufwertungsanspruch zunächst vom Prozeßgericht gemäß § 20 Abs. 2 AufwG. abgewiesen worden. Nach Inkrafttreten des Gesetzes vom 9. Juli 1927 erkannte aber M. seine Aufwertungspflicht an, und darauf wurde die Hypothek zum Aufwertungsbetrag von 7496 Goldmark wiedereingetragen, jedoch mit dem Range nach zwei Grundschulden von je 10000 RM., die am 1. April und 14. Juni 1927 für die Antragsgegnerin eingetragen worden waren. Durch diese Rangordnung fühlte sich die Antragstellerin beschwert. Ihrer Anregung, einen Widerspruch von Amts wegen einzutragen, gab das Grundbuchamt keine Folge. Dagegen hob das Landgericht auf die Beschwerde der Antragstellerin den ablehnenden Beschluß des Grundbuchamts auf und ordnete die Eintragung eines Widerspruchs gegen die eingetragene Rangfolge nach § 54 GBO. an. Der Widerspruch wurde am 16. April 1928 im Grundbuch vermerkt. Mit der weiteren Beschwerde beantragt nunmehr die Antragsgegnerin, daß der Widerspruch wieder gelöscht werde. Das Oberlandesgericht Jena möchte der Beschwerde stattgeben, indem es dem § 14 AufwNov. die Wirksamkeit gegenüber Zwischeneintragungen von Rechten Dritter versagt, sieht sich aber an eigener Entscheidung gehindert durch die abweichende Stellungnahme des Kammergerichts, das in seinem Beschluß vom 22. März 1928 (abgedruckt in der Höchstrichterl. Rechtspr. 1928 Nr. 1013; vgl. auch JW. 1928 S. 1512 Nr. 2, S. 1831 Nr. 5) dem § 14 unbeschränkt rückwirkende Kraft beigelegt habe.

Die weitere Beschwerde ist statthaft und die Zuständigkeit des Reichsgerichts nach § 79 GBO. begründet. Auch in der Sache muß dem Oberlandesgericht Jena beigetreten werden. Für Fälle, in denen es sich um die Anwendung des § 14 AufwNov. gegen Zweiterwerber des Grundstücks handelte, hat der erkennende Senat schon wiederholt entschieden, daß gegenüber Rechtsnachfolgern im Eigentum, die das Grundstück in der Zeit vom 1. Juli 1925 bis zum Inkrafttreten der Aufwertungsnovelle erworben hatten, dem § 14 keine Bedeutung zukomme, wenn sich ihr Rechtsvorgänger nach der bis zum Inkrafttreten der Aufwertungsnovelle bestehenden Rechtslage auf den öffentlichen Glauben des Grundbuchs hätte berufen dürfen (RGZ. Bd. 120 S. 352; AufwRspr. 1928 S. 633, 753). Nichts anderes kann aber gelten, wenn der Rang der Aufwertungshypothek gegenüber Belastungen des Grundstücks zu bestimmen ist, die zu einer Zeit begründet worden sind, als das geltende Recht den Eigentümer gegen die Aufwertung schützte, sodaß er durch den erst später anerkannten Aufwertungsanspruch in der freien Verfügung über das Grundstück noch nicht behindert war. Nur zu Ungunsten des ablösenden Grundstückserwerbers greift, wie in RGZ. Bd. 120 S. 355 näher dargelegt ist, aus Erwägungen, die auf dessen Erwerbsvorgang abgestellt sind, der Gesetzgeber ein, indem er die Berufung auf die Vorschriften über den öffentlichen Glauben des Grundbuchs mit beschränkter Rückwirkung versagt. Die Antragstellerin muß sich den Vorrang der Beschwerdeführerin nicht deshalb gefallen lassen, weil § 22 Abs. 2 AufwG. im vorliegenden Falle keine Anwendung fände, sondern weil die Beschwerdeführerin der Berufung auf eigene Gutgläubigkeit gar nicht bedarf, indem nach der zur Zeit ihres Grundschulderwerbs bestehenden Rechtslage der Eigentümer M. gegen den Aufwertungsanspruch der Antragstellerin nach § 20 Abs. 2 AufwG. geschützt war und diese Rechtslage der Beschwerdeführerin gegenüber durch § 14 AufwNov. keine Änderung erfahren hat.

Hiernach hat das Grundbuchamt die Eintragung eines Widerspruchs von Amts wegen mit Recht abgelehnt.

---

23. 1. Zur Frage der Anfechtung wegen Irrtums.

2. Kann der Schuldner oder der Schuldübernehmer dem Gläubiger, der auf Grund der Vorschriften des Aufwertungsgesetzes Aufwertung seiner Papiermarkforderung kraft Rückwirkung begehrt, aus dem Gesichtspunkt des beiderseitigen Irrtums die Einrede der allgemeinen Arglist entgegensetzen?

BGB. §§ 119, 242. AufwG. §§ 15, 68.

VI. Zivilsenat. Urt. v. 3. Januar 1929 i. S. Preuß. Staat (Kl.) w. P. u. Gen. (Bekl.). VI 326/28.

I. Landgericht III Berlin.
II. Kammergericht daselbst.

Durch Vertrag vom 29. Dezember 1921/18. Januar 1922 verkaufte der Kläger eine Parzelle der Domäne D. an L. Auf Grund der Auflassung vom 31. Mai 1922 wurde am 2. Juni 1922 L. als Grundstückseigentümer und zugleich für den Kläger eine Restkaufgeldhypothek in Höhe von 44000 M. eingetragen. L. verkaufte durch Verträge vom 10. Mai 1922 einen Teil der Parzelle in Größe von 607 qm an den Beklagten zu 1 und die restlichen 619 qm an den Beklagten zu 2. Die Eigentumseintragungen beider Beklagten erfolgten auf Grund der Auflassungen vom 23. August 1922 am 19. Oktober 1922. Schon am 11. September 1922 war gemäß der Quittung des Klägers vom 22. August 1922 die Restkaufgeldhypothek gelöscht worden. Am 1. und 2. März 1923 stellten die Beklagten dem Kläger gleichlautende Erklärungen folgenden Wortlauts aus:

„Von dem Grundstück .... habe ich die Parzelle .... von dem bisherigen eingetragenen Eigentümer .... gekauft ....

Hierdurch trete ich .... in alle Verpflichtungen ein, welche dem bisherigen Eigentümer aus dem Kaufvertrag .... vom 29. Dezember 1921/18. Januar 1922 gegen den Preußischen Staat .... obliegen, soweit sie hinsichtlich obiger Parzelle noch nicht erfüllt sind.

Namentlich verpflichte ich mich:

a) die Fassadenzeichnungen .... vorzulegen,

b) .... den Bürgersteig .... anzulegen .... und zu erhalten ....

c) die .... Weiterverkaufsbeschränkung des § 6 zu übernehmen.

Ich verpflichte mich ferner ...., im Falle einer Weiterveräußerung zugunsten des Fiskus:

a) alle noch nicht erfüllten Pflichten aus dieser Erklärung und dem oben bezeichneten Vertrage dem Abkäufer aufzuerlegen,

b) diesen .... zu verpflichten, seinerseits im Falle des Weiterverkaufs seinem Abkäufer dieselben Verpflichtungen a) und b) aufzuerlegen ....

c) Die Erfüllung von a) und b) dem Fiskus .... nachzuweisen durch eine schriftliche Erklärung des Abkäufers."

Am 10. November 1925 meldete der Kläger die Restkaufgeldforderung zur Aufwertung an. Die Anmeldung wurde beiden Beklagten am 20. November 1925 zugestellt. Nachdem die Beklagten am 3. Dezember 1925 die im Büro der Vertreterin des Klägers verwahrten Urkunden vom 1. und 2. März 1923 hatten einsehen lassen, gaben sie mit Schreiben vom 4. Dezember 1925, die dem Kläger alsbald zugingen, die Erklärung ab, daß sie ihre Zusagen wegen Irrtums anfechten, soweit sie sich auf die Hypothek beziehen sollten. Die Aufwertungsstelle setzte das Verfahren aus.

Der Kläger verlangt im Klageweg die Feststellung, daß die Beklagten persönliche Schuldner der Restkaufgeldforderung seien. Beide Vorinstanzen haben die Klage abgewiesen. Auf die Revision des Klägers ist nach dem Klagantrag erkannt worden.

Gründe.

Die Auslegung des Berufungsgerichts, daß die Beklagten nach Wortlaut und Sinn ihrer Erklärungen vom 1. und 2. März 1923 die dem L. infolge des Aufwertungsgesetzes vom 16. Juli 1925 obliegende Aufwertungsverpflichtung wegen der Restkaufgeldforderung des Klägers durch Schuldübernahmevertrag gemäß § 414 BGB. übernommen haben, entspricht den §§ 133, 157 BGB. und läßt keinen Rechtsirrtum erkennen. Ob auch eine ergänzende Vertragsauslegung zu der Annahme führen müßte, daß die Beklagten die Aufwertung der Restkaufgeldforderung deshalb übernommen hätten, weil sie sonst die Grundstücke nicht erhalten hätten, kann deshalb dahingestellt bleiben.

Gleichwohl ist das Kammergericht zur Zurückweisung der Berufung gelangt, weil es die Irrtumsanfechtung der Beklagten für begründet erachtet. Diese Auffassung wird im wesentlichen wie folgt begründet. Der Irrtum der Beklagten betreffe Umfang und Tragweite der Erklärung selbst und nicht nur rechtliche Nebenwirkungen. Die Beklagten seien danach über den Inhalt ihrer Erklärung im Irrtum gewesen und es sei auch anzunehmen, daß sie sich bei Kenntnis der Sachlage und verständiger Würdigung des Falles mit ihrer Zusage auf die Nebenleistungen beschränkt hätten, die L. in seinem Kaufvertrag mit dem Kläger übernommen gehabt habe, wie näher ausgeführt wird. Damit sei der Tatbestand des § 119 BGB. gegeben. Die Anfechtung sei auch, wie näher dargelegt wird, unverzüglich (§ 121 BGB.) erfolgt.

Die Revision rügt mit Recht Verletzung des § 119 BGB. Nach Abs. 1 dieser Vorschrift ist eine Voraussetzung für die Zulässigkeit der Anfechtung wegen Irrtums, daß der Erklärende bei Abgabe der Willenserklärung über ihren Inhalt im Irrtum war oder daß er eine Erklärung dieses Inhalts überhaupt nicht abgeben wollte. Letzterer Fall scheidet hier aus; denn die Beklagten haben nicht behauptet und konnten auch im Hinblick auf den Wortlaut der Urkunden nicht wohl behaupten, sie hätten eine Schuldübernahmeerklärung überhaupt nicht abgeben wollen. Aber auch der erste Fall ist nicht gegeben. Die Erklärungen vom 1. und 2. März 1923 gingen wortdeutlich auf Eintritt der Beklagten in alle Verpflichtungen des L. aus seinem Kaufvertrag mit dem Kläger, soweit sie noch nicht erfüllt waren; zu diesen noch nicht erfüllten Verpflichtungen gehörte, wie das angefochtene Urteil zutreffend ausgeführt hat, auch die Aufwertungspflicht, wenn diese auch zur Zeit der Abgabe der Erklärungen der Beklagten infolge irriger Nichtanwendung des § 242 BGB. in der Rechtsprechung erst vereinzelt Anerkennung gefunden hatte und erst durch das Aufwertungsgesetz näher geregelt worden ist. Aber diese letzteren Tatsachen ändern nichts daran, daß Wortlaut und Inhalt der Erklärungen der Beklagten zusammenfallen. Der Umstand, daß die Beklagten die Pflicht des L. zur Zahlung des Restkaufgeldes als bereits erfüllt angesehen haben, mag ihre Entschließung, dem Kläger die Erklärungen vom 1. und 2. März 1923 abzugeben, beeinflußt haben. Aber der Umstand liegt außerhalb des Rahmens der Willenserklärung; mit dem Inhalt der Urkunden hat dieser Irrtum nichts zu tun. Das wäre nur dann der Fall, wenn die Beklagten während der Vertragsverhandlungen dem Kläger gegenüber erkennbar gemacht hätten, daß ihre Annahme, die Pflicht des L. zur Kaufpreiszahlung sei bereits erfüllt, für ihre Entschließung, die Schuldübernahmeerklärung abzugeben, wesentlich sei. Eine dahingehende Behauptung haben die Beklagten nicht aufgestellt. Demnach blieb der Irrtum der Beklagten ein — als solcher unbeachtlicher — Irrtum im Beweggrund. Sie irrten, wie das Berufungsurteil insoweit zutreffend sagt, über die Tragweite ihrer Erklärung, aber der Irrtum betraf nicht den Inhalt oder die rechtsgeschäftliche Grundlage der Erklärung. Die hier ausgesprochenen Grundsätze stehen mit der ständigen Rechtsprechung des Reichsgerichts im Einklang (vgl. auch RGR. Komm. Erl. 1 bis 3 zu § 119). Insbesondere ist in dem rechtsähnlich liegenden Fall RGZ. Bd. 112 S. 332 in gleichem Sinne entschieden worden (auch RGZ. Bd. 88 S. 284).

Nun haben die Beklagten in der mündlichen Verhandlung vor dem Revisionsgericht noch auf einen in den Vorinstanzen anscheinend nicht besonders zur Sprache gebrachten rechtlichen Gesichtspunkt hingewiesen, welcher, wenn er begründet wäre, zur Aufrechterhaltung des angefochtenen Urteils gemäß § 563 ZPO. führen müßte. Beide Parteien seien, so meinen die Beklagten, bei Abschluß der Schuldübernahmeverträge vom 1. und 2. März 1923 übereinstimmend davon ausgegangen, daß die Restkaufgeldforderung des Klägers getilgt sei. Wenn der Kläger trotz dieses beiderseitigen, eine Anfechtung entbehrlich machenden Irrtums die Beklagten an den etwa auch eine Übernahme der Restkaufgeldforderung umfassenden Schuldübernahmeerklärungen festhalten wolle, so setze er sich mit seinem früher betätigten Verhalten in einer mit Treu und Glauben unvereinbaren Weise in Widerspruch und gebe den Beklagten den Einwand der allgemeinen Arglist an die Hand. In der Tat hat das Reichsgericht schon mehrfach solche Fälle, wo beiderseitiger Irrtum in Frage stand, in dieser Weise beurteilt (vgl. u. a. RGZ. Bd. 108 S. 110; LZ. 1928 Sp. 186 Nr. 5; JRsch. 1927 Nr. 219; Urteil vom 4. November 1924 III 795/23; RGR. Komm. 6. Aufl. Erl. 2 zu § 119 S. 161, jedoch auch WarnRspr. 1926 Nr. 40). Zu einer grundsätzlichen Stellungnahme in dieser Frage bietet der vorliegende Fall keinen Anlaß. Denn hier liegen die Dinge besonders. Es mag unterstellt werden, daß beide Parteien bei Abschluß der Schuldübernahmeverträge vom 1. und 2. März 1923 davon ausgegangen sind, die Restkaufgeldschuld des L. sei infolge seiner Zahlung vom 22. August 1922 vollständig erloschen. Diese Auffassung beider Parteien entsprach der damaligen allgemeinen Rechtsanschauung; denn Anfang März 1923 hatte der Aufwertungsgedanke nur ganz vereinzelt in der Rechtsprechung Anerkennung gefunden. Jene Auffassung war sogar nachträglich gesetzlich, nämlich durch § 11 der Dritten Steuernotverordnung, als zutreffend bestätigt worden; denn der Kläger hatte den Restkaufpreis ohne Vorbehalt angenommen. Erst durch ein späteres Gesetz, das Aufwertungsgesetz vom 16. Juli 1925 (§§ 15, 68 Abs. 2), lebte die Forderung des Klägers wieder auf. Nicht über tatsächliche Vorgänge oder Rechtsverhältnisse, die bei Vertragsschluß vorlagen, aber damals den Beteiligten unbekannt waren, haben sich also hier die Parteien im Irrtum befunden, sondern durch ein späteres, bei Abschluß der Verträge von ihnen nicht vorausgesehenes und nicht voraussehbares Gesetz ist die von ihnen zutreffend beurteilte Rechtslage geändert worden. Macht aber der Gläubiger dem ursprünglichen Schuldner oder dem Schuldübernehmer gegenüber von dem ihm durch ein späteres Gesetz eingeräumten Aufwertungsrecht Gebrauch, so kann man ihm füglich nicht den Vorwurf machen, er setze sich dadurch mit seinem früheren Verhalten in Widerspruch, durch das er die Papiermarkzahlung vorbehaltlos als volle Erfüllung der Schuldverbindlichkeit angenommen oder eine Schuldübernahmeerklärung nur auf solche Verpflichtungen bezogen habe, die noch nicht in Papiermark getilgt waren. Die Gegenmeinung würde folgerichtig dahin führen, daß man jedem Schuldübernehmer, der eine Papiermarkschuld übernommen hat, die Einrede der Arglist insoweit gewähren müßte, als der Gläubiger ihn auf Zahlung des den Papiermarkwert übersteigenden Aufwertungsbetrags in Anspruch nimmt, sofern nur die Schuldübernahme zu einer Zeit erfolgt ist, als noch nicht mit der Zulässigkeit eines Aufwertungsanspruchs zu rechnen war. Denn ob die Beteiligten nur über den Betrag der Aufwertung oder über die Aufwertungsmöglichkeit überhaupt im Irrtum waren, würde keinen Unterschied in der rechtlichen Beurteilung machen können. Sogar das würde zweifelhaft sein, ob der Gläubiger, der vorbehaltlos über eine Papiermarkschuld quittiert hat, noch Aufwertung gegenüber dem ursprünglichen Schuldner verlangen könnte; auch er würde sich durch ein solches Verlangen mit seinem früheren Verhalten in Widerspruch setzen, während sowohl er wie der Schuldner im Irrtum über die tilgende Wirkung der Papiermarkzahlung zur Zeit der Zahlung waren. Damit wäre das Aufwertungsgesetz ganz oder jedenfalls zu einem erheblichen Teile außer Wirksamkeit gesetzt, ein Ergebnis, das schlechthin unannehmbar ist. Ob unter besonderen Umständen der beiderseitige Irrtum zu einer Ablehnung des Aufwertungsverlangens auf Grund des § 242 BGB. führen kann, bedarf gegenwärtig keiner Erörterung; denn solche besondere Umstände sind hier weder behauptet noch sonst ersichtlich.

24. 1. Muß sich der Streitverkündete das, was im Vorprozeß als Ursache eines Unfalls und über seine Fahrlässigkeit festgestellt ist, auch dann entgegenhalten lassen, wenn diese Feststellungen im Prozeß gegen ihn für eine andere Haftung als im Vorprozeß in Betracht kommen?

2. Hat das rechtskräftige Urteil über den Grund des Anspruchs gegenüber dem Streitverkündeten auch dann die Interventionswirkungen, wenn es nach diesem Urteil im Vorprozeß zum Vergleich gekommen ist?

ZPO. §§ 68, 74.

VII. Zivilsenat. Urt. v. 4. Januar 1929 in S. B.&G. (Bekl.) w. Deutsche Reichsbahn-Gesellschaft (Kl.) VII 296/28.

I. Landgericht Düsseldorf.
II. Oberlandesgericht daselbst.

Die Klägerin ließ im Jahre 1924 im Bahnhofsgebäude in H. durch die Beklagte bauliche Veränderungen vornehmen. Zu diesem Zweck errichtete die Beklagte am 4. Juni 1924 in unmittelbarer Nähe der Fahrkartenausgabe ein Gerüst. Am folgenden Tage stürzte das Gerüst ein und dabei wurde der Kaufmann R. erheblich verletzt. Wegen dieses Unfalls hat der Verletzte in einem Vorprozeß vor dem Landgericht in D. gegen die Klägerin auf Schadensersatz geklagt. Durch erstinstanzliches Urteil vom 23. November 1925 wurde der ziffermäßige Klaganspruch dem Grunde nach für gerechtfertigt erklärt und außerdem festgestellt, daß die damalige Beklagte verpflichtet sei, dem Verletzten allen weiteren Schaden aus dem Unfall zu ersetzen. In dem Urteil ist ausgesprochen, daß die jetzige Beklagte ein Verschulden am Unfall des R. treffe und daß sich die Klägerin (damalige Beklagte) dieses anrechnen lassen müsse, weil die Beklagte ihre Erfüllungsgehilfin gewesen sei. Das Urteil ist rechtskräftig geworden; zur Verhandlung über den Betrag ist es nicht gekommen, weil sich die Klägerin mit R. in der Weise verglich, daß sie ihm 20000 RM. zahlte und die Kosten des Rechtsstreits übernahm.

In jenem Prozeß hatte die jetzige Klägerin der jetzigen Beklagten den Streit verkündet, weil sie diese für verpflichtet hielt, ihr für die Schadensersatzleistung an R. aufzukommen. Die Beklagte ist dem

Rechtsstreit jedoch nicht beigetreten, sondern hat es der Klägerin überlassen, gegen das bezeichnete Urteil entweder Berufung einzulegen oder sich zu vergleichen.

Im gegenwärtigen Rechtsstreit verlangt die Klägerin von der Beklagten Erstattung der an R. gezahlten 20000 RM. und außerdem eines Kostenbetrags von 1111,45 RM. Sie stützt ihren Anspruch auf das im Vorprozeß festgestellte Verschulden der Beklagten am Einsturz des Gerüstes.

In den Vorinstanzen ist die Beklagte klagegemäß verurteilt worden. Ihre Revision blieb ohne Erfolg.

Gründe:

Das rechtskräftige Urteil im Vorprozeß stellt als Ursache des Unfalls fest, daß sich am Baugerüst eine Klammer gelöst hatte, und führt im Anschluß daran aus, daß das Umfallen des Gerüsts durch eine feste Verankerung hätte verhütet werden können und daß die Verletzung des R. auch vermieden worden wäre, wenn die Baustelle abgesperrt gewesen wäre. In der Unterlassung der nach beiden Richtungen erforderlichen Vorrichtungen hat das Landgericht im Vorprozeß eine Fahrlässigkeit der Beklagten gesehen.

Diese Feststellungen und auch die aus ihr gezogenen rechtlichen Folgen muß sich die Beklagte entgegenhalten lassen, weil ihr von der Klägerin im Vorprozeß der Streit verkündet war (§§ 68, 74 ZPO.). Die Revision macht zwar mit Recht geltend, daß im Vorprozeß nur ein Verschulden der beklagten Baufirma gegenüber dem Verletzten R. festgestellt worden ist, das die Haftung der jetzigen Klägerin gegenüber R. aus dem Beförderungsvertrag begründete, während hier in Frage steht, ob die Beklagte der Klägerin gegenüber ihre Verpflichtungen aus dem zwischen ihnen abgeschlossenen Werkvertrag schuldhaft verletzt hat und ob sie darum der Klägerin für den dieser hierdurch entstandenen Schaden aufzukommen hat. Aber das hindert die Interventionswirkung des Vorprozeßurteils nicht. Denn mag es sich auch in den beiden Fällen, wie meist bei Regreßansprüchen, um verschiedene Haftungen handeln, weil Haftungsverhältnisse zwischen verschiedenen Personen und auch aus verschiedenen Verträgen in Frage kommen, so muß sich die Beklagte zufolge der Streitverkündung doch entgegenhalten lassen, was im Vorprozeß über die Ursache des Unfalls und die fahrlässige Unterlassung der Beklagten festgestellt ist. Daran ändert es auch nichts, daß es im Vorprozeß über die an den Verletzten zu zahlende Summe zwischen der Klägerin und R. zum Vergleich gekommen ist. Denn das Vorprozeßurteil hat, wenn es auch hinsichtlich des ziffermäßig eingeklagten Anspruchs nur ein Zwischenurteil aus § 304 ZPO. gewesen ist, in vollem Umfange Rechtskraft erlangt und ist deshalb hinsichtlich der Wirkungen der Entscheidung und auch ihrer tatsächlichen und rechtlichen Grundlagen ganz wie ein Endurteil zu behandeln. Der Vergleich hat nur den Betrag des ziffermäßig eingeklagten Anspruchs und wohl auch die Pflicht zum Ersatz allen weiteren Schadens betroffen, hat damit aber die Folgen des rechtskräftigen Vorprozeßurteils über den Grund des ziffermäßigen Anspruchs nicht berührt.

Hiernach war im gegenwärtigen Prozeß nur zu prüfen, ob die im Vorprozeß festgestellte Fahrlässigkeit der Beklagten, die dort bloß wegen der Verletzung der Vertragspflichten aus dem Beförderungsvertrag eine Rolle spielte, zugleich auch eine Vertragsverletzung der Beklagten in Ansehung ihrer Pflichten aus dem Werkvertrag enthält. In dieser Beziehung aber kann nicht in Abrede gestellt werden, daß, wenn die Beklagte durch die ungenügende Verankerung des Gerüsts und die unterlassene Absperrung der Baustelle schuldhaft gehandelt hat, dies auch und vielleicht sogar in erster Linie als schuldhafte Vernachlässigung ihrer Vertragspflicht aus dem Werkvertrag zu gelten hat. Denn zu dieser gehörte auch, daß sie zum Schutze des Publikums das Baugerüst gehörig sicherte und die Baustelle absperrte ...

---

25. 1. Welche Bedeutung hat für die Beurteilung eines durch einen Handelsmäkler abgeschlossenen Vertrags der Umstand, daß die vom Mäkler an beide Teile gemachten Mitteilungen nicht einen völlig übereinstimmenden Inhalt hatten?

2. Inwieweit werden Vorbehalte über Entbindung von der Leistungspflicht bei Lieferungsschwierigkeiten dadurch beeinflußt, daß dem Vertrag die fob-Klausel beigefügt wird?

HGB. §§ 93, 94, 346.

II. Zivilsenat. Urt. v. 14. Dezember 1928 i. S. C. W. B. A. Collieries Ltd. (Kl.) w. A. H. Ges. mbH. (Bekl.). II 231/28.

I. Landgericht Hamburg, Kammer für Handelssachen.
II. Oberlandesgericht daselbst.

Die Klägerin hat mit der Beklagten zur Zeit des englischen Kohlenstreiks im September 1926 durch Vermittlung des Handelsmäklers U. in Hamburg zwei Abschlüsse über Lieferung oberschlesischer Staubkohlen fob Hamburg ohne Trimmen, 5000 Tonnen gewaschen und 5000 Tonnen ungewaschen, zum Preise von 26 sh für die Tonne gemacht. Die Verladung sollte gegen den 27./28. September in Hamburg mit 500 Tonnen täglich beginnen. Die Beklagte hat 3620 Tonnen geliefert, den Rest dagegen im Oktober 1926 gemäß den nach ihrer Behauptung den Abschlüssen zugrundegelegten Lieferungsbedingungen wegen Wagenmangels und Bahnsperre „annulliert". Die Klägerin bestreitet der Beklagten das Recht hierzu und verlangt konkret und abstrakt berechneten Schadensersatz im Betrag von 153120 sh nebst Zinsen. Das Landgericht hat den Klaganspruch dem Grunde nach für berechtigt erklärt. Auf die Berufung der Beklagten hat das Oberlandesgericht durch Teilurteil das landgerichtliche Zwischenurteil aufgehoben und die Klage in Höhe von 5000 RM. nebst Zinsen abgewiesen. Die Revision der Klägerin ist mit einer hier nicht interessierenden Maßgabe zurückgewiesen worden.

Aus den Gründen:

Für das Rechtsverhältnis der Parteien gilt deutsches Recht, wie von keiner Seite in Zweifel gezogen worden ist.

Das Berufungsgericht hat festgestellt, daß die Lieferungsbedingungen der Oberschlesischen Kohlenkonvention und die Bedingungen der Stockholmer Konferenz vom 3. Oktober 1908 gemäß dem von der Klägerin widerspruchslos angenommenen Bestätigungsschreiben des Essener Stammhauses der Beklagten vom 25. September 1926 zur Grundlage beider Abschlüsse, d. h. zum Vertragsinhalt gemacht worden seien. Dagegen kämpft die Revision vergeblich an. Wohl hat der zu Abschlüssen nicht ermächtigte Handelsmäkler U. jedesmal nach dem von ihm angenommenen Abschluß eines Verkaufsgeschäfts, nämlich am 15. und am 17. September 1926, jeder Vertragspartei ein Bestätigungsschreiben (Schlußnote) zugehen lassen, und damit sieht die Revision gleich dem ersten Richter den Vertrag jeweils als geschlossen an. Allein die gesetzliche Stellung des Handelsmäklers, der nach § 93 HGB. Verträge nur vermittelt, und die ihm nach § 94 HGB. zugewiesene Aufgabe, unverzüglich nach Abschluß des Geschäfts jeder Partei eine von ihm unterzeichnete Schlußnote zuzustellen, bringen es mit sich, daß dieser Schlußnote zunächst nur die Eigenschaft eines Beweismittels für das abgeschlossene Geschäft zukommt. Der Vertrag muß dadurch zustandegebracht werden, daß die Parteien einander unmittelbar oder durch Vermittlung des Mäklers übereinstimmende bindende Willenserklärungen abgeben. Hierüber ist im vorliegenden Fall für die Zeit vor Erteilung der Schlußnote nichts festgestellt und von der Revision auch nichts behauptet. Nun kann ein Vertrag auch dadurch zustandekommen, daß die Bestätigung des Mäklers von der Partei widerspruchslos angenommen wird (RGZ. Bd. 105 S. 206, Bd. 90 S. 108). Das hat aber zur Voraussetzung, daß den Parteien Bestätigungen gleichen Inhalts zugegangen sind und daß nicht die Bestätigung selbst einen Vorbehalt wegen des Zustandekommens des Vertrags enthält. Betrachtet man die Bestätigungen des U., so zeigt sich, daß sie nach der einen Seite einen anderen Inhalt haben, als nach der andern. Der Klägerin erklärt er am 15. September, daß verkauft sei „under the usual conditions", am 17., daß verkauft sei „under the general conditions of the collieries", und in beiden Fällen sagt er, daß der Klägerin Bestätigung des Verkaufs durch die „Herren H." zugehen werde. Der Beklagten gegenüber läßt er jene Bedingungen weg und nur im zweiten Schreiben vom 17. September bittet er, sie möge ihm Abschrift ihrer Verkaufsbestätigung an die Klägerin einsenden. Auf Grund der Zeugenaussagen von Hamburger Angestellten, welche die Beklagte dort vertreten, hat der Vorderrichter festgestellt, U. habe gewußt, daß diese Vertreter der Beklagten keine bindenden Verpflichtungen ohne Genehmigung des Essener Stammhauses eingehen konnten und daß die Wirksamkeit der Abschlüsse von dieser Genehmigung abhängig war. In diesem Sinne ist nach der weiteren Ausführung des Vorderrichters die Verkaufsbestätigung durch die Zentrale vorbehalten und bis dahin das Zustandekommen des Abschlusses aufschiebend bedingt gewesen. Auch das ist eine tatsächliche Feststellung, jedenfalls im ersten Teil. Hiernach konnte durch bloße widerspruchslose Annahme der Bestätigungen des Mäklers ein Vertrag im gegebenen Fall nicht zustandekommen. Rechtlich wäre das deshalb nicht möglich gewesen, weil die Bestätigungen sowohl hinsichtlich der Geschäftsbedingungen als auch in Ansehung des Vorbehalts der Verkaufsbestätigung durch die Zentrale nicht übereinstimmten. Aus letzterem Grunde spielt es auch für das Ergebnis keine Rolle, ob die Annahme einer aufschiebenden Bedingung rechtlich haltbar ist und ob der Klägerin die festgestellte Bedeutung der Verkaufsbestätigung durch die „Herren H." hinreichend erkennbar gemacht war. Ebenso unerheblich ist, ob die Beklagte, die erst am 27. September die Bestätigung des Stammhauses einsandte, zu lange geschwiegen hat. Eine bindende Willensübereinstimmung der Parteien ist mit dem Berufungsgericht erst darin zu erkennen, daß die Klägerin das Bestätigungsschreiben vom 25. widerspruchslos angenommen hat. Damit sind an Stelle der von U. verwendeten „üblichen Bedingungen" oder „allgemeinen Bedingungen der Kohlenbergwerke" (wenn damit etwas anderes gemeint war) die von der Beklagten bezeichneten Bedingungen der Oberschlesischen Kohlenkonvention und der Stockholmer Konferenz getreten, die nach der Feststellung des Vorderrichters unter sich nicht im Widerspruch stehen. Nur so ist die Annahme, daß ein Vertrag zustandegekommen sei, zu halten. Daß die Parteien schon vor der Vollendung des Vertrags zur Ausführung geschritten sind, kann daran nichts ändern. Das ist dann eben in Erwartung der Vollendung oder in der irrtümlichen Annahme seiner Vollendung geschehen. Inwiefern die von U. bezeichneten Bedingungen, namentlich die der Kohlenbergwerke, etwas anderes sein sollten als die von der Beklagten genannten Konventionen, ist eine von der Klägerin und der Revision nicht beantwortete Frage. Sie hätte gerade unter den von der Revision betonten Umständen, daß erstmals in der deutsch-englischen Wirtschaftsgeschichte englische Firmen deutsche Kohlen einführten, der Lösung bedurft.

Für den Fall, daß die Lieferungsbedingungen der Oberschlesischen Kohlenkonvention gelten sollen, bezeichnet die Revision die Annahme als rechtsirrtümlich, daß der § 14, auf den die Beklagte die Annullierung des Lieferungsrestes gestützt hat, in diesem Vertragsverhältnis wirksam sein könne. Sie meint, weil die §§ 8—10, die auf Gruben und Zechen als Lieferschuldner zugeschnitten sind, hier durch besondere Vertragsbestimmungen (die fob-Klausel und das Garantieversprechen der Verladung von etwa 500 Tonnen täglich) außer Kraft gesetzt seien, könne auch § 14, der die §§ 8—10 zur Voraussetzung habe, keine Anwendung finden. § 14 sagt, daß Betriebsstörungen, Betriebseinschränkungen, Wagenmangel, Arbeitermangel, Arbeitsniederlegungen auf den liefernden Gruben, ferner elementare Störungen jeder Art, Mobilmachung und Kriegsfall sowie deren Folgen, welche die Gewinnung oder den Versand der verkauften Brennstoffe hindern oder verzögern, von der Lieferung im Verhältnis des Erzeugungsausfalls bzw. der Verminderung des Versandes entbinden und daß zur Nachlieferung der durch solche Hindernisse ausgefallenen Mengen keine Verpflichtung besteht. Behördliche Anordnungen, wodurch die Lieferungen beschränkt werden oder die freie Verfügung über die zu liefernden Brennstoffe entzogen wird, werden den genannten Ereignissen gleichgestellt. Krieg, Mobilmachung und Aufruhr sollen zum Rücktritt vom Vertrag berechtigen. Diese Bestimmung ist ihrem Inhalt nach auf jeden Lieferer im großen übertragbar. Wenn die Beklagte, welche die verkaufte Ware mittelbar von Kattowitzer Gruben bezogen hat, sich deren Vorkehrungen gegen die Haftung in außergewöhnlichen Fällen für den Vertrag mit der Klägerin zu eigen gemacht hat, so war dies für einen vorsichtigen Kaufmann ein Gebot der Zeitumstände. Damals war ein Übergreifen des Streiks auf deutsche Gebiete oder eine Überbelastung der deutschen Gruben und Bahnen keineswegs ausgeschlossen; deshalb ist mit dem Vorderrichter anzunehmen, daß gerade diese Bestimmung nach dem Inhalt des Vertrags zur Anwendung zu kommen hatte. Ein derartiger Vorbehalt für die Leistungspflicht war der Beklagten auch sonst angelegen; der Vorderrichter führt ein Bestätigungsschreiben von ihr vom 8. September 1926 an einen andern englischen Käufer an, worin gesagt ist, daß, falls infolge höherer Gewalt oder Kontingentierung der Versand nach Hamburg zeitweilig gesperrt sei, dadurch entstehende Liegegelder nicht zu ihren Lasten gingen. Für das Vertragsverhältnis der Parteien konnten natürlich nur die ihrem Inhalt nach passenden und nicht durch besondere Bedingungen ausgeschlossenen Bestimmungen der Übereinkünfte in Betracht kommen.

Endlich hält die Revision den § 14 durch Aufnahme der fob-Klausel für ausdrücklich ausgeschlossen. Der Vorderrichter stellt fest, die Klausel sei hier eine reine Spesenklausel. Er stützt sich dabei auf eine Erklärung, die der Angestellte B. dem Mäkler U. gegenüber abgegeben habe, und erklärt, auch U. habe offenbar nur diesen Sinn mit der Klausel verbunden. An dieser Feststellung scheitert jede Erweiterung der Bedeutung der Klausel für diesen Vertrag. Daß die Auslegung des Vorderrichters von irgendeinem Rechtsirrtum beeinflußt wäre, ist nicht erkennbar. Im übrigen erklärt der Vorderrichter mit Recht, daß die Übernahme der Transportgefahr mit der fob-Klausel, wie sie in RGZ. Bd. 106 S. 212 behandelt werde, d. h. der Gefahr des Untergangs der Sache, nicht ohne weiteres die Gefahr der Verzögerung der Lieferung in sich schließe. Noch weniger könnte der Klausel nach ihrer typischen Bedeutung die von der Revision gewollte, viel weiter greifende Wirkung beigelegt werden, daß durch sie jeder zum Vertragsinhalt gemachte Vorbehalt für die Leistungspflicht ausgeschlossen werde. Es versteht sich, daß jeder Käufer, nicht bloß die englischen Kohlenbezieher in der Streikzeit, des Willens ist, die Leistung des Vertragsgegners solle sich ungehemmt vollziehen und seine Schuldverpflichtung solle allein ihm — dem Käufer — zu dem erstrebten wirtschaftlichen Erfolg verhelfen. Aber überall im Handel ist es gebräuchlich, daß der Lieferer sich gegen die Einwirkung von Umständen vorsieht, die außerhalb seiner Macht liegen. Wenn er in dieser Richtung eine Geschäftsbedingung vorsieht, so kann die typische fob-Klausel in ihrer in RGZ. Bd. 106 S. 212 festgestellten weiteren Bedeutung nicht zur Außerkraftsetzung jener Bedingung dienen; auch nicht im Zusammenhalt mit einer Garantie für die tägliche Verladung, die eben ihrerseits wieder durch jene Bedingung auf die Zeit normalen Geschäftsablaufs eingeschränkt wird. Soll die Klausel eine so weitgehende Wirkung haben, so muß der Käufer dies erklären. Daran fehlt es hier. Nicht gefolgt werden kann dem Vorbringen der Revision, die englischen Käufer hätten unter den obwaltenden Umständen Bestimmungen wie den § 14 mit der Klausel erkennbar ausschließen wollen. Viel eher war zu erkennen, daß die Beklagte mit der Einfügung von Grubenbedingungen oder allgemeinen Bedingungen, wie sie schon von U. vorgenommen worden ist, sich nicht schlechthin einer Haftung für die Abladung unterwerfen wollte. . . .

---

26. Kann der Gesellschafter einer Gesellschaft mbH. nach deren Eintragung in das Handelsregister geltend machen, daß seine Beteiligungserklärung wegen sittenwidrigen Verhaltens eines Mitgesellschafters bei der Gründung unwirksam sei?

GmbHG. § 2. BGB § 138.

II. Zivilsenat. Urt. v. 14. Dezember 1928 i. S. der Firma Neuer Gasthof G. GmbH. u. Gen. (Bekl.) w. K. (Kl.). II 143/28.

I. Landgericht Leipzig.
II. Oberlandesgericht Dresden.

Die Klägerin ist die Hauptgründerin der im Mai 1923 in das Handelsregister eingetragenen N. Gasthof G.-GmbH. Sie hat in dieser Eigenschaft ein Grundstück in die Gesellschaft eingebracht; diese ist seit Juni 1923 eingetragene Eigentümerin des Grundstücks. Im Juli 1923 wurde der andern Gesellschafterin, der M.-Aktiengesellschaft, auf dem Grundstück eine Grundschuld in Höhe von 179,2 kg Feingold eingetragen. Im Rechtsstreit verlangt die Klägerin gegenüber der Gesellschaft mbH. (der Erstbeklagten) Feststellung, daß ihr Beitritt zu der Gesellschaft und die Übertragung des Grundstückseigentums auf die Gesellschaft unwirksam seien. Von der Mitgesellschafterin, der M.-Aktiengesellschaft (als Zweitbeklagter), fordert sie Herbeiführung der Löschung der Grundschuld und Herausgabe des Grundschuldbriefs. Zur Begründung macht sie geltend: Sie sei bei Errichtung der Gesellschaft mbH. infolge ihrer Erkrankung an tertiärer Lues und Gehirnsyphilis geisteskrank und deshalb geschäftsunfähig gewesen, und diese ihre geistige Minderwertigkeit habe die Zweitbeklagte damals in wucherischer Weise ausgenützt. Das Landgericht wies die Klage ab. Das Oberlandesgericht stellte fest, daß der Beitritt der Klägerin zur Gesellschaft mbH. unwirksam sei und verurteilte die Erstbeklagte zur Einwilligung, daß die Klägerin wieder als Grundstückseigentümerin eingetragen werde, und zur Rückauflassung des Grundstückes an sie. Die Zweitbeklagte wurde vom Berufungsgericht zur Einwilligung in die Löschung der Grundschuld verurteilt. Die Klägerin und die Erstbeklagte legten Revision ein. Auf die Revision der Klägerin wurde das Berufungsurteil, soweit es die Zweitbeklagte betrifft, aufgehoben und insoweit die Sache an das Berufungsgericht zurückverwiesen. Auf die Revision der Erstbeklagten wurde das angefochtene Urteil, soweit es diese Beklagte betrifft, aufgehoben und insoweit die Berufung der Klägerin gegen das landgerichtliche Urteil zurückgewiesen.

Aus den Gründen:

Die Klägerin verlangt Feststellung der Nichtigkeit ihres Beitritts zur N. Gasthof G.-GmbH., ferner Berichtigung des Grundbuchs dahin, daß sie wieder als Eigentümerin eingetragen werde, hilfsweise Verurteilung der Erstbeklagten zur Rückauflassung an sie. Keiner der beiden letzteren Ansprüche ist begründet, wenn nicht der erste begründet ist, wenn also nicht der Beitritt der Klägerin nebst dem Einbringungsvertrag als nichtig zu behandeln ist. Beitritt und Einbringungsvertrag können aber nicht für nichtig erklärt werden. Die Frage, ob sich die Klägerin der Erstbeklagten, d. i. der Gesellschaft mbH. gegenüber nach deren am 7. Mai 1923 erfolgten Eintragung ins Handelsregister wegen sittenwidrigen Verhaltens eines Mitgesellschafters bei der Gründung auf § 138 BGB. berufen kann, ist vielmehr zu verneinen. Das Berufungsgericht stellt ohne Rechtsirrtum fest, daß die geistige Minderwertigkeit der Klägerin von der Mitgründerin, der M.-AG., sittenwidrig ausgenutzt und daß die Klägerin wucherisch übervorteilt worden ist, so daß die Voraussetzungen beider Absätze des § 138 BGB. gegeben sind. Aber nach dem „Gewohnheitsrecht", das die seit vielen Jahrzehnten gleich gebliebene Rechtsprechung herausgebildet hat, und zwar im Interesse der Erhaltung der Kapitalgrundlage und weil die Beitrittserklärung für die Öffentlichkeit bestimmt ist, kann die Klägerin gegenüber der eingetragenen Gesellschaft mbH. nicht mehr die Nichtigkeit ihres Beitritts geltend machen, sondern nur noch ihre Mitgründerin, die M.-AG., wegen unerlaubter Handlung (§ 826 BGB.) auf Schadenersatz belangen. Allerdings handelt die von der Revision angezogene Entscheidung des erkennenden Senats in RGZ. Bd. 82 S. 375 nur davon, daß die Erklärung der Beteiligung an einer Gesellschaft mbH. nach deren Eintragung ins Handelsregister nicht mehr wegen Willensmängel, insbesondere wegen Irrtums und wegen arglistiger Täuschung angefochten werden könne. Und die andere von der Revision angeführte Entscheidung des erkennenden Senats in RGZ. Bd. 83 S. 256 (265) versagt — bei sinngemäßer Ausgestaltung der dortigen Erwägungen — mit Rücksicht auf das Interesse der Allgemeinheit dem Gesellschafter einer ins Handelsregister eingetragenen Gesellschaft mbH. auch die Möglichkeit, seine Haftung für die versprochenen Einzahlungen mit der Behauptung abzulehnen, daß die Einzahlungen nur bedingt versprochen worden seien.

Es ist nicht zu verkennen, daß das Gesetz den Schutz des Beteiligten wegen Willensmängel (§§ 119 flg. BGB.) und wegen Verstoßes gegen die guten Sitten, insbesondere auch wegen Bewucherung

(§ 138 Abs. 1 und 2 BGB.), verschieden geregelt hat. In den Fällen der ersteren Art überläßt es dem Erklärenden selbst die Verfolgung seiner Interessen, indem es ihm durch Zulassung der Anfechtung unter bestimmten Voraussetzungen die Möglichkeit gibt, seine fehlerhafte Willenserklärung aus der Welt zu schaffen. Im Gegensatz hierzu ist die Geltendmachung der Nichtigkeit des Rechtsgeschäfts nach § 138 BGB. nicht in das Belieben des einzelnen Beteiligten gestellt; sie tritt vielmehr unabhängig von seinem Willen von selbst ein und ist beim Vorliegen der Voraussetzungen dieser Vorschrift vom Richter im Interesse der Allgemeinheit von Amts wegen zu beachten. Das gleiche gilt beim Scheingeschäft.

Aber diese verschiedenartige gesetzliche Behandlung des Einflusses fehlerhafter Willenserklärungen — eine Bezeichnung, die hier auch die Tatbestände des § 138 Abs. 1 und 2 BGB. mitumfassen soll — kann für die jetzt zu entscheidende Frage keine Bedeutung beanspruchen. Die Vorschrift des § 138 ist eine rein positive Regelung, deren Zweckmäßigkeit überdies nicht ohne Grund in Frage gezogen werden kann (v. Tuhr Allg. Teil II 2 S. 43). Mag auch die Bewucherung des andern Vertragsteils sittenwidrig sein, was übrigens an sich auch bei der arglistigen Täuschung der Fall sein wird, so beschränkt sich doch das Tun auf das Verhältnis zu dem engen Kreis der Vertragsgenossen; die Öffentlichkeit wird davon nicht berührt. Es wäre daher auch im Bürgerlichen Gesetzbuch eine Regelung sehr wohl verständlich gewesen, wie sie im Schweizer Obligationenrecht Art. 21 getroffen ist. Nach dieser Vorschrift kann der Verletzte in den Fällen des Wuchers innerhalb Jahresfrist erklären, daß er den Vertrag nicht halte und das schon Geleistete zurückverlange. Wie nahe sich die Tatbestände des Wuchers und der arglistigen Täuschung berühren, zeigt sich besonders deutlich dann, wenn — wie hier — die Unerfahrenheit ausgebeutet worden ist; denn die Klägerin wurde über den geringen Wert der M.-Aktien arglistig getäuscht. Dazu kommt, daß nach dem Bürgerlichen Gesetzbuch die Wirkung der Nichtigkeit wegen Verstoßes gegen § 138 für den unbeteiligten Dritten keine andere ist als in den Fällen, wo der Rechtsvorgänger des Dritten seinerseits auf Grund anfechtbaren Rechtsgeschäfts erworben hatte. Das gilt z. B. für den Zweiterwerber eines Grundstücks. Denn die Vorschriften der §§ 891, 892 BGB., welche die Wirkung des öffentlichen Glaubens des Grundbuchs zugunsten des rechtsgeschäftlichen Erwerbers regeln, gelten auch beim Erwerb eines Grundstücks, das der Veräußerer durch Wucher oder durch ein sonstiges gegen die guten Sitten verstoßendes Verhalten seinerseits erworben hatte. Auch im Recht der Wertpapiere wirkt der Wuchereinwand und der Einwand aus § 138 Abs. 1 BGB. nicht „in rem". Insofern reicht also die Wirkung der Nichtigkeit wegen Wuchers und Sittenwidrigkeit nicht weiter als beim Vorliegen von Willensmängeln, die den ersten Erwerb anfechtbar gemacht hätten. Somit muß das öffentliche Interesse an der Beseitigung wucherischer oder aus anderem Grunde sittenwidriger Geschäfte und das mitgeschützte Interesse des Bewucherten oder des sonst sittenwidrig Geschädigten hinter die Interessen des gutgläubigen Verkehrs zurücktreten.

Die schon erwähnte, seit Jahrzehnten bestehende Rechtsprechung geht schon auf das Reichsoberhandelsgericht und das preußische Obertribunal zurück, wozu bemerkt sein mag, daß das Gemeine Recht keine Anfechtung wegen Irrtums und Betrugs kannte, sondern diese Tatbestände ipso iure oder ope exceptionis wirken ließ (Windscheid-Kipp Pandekten §§ 76, 78); ebenso das preußische Allgem. Landrecht I 4 § 85 beim Betrug. Auch die in einer preußisch-rechtlichen Genossenschaftssache ergangene Entscheidung der Vereinigten Zivilsenate des Reichsgerichts vom 16. Mai 1904 (RGZ. Bd. 57 S. 292) läßt die Einwendung eines Genossen, er sei durch Betrug über die Vermögensverhältnisse der Genossenschaft zum Beitritt bestimmt worden, nach seiner Eintragung in die Liste der Genossen nicht mehr zu. Ebenso ist die Einwendung des Gesellschafters einer Gesellschaft mbH., seine Beteiligungserklärung sei im Einverständnis aller Gründer nicht ernsthaft gemeint gewesen, sondern nur zum Schein abgegeben worden, nach Eintragung der Gesellschaft in das Handelsregister unzulässig (Brodmann GmbHG. S. 15). Ferner hat der erkennende Senat in dem oben erwähnten Urteil RGZ. Bd. 82 S. 375 dargelegt, daß es für den Ausschluß der Geltendmachung von Irrtum und Betrug nicht darauf ankommt, ob die Anfechtung vor oder nach der Eintragung ins Handelsregister erfolgt ist. Danach wird auch einer schon vor der Eintragung erklärten Anfechtung, die an sich die Nichtigkeit zur Folge hätte, die rechtliche Wirkung versagt, sofern es gelungen ist, trotzdem die Eintragung zu erlangen.

Mit der hier zu entscheidenden Frage, ob der Gesellschafter einer Gesellschaft mbH. nach deren Eintragung im Handelsregister sich gegenüber der Gesellschaft auf § 138 BGB. berufen kann, beschäftigt sich das Schrifttum nicht. Auch das Reichsgericht hat diese Frage bisher noch nicht entschieden; seine zahlreichen Urteile über die Rechtsfolgen von Mängeln des Vertragsschlusses bei der Aktiengesellschaft, der eingetragenen Genossenschaft, der Gesellschaft mbH. behandeln nur die Frage der Anfechtbarkeit der Erklärung des ersten Beitritts oder der Übernahme eines neuen Geschäftsanteils einer Gesellschaft mbH. durch den Aktionär oder Genossen oder Gesellschafter nach Eintragung der Gesellschaft in das Handelsregister oder des Genossen in die Liste der Genossen. Vgl. RGZ. Bd. 54 S. 129, Bd. 68 S. 309, 344, Bd. 71 S. 97, Bd. 72 S. 291 (für die Aktiengesellschaft und die eingetragene Genossenschaft), RGZ. Bd. 68 S. 309, Bd. 79 S. 184, Bd. 88 S. 188, 272; JW. 1899 S. 306 Nr. 16, 1904 S. 563 Nr. 33, 1908 S. 464 Nr. 35 (für die Gesellschaft mbH.); ferner die schon angeführten Entscheidungen in RGZ. Bd. 57 S. 292, Bd. 82 S. 375, Bd. 83 S. 256 und die Rechtsprechung der erwähnten früheren obersten Gerichtshöfe.

Aus dieser Rechtsprechung ergibt sich als maßgebender Grund für die Versagung der Anfechtung nach geschehener Eintragung einer Kapitalgesellschaft oder einer Genossenschaft, daß die Beitrittserklärung auch dazu bestimmt ist, zur Bildung der Kapitalgrundlage der ins Verkehrsleben tretenden oder bereits getretenen Gesellschaft mitzuwirken. Von diesem Gesichtspunkt betrachtet, richtet sich die Beitrittserklärung des einzelnen an die Allgemeinheit und hat dieser gegenüber die Bedeutung, daß der Erklärende für die übernommenen Stammeinlagen schlechthin haften will, sobald die Eintragung in das Handelsregister erfolgt ist. Das Interesse derer, die im Vertrauen auf die so geschaffene Kapitalgrundlage mit dem betreffenden Unternehmen in Verkehr getreten sind oder treten wollen, verlangt daß die Kapitalgrundlage ungeschmälert erhalten bleibt. Dieser Grundsatz des Gläubigerschutzes verbietet aber nicht nur gegenüber dem eingetragenen Unternehmen jede Anfechtbarkeit der Erklärung wegen Mängel des Beitritts, die nur in den Beziehungen des Gründers zu Mitgründern oder dritten Personen wurzeln. Vielmehr schließt dieser Grundsatz in folgerichtiger Fortführung auch die Möglichkeit aus, daß sich ein Gründer nach Eintragung des Unternehmens wegen einer in seinen Beziehungen zu jenen Personen wurzelnden Sittenwidrigkeit, die einen Mangel des Beitritts darstellt, auf § 138 BGB.

beruft. Die letzteren Tatbestände sind, wie schon erwähnt, keineswegs ihrem Wesen nach völlig andere als die, welche nur Anfechtbarkeit nach §§ 119 flg. BGB. begründen; es besteht vielmehr zwischen beiden Gruppen eine sehr weitgehende Ähnlichkeit. Auch davon war schon die Rede, daß die Wirkung der nach der positiv-rechtlichen Vorschrift des § 138 BGB. eintretenden Nichtigkeit für unbeteiligte Dritte auf den wichtigsten Rechtsgebieten keine andere ist als bei Willensmängeln, die nur Anfechtbarkeit erzeugen.

Nach alledem ist die gleiche rechtliche Behandlung der Fälle des § 138 Abs. 1 und 2 BGB. — als Ursache von Mängeln des Beitritts zu einer Kapitalgesellschaft oder Genossenschaft, die nur in den Beziehungen des Gründers zu Mitbegründern oder zu dritten Personen wurzeln — nach der Eintragung geboten, wie bei denjenigen Fällen, in denen solche Mängel nach positiv-rechtlicher Vorschrift nur Anfechtbarkeit begründen.

---

27. Über Art und Umfang der Vertretungsbefugnis des Korrespondentreeders und über Form und Zustandekommen von Mehrheitsbeschlüssen der Reederei.

HGB. §§ 489 flg.

I. Zivilsenat. Urt. v. 9. Januar 1929 i. S. 1. H. W., 2. H. & G. (Bekl.) w. die Reederei V. P. & Co. (Kl.). I 209/28.

I. Landgericht Verden.
II. Oberlandesgericht Celle.

Die Reederei des Fischdampfers „Usedom", bei der die Klägerin und die Beklagten Mitreeder und die Klägerin auch Korrespondentreederin war, ist aufgelöst und befindet sich in Liquidation. Die Klägerin verlangt Zahlung eines auf die Beklagten als Mitreeder entfallenden Anteils an den Schulden der Reederei, die im Liquidationsverfahren nach Verkauf des Dampfers „Usedom" und Einziehung des Kaufpreises verblieben sind. Das Landgericht hat die Klage abgewiesen, das Oberlandesgericht hat ihr stattgegeben. Die Revision hatte keinen Erfolg.

Gründe:

Die Annahme des Berufungsgerichts, daß die Klägerin als Korrespondentreederin trotz Auflösung der Reederei zur Geltendmachung dieses Anspruchs formell befugt ist, entspricht der herrschenden Rechtsauffassung und ist von der Revision auch nicht beanstandet (RGZ. Bd. 11 S. 194, Bd. 42 S. 69, Bd. 71, S. 27; Schaps Seerecht 2. Aufl. § 506 Anm. 8).

Das Berufungsgericht hat ausgeführt, es sei nach Lage der Sache anzunehmen, daß die Schulden der Reederei, auf deren anteilmäßige Deckung die Beklagten in Anspruch genommen werden, nach Grund und Betrag den Angaben der Klägerin entsprächen. Die Geschäftsbücher der Reederei, einschließlich der Belege, hätten geraume Zeit hindurch in der Geschäftsstelle des Landgerichts den Beklagten zur Prüfung und Einsichtnahme zur Verfügung gestanden. Daß die Bücher unübersichtlich geführt seien, hätten die Beklagten nicht behauptet. Unter diesen Umständen könnten sie sich nicht darauf beschränken, die Angaben der Klägerin über Entstehung und Höhe der Reedereischuld schlechthin zu bestreiten, sondern hätten die ihnen zur Verfügung gestellten Unterlagen prüfen und ihre Beanstandungen im einzelnen vorbringen müssen. Es genüge auch nicht, daß die Beklagten einfach behaupteten, es handle sich nicht um Reedereischulden, sondern um persönliche Schulden der Klägerin; auch insoweit hätten die Beklagten unter den obwaltenden Umständen bestimmte Behauptungen aufstellen müssen.

Die Revision sagt, daß die letztere Erwägung des Berufungsgerichts eine Verkennung der nach § 494 HGB. der Klägerin obliegenden Behauptungs- und Beweislast sei. Dabei legen die Beklagten besonderes Gewicht auf die Frage, ob die Klägerin die hier streitigen Bankkredite als Korrespondentreederin, d. h. im Namen der Reederei aufgenommen habe. Dies ist aber nicht von entscheidender Bedeutung. In § 494 HGB. ist nur das Verhältnis der Reederei und der Mitreeder zu Dritten geregelt. Im Innenverhältnis der Reederei macht es keinen Unterschied, ob der Korrespondentreeder den Bankkredit im eigenen Namen oder auf den Namen der Reederei aufgenommen hat, wenn nur feststeht, daß der Kredit vom Korrespondentreeder für die Zwecke der Reederei bestimmt war und der Korrespondentreeder dabei im Rahmen seiner Befugnisse gehandelt hat. Das Berufungsgericht durfte annehmen, daß die Klägerin durch Einreichung der Bücher und Belege ihrer Behauptungs- und Beweispflicht zunächst genügt hat. (Wird ausgeführt.)

Eine andere Frage ist, ob die Klägerin bei Aufnahme der Bankkredite innerhalb der Grenzen der ihr als Korrespondentreederin zustehenden Befugnisse gehandelt hat und ob eine etwaige Überschreitung dieser Grenzen mit rechtlicher Wirksamkeit für die Reederei oder die Mitreeder genehmigt ist. . . . In § 6 des zwischen der Klägerin und den Mitreedern schriftlich vereinbarten Reedereiabkommens heißt es:

> „Reedereiversammlungen werden einberufen, wenn erforderlich, mindestens einmal im Jahr nach Schluß des Geschäftsjahres."

Diese Bestimmung ist insofern von besonderer Bedeutung, als die Reederei einen Fischdampfer betraf, dessen Reisen regelmäßig von kurzer Dauer waren und in kurzen Abständen zu erfolgen pflegten, sodaß mit einer größeren Zahl von Fangreisen im Laufe eines Jahres von vornherein zu rechnen war. Dies weist darauf hin, daß durch § 6 des Reederei-Übereinkommens die Vorschrift in § 496 Abs. 2 HGB., wonach der Korrespondentreeder „zu neuen Reisen . . . vorher die Beschlüsse der Reederei einzuholen hat", insoweit ausgeschaltet ist, als für die einzelne Fangreise eine Einberufung der Reedereiversammlung nicht erforderlich war. Im übrigen enthält das Reedereiabkommen keine Vorschrift dahin, daß Reedereibeschlüsse nur auf Reedereiversammlungen gefaßt werden könnten, sondern nach § 1 des Übereinkommens gelten hier die allgemeinen Vorschriften des Handelsgesetzbuchs. Danach war keine besondere Form für die Mehrheitsbeschlüsse der Reederei vorgeschrieben. Insbesondere war dazu an sich keine Zusammenberufung der Mitreeder erforderlich. Es genügte, wenn die Mehrheit der Mitreeder — und zwar auch ohne Anhörung der Minderheit — den Beschluß faßte und irgendwie zur äußeren Erscheinung brachte. Das gilt auch für die nachträgliche Genehmigung solcher Maßnahmen des Korrespondentreeders, für deren Rechtswirksamkeit im Verhältnis der Mitreeder ein Mehrheitsbeschluß der Reederei erforderlich und genügend war. Dabei kann es dahingestellt bleiben, wie es sich in solchem Falle mit dem in § 501 HGB. vorgesehenen Abandonrecht verhält, da ein solches unstreitig von den Beklagten nicht ausgeübt ist.

Nun hat das Berufungsgericht ohne Rechtsirrtum festgestellt und haben die Beklagten nicht bestritten, daß die bis Ende Oktober 1924 aufgelaufenen Reedereischulden durch den Beschluß der Reedereiversammlung vom 15. August 1924 genehmigt und gebilligt worden sind. Es spricht aber ferner manches dafür, daß auch die bis 31. Dezember 1925 und später in dem mit der Klage behaupteten Umfange entstandenen Reedereischulden in den späteren Reederei-Versammlungen genehmigt worden sind. Zum mindesten ergibt sich eine solche Genehmigung aus folgendem. Die Behauptung der Klägerin, daß Mitreeder, denen die Mehrzahl der 100 Schiffsparten (54) gehörte, die Geschäftsführung der Klägerin genehmigt und ihre Anteile an den Reedereischulden mit 525,58 M. für je $^{1}/_{100}$ Reedereianteil bezahlt hätten, ist von den Beklagten nicht bestritten worden. Von diesen 54 Parten fallen allerdings 22 auf die Klägerin als Mitreederin. Dahingestellt kann aber die Frage bleiben, ob hier, wo es sich um die Genehmigung der Geschäftsführung der Klägerin als Korrespondentreederin handelt, ein Mitzählen ihrer Reedereianteile zulässig ist (Schaps Seerecht § 491 Anm. 2). Die erforderliche Mehrheit ist auch dann gegeben, wenn statt der 22 Parten der Klägerin die 25 Parten der beklagten Firma H. & G. nebst den 8 Parten der beklagten Firma H. W. eingesetzt werden. Dies ist nach den Feststellungen des Berufungsgerichts gerechtfertigt. Denn danach sind die Beklagten in Wesermünde ansässige und in der Fischereischiffahrt tätige Kaufleute. Wesermünde war der damalige Sitz der Reederei und der Heimatshafen des Fischdampfers „Usedom". Es ist den Beklagten nicht verborgen geblieben, daß die „Usedom" nicht im Hafen blieb, sondern weiterhin Fahrten unternahm. Sie haben im Verlaufe des Jahres 1925 ferner erfahren, daß die Reederei ständig mit Verlusten arbeitete. Wenn ihnen auch die genaue Höhe der Reedereischulden nicht bekannt gewesen sein sollte, so wußten sie doch, daß die Schuldenlast sich vermehrt hatte. Sie mußten damit rechnen, daß der Verlust sich weiter vergrößern konnte. Insbesondere mußte ihnen bei Anwendung der im Verkehr erforderlichen Sorgfalt bekannt sein, daß zur Ausrüstung der Fahrten die Aufnahme neuer Kredite erforderlich war. Die Beklagten wußten auch, daß durch die Fahrten des Schiffes im Laufe des Jahres 1925 die Reedereischulden gestiegen waren oder doch jedenfalls steigen konnten. Sie haben trotzdem gegen das Weiterfahren der „Usedom" keinen Widerspruch erhoben in der Hoffnung, daß durch die weiteren Fahrten der Verlust wieder eingebracht würde. Es hat sich dabei für die Beklagten gewissermaßen um ein Spekulationsgeschäft gehandelt.

Wenn hieraus das Berufungsgericht entnommen hat, daß die Beklagten durch ihr Verhalten die Fahrten des Schiffes im Jahre 1925 und die hierdurch, sowie die weiterhin in dem von der Klägerin behaupteten Umfang entstandenen Reedereischulden genehmigt haben, so kann dies, jedenfalls im Verein mit dem sonstigen Verhalten der Beklagten bei den erwähnten Reedereiversammlungen, nicht als rechtsirrtümlich erachtet werden. Damit ist aber die für die Genehmigung der Geschäftsführung der Klägerin erforderliche Mehrheit unter allen Umständen gesichert. Denn für diese Genehmigung kommen außer den mindestens einzusetzenden 32 Anteilen noch 33 (8+25) Anteile der beiden Beklagten in Betracht. Es bedarf keiner näheren Darlegung, daß für die Genehmigung der Maßnahmen der Klägerin, die sich im Rahmen des vorgesehenen Betriebes einer Fischdampfer-Reederei hielten, Einstimmigkeit sämtlicher Mitreeder nicht erforderlich war (Schaps Seerecht § 491 Anm. 3flg.). Die Geltendmachung der danach vorliegenden Genehmigung bedeutet keine Klagänderung. Denn die Klage ist von Anfang an auf einen Mehrheitsbeschluß der Reederei gestützt und die Frage, ob dieser Beschluß auf einer Reederei-Versammlung gefaßt ist oder nicht, hat hier keine rechtserhebliche Bedeutung. Da die Beklagten zu der Mehrheit gehören, welche die Rechnung und Verwaltung der Klägerin als Korrespondentreederin genehmigt hat, können sie auch jetzt nicht gemäß § 499 HGB. Schadensersatzansprüche gegen die Klägerin wegen angeblichen Verschuldens bei jener Geschäftsführung geltend machen.

28. Kann die gemäß § 10 Abs. 1 Nr. 2 PatG. erhobene Nichtigkeitsklage auf ein vernichtetes Patent gestützt werden?

I. Zivilsenat. Urt. v. 9. Januar 1929 i. S. Dr. E. F. H. GmbH. (Kl.) w. B. (Bekl.). I 313/28.

I. Reichspatentamt.

Der Beklagte ist Inhaber des vom 16. Oktober 1920 ab laufenden Patents 347757, für das die Priorität vom 10. August 1920 beansprucht ist. Die Klägerin hat beantragt, das Patent für nichtig zu erklären, weil es den Gegenstand des älteren Patents 323479 bilde. Der Beklagte hat dies bestritten. Das Patent 323479, das der C. L. AG. mit Wirkung vom 6. November 1918 erteilt worden war, ist durch rechtskräftige Entscheidung des Reichspatentamts vom 12. Oktober 1925 wegens Fehlens der Neuheit für nichtig erklärt worden. Es ist ferner unstreitig, daß bei Einreichung der gegenwärtigen Nichtigkeitsklage mehr als 5 Jahre seit Bekanntmachung der Erteilung des Streitpatents verflossen waren. Das Reichspatentamt hat die Klage mit sachlicher Begründung abgewiesen. Es nimmt an, daß die Gegenstände beider Patente verschieden seien. Der Umstand hingegen — so fährt die Begründung fort —, daß das Patent 323479 für nichtig erklärt worden sei, spiele gemäß dem Urteil des Reichsgerichts vom 13. Januar 1900 keine Rolle. Die Berufung der Klägerin hatte keinen Erfolg.

Gründe:

Die Berufung der Nichtigkeitsklägerin konnte schon aus rechtlichen Gründen keinen Erfolg haben, deshalb nämlich, weil das gemäß § 10 Abs. 1 Nr. 2 PatG. entgegengehaltene Patent 323479 rechtskräftig für nichtig erklärt worden ist. Wenn die Nichtigkeitsabteilung meint, die Vernichtung des älteren Patents spiele keine Rolle, d. h. sie mache die Entgegenhaltung nicht wirkungslos, und wenn sie glaubt, sich hierfür auf das Urteil des Reichsgerichts vom 13. Januar 1900 berufen zu können, so trifft dies in beiden Beziehungen nicht zu.

Das Urteil vom 13. Januar 1900 (I 390/99, abgedr. in PMZBl. 1900 S. 148flg.) betrifft nur den Fall, daß das ältere Patent erloschen ist, also wenn der Patentinhaber auf das Patent verzichtet oder die Gebühren nicht rechtzeitig gezahlt hat (§ 9 PatG.). Dort ist als leitender Gesichtspunkt der Grundsatz aufgestellt worden, „daß, nachdem eine Erfindung in einem bestimmten Rechtsgebiet — gemeint ist: Gebiet der Technik — patentiert worden ist, dieselbe aufhört, in diesem Rechtsgebiet ferner patentierbar zu sein", oder anders ausgedrückt: für das, was bereits einmal Gegenstand eines Patents gewesen ist, kann nicht nochmals ein Patent gewährt werden. Dieser im Schrifttum nicht unangefochten gebliebene Satz (dagegen Allfeld Gewerbl. Rechtsschutz S. 62, 63, Anm. 4b bb zu § 3 PatG.; Damme in GUR. Bd. 5 S. 105flg.) ist dann noch später öfters vom Reichsgericht wiederholt worden (Urteil vom 6. November 1901 I 205/01, abgedr. JW. 1901 S. 805 Nr. 34; Urteil vom 20. Februar 1904 I 435/03; Urteil vom 30. März 1912, abgedr. im PMZBl. 1912 S. 276; zu vgl. auch RGZ. Bd. 61 S. 400; ferner aus früherer Zeit: RGZ. Bd. 33 S 154/55).

Der jetzt zur Entscheidung stehende Fall, daß das ältere Patent vernichtet worden war, ist in keinem dieser Urteile behandelt worden. Dies hat auch das Patentamt für die damals ergangenen Urteile des Reichsgerichts in seiner Entscheidung vom 31. März 1904 (PMZBl. 1904 S. 327) anerkannt, aber es hat geglaubt, jener in den reichsgerichtlichen Urteilen aufgestellte Grundsatz müsse gleichermaßen auf den Fall der Vernichtung des älteren Patents anwendbar sein. Ebenso nimmt das Schrifttum, soweit es den Fall der Vernichtung des älteren Patents überhaupt ins Auge faßt, zum überwiegenden Teile an, daß es für die Frage der Priorität keinen Unterschied machen könne, ob das ältere Patent erloschen oder vernichtet worden sei; so Robolski PatG. 3. Aufl. S. 28 Anm. 6 zu § 3; Seligsohn 6. Aufl. S. 85 Anm. 13 zu § 3; Kisch Handbuch S. 257 zu f; Kent Bd. I S. 287 Anm. 17 zu § 3; Damme-Lutter Das deutsche Patentrecht 3. Aufl. S. 573. Der gegenteiligen Meinung, wie sie hier vertreten wird, sind, soweit ersichtlich, nur Kaiser PatG. S. 110 Anm. 13 zu § 3 und Isay 4. Aufl. S. 152 Anm. 13 zu § 3. Eine Mittelstellung nimmt Pietzcker ein (Anm. 8 zu § 3 PatG.), der nach dem Grunde, aus dem das ältere Patent vernichtet worden ist, unterschieden wissen will.

Es besteht aber zwischen den Fällen des Erlöschens eines Patents und dem Fall der Vernichtung gerade für die Frage, auf die das Reichsgerichtsurteil vom 13. Januar 1900 abstellt, ein weitgehender Unterschied. Das erloschene Patent hat einmal im Rechtssinn bestanden. Ganz anders das später vernichtete Patent; dieses war, wie sich nachträglich herausgestellt hat, nur ein Scheinpatent. Denn darüber herrscht im allgemeinen Einigkeit, daß die Vernichtung eines Patents rückwirkende Kraft hat. Das Nichtigkeitsurteil spricht, wenngleich rechtsgestaltend, aus, daß das Patent von Anfang an nur ein Scheinrecht gewesen ist. Hierauf kommt es allein an. Bestand nur ein Scheinrecht, also in Wahrheit überhaupt kein Patentrecht, so kann man dem jüngeren Patent nicht entgegenhalten, daß sein Gegenstand schon früher einmal patentiert worden sei. Denn das erschien nur so, in Wirklichkeit war es rechtlich nicht der Fall. Das ältere Patent ist nach seiner Vernichtung ebenso unschädlich wie eine zurückgewiesene ältere Anmeldung.

Hiermit setzt sich die im Schrifttum herrschende Meinung, daß auch das vernichtete ältere Patent dem jüngeren Patent mit gleichem Gegenstand schade, meist nicht auseinander. Soweit ersichtlich, tun dies nur Damme-Lutter (a. a. O. S. 573; ähnlich Kisch a. a. O. S. 109). Bei Damme-Lutter heißt es: „Wenngleich ein für nichtig erklärtes Patent so angesehen wird, als sei es überhaupt niemals erteilt, so wirkt doch auch in diesem Falle die Macht der Tatsache stärker als die Fiktion; die Tatsache der einmal erfolgten Erteilung des Vorpatents läßt sich durch einen bloßen Denkprozeß nicht beseitigen." Diese Begründung verwechselt indes zwei Dinge, die nichts miteinander zu tun haben. Der hergebrachte Rechtsbegriff der Nichtigkeit hat zum Inhalt, daß ein Rechtsgebilde, das an sich zu bestehen scheint, in Wirklichkeit keinen Rechtsbestand gehabt hat, und zwar von Anfang an. Um Gegenstände der Anschauungswelt handelt es sich dabei niemals, sondern immer nur um einen „Denkprozeß", um die Frage, ob die Rechtsordnung dem Rechtsgebilde rechtliche Wirksamkeit verleihen oder versagen will. Schon deshalb ist hier die Gegenüberstellung von Tatsache und Fiktion nicht am Platze. Das, was hier als Tatsache in Frage kommt und allerdings nicht durch einen bloßen Denkprozeß ungeschehen gemacht werden kann, ist der Umstand, daß das ältere Patent durch die Patentschrift der Öffentlichkeit bekannt geworden ist, daß also die Erfindung, die den Gegenstand des jüngeren Patents bildet, nicht mehr neu war. Dieser Umstand kann aber wegen Ablaufs der 5 Jahre (§ 28 Abs. 3 PatG.) nicht mehr geltend gemacht werden und wird hier auch nicht geltend gemacht.

Wesentlich der gleiche Einwurf, wie ihn Damme-Lutter machen, findet sich in der schon erwähnten Entscheidung des Patentamts vom 31. März 1904 (PMZBl. 1904 S. 327). Diese Entscheidung führt noch zwei weitere Gründe für die nachteilige Wirkung des vernichteten älteren Patents gegenüber dem jüngeren an. Sie verweist darauf, daß der Inhaber des vernichteten Patents die Rückzahlung der fällig gewordenen Patentgebühren nicht verlangen könne, anderseits darauf, daß ein Lizenzvertrag beim Fehlen entgegenstehender vertraglicher Bestimmungen durch die Vernichtung des Patents nicht nichtig oder ungültig werde. Allein jener Satz ist die Folge einer positiven Gesetzesvorschrift (§ 8 Abs. 5 Satz 2 PatG.) und findet seine Rechtfertigung darin, daß der Patentschutz, für den die Patentgebühr das Entgelt ist, tatsächlich, wenn auch sachlich zu Unrecht, einmal bestanden hat (Isay 4. Aufl. Anm. 16 (g) zu § 10 PatG. S. 369). Im Grunde gleich liegt es beim Lizenzvertrag. Die rechtliche Stellung des Lizenznehmers ist im Falle der Vernichtung des Patents, soweit die Vergangenheit in Frage kommt, nach dem Maße der rechtlichen Vorteile zu beurteilen, die ihm die Lizenz bis zur Vernichtung des Patents zu verschaffen imstande war (vgl. Isay S. 312flg. Anm. 11 zu § 6 PatG.). Diese beiden Umstände, auf die Damme-Lutter nicht zurückkommen, sind reine Tatsachenwirkungen und daher ebensowenig geeignet, der bisher herrschenden Meinung zur Stütze zu dienen.

Ebensowenig kann dem Pietzcker'schen Standpunkt beigetreten werden. Der hier entscheidende rechtliche Gesichtspunkt kann immer nur der sein, welche Wirkung das Nichtigkeitsurteil als solches hat. Da nach den früheren Darlegungen diese Nichtigkeitswirkung sich mit derjenigen deckt, wie sie allgemein für das bürgerliche Recht besteht, so kann es auf den Grund, aus dem die Nichtigkeit ausgesprochen worden ist, nicht ankommen und ist deshalb für die Pietzcker'schen Unterscheidungen kein Raum.

Gegen das Ergebnis, zu dem man so gelangt, kann auch nicht geltend gemacht werden, daß in einem Falle wie dem vorliegenden das jüngere Patent eigentlich doppelt unberechtigt sei, einmal, weil es — wie das ältere — keine Erfindung zum Gegenstand habe, ferner aber, weil, wenn ihm eine Erfindung zugrunde liege, dann das ältere Patent besser berechtigt wäre und als gegenstandsgleich entgegenstände. Denn nach Ablauf der fünf Jahre des § 28 Abs. 3

PatG. wird eben die — bis dahin möglicherweise mangelhafte — Erfindung als Vollerfindung behandelt, eine Rechtslage, zu der es das ältere Patent nicht gebracht hatte.

Der Umstand, daß die beiden Patente eine Zeit lang nebeneinander bestanden haben, ist hier für das rechtliche Ergebnis wegen der Rechtswirkung des Nichtigkeitsurteils ohne Erheblichkeit.

Danach erweist sich die Klage schon aus Rechtsgründen als unbegründet; es bedarf deshalb keines Eingehens auf die sachliche Prüfung über die Gleichheit des Erfindungsgegenstands beider Patente.

---

29. Kann nach dem Industriebelastungsgesetz eine Verteilung der Belastung nur im Verhältnis zwischen dem Eigentümer und dem Pächter eines Betriebes verlangt werden oder auch im Verhältnis zwischen dem letzteren und einem Unterpächter?

Gesetz über die Industriebelastung vom 30. August 1924 (RGBl. II S. 257).

VIII. Zivilsenat. Urt. v. 10. Januar 1929 i. S. V. & Co. (Kl.) w. H. (Bekl.). VIII 306/28.

I. Landgericht I Berlin.
II. Kammergericht daselbst.

Die Klägerin ist Generalpächterin des Admiralspalastes in Berlin, der im Eigentum der Admiralspalast-Aktiengesellschaft steht. Einen Teil des Grundstücks hat sie an den Beklagten durch einen als Pachtvertrag bezeichneten Vertrag vom Jahre 1923 weiterverpachtet.

Die Eigentümerin ist zur Industriebelastung herangezogen worden; die von ihr zu leistenden Zahlungen sind ihr von der Klägerin zu erstatten. Diese ist der Ansicht, der Beklagte als ihr Unterpächter habe den auf die verpachteten Räume entfallenden Anteil an der Steuer zu tragen und an sie abzuführen. Soweit der Anspruch etwa der Eigentümerin zustehen sollte, habe diese ihn an sie, die Klägerin, abgetreten. Der Beklagte habe aber auch die Räumlichkeiten zu einem in der Inflationszeit auf Dollarbasis vereinbarten Preise inne, der den gegenwärtigen Verhältnissen nicht mehr gerecht werde und nicht einmal zur Deckung der Steuern ausreiche. Sie hat Klage auf Feststellung erhoben, daß der Beklagte verpflichtet sei, ihr 60% der von ihr auf die Aufbringungssteuerschuld der Admiralspalast-AG. zu leistenden Beträge zu erstatten. Das Landgericht hat ausgesprochen, daß der Beklagte $^{27}/_{80}$ dieser Beträge an die Klägerin zu erstatten habe. Das Kammergericht hat die Klage abgewiesen. Die Revision der Klägerin ist zurückgewiesen worden aus folgenden

Gründen:

Das Berufungsgericht geht davon aus, daß die Vorschriften der Durchführungsverordnung über die innere Verteilung der Steuerschuld zwischen dem Eigentümer einerseits, dem Pächter oder Nießbraucher eines Betriebes anderseits nur das Verhältnis der beiden Steuerschuldner regelten. Zur Begründung des Anspruchs auf Verteilung habe danach die Klägerin behaupten müssen, daß sie zusammen mit dem Beklagten als Gesamtschuldner zur Aufbringungssteuer veranlagt worden sei. Nur auf diesen Fall passe auch das in der Durchführungsverordnung vorgesehene Verfahren vor der Schiedsstelle. Es setze voraus, daß gegenüber beiden Schuldnern die auf einen und denselben Betrieb entfallende Steuerschuld feststehe und daß jeder Schuldner die Möglichkeit gehabt habe, durch Einlegung von Rechtsmitteln auf die Höhe der Steuerschuld Einfluß zu nehmen. Erst dann solle eine anderweitige Verteilung durch die Schiedsstelle Platz greifen. Hingegen solle nicht eine Person belastet werden, die keinen Einfluß auf den Gang des Verfahrens habe und einfach die dem Steuerschuldner gegenüber durchgeführte Veranlagung hinzunehmen habe. Da die Klägerin nicht behaupte, daß der Beklagte als Gesamtschuldner zu der Steuer mitveranlagt sei, sei ihr Anspruch aus dem Gesetz nicht begründet.

Das Berufungsgericht verneint aber auch, daß nach dem Gesetz die Heranziehung des Unterpächters möglich sei. Neben dem Eigentümer seien im Gesetz nur der Pächter und der Nießbraucher genannt, und in § 1 Abs. 3 und § 2 Abs. 4 der 2. Durchführungsverordnung zum Aufbringungsgesetz vom 4. Dezember 1925 sei nur eine einmalige, nicht aber eine weitere Unterverteilung der Steuer vorgesehen. Wie die Rechtslage sich gestalten würde, wenn der Pächter im ganzen unterverpachtet habe, komme nicht in Betracht. Hier handle es sich um die Unterverpachtung einzelner Zweige des Gesamtbetriebs. Auf einen solchen Fall, wo mehrere Unterpächter und wieder Unterpächter von diesen vorhanden seien, sei die gesetzliche Regelung nicht zugeschnitten. Schon die Bildung des in der Durchführungsverordnung vorgesehenen Schiedsgerichts mit nur zwei Beisitzern, von denen jede Partei einen zu ernennen habe, müsse hieran scheitern. Eine gesamtschuldnerische Haftung des Unterpächters neben dem Pächter komme nach dem Gesetz nicht in Frage.

Diesen Ausführungen des Berufungsgerichts ist zuzustimmen. Das Industrie-Belastungsgesetz will nach § 1 Abs. 1 in erster Linie den Unternehmer treffen. Diesem stellt es in Abs. 2 den Eigentümer eines verpachteten oder mit einem Nießbrauch belasteten Betriebes gleich und läßt neben dem letzteren den Pächter oder Nießbraucher für die Zins- und Tilgungsbeträge als Gesamtschuldner haften. Der Kreis der für die Belastung in Betracht kommenden Personen ist damit auf den Eigentümer, den Pächter oder Nutznießer des Betriebes beschränkt und kann nicht ohne weiteres ausgedehnt werden. Dementsprechend ermächtigt denn auch Abs. 3 des § 1 die Reichsregierung nur, Bestimmungen über die Verteilung der Last zwischen diesen Personen zu treffen. Nur insoweit hat auch die Regierung in den Durchführungsbestimmungen von dieser Ermächtigung Gebrauch gemacht. Sowohl die erste Durchführungsbestimmung zum Industrie-Belastungsgesetz vom 28. Oktober 1924 in § 1 Abs. 5, als auch die zweite Durchführungsverordnung zum Aufbringungsgesetz vom 4. Dezember 1925 in § 2 Abs. 4 enthalten die gleichlautende Vorschrift, daß dem Unternehmer der Eigentümer eines verpachteten oder mit einem Nießbrauch belasteten Betriebes gleichsteht. Das Verhältnis der Beteiligten, d. h. des Eigentümers, des Pächters und des Nießbrauchers, wird dahin geregelt, daß die Leistungspflicht zu einem Viertel auf den ersteren, zu drei Viertel auf die letzteren entfällt. Und wenn die Verteilung nach diesem Maßstabe den einen oder andern Teil übermäßig belastet, hat auf Antrag eines der „Beteiligten" eine Schiedsstelle, zu der jede der Parteien einen Beisitzer ernennt, eine anderweitige Festsetzung vorzunehmen. Die Schiedsstelle besteht aus einem Obmann und zwei Beisitzern.

Hieraus geht hervor, daß nicht nur das Gesetz den Kreis der Beteiligten eng gezogen hat, sondern daß auch die Durchführungsbestimmungen nur auf ihn zugeschnitten sind und, wie das Berufungsgericht mit Recht betont, für einen weiteren Kreis überhaupt nicht anzuwenden wären. Eine Ausdehnung etwa auf den Unterpächter und eine Weiterverteilung zwischen ihm und dem Pächter ist vom Gesetz nicht beabsichtigt und kann nicht in das Gesetz hineingetragen werden. Dem Berufungsgericht ist also beizutreten, wenn es den Anspruch der Klägerin aus dem Gesetz selbst nicht für berechtigt erachtet.

Die Klägerin hat nun weiter geltend gemacht, der vereinbarte Pachtzins entspreche nicht mehr den heutigen Verhältnissen. Mit Recht weist aber das Berufungsgericht darauf hin, daß mangels einer anderen Vereinbarung nach §§ 546, 581 BGB. die Klägerin die Lasten zu tragen habe und ihr nach dem Vertrage nicht das Recht zuerkannt werden könne, die Industriebelastung auf den Beklagten abzuwälzen. Die Klägerin könne höchstens nach Treu und Glauben mit Rücksicht auf die veränderten Verhältnisse oder auf die Verschiebung der Vertragsgrundlagen einen erhöhten Pachtzins verlangen. Einen solchen Anspruch habe sie nicht geltend gemacht. Wenn sie es getan hätte, stände ihm die Einrede der Rechtshängigkeit entgegen, da er bereits seit 1924 Gegenstand eines zwischen den Parteien schwebenden besonderen Prozesses sei.

---

30. Wann wird der Titel einer Schriftenreihe als selbständiges Schriftwerk geschützt?

LitUrhG. § 1 Nr. 1.

I. Zivilsenat. Urt. v. 12. Januar 1929 i. S. 1. L., 2. K. (Bekl.) w. A. (Kl.). I 255/28.

I. Landgericht Leipzig.
II. Oberlandesgericht Dresden.

Im Verlage des Klägers ist seit 1915 unter der von ihm selbst geschaffenen Bezeichnung „Die Brücke zum Jenseits" eine Schriftenreihe von 10 Bänden erschienen, deren jeder wiederum seinen besonderen Titel hat. Im Jahre 1927 hat der Beklagte Dr. K. sein Buch „Gespenster und Spuk", das 1921 herausgekommen war, in zweiter Auflage mit dem Haupttitel „Die Brücke zum Jenseits" im Verlage des Beklagten L. erscheinen lassen. Darin sieht der Kläger eine Verletzung seiner urheberrechtlichen Befugnisse. Seinem Antrag auf Untersagung haben Landgericht und Oberlandesgericht — unter Abweisung der Ansprüche auf Auskunft und Schadensersatz — stattgegeben. Auf die Revision der Beklagten wurde die Klage ganz abgewiesen.

Gründe:

I. Mit Recht nehmen Landgericht und Oberlandesgericht an, daß der Lehrstreit um die Frage des Schutzes von Schriftwerkstiteln als solchen hier nach der besonderen Lage des Falls außer Betracht bleibt.

1. „Die Brücke zum Jenseits" steht über mehreren der vom Kläger verlegten Schriften, deren Zahl nach ursprünglicher Ankündigung auf 12, deren Preis auf zusammen 6 M. veranschlagt war, als gemeinschaftlicher Titel der Reihe. Von den drei vorliegenden Heften (1, 3, 4) trägt eines (1.) ihn auf dem eigentlichen Titelblatte, während der Umschlag eine andere Kopfschrift mit dem Namen des Verfassers aufweist (Zum Trost für Trauernde von M. M. . . .). Das nächste Heft (3.) führt „Die Brücke zum Jenseits" sowohl auf dem Umschlag am Kopfe wie als Aufdruck eines Vortitelblattes; das eigentliche Titelblatt zeigt wiederum die Kopfzeile „3. Band, Brücke zum Jenseits". Ganz entsprechend ist beim folgenden Bande (4.) am Kopfe des Umschlags und auf einem Vortitelblatt „Die Brücke zum Jenseits", in der Kopfzeile des Haupttitelblattes um ein Wort gekürzt „Brücke zum Jenseits" zu lesen. Wie die Urteile der Vorinstanzen betonen, wurden die vier Worte „Die Brücke zum Jenseits" nicht den einzelnen Werken, sondern ihrer Reihe als Ganzem mitgegeben. Sie sollten anzeigen, daß die Schriftenfolge in gewissem Sinne zusammen gehöre, weil Inhalt und Zweck, Grundauffassung und Bestreben ihr mehr oder minder gemeinsam seien. Das wird durch Vergleichung mit den Haupttiteln bestätigt, welche lauten:

(I.) M. M. . . ., Wiedersehen nach dem Tode ist Gewißheit. Zeugnisse aus dem Jenseits. Den Lebenden zum Trost . . .

(III.) Hans A. . . ., Diesseits und Jenseits. 1. Zwei Welten. Eine Sammlung gutbeglaubigter Erlebnisse, die . . . beweisen, daß unsere Verstorbenen noch leben. . . .

(IV.) J. F. J. T. . . ., Diesseits und Jenseits. 2. Die Beweise der Unsterblichkeit und Wiedererinnerungskraft der Seele, erwiesen aus Schrift, Vernunft und Erfahrung. . . .

„Die Brücke zum Jenseits" steht hiernach, obwohl der Sinn der Worte erst aus den Haupttiteln erhellt und so mit diesen eine Gedankenverbindung obwaltet, über der ganzen Schriftenreihe doch mit größerer Selbständigkeit, als sie einem Haupttitel zu eignen pflegt. Ihr Zusammenhang mit den Schriften, auf die sich der gemeinsame Reihentitel bezieht, ist verhältnismäßig lose. Darum geht es hier nicht an, den Titel der ganzen Reihe so zu behandeln, als gehöre er zu jeder der Schriften und bilde einen Teil von ihr. Die Lehrmeinung, daß der Titel als Teil des Werkes urheberrechtlichen Schutz genieße, könnte deshalb, auch wenn ihr beizustimmen wäre, den Klaganspruch aus tatsächlichen Gründen nicht rechtfertigen.

2. Die Selbständigkeit des Reihentitels wird im gegenwärtigen Falle dadurch noch erhöht, daß der Verleger ihn nicht bloß unstreitig geschaffen hat, sondern ihm im ersten Hefte der Reihe (auf dem Titelblatte) seinen Namen voranstellt: „A., Die Brücke zum Jenseits I". Dieser augenfällige Hinweis, der über dem Verfassernamen — übrigens in mindestens gleicher Größe — beim Kopftitel den Namen des Verlegers zur Geltung bringt und einprägt, behielt seine Wirkung für die ganze mit dem ersten Heft eingeleitete Schriftenreihe. Er wurde nicht dadurch ungeschehen gemacht, daß in den vorgelegten beiden späteren Bänden der Obertitel der Reihe ohne den Verlegernamen steht.

Urheberrechtlicher Schutz kann demnach für den Reihentitel als solchen nicht beansprucht werden.

II. Die Ansicht des Landgerichts und des Oberlandesgerichts, daß die Worte „Die Brücke zum Jenseits" nach Gedankeninhalt und Sprachgestaltung die Eigenschaften eines Schriftwerks aufweisen, ist nicht zu billigen. Das Berufungsurteil kommt übereinstimmend mit dem landgerichtlichen zu dem Ergebnis: Jener Titel der Schriftenreihe gebe nach der Art des Schlagwortes oder kurzen Spruches eine Bezeichnung, die dem Leser inhaltlich sofort verständlich sei und zugleich in erheblichem Maße schöpferischen Geist offenbare; keine bloß mechanische Aneinanderreihung einzelner Worte, sondern die wohldurchdachte bildliche Ausdrucksweise eines Gedankens und somit ein Erzeugnis geistiger Tätigkeit.

1. Allerdings handelt es sich nicht um rein äußerlich aneinandergereihte Worte, sondern um eine Wortverbindung, die für Leser und Hörer Sinn enthält. Urheberrechtliches Erfordernis ist nicht, daß

der Sinn eines solchen Gefüges eindeutig oder alsbald aus sich allein völlig verständlich sei. Auch Sprüche, denen ohne Bedenken Höhenstand und Eigenschaften eines Schriftwerks zuerkannt werden, lassen oft mehrere Deutungen zu; Dunkel oder schillernde Farben mögen ihnen sogar besonderen Reiz verleihen, vielleicht ihre Eigenart ausmachen. Das Berufungsgericht findet in dem Gebilde „Die Brücke zum Jenseits" einen Gedankenausdruck in der für menschliche Sinne wahrnehmbaren Schriftform. Einen bestimmten Gedanken aber geben die Worte für sich allein nicht kund. Sie sind mehrdeutig. Nicht einmal das verkünden sie klar, ob das Jenseits und die Brücke dahin bejaht oder verneint werden. Und im Falle der Bejahung sagen sie z. B. nicht, ob Glauben oder Wissen den Brückenbau zustande bringe; dafür gewähren erst die einzelnen Haupttitel der Schriften festeren Anhalt.

2. Von Rechtsirrtum beeinflußt ist das Berufungsurteil, soweit es bejaht, daß das Wortgebilde „Die Brücke zum Jenseits" eine eigene geistige Tätigkeit erweise, deren Art und Maß sich in Gedanken und Ausdruck als schöpferisch kennzeichne.

Anerkannter Grundsatz der Gesetzesauslegung ist zwar, daß Umfang und Wert eines Schriftwerks für dessen Schutzfähigkeit nicht wesentlich sind. Auch hat man sich zur Anerkennung der Schriftwerkseigenschaft selbst dann entschlossen, wenn die geistige Tätigkeit, welcher der sprachlich geformte Gedankenausdruck entsprang, nur gering war. Lotteriegewinnlisten, Ortsregister, Einwohnerbücher, Verzeichnisse von Fernsprechteilnehmern, Rechentabellen sind als Schriftwerke geschützt worden, obwohl zuweilen das bescheidene Maß der Leistung augenfällig war (RGZ. Bd. 121 S. 361 und die dort erwähnten früheren Urteile). Bei der Verwertung solcher Beispielsfälle darf jedoch nicht außer acht gelassen werden, um wie verschiedene Gattungen geistiger Erzeugnisse es sich handelte. Kommt es darauf an, große Stoffmassen zu bewältigen, die vorerst gesammelt, dann eingeteilt, zweckmäßig geordnet und übersichtlich dargeboten werden sollen, so liegt die Aufgabe und die Eigenart der Leistung auf ganz anderem Gebiet als etwa bei Liedern, Sinnsprüchen oder bei den knappen schlagwortartigen Gebilden, denen der Kläger seinen Schriftreihen-Titel zugesellt sehen möchte. Bewegt sich der Gedankenausdruck auf sehr eng bezirktem Raume, dann ergibt sich von selber, daß im Gedankengehalt etwas liegen muß, was durch schöpferische

Eigenart das Gebilde über die Ebene des Alltäglichen emporhebt. Fehlt das, dann gebricht es an einem wesentlichen Erfordernis des schutzfähigen Schriftwerks. Die Frage, ob das Gebilde ein genügendes Maß schöpferischer Eigenart aufweise, um den Schriftwerken eingereiht zu werden (§ 1 Nr. 1 LitUrhG.), ist eine vom Revisionsgericht nachzuprüfende Rechtsfrage.

3. Wie das Berufungsurteil vermerkt, „haben die Beklagten weder behauptet noch bewiesen, daß die Worte „Die Brücke zum Jenseits" schon vor der Herausgabe der Bücherreihe des Klägers 1915 von anderer Seite in gleicher Weise zusammengestellt worden seien".

a) In erster Linie wäre von Belang, wenn schon vor 1915 der Schriftwerkstitel „Die Brücke zum Jenseits" vorkäme. Das ist aber nicht dargetan. Schriften, die genau diesen Titel führen, sind erst für spätere Jahre (1921, 1924) genannt, bleiben hier also, wie das Berufungsgericht mit Recht sagt, unbeachtlich. Andere von den Beklagten beigebrachte Buchtitel aus der Zeit vor 1915 weisen mehr oder weniger Ähnlichkeit oder Anklang, allenfalls Verwandtschaft im Gedanken auf, aber keine Gleichheit: Die Brücke (seit 1911), Die goldene Brücke (1911), Jenseits der Brücke (1905), Blicke ins Jenseits (1886 und 1910), Das Jenseits (1881), Im Jenseits (1884) und andere — zum Teil mehrere Werke verschiedener Verfasser unter gleichlautenden Titeln —, deren Liste über das Vorbringen der Beklagten hinaus nach den bekannten allgemein gebräuchlichen Verzeichnissen mannigfach ergänzt werden könnte.

b) In zweiter Linie müßte der Kläger es sich entgegenhalten lassen, wenn „Die Brücke zum Jenseits" im Jahre 1915 etwa schon geflügeltes Wort gewesen wäre. Dann hätte sie unbeschränktem Gemeingebrauch offengestanden, auch zur Verwendung in Schriftwerkstiteln. Geflügeltes Wort aber war die Wendung nicht. Unerörtert kann bleiben, ob es allein schon zur Abweisung der Klage führen müßte, wenn irgendwo im Schrifttum, sei es auch an unbeachteter, entlegener Stelle, von der Brücke zum Jenseits die Rede wäre. Unerörtert ferner, ob andre Würdigung vonnöten, wenn die Stelle der allgemeinen Aufmerksamkeit besonders nahegetreten wäre, wie etwa der Zauberberg am Schluß von Wilhelm Raabes „Schüdderump" (1870), lange bevor ein Späterer (1924) den Ausdruck zum Romantitel erkor. Weder nach der einen noch nach der anderen Richtung haben die Beklagten etwas behauptet; was sie beibringen, beschränkt sich im wesentlichen auf das Feld der Schriftwerkstitel.

4. Wortformen und Gedankeninhalt des umstrittenen Schriftreihen-Titels waren dem geistigen Leben Deutschlands lange vor 1915 geläufig.

a) „Jenseits" als Begriffswort in der Bedeutung einer übersinnlichen Welt, in die man nach dem Tode eingehe, gehört (wie Belege in Wörterbüchern ausweisen) seit Jahrzehnten dem allgemeinen Gebrauch der Schrift- wie der Umgangssprache an.

„Jener" mit dem Hinweis auf unermeßliche, überirdische Ferne begegnet schon in der Lutherbibel (z. B. Ev. Matth. 7 V. 22 und 12 V. 32).

Das Dingwort „Jenseits" fehlt zwar noch in Adelungs Wörterbuch (1796). Doch gehörte es schon damals dem Sprachschatz der hohen Dichtung an. Denn Schiller läßt (1781) in seinen „Räubern" (IV. 5) Karl Moor vom „namenlosen Jenseits" sprechen. Fortan findet sich das Wort in schnell und stetig zunehmender Verwendung, z. B. bei Wilhelm von Humboldt, Ludwig Feuerbach, Rückert, Hegel, Kosegarten, Heinrich Heine, Platen, Tiedge, Wackernagel (zum Teil nachgewiesen in den Wörterbüchern von Grimm, Sanders, Heyne). Es wurde bald ein allgebräuchlicher Begriff, mit dem man auf eine Fortdauer des Geistigen nach dem leiblichen Tode hinzuweisen pflegte. Volkstümliches und wissenschaftliches Schrifttum bediente sich seiner in weitem Umfang. Vornehmlich geschah dies in Fragen des Glaubenslebens und Kirchenwesens. (Die Religion in Geschichte und Gegenwart II S. 158/163, III (1912) S. 3, 291, 440/6, 598—632 unter „Jenseitsglaube", Dualismus, Immanenz und Transzendenz Gottes, Welt, Eschatologie, Tod und Jenseits.) Die Philosophie, zumal die Seelenlehre, beschäftigte sich eingehend mit Jenseitsvorstellungen. [Wilhelm Wundt, Völkerpsychologie II (Mythus und Religion) 2 (1906) S. 462; 3 (1909) insbes. S. 258/259, 268/270, 473/474, 552—592, 644/646, 648/652, 692/694, 703/706; ders., Ethik (3. Aufl. 1903) I S. 89/90, 97/98, 285, 327/328, II S. 121, 136, 290; ders. in der Kultur der Gegenwart Teil I Abt. V (Allgemeine Geschichte der Philosophie, 1909) S. 22; Hans von Arnim ebenda S. 129/130; Clemens Bäumker ebenda S. 302/303, 351/352; Hermann Ebbinghaus in der Kultur der Gegenwart Teil I Abt. VI (Systematische Philosophie, Psychologie, 1907) S. 231; Gustav Fechner, das Büchlein vom Leben nach dem Tode, 5. Aufl. 1903, z. B. S. 80]. Auch die Geschichtsforschung mußte bei der Behandlung geistiger Strömungen darauf eingehen. [Helmolts Weltgeschichte 1. Aufl. I (1899) S. 39 bis 46, 24/25, 58 (Joseph Kohler); das. S. 265 (Konrad Haebler, Amerika); das. III (1901) S. 590, 631—643 (Karl Niebuhr, Ägypten.)] Die allgemeine Rechtslehre zog dergleichen Gedanken ebenfalls in ihren Forschungsbereich (Joseph Kohler, Lehrbuch der Rechtsphilosophie (1909) S. 23). Namentlich aber gehörte das „Jenseits" in Wort und Vorstellungskreis dem Sprach- und Gedankengut des allgemeinen geistigen Lebens, auch des Alltags, schon vor 1915 an.

Im Wesen des Menschen liegt begründet, daß sich zum Begriffe des Jenseits ganz von selbst der Gedanke einstellt, ob und wie man aus dem Diesseits nach jenem anderen Bereiche wohl Beziehungen dartun oder aufnehmen könne. Früh schon trat in den Dienst solcher Denkvorstellung und Neigung das Bild der Brücke.

b) Brücke in übertragener Bedeutung ist Jahrhunderte alt. Es gibt sprichwörtliche Wendungen, die sich ihrer im Bilde bedienen: daß man, wenn das Wort eine Brücke wäre, nicht darüber ginge; daß man dem Feinde goldene Brücken baue.

Bifröst (Beberast), die Regenbogenbrücke, verbindet nach nordischer Vorstellung, wie die Edda erzählt, Himmel und Erde, das Jenseits mit dem Diesseits. (Simrock, die Edda, 10. Aufl. 1896, S. 256, 259, 261, 266, 292; Jakob Grimm, Deutsche Mythologie S. 694; Simrock, Deutsche Mythologie S. 32, 119, 149, 208, 283, 418, 434). Lederne Brücken hießen die Schicksalsfäden der Nornen (Simrock, Deutsche Mythologie S. 341). Brücken, zum Teil sinnbildlich bedeutsam, kommen in alten Sagen vor; Thor gilt als ihr Erfinder (Simrock a. a. O. S. 418). Als die alten Götter entthront und zu bösen Geistern umgestempelt worden waren, fand sich zum Ersatze die Teufelsbrücke ein.

Vorstellungen, die von der Regenbogenbrücke ausstrahlen, lebten im Volke fort auch die Zeiten hindurch, in denen der heimische Sagenhort verschüttet war. Seit den Tagen der klassischen Dichtungsblüte finden sie sich sehr häufig. Überhaupt gehörte fürder das Bild der Brücke zu den geläufigen in vielen Zweigen des Schrifttums, und zwar in mannigfaltiger Bedeutung.

Ramler führt (in der Fabellese von 1783) auf die Brücke des Geisterreichs.

Schiller zeigt das Brückenbild oft. Die schöne Brücke, das Regenbogen-Rätsel, der Pilgrim, das Berglied, die Gunst des Augenblicks, auch Stellen im Spaziergang, bieten Beispiele aus seinen Gedichten. Etliche andere seiner Dichtungen bedienen sich jenes Bildes, um Kluft und Verbindung zwischen sinnlicher und übersinnlicher Welt vorzustellen. In der „Freigeisterei der Leidenschaft" (1782) heißt es: „Durch eine Hölle nur / Kannst du zu deinem Himmel eine Brücke schlagen? / Nur auf der Folter merkt dich die Natur?" (dieses Gedicht, gedruckt in Karl Goedekes histor.-krit. Ausg. 1867 Bd. 4 S. 26 V., wurde später sehr gekürzt — wobei die angezogenen Verse wegfielen — und nun „Der Kampf" überschrieben). Im „Geheimnis der Reminiszenz" fliehen Geister stürmend über die Brücke des Lebens. „Das Ideal und das Leben" malt auf dem Bilde des ewigen Gerichts einen „grauenvollen Schlund", über den „kein Nachen, keiner Brücke Bogen trägt". Nahverwandt lautet die Schilderung in der „Resignation": „Da steh ich schon auf deiner finstern Brücke, / Furchtbare Ewigkeit". In Kabale und Liebe lesen wir (V, 1) Millers Frage an Luise: ... „Willst du es darauf ankommen lassen, daß dein treuloses Gaukelbild auf der schrecklichen Brücke zwischen Zeit und Ewigkeit von dir weiche? ..." Mag „die Brücke zum Jenseits" bei Schiller nicht buchstäblich vorkommen, so lag es doch, als das Wort Jenseits üblicher geworden war, für keinen mit dieses Dichters Gedanken und Kunstmitteln einigermaßen Vertrauten fern, wörtlich den Ausdruck zu gebrauchen, den der Kläger in seinem Schriftentitel angewandt hat.

Die Brücke zwischen sinnlicher und übersinnlicher Welt blieb auch fernerhin — wie Wörterbücher (Grimm, Sanders, Heyne, Hermann Paul) bestätigen und gelegentliche Nachschau bei beliebigen Schriftstellern darüber hinaus erhärtet — eine häufige, mehr und mehr sich verbreitende Vorstellung.

Zahlreich sind die Belege dafür im Bereiche romantischer Dichtung. Eichendorffs Lieder knüpfen gern an die altvertraute Regenbogenbrücke an: Der Regenbogen führt als Brücke den Beter zum friedlich sicheren Heimatsport (Das Gebet); auf ihm wird er über Not und Glück in das Himmelreich eingehen (Sprüche 2). Oft bietet Himmelsfarbe oder Wolkenbildung den Anlaß zu ähnlichem Bilde (Abend, 1. und 6. Strophe; Entschluß, 3. Strophe), das zuweilen dann die Liedgedanken ins Übersinnliche weiterträgt (Sommerschwüle, letzte Strophe; Stammbuchvers vom Dezember 1814; Marienburger

Liedspruch von 1823; Der Pilger, 4. Reihe; Julian, Teil V). Den Weg vom Diesseits ins Jenseits bedeutet die bildliche Brücke z. B. im „Morgengebet“: „Die Welt mit ihrem Gram und Glücke / Will ich, ein Pilger frohbereit / Betreten nur wie eine Brücke / Zu dir, Herr, übern Strom der Zeit“. Ähnlich, mit der Vorstellung der niedergelassenen Zugbrücke, in dem Abschiedsgruß an einen frühverstorbenen Offizier: „Es sinken schon die Brücken, / Heut dir und morgen mir. / Du mußt hinüberrücken, / Kamerad mach uns Quartier!“

In sehr ähnlichen Vorstellungen bewegt sich Rückerts Gedicht Die Scheidungsbrücke: „Zwischen Zeit und Ewigkeit / Steht die Scheidungsbrücke, / Füllend mit dem Schreckensglanz / Die furchtbare Lücke.“ ... Auch bei ihm bedeutet das durchaus kein vereinzeltes Bild; z. B. findet sich in einem Spottgedicht auf Napoleon nach der Leipziger Schlacht „Die verunglückten Brücken“ gegen Schluß die Brücke nach dem Monde.

Übernommene Edda-Bilder frischt Richard Wagner im „Rheingold“ mit der Regenbogenbrücke auf, die den Göttern vom Diesseits den Pfad hinüber nach Walhall bereitet.

Von der Regenbogenbrücke geht z. B. auch Klaus Groth aus („Heimweh“, in den Paralipomenen zum Quickborn); ins Bildlich-Übersinnliche weist dann sein Lied mit der Frage: „Wer schlägt die Brücke übers tiefe Sehnen?“

Geibel ruft im „Abschied“: Und treu Gedenken sei die goldne Brücke, / Vom Scheidungsgruß zum Wiedersehn. In dem Trauerliede „Witwenleid“ verzehrt sich das Herz stumm in Heimweh „an der eingestürzten Brücke“ der getäuschten Hoffnung.

Deutlich steht die Brücke zum Jenseits vor Augen bei Theodor Storm, wenngleich nicht buchstäblich das Stichwort fällt (O bleibe treu den Toten, Str. 5): Die Brücke ist zerfallen, / Nun mühen sie sich bang, / Ein Liebeswort zu lallen, / Das nie hinüberdrang. Ähnlich an mehreren Stellen bei Gottfried Keller (Jugendgedanken): „Wenn ich scheidend einst muß überspringen / jene Kluft, die keine Brücke trägt“ ... Oder in etwas anderer Tönung (Der Nachtschwärmer): „So eine kühne Brücke schlagend, / Such' ich zu ihrem Ohr den Weg; / Betritt im Traum das Seelchen zagend / Des wilden Lärmes schwanken Steg?“ Mit Anklang an Sterbegedanken wiederum (Den Zweifellosen): „Es ist nicht Selbstsucht und nicht Eitelkeit, / Was sehnend mir das Herz grabüber trägt; / Was mir die kühngeschwungne Brücke schlägt, / Ist wohl der Stolz, der mich vom Staub befreit ...".

Gehören diese Belege zur Verwendung der „Brücke" in bildlichem Sinne sämtlich der Dichtung und meistens der gebundenen Rede an, so nimmt doch auch die ungebundene Rede, überhaupt das Schrifttum der verschiedensten Zweige, derartige Bilder als willkommenen Ausdrucksbehelf gern zur Hand. Und je mehr sich Stimmung, Neigung, Teilnahme und Forschung wieder dem Übersinnlichen zuwenden, desto häufiger wird der Brückenvergleich eingeflochten. Solche Vorstellungen und bildliche Ausdrücke beschränken sich nicht auf Deutschland, nicht auf germanische Völker, nicht auf den Bereich abendländischer Gesittung, ja nicht einmal auf die alte Welt. Auch z. B. bei Eskimos und bei amerikanischen Stämmen hat man das Glaubensbild sagenhafter Überlieferungen angetroffen, daß eine Brücke über das schwarze Wasser ins helle Geisterland hinüberführe (Wundt, Völkerpsychologie III 2 S. 561 bei Anm. 2 und 3); ganz deutlich also die Brücke zum Jenseits.

5. Schon im Jahre 1915, als der Kläger seinen Schriftreihen-Titel „Die Brücke zum Jenseits" auf das erste Heft setzte, war der in diesem Wortgefüge — nicht eindeutig — ausgedrückte Gedanke, daß der Lebende Verbindung aufnehmen und pflegen könne mit Seelen Abgeschiedener, eine weithin bekannte Vorstellung. Und die zur sinnlichen Wahrnehmung behilflichen Mittel, diesen Gedanken einzukleiden, waren der Schrift- wie der Umgangssprache seit geraumer Zeit in vielerlei Gestalten durchaus geläufig. Die Zusammensetzung der vier Worte samt ihrer Verwendung zum Obertitel hob sich, selbst wenn sie lautlich und buchstäblich in genau solcher Gestalt vorher noch nirgends erschienen gewesen wäre, nicht aus der Ebene des Alltäglichen heraus, sie bedeutete keine geistige Schöpfung, welche die wesentlichen Erfordernisse eines Schriftwerks enthielte. Dem Schriftreihentitel „Die Brücke zum Jenseits" muß daher der urheberrechtliche Schutz versagt werden.

Auf die sonstigen von der Revision zum selben Ende vorgebrachten Bedenken — gegen allzuweite Ausdehnung des Schutzes, die aus einer Verflachung der Schriftwerks-Merkmale erwachsen könnte — braucht hiernach nicht eingegangen zu werden.

Der Kläger selbst läßt keinen Zweifel darüber, daß er seine Klage nur auf Urheberrechtsverletzung gründet, nicht auch auf unlauteren Wettbewerb der Beklagten (UnlWG. § 16). Da beide Beklagte — der eine die gewerbliche Niederlassung, der andre den Wohnsitz — in München haben, so fehlte dem angerufenen Landgericht überdies die Zuständigkeit (§ 24 UnlWG.), über einen Anspruch aus unlauterem Wettbewerb zu erkennen.

---

31. 1. Schließt Art. 304b Abs. 2 des Versailler Vertrags den Rechtsweg aus oder beschränkt er nur die sachliche Zuständigkeit der deutschen Gerichte?

2. Ist für die Aufwertung der einem Inländer zustehenden persönlichen Forderung, für welche eine Hypothek in dem an Polen abgetretenen Teile Oberschlesiens bestellt worden war, das deutsche Aufwertungsgesetz anwendbar?

Versailler Vertrag Art. 304b. AufwG § 1.

V. Zivilsenat. Beschluß vom 16. Januar 1929 in der Aufwertungssache H. gegen Graf v. D. u. Gen. V B 42/28.

I. Aufwertungsstelle Beuthen O.-S.
II. Landgericht daselbst.

Der Sachverhalt ergibt sich aus den

Gründen:

Durch Kaufvertrag vom 1. August 1911 verkaufte die Antragstellerin ein damals zum Deutschen Reich gehöriges, durch den Versailler Vertrag an Polen gefallenes Grundstück in Bi. an den Kaufmann K. Der Restkaufpreis von 35000 *M* wurde durch Hypothekeneintragung vom 26. Oktober 1911 gesichert. K. veräußerte später das Grundstück an die Antragsgegner, die auch die persönliche Schuld übernahmen. Die Hypothek wurde weder gelöscht noch zurückgezahlt.

Vor dem 1. April 1926 beantragte die Gläubigerin erhöhte Aufwertung der der Hypothek zugrunde liegenden persönlichen Forderung bei der Aufwertungsstelle des Amtsgerichts B., in deren Bezirk die Antragsgegner unstreitig Vermögen besitzen.

Die Antragsgegner baten um Zurückweisung des Aufwertungsverlangens, soweit eine höhere Aufwertung als $18^3/_4$% begehrt werde. Sie behaupten, die Aufwertung richte sich nicht nach deutschem, sondern nach polnischem Aufwertungsrecht.

Die Aufwertungsstelle wertete die persönliche Forderung auf 175′0 GM. = 50 % auf. Das Landgericht wies die Beschwerde der Antragsgegner zurück.

Die Antragsgegner haben weitere Beschwerde eingelegt und diese in erster Linie darauf gestützt, daß die Aufwertungsstelle B. sachlich nicht zuständig sei. Sie haben dazu vorgetragen, der Antragsgegner zu 1 sei Österreicher, während die Antragsgegner zu 2 und 3 Polen geworden seien. Der Antragsgegner zu 2 wohne in Polen, der Antragsgegner zu 3 in Deutschland. Für die Antragsgegner zu 2 und 3 sei daher der Deutsch-Polnische Gemischte Schiedsgerichtshof zuständig. Außerdem handle es sich vorliegend um einen Streit, der nicht die Höhe, sondern den Grund der Forderung betreffe. Die gesetzliche Zuständigkeit der Aufwertungsstelle gemäß § 69 AufwG. sei daher nicht gegeben.

Das Kammergericht hat die weitere sofortige Beschwerde dem Reichsgericht zur Entscheidung vorgelegt und im Vorlegungsbeschluß folgendes ausgeführt:

Nach dem Beschluß des Reichsgerichts vom 27. Juni 1928 (RGZ. Bd. 121 S. 337) stehe an sich den früheren Reichsangehörigen die Anrufung des Gemischten Schiedsgerichtshofs offen, wenn sie Polen geworden seien und in Polen wohnten (Art. 304b Abs. 2 VV.). Dies würde auch für den Antragsgegner zu 2 zutreffen. Aber auch ihm stehe die Einrede der sachlichen Unzuständigkeit der deutschen Aufwertungsstelle im vorliegenden Falle nach der Ansicht des Kammergerichts nicht zu. Wie der V. Zivilsenat des Reichsgerichts a. a. O. im Einklang mit dem I. Zivilsenat (RGZ. Bd. 108 S. 50) annehme, schließe Art. 304b VV. den Rechtsweg vor den deutschen Gerichten nicht schlechthin aus. Diese Vorschrift begründe vielmehr für den jetzt polnischen Vertragsteil nur die Einrede der sachlichen Unzuständigkeit, auf die er verzichten könne. Im vorliegenden Falle habe keiner der Antragsgegner vor der Aufwertungsstelle oder dem Landgericht den Einwand aus Art. 304b VV. erhoben. Sie hätten vielmehr eine Sachentscheidung des deutschen Aufwertungsgerichts dahin verlangt, daß die Forderung nach materiellem polnischen Recht festgesetzt werde. Dieses Begehren der Antragsgegner in den Vorinstanzen sei dahin auszulegen, daß sie sich der Entscheidung der deutschen Aufwertungsgerichte endgültig unterworfen hätten.

Angesichts dieses Verhaltens könnten die Antragsgegner im dritten Rechtszuge nicht mehr mit der Einrede aus Art. 304b VV. gehört werden, da ihnen der Verzicht auf den Rechtsbehelf entgegenstehe. Mit dieser Rechtsauffassung des Kammergerichts ständen jedoch die Entscheidungen des VI. Zivilsenats des Reichsgerichts in RGZ. Bd. 106 S. 56 und Bd. 107 S. 76 in Widerspruch. Dieser Senat des Reichsgerichts vertrete die Ansicht, daß in den Fällen des Art. 304b Abs. 2 VV. auch die Unterwerfung des polnisch gewordenen Vertragsgegners unter die deutsche Gerichtsbarkeit wegen des zwingenden öffentlichrechtlichen Gebots des Versailler Vertrags nicht zu beachten sei. Danach wäre allerdings die Zuständigkeit des Gemischten Schiedsgerichtshofs noch im dritten Rechtszuge von Amts wegen zu berücksichtigen. Das Kammergericht hält sich nicht für befugt, von der Rechtsauffassung des VI. Zivilsenats des Reichsgerichts ohne Vorlegung der Sache nach § 74 Abs. 1 Satz 5 AufwG., § 28 Abs. 2, 3 RFGG. abzuweichen, zumal da es im vorliegenden Falle auf die Unterwerfung der Antragsgegner unter die deutsche Aufwertungsgerichtsbarkeit entscheidend ankomme.

Die Zuständigkeit des Reichsgerichts ist gegeben; in einer die Zuständigkeit der Aufwertungsstelle betreffenden Frage will das Kammergericht von der Entscheidung des Reichsgerichts abweichen, welche diese Frage durch Auslegung des Versailler Vertrags, eines Reichsgesetzes, mittelbar entschieden hat.

Die sachliche Zuständigkeit der deutschen Aufwertungsstelle ist mit dem Kammergericht zu bejahen. Die beiden Antragsgegner zu 2 und 3 sind nach dem unstreitigen Sachverhalt Polen. Sie sind als solche Staatsangehörige einer alliierten und assoziierten Macht im Sinne des Versailler Vertrags. Der Streit der Parteien betrifft einen Vertrag, der vor Inkrafttreten des Versailler Vertrags abgeschlossen ist. Hiernach ist für die Austragung des Aufwertungsstreits zwischen der Antragstellerin und den Antragsgegnern zu 2 und 3 (daß der letztere in Deutschland wohnt, ist in dieser Hinsicht belanglos) an sich nach Art. 304b Abs. 2 VV. die Zuständigkeit des Gemischten Schiedsgerichtshofs begründet (RGZ. Bd. 121 S. 337). Der frühere VI. Zivilsenat des Reichsgerichts hat in seiner oben angeführten Entscheidung (RGZ. Bd. 106 S. 56) angenommen, diese Zuständigkeit des Gemischten Schiedsgerichtshofs sei eine ausschließliche in dem Sinne, daß ein Deutscher einen

Angehörigen einer alliierten oder assoziierten Macht wegen eines unter Art. 304b Abs. 2 VV. fallenden Rechtsverhältnisses überhaupt nicht bei einem deutschen Gericht verklagen könne und daß das etwa angerufene deutsche Gericht sich von Amts wegen für unzuständig erklären müsse.

Gegen diesen Standpunkt des früheren VI. Zivilsenats hat sich der I. Zivilsenat in RGZ. Bd. 108 S. 53 gewandt. Der dort näher begründeten Meinung des I. Zivilsenats ist der V. Zivilsenat schon in dem oben erwähnten Beschluß (RGZ. Bd. 121 S. 337) ausdrücklich beigetreten, ohne daß indessen die Entscheidung auf diesem Satze beruhte. Auch in der vorliegenden Sache ist an dieser Ansicht festzuhalten.

Die strenge Auslegung, die der frühere VI. Zivilsenat der Vorschrift des Art. 304b Abs. 2 VV. gibt, findet weder im Wortlaut noch im Zweck dieser Bestimmung eine genügende Stütze. Der ausländische Vertragsteil wird durch die mildere Auslegung des I. und V. Zivilsenats in einer der Absicht des Versailler Vertrags vollauf genügenden Weise geschützt, während der deutsche Vertragsteil durch die strenge Auffassung des früheren VI. Zivilsenats in seiner Rechtsverfolgung und -verteidigung in einer Weise behindert wird, die auch „durch Geist und Willen des Versailler Vertrags" nicht gerechtfertigt werden kann. Einer Anrufung der Vereinigten Zivilsenate bedarf es nicht, nachdem der jetzige VI. Zivilsenat erklärt hat, daß er die in RGZ. Bd. 106 S. 56 enthaltene Ansicht über die Bedeutung des Art. 304b VV. nicht vertrete.

Da die Antragsgegner zu 2 und 3 in beiden Vorinstanzen sich sachlich eingelassen haben, ohne die Zuständigkeit des Gemischten Schiedsgerichtshofs geltend zu machen, so haben sie sich der deutschen Gerichtsbarkeit unterworfen. Ihre erst in der weiteren Beschwerde enthaltene Berufung auf Art. 304b Abs. 2 VV. ist daher unbeachtlich.

Es kann dahingestellt bleiben, ob die deutsche Aufwertungsstelle zuständig ist, über die Höhe der Aufwertung solcher Ansprüche der in den §§ 4 bis 54 AufwG. bezeichneten Art zu entscheiden, die nach ausländischem Recht aufzuwerten sind, und ob über diese Zuständigkeitsfrage die Aufwertungsstelle oder das ordentliche Gericht zu befinden hat. Denn jedenfalls ist, da die Antragstellerin die Aufwertung nach deutschem Recht verlangt, die Zuständigkeit der Aufwertungsstelle so lange gegeben, als nicht feststeht, daß polnisches Recht zur Anwendung kommt. Es wäre also höchstens zu erwägen, ob das Verfahren vor der Aufwertungsstelle auszusetzen sei, bis die Frage geklärt ist, welches Aufwertungsrecht entscheidet. Einer Aussetzung bedarf es aber deshalb nicht, weil das Vorbringen der Antragsgegner, daß die Aufwertung der persönlichen Forderung sich nach polnischem Rechte richte, offenbar unbegründet ist (vgl. RGZ. Bd. 120 S. 83). Das deutsch-polnische Aufwertungsabkommen vom 5. Juli 1928 ist noch nicht in Kraft getreten. Es ist daher nach allgemeinen Grundsätzen zu entscheiden. Jedoch ist die Frage, ob das deutsche Aufwertungsrecht auf die persönliche Forderung anzuwenden ist, wenn das mit der Hypothek belastete Grundstück später an Polen gefallen ist, durch die Rechtsprechung des Reichsgerichts zugunsten der Anwendung des deutschen Rechts so eindeutig entschieden, daß ein Zweifel nicht mehr bestehen kann. Wie die Entscheidung des Landgerichts in Übereinstimmung mit dieser Rechtsprechung zutreffend annimmt, haben die Parteien bei der Begründung des Rechtsverhältnisses dieses dem Recht unterstellt, das bei Bestellung der Hypothek am Ort der belegenen Sache herrschte. Das war das deutsche Recht. Dieses Recht bleibt aber in seiner jeweiligen Gestaltung maßgebend, sofern nicht der gemeinsame Wille aller Vertragsteile dahin geht, sich dem am Erfüllungsort neu eingeführten Recht zu unterwerfen, oder sofern nicht wenigstens sämtliche Vertragsteile örtlich unter der Herrschaft des neuen Rechtes stehen. Keine dieser Voraussetzungen trifft hier zu. Dazu kommt noch, daß nach dem deutsch-polnischen Abkommen über Oberschlesien vom 15. Mai/11. Juni 1922 die Forderung der Antragstellerin eine Markforderung geblieben ist. (Vgl. RGZ. Bd. 120 S. 277; JW. 1928 S. 1790 Nr. 5).

---

32. Wann liegt im Ehescheidungsprozeß eine die Einlegung eines Rechtsmittels rechtfertigende Beschwer vor?

BGB. §§ 1565, 1568; ZPO. §§ 511, 545 Abs. 1.

IV. Zivilsenat. Urt. v. 17. Januar 1929 i. S. Ehem. B. (Bekl.) w. Ehefr. B. (Kl.). IV 483/28.

I. Landgericht Darmstadt.
II. Oberlandesgericht daselbst.

Die Klägerin hat aus § 1568 BGB. auf Scheidung geklagt. Der Beklagte hat Widerklage auf Scheidung erhoben wegen Ehebruchs der Klägerin mit mehreren Männern und wegen Verfehlungen nach § 1568 BGB. Das Landgericht hat die Ehe auf Klage und Widerklage geschieden; es hat gegen die Klägerin Ehebruch mit B. und F., unsittliches und ehrloses Verhalten und ehewidrige Beziehungen zu K. festgestellt. Die von der Klägerin behauptete Zustimmung des Beklagten zu dem Ehebruch mit B. hat es verneint. Dieses Urteil wurde vom Beklagten nicht angefochten, von der Klägerin nur insoweit, als die Ehe wegen Ehebruchs der Klägerin mit B., unter Verneinung der Zustimmung des Beklagten, und aus § 1568 BGB. geschieden worden ist.

Das Oberlandesgericht hat der Berufung der Klägerin insoweit stattgegeben, als es das landgerichtliche Urteil nur mit der Maßgabe aufrecht erhalten hat, daß die Scheidung gegen die Klägerin lediglich wegen Ehebruchs mit F. ausgesprochen wurde. Den Scheidungsgrund aus § 1568 BGB. hat es abgelehnt, den Ehebruch mit B. zwar festgestellt, aber die Zustimmung des Beklagten hierzu angenommen.

Die Revision des Beklagten hatte teilweise Erfolg.

Gründe:

Während das Landgericht die Scheidung zur Widerklage auf den Ehebruch der Klägerin mit F. und B. und auf § 1568 BGB. gestützt hatte, hat das Oberlandesgericht die Zustimmung des Beklagten zu dem Ehebruch der Klägerin mit B. angenommen und, da es auch den Scheidungsgrund aus § 1568 BGB. verneinte, die Ehe auf die Widerklage nur wegen Ehebruchs der Klägerin mit F. geschieden.

Die Revision erachtet den Beklagten als Scheidungswiderkläger für beschwert, weil entgegen seinem Berufungsantrag das Oberlandesgericht die Ehe nicht auch wegen Ehebruchs der Klägerin mit B. und aus § 1568 BGB. geschieden hat. Eine Beschwer des Beklagten ist jedoch nur in ersterer, nicht auch in letzterer Beziehung gegeben. Ebenso wie in der Vorinstanz die Klägerin als Scheidungswiderbeklagte sich dadurch für beschwert erachten durfte, daß sie durch das Urteil des Landgerichts den ihr rechtlich nachteiligen

Nebenwirkungen (§ 172 StGB., § 1312 BGB.) doppelt, nämlich auch wegen eines Ehebruchs mit B. ausgesetzt wurde (RGZ. Bd. 110 S. 45), wird der Beklagte als Scheidungswiderkläger durch das Berufungsurteil rechtlich ungünstiger gestellt. Denn er hat ein Interesse daran, daß die sich an das Scheidungsurteil knüpfenden Nebenwirkungen die Klägerin nicht nur wegen eines Ehebruchs mit F., sondern auch wegen eines solchen mit B. treffen (RGZ. Bd. 115 S. 1 und 193; JW. 1928 S. 3039 Nr. 4). Soweit er dagegen mit der Revision die Scheidung auch wegen ehewidrigen Verhaltens der Klägerin aus § 1568 BGB. erreichen will, ist er nicht beschwert, weil er die Scheidung wegen Ehebruchs der Klägerin mit F. erreicht hatte und weil er durch die gleichzeitig erfolgte Verneinung des Scheidungsgrundes aus § 1568 BGB. nicht benachteiligt wurde. Denn mit diesem Scheidungsgrund waren keine Nebenwirkungen verbunden, die ihn über die erfolgte Scheidung hinaus hätten besser stellen können.

Insoweit ist daher die Revision unzulässig. Im übrigen war jedoch der Revision der Erfolg nicht zu versagen. (Es wird ausgeführt, daß in der Erhebung der Klage auf Scheidung regelmäßig ein Widerruf der Zustimmung zu Ehebrüchen des anderen Teils liege.)

---

33. 1. Ist der Einzelrichter befugt, ein Beweismittel auf Grund des § 529 ZPO. zurückzuweisen?

2. Wann kann Verzicht auf die Rüge eines Verfahrensmangels angenommen werden?

ZPO. §§ 295, 349, 523, 523a, 529.

VI. Zivilsenat. Urt. v. 17. Januar 1929 i. S. Th. (Kl.) w. K. u. Gen. (Bekl.). VI 249/28.

I. Landgericht III Berlin.
II. Kammergericht daselbst.

Der Kläger verkaufte durch notariellen Vertrag vom 16. November 1922 ein Grundstück an K. für 26000 M. Der Kaufpreis wurde nach Inhalt der Vertragsurkunde vollständig durch Übernahme von Hypotheken belegt. K. wurde am 24. März 1923 als Eigentümer eingetragen.

Mit der Behauptung, daß neben dem beurkundeten Preise noch ein Barbetrag von 12000 M. von K. entrichtet und daß der in Wirklichkeit geschlossene Kaufvertrag nicht behördlich genehmigt worden sei, verlangt der Kläger von den Beklagten als den Erben des K. Einwilligung, daß er im Wege der Grundbuchberichtigung wieder als Eigentümer eingetragen werde. Die Beklagten bestreiten die Behauptung über die Zahlung des Barbetrags. Das Landgericht wies nach Vernehmung des vom Kläger benannten Zeugen Kr. die Klage ab; in den Entscheidungsgründen wies es einen zweiten Beweisantritt des Klägers, die Benennung seiner Ehefrau als Zeugin, als verspätet und unerheblich zurück. Der Kläger legte Berufung ein; im Berufungsverfahren wurde seine Ehefrau zu Protokoll des Einzelrichters vom 12. Oktober 1927 vernommen. Nach der Vernehmung beantragte der Kläger, noch den Vermittler Ka. als Zeugen zu vernehmen, der bei den Verhandlungen zugegen gewesen sei. Auf Antrag der Beklagten wies der Einzelrichter diesen Beweisantritt als „aus grober Fahrlässigkeit verspätet vorgebracht" zurück. In der darauf folgenden mündlichen Verhandlung vor dem Berufungsgericht trug der Kläger auch den Inhalt seines letzten Schriftsatzes vor, mit dem er eine eidesstattliche Versicherung des Ka. vom 11. Oktober 1927 überreicht hatte. Das Berufungsgericht hat die Entscheidung von einem Eide der Beklagten K. abhängig gemacht; sie soll schwören, daß sie nach sorgfältiger Prüfung und Erkundigung nicht die Überzeugung von der Zahlung eines Barbetrags erlangt habe.

Die Revision des Klägers führte zur Aufhebung und Zurückverweisung.

Gründe:

Die Revision macht geltend, daß der Einzelrichter zur Zurückweisung des Beweisantritts nicht befugt gewesen, übrigens auch eine Verzögerung des Rechtsstreits nicht festgestellt sei; der Zeuge Ka. sei an Gerichtsstelle anwesend gewesen. Das letztere, worüber das Protokoll keine Auskunft gibt, mag dahingestellt bleiben. Die erste Rüge trifft jedenfalls zu. Der Einzelrichter war nach § 349 ZPO. zur Zurückweisung nicht befugt, und zwar gemäß § 523a ZPO. nicht einmal bei Einverständnis der Parteien (vgl. Stein-Jonas 14. Aufl. § 349 Anm. III, § 350 Anm. III; Sydow-Busch 19. Aufl.

§ 349 Anm. 3). Ob trotz der Vorschrift des § 523a ZPO. dieser Verfahrensfehler durch Rügeverzicht gemäß § 295 ZPO. hätte geheilt werden können (dagegen Stein-Jonas § 350 III, § 523a III; Püschel in der Zeitschrift für Deutschen Zivilprozeß Bd. 51 S. 94), bedarf keiner Untersuchung, denn ein Verzichtswille des Klägers (JW. 1899 S. 742 Nr. 9; RGZ. Bd. 103 S. 338) ist nicht anzunehmen. Er hat zwar den Fehler in der mündlichen Verhandlung vom 18. Januar 1928 nicht ausdrücklich gerügt, aber er hat den Zeugen Ka. von neuem benannt. Denn anders ist es nicht zu verstehen, wenn er entsprechend dem Inhalt seines Schriftsatzes die eidesstattliche Versicherung Ka.s, die kein zulässiges Beweismittel war, mit dem Bemerken vorgelegt hat, daß er Ka. bereits als Zeugen benannt habe. Nunmehr mußte das Berufungsgericht in seiner vollen Besetzung zu der Frage Stellung nehmen, ob es den Beweisantritt gemäß § 529 ZPO. zurückweisen wollte. Das ist nicht geschehen; die Entscheidungsgründe enthalten darüber nichts. Daß der Beweisantritt übersehen oder für unerheblich erachtet worden wäre — in welchen Fällen möglicherweise nur eine mit der Revision nicht verfolgbare Verletzung des § 286 ZPO. in Frage käme —, erscheint nach der Sachlage ausgeschlossen. Es muß vielmehr angenommen werden, daß das Berufungsgericht das Verfahren des Einzelrichters für gesetzmäßig und eine Prüfung, ob die Zurückweisung des Beweisantritts nach § 529 ZPO. gerechtfertigt war, nicht mehr für erforderlich gehalten hat. Dann sind aber die §§ 349, 523, 523a, 529 ZPO. durch unrichtige Anwendung verletzt.

---

34. Wird dadurch, daß gemäß § 29 der Dritten Steuernotverordnung die mit Beihilfen aus öffentlichen Mitteln ausgeführten, nach dem 1. Juli 1918 bezugsfertig gewordenen Neubauten der Besteuerung gemäß §§ 26 flg. a. a. O. (Hauszinssteuer) unterliegen, die Aufwertung der aus öffentlichen Mitteln gewährten Beihilfedarlehen ausgeschlossen?

V. Zivilsenat. Beschl. v. 19. Januar 1929 in der Grundbuchsache V B 12/28.

I. Amtsgericht Köln-Mühlheim.
II. Landgericht Köln.

Die Frage wurde verneint aus folgenden Gründen:

In § 26 Abs. 1 der Dritten StNVo. ist bestimmt, daß die Länder, und nach näherer Bestimmung des Landesrechts die Gemeinden (Gemeindeverbände), im Zusammenhang mit der Regelung des Mietwesens als Geldentwertungsausgleich vom bebauten Grundbesitz eine Steuer erheben sollen. Nach § 29 das. sind von der Besteuerung auszuschließen u. a. Neubauten, wenn der Bau erst nach dem 1. Juli 1918 bezugsfertig geworden ist, es sei denn, daß die Neubauten „mit Beihilfen aus öffentlichen Mitteln ausgeführt worden sind". Weiter heißt es im § 29: „An Stelle dieser Steuer können die Landesregierungen Grundstücke mit Gebäuden, die mit Beihilfen aus öffentlichen Mitteln errichtet worden sind, zur Förderung des Wohnungsbaues mit einer Grundschuld bis zu 40 v. H. des in Goldmark umgerechneten Wertes der Beihilfe oder einem entsprechenden Hundertsatz des Friedenswerts des Grundstücks belasten." Durch Art. II § 11 Nr. 6 des Gesetzes über Änderungen des Finanzausgleichs zwischen Reich, Ländern und Gemeinden vom 10. August 1925 (RGBl. I S. 254) ist der vorgenannte § 29 der Dritten StNVo. dahin geändert worden, daß die Worte „40 v. H." durch die Worte „25 v. H." ersetzt worden sind. Die so geschaffene Rechtslage ist durch die §§ 1, 5 Abs. 1 des Reichsgesetzes über den Geldentwertungsausgleich bei bebauten Grundstücken vom 1. Juni 1926 (RGBl. I S. 251) aufrechterhalten worden.

Die preuß. Hauszinssteuerverordnung vom 2. Juli 1926 (GS. S. 213) in der Fassung vom 27. April 1927 (GS. S. 61) bestimmt im § 7 Abs. 3, daß die näheren Vorschriften über die Besteuerung der mit Beihilfen aus öffentlichen Mitteln ausgeführten Neubauten und über die Belastung der mit derartigen Neubauten besetzten Grundstücke mit einer Grundschuld gemäß § 29 der Dritten StNVo. des Reichs von den zuständigen Ministern getroffen werden sollen. Die preuß. zweite Verordnung zur Durchführung der Hauszinssteuerverordnung vom 2. Juli 1926 (GS. S. 218) bestimmt in Art. I § 1, daß die mit Beihilfen aus öffentlichen Mitteln ausgeführten Neubauten, die nach dem 1. Juli 1918 bezugsfertig geworden sind, vom 1. Juli 1926 ab der Hauszinssteuer unterliegen. Preußen hat hiernach von dem Recht der Eintragung einer Grundschuld keinen

Gebrauch gemacht, sondern den Weg der Besteuerung gewählt. Die Frage ist nun die, ob die Hauszinssteuer, welcher die mit Beihilfen aus öffentlichen Mitteln ausgeführten, nach dem 1. Juli 1918 bezugsfertig gewordenen Neubauten im Gegensatz zu anderen Neubauten unterliegen, zugleich als Ersatz für die Aufwertungsansprüche der öffentlichen Darlehensgeber dienen sollen. Diese Frage wird bejaht von Surén-Heusinger (die Hauszinssteuer und die Finanzierung des Wohnungsbaues in Preußen, 4. Aufl. S. 112) unter Hinweis auf einen dort mitgeteilten Erlaß des Ministers für Volkswohlfahrt vom 14. Juli 1924, sowie auf eine Verfügung des Finanzministers vom 28. Juli 1924 (FinMinBl. 1924 S. 175) und auf die Entstehungsgeschichte des oben erwähnten Art. II § 11 Nr. 6 des Finanzausgleichgesetzes vom 10. August 1925, durch welchen in § 29 Satz 3 der Dritten StNVo. die Worte „40 v. H." durch die Worte „25 v. H." ersetzt worden sind (Drucks. d. Reichstags Nr. 1269 S. 59).

Dagegen hat der VII. Zivilsenat des Reichsgerichts im Urteil vom 4. Mai 1928 (S. 1 dieses Bandes) ausgesprochen, aus der Stellung des § 29 im Art. III der Dritten Steuernotverordnung und im Unterabschnitt „Geldentwertungsausgleich zugunsten der Länder", sowie aus der Vorschrift des § 28 Abs. 3, welche Steuermilderungen für den Fall des Bestehens von Aufwertungsverpflichtungen vorsehe, sei zu folgern, daß durch die zugunsten der Länder getroffenen öffentlichrechtlichen Bestimmungen der §§ 26 flg. die bürgerlichrechtlichen Aufwertungsansprüche der Beihilfe-Darlehensgeber nicht beseitigt seien. Dieser Ansicht tritt der beschließende Senat bei. Die Entstehungsgeschichte des Art. II § 11 Nr. 6 des Finanzausgleichgesetzes vom 10. August 1925 kann für die Auslegung des § 29 der Dritten StNVo. nicht ausschlaggebend verwertet werden, zumal da nicht feststeht, daß sich der 6. Ausschuß der Bedeutung der im § 29 a. a. O. bezeichneten Grundschuld bewußt gewesen ist. Es ist zwar nicht zu verkennen, daß gewisse Billigkeitserwägungen, wie sie auch in dem — dem Senate vom preußischen Minister für Volkswohlfahrt zur Verfügung gestellten — Schreiben dieses Ministers an den preußischen Finanzminister vom 8. Dezember 1925 II 13 Nr. 4085/25 vertreten sind, dafür sprechen, die Aufwertung der öffentlichen Beihilfedarlehen als durch die den Beihilfeneubauten auferlegte Hauszinssteuerverpflichtung abgegolten anzusehen. Allein abgesehen davon, daß diese Billigkeitserwägungen namentlich da nicht zutreffen, wo der Darleiher der öffentlichen Beihilfe eine andere Rechtspersönlichkeit ist als das Land oder die Gemeinde, welche die Hauszinssteuer erhebt, so erfordert doch der Ausschluß der Aufwertung eine klare Sonderregelung im Sinne des § 1 Abs. 2 AufwG.; eine solche kann aber im § 29 der Dritten StNVo. um so weniger gefunden werden, als auch die Entstehungsgeschichte dieser Vorschrift, soweit sie verwertbar ist, keinen hinreichenden Anhaltspunkt für eine derartige Auslegung bietet. Etwaigen Erfordernissen der Billigkeit kann somit nur für den einzelnen Fall im Verwaltungsweg Rechnung getragen werden.

---

35. Ist bei einer laufenden Transportversicherung eine Reise grundsätzlich von der Versicherung gedeckt, wenn auch nur der Beginn des Versicherungsrisikos in die Versicherungszeit fällt? Oder ist in diesem Falle, wenn im unmittelbaren Anschluß an den Ablauf der alten Versicherung eine neue laufende Versicherung genommen wurde, die Reise durch diese gedeckt?

Allgemeine Deutsche Seeversicherungs Bedingungen von 1919 (ADS.) §§ 88, 97.

I. Zivilsenat. Urt. v. 19. Januar 1929 i. S. P. (Kl.) w. F. A. Versicherungs-A. G. (Bekl.). I 278/28.

I. Landgericht Hamburg, Kammer für Handelssachen.
II. Oberlandesgericht daselbst.

Die Klägerin hatte bei der N.schen Versicherungsgesellschaft für die Zeit vom 1. Januar bis 31. Dezember 1926 eine laufende Polize für Rechnung, wen es angeht, auf Güter aller Art für Reisen von und nach Häfen und anderen Plätzen der Erde, alles in durchstehendem Risiko von Haus zu Haus laut besonderer Klauseln. Auf die Versicherung sollten die Allgemeinen Deutschen Seeversicherungs-Bedingungen von 1919 (ADS.) nebst Zusatzbestimmungen des Vereins Hamburger Assekuradeure Anwendung finden. In ähnlicher Weise nahm die Klägerin für die Zeit vom 1. Januar bis 31. Dezember 1927 eine laufende Versicherung bei der Beklagten. Auf die letztere Polize meldete sie laut Anmeldeschein vom 11. Januar

1927 unter anderem einen Transport Haselnußkerne mit Dampfer „Marmara" von Konstantinopel nach Hamburg an. Die diese Waren betreffenden Konnossemente sind vom 5. Dezember 1926 datiert. Der Dampfer „Marmara" war bereits am 17. Dezember 1926 von Konstantinopel abgefahren, am 5. Januar 1927 in Rotterdam und am 10. Januar 1927 in Hamburg angekommen. Bei der Entlöschung zeigte sich, daß die am 11. Januar 1927 auf die laufende Polize der Parteien angemeldeten Haselnußkerne durch Seewasser beschädigt waren. Die Klägerin behauptet, der Schaden sei am 4. Januar 1927 eingetreten, und verlangt von der Beklagten auf Grund der mit ihr für das Jahr 1927 abgeschlossenen laufenden Versicherung Schadensersatz. Die Beklagte bestritt den Klaganspruch, namentlich deshalb, weil der Schaden nicht von der zwischen den Parteien abgeschlossenen Versicherung gedeckt werde.

Die Vorinstanzen haben die Klage abgewiesen. Die Revision der Klägerin hatte keinen Erfolg.

Gründe:

Das Berufungsgericht hat unterstellt, daß die Güter während ihrer Reise von Konstantinopel nach Hamburg schwimmend und „kostfracht" (c. f.) von der Klägerin im Jahre 1927 gekauft worden sind, daß sie ohne Versicherung von der Verkäuferin im Jahre 1926 auf den Weg gebracht worden waren und daß die Klägerin nach ihrem Kaufvertrag die ganze Reisegefahr übernommen hatte, d. h. — entsprechend den Vorschriften unter V im Anhang zur laufenden Versicherung — von dem Zeitpunkt ab, in dem die Güter am Abladeort zur Beförderung auf der maßgeblichen Reise von der Stelle, wo sie bisher aufbewahrt worden waren, entfernt worden sind. Da es kaufmännisch nicht üblich ist, daß Güter in solchen Fällen unversichert reisen, hatte nach kaufmännischen Grundsätzen die Klägerin im Anschluß an ihren Kaufvertrag für die Deckung der gesamten Reisegefahr durch eine entsprechende Versicherung zu sorgen. Dies kam hiernach für sie erst im Jahre 1927 in Frage. In der zwischen den Parteien maßgeblichen Polize (vgl. auch § 97 Abs. 1 ADS.) ist das Erfordernis aufgestellt, daß es sich um eine Beförderung handeln muß, für die der Versicherungsnehmer „nach kaufmännischen Grundsätzen Versicherung zu nehmen hat". Dieses Erfordernis war also für die Klägerin erst eingetreten, als die Versicherungszeit abgelaufen war, die der Polize mit der N.'schen Versicherungsgesellschaft zu Grunde lag (1. Januar bis 31. Dezember 1926), und der Lauf der Versicherungszeit begonnen hatte, auf die sich die zwischen den Parteien abgeschlossene Polize bezog (1. Januar bis 31. Dezember 1927). Nun heißt es in der zwischen den Parteien geschlossenen Polize unter I des Anhangs zur laufenden Versicherung:

> Diese laufende Versicherung schließt sich einer früheren unmittelbar an.

Die damit in Bezug genommene frühere laufende Versicherung ist diejenige mit der N.schen Versicherungsgesellschaft, deren Bedingungen mit denen der streitigen, für die Zeit vom 1. Januar bis 31. Dezember 1927 abgeschlossenen Versicherung übereinstimmen. Dies zeigt, daß die Klägerin durch die letztere Polize für die Zeit vom 1. Januar bis zum 31. Dezember 1927 in derselben Weise gedeckt sein sollte, wie wenn für diese Zeit die zwischen der Klägerin und der N.schen Versicherungsgesellschaft abgeschlossene Versicherung in Kraft geblieben wäre. Es sollte also die Klägerin — die Erfüllung aller sonstigen Voraussetzungen für den Eintritt der Deckungspflicht unterstellt — entweder durch die alte oder durch die neue Polize versichert sein. Und dementsprechend sollte die Klägerin das Recht haben, sich unter allen Umständen an die Beklagte als den neuen Versicherer zu halten, falls sie Ansprüche gegen den früheren Versicherer, die N.sche Versicherungsgesellschaft, nur um deswillen nicht erheben konnte, weil am 1. Januar 1927 statt einer Verlängerung der Versicherung bei der N.schen Versicherungsgesellschaft ein Versicherer-Wechsel eingetreten war.

Es ist also zunächst zu prüfen, welcher Art das Rechtsverhältnis der Klägerin zur N.schen Versicherungsgesellschaft für den streitigen Versicherungsanspruch ist. Im „Anhang zur laufenden Versicherung", welcher der Polize der N.schen Versicherungsgesellschaft beigefügt ist, heißt es im Anfang der Versicherung unter Nr. V:

> Die Versicherung des Einzeltransportes beginnt mit dem Zeitpunkt, in dem die Güter am Abladeort zum Zwecke der Beförderung auf der versicherten Reise von der Stelle, an der sie bisher aufbewahrt wurden, entfernt werden.

(Vgl. auch § 88 Abs. 2 ADS.). Die Versicherung endet nach Nr. VI in der dort vorgeschriebenen Weise grundsätzlich mit dem Zeitpunkt der Ablieferung der Güter am Endpunkt der Versicherungsreise (vgl. auch § 88 Abs. 3 ADS.). In Nr. VII des Anhangs ist bestimmt:

Während des vorstehend (d. h. in V und VI) bestimmten Anfanges und Endes der Versicherung gilt diese in ununterbrochenem durchstehenden Risiko zu Wasser und zu Lande. (Vgl. auch Seite 1 der Polize: „in durchstehendem Risiko von Haus zu Haus lt. Klausel A oder B 2"; d. h. VI 1 oder 3 im Anhang zur laufenden Versicherung). Ähnlich heißt es im § 88 Abs. 1 ADS.:

Die Versicherung erstreckt sich auf die ganze Dauer der versicherten Reise.

Ferner sind nach dem Inhalt der laufenden Polize selbst die Prämiensätze für die ganze den jeweiligen Einzeltransport betreffende Dauer der Versicherung in genau bestimmten Beträgen festgesetzt. Dies alles weist darauf hin, daß das Risiko für die einzelne unter die laufende Versicherung fallende Beförderung einheitlich, nicht nach Zeitabschnitten teilbar ist. Des weiteren hat das Berufungsgericht unter Bezugnahme auf ein Sachverständigen-Gutachten folgendes festgestellt. Der Kauf von Ware, für welche die Reisegefahr (Seegefahr) bereits begonnen habe, sei im Geschäftsleben ein alltägliches Vorkommnis. Es sei nicht üblich, solche Geschäfte von der laufenden Versicherung auszuschließen. Bei der Anmeldung der bereits begonnenen Reisen auf die zur Zeit des Risikobeginnes (Beginnes der Versicherung) in Kraft befindliche laufende Polize hätten die Versicherer einen Nachweis des zur Zeit dieses Beginnes bereits vorhandenen versicherbaren Interesses niemals gefordert; Rechtsstreitigkeiten hierüber seien nicht bekannt geworden. Der Sinn, welcher der laufenden Polize im Verkehr beigemessen werde, lasse sich nur dahin verstehen, daß eine derartige Reise, und zwar in ihrem ganzen Verlauf, auch dann versichert sei, wenn das Interesse des Versicherten erst zu einem späteren Zeitpunkt als dem Beginn der Reise entstanden sei, aber rückwirkend die ganze Reise umfasse.

Dieser Verkehrsauffassung stehen die Bestimmungen der hier maßgeblichen laufenden Polize und die daneben in Betracht kommenden Vorschriften der Allgemeinen Deutschen Seeversicherungs-Bedingungen nicht entgegen. Allerdings bezieht sich die Versicherung nur auf Güter (Transporte), für welche die Klägerin nach kaufmännischen Grundsätzen Versicherung zu nehmen hat (Polize S. 2, § 97 Abs. 1 ADS.). Anderseits beginnt die Versicherung mit dem Zeitpunkt, in dem die Güter am Abladeorte zur Beförderung auf der versicherten Reise von der Stelle, an der sie bisher aufbewahrt wurden, entfernt werden (Anhang der Polize zur laufenden Versicherung unter V; § 88 Abs. 2 ADS.). Nirgends ist aber vorgeschrieben, der Versicherungsnehmer müsse zur Zeit des Versicherungsbeginns zu den Gütern in einem solchen Verhältnis stehen, daß er an ihnen ein versicherbares Interesse habe und nach kaufmännischen Grundsätzen für sie Versicherung habe nehmen müssen. Richtig ist, daß bei dieser Auslegung der Versicherungsbedingungen eine gewisse Gefahr besteht, Versicherungsnehmer und Versicherter könnten schlecht verlaufene Risiken in einer dem Sinn und Zweck der laufenden Versicherung widersprechenden Weise unter Versicherungsschutz bringen. Nach den Feststellungen des Berufungsgerichts hat aber diese auch sonst bei der laufenden Versicherung bestehende Gefahr dem Verkehr — im Gegensatz zu dem von Ritter, Recht der Seeversicherung § 97 Anm. 29, vertretenen Standpunkt — keinen Anlaß gegeben, die Deckung einer Versicherungsreise durch laufende Versicherung davon abhängig zu machen, daß der Versicherungsnehmer zur Zeit des Versicherungsbeginns bereits in dem erwähnten Verhältnis zu den Gütern stand, daß er also für sie nach kaufmännischen Grundsätzen Versicherung zu nehmen hatte. Ein derartiges Erfordernis hätte im vorliegenden Fall in den einschlägigen Versicherungsbedingungen klar zum Ausdruck kommen müssen. Unklarheiten dieser Bedingungen — sowohl bei den in der Polize und ihren Anhängen als auch bei den in den Allgemeinen Deutschen Seeversicherungs-Bedingungen enthaltenen — gehen nach anerkannten Rechtsgrundsätzen zu Lasten der Versicherer.

Die Güter sind im Jahre 1926 am Abladeort zum Zwecke der Beförderung auf der versicherten Reise von der Stelle, an der sie bisher aufbewahrt wurden, entfernt worden (Anhang zur laufenden Versicherung Nr. V). Danach fällt die streitige Versicherungsreise unter den für 1926 zwischen der Klägerin und der N.schen Versicherungsgesellschaft abgeschlossenen Versicherungsvertrag. Die so begründete Versicherung umfaßt wegen der Einheitlichkeit und Unteilbarkeit des zeitlichen Risikos der einzelnen Versicherungsreise auch die nach dem 31. Dezember 1926 liegende Reisezeit, wobei es gleichgültig ist, ob die Klägerin für 1927 anderweit eine laufende Versicherung abgeschlossen hat oder nicht. Obgleich die Klägerin an den beschädigten Gütern erst im Jahre 1927 ein versicherbares Interesse erlangt hat, und auch wenn der Schaden erst im Jahre 1927 eingetreten ist, wird dieser Schaden doch von der laufenden Versicherung gedeckt, welche die Klägerin und die N.sche Versicherungsgesellschaft für das Jahr 1926 geschlossen haben, wenn nur im übrigen die Voraussetzungen für den Eintritt dieser Deckung gegeben sind.

Es fragt sich, ob die Klägerin trotzdem die Beklagte wegen ihres Schadens auf Grund der zwischen den Parteien für das Jahr 1927 vereinbarten laufenden Versicherung mit Erfolg in Anspruch nehmen kann. Dies ist indes nicht der Fall, wie in der Hauptsache bereits den vorstehenden Erwägungen zu entnehmen ist. Allerdings begründet die zwischen den Parteien geschlossene laufende Versicherung keine Zeitversicherung im Sinne von § 39 ADS. Die Polize enthält aber eine ausdrückliche Zeitbestimmung, wonach die Beklagte die Versicherung der Einzelbeförderungen nur für die Zeit vom 1. Januar bis zum 31. Dezember 1927 übernommen hat. Ist nun das Risiko der einzelnen Versicherungsreise nicht nach Zeitabschnitten teilbar und ist anderseits die laufende Versicherung auf einen bestimmten Zeitraum beschränkt, so können nur solche Güter von der laufenden Versicherung gedeckt werden, bei denen der Beginn des für den jeweiligen Transport einheitlichen Risikos in den von der Polize umfaßten Zeitraum, also hier in die Zeit vom 1. Januar bis 31. Dezember 1927 fällt. Daran kann auch der Umstand nichts ändern, daß der Kauf, durch welchen das versicherbare Interesse des Versicherungsnehmers entstand, erst nach dem 1. Januar 1927 abgeschlossen wurde. Maßgebend für den Anfang der Deckungspflicht des Versicherers ist hier allein der Beginn der Versicherungsreise. Sollte die Behauptung der Klägerin zutreffen, daß die Versicherer bei Cif-Käufen schwimmender Waren Mehrwertdeklarationen des Käufers auf seine laufende Polize auch dann nicht beanstanden, wenn der Beginn des Versicherungsrisikos für die abgeladenen Güter vor der in der Polize angegebenen Versicherungszeit liegt, so ist das hier von keiner entscheidenden Bedeutung. Denn derartige Mehrwertversicherungen können nicht ohne weiteres mit der streitigen Güterversicherung gleichgestellt werden.

36. Begründet schon die Kenntnis des Verkäufers davon, daß ein verkauftes Pferd beim Käufer zur Zucht verwendet werden soll, die Haftung für einen bei der Übergabe vorhandenen, dem Verkäufer unbekannt gewesenen Fehler, der nicht zu den Hauptmängeln gehört, aber für den erwähnten Gebrauchszweck von Erheblichkeit ist?

BGB. § 459 Abs. 1, §§ 481, 492.

II. Zivilsenat. Urt. v. 21. Dezember 1928 i. S. H. (Bekl.) w. D. (Kl.). II 260/28.

I. Landgericht Stendal.
II. Oberlandesgericht Naumburg a. S.

Der Kläger verkaufte dem Beklagten am 26. Juli 1924 einen zweijährigen Hakney-Hengst für 10000 RM. Der Beklagte zahlte auf den Kaufpreis 2000 RM. an; das Pferd wurde ihm am 27. Juli 1924 übergeben. Der Beklagte verweigert die Zahlung des Restbetrags nebst 160 RM. Wechselunkosten, die der Kläger mit der Klage von ihm fordert, und verlangt mit der Widerklage Rückerstattung seiner Anzahlung. Er begehrt Wandlung des Kaufs, da der Hengst wegen zeitweiliger Verrenkung der Kniescheiben zum Decken ungeeignet sei. Der Kläger habe ihm diesen schon vor der Übergabe vorhandenen Mangel verschwiegen, obgleich er ihn gekannt und auch gewußt habe, daß der Hengst zur Zucht verwendet werden sollte. Jedenfalls habe der Kläger auf Grund dieses ihm bekannten Verwendungszwecks stillschweigend die Haftung für Deckfähigkeit übernommen. Außerdem habe er durch die ausdrückliche Erklärung, das Tier sei gesund, den Umständen nach die Zusicherung gegeben, daß der Hengst, dem hohen Kaufpreis entsprechend, ein in jeder Hinsicht erstklassiges, hervorragendes und gesundes Tier sei. Beide Vorinstanzen haben unter Abweisung der Widerklage die Klage zugesprochen. Die Revision des Beklagten hatte keinen Erfolg.

Aus den Gründen:

Der Berufungsrichter stellt nicht fest, daß der vom Beklagten behauptete Mangel des Hengstes schon bei der Übergabe vorhanden war. Er nimmt nur als erwiesen an, daß dem Kläger vor der Übergabe vom Vorhandensein dieses Mangels nichts bekannt gewesen sei, und hält deshalb die Behauptung des Beklagten für widerlegt, daß der Kläger den Mangel arglistig verschwiegen habe. Gegen diesen Teil der Urteilsgründe, der auf dem Gebiete der Beweiswürdigung liegt, wendet sich die Revision nicht.

Weiter wird festgestellt, daß jedenfalls eine ausdrückliche Zusicherung über die Eignung des Hengstes zur Zucht nicht gegeben worden sei. Der Vorderrichter verneint aber auch eine stillschweigende Zusicherung dieses Inhalts. Er ist der Meinung, für die Annahme einer solchen genüge nicht schon die unstreitig beim Kaufabschluß vorhanden gewesene Kenntnis des Klägers davon, daß der Beklagte den Hengst zum Decken seiner Hakney-Stute verwenden wolle, vielmehr müsse das Einstehen für das Vorhandensein aller hierfür gebotenen Voraussetzungen stillschweigend zum Vertragsinhalt gemacht sein. Diese Auffassung ist rechtlich nicht zu beanstanden.

Die Revision rügt Verletzung des § 459 Abs. 1 BGB. durch Nichtanwendung. Die Rüge ist jedoch nicht begründet. Da es sich um einen Pferdekauf handelt, kämen nach § 481 BGB. an sich die besonderen Vorschriften der §§ 482 bis 492 in Frage, durch die nach § 481 die Vorschriften der §§ 459 bis 467, 469 bis 480 ausgeschaltet werden, soweit die §§ 482 bis 492 abweichende Bestimmungen enthalten. Die Vorschrift des § 459 Abs. 1 BGB. scheidet hiernach beim Kauf der im § 481 aufgezählten Tierarten vollständig aus, und es ist deshalb entgegen der ersten Rüge der Revision unerheblich, ob normale Deckfähigkeit des Hengstes der nach dem Vertrag vorausgesetzte Gebrauch im Sinne des § 459 Abs. 1 BGB. war. Die Revision sucht sich weiter auf § 492 zu stützen; sie meint, es bedürfe nicht einmal einer Zusicherung, weil kein Schadensersatz begehrt werde. Auch das ist nicht gerechtfertigt. Allerdings handelt es sich hier um einen nicht zu den Hauptmängeln (bei Pferden) gehörenden Fehler. Trotzdem ist § 492 auf den vom Berufungsgericht festgestellten Sachverhalt nicht anwendbar; denn die Kenntnis des Klägers beschränkte sich darauf, daß der Beklagte den Hengst zum Decken seiner Hakney-Stute verwenden wolle. § 492 erfordert die Übernahme der Gewährleistung wegen eines nicht zu den Hauptmängeln gehörenden Fehlers durch den Verkäufer. Dazu genügt die Kenntnis des Verwendungszwecks für sich allein nicht, sondern es ist eine unmittelbare Übernahme der Gewährleistung erforderlich. Sonst hätte es der Vorschrift des § 492 überhaupt nicht bedurft. Mit demselben Recht könnte eine Übernahme der Gewähr für Eigenschaften angenommen werden, die zum gewöhnlichen Gebrauch notwendig oder vorausgesetzt sind. Damit wäre § 482 BGB. hinfällig gemacht (RGRKomm. Anm. 1 zu § 492).

---

37. Mit welchem Betrag kann das Ablösungsrecht der §§ 1150, 268 BGB. gegenüber einer aufgewerteten Höchstbetragshypothek ausgeübt werden?

V. Zivilsenat. Urt. v. 19. Januar 1929 i. S. Gew. u. Landw.-Bank (Bekl.) w. B. (Kl.). V 17/28.

I. Landgericht Erfurt.
II. Oberlandesgericht Naumburg.

Im Jahre 1921 hatte der Kaufmann B. in Bad T. der Beklagten auf dem damals ihm allein gehörigen Grundstück „Schwefelbad" eine Höchstbetragshypothek von 30000 M. zur Sicherung aller ihr aus der Geschäftsverbindung mit ihm entstehenden Forderungen bestellt. Als er später eine Bruchteilshälfte des Grundstücks veräußerte, ließ er für sich und seine Ehefrau in Abt. II des Grundbuchs ein lebenslängliches Wohnungsrecht am ganzen Grundstück eintragen. Mit dem Range nach diesem Wohnungsrecht folgen im Grundbuch, hinter weiteren Eintragungen der III. Abteilung, schließlich 5000 Goldmark Sicherungshypothek, die wiederum der Beklagten im Jahre 1925 auf der Hälfte des Ehemanns B. bewilligt wurde.

Im November 1926 wurde die Zwangsversteigerung des Grundstücks eingeleitet. Betreibende Gläubigerin war in erster Linie die Beklagte aus ihrer Sicherungshypothek von 1921. Im Laufe dieses Verfahrens wurde unter den Eheleuten B. und der Beklagten streitig, ob jenen auf Grund ihres Wohnungsrechts die Befugnis zustehe, die ihnen vorgehende Sicherungshypothek der Beklagten von 30000 M. mit dem unstreitigen Aufwertungsbetrag von 441 GM. nebst Zinsen abzulösen, oder ob sich die Beklagte diese Ablösung nur gegen Befriedigung wegen aller ihr gegen den Ehemann B. erwachsenen Forderungen gefallen zu lassen brauche. Zur Beibringung einer rechtskräftigen Entscheidung des Prozeßgerichts wurde den Eheleuten B. eine Frist gesetzt. Sie haben deshalb die vorliegende

Klage erhoben. Das Landgericht hat sie abgewiesen, und die Abweisung der Klage des Ehemanns ist rechtskräftig geworden. Dagegen hat die Berufung der Ehefrau Erfolg gehabt. Insoweit hat das Oberlandesgericht abändernd festgestellt, daß die Zwangsvollstreckung der Beklagten aus der Sicherungshypothek von 30000 M. unzulässig werde, sobald die Klägerin den Aufwertungsbetrag mit 441 RM. nebst den Aufwertungszinsen und gewissen Kosten an die Beklagte zahle oder für sie hinterlege. Die Revision der Beklagten wurde zurückgewiesen aus folgenden

Gründen:

Ohne Rechtsirrtum legt das Berufungsgericht die §§ 1150, 268 BGB. dahin aus, daß der dinglich Berechtigte, der durch die Zwangsvollstreckung sein Recht am Grundstück zu verlieren Gefahr läuft, den betreibenden Gläubiger mit dem Betrag zu befriedigen befugt ist, für den ihm das Grundstück haftet. Das ist aber bei einer durch den Währungsverfall betroffenen Hypothek ihr gesetzlicher Aufwertungsbetrag. Diese Folge ergibt sich mit Notwendigkeit aus der in § 1150 vorgeschriebenen entsprechenden Anwendbarkeit des § 268 auf den Fall, daß der Gläubiger Befriedigung aus dem Grundstück verlangt. Die Befriedigung des Gläubigers, zu der hiernach der durch die Zwangsvollstreckung im Bestande seines Rechtes Bedrohte befugt ist, kann keine andere sein als die, welche der Gläubiger aus dem Grundstück, d. h. nach § 1147 BGB. im Wege der Zwangsvollstreckung zu verlangen berechtigt ist, die sich aber auf den Betrag der dinglichen Haftung beschränkt. Da das Ablösungsrecht gerade zur Abwendung der drohenden Zwangsvollstreckung gegeben ist, so kann hiergegen nicht eingewendet werden, daß die Befriedigung durch den ablösenden Berechtigten nicht im Zwangsweg, sondern freiwillig erfolge. Ebensowenig kann für das selbständige Recht nach den §§ 1150, 268 BGB. maßgebend sein, welche Befugnisse dem Schuldner selbst zustehen würden. Nichts anderes kann aber für den besonderen Fall der Höchstbetragshypothek gelten. Wollte man der von der Revision vertretenen Gegenmeinung folgen, so wäre das Ergebnis, daß im Verhältnis zu nachstehenden dinglich Berechtigten die geringste Höchstbetragshypothek, sofern sie nur für alle Forderungen aus einem bestimmten Rechtskreis bestellt wäre, zu einer dinglichen Sicherung für den größten Forderungsbetrag werden könnte, solange die Zwangsversteigerung nicht durchgeführt ist. Auf diese Weise könnte jedoch der vom Gesetz mit der Gewährung des Ablösungsrechts bezweckte Schutz nachgehender, in ihrem Rechtsbestand durch die Nichtaufnahme in das geringste Gebot bedrohter Berechtigter wesentlich beeinträchtigt oder ganz vereitelt werden. Daß der Beklagten die Rechtsprechung nicht zur Seite steht, hat schon das Berufungsgericht zutreffend ausgeführt. Was aber im besonderen die Entscheidung des erkennenden Senats vom 20. Januar 1904 (RGZ. Bd. 56 S. 322) angeht, so ist dort, bei Feststellung ungeschmälerten Fortbestands einer Höchstbetragshypothek trotz geleisteter Zahlungen, ausdrücklich die Ausnahme gemacht, daß nicht die Anrechnung der Zahlungen auf den Höchstbetrag und insoweit eine Aufhebung der Hypothek vereinbart sei. Wie dort eine Vereinbarung, so ist es im vorliegenden Falle das vom Gesetz gewährte Ablösungsrecht, aus dem die Befugnis entspringt, den Gläubiger in bezug auf das Grundstück — ungeachtet höherer persönlicher Forderungen — mit dem Betrag der dinglichen Haftung abzufinden. Die wirtschaftlichen Erwägungen endlich, welche die Revision dahin anstellt, daß die Beklagte bei Durchführung der Zwangsversteigerung auf Grund ihrer Sicherungshypothek von 1921 — infolge der Ausbietung des Grundstücks ohne das Wohnungsrecht der Klägerin — weit größere Aussicht habe, mit ihrer jüngeren Sicherungshypothek von 1925 zur Hebung zu gelangen als im entgegengesetzten Falle, sprechen nicht für, sondern gegen die Beklagte. Sie lassen erkennen, daß die Anerkennung des Standpunkts der Beklagten dieser auf Kosten der Klägerin Deckungsaussichten über den Sicherungsumfang der der Klägerin allein vorgehenden Hyopthek von 1921 hinaus gewähren würde. Eine Geltendmachung des Übergangs zum Nachteil des Gläubigers (§ 268 Abs. 3 S. 2 BGB.) kommt für die Hypothek von 1921 nicht in Betracht.

---

38. 1. Über notwendige Streitgenossenschaft zwischen der offenen Handelsgesellschaft und einem Gesellschafter.

2. Wie wirkt die Auflösung einer offenen Handelsgesellschaft, welche die Pacht einer Apotheke zum Gegenstand des Unternehmens hat, auf den Bestand des Pachtvertrags ein? Tritt durch die Auflösung die Liquidation ein?

Hgb. §§ 133, 145, 149 flg. ZPO. § 62.

VIII. Zivilsenat. Urt. v. 21. Januar 1929 i. S. Hofapotheke u. Gen. (Bekl.) w. Württ. Staat (Kl.). VIII 286/28.

I. Landgericht Stuttgart.
II. Oberlandesgericht daselbst.

Die Hofdomänenkammer, deren Rechtsnachfolger der Kläger ist, hatte im Jahr 1910 die frühere Hofapotheke, jetzige Schloßapotheke, in S. (Apothekenberechtigung samt Räumen und Zubehör), an den Teilhaber der Beklagten zu 1., Dr. F., bis zum 30. Dezember 1920 verpachtet. In den Jahren 1919/20 fand eine räumliche Erweiterung zur Angliederung einer homöopathischen Abteilung statt.

Am 11. Februar 1920 schloß der Kläger für die Zeit vom 1. Oktober 1920 bis zum 30. September 1935 einen Pachtvertrag über Apothekenberechtigung, Räume, Zubehör und Privatwohnung mit Dr. F. und Dr. L. „gemeinschaftlich". Dr. F. und Dr. L. vereinigten sich zu einer offenen Handelsgesellschaft zum Betriebe des Pachtunternehmens zunächst durch formlose Abmachung vom 1. Juli 1920, auf Grund deren am 5. Juli 1920 die Gesellschaft in das Handelsregister des Amtsgerichts eingetragen wurde. Am 15. Juni 1921 legten sie dann die Bedingungen des Gesellschaftsverhältnisses in einem schriftlichen Vertrag nieder, auf Grund dessen beide zusammen die Apotheke leiteten, und zwar Dr. F. die allopathische, Dr. L. die neu eingerichtete homöopathische Abteilung. Nach einigen Jahren des Zusammenarbeitens kam es zu Zwistigkeiten, die im Jahre 1926 zu Anzeigen des Dr. F. gegen Dr. L., später auch zu Bezichtigungen des Dr. L. gegen Dr. F. führten. Der Kläger nahm aus diesen Vorgängen Anlaß, das Pachtverhältnis beider Pächter zu kündigen. Dr. F. erkannte die Räumungspflicht für seine Person für den 30. Juni 1927 mit dem Beifügen an, daß er wegen Widerspruchs seines Teilhabers namens der offenen Handelsgesellschaft keine Erklärungen abgeben könne, obwohl dessen Verhalten hinreichenden Grund für die Kündigung abgäbe.

Inzwischen hatte im September 1926 Dr. F. gegen Dr. L. Klage gemäß § 142 HGB. auf Gestattung der Übernahme des Geschäfts erhoben; späterhin verfolgte er die Klage nur noch gemäß § 133 HGB. mit dem Ziel der Auflösung der Gesellschaft. Diesem Antrag entsprach das Landgericht; das Oberlandesgericht wies die

Berufung durch Urteil vom 13. März 1928 zurück. Im Laufe jenes Rechtsstreits hat am 27. Januar 1927 Dr. F. dem Dr. L. das Gesellschaftsverhältnis zum nächsten zulässigen Termin gekündigt. Über diesen Termin haben beide gestritten; sie sind aber einig, daß die Kündigung jedenfalls zum 31. März 1928 wirksam geworden ist.

Die jetzige, im Januar 1927 erhobene Klage gegen die offene Handelsgesellschaft und Dr. L. hat der Kläger mit allen diesen Vorgängen begründet; er hat Verurteilung beider Beklagten zur Räumung der Apothekenräume zunächst zum 30. September 1927, dann zum 31. März 1928 verlangt. Gegen das dem Antrag stattgebende Urteil des Landgerichts haben die Beklagten — und zwar die Beklagte zu 1 vertreten nur durch Dr. L. — am 16. März 1928 Berufung eingelegt und auf Abweisung der Klage angetragen. Ihre Berufung ist durch das angefochtene Urteil zurückgewiesen worden. Dagegen richtet sich die Revision der Beklagten, von denen die Beklagte zu 1 durch Dr. L. vertreten ist. Das Rechtsmittel hatte keinen Erfolg.

Gründe:

Nach den übereinstimmenden Erklärungen der Parteien, auf denen die Feststellung des Berufungsrichters beruht, ist durch die Kündigung des Gesellschafters Dr. F. vom 27. Januar 1927 gemäß § 2 des Gesellschaftsvertrags die beklagte offene Handelsgesellschaft seit dem 31. März 1928 beendet. Es kommt nicht darauf an, ob das auf die Klage des Dr. F. nach § 133 HGB. ergangene, die Auflösung der Gesellschaft erklärende Urteil des Oberlandesgerichts vom 13. März 1928 zur Zeit des hier angefochtenen Urteils schon Rechtskraft erlangt hatte. Denn wenn auch in der Rechtsprechung anerkannt ist, daß das Recht schaffende Urteil aus § 133 HGB. erst mit der Rechtskraft wirkt, so steht doch nichts dem entgegen, daß schon vorher aus einem anderen Grunde, dem der vertragsgerechten Kündigung, die Auflösung nach § 131 Nr. 6 HGB. eintritt.

Diese seit dem 1. April 1928 bestehende neue Rechtslage in den Verhältnissen der offenen Handelsgesellschaft ist im Lauf der Berufungsinstanz eingetreten und hat im Zeitpunkt der Revisionseinlegung fortgewirkt. Sie berührt, wenn als Folge der Auflösung die Liquidation der Gesellschaft eingetreten ist, die gesetzliche Vertretung der Gesellschaft, die im Berufungsverfahren auch nach dem 31. März 1928 und in der Revisionsinstanz durch den Beklagten

Dr. L. wahrgenommen wurde, während nach der Regel der § 146 Abs. 1, § 150 HGB. bis zur Bestellung eines Liquidators Gesamtvertretung hätte stattfinden sollen.

Ist indes mit der Rechtsprechung des Reichsgerichts (RGZ. Bd. 18 S. 383, Bd. 29 S. 408; Urteile vom 5. Oktober 1900 VII 148/00, vom 1. Dezember 1904 IV 249/04, vom 14. Dezember 1907 I 141/07) anzuerkennen, daß gegenüber einem den Vertretungsmangel nicht berücksichtigenden Urteil auch die bisherige, dem Gesetz nicht genügende Vertretung Rechtsmittel verfolgen darf, so würde an sich das so begründete Vertretungsrecht des Dr. L. für die offene Handelsgesellschaft auch mit der Folge gelten müssen, daß gegen die letztere das beantragte Versäumnisurteil auf Zurückweisung der Revision ergehen könnte, wenn der ihr von Dr. L. bestellte Prozeßbevollmächtigte nicht für sie auftritt. Dem Erlaß des Versäumnisurteils steht aber das zwischen beiden Beklagten bestehende Verhältnis der notwendigen Streitgenossenschaft entgegen, das gemäß § 62 ZPO. dazu führt, daß Dr. L. auch für die offene Handelsgesellschaft wirksam verhandelt hat. In der Rechtsprechung des Reichsgerichts (Urteile vom 28. November 1902 VII 295/02, vom 6. Februar 1925 III 899/23) steht fest, daß, sofern die Klage aus einer Gesellschaftsschuld gegen die offene Handelsgesellschaft und ihre Gesellschafter gerichtet wird, zwischen der Gesellschaft und den Gesellschaftern notwendige Streitgenossenschaft besteht, es sei denn, daß die Verteidigung der Streitgenossen auseinanderfällt.

Im vorliegenden Fall ist nun zwar nach der Klagedarstellung das Pachtverhältnis vom Kläger nicht mit der Gesellschaft, sondern mit den Gesellschaftern vor Gründung der Gesellschaft eingegangen worden; die Gesellschaft ist aber dann in das Pachtverhältnis eingetreten. Der Gewerbebetrieb der Gesellschafter, um dessen Fortsetzung oder Aufhören es sich im Räumungsstreit handelt, ist nur durch die Gesellschaft ausgeübt worden, sodaß ein eigenes Pachtverhältnis der Teilhaber von dem der Gesellschaft nicht mehr zu unterscheiden ist. Auch die Verteidigung der beiden Beklagten im Rechtsstreit läuft gleichmäßig darauf hinaus, den vom Kläger geltend gemachten Grund der Pachtbeendigung zu leugnen.

Danach ist auf Grund der Einlassung des Beklagten zu 2 Raum zur sachlichen Entscheidung der Revision beider Beklagten. Und zwar war dem Rechtsmittel der Erfolg zu versagen.

Der Berufungsrichter geht davon aus, daß der Zweck des Pachtvertrags vom 11. Februar 1920, auch vom Standpunkt des Klägers aus, der gemeinschaftliche Betrieb der Apotheke durch Dr. F. und Dr. L. gewesen sei. In diesem Sinne würdigt er auch, daß schon bei Abschluß des Pachtvertrags die Gründung der offenen Handelsgesellschaft ins Auge gefaßt worden sei. Die Revision behauptet zu Unrecht einen Widerspruch dieser Ausführung mit der späteren, daß die Rechtsform, unter der die beiden Teilhaber die Apothekenberechtigung ausübten, an sich ohne Bedeutung für das Vertragsinteresse des Klägers gewesen sei. Denn entscheidend ist nach der Auffassung des Berufungsrichters die gemeinschaftliche Führung des Betriebs. Die Erreichung dieses Vertragswillens ist aber nach den Ausführungen des Berufungsrichters unmöglich geworden, weil nach der Auflösung der offenen Handelsgesellschaft die Liquidation eingetreten und damit die Abwicklung des Apothekenbetriebs das alleinige Ziel eines dem Gesetz (§§ 149 flg. HGB.) entsprechenden Verhaltens der Teilhaber geworden sei. Sie dürften — sagt das Urteil — insbesondere neue Waren nicht mehr einkaufen; ein solcher Apothekenbetrieb nur zur Auseinandersetzung sei mit dem Vertragsinteresse des Klägers nicht verträglich.

Diese Erwägung ist nicht frei von Rechtsirrtum. Sie enthält eine Verwechslung der Liquidation der Gesellschaft mit der Liquidation des Unternehmens, das Gegenstand der Gesellschaft ist (Düringer-Hachenburg HGB. Vorbem. zu § 145 Anm. 1). Gemeinhin, insbesondere wenn es sich um ein eigenes Geschäft der Gesellschafter handelt, wird die Liquidation der Gesellschaft den Weg über die Liquidation des Unternehmens gehen. Das trifft aber gerade dann nicht zu, wenn das Vertragsrecht eines Dritten der Liquidation des Unternehmens (Geschäfts) entgegensteht, da in der Rechtsprechung anerkannt (auch vom Berufungsrichter nicht in Zweifel gezogen) ist, daß Vertragsrechte Dritter durch die Liquidation grundsätzlich nicht berührt werden. So hat das Reichsgericht die Liquidationsgesellschaft für verpflichtet erklärt, weit ausschauende Versicherungsverträge (RGZ. Bd. 5 S. 7) und langfristige Anstellungsverträge (RGZ. Bd. 24 S. 70) auszuhalten. Das Vorherrschen der Vertragspflicht gegenüber den Liquidationsinteressen der Teilhaber wird gerade bei Nutzungsverhältnissen wie dem vorliegenden sich geltend machen müssen. Ein Betrieb zur

Abwicklung des Unternehmens selbst, auch wenn er nicht das Angreifen der Substanz ins Auge faßt, sondern nur die Stillegung, ist bei einem Handelsgeschäft nicht weniger als etwa bei einem Landgut eine offene vertragswidrige Schädigung des Pachtgegenstands. Die Liquidation der Gesellschaft, die ohne Vertragsverletzung vor sich gehen soll, muß in solchen Fällen entweder aufgeschoben werden oder andere Formen als die gesetzlich regelmäßigen suchen.

Von dem so vorliegenden Rechtsirrtum ist aber das Ergebnis des Berufungsurteils nicht entscheidend beeinflußt. Der Berufungsrichter gründet seine Stellungnahme nicht nur auf seine Auffassung vom Eintritt und Gang der Liquidation, sondern geht grundlegend davon aus, daß der Zweck des Pachtvertrags der Betrieb der Apotheke durch beide Teilhaber gemeinsam gewesen und daß dieser Vertragszweck schon durch die Auflösung der Gesellschaft hinfällig geworden sei.

Wenn auch nach dem oben Gesagten die Folgerung aus der Gesellschaftsauflösung unter möglichster Schonung der Vertragsrechte Dritter gezogen werden muß, so kann doch nach den besonderen Zwecken des mit einer Gesellschaft geschlossenen Vertrags sein Fortbestand mit der Auflösung der Gesellschaft unverträglich sein. Ob das zutrifft, ist Sache der Vertragsauslegung (Staub-Pinner § 145 HGB. Anm. 4).

Wenn der Berufungsrichter im vorliegenden Fall bei Verpachtung der — als Musteranstalt zu führenden — Schloßapotheke durch den Staat den Vertrag dahin auffaßt, daß es dem Kläger auf die dauernd gemeinsame Führung der Apotheke gerade durch Dr. F. und Dr. L. angekommen sei, so ist das eine aus der Anschauung des Einzelfalls entnommene tatsächliche und der Revisionsrüge entzogene Auffassung. Von diesem Standpunkt aus ist es denn auch nicht rechtsirrtümlich, den für die Vertragsbeendigung entscheidenden Zeitpunkt schon in dem Augenblick zu sehen, wo durch die Beendigung des Gesellschaftsverhältnisses das Aufhören der gemeinsamen Arbeit der Teilhaber für die Folge feststand, mochte auch der oder jener Weg der Abwicklung die bisherigen Gesellschafter nötigen, noch einige Zeit ihre Zusammenarbeit gerade zum Zwecke (vertragstreuer) Abwicklung fortzusetzen. In diesem Sinne sind die Ausführungen des Berufungsurteils zu verstehen, insbesondere auch soweit sie den Parteiwillen, die

Pacht mit der Auflösung der Gesellschaft aufhören zu lassen, aus der Bestimmung des § 12 Abs. 2 des Pachtvertrags entnehmen. Und in diesem Sinne sind sie von Rechtsirrtum frei.

---

39. 1. Unterliegt eine Urkunde über vertragliche Herabsetzung eines Pacht- oder Mietzinses dem Stempel der Tarifstellen 10, 18 Ziffer 1 Abs. 2 des preußischen Stempelsteuergesetzes?

2. Ist die in § 23 der preußischen Jagdordnung vorgeschriebene Auslegung des Jagdpachtvertrags auch auf nachträgliche Vereinbarungen über Erhöhung oder Herabsetzung des Pachtpreises zu erstrecken?

Preuß. Stempelsteuergesetz in der Fassung vom 27. Oktober 1924, Tarifstellen 10, 18. Preuß. Jagdordnung vom 15. Juli 1907 §§ 23, 24.

VII. Zivilsenat. Urt. v. 22. Januar 1929 i. S. B. (Kl.) w. Preuß. Staat (Bekl.) VII 367/28.

I. Landgericht Kassel.
II. Oberlandesgericht daselbst.

Der Kläger hat mit dem Jagdvorsteher der Gemeinde B. am 12. März 1924 einen schriftlichen Jagdpachtvertrag auf die Zeit vom 1. April 1924 bis zum 31. März 1933 geschlossen. Der Pachtzins war ursprünglich auf 3300 Billionen Papiermark jährlich vereinbart. Am 5. Mai 1926 kamen jedoch die Vertragsparteien schriftlich überein, daß der Pachtzins für die Zeit vom 1. April 1926 bis zum 31. März 1933 nur 2000 RM. jährlich betragen sollte. Der ursprüngliche Vertrag wurde mit 373,50 Billionen Papiermark verstempelt. Für den späteren Vertrag, dessen öffentliche Auslegung nach § 23 der preuß. Jagdordnung vom 15. Juli 1907 unterblieben ist, erhob das Finanzamt einen weiteren Stempel von 280 RM. und für eine Nebenausfertigung eine Stempelgebühr von 3 RM. Die Beschwerde hiergegen wurde in den Verwaltungsinstanzen zurückgewiesen.

Der Kläger fordert jetzt die gezahlten 283 RM. zurück. Er behauptet, daß für die Abänderung des ersten Vertrags kein Stempel zu entrichten gewesen sei, und hält die Rückforderung auch deshalb für gerechtfertigt, weil die Vereinbarung über die Herabsetzung des

Pachtzinses mangels der öffentlichen Auslegung nichtig gewesen sei. Das Landgericht gab der Klage statt, das Oberlandesgericht wies sie ab. Die Revision des Klägers führte zur Aufhebung des Berufungsurteils und zur Verurteilung des Beklagten in Höhe von 277 RM. mit 4% Zinsen seit der Klagezustellung.

Gründe:

Auf eine Nichtigkeit des Vertrags vom 5. Mai 1926 — gleichviel ob sie sich schon aus dem Inhalt der Urkunde ergeben und dadurch die Stempelpflicht ohne weiteres entfallen würde, oder ob sie nur einen Erstattungsanspruch aus § 25 Z. 1c des preuß. Stempelsteuergesetzes begründen würde (RGZ. Bd. 105 S. 293) — kann sich die Revision nicht berufen. Denn Vereinbarungen über Erhöhung und Herabsetzung des Pachtzinses fallen nicht unter § 23 der preuß. Jagdordnung vom 15. Juli 1907 und werden deshalb auch nicht von der Vorschrift des § 24 das. betroffen. Vielmehr beziehen sich die genannten Bestimmungen nur auf ganze Pachtverträge (vgl. Bauer Preuß. Jagdordnung zu § 24 S. 195).

Aber die Revision rügt mit Recht Verletzung des preuß. Stempelsteuergesetzes, Tarifstellen 10, 18 Z. 1 Abs. 2. Um den Stempel nach diesen Tarifstellen zu erheben, genügte es nicht schon, daß sich die Vereinbarung vom 5. Mai 1926 als neuer Vertrag darstellt, sondern es mußte darin ein neuer Jagdpachtvertrag enthalten sein. Denn nur für die Beurkundung eines solchen gilt die Tarifstelle 10. Das übersieht der Erlaß des preuß. Finanzministers vom 9. Januar 1926 (Preuß. FinMinBl. vom 30. Januar 1926), wenn er erklärt, daß ein über die Änderung des Pacht- und Mietzinses abgeschlossener Nachtragsvertrag zu einem vor dem 1. November 1924 errichteten Pacht- oder Mietvertrag als selbständiger neuer Vertrag unter die Vorschrift der Tarifstelle 10 des preuß. Stempelsteuergesetzes falle. Ein neuer Pachtvertrag würde in Frage kommen, wenn das Abkommen vom 5. Mai 1926 den früheren Pachtvertrag aufgehoben hätte. Eine solche Aufhebung eines früheren Vertrags setzt auch die Tarifstelle 18 Z. 1 Abs. 2 voraus; denn sie macht die Stempelerhebung nach einer anderen Vorschrift des Tarifs davon abhängig, daß die Vereinbarung über Aufhebung oder Beseitigung des früheren Vertrags sich als eine im Tarif besonders aufgeführte Verhandlung erweist. Es muß in letzterer also eine Aufhebung des früheren Vertrags liegen und umgekehrt mit dieser der Tatbestand eines anderen im Tarif besonders aufgeführten Vertrags verbunden sein. Das Abkommen vom 5. Mai 1926 enthält jedoch keine Aufhebung des Jagdpachtvertrags vom 12. März 1924. Es ändert diesen Vertrag nur hinsichtlich der Höhe des Pachtzinses ab. Eine solche Abänderung ist aber keine Vertragsaufhebung, auch wenn sie einen so wesentlichen Punkt wie die Höhe des Pachtzinses betrifft (vgl. auch RGZ. Bd. 119 S. 117).

Daraus folgt aber nur, daß das Abkommen vom 5. Mai 1926 keine Vereinbarung im Sinne der Tarifstelle 18 Z. 1 Abs. 2 darstellt. Trotzdem war seine Beurkundung stempelpflichtig, weil die vereinbarte Änderung des ursprünglichen Pachtvertrags ein besonderes Rechtsgeschäft war, das eine weitere Stempelpflicht begründete. Wie dieser Stempel im Falle der Erhöhung des Pachtzinses zu berechnen wäre, bedarf keiner Entscheidung, da jetzt eine Herabsetzung in Frage kommt. Für ihre Vereinbarung beträgt der Stempel nach Tarifstelle 18 Z. 2 Abs. 1 drei Reichsmark. Um diesen Betrag wie auch um den Stempel für die Nebenausfertigung geht der Klaganspruch zu weit. Auch die Zinsen sind vom Landgericht mit 8% dem Kläger zu hoch zugebilligt. Sie betragen gesetzlich nur 4%, da ein den höheren Zinssatz rechtfertigender Schaden nicht nachgewiesen ist.

---

40. 1. Über schuldhaftes Verhalten des Versicherungsnehmers als Voraussetzung für den Anspruch des Versicherers auf Nachzahlung von Prämien für Versendungen, die unter die laufende Versicherung fallen, aber nicht deklariert worden sind.

2. Zur Frage der Verwirkung eines derartigen Anspruchs des Versicherers.

ADS. § 97 Abs. 6. BGB. § 242.

I. Zivilsenat. Urt. v. 23. Januar 1929 i. S. H.sche M. AG. (Bekl.) w. W.sche Transport-Vers.-Gesellschaft (Kl.) I 289/28.

I. Landgericht Hannover, Kammer für Handelssachen.
II. Oberlandesgericht Celle.

Auf Grund einer Generalpolize versicherte die Beklagte bei der Klägerin ihre sämtlichen Versendungen „von zusammengebauten und zerlegten Lokomotiven, Maschinen, Maschinenteilen, Lokomobilen, Dampfkesseln, Motoren, Motorpflügen, Kraftwagen und sonstigen im Geschäft der versicherten Firma vorkommenden Waren und Rohstoffen verpackt oder unverpackt". Der Vertrag wurde durch mehrere Nachträge ergänzt. Er war zunächst auf ein Jahr, für die Zeit vom 22. Juli 1920 bis zum 22. Juli 1921, geschlossen, wurde dann aber stillschweigend von Jahr zu Jahr verlängert, bis er am 1. Juli 1927 auf Grund gehöriger Kündigung ablief. Während der Dauer dieses Vertrags versicherte die Beklagte in vielen Fällen ihre Versendungen bei anderen Versicherungsgesellschaften in fremder Währung. Die Klägerin beansprucht nunmehr auch für diese Versendungen unter Berufung auf Art. 1 der „Besonderen Bedingungen" die polizenmäßig zu berechnenden Versicherungsprämien. Demgemäß hat sie geklagt 1. auf Auskunftserteilung und Rechnungslegung über sämtliche im Jahre 1922 beendeten und in der Folgezeit bis zum 30. Juni 1927 begonnenen, im Betriebe der Beklagten vorgekommenen Versendungen und zwar nach Zeit, nach dem Wert der versendeten Güter, nach Bestimmungsort und Beförderungsweg; 2. auf Feststellung, daß die Beklagte verpflichtet ist, ihr für diese Versendungen die Versicherungsprämie nach Tarif zu zahlen. Die Instanzgerichte haben der Klage stattgegeben. Die Revision der Beklagten führte zur Aufhebung und Zurückverweisung.

Gründe:

Es handelt sich um eine sogenannte laufende Versicherung. Im Berufungsurteil heißt es, daß nach dem Inhalt des Versicherungsvertrags „die Beklagte sämtliche Transporte ihrer Waren und Rohstoffe bei der Klägerin zu versichern hatte". Damit ist gemeint, daß während der in der Polize angegebenen und späterhin verlängerten Versicherungszeit sämtliche Versendungen von Waren und Rohstoffen der Beklagten in der in der Polize und ihren Anhängen vorgesehenen Weise von der laufenden Versicherung umfaßt wurden und daß demgemäß die Beklagte laut Art. 1 der „Besonderen Bedingungen" diese sämtlichen Versendungen beim Abgang der Sendung in das Versicherungs-Journal eintragen und der Klägerin oder ihrem Vertreter wöchentlich oder sofort anmelden (deklarieren) mußte. Das Berufungsgericht hat ferner ausgeführt, daß nach dem — auf Papiermark-Grundlage abgeschlossenen — Versicherungsvertrag die Beklagte nicht berechtigt gewesen sei, anderwärts Devisenversicherungen wegen ihrer Versendungen einzugehen, zumal da der Versicherungsvertrag durch eine Vereinbarung vom 31. August/5. September 1923 auf eine wertbeständige Grundlage gestellt worden sei und die Beklagte daraufhin wiederholt auf die laufende Polize „in den verschiedensten Währungen deklariert" habe. Diese Ausführungen des Berufungsgerichts sind frei von Rechtsirrtum und werden auch von der Revision nicht beanstandet.

Die Klägerin beruft sich zur Begründung ihrer Ansprüche darauf, daß während der maßgeblichen Zeit in zahlreichen Fällen die Beklagte die ihr nach den „Besonderen Bedingungen" Art. 1 Satz 1 obliegenden Verpflichtungen nicht erfüllt habe und daß nach Satz 2 ebenda in allen diesen Fällen die Beklagte die Prämien nachzuzahlen habe.

Nun ist aber folgendes zu beachten:

1. der Satz 2 in Art. 1 der „Besonderen Bedingungen" lautet:

„Nichtbefolgung dieser Bestimmungen (d. h. betr. Eintragung und Anmeldung der Versendungen) entbindet die Versicherungsgesellschaft von ihren Verpflichtungen aus dieser Polize, die Prämie bleibt jedoch verfallen."

Das bedeutet aber nicht: es genügt schon die bloße Tatsache dieser „Nichtbefolgung". Dem steht sowohl die für Auslegung laufender Polizen geltende Rechtsauffassung entgegen als auch die Vorschrift in Art. 16 der „Besonderen Bedingungen":

„. . . wird hierdurch bestimmt, daß es die Gültigkeit der Versicherung nicht beeinträchtigen soll, wenn seitens der versicherten Firma Irrtümer bei der Versicherungsanmeldung vorkommen oder Anmeldungen aus Versehen ganz unterblieben sind . . ."

Die Nichtbefolgung der Bestimmungen in Art. 1 Satz 1 der „Besonderen Bedingungen" muß also auf einem Verschulden des Versicherungsnehmers oder seiner Erfüllungsgehilfen beruhen, wenn daraus für die Klägerin als Versicherer Rechte nach Satz 2 erwachsen sollen.

2. Die Stelle in den „Besonderen Bedingungen" Art. 1 Satz 2:

„. . . entbindet die Versicherungsgesellschaft von ihren Verpflichtungen aus dieser Polize . . ."

bedeutet:

a) Die Gesellschaft braucht für die einzelne nicht gehörig eingetragene und angemeldete Versendung keine Versicherungsdeckung zu leisten (Befreiung für die Vergangenheit);

b) Die Gesellschaft ist überhaupt von ihren Verpflichtungen aus der Polize (laufenden Versicherung) befreit (Befreiung für die Zukunft). Vgl. auch Sieveking, Seeversicherungsrecht § 817 Anm. 7; § 64 Abs. 2 S. 1 ASVB. 1867; § 97 Nr. 6 ADS. 1919).

3. Ähnliche oder gleichlautende Vorschriften zugunsten des Versicherers sind bei der laufenden Güter-Versicherung allgemein üblich. Bei laufender Polize sind die Güter unabhängig von der Eintragung und Anzeige (Deklaration) der einzelnen Versendung durch die Versicherung gedeckt, und zwar im vorliegenden Fall, sobald gemäß den „Allgemeinen Bedingungen" die von den Versicherern übernommene Gefahr begonnen hat. Eintragung und Anzeige der einzelnen Versendung werden regelmäßig erst nach dem so erfolgten Beginn der Versicherungsdeckung der Versendung in Frage kommen, manchmal erst dann, wenn der Versicherungsnehmer bereits über den Verlauf der ganzen Versicherungsreise oder eines Teiles unterrichtet ist. Dann besteht aber die Gefahr, daß der Versicherungsnehmer nur einen Teil der Versicherungsreise oder nur die schlecht verlaufenden oder besonders gefährdeten Versendungen einträgt und anzeigt und so zum Schaden des Versicherers an den nach der jemaligen Versicherungsreise zu berechnenden Prämien spart. Dem soll durch die Verpflichtung des Versicherungsnehmers zur alsbaldigen Eintragung und Anmeldung jeder Versendung („nach Abgang, wöchentlich, sofort") und durch die Folgen der Nichterfüllung dieser Pflicht möglichst begegnet werden.

4. Der Berufungsrichter hat festgestellt, daß die Beklagte objektiv gegen die ihr nach Art. 1 Satz 1 der „Besonderen Bedingungen" obliegenden Verpflichtungen verstoßen hat. Er hat aber keine Stellung zu der Frage genommen, ob dies schuldhaft, insbesondere fahrlässig geschehen ist.[1]) Die Beklagte beruft sich darauf, daß es sich zunächst um eine Papiermarkversicherung gehandelt und daß sie sich damals für berechtigt gehalten habe, zur gehörigen Deckung ihres Risikos anderwärts Devisenversicherungen abzuschließen. Ob und inwieweit das letztere zutrifft, kann hier dahingestellt bleiben. Denn jedenfalls rechtfertigen die bisherigen Feststellungen des Berufungsgerichts die Annahme, daß die Beklagte sämtliche Versendungen, die sie nicht gemäß Art. 1 Satz 1 der „Besonderen Bedingungen" einge-

[1]) Zu vgl. oben Nr. 4 dieses Bandes S. 10. D. R.

tragen und angemeldet hat, anderweit unter Versicherung gebracht hat. Dann liegt es aber nicht so, daß die Beklagte die gehörige Eintragung und Anzeige der Versendungen unterlassen hat, um auf diese Weise der Klägerin das Versendungsrisiko aufzubürden, selber aber an der Zahlung entsprechender Prämien zu sparen.

5. Das Berufungsgericht hat unterstellt, die Klägerin habe darum gewußt, daß die Beklagte unter Außerachtlassung ihrer Verpflichtungen aus der Polize in erheblichem Maße bei anderen Gesellschaften Versicherungen abgeschlossen hat. Diese Unterstellung bezieht sich bei ihrer allgemeinen Fassung auf die ganze streitige Zeit von 1922 bis 1. Juli 1927, wenn nicht gar auf die ganze auf dem Abschluß der Generalpolize vom 31. Juli 1920 beruhende Vertragszeit. Wenn aber die Klägerin das oben erwähnte Verhalten der Beklagten kannte und um deswillen von ihren Rechten nach Art. 1 Satz 2 der „Besonderen Bedingungen" Gebrauch machen wollte, so durfte sie die Beklagte nicht Jahre lang hierüber im unklaren lassen. Dies um so weniger, als die Beklagte nach der Polize berechtigt war, den Versicherungsvertrag zum Ablauf eines jeden am 22. Juli endigenden Versicherungsjahrs unter Einhaltung einer dreimonatigen Frist zu kündigen. Das Berufungsgericht ist zwar der Auffassung, es sei von der Klägerin durchaus kaufmännisch gedacht gewesen, wenn sie trotz Kenntnis des Vertragsbruches der Beklagten zunächst geschwiegen habe, um aus dem Vertrage doch wenigstens gewisse Vorteile zu ziehen. Diese Beurteilung wird jedoch der Sachlage schon um deswillen nicht gerecht, weil die Klägerin jetzt nicht „gewisse", sondern alle Vorteile aus dem Vertrag ohne volle Gegenleistung ziehen will. Der Berufungsrichter erwägt weiter, es wäre von der Klägerin unklug gewesen, sofort ihre Rechte entschieden geltend zu machen, weil sie sich damit einer Kündigung des Vertrags ausgesetzt hätte. Aber damit verkennt er, daß die Klägerin nach den Grundsätzen von Treu und Glauben im Verkehr nicht um eigener Vorteile willen die Ausübung des vertragsmäßigen Kündigungsrechts der Beklagten hintertreiben durfte. Das vom Berufungsgericht unterstellte Verhalten der Klägerin würde darauf hinweisen, daß sie gemäß § 242 BGB. ihre aus Art. 1 Satz 2 der „Besonderen Bedingungen" hergeleiteten Rechte auf Prämienzahlung verwirkt hat.

41. Verursachung eines Schadens durch mehrere Kraftfahrzeuge.

Kraftfahrzeuggesetz § 17.

VI. Zivilsenat. Urt. v. 24. Januar 1929 i. S. B. u. Gen. (Bekl.) w. N. (Kl.). VI 247 u. 477/28.

I. Landgericht Elberfeld.
II. Oberlandesgericht Düsseldorf.

Der Kläger fuhr am 8. August 1925 nachmittags auf einem Motorrad auf der Landstraße von M. nach E. Auf der stark ansteigenden Straße begegnete ihm der Lastkraftwagen der Beklagten zu 2, der vom Beklagten zu 1 gelenkt wurde; er stieß mit diesem Wagen zusammen und erlitt schwere Verletzungen. Der Beklagte zu 1 wurde aus Anlaß dieses Zusammenstoßes wegen fahrlässiger Körperverletzung zu einer Geldstrafe verurteilt. Der Kläger nimmt die Beklagten auf Ersatz des ihm durch den Unfall entstandenen Schadens auf Grund des Kraftfahrzeuggesetzes und aus unerlaubter Handlung in Anspruch. Er verlangt Zahlung von 4000 RM., eine vierteljährliche Rente von 300 RM. und Ersatz allen weiteren Schadens, der ihm durch den Unfall entstanden ist und noch entstehen wird.

Das Landgericht erklärte die beiden ersten Ansprüche dem Grunde nach für gerechtfertigt. Die Berufungen der beiden Beklagten wurden durch Urteile vom 5. März und 11. Juni 1928 zurückgewiesen, und zwar die Berufung der Beklagten zu 2 mit der Maßgabe, daß die Ansprüche nur im Rahmen des Kraftfahrzeuggesetzes berechtigt seien. Die Revisionen der beiden Beklagten blieben erfolglos.

Aus den Gründen:

... Die Revision rügt ferner, daß das Berufungsgericht die §§ 17 und 18 KFG. nicht angewendet habe, obwohl der Kläger selbst Halter und Führer eines Kraftfahrzeugs gewesen sei. Das Berufungsgericht hat im ersten Urteil, das den Beklagten zu 1 betrifft, den § 17 nicht erwähnt; im zweiten Urteil führt es aus, daß § 17 nicht in Frage komme, weil die Betriebsgefahr des Kraftrades nicht ursächlich für den Zusammenstoß gewesen sei. Der § 17 KFG. regelt im Abs. 1 zwei Fälle; beiden ist gemeinsam, daß ein Schaden durch mehrere Kraftfahrzeuge verursacht wird. Sie unterscheiden sich dadurch, daß im ersten Falle die beteiligten

Fahrzeughalter einem Dritten kraft Gesetzes zum Ersatze des Schadens verpflichtet sind, im anderen Falle der Schaden einem der beteiligten Fahrzeughalter entstanden ist; dann soll von der Haftpflicht, die für einen von ihnen eintritt, das gleiche gelten, was für den ersten Fall verordnet ist. Und diese Regelung geht dahin, daß an die Stelle des allgemeinen Maßstabes der Kopfteile (§ 426 Abs. 1 Satz 1 BGB.) derjenige gesetzt wird, der aus den Umständen des einzelnen Falles zu entnehmen und insbesondere nach der Verursachung durch die Betriebsgefahren und nach ihrer etwaigen Erhöhung durch ein Verschulden der beteiligten Betriebspersonen zu bestimmen ist (RGZ. Bd. 92 S. 146, 147, Bd. 84 S. 433, Bd. 114 S. 76). Das Berufungsgericht stellt die Nichtanwendung des § 17 darauf ab, daß die Betriebsgefahr des Kraftrades nicht die Ursache des Zusammenstoßes sei. Es mag sein, daß die Ausdrucksweise des Gesetzes insoweit ungenau ist, als sie von der Verursachung eines Schadens durch mehrere Kraftfahrzeuge spricht, und daß es richtig heißen müßte „beim Betrieb mehrerer Kraftfahrzeuge" (vgl. Eger KFG. Bem. 126; Müller KFG. 1928 S. 364). Ob der Unfall im Falle ihres Zusammenstoßes durch die Betriebsgefahren beider Kraftfahrzeuge verursacht wird oder nur durch die Betriebsgefahr des einen, ist wesentlich Sache der tatsächlichen Beurteilung. Wenn das Berufungsgericht angenommen hat, daß durch die Betriebsgefahr des Kraftrades keine Bedingung des Zusammenstoßes gesetzt worden ist, so ist das nicht rechtsirrig. Allein selbst wenn man annimmt, daß der Unfall auch durch die Betriebsgefahr des Kraftrades verursacht ist, führt ein anderer Grund zur Nichtanwendung des § 17 KFG. Es handelt sich, wie sich aus dem ersten Satz des Abs. 1 ergibt, um eine Ausgleichspflicht, die das Vorhandensein von Schadensersatzpflichten auf beiden Seiten voraussetzt; die Ausgleichspflicht ist eine Wirkung der Schadensersatzpflicht (vgl. RGZ. Bd. 84 S. 431). Nach Satz 2 des Abs. 1 soll das gleiche gelten, wenn es sich um das Verhältnis von zwei Fahrzeughaltern handelt, deren einer den Schaden erlitten hat. Die Ausgleichspflicht kommt nur dann in Betracht, wenn der verletzte Kraftfahrzeughalter, falls er nicht sich selbst, sondern einen anderen verletzt hätte, kraft Gesetzes diesem schadensersatzpflichtig geworden wäre. Würde er ohne Schadensersatzpflicht zur Ausgleichung herangezogen, so würde das die Auferlegung einer Ersatzpflicht bedeuten, für die das Gesetz keinen Anhalt bietet (RGZ. Bd. 96 S. 70, Bd. 90 S. 295; Müller KFG. 1928 S. 371). Nun ist aber nach den Feststellungen des Berufungsgerichts anzunehmen, daß der Zusammenstoß der Fahrzeuge für den Kläger ein unabwendbares Ereignis im Sinne des § 7 Abs. 2 KFG. darstellt; eine Schadensersatzpflicht auf seiner Seite ist weder aus dem Kraftfahrzeuggesetz noch aus einer anderen Gesetzesbestimmung zu entnehmen.

---

42. Wie gestaltet sich das Verfahren, wenn der Gläubiger einer gelöschten Hypothek Aufwertung kraft Rückwirkung verlangt und der Schuldner, der das Grundstück inzwischen lastenfrei veräußert hat, für sich die Härteklausel geltend machen kann, aber gegen den Erwerber des Grundstücks einen Ausgleichsanspruch erheben will?

AufwG. § 15. BGB. § 242.

IV. Zivilsenat. Urt. v. 24. Januar 1929 i. S. U. (Bekl.) w. G. (Kl.). IV 357/28.

I. Landgericht Bonn.
II. Oberlandesgericht Köln.

Der verstorbene Vater der Klägerin H. G. war Eigentümer eines Hauses in Bonn, auf dem eine vor dem Jahre 1918 begründete Darlehenshypothek von 20000 M. für E. und W. B. ruhte. Die Hypothek wurde im Januar 1923 zurückgezahlt und im März gleichen Jahres gelöscht. Am 23. Juni 1923 verkaufte H. G. das Haus lastenfrei für 75000 M. an den Beklagten; der Kaufpreis wurde bezahlt. Die Gläubiger der Hypothek verlangen nunmehr von den Erben des H. G., der Klägerin und ihrer Schwester, die Aufwertung der persönlichen Forderung kraft Rückwirkung, und zwar in Höhe von 5000 RM. Die Aufwertungsstelle hat das Verfahren ausgesetzt. Die Klägerin erhob daraufhin Klage mit dem Antrag, den Beklagten zur Zahlung von 5000 RM. an sie und ihre Schwester zu verurteilen. Das Landgericht hat der Klage — unter Abzug des Goldwerts der zurückgezahlten Hypothek — stattgegeben und dementsprechend den Beklagten zur Zahlung von 4996,26 RM.

verurteilt. Dieser hat Berufung eingelegt und Abweisung der Klage beantragt. Die Klägerin hat beantragt, die Berufung zurückzuweisen, hilfsweise: den Beklagten zu verurteilen, daß er sie und ihre Schwester von den Aufwertungsansprüchen der Gläubiger aus der Hypothek freistelle. Das Berufungsgericht hat im Sinne dieses Hilfsantrags erkannt. Die Revision des Beklagten hatte keinen Erfolg.

Gründe:

Der Beklagte bestreitet, daß die Klägerin wegen der gegen sie erhobenen Aufwertungsansprüche einen Ausgleichsanspruch gegen ihn geltend machen könne; denn sie sei den früheren Hypothekengläubigern gegenüber gar nicht zur Aufwertung verpflichtet, sondern könne bei ihrer völligen Mittellosigkeit die Ansprüche dieser Gläubiger ohne weiteres durch Berufung auf die Härteklausel des § 15 AufwG. abwehren.

Die Frage, wie es zu halten ist, wenn jemand gutgläubig ein Grundstück lastenfrei erworben hat, das früher mit einer — nunmehr kraft Rückwirkung aufzuwertenden — Hypothek belastet war, ist im Gesetz nicht geregelt; man hat sie absichtlich der Rechtsprechung überlassen, vgl. Mügel Anm. 21, 22 zu § 6, Anm. 10 zu § 15 AufwG. und die dort wiedergegebene Entstehungsgeschichte. Ein grundlegendes Urteil, in dem für solchen Fall ein Ausgleichsanspruch des Veräußerers gegen den Erwerber des Grundstücks anerkannt wurde, hat der V. Zivilsenat des Reichsgerichts am 10. Februar 1926 (RGZ. Bd. 112 S. 329) erlassen; es sind seitdem noch weitere Entscheidungen ergangen, so RGZ. Bd. 119 S. 133, Bd. 120 S. 292, Bd. 121 S. 330, die auch im Schrifttum keinen grundsätzlichen Widerspruch erfahren haben. Schwierigkeiten hat aber namentlich die Frage bereitet, in welchem Verhältnis zueinander die beiden Ansprüche — der Aufwertungsanspruch des früheren Hypothekgläubigers gegen den früheren Grundstückseigentümer und der Ausgleichsanspruch des letzteren gegen den Grundstückserwerber — stehen und in welcher Reihenfolge sie verfahrensrechtlich zu behandeln sind: ob zuerst die Aufwertungsstelle den ersteren oder das Prozeßgericht den letzteren Anspruch festzustellen hat. Zuletzt hat sich über die Frage der V. Zivilsenat in RGZ. Bd. 121 S. 330 dahin ausgesprochen, daß es Sache der Zweckmäßigkeit sei, welche Behörde sich zuerst zu einer Entscheidung entschließe, auf die Gefahr hin, daß die andere Stelle einen abweichenden Standpunkt einnehme.

Der jetzt erkennende Senat schließt sich dieser Rechtsanschauung an. Die Entscheidung des Berufungsgericht liegt ganz in der Richtung des Beschlusses RGZ. Bd. 121 S. 330. Wäre danach das Berufungsgericht nicht gehindert gewesen, eine Entscheidung dem Betrage nach zu erlassen auf die Gefahr hin, daß die Aufwertungsstelle über den Betrag anders entscheide, so war es noch weniger gehindert, eine Entscheidung zu erlassen, welche die Ausgleichspflicht des Beklagten nur grundsätzlich feststellt und die Festsetzung des Betrags der Aufwertungsstelle überläßt. Der Streitfall weist eine Besonderheit auf, die gerade hier das eingeschlagene Verfahren als unbedenklich erscheinen läßt. Das Berufungsgericht stellt fest, daß die Klägerin vermögenslos ist und daß danach ihr selbst mit Rücksicht auf § 15 AufwG. keinerlei Aufwertung, also auch keine Zuzahlung zu dem vom Beklagten zu leistenden Betrag, anzusinnen ist. Auf der anderen Seite geht das Berufungsgericht erkennbar von der Annahme aus, daß der Beklagte nach dem für ihn günstigen Ergebnis des fraglichen Grundstückskaufs in der Lage sei, den ganzen Betrag, um den es sich höchstenfalls bei der Aufwertung handeln könne, nämlich 25% von den 20000 M. der Hypothek — abzüglich des geringfügigen Goldwerts der Rückzahlung — zu leisten, und daß ihm das nach den obwaltenden Umständen auch zuzumuten sei. Durch diese Eigenart des Falles werden hier Einschränkungen von der Art, wie sie Abraham in JW. 1928 S. 886 für erforderlich erachtet, entbehrlich gemacht; es bedarf weder einer Einschränkung des Umfangs, in dem die Klägerin von ihrer Aufwertungspflicht zu befreien ist, noch einer Begrenzung des Betrags, den der Beklagte leisten soll.

Das vom Berufungsgericht eingeschlagene Verfahren entspricht auch sonst dem, was im Schrifttum als erforderlich angesehen wird, um aus den durch das Ineinandergreifen des Aufwertungs- und des Ausgleichsanspruchs verursachten Schwierigkeiten herauszukommen (vgl. v. d. Trenck in JW. 1928 S. 2846 Sp. 2; Leibholz in JRsch. 1929 S. 7; Zülzer in der Deutschen Steuerzeitung 1928 Sp. 957).

Die Revision beanstandet den Satz des Berufungsurteils, daß über das Maß der Ausgleichung hier nicht entschieden zu werden brauche, weil die Entscheidung nach dieser Richtung der Aufwertungsstelle obliege. Es ist ihr zuzugeben, daß die Aufwertungsstelle nicht über das Maß der Ausgleichung zu befinden hat, sondern über das der Aufwertung. Aber sofern hier nicht überhaupt ein Schreibfehler des Berufungsurteils vorliegt, kann es sich nur um ein Vergreifen im Ausdruck handeln. Was das Gericht sagen will, ist klar: die Aufwertungsstelle hat über die Aufwertung zu entscheiden und daraus ergibt sich von selbst die Höhe der Ausgleichung.

Nicht zu beanstanden ist, daß die Klägerin den Ausgleichsanspruch zugleich namens ihrer Schwester geltend gemacht hat, da die Schwestern miteinander Erben des Grundstücksverkäufers sind (§ 2039 BGB.). Was die Wirkung der Härteklausel anlangt, so geht das Berufungsgericht erkennbar von der Annahme aus, daß sich beide Schwestern in gleich dürftigen Verhältnissen befinden.

---

43. Welche Rechtsfolge tritt ein, wenn die Eintragung einer Verkehrshypothek bewilligt, aber versehentlich eine Sicherungshypothek eingetragen worden ist?

BGB. §§ 1113, 1184.

V. Zivilsenat. Beschl. v. 24. Januar 1929 i. S. P. (Antragsteller) w. K. (Schuldnerin). V B 41/28.

I. Aufwertungsstelle beim AG. Michelstadt.
II. Landgericht Darmstadt.

Der Antragsteller ist seit 1907 eingetragener Gläubiger einer „Sicherungshypothek für eine Kaufgeldforderung" von ursprünglich 110000 M. und betreibt ihre Aufwertung in Höhe von noch 100000 M. Er hat für die persönliche Forderung rechtzeitig Abweichung vom normalen Höchstsatz beantragt und unter Berufung auf § 10 Abs. 1 Nr. 6 AufwG. ihre Aufwertung auf 100% verlangt. Das Landgericht hat erkannt, daß ein näher bezeichneter Teilbetrag der Forderung auf nur 25%, der Rest aber frei und ohne gesetzliche Höchstgrenze aufzuwerten sei. Dagegen hat die Schuldnerin weitere sofortige Beschwerde eingelegt mit dem Antrag, den Beschluß der Aufwertungsstelle wiederherzustellen, d. h. die Aufwertung der ganzen Forderung auf nur 25% festzusetzen. Das Oberlandesgericht hat die weitere Beschwerde unter Hinweis auf die Beschlüsse des Kammergerichts JW. 1926 S. 2691, 1928 S. 1401 Nr. 3 gemäß § 28 Abs. 2 FGG. in Verbindung mit § 74 AufwG. dem Reichsgericht zur Entscheidung vorgelegt. Bei der Entscheidung wurde u. a. erwogen:

In dem an sich möglichen Fall, daß die Forderung überhaupt nicht als durch Hypothek gesichert anzusehen und dann gemäß §§ 62, 63 Abs. 3 AufwG. ohne gesetzliche Höchstgrenze aufzuwerten sei, wäre die Aufwertungsstelle nicht zuständig. Die in der Sache bisher ergangenen Beschlüsse der Vorinstanzen gehen sämtlich davon aus, daß entsprechend der Eintragung im Grundbuch eine Sicherungshypothek bestehe. Diese Annahme des Landgerichts kann das Gericht der weiteren Beschwerde aber dann nicht binden, wenn sie auf einer Verletzung des Gesetzes beruht. Dem Landgericht haben die Grundakten vorgelegen. Daraus ergibt sich, daß die Vertragsparteien sich am 14. März 1907 auf eine Briefhypothek geeinigt und auch dementsprechende Grundbuchanträge gestellt haben. Dem hat das Grundbuchamt auch insofern Rechnung getragen, als es einen Brief ausgefertigt und ihn dem Gläubiger im Einvernehmen mit dem Eigentümer ausgehändigt hat. Im Widerspruch dazu hat es die Hypothek im Grundbuch als Sicherungshypothek bezeichnet.

Über die Rechtsfolgen eines derartigen Zwiespaltes zwischen Einigung und Anträgen einerseits und Eintragung im Grundbuch anderseits herrscht in der Rechtslehre Streit. Auszugehen ist davon, daß die gewöhnliche Hypothek und die Sicherungshypothek nicht zwei von Grund aus verschiedene Rechtsgebilde (aliud) sind. In beiden Fällen besteht eine Hypothek, d. h. eine Belastung des Grundstücks, wonach an den Gläubiger eine bestimmte Geldsumme zur Befriedigung wegen einer ihm zustehenden Forderung aus dem Grundstück zu zahlen ist. Der Unterschied besteht nur darin, daß bei der Sicherungshypothek sich das Recht des Gläubigers aus der Hypothek unter allen Umständen nur nach der Forderung bestimmt, während bei der gewöhnlichen Hypothek der öffentliche Glaube des Grundbuchs auch für die Forderung gilt. Während der Gläubiger einer gewöhnlichen Hypothek sich nach § 1138 BGB. auch in Ansehung der Forderung auf den öffentlichen Glauben des Grundbuchs berufen und dem Eigentümer den Beweis des Nichtbestehens der Forderung überlassen kann, trifft den Gläubiger einer Sicherungshypothek die Beweislast, wenn der Eigentümer das Bestehen der Forderung bestreitet. Die Sicherungshypothek ist also ein minderes Recht gegenüber dem Vollrecht der gewöhnlichen Hypothek. Ist dieses Vollrecht mangels Verlautbarung im Grundbuch nicht zustandegekommen, so besteht doch das Hypothekenrecht wenigstens in der eingetragenen schwächeren Gestalt der Sicherungshypothek. Man kann nicht sagen, daß das Grundbuch „unrichtig" sei und daß entgegen der Eintragung außerhalb des Grundbuchs eine gewöhnliche Hypothek bestehe. Denn zur Entstehung einer Hypothek gehören eben Einigung und Eintragung. Ist kein Vollrecht eingetragen, so kann auch kein Vollrecht entstanden sein, wohl aber kann das — trotz einer auf Vollrecht gerichteten Einigung — eingetragene mindere Recht entstanden sein, weil auf alle Fälle die Parteien dahin einig waren, daß der Gläubiger aus dem Grundstück eine bestimmte Geldsumme zur Befriedigung wegen einer ihm zustehenden Forderung solle verlangen dürfen.

---

44. Bildet die einmalige Leistung, welche ausschließlich die Bereitwilligkeit zur Abschließung oder Verlängerung eines Miet- oder Pachtvertrags abgelten soll, eine Leistung aus dem Vertrag in dem Sinne, daß die Vereinbarung dem Formzwang des § 566 BGB. unterliegt?

VIII. Zivilsenat. Urt. v. 24. Januar 1929 i. S. Dr. H. (Kl.) w. N. (Bekl.). VIII 322/28.

I. Landgericht III Berlin.
II. Kammergericht daselbst.

Der Kläger ist Eigentümer eines Grundstücks in Berlin-Halensee. Der Beklagte hat in diesem Hause mehrere gewerbliche Räume im Gebrauch. Zwischen der früheren Eigentümerin des Grundstücks und dem Kaufmann H. bestand über diese Räume ein Mietvertrag, der durch schriftliche Vereinbarung vom 4. Juli 1925 bis zum 1. Oktober 1936 verlängert wurde. In diesen Vertrag trat zufolge Vereinbarung vom 10. Juli 1925 der Konditor H. und durch Vereinbarung vom 8. Dezember 1925 der Beklagte ein. Im Juli 1925 war zwischen den damaligen Vertragsparteien vereinbart worden, daß der Mietzins unter Zugrundelegung einer Friedensmiete von 315 RM. monatlich und der jeweiligen gesetzlichen Zuschläge berechnet werden sollte. Durch Vertrag vom 15. Juli 1926 mietete der Beklagte einen bisher zum Einstellen von Kraftwagen benutzten Raum als Backstube für die Zeit bis zum 31. Juli 1931 für 40 RM. monatlich hinzu. Nach Behauptung des Klägers sollen sowohl vom Beklagten als auch von seinen Rechtsvorgängern für die Verlängerung des Hauptvertrags Vergütungen von mehreren tausend Mark geleistet worden sein. Der Kläger begehrt die Feststellung, daß beide Mietverträge vom 8. Dezember 1925 und 15. Juli 1926 nur auf unbestimmte Zeit laufen, weil die Schriftform des § 566 BGB. nicht eingehalten sei, ferner die Feststellung der Schadensersatzpflicht des Beklagten wegen verweigerter Übergabe der Bäckerei. Außerdem verlangt er Zahlung eines höheren als des vertraglichen Mietzinses für die Zeit vom 1. April 1927 an. Das Landgericht hat durch Teilurteil den Kläger mit seinen beiden Feststellungsanträgen abgewiesen; der Anspruch auf Zahlung des höheren Mietzinses ist noch in 1. Instanz anhängig. Die Berufung des Klägers gegen das Teilurteil blieb erfolglos, ebenso seine Revision.

Gründe:

In der Revisionsinstanz handelt es sich ausschließlich um den Anspruch auf Anerkennung, daß die beiden Mietverträge nur auf unbestimmte Zeit laufen. Das Berufungsgericht tritt im Ergebnis der Ansicht des Landgerichts bei, daß der für Miet- und Pachtverträge gleichermaßen geltende § 566 BGB. auf den vom Kläger behaupteten Sachverhalt nicht anzuwenden sei. Dies ergebe sich, so meint das Berufungsgericht, zwar nicht daraus, daß die behaupteten Zahlungen für die Vertragsverlängerung als „Gefälligkeitsvergütungen" anzusehen seien, sondern aus der Absicht des Gesetzgebers, ein Gegengewicht zu der im § 571 BGB. niedergelegten Bindung des Erwerbers zu schaffen (Komm. v. RGR. A. 1 zu § 566 BGB.). Die Formvorschrift gelte nur für die unter diesem Gesichtspunkt wesentlichen Abreden. Eine einmalige Leistung, die beim Abschluß des Vertrags erledigt sei oder werde, könne für den Erwerber keine Bedeutung haben, sei also stets unwesentlich und bedürfe der Beurkundung nicht. Diese Gesetzesauslegung werde auch allein der Verkehrsanschauung und den Bedürfnissen der Rechtssicherheit gerecht. Andernfalls wäre anzunehmen, daß ein recht erheblicher Teil neuerer Mietverträge trotz schriftlicher Beurkundung den Formerfordernissen des § 566 nicht genüge. Demgegenüber meint die Revision, es könne nicht darauf ankommen, daß die einmalige Leistung bei Abschluß des Mietvertrags für einen künftigen Erwerber des Grundstücks keine Bedeutung mehr habe. Die einmalige Leistung werde für Überlassung der Räume auf längere Zeit gewährt. Sie bilde also einen Teil des Mietzinses und damit einen wesentlichen Teil des Mietvertrags.

Allerdings erhebt sich gegen die Erwägungen des Berufungsrichters das Bedenken, daß die Absicht, die der Gesetzgeber verfolgte, als er die Formvorschrift des § 566 schuf, für dessen Auslegung allein nicht ausreicht. Auch könnte zweifelhaft sein, ob nicht die Ansicht des Berufungsrichters zu weit geht, daß eine einmalige, bei Vertragsschluß erledigte Leistung für den Erwerber keine Bedeutung haben könne, also stets unwesentlich sei und deshalb nicht beurkundet zu werden brauche. Denn eine nicht zum Ausdruck gelangte Absicht des Gesetzgebers wäre unbeachtlich, und auch eine einmalige Leistung kann für den Erwerber ins Gewicht fallen, sobald sie als Teil des Mietzinses diesen schmälert. Wären die einmaligen Vergütungen zum „Mietvertrag" im Sinne von § 566 Satz 1 zu zählen, so wäre die Schriftform unumgänglich.

Dennoch ist dem Klaganspruch mit den Vorinstanzen die Berechtigung abzuerkennen. Wie der III. Zivilsenat des Reichsgerichts, dem sich der erkennende Senat anschließt, in RGZ. Bd. 118 S. 108 unter Hinweis auf Bd. 51 S. 181 ausgesprochen hat, ist davon auszugehen, daß unter dem Formzwange des § 566 alle Vereinbarungen stehen, die das abzuschließende Geschäft betreffen und aus denen sich nach dem Willen der Parteien der zu schließende Vertrag zusammensetzen soll. Um der vorgeschriebenen Schriftform zu genügen, muß also der gesamte Vertragsinhalt, wie er unter den Parteien gelten soll, durch die Schriftform gedeckt sein. Das gilt auch für Nebenabreden und nachträgliche Zusatzabkommen, die den Vertragsinhalt abändern. Es kann aber nicht für Vereinbarungen gelten, die nach dem Parteiwillen überhaupt keinen Teil des in Aussicht genommenen Vertrags bilden, sondern seinem Abschluß vorausgehen sollen, sich also bewußt neben den Vertrag stellen, ihn erst ermöglichen und herbeiführen. Eine einmalige Leistung, die ausschließlich die Bereitwilligkeit zum Abschluß oder zur Verlängerung eines Miet- oder Pachtvertrags abzugelten bestimmt ist, kann nicht als Leistung aus dem Vertrag angesehen werden. Sie ist vielmehr Bestandteil eines Sonderabkommens, das nur wirtschaftlich mit einem Mietvertrag in Zusammenhang steht.

So liegt der Fall hier. Nach der Behauptung des Klägers sollen nur die für Verlängerung des Hauptvertrags gewährten Leistungen keine Aufnahme in den schriftlichen Vertrag gefunden haben. Es ist nicht behauptet, daß die vereinbarte Verlängerung der Mietzeit oder die dem Parteiwillen entsprechende Höhe des vertraglichen Mietzinses oder das Hinzutreten eines Einstellraums zur Verwendung als Backstube, also die ausschließlichen und für den späteren Erwerber des Grundstücks allein wesentlichen Ergänzungen des Mietvertrags, nicht schriftlich beurkundet worden wären. Danach steht nicht fest, daß irgendeine wesentliche Vereinbarung, die nach dem Willen der Parteien Vertragsteil werden sollte, der Form ermangelt. Nichts anderes hat aber auch das Berufungsgericht gemeint, wenn es von Abreden spricht, die unter dem Gesichtspunkt der Bindung des Grundstückserwerbers wesentlich seien, und wenn es die in Rede stehenden einmaligen Leistungen davon ausschließt. Die im Vorstehenden als bedenklich bezeichnete Erwägung hat mithin die Entscheidung nicht beeinflußt.

---

45. 1. Unter welchen Umständen ist beim Bestehen eines Werktarifvertrags der Abschluß eines Zwangstarifvertrags zulässig?

2. Haben die Gerichte nachzuprüfen, ob das in § 12 Abs. 3 der zweiten Ausführungsverordnung zur Schlichtungsverordnung vom 29. Dezember 1923 für die Einleitung eines zweiten Schlichtungsverfahrens geforderte öffentliche Interesse vorhanden war?

3. Sind Friedensklauseln in Firmentarifverträgen zulässig?

III. Zivilsenat. Urt. v. 25. Januar 1929 i. S. Kammgarnspinnerei E. u. Gen. (Kl.) w. Deutschen Textilarbeiterverband (Bekl.). III 246/28.

I. Landgericht I Berlin.
II. Kammergericht daselbst.

Die 5 Klägerinnen und 11 andere Firmen sind zu dem Konzern der Norddeutschen Wollkämmereien und Kammgarnspinnereien mit dem Sitz in B.-D. vereinigt. Die Konzernfirmen waren, wenigstens teilweise, zur Einführung des sog. Leistungslohnsystems übergegangen, zum Teil beabsichtigten sie dazu überzugehen. Der Beklagte war damit nicht einverstanden, und so kam es zu Streitigkeiten sowohl zwischen den Parteien als auch vielfach zwischen den Konzernfirmen und ihren Belegschaften.

Schon im März 1927 hatte der Konzern den Reichsarbeitsminister auf Angriffe der Gewerkschaften gegen die Leistungsentlohnung hingewiesen. Der vom Reichsarbeitsminister zu einer Aussprache der Parteien zunächst auf den 26. April, dann auf den 10. Mai 1927 anberaumte Termin fand nicht statt, weil der Konzern erklärte, er verspreche sich von Verhandlungen wegen der derzeitigen Zuspitzung der Lage keinen Erfolg. Inzwischen hatte der Beklagte dem Reichsarbeitsminister in einer Eingabe vom 2. Mai 1927 mitgeteilt, daß die Konzernfirmen die tariflichen Vereinbarungen nicht mehr achteten, die Entlohnung nach eigenem Ermessen regelten und so Anlaß zu großer Erbitterung der Arbeiter, teilweise auch zu Streiken gegeben hätten. Mit Rücksicht hierauf hatte der Beklagte gebeten, zur Beilegung dieses Streites einen besonderen Schlichter zu bestellen. Dem Antrag wurde stattgegeben. Der vom Schlichter auf den 13. Mai angesetzte Termin, zu dem die Vertreter des Konzerns und die 16 ihm angehörigen Firmen geladen waren, verlief ergebnislos. Die erste mündliche Verhandlung vor der Schlichtungskammer fand am 16. Mai 1927 statt. Durch Spruch vom gleichen Tage lehnte diese Kammer es ab, bezüglich der nicht mitklagenden Konzernfirmen einen Tarifvertragsvorschlag zu machen, weil diese noch an bestehende Mantel- und Lohntarife gebunden seien. Hinsichtlich der 5 Klägerinnen wurde die Verhandlung auf den 23. Mai vertagt. In diesem Termin wurde von allen Beteiligten anerkannt, daß die Klägerinnen zu 1 bis 4 noch durch den von ihrem Verbande, dem Thüringer Textil-Arbeitgeberverband, mit dem Beklagten geschlossenen und bis zum 31. Dezember 1927 laufenden Manteltarifvertrag vom 10./20. November 1926, nicht aber an einen Lohntarif gebunden seien, während bezüglich der Klägerin zu 5 eine tarifliche Bindung überhaupt nicht vorhanden sei. Die Arbeitgeber machten damals, abgesehen von anderen, die Zulässigkeit des Verfahrens rügenden Einwänden auch geltend, daß sie sämtlich mit den Werkvereinen Werktarife abgeschlossen hätten. Auf Grund der genannten Verhandlung ergingen vier Schiedssprüche, in denen die Lohnfragen für die Betriebe der Klägerinnen zu 1 bis 4, und zwar für jede besonders, geregelt wurden.

Am 25. Mai führte die Schlichtungskammer die Verhandlung mit der Klägerin zu 5 fort und erließ zwei Schiedssprüche, von denen der eine den Entwurf zu einem Manteltarifvertrag, der zweite einen solchen zu einer Lohnordnung enthielt. Auf Antrag des Beklagten, der sämtliche Tarifvertragsvorschläge angenommen hatte, erklärte am 13. Juni 1927 der Reichsarbeitsminister trotz des Widerspruchs der Klägerinnen die sechs am 23. und 25. Mai gefällten Schiedssprüche für verbindlich.

Die Klägerinnen, die das ganze Schlichtungsverfahren für ungesetzlich halten, haben klagend die Feststellung verlangt, daß zwischen ihnen und dem Beklagten auf Grund der genannten Schiedssprüche und ihrer Verbindlicherklärung keine Tarifverträge zustande gekommen seien. Das Landgericht und das Kammergericht wiesen die Klage ab. Die Revision der Klägerinnen blieb erfolglos.

Gründe:

... Der Berufungsrichter ist mit Recht davon ausgegangen, es sei im Prozeß, wie es auch im Schlichtungsverfahren der Fall gewesen, unter den Parteien unstreitig, daß in der kritischen Zeit die Klägerinnen zu 1 bis 4 hinsichtlich der Lohnordnung und die Klägerin zu 5 nach jeder Richtung in ihrer Tariffähigkeit unbeschränkt gewesen seien. Deshalb suchte ja auch der beklagte Verband, dem wenigstens ein Teil der Arbeiter der gegnerischen Betriebe als Mitglieder angehört, mit den klagenden Firmen zum Abschluß eines Tarifvertrags zu gelangen. Die Klägerinnen widerstrebten. Sie hatten nämlich ein eigenes Entlohnungssystem eingeführt, das wiederum beim Beklagten keinen Beifall fand, oder beabsichtigten wenigstens seine Einführung. Im Reichsarbeitsministerium hatte der Vertreter des Konzerns der Klägerinnen bereits von dem Kampfe der Gewerkschaften gegen dieses System gesprochen und der Beklagte den Klägerinnen Tarifbruch und eigenmächtige Lohnfestsetzungen vorgeworfen. Wie bei dieser Sachlage die Revision das Vorliegen eines schlichtungsfähigen, durch eine Gesamtvereinbarung aus der Welt zu schaffenden Streits der Parteien leugnen mag, ist nicht recht verständlich. Ob die Mitglieder des beklagten Verbandes mit dessen Vorgehen völlig einverstanden waren, ist belanglos. Solange sie nicht aus ihm ausgeschieden waren, unterlagen sie seiner Tarifhoheit, auch wenn sie sich zu Werkvereinen zusammenschlossen und diese, wie die Revision geltend macht, Werk-Tarifverträge abgeschlossen hatten. Die letzteren hinderten weder den Beklagten, sich den Klägerinnen gegenüber auf seine Tarifberechtigung zu berufen und den Abschluß eines Tarifvertrags zu verlangen, noch den Schlichter und die Schlichtungskammer, zum Ausgleich der zwischen den Parteien ausgebrochenen Meinungsverschiedenheiten ihre schlichtende Tätigkeit auszuüben und einen der Verbindlicherklärung fähigen Tarifvertragsvorschlag zu machen. Ihn hätten die Klägerinnen nur durch eine freiwillige Einigung mit dem Beklagten vermeiden können. Der Schiedsspruch und seine Verbindlicherklärung bedeuteten keinen Einbruch in die Werktarifverträge, sondern hatten nur — deren rechtsgültiges Zustandekommen vorausgesetzt — ein Zusammentreffen zweier Tarifverträge zur Folge, über dessen Rechtswirkungen im vorliegenden Rechtsstreit nicht zu entscheiden ist. Das Einschreiten des Schlichters und der Schlichtungskammer war deshalb, da es sich um eine Gesamtstreitigkeit unter tariffähigen, untereinander tariflich überhaupt nicht oder wenigstens nicht hinsichtlich der Lohnordnung gebundenen Parteien handelte, unbedenklich (Art. I § 3 der Verordnung über das Schlichtungswesen vom 30. Oktober 1923, RGBl. I S. 1043). Im übrigen wird die Zuständigkeit eines Sonderschlichters (§ 2 das.) durch den ihm vom Reichsarbeitsminister erteilten Auftrag bestimmt und begrenzt. Im gegebenen Falle war nach den einwandfreien Feststellungen des Berufungsgerichts der Pflichtenkreis des Schlichters nicht etwa darauf beschränkt, für alle 16 Betriebe des Konzerns gleichmäßige und übereinstimmende Tarifverträge zustandezubringen, sondern er umfaßte zugleich die Aufgabe, soweit erforderlich, das Schlichtungsverfahren auch zwischen den einzelnen Konzernfirmen und dem Beklagten durchzuführen.

Der Revision ist nun allerdings zuzugeben, daß in dem Tarifstreit des Beklagten mit der Klägerin zu 5 der ordentliche Schlichtungsausschuß zu O. bereits einen Schiedsspruch gefällt hatte, der von dieser angenommen und von jenem abgelehnt war. Von ihrer Befugnis, die Verbindlicherklärung des Schiedsspruchs zu beantragen und so den Abschluß eines Zwangstarifvertrags herbeizuführen, hat die Klägerin zu 5 jedoch keinen Gebrauch gemacht. An dem tariflosen Zustand zwischen ihr und dem Beklagten hatte der O.sche Schiedsspruch also keine Änderung eintreten lassen; er war ein für beide Teile unverbindlicher Vertragsvorschlag geblieben. Für einen solchen Fall ist aber die Einleitung eines zweiten Schlichtungsverfahrens dann zugelassen, wenn entweder beide Teile ihm zustimmen oder wenn das öffentliche Interesse es erfordert (§ 12 Abs. 3 der 2. Verordnung zur Ausführung der Verordnung über das Schlichtungswesen vom 29. Dezember 1923, RGBl. 1924 I S. 9). Ob aber ein solches vorliegt, darüber haben nur die Schlichtungsbehörden zu entscheiden. Diese Frage entzieht sich der Nachprüfung des Gerichts. Die entgegengesetzte Annahme der Revision findet weder in öffentlichrechtlichen noch in privatrechtlichen Grundsätzen eine Stütze. Dafür, daß die Schlichtungsbehörden die erforderliche Prüfung nicht vorgenommen hätten, bietet der festgestellte Sachverhalt keinen Anhalt.

Die Revision erhebt weiter Verfahrensrügen. So sollen — angeblich gesetzwidrig — vor Einleitung des Schlichtungsverfahrens keine Vorverhandlungen zwischen den Parteien zur Feststellung der Streitpunkte stattgefunden, auch soll der Schlichter sich während der Verhandlungen Rat im Arbeitsministerium geholt und dadurch seine eigene Unparteilichkeit wie die des Reichsarbeitsministers in Frage gestellt haben. Zutreffend hat aber schon das Berufungsgericht hervorgehoben, daß die Gerichte die Beobachtung der für die Schlichter, Schlichtungsausschüsse und Schlichtungskammern gegebenen Verfahrensvorschriften im allgemeinen nicht nachzuprüfen, sondern nur solchen Mängeln nachzugehen haben, deren Erweislichkeit ergeben würde, daß ein Schlichtungsverfahren im Rechtssinne überhaupt nicht vorliege (RGZ. Bd. 119 S. 196 und die dort angezogenen Entscheidungen). Zu solchen Mängeln gehört jedoch weder die Unterlassung von Vorverhandlungen noch ein Gedankenaustausch zwischen Schlichter und Reichsarbeitsminister während des Schlichtungsverfahrens. Abgesehen davon übersieht die Revision, daß vor der Ernennung des Sonderschlichters solche Verhandlungen vom Reichsarbeitsminister angebahnt, von den Konzernfirmen aber abgelehnt worden sind. Sie übersieht weiter, daß mangels bestimmter Angaben darüber, mit wem der Schlichter das von ihr beanstandete Gespräch geführt und welchen Inhalt es gehabt habe, der Vorwurf der Befangenheit des Schlichters oder des Reichsarbeitsministers jeder greifbaren tatsächlichen Unterlage entbehrt.

Verfehlt ist auch die Ansicht der Revision, daß die Aufnahme der sog. Friedensklausel in die Schiedssprüche unzulässig gewesen sei. Sie lautet im vorliegenden Falle folgendermaßen:

> Die gegenseitigen Kampfmaßnahmen werden mit dem Inkrafttreten dieses Schiedsspruchs eingestellt. Die Streikzeit gilt nicht als Arbeitsunterbrechung. Maßregelungen aus Anlaß des Streiks finden nicht statt.

Es kann dahingestellt bleiben, ob nicht wenigstens einigen dieser Sätze normative Bedeutung zukommt. Auch soweit sie nur schuldrechtlichen Charakter haben, kann ihnen, wie das Kammergericht zutreffend ausführt, die Wirksamkeit nicht deshalb aberkannt werden, weil die Pflicht zu ihrer Durchführung auf der einen Seite die einzelnen Arbeitgeber, auf der anderen Seite aber nur den Arbeitnehmerverband trifft, die einzelnen Arbeitgeber also stärker belastet als die einzelnen Arbeitnehmer. Das wird fast bei allen schuldrechtlichen Bestimmungen von Firmentarifen zutreffen. Deshalb aber bei solchen die Vereinbarung einer Friedensklausel auszuschließen, geht nicht an.

Schließlich macht die Revision geltend, daß die für verbindlich erklärten Schiedssprüche in bestehende Tarifverträge eingriffen. Wäre das richtig, so würden sie entweder ganz oder wenigstens soweit, als der Eingriff reicht, der Wirksamkeit entbehren (Entscheid. des RAG. Bd. 2 S. 153, 154). Wie schon betont, waren zur Zeit des Schlichtungsverfahrens die Klägerinnen zu 1—4 noch an den Manteltarif vom 10./20. November 1926 gebunden; dagegen war damals ihre Bindung an einen auch für den Beklagten maßgebenden Lohntarif, gleichviel aus welchem Grunde, bereits erloschen. § 10 des genannten Manteltarifvertrags enthält die Bestimmung, daß er mit sechswöchiger Frist, erstmals zum 31. Dezember 1927, jedoch die Lohnskalen — d h. die Lohntarife — mangels besonderer Vereinbarung mit monatlicher Frist zum Ende eines jeden Monats gekündigt werden dürfen. Unkündbarkeit bis zum 31. Dezember 1927 oder einem anderen bestimmten Kalendertag war daher für die Lohntarife im Manteltarifvertrag nicht vorgesehen. Die Bestimmung seiner jedesmaligen Geltungsdauer und der Kündigungsfrist war vielmehr den Parteien überlassen und konnte bei jeder Neuregelung der Lohnskalen neu getroffen werden. Unabdingbar ist nach dieser Richtung nichts vereinbart. Demgemäß ist beispielsweise in dem den Grundlohn für die Zeit vom 1. Februar 1927 ab festsetzenden Lohntarif gesagt, daß er mit einer einmonatigen Frist zum Monatsende, erstmals zum 31. Oktober 1927, kündbar sei. Demgemäß ist auch die die Zu- und Abschläge für die einzelnen Alters- und die verschiedenen Ortsklassen regelnde „Lohnberechnung", die gleichfalls am 1. Februar 1927 in Kraft treten sollte, der Kündigungsklausel des Manteltarifs, d. h. den dort für die Lohnskalen vereinbarten Kündigungsbedingungen unterworfen worden. Zu den „Lohnskalen" im Sinne des Manteltarifs gehören aber auch die Branchetarife, die ebenso wie die sonstigen Lohnvereinbarungen nicht in den Manteltarif selbst, sondern in besondere, von den Tarifvertragsparteien besonders unterzeichnete Urkunden aufgenommen und dem Manteltarifvertrag als Anlagen beigefügt sind. Sie stellen, wenn auch mit dem Manteltarif organisch zusammenhängende, so doch bezüglich der Kündigungsfristen und der Abänderbarkeit von ihm unabhängige, selbständige Verträge dar.

Die Annahme des Berufungsgerichts, daß die Bestimmung der Schiedssprüche über die Geltungsdauer der von der Schlichtungskammer vorgeschlagenen Lohnordnung von der früheren, d. h. von der im Manteltarifvertrag getroffenen, Regelung abweiche und in sie eingreife, ist also deshalb unzutreffend, weil nach dessen § 10 die von der Schlichtungskammer vorgeschlagene Regelung der Geltungsdauer der Lohnskalen und der, wie betont, zu ihnen gehörigen Branchetarife durchaus zulässig war. Die Branchelohnsätze sind übrigens von der Schlichtungskammer, wie das Kammergericht feststellt, nicht umgestaltet, sondern unverändert so, wie sie von dem Thüringer Textil-Arbeitgeberverband und dem Beklagten vereinbart waren, in die Schiedssprüche aufgenommen worden, so daß die Klägerinnen auch nach dieser Richtung keinen Anlaß zur Beschwerde haben. Es bedarf daher keines Eingehens auf die von der Revision verneinte Frage, ob § 139 BGB. oder wenigstens der ihm innewohnende Rechtsgedanke auch auf Zwangstarifverträge Anwendung zu finden hat, die teilweise in bestehende Tarifverträge eingreifen.

46. Muß der Eigentümer einer öffentlichen Straße eine in den Luftraum über der Straße hineinragende, polizeilich genehmigte Lichtreklameanlage eines Straßenanliegers dulden?

BGB. § 905 Satz 2. Pr.ALR. §§ 78 flg. I 8, § 7 II 15. GVG. § 13.

V. Zivilsenat. Urt. v. 16. Februar 1929 i. S. M. u. Co. (Kl.) w. Stadtgemeinde B. (Bekl.). V 40/28.

I. Landgericht I Berlin.
II. Kammergericht daselbst.

Die Klägerin hat an ihrem in Berlin Ecke Leipziger- und Markgrafenstraße gelegenen Hause, in dem sie ein Seidengeschäft betreibt, mit polizeilicher Genehmigung einen Lichtreklamekasten angebracht, der senkrecht zur Hausseite in der Leipziger Straße in einer Breite von ungefähr 1,20 m über den Bürgersteig der im Eigentum der Beklagten stehenden Straße hinausragt. Der Kasten beginnt über der Decke des zweiten Stockwerks in einer Höhe von etwa 10 m über der Straße und steigt bis etwa zur Decke des vierten Stockwerks auf. Die Beklagte hat der Klägerin mitgeteilt, sie erachte sich als Eigentümerin des Straßengeländes zur Untersagung dieser sich über ihr Eigentum erstreckenden Anlage für befugt und werde sie nur gegen Erlegung einer jährlich zu zahlenden Gebühr gestatten. Darauf hat die Klägerin Feststellung begehrt, daß die Beklagte nicht berechtigt sei, den Lichtreklamestreifen zu beseitigen oder seine Beseitigung zu verlangen. Sie meint, die Beklagte dürfe ihr Eigentumsrecht am Straßengelände nur in den durch das Gemeinwohl gesteckten Grenzen ausüben und müsse sich jede Einwirkung gefallen lassen, die vernünftigerweise und nach dem allgemeinen Gang der Entwicklung nicht als unzulässige Beeinträchtigung des Eigentums angesehen werden könne, wie dies für ihren Reklamekasten zutreffe. Das Landgericht hat festgestellt, daß die Beklagte nicht berechtigt sei, das Lichtreklameschild der Klägerin zu beseitigen oder von der Klägerin seine Beseitigung zu verlangen. Das Kammergericht hat die Klage abgewiesen. Die Revision der Klägerin führte zur Wiederherstellung des ersten Urteils.

Gründe:

Die beiden Vorinstanzen haben die Zulässigkeit der Lichtreklameanlage der Klägerin wesentlich nur aus dem Gesichtspunkt des § 905 Satz 2 BGB. geprüft und dazu erörtert, ob sich die Anlage in einer solchen Höhe über der Grundstücksoberfläche befinde, daß die Beklagte an der Ausschließung kein Interesse habe. Das Landgericht hat ein solches Interesse verneint, das Kammergericht hat es bejaht. Das Kammergericht meint, ein Interesse der Beklagten an der Verbietung des Eingriffs ergebe sich schon daraus, daß sie den Luftraum durch Vermietung ausnutzen wolle und dies auch könne, weil die Klägerin mit ihrer Anlage den Gemeingebrauch der Straße über die Interessen der Allgemeinheit hinaus ausnutzen wolle.

Mit Grund bezeichnet die Revision diese Ausführungen des Berufungsurteils als rechtsirrig. Das Ausschließungsinteresse gegenüber der Einwirkung im Sinne des § 905 Satz 2 BGB. kann nur begründet werden durch eine Beziehung zur Benutzung des Grundstücks. Nur solche Einwirkungen sind gestattet, an deren Ausschließung der Eigentümer wegen ihrer Entfernung von der Oberfläche kein Interesse hat. Nicht aber genügt ein Interesse, das der Eigentümer lediglich dahin begründen würde, daß er für die Gestattung der Einwirkung sich eine Vergütung ausbedingen könnte (Gruch. Bd. 58 S. 201; JW. 1928 S. 502).

Indessen läßt sich doch nach der örtlichen Lage, wie sie vom Vorderrichter tatsächlich festgestellt ist, eine Anwendung des § 905 Satz 2 BGB. zugunsten der Klägerin nicht begründen. Die Feststellungen ergeben, daß der Lichtreklamekasten von erheblicher Größe ist und sich in einer Ausdehnung von etwa 10 bis 20 m von der Grundstücksoberfläche aus gemessen innerhalb der Häuserreihe über der Straße befindet. Für die Beurteilung der Frage, ob der Eigentümer an der Ausschließung ein Interesse hat, kommt es aber nach anerkannter Rechtsprechung nicht nur auf die augenblicklichen Verhältnisse an, sondern es ist auch die Möglichkeit künftiger Änderung nicht außer Betracht zu lassen. Hier handelt es sich nicht nur, wie die Revision meint, um eine theoretische Zukunftsmöglichkeit, sondern es liegt keineswegs fern, daß die Beklagte innerhalb des Straßenraums noch im Bereich der angrenzenden Häuser selbst irgendwelche Anlagen machen oder durch andere machen lassen möchte, denen der Reklamestreifen hinderlich sein könnte. Die Entfernung der Anlage von der Grundstücksoberfläche ist keineswegs so groß, daß aus diesem Grunde die Beklagte sie gestatten müßte.

Aber zu einem der Klägerin günstigen Ergebnis führt die Betrachtung der Sache aus einem vom Berufungsrichter nur nebenbei berührten, von der Revision in zweiter Linie angeführten Gesichtspunkt, nämlich wegen der aus der Widmung der Straße für den öffentlichen Verkehr sich gegen den Straßeneigentümer ergebenden Beschränkung. Wenn — so angesehen — die Klägerin mit ihrem Feststellungsbegehren geltend macht, daß ihr auf Grund einer sich aus dieser Beschränkung ergebenden Befugnis die Anlage zu gestatten sei, so erhebt sich zunächst die Frage der Zulässigkeit des Rechtswegs. Die Frage der allgemeinen, nicht auf besonderem privatrechtlichen Rechtstitel beruhenden Gebrauchsbefugnis an einem öffentlichen Wege gehört dem öffentlichen Recht an. Trotzdem liegt hier eine bürgerliche Rechtsstreitigkeit vor. Die Beklagte macht mit ihrer Untersagung der Reklameanlage einen negatorischen Eigentumsanspruch geltend. Gegen diesen wendet sich die Klägerin mit negativer Feststellungsklage. Der Eigentumsanspruch liegt durchaus auf privatrechtlichem Gebiet. Diesem wird die Streitigkeit nicht dadurch entrückt, daß die Klägerin die von ihr beanspruchte Eingriffsbefugnis dem öffentlichen Recht entnimmt (JW. 1889 S. 88 Nr. 14; Kompetenzgerichtshof im Preuß. Verwaltungsblatt Bd. 19 S. 358). Hieran wird dadurch nichts geändert, daß die Klägerin angriffsweise gegen den Anspruch vorgeht, dessen sich die Beklagte berühmt. Die Feststellungsklage ergibt lediglich eine Verschiebung der Parteirollen, ändert aber sonst nichts am Wesen dieses bürgerlichrechtlichen Streits.

Die zu entscheidende sachliche Frage ist die, ob dem Anlieger an einer öffentlichen Straße infolge der Bestimmung der Straße für den öffentlichen Verkehr die Befugnis zur Haltung einer solchen Lichtreklame im Luftraum über dem Bürgersteig zusteht, wenn sie polizeilich genehmigt ist und den Verkehr nicht behindert; ob also das Eigentum am Straßengelände durch die Widmung für den öffentlichen Verkehr derart beschränkt worden ist, daß diese Anlage geduldet werden muß. Allerdings stehen die öffentlichen Straßen im Privateigentum bestimmter Rechtssubjekte. Aber deren Eigentum ist dadurch beschränkt, daß die Straßen für den öffentlichen Gebrauch bestimmt worden sind. Der § 7 ALR. II 15 sagt: „der freie Gebrauch der Land- und Heerstraßen ist einem jeden zum Reisen und Fortbringen seiner Sachen gestattet." Der Gemeingebrauch an der Straße ist indessen nicht beschränkt auf den so umschriebenen Verkehr im engsten Sinne, sondern die Straße dient kraft ihrer öffentlichen Widmung auch sonstigem allgemein ausgeübtem Gebrauch. Dabei sind die Straßenanlieger auf Grund ihres räumlichen Verhältnisses zur Straße in gesteigertem Maß zu deren Benutzung imstande und auf deren Inanspruchnahme angewiesen.

In dieser Richtung kommen für das Gebiet des preußischen Allgemeinen Landrechts, also auch für die Stadt Berlin, die Bestimmungen der §§ 78 bis 82 ALR. I 8 in Betracht. Dort ist vorgeschrieben, daß der Hauseigentümer Erker und in die Straße hinein sich erstreckende Schilder — weiter auch andere, hier nicht interessierende Einrichtungen — nur mit polizeilicher Erlaubnis anlegen, übrigens aber den Bürgersteig nutzen dürfe, soweit dies ohne Verengung, Verunreinigung und Verunstaltung der Straße geschehe; alles dies nach näheren Vorschriften der Polizeigesetze eines jeden Orts. Diese Vorschriften sind öffentlichrechtlicher Natur. Sie stehen im Gesetz unter der Überschrift „Einschränkungen des Eigentümers bei dem Bauen" und geben in erster Linie baupolizeiliche Vorschriften. Der verkehrspolizeiliche Grundsatz der Offenhaltung der Straße wird dabei zur Geltung gebracht; weiter ist vorgeschrieben, wie weit der Straßenanlieger in der Benutzung der Straße gehen darf. Diese Anliegerbefugnis zur Benutzung fremden Eigentums hat ihre Grundlage in der Zweckbestimmung der Straße und muß im übrigen die Schranken örtlicher Polizeivorschriften einhalten. Als öffentlichrechtliche Bestimmungen sind die §§ 78 bis 82 ALR. I 8 auch jetzt noch in Geltung (Art. 55 EG. z. BGB.; vgl. auch Art. 89 Nr. 1b Pr. AG. z. BGB.). In der Entscheidung des erkennenden Senats in RGZ. Bd. 30 S. 245 ist ausgesprochen worden, daß dem Straßenanlieger nach den §§ 79 bis 81 ALR. I 8 unter gewissen Voraussetzungen eine beschränkte Benutzung der Straße zu Privatzwecken gestattet ist und daß sich der solchergestalt gesetzlich begründeten Einschränkung des Eigentums an öffentlichen Straßen derjenige unterwirft, der sein Grundeigentum zur öffentlichen Straße bestimmt. Die weiter in jener Entscheidung ausgesprochene Meinung, der Straßenanlieger habe nach polizeilicher Genehmigung dem Straßeneigentümer gegenüber auch privatrechtlich die Berechtigung zu der genehmigten Grenzüberschreitung, kann allerdings nicht aufrechterhalten werden. Es handelt sich dabei vielmehr um eine auf dem Gebiet des öffentlichen Rechts liegende Befugnis des Straßenanliegers, die das am Straßengelände bestehende Privateigentum des Straßeneigentümers einschränkt, und um einen Ausfluß des „Gemeingebrauchs" an der Straße. Höher als diese Befugnis des einzelnen stehen die allgemeinen Anforderungen des Verkehrs; sie muß diesen weichen, wenn ihre Ausübung mit der Verkehrsentwicklung nicht mehr vereinbar sein sollte.

Unter die Vorschrift des § 80 ALR. I 8, wonach der Straßenanlieger bestimmte Einrichtungen im Luftraum über der Straße halten darf, wenn sie polizeilich genehmigt sind, fällt auch der Lichtreklamekasten der Klägerin. Eine solche auf der fortgeschrittenen technischen Entwicklung beruhende Anlage konnte selbstverständlich in der alten landrechtlichen Bestimmung nicht genannt sein. Aber sie entspricht in ihrem Wesen, der äußeren Gestaltung, wie auch ihrem Zweck nach durchaus den dort genannten Einrichtungen eines Erkers und eines sich in die Straße hinein erstreckenden Schildes. Deswegen ist sie bei sinngemäßer Auslegung des Gesetzes, wie sie die Entwicklung des Verkehrs und der Technik erfordert, mit unter diese Vorschrift zu begreifen. Daß die Lichtreklameanlage dem Straßenverkehr und anderen dort befindlichen Anlägen nicht hinderlich ist, ergibt sich daraus, daß sie die polizeiliche Genehmigung gefunden hat. Auch das Fluchtliniengesetz vom 2. Juni 1875 steht einer Überschreitung der Baufluchtlinie auf Grund des § 80 ALR. I 8 nicht entgegen (RGZ. Bd. 30 S. 249). Das Ergebnis aus den erörterten landrechtlichen Vorschriften ist die Zulässigkeit der baupolizeilich genehmigten Lichtreklameanlage der Klägerin und eine hierdurch bewirkte Einschränkung der Eigentümerbefugnisse der Beklagten.

Im übrigen legen die erörterten landrechtlichen Vorschriften in der hier in Betracht kommenden Beziehung als Gesetzesinhalt nur das fest, was sich schon nach allgemeinen Rechtsgrundsätzen aus der Widmung der Straße für den öffentlichen Verkehr als „Gemeingebrauch" am öffentlichen Wege zugunsten der Straßenanlieger ergeben würde. Der Begriff des „Gemeingebrauchs" wird umschrieben als der „kraft öffentlichen Rechts einem jeden offenstehende freie Gebrauch der Wege für den Verkehr innerhalb der besonderen Bestimmungen der einzelnen Wege und innerhalb der verkehrsüblichen Grenzen" (so Germershausen-Seydel Wegerecht 4. Aufl. S. 74), als „der Gebrauch am öffentlichen Wege, der jedermann daran zusteht, der aber in dem gleichen Recht aller übrigen seine natürliche Schranke findet" (so RG. in JW. 1928 S. 502 = WarnRspr. 1926 Nr. 158). Die Grenzen des zulässigen Gemeingebrauchs stehen nicht ein für allemal fest, sind vielmehr örtlich und namentlich nach der Entwicklung der Verkehrsverhältnisse verschieden. Die Bestimmung der Straße für den öffentlichen Gebrauch ist nicht auf den Verkehr im unmittelbaren Sinne, auf den Gebrauch „zum Reisen und Fortbringen von Sachen" beschränkt. Vielmehr hat die Straße, soweit es mit diesem Gebrauch vereinbar ist und keine polizeilichen Gesichtspunkte entgegenstehen, auch den aus dem geschäftlichen Verkehr der Anlieger erwachsenen Bedürfnissen zu genügen. Dazu gehören Ankündigungen an das Publikum. Solche haben stets in den Luftraum der Straße hinein durch jeden stattgefunden, für den dies Zweck hatte und der dazu infolge der Lage seines Hauses imstande war, in ihrer Art wechselnd je nach den Zeitverhältnissen. Verkehr und Technik haben sich auf die Lichtreklame hin entwickelt. Ein Eingriff in den Straßenkörper selbst, wie beispielsweise beim Legen von Straßenbahnschienen (RGZ. Bd. 88 S. 14), findet dabei nicht statt. Aus diesen Gründen muß die Straße kraft ihrer öffentlichen Widmung solchem Gebrauch dienen, solange das mit ihren sonstigen Zwecken vereinbar ist. Entscheidend für die Grenzen des zulässigen Gemeingebrauchs, die wandelbar sind, ist die allgemeine und regelmäßige Gestaltung des Verkehrs. Die von der Klägerin ausgeübte Lichtreklame entspricht, auch ihrer Art und ihrem Umfange nach, der neuzeitlichen Entwicklung des geschäftlichen Verkehrs, wie er sich in der Öffentlichkeit auf der Straße abspielt. Sie steht mit den sonstigen Zwecken der Straße nicht in Widerstreit; insbesondere ist sie dem Verkehr nicht hinderlich. Deswegen führt auch, abgesehen von den gesetzlichen Vorschriften des preußischen Landrechts, die Zweckwidmung der Straße dazu, dem Anlieger solche Befugnis zuzugestehen. Der Straßeneigentümer muß die sich aus der Ausübung solcher Befugnis ergebende Beschränkung seines Privateigentums als Ausfluß des Gemeingebrauchs dulden.

47. Welche Bedeutung kommt der Entwicklung des Verkehrs und der Verkehrsmittel für die Grenzen des Gemeingebrauchs an Straßen zu?

BGB. §§ 905, 1004. Preuß.ALR. § 7 II 15. GVG. § 13.

V. Zivilsenat. Urt. v. 16. Februar 1929 i. S. D.-A. P. AG. (Kl.) w. Bezirksverband des Regierungsbezirks W. (Bekl.). V 86/28.

I. Landgericht Wiesbaden.
II. Oberlandesgericht Frankfurt a. M.

Die Klägerin, die Betriebsstoff für Kraftfahrzeuge liefert, errichtet an Straßen Zapfstellen auf privatem Boden. Bei diesen wird mit einer Pumpe der Stoff aus dem Lagerbehälter (Tank) durch einen Schlauch in die am Rande der Straße oder auch zum Teil auf dem Bürgersteig haltenden Kraftwagen hineingetrieben. Das frühere Verfahren, den Stoff in Kannen an die Wagen zu tragen und durch einen Trichter einzuschütten, ist aufgegeben. Auf dem Grundstück des Fritz P. in R. (Westerwald) hat die Klägerin mit polizeilicher Genehmigung eine solche Zapfstelle errichtet und im Betriebe. In einem Vertrag vom 13. September 1926 haben die Parteien über diese damals geplante Zapfstelle bestimmt, die Klägerin solle verschiedene Arbeiten und Verpflichtungen der aus dem nachfolgenden Antrag ersichtlichen Art übernehmen und jährlich 10 RM. als Anerkennung dafür zahlen, daß aus der widerruflichen Gestattung der Anlage kein dingliches Recht erwachse. Die Klägerin hat den Vertrag nur mit dem Vorbehalt unterschrieben, sie wolle durch Richterspruch feststellen lassen, ob dem Beklagten ein solches Verlangen gestattet sei. Mit der Klage hat sie Feststellung begehrt:

1. daß der Beklagte nicht berechtigt sei, die Gestattung der Anlage von Zapfstellen der Klägerin neben dem Straßengelände des Beklagten, aber auf privatem Grund und Boden, von privatrechtlichen Leistungen der Klägerin an ihn, wie der Verpflichtung zur Anlegung von Reihenpflaster, zur Pflasterung des Banketts, zur dauernden Instandhaltung des Pflasters, zur Ableitung des Niederschlagwassers in besonders hierfür anzulegenden Rinnen, zur dauernden Reinigung des Pflasters aus den Rinnen, zur Wiederbeseitigung

dieser Anlagen und Wiederherstellung des früheren Zustands nach Ermessen des Beklagten, zur dauernden Zahlung jährlicher Anerkennungsgebühren abhängig zu machen;

2. daß dem Beklagten keine Rechte aus dem Vertrage vom 13. September 1926 gegen die Klägerin zustehen.

In beiden Rechtszügen wurde die Klage abgewiesen. Die Revision der Klägerin führte zur Aufhebung des Berufungsurteils und zur Zurückverweisung.

Gründe:

Das Berufungsgericht hat für die beiden Klaganträge den Rechtsweg für zulässig erachtet. Hierin war ihm beizutreten. Der Klagantrag zu 1 wendet sich gegen die Rechtsauffassung des Beklagten, die bei den Verhandlungen über den Vertrag vom 13. September 1926 zum Ausdruck gekommen war. Die Klägerin will, wie in dem Einzelfalle der Anlage in R. durch den Klagantrag zu 2, so auch für das übrige Straßengelände des Beklagten das beanspruchte Verbietungsrecht mit dem Antrag zu 1 bekämpfen. Der Inhalt des Vertrags und der Anträge bedarf, wenn man das mit diesen erstrebte Ziel erkennen will, der Auslegung. Der Klägerin ist im Vertrag die Erlaubnis erteilt worden, die Dapolinpumpenanlage an einer bestimmten Stelle der Landstraße „anzulegen". Die der Klägerin neben der Zahlung einer Anerkennungsgebühr auferlegten Leistungen betreffen wegebauliche Maßnahmen. Das berechtigt aber nicht zu der die Zulässigkeit des Rechtswegs gefährdenden Annahme, der Beklagte habe polizeiliche Rechte wahrnehmen oder eine Änderung der Wegebaupflicht oder einen Zuschuß zu deren Kosten durch bürgerlichrechtlichen Vertrag herbeiführen wollen. Vielmehr ergibt sich aus dem Vortrag der Parteien, daß lediglich darüber ein Streit bestand und ein Vertrag geschlossen werden sollte, ob der Beklagte in seiner Eigenschaft als bürgerlichrechtlicher Eigentümer des Wegekörpers das Recht habe, auf Grund dieses Eigentums die Benutzung einer solchen — von der Polizei genehmigten — Anlage mit der Begründung zu verbieten, daß sie sein Eigentum unzulässig beeinträchtige. Die Klägerin bestreitet dieses Untersagungsrecht; sie beruft sich darauf, daß der Beklagte den Wegekörper dem öffentlichen Verkehr gewidmet habe, und meint, die Benutzung solcher Anlagen wie der in R. überschreite nirgends den Gemeingebrauch. Für ihre so auszulegende verneinende Feststellungsklage ist der Rechtsweg gegeben, da der Umfang der Befugnisse aus dem bürgerlichrechtlichen Eigentum Gegenstand des Rechtsstreits ist. Des nähern wird hierzu auf die (S. 181 dieses Bandes abgedruckte) Entscheidung des Senats vom heutigen Tage in der Sache V 40/28, betreffend die Anbringung eines Lichtreklamestreifens in Berlin, verwiesen. Ebensowenig wie hiernach gegen die Zulässigkeit des Rechtswegs, erheben sich gegen das Interesse der Klägerin an der begehrten alsbaldigen Feststellung (§ 256 ZPO.) rechtliche Bedenken. Dasselbe gilt für den Klagantrag zu 2. Ihm steht die Tatsache nicht entgegen, daß die Klägerin den Vertrag unterschrieben hat. Denn dies ist nur mit dem Vorbehalt geschehen, daß eine gerichtliche Entscheidung darüber angerufen werden solle, ob das zum Vertragsinhalt gewordene Verlangen des Beklagten berechtigt sei.

Bei der sachlichen Prüfung der Klagansprüche macht der Berufungsrichter mit Recht seine Entscheidung von der Antwort auf die Frage abhängig, ob die Benutzung von Anlagen der im Vertrag bezeichneten Art über den jedermann und so auch der Klägerin zustehenden Gemeingebrauch am öffentlichen Wege hinausgehe. Dies bejaht er aus folgenden Erwägungen:

Nach der allgemeinen, auch im Bezirke des Beklagten herrschenden Rechtsanschauung gewähre der Gemeingebrauch die Befugnis, die in § 7 ALR. II 15 niedergelegt sei, wonach „der freie Gebrauch der Land- und Heerstraßen einem jeden zum Reisen und Fortbringen seiner Sachen gestattet ist". Auch das Recht des Anliegers, die Straße zu benutzen, gründe sich auf den Gemeingebrauch. Was über die Zweckbestimmung des öffentlichen Wegs hinausgehe, sei nicht mehr Gemeingebrauch. Der Verkehr wachse zwar und bringe neue Arten der Benutzung; das könne aber nicht den Rahmen erweitern, den obige Begriffsbestimmung darstelle. Sonst würde der subjektive Inhalt des Wegeeigentums einer festen Begriffsbestimmung entbehren und der Begriff der Widmung zum öffentlichen Verkehr verkannt werden. Entscheidendes ergebe sich aus dem Vergleich der Tätigkeit der Klägerin mit einer Beförderung von Waren vom Anliegergrundstück auf die Straße. Das Verbringen der Waren auf die Straße bereite die Gesamtbeförderung auf der Straße vor, während die Beförderung des Betriebsstoffs mit dem Zubringen auf die Straße beendet sei. Nicht die Ware der Klägerin werde befördert, sondern die Ware befördere den Wagen; das sei eine Sondernutzung der Straße im wirtschaftlichen Interesse. Das Benzin könne die Straßenfläche schädigen, der Verkehr könne, insbesondere durch den Schlauch, beeinträchtigt werden; der Gemeingebrauch gestatte das nicht.

Der Revision ist zuzugeben, daß gegen diese Ausführungen rechtliche Bedenken bestehen. Nach dem erwähnten Urteil des Senats besteht der Gemeingebrauch an Wegen in dem einem jeden offenstehenden freien Gebrauch für den Verkehr innerhalb der besondern Bestimmung der einzelnen Wege und innerhalb der verkehrsüblichen Grenzen. Er findet seine natürliche Schranke an dem gleichen Rechte aller übrigen. Seine Grenzen stehen nicht ein für allemal fest, sondern sind örtlich und namentlich nach der Entwicklung der Verkehrsverhältnisse verschieden. Dieser Begriff des Gemeingebrauchs ist auch für das Verhältnis des Straßenanliegers zum Straßeneigentümer maßgebend. Selbst die gewerbliche Sondernutzung ist insoweit nicht auszuschließen, als sie sich im Rahmen des Gemeingebrauchs hält. Wenn es mit ihm vereinbar ist und wenn polizeiliche Hinderungen nicht entgegenstehen, hat die Straße auch den aus dem geschäftlichen Verkehr der Anlieger erwachsenen Bedürfnissen zu genügen. Die Entwicklung des Verkehrs zeigt, daß Wege nicht nur zum „Reisen und Fortbringen von Sachen" benutzt werden. Die Umgestaltung der Verkehrsverhältnisse wirkt auch auf den Gemeingebrauch ein. Die Anlieferung der mit Betriebsstoff gefüllten Kannen an die Kraftwagen vom Anliegergrundstück her ist bislang wohl nicht als außerhalb des Gemeingebrauchs liegend angesehen worden. Die Wagen durften, wenn keine verkehrspolizeilichen Bedenken bestanden, anhalten und auf diese Weise sich die Mittel der Fortbewegung sichern, so wie ehedem bei Pferdefuhrwerken neue Gespanne oder Futter herangebracht wurden. Die Entwicklung des Kraftfahrzeugverkehrs hat zu einer schnelleren und sichereren Hinüberleitung des Betriebsstoffs geführt; durch eine Pumpe wird der Stoff aus feuersicherem Behälter (Tank) durch einen Schlauch in den Wagen getrieben. Der Vorgang ist seinem Wesen nach derselbe, die Ware wird zu dem auf der Straße haltenden Fuhrwerk gebracht.

Damit ist aber noch nicht entschieden, daß eine solche Einrichtung stets im Bereich des zulässigen Gemeingebrauchs stehe. Die örtliche Gestaltung des Gemeingebrauchs der Straße bringt es mit sich, daß er in Ortsstraßen ein wesentlich anderer für den Verkehr mit

Kraftfahrzeugen sein wird als auf Landstraßen. Denn jeder ist im Gebrauch der Wege durch das gleichmäßige Gebrauchsrecht der andern — Fahrer oder Fußgänger — beschränkt. Für das Maß dieser Beschränkung spielt nicht allein das Polizeirecht eine Rolle, sondern auch das private Eigentumsrecht des Wegebesitzers, das diesen berechtigt, die Gestattung weitergehenden Gebrauchs an Bedingungen zu knüpfen. Dabei mag allerdings der Umstand, daß einer in den Gebrauch der Landstraße eingreifenden Anlage die verkehrspolizeiliche Erlaubnis erteilt worden ist, ein wertvoller Anhaltspunkt für die Lösung der Frage sein, inwieweit das Privateigentum an der Landstraße durch ihre Widmung zum öffentlichen Gebrauche beschränkt wird.

Der Berufungsrichter hätte daher die Gestaltung der Verkehrsverhältnisse in R. erörtern müssen und die vorgebrachten Einzelheiten hierzu nicht als gänzlich unerheblich bezeichnen dürfen. Nur dann konnte entschieden werden, ob die Benutzung der Anlage, insbesondere des wohl nur auf verhältnismäßig kurze Zeit über den Fußsteig geführten Schlauchs, außerhalb des Gemeingebrauchs liege. Aus der Erörterung der auf den Landstraßen des verklagten Bezirksverbands herrschenden Verhältnisse wird sich bei der erneuten Verhandlung weiter ergeben, ob überhaupt eine allgemeine Feststellung getroffen werden kann, wie sie der Klagantrag zu 1 begehrt, ob nicht vielmehr der Klägerin anheimgestellt werden muß, die einzelnen Orte und Anlagen zu bezeichnen. Dabei wird der Antrag auch, wie am Eingang der Entscheidungsgründe erörtert, so zu klären sein, daß eine Entscheidung über die öffentlichrechtliche Wegebaulast unzweideutig ausgeschlossen wird.

---

48. Ist die Beschwerde eines preußischen Volksschullehrers im Ruhestande gegen einen seine Ruhegehaltsansprüche ablehnenden Bescheid der Regierung deshalb unwirksam, weil er sie statt an den zuständigen Oberpräsidenten an den nicht zuständigen Minister für Wissenschaft, Kunst und Volksbildung gerichtet hat?

Preuß. Ges. betr. die Pensionierung der Lehrer und Lehrerinnen an den öffentlichen Volksschulen vom 6. Juli 1885/10. Juni 1907 Art. I §§ 14, 15.

Preuß. Ges. über Änderungen in dem Diensteinkommen der Lehrer und Lehrerinnen an den öffentlichen Volksschulen vom 13. April 1922 Art. I § 6.

III. Zivilsenat. Urt. v. 25. Januar 1929 i. S. A. (Kl.) w. Preuß. Staat (Bekl.). III 292/28.

I. Landgericht Breslau.
II. Oberlandesgericht daselbst.

Der Kläger war Volksschullehrer. Zum 1. Mai 1910 wurde er wegen Krankheit unter Gewährung des gesetzlichen Ruhegehalts in den Ruhestand versetzt. Späterhin fand er auf kürzere und längere Zeit bei anderen Behörden und bei Gemeinden vorübergehend Verwendung. Mit dem Antrag, ihm diese Beschäftigungszeiten auf seine ruhegehaltsfähige Dienstzeit anzurechnen, wandte sich der Kläger am 18. Juni 1925 an die Regierung in Breslau. Diese lehnte den Antrag durch Verfügung vom 22. August 1925 ab. Hiergegen legte er am 9. September 1925 Beschwerde ein. Auf diese erhielt er von der genannten Regierung einen Bescheid vom 12. November 1925, in dem sie ihm im Auftrag des Ministers für Wissenschaft, Kunst und Volksbildung mitteilte, daß eine Anrechnung der nach seiner Zurruhesetzung liegenden Beschäftigungszeit aus den in ihrem Bescheid vom 22. August bereits angeführten Gründen nicht möglich sei. Am 1. Mai 1926 hat dann der Kläger gegen den preußischen Staat die gegenwärtige Klage erhoben mit dem Antrage, diesen zu verurteilen, er habe anzuerkennen, daß bei der Berechnung des ruhegehaltsfähigen Dienstalters des Klägers die Zeit des von ihm bei den in Frage kommenden anderen Stellen geleisteten Dienstes anzurechnen sei. Der Beklagte wendet in erster Linie ein, daß der Kläger es unterlassen habe, innerhalb von sechs Monaten seit Empfang des Bescheids der Regierung vom 22. August 1925 den Oberpräsidenten anzurufen. Dadurch sei ihm die Möglichkeit, den Rechtsweg zu beschreiten, genommen worden. Der Kläger vertritt demgegenüber die Auffassung, daß der ihm durch die Verfügung der Regierung vom 12. November 1925 mitgeteilte Bescheid des Ministers den des Oberpräsidenten ersetze. Mit dessen Bekanntgabe habe die Klagefrist für ihn zu laufen begonnen, die er eingehalten habe.

Das Landgericht hat die Klage teilweise, das Oberlandesgericht hat sie völlig abgewiesen. Die Revision des Klägers führte zur Aufhebung und Zurückverweisung.

Gründe:

Das Oberlandesgericht hat die Klage deshalb abgewiesen, weil sich der Kläger nicht innerhalb der gesetzlich vorgeschriebenen Frist von sechs Monaten über den ablehnenden Bescheid der Regierung vom 22. August 1925 beim Oberpräsidenten beschwert habe. Dieser Abweisungsgrund trifft indessen nicht zu.

Das preußische Gesetz betr. die Pensionierung der Lehrer und Lehrerinnen an den öffentlichen Volksschulen vom 6. Juli 1885/10. Juni 1907 bestimmt in Art. I:

„§ 14. Die Entscheidung darüber, ob und welche Pension einem Lehrer bei seiner Versetzung in den Ruhestand zusteht, erfolgt durch die Schulaufsichtsbehörde.

§ 15. Die Beschreitung des Rechtswegs gegen diese Entscheidung (§ 14) steht dem Lehrer, sowie dem zur Unterhaltung der Schule Verpflichteten offen; doch muß die Entscheidung des Unterrichtsministers der Klage vorangehen und letztere sodann, bei Verlust des Klagerechts, innerhalb 6 Monaten, nachdem diese Entscheidung den Beschwerdeführern bekannt gemacht worden ist, erhoben werden. Der Verlust des Klagerechts tritt auch dann ein, wenn von den Beteiligten gegen die Entscheidung der Schulaufsichtsbehörde über den Anspruch auf Pension nicht binnen gleicher Frist die Beschwerde an den Unterrichtsminister erhoben ist."

Diesen § 15 änderte der § 25 des Volksschullehrer-Diensteinkommensgesetzes vom 17. Dezember 1920/24. November 1921 in der ihm durch Art. I § 6 des Gesetzes über Änderungen in dem Diensteinkommen der Lehrer und Lehrerinnen an den öffentlichen Volksschulen vom 13. April 1922 (GS. S. 99) eingefügten Ziff. 3a dahin ab, daß an Stelle des Unterrichtsministers der Oberpräsident entscheidet. Es ist danach allerdings richtig, daß der Kläger, wenn er sein Klagerecht nicht verlieren wollte, innerhalb sechs Monaten nach Empfang der Entscheidung der Regierung vom 22. August 1925 Beschwerde an den Oberpräsidenten erheben mußte. Das hat er aber auch getan durch die am 9. September 1925, also fristgemäß, eingelegte Beschwerde. Von ihr steht bisher nicht einmal fest, ob sie überhaupt an eine bestimmte Dienststelle gerichtet war. War sie das nicht, so enthielt sie die Anrufung der zuständigen Behörde, also des Oberpräsidenten. Das muß ebenso dann gelten, wenn sich der Kläger in seiner Beschwerde ausdrücklich an den Minister gewandt haben sollte. Ihn hat er in diesem Fall nur als die vermeintlich zuständige Stelle genannt, während er die Entscheidung der wirklich zuständigen erbitten wollte. Gerade angesichts der 1922 erfolgten Änderung des Lehrerpensionsgesetzes liegt es auf der Hand, daß der Kläger in Unkenntnis von der durch sie geschaffenen neuen Rechtslage den Minister genannt hat. Die mit der Eingabe befaßten Behörden, denen die Neuregelung der Zuständigkeit bekannt war, konnten nicht darüber im Zweifel sein, daß der Kläger die in § 15 des Lehrerpensionsgesetzes vorgesehene Beschwerdestelle anzugehen beabsichtigte. Sie durften sich bei ordnungsmäßiger Prüfung der Sachlage durch die falsche Bezeichnung des Empfängers nicht irreleiten lassen. Für sie lag mit hinreichender Deutlichkeit eine Beschwerde vor, die sich an die zu ihrer Entscheidung berufene Stelle, mithin an den Oberpräsidenten, richtete. An diesen hätte deshalb das Schriftstück weitergeleitet werden müssen. Der Minister hätte sich einer Entscheidung enthalten sollen. Seiner Ablehnung der Beschwerde, die dem Kläger durch den Bescheid der Regierung vom 12. November 1925 übermittelt worden ist, kommt unter diesen Umständen keine Bedeutung zu. Der Kläger hat die Beschwerdefrist gewahrt und damit das getan, was das Gesetz von ihm zur Erhaltung seines Klagerechts verlangt (vgl. RGZ. Bd. 94 S. 54). Die weitere Klagefrist konnte erst mit einer Entscheidung des Oberpräsidenten ihren Lauf beginnen; diese Entscheidung ist während des Rechtsstreits ergangen. Das Verlangen des Oberlandesgerichts, der Kläger hätte seine erste Beschwerde nach Empfang der Verfügung vom 12. November 1925 wiederholen sollen, entbehrt der gesetzlichen Grundlage und muß auch als durchaus unbillig bezeichnet werden.

---

49. 1. Hat der Richter bei Anordnung einer Sicherheitsleistung durch den einen Generalversammlungsbeschluß anfechtenden Aktionär nur zu prüfen, ob der Aktiengesellschaft durch die Klage Nachteile drohen, oder hat er auch zu untersuchen, ob eine Haftung des Aktionärs für diese Nachteile in Frage kommt?

2. Kann § 538 Nr. 2 ZPO. auf andere Fälle eines reinen Prozeßurteils entsprechend angewendet werden?

HGB. § 272 Abs. 3, § 273 Abs. 2. ZPO. § 538 Nr. 2.

II. Zivilsenat. Urt. v. 4. Dezember 1928 i. S. Hannov. Immob. AG. (Bekl.) w. K. (Kl.). II 269/28.

I. Landgericht Hannover.
II. Oberlandesgericht Celle.

Der Kläger hat als Aktionär der Beklagten gegen diese mit dem Antrag Klage erhoben, es sollten mehrere Beschlüsse ihrer Generalversammlung vom 19. März 1927 für ungültig erklärt werden. Auf Antrag der Beklagten gab ihm das Landgericht gemäß § 272 Abs. 3 HGB. durch Zwischenurteil auf, ihr bis zum 15. Juli 1927 eine Sicherheit von 30000 RM. zu leisten. Da er die Sicherheit nicht leistete, erklärte das Landgericht auf Antrag der Beklagten die Klage durch Urteil für zurückgenommen. Auf die Berufung des Klägers hob das Oberlandesgericht die beiden Entscheidungen des Landgerichts auf und verwies den Rechtsstreit an die Vorinstanz zurück. Die Revision der Beklagten hatte keinen Erfolg.

Gründe:

Der Antrag der Beklagten, über den das landgerichtliche Zwischenurteil ergangen ist, stützt sich auf § 272 Abs. 3 HGB., wonach das Gericht auf Verlangen anordnen kann, daß der Gesellschaft wegen der ihr drohenden Nachteile von dem klagenden Aktionär Sicherheit zu leisten ist. Das Berufungsgericht hält eine solche Anordnung aus folgenden Erwägungen nicht für gerechtfertigt: Es möge sein, daß der Beklagten aus der gegen sie erhobenen Klage Nachteile drohten. Das allein vermöge aber die Anordnung einer Sicherheitsleistung nicht zu rechtfertigen. Die Sicherheitsleistung solle die Beklagte vor solchen durch die Anfechtungsklage entstehenden Schäden schützen, für die der Kläger einzustehen habe. Deshalb sei die Berechtigung des Verlangens nach Sicherheit im Zusammenhang mit § 273 Abs. 2 HGB. zu prüfen. Anordnung einer Sicherheitsleistung sei eine Beschränkung der Minderheit. Sie sei nur dann gerechtfertigt, wenn das Parteivorbringen Grund zu der Annahme gebe, daß der Kläger, sei es wegen böslicher Klagerhebung (§ 273

Abs. 2 HGB.) oder wegen Kreditschädigung (§ 824 BGB.) oder wegen sittenwidriger Schadenszufügung (§ 826 BGB.) für die entstehenden Nachteile haftbar sei. Im vorliegenden Falle biete die Klage keinen Grund, die Möglichkeit einer Schadensersatzpflicht des Klägers zu bejahen. Er rüge Fehler bei Einberufung und Leitung der Generalversammlung und Mängel des Geschäftsberichts. Die Beklagte habe die Haltlosigkeit dieser Rügen bisher nicht behauptet. Ihr Vorbringen sei nicht geeignet, das Vorgehen des Klägers als böswillig erscheinen zu lassen. Es sei bedeutungslos, ob der Kläger nur eine oder viele Aktien habe, ob er von andern Aktienbesitzern aus Gründen der Kostenersparnis vorgeschickt sei, ob er die Beseitigung der Generalversammlungs-Beschlüsse aus rein sachlichen Erwägungen oder aus Spekulationsgründen betreibe. Es komme nur darauf an, ob ein sachliches Interesse an der Aufhebung der Beschlüsse dargetan sei und ob seine Sachbefugnis zur Anfechtung vorliege. Ein sachliches Interesse sei gegeben, wenn die Anfechtung die Vermögenslage des Anfechtenden irgendwie günstiger zu gestalten geeignet sei. Zur Zeit sei daher das Sicherheitsverlangen unbegründet. Unbeschadet der Befugnis des Gerichts, in jeder Lage des Verfahrens die Berechtigung eines Sicherheitsverlangens stets von neuem nachzuprüfen, sei somit der Antrag auf Anordnung einer Sicherheitsleistung zurückzuweisen. Das Endurteil des Landgerichts, das die Klage wegen Verweigerung der Sicherheitsleistung für zurückgenommen erkläre, sei mithin zu Unrecht ergangen. In sinngemäßer Anwendung des § 538 Nr. 2 ZPO. sei der Rechtsstreit zur sachlichen Verhandlung und Entscheidung an das Landgericht zurückzuverweisen.

Die Revision rügt Verletzung der §§ 272, 273 HGB. und des § 538 ZPO; sie macht geltend: Die Frage, ob und welche Schadensersatzansprüche die Gesellschaft gegen den Anfechtungskläger erheben könne, sei erst nach Abschluß des Verfahrens über die Anfechtungsklage auszutragen. Beide Verfahren dürften nicht miteinander verquickt werden. Die Anfechtungsklage wirke allgemein für und gegen alle Aktionäre, während selbst beim Vorhandensein mehrerer verbundener Anfechtungsklagen die Frage der Schadensersatzpflicht der einzelnen Kläger individuell verschieden liegen könne, wiederum im Gegensatz zu den der Gesellschaft durch die Anfechtung drohenden Nachteilen; diese seien stets oder fast immer unabhängig von der

Person des jeweils Anfechtenden. Daraus folge die Unrichtigkeit der Ansicht des Berufungsgerichts, daß es schon jetzt die Frage der Haftbarkeit des Klägers zu prüfen habe. Nach den bis zur Einführung des neuen Handelsgesetzbuchs geltenden Vorschriften (Art. 190a Abs. 3 i. Verb. mit Art. 222 Allg. DHGB.) sei das Verlangen nach Sicherheitsleistung sogar eine prozeßhindernde Einrede gewesen. Aus der Verweigerung der Verhandlung zur Hauptsache hätten also damals keine Schlüsse gegen die Berechtigung des Sicherheitsverlangens gezogen werden können. Jetzt sei zwar jene prozessuale Sondervorschrift beseitigt, aber sachlich sei das Gesetz unverändert geblieben, die Mußvorschrift sei nur in eine Kannvorschrift geändert. Daraus folge, daß eine Prüfung in dem vom Berufungsgericht angenommenen Umfang nicht in der Absicht des jetzigen Gesetzes liege. Mit Recht werde übrigens darauf hingewiesen, daß der Anfechtungskläger für die Prozeßkosten auch ohne jedes Verschulden hafte und daß sich die Sicherheit auch auf sie erstrecken müsse. Der Revision stehe auch der Umstand nicht entgegen, daß jetzt die Anordnung der Sicherheitsleistung in das Ermessen des Gerichts gestellt sei. Das Berufungsgericht begründe die Nichtausübung seines Ermessens mit rechtsirrtümlichen Erwägungen. § 538 ZPO. bedeute ebenso wie § 539 eine Ausnahme von dem Grundsatz, daß der Berufungsrichter den Prozeß ganz zu entscheiden habe. Eine ausdehnende Anwendung sei daher nicht zulässig, insbesondere nicht im Falle der Nr. 2 (prozeßhindernde Einreden), selbst wenn der erste Richter nur eine prozessuale Entscheidung erlassen habe.

Der Erfolg der ersten Rüge hängt davon ab, ob der Richter die Leistung einer Sicherheit nach § 272 Abs. 3 HGB. schon dann anordnen kann, wenn der Beklagten durch die Erhebung und Durchführung der Anfechtungsklage Nachteile drohen, oder ob er außerdem noch zu prüfen hat, ob der Anfechtungskläger im Falle der Abweisung der Klage die durch sie entstandenen Nachteile der Beklagten zu ersetzen hat. Die erstere Ansicht vertritt Staub-Pinner Anm. 10 zu § 272 HGB. mit dem Hinweis darauf, daß andernfalls die Vorschrift keine praktische Bedeutung habe. Dagegen vertreten Horrwitz, das Recht der Generalversammlung, S. 107; Goldschmit, die Aktiengesellschaft, § 272 HGB. Anm. 9; OLG. Naumburg in JW. 1924 S. 1192; Brodmann, Aktienrecht § 272 HGB. Anm. 4, die Ansicht, es sei auch zu prüfen, ob die Möglichkeit einer Haftbarkeit des Klägers für jene Nachteile gegeben sei. In § 272 Abs. 3 HGB. ist nicht ausgesprochen, daß der Kläger schon dann, wenn er mit seiner Klage unterliegt, für den durch sie der Beklagten entstandenen Schaden aufzukommen hat. Denn nach dem ganzen Aufbau und Wortlaut der §§ 271 bis 273 HGB. regelt die erste Vorschrift die Voraussetzungen der Anfechtungsklage, die zweite ihre prozessuale Behandlung, die letzte die Wirkungen des Urteils. Aus dem Wortlaut des § 272 Abs. 3 ist auch nicht zu schließen, daß der Richter lediglich zu prüfen habe, ob der Gesellschaft durch die Anfechtungsklage Nachteile drohen. Da die dem Kläger aufzuerlegende Leistung die Gesellschaft gegen den drohenden Schaden sichern soll, hat sie nur dann Zweck, wenn sie bei Eintritt des Schadens zu dessen Beseitigung verwendet werden kann. Dem Zweck der Sicherheitsleistung würde es widersprechen, wenn der Beklagte sie fordern und der Richter sie dem Kläger auferlegen könnte, ohne daß eine Haftbarkeit des Klägers in Frage käme. Allerdings wird dies bei Beginn des Rechtsstreits in der Regel noch nicht zu entscheiden sein. Ebensowenig wird aber in diesem Zeitpunkt regelmäßig gesagt werden können, daß der Gesellschaft ein Schaden drohe. Es muß genügen, daß mit der Möglichkeit eines Nachteils zu rechnen ist. Aber auch wenn diese Möglichkeit besteht, ist der Richter im Gegensatz zu der früheren Fassung des Gesetzes (Art. 222 i. Verb. mit Art. 190 Allg. DHGB.) nicht gehalten, die Sicherheitsleistung ohne weiteres anzuordnen, sondern er „kann" diese Anordnung treffen. Dies bedeutet nach dem Sprachgebrauch des heutigen Reichsrechts, daß es auch bei Vorhandensein der gesetzlichen Voraussetzungen für eine Entscheidung im freien, pflichtmäßigen Ermessen des betreffenden Gerichts steht, ob es die Entscheidung erlassen oder von ihr absehen will. Es kann daher der Revision darin nicht beigetreten werden, daß durch die Neufassung der Vorschriften der Art. 190a, 222 Allg. DHGB., wie sie in § 272 Abs. 3 HGB. für die Aktiengesellschaft erfolgt ist, keine sachliche Änderung eingetreten sei. Nach der alten Fassung des Gesetzes hatte die Gesellschaft ein unbedingtes Recht, vom klagenden Aktionär Sicherheit wegen der ihr drohenden Nachteile zu verlangen. Das Verlangen war als prozeßhindernde Einrede geltend zu machen. Die Entscheidung des Gerichts beschränkte sich darauf, die Höhe der Sicherheit zu bestimmen. Nach der neuen Fassung des Gesetzes entsteht die Verpflichtung des Klägers zur Sicherheitsleistung nicht schon durch ein dahingehendes Verlangen der Gesellschaft, sondern erst durch die Anordnung des Gerichts. Wenn nach dem neuen Gesetz das Gericht die Sicherheitsleistung anordnen kann, während es nach dem alten Gesetz nur die Höhe der Sicherheit zu bestimmen hatte, so ist damit klar zum Ausdruck gebracht, daß das Gericht nach allen Richtungen frei zu prüfen hat, ob es beim Vorliegen der notwendigen Voraussetzungen die Anordnung einer Sicherheitsleistung für geboten hält, wobei es selbstverständlich nicht nach Willkür, sondern nach pflichtmäßigem Ermessen zu entscheiden hat. Auch die Aufhebung der früheren Vorschrift, daß das Verlangen der Sicherheitsleistung als prozeßhindernde Einrede geltend zu machen sei, bedeutet eine sachliche Veränderung des Sicherheitsanspruchs. Die Aufhebung dieses Charakters der Einrede bringt der Gesellschaft insofern eine Verbesserung ihrer Lage, als sie nicht mehr wie bisher nur vor der Verhandlung zur Hauptsache das Sicherheitsverlangen erheben, sondern den Antrag in jeder Lage des Rechtsstreits stellen kann, wenn später das Bedürfnis einer Sicherheitsleistung hervortritt. Anderseits kann die Beklagte nach der neuen Fassung nicht mehr die Einlassung zur Hauptsache verweigern, was nach § 275 ZPO. a. F. bei prozeßhindernden Einreden zulässig war. Die Beklagte muß sich demnach von Anfang an darauf einrichten, daß ihrem Antrag auf Anordnung der Sicherheitsleistung nicht stattgegeben und sofort zur Hauptsache verhandelt wird und daß sie sich bei ungenügender Vorbereitung der mündlichen Verhandlung und mangelnden Erklärungen in dieser der Gefahr der Verurteilung in der Hauptsache aussetzt (Stein-Jonas Anm. I 2 zu § 275 ZPO.). Auch insofern ist also die Meinung der Revision nicht zu billigen, daß es der Gesellschaft freistehe, sich zunächst auf Stellung eines Antrags auf Anordnung der Sicherheitsleistung zu beschränken, und daß ihr durch Unterlassung sachlicher Stellungnahme kein Nachteil entstehen könne. Die Gesellschaft wird sich erst recht nicht auf diesen Standpunkt stellen dürfen, nachdem die Zivilprozeßnovelle von 1924 zur Vermeidung von Prozeßverschleppungen auch gegenüber prozeßhindernden Einreden im technischen Sinne des Recht des Beklagten auf Verweigerung der Einlassung zur Hauptsache beseitigt hat. Es muß vielmehr auch von der beklagten Gesellschaft verlangt werden, daß sie ihre sachlichen Einwendungen gegen die Klage alsbald geltend macht. Wäre dies im vorliegenden Falle geschehen, so hätte über die im April 1927 erhobene Klage längst sachlich entschieden werden können; die Beklagte hätte somit ihr Ziel, eine sichere Rechtsgrundlage für ihr weiteres Geschäftsgebaren zu schaffen, besser und schneller erreichen können als dadurch, daß sie sich in beiden Tatsacheninstanzen auf Erörterung des Sicherungsanspruchs beschränkte. Zu einer anderen Beurteilung kann auch nicht der Hinweis der Revision auf die Bemerkung von Horrwitz a. a. O. führen, daß zu den der Gesellschaft entstehenden Nachteilen immer auch ihre Verpflichtung zur vorläufigen Tragung der Kosten des Anfechtungsprozesses gehöre. Denn wenn man sich, wie auch Horrwitz, auf den Standpunkt stellt, daß das Drohen von Nachteilen zwar immer eine Voraussetzung für die Anordnung der Sicherheitsleistung sei, die Anordnung selbst aber im richterlichen Ermessen stehe, so können die Prozeßkosten höchstens für die Höhe der Sicherheitsleistung in Betracht kommen. Es kann daher hier unerörtert bleiben, ob die nach § 272 Abs. 3 HGB. geleistete Sicherheit auch für die Prozeßkosten haftet, oder ob nicht der Zweck der Vorschrift der ist, die Gesellschaft gegen die Gefahren eines Prozesses überhaupt und nicht nur gegen die mit der Anfechtung ihrer manchmal lebenswichtigen Beschlüsse entstehende Unsicherheit und die damit unmittelbar zusammenhängenden Nachteile zu schützen.

Auch dem Einwand von Staub-Pinner § 272 HGB. Anm. 10, bei der Auslegung des Berufungsgerichts die Vorschrift des § 272 Abs. 3 jede praktische Bedeutung verlieren würde, kann nicht zugestimmt werden. Zunächst würde es zu einer unerträglichen Beschränkung der Anfechtbarkeit von Generalversammlungs-Beschlüssen führen, wenn die Aktiengesellschaft bei jeder Gefährdung durch eine Anfechtungsklage Sicherheit verlangen könnte und der Richter dem Antrag entsprechen müßte, obwohl die Klage vielleicht die größte Aussicht auf Erfolg hat. Unbegründet ist sodann die Annahme, die Vorschrift des § 272 Abs. 3 HGB. habe praktisch keinen Wert, wenn dem Richter ein freierer Spielraum eingeräumt werde. Auch wenn die Anordnung der Sicherheitsleistung im freien richterlichen Ermessen steht, wird die Vorschrift ihren Zweck erfüllen, wenn der Richter von dem ihm zustehenden Ermessen einen sachgemäßen Gebrauch macht, wenn er also nach Lage des Einzelfalles alle Umstände in Betracht zieht. Dazu gehören die Größe der Gefährdung der Gesellschaft durch die Anfechtung eines bestimmten Beschlusses, anderseits die Aussichten der Klage und die Berechtigung der sachlichen Einwendungen der Beklagten. Eine Gefährdung berechtigter Interessen der Gesellschaft ist umsoweniger zu befürchten, als der Antrag auf Anordnung der Sicherheitsleistung im Laufe des Rechtsstreits wiederholt werden kann; die sachliche Einlassung der Gesellschaft auf das Klagvorbringen ermöglicht unter Umständen dem Richter eine bessere Beurteilung der Sachlage. So gut der Richter nach freiem Ermessen zu prüfen hat, ob der Gesellschaft durch die Anfechtung Nachteile drohen (was nicht immer der Fall sein muß), wird er sich auch damit zu befassen haben, ob eine zu leistende Sicherheit ihr Ziel insofern erreichen wird, als sie auf Grund der Haftbarkeit des Klägers nach § 273 Abs. 2 HGB. oder anderer Vorschriften überhaupt in Anspruch genommen werden kann. So wenig wie für die Bejahung der Gefährdung der Gesellschaft wird aber auch für die Frage, ob eine Haftung des Klägers eintreten wird, ein strenger Beweismaßstab angelegt werden dürfen. Vielmehr wird sich der Richter, wie bei der einstweiligen Verfügung, so auch bei der Entscheidung über die Sicherheitsleistung, die ebenfalls nur eine vorläufige Maßregel darstellt, mit einer Glaubhaftmachung begnügen müssen. Dies will offenbar auch das Oberlandesgericht Bamberg in LZ. 1910 Sp. 239 zum Ausdruck bringen, wenn es ausführt, über die Pflicht zur Sicherheitsleistung sei nach Billigkeit unter Berücksichtigung aller Umstände zu entscheiden, der Nachweis einer böslichen Handlungsweise des Klägers sei aber nicht zu fordern.

Diese Grundsätze hat sich das Berufungsgericht zu eigen gemacht, wenn es annimmt, es liege auch bei Würdigung des Vorbringens der Beklagten kein Grund vor, die Möglichkeit einer Schadensersatzpflicht des Klägers zu bejahen, und wenn es darauf abstellt, daß sich die Beklagte auf die Haltlosigkeit der Rügen des Klägers bisher nicht berufen habe. Das Berufungsgericht betont auch, daß es der Beklagten freistehe, das Verlangen nach Sicherheitsleistung zu wiederholen und dadurch eine nochmalige Prüfung der Frage zu veranlassen.

Hiernach ist die Auffassung, daß keine Verpflichtung des Klägers zur Sicherheitsleistung bestehe, nicht zu beanstanden.

Die Bescheidung der weiteren Rüge hängt davon ab, ob eine ausdehnende Anwendung des § 538 Nr. 2 ZPO. zulässig ist. Denn die unmittelbare Anwendung dieser Vorschrift kommt nicht mehr in Frage, weil das Verlangen der Sicherheitsleistung nach § 272 Abs. 3 HGB. keine prozeßhindernde Einrede mehr begründet. Gegen die ausdehnende Anwendung des § 538 ZPO. wird geltend gemacht, daß das Berufungsgericht regelmäßig den Prozeßstoff in vollem Umfang zu erledigen habe (auch soweit er nicht Gegenstand der Verhandlung und Entscheidung in der Vorinstanz gewesen ist) und daß § 538 ZPO. nur bestimmte Ausnahmen von dieser Regel festsetze (Stein-Jonas Bem. I zu § 538 ZPO.). Dagegen weisen Rosenberg, Lehrbuch des Zivilprozeßrechts 1927 § 114 S. 441/442 und Baumbach ZPO. § 538 Anm. 4 darauf hin, daß allen Fällen des § 538 ZPO. der gemeinsame Gedanke zugrundeliege, der erste Richter habe sich mit dem Klaganspruch nicht sachlich befaßt, und der Partei entginge eine Instanz, wenn der Berufungsrichter alsbald in der Sache entscheiden würde; wegen Gleichheit des Grundes müsse die Zurückverweisung auch eintreten, wenn der erste Richter wegen Mängel der Klageschrift oder wegen Fehlens einer der in § 274 ZPO. nicht angeführten Prozeßvoraussetzungen die sachliche Entscheidung abgelehnt habe. Das Reichsgericht hat die hier erörterte Frage noch nicht entschieden. In JW. 1921 S. 1243 (Urteil vom 13. April 1921 V 486/20) ist nur geprüft, ob dann, wenn das Berufungsgericht die Klage wegen Fehlens einer gültigen Ladung abgewiesen hat, die Sache bei Aufhebung des Urteils nach § 539 ZPO. an die erste Instanz zurückverwiesen werden könne, weil ein Mangel des Verfahrens vorliege. Die Frage wurde verneint, weil die oberlandesgerichtliche Entscheidung nicht auf einem Mangel des Verfahrens, sondern auf einem Irrtum im Urteilen beruhe. Auch das das Urteil in RGZ. Bd. 102 S. 217 behandelt in Anlehnung an Bd. 9 S. 323 die Frage, ob Zurückverweisung nach § 539 ZPO. unter dem Gesichtspunkt zulässig sei, daß nicht ein Mangel des Verfahrens (error in procedendo), sondern eine unrichtige Entscheidung (error in judicando) vorliege. Die von Stein-Jonas in der Fußnote 3 zu § 538 angeführte Entscheidung des Reichsgerichts (JW. 1919 S. 108 Nr. 17) ist nicht verwendbar, da dort das Gericht erster Instanz über den Anspruch sachlich entschieden hatte. In RGZ. Bd. 70 S. 179 (Entscheidung der Vereinigten Zivilsenate vom 19. Oktober 1908) handelt es sich um die Zulässigkeit des Rechtswegs, also um einen Rechtsbehelf des Beklagten, der an sich in der Form einer prozeßhindernden Einrede (§ 274 Abs. 2 Nr. 2 ZPO.) geltend gemacht werden konnte. Streitig war nur, ob die Zurückverweisung nach § 538 Nr. 2 auch zulässig sei, wenn die Entscheidung über die Zulässigkeit des Rechtswegs nicht auf Grund einer Einrede, sondern von Amts wegen erfolge. Unter ausdrücklicher Betonung, daß es sich um eine ausdehnende Anwendung des § 538 ZPO. handle, erklärt dort das Reichsgericht die Zurückverweisung für zulässig. Es geht dabei von dem Grundgedanken des § 538 ZPO. aus, wonach die Partei einen Anspruch darauf hat, daß in zwei Instanzen sachlich entschieden werde. Dieser Anspruch werde aber — so wird ausgeführt — nicht verwirklicht, wenn der erste Richter nur ein Prozeßurteil erlassen habe, und der Kläger, der im ersten Rechtszug nur aus verfahrensrechtlichen, im zweiten dagegen aus sachlichen Gründen abgewiesen werde, sei damit schlechter gestellt als durch das erste Urteil, es liege also eine reformatio in pejus vor. In folgerichtiger Durchführung dieses Gedankens erklärt es die Entscheidung der Vereinigten Zivilsenate für unerheblich, ob in erster Instanz schon zur Sache verhandelt wurde. Es komme nur darauf an, ob das erste Urteil ein reines Prozeßurteil sei. Ist es also unerheblich, ob der verfahrensrechtliche Mangel in Gestalt einer prozeßhindernden Einrede geltend gemacht worden ist, so kann die Entscheidung auch nicht davon abhängen, ob der Mangel durch Erhebung einer prozeßhindernden Einrede geltendgemacht werden könnte; wesentlich ist dann nur, ob lediglich ein Prozeßurteil vorliegt, d. h. ob die erste Instanz nur aus verfahrensrechtlichen Gründen entschieden hat. In RGZ. Bd. 74 S. 209 hat der I. Zivilsenat in einem Patentstreit den § 538 ZPO. ausdehnend ausgelegt und die Zurückverweisung an die erste Instanz für zulässig erklärt; den gleichen Standpunkt hat der I. Zivilsenat im Urteil vom 14. November 1917 I 309/17 vertreten. Ferner ist zu beachten, daß der Unterschied zwischen einer prozeßhindernden Einrede und anderen verfahrensrechlichen Behelfen durch die Aufhebung des Rechts, die Einlassung zur Hauptsache zu verweigern, in der neuen Fassung des § 275 ZPO. fast beseitigt, jedenfalls aber stark verblaßt ist. Nimmt man hinzu, daß die Beseitigung der prozeßhindernden Wirkung des Verlangens nach Sicherheitsleistung ebenso wie die neue Fassung des § 275 ZPO. dem Zweck dient, Verschleppungen und Erschwerungen von Prozessen zu verhindern, so besteht erst recht kein Grund zu Bedenken gegen die ausdehnende Anwendung des § 538. Zur Anrufung der Vereinigten Zivilsenate liegt kein Anlaß vor; denn die angeführten Entscheidungen befassen sich nur mit der Auslegung des § 539 ZPO.

---

50. 1. Können für die Frage, ob ein Zustellungsmangel durch rechtzeitiges Zugehen des zuzustellenden Schriftstücks geheilt ist, auch die Lebenserfahrung, sowie die Unterlassung einer Erklärung über einen wichtigen Umstand verwertet werden?

2. Darf das Berufungsgericht die Sache an das Gericht erster Instanz zurückverweisen, wenn es dessen Urteil aufhebt, weil das Landgericht die Klage in der irrtümlichen Annahme abgewiesen hatte, das Anfechtungsrecht des klagenden Aktionärs sei nach § 271 HGB. durch verspätete Zustellung der Klage erloschen?

ZPO. §§ 184, 187, 539. HGB. § 271.

II. Zivilsenat. Urt. v. 4. Dezember 1928 i. S. Hannov. Immob. AG. (Bekl.) w. K. (Kl.). II 226/28.

I. Landgericht Hannover.
II. Oberlandesgericht Celle.

Der Kläger, welcher Aktionär der verklagten Aktiengesellschaft ist, beantragte mit der Klage, den Beschluß der außerordentlichen Generalversammlung der Beklagten vom 27. Juni 1927, betreffend Bestätigung der Genehmigung der Liquidationsbilanz, des Geschäftsberichts und der Gewinn- und Verlustrechnung für das Geschäftsjahr 1925 für ungültig zu erklären. Die Klage ist innerhalb der einmonatigen Frist des § 271 Abs. 2 HGB. den Mitgliedern des Aufsichtsrats und dem Liquidator zugestellt worden, dem letzteren in der Weise, daß das Schriftstück am 22. Juli 1927 in seiner Abwesenheit in seiner Privatwohnung einer bei ihm dienenden Hausangestellten übergeben wurde. Die Beklagte beanstandete die Wirksamkeit der Klagzustellung an den Liquidator, da dieser — was unstreitig ist — ein von seiner Wohnung getrenntes Geschäftslokal besitze, in dem die Zustellung hätte erfolgen müssen. Das Landgericht wies die Klage ab, weil die Zustellung an den Liquidator nicht rechtzeitig bewirkt sei. Das Oberlandesgericht hob dieses Urteil auf und verwies den Rechtsstreit an die Vorinstanz zurück. Die Revision der Beklagten führte zur Aufhebung des oberlandesgerichtlichen Urteils und zur Zurückverweisung der Sache in die Vorinstanz.

Gründe:

Das Berufungsgericht nimmt an, die Zustellung der Klageschrift an den Liquidator der Beklagten sei unter Verletzung des § 184 ZPO. geschehen; denn im Anwendungsbereich dieser Vorschrift sei eine Ersatzzustellung nach § 181 das. ausgeschlossen. Dieser Mangel sei jedoch nach § 187 das. geheilt, wenn sich „aus den Erklärungen der Beklagten" ergebe, daß ihr gesetzlicher Vertreter die Klageschrift mit der Ladung vor Ablauf der einmonatigen Frist des § 271 Abs. 2 HGB., also im vorliegenden Falle spätestens am 27. Juli 1927, erhalten habe. Ob dies der Fall sei, entscheide das Gericht in freier Würdigung. Die Lebenserfahrung spreche dafür, daß das Dienstmädchen die ihr ausgehändigte Urkunde alsbald nach Empfang, also aller Wahrscheinlichkeit nach noch am 22. Juli, dem Liquidator übergeben habe. Diese Vermutung werde dadurch zur Gewißheit, daß sich andernfalls die Beklagte, die mit allen Mitteln die Abweisung der Klage erstrebe, damit verteidigt hätte, die Klageschrift sei ihr erst nach Ablauf der Monatsfrist übergeben worden. Die Klagebeantwortung rüge aber nur, daß nicht im Geschäftslokal der Beklagten zugestellt worden sei. Die Tatsache der Zustellung werde mittelbar durch den Hinweis auf die Zustellungsurkunde zugestanden. Die Klagebeantwortung stelle eine dem Gegner und dem Gericht gegenüber abgegebene prozessuale Erklärung dar. Zur Heilung des Zustellungsmangels genüge aber jede prozessuale Erklärung, aus der das Gericht die Tatsache und den Zeitpunkt der Zustellung ohne weiteres folgern könne. Das ergebe sich aus der Fassung des § 187 ZPO. Die nur auf den prozessualen Verteidigungsgrund gestützte Abweisung der Klage sei somit zu Unrecht erfolgt. Die Zurückverweisung an das Landgericht beruhe auf sinngemäßer Anwendung des § 539 ZPO.

Die Revision rügt Verletzung der §§ 539 und 187 ZPO. Für die Anwendung des § 539 fehle es an der gesetzlichen Grundlage. Handle es sich um einen wesentlichen Mangel, woran das Verfahren (im Gegensatz zur Urteilsfindung) leide, so bedürfe es keiner sinngemäßen Anwendung. Hier liege aber — vom Standpunkt des Berufungsgerichts — nichts weiter vor als eine falsche Entscheidung.

Der Umstand, daß die zu entscheidende Frage dem Verfahrensrecht angehöre, könne die Anwendung des § 539 nicht rechtfertigen. Schon aus diesem Grunde sei die Aufhebung des Berufungsurteils geboten. Der unzweifelhaft vorhandene Zustellungsmangel werde nach § 187 nur geheilt, wenn sich aus den „Erklärungen" einer Partei ergebe, daß die Ladung in ihre Hände gelangt sei. Wenn die Klage nur innerhalb einer bestimmten Frist erhoben werden könne, müsse der Zeitpunkt der Zustellung innerhalb der Frist liegen. Die Zustellung sei nach § 187 mit dem Zeitpunkt als bewirkt anzusehen, in dem die Partei „nach ihren Erklärungen die Ladung erhalten hat". Hier sei nach dem festgestellten Sachverhalt über den Zeitpunkt, in dem die Klageschrift in die Hände des Liquidators gekommen ist, überhaupt keine Erklärung abgegeben worden. Die Nichtabgabe einer Erklärung könne aber niemals als Erklärung im Sinne des § 187 ZPO. angesehen werden. Das Berufungsgericht folgere die Rechtzeitigkeit der Zustellung nur aus der Lebenserfahrung. Das sei mit dem Gesetz nicht vereinbar. Die Lebenserfahrung könne die vom Gesetz erforderte Erklärung nicht ersetzen, umsoweniger, als in der Klagbeantwortung die nicht rechtzeitige Vornahme der Zustellung ausdrücklich beanstandet worden sei.

Die Rüge der Verletzung des § 187 ist nicht begründet. Diese Vorschrift will die Geltendmachung von Zustellungsmängeln ausschließen, wenn der Zweck der Zustellung, das Zugehen des zuzustellenden Schriftstücks und damit die Rechtsverteidigung sicherzustellen, trotz des formellen Zustellungsmangels in anderer Weise, nämlich dadurch erreicht ist, daß der Zustellungsempfänger das Schriftstück noch rechtzeitig erhalten hat. Geht man von diesem Ziel und weiter davon aus, daß die Formvorschriften der Zivilprozeßordnung dem Schutze des materiellen Rechts, nicht aber seiner Vereitlung dienen sollen, so ist § 187 nicht einschränkend, sondern ausdehnend auszulegen. Diesem Grundsatz ist das Reichsgericht schon früher gefolgt, indem es annahm, daß jede im Prozeß abgegebene Erklärung genüge, wenn sich aus ihr auch nur mittelbar unzweideutig ergebe, daß das zuzustellende Schriftstück rechtzeitig in die Hand des Empfangsberechtigten gelangt sei. Auch der Umstand, daß sich die Erklärung der Beklagten über bestimmte Tatsachen ausdrücklich ausspricht, andere für das Rechtsverhältnis wesentliche Tatsachen dagegen nicht erwähnt, deren Bestreitung ihren Interessen gedient hätte, kann zur Auslegung der Erklärung dahin verwendet werden, daß die nicht erwähnte Tatsache nicht bestritten werde (WarnRspr. 1913 Nr. 161). Danach konnte das Berufungsgericht in dem Vorbringen der Beklagten, die Zustellungsurkunde ergebe, daß die Zustellung an den Liquidator in seiner Wohnung als Ersatzzustellung an das Dienstmädchen statt im Geschäftslokal der Gesellschaft erfolgt sei, zunächst die Erklärung finden, daß der Liquidator das zugestellte Schriftstück von dem Dienstmädchen ausgehändigt erhalten habe. Das Gericht konnte aber auch auf Grund der Unterlassung einer Behauptung dahin, daß die Ladung dem Liquidator von dem Dienstmädchen nicht innerhalb der Anfechtungsfrist ausgehändigt worden sei, mittelbar die Tatsache der alsbald erfolgten Weitergabe des Schriftstücks als zugestanden feststellen. Die Bemerkung der Beklagten, die Anfechtungsklage sei nicht rechtzeitig erhoben, kann nicht als Behauptung der verspäteten Ablieferung des Schriftstücks gewertet werden. Wenn die Beklagte eine dahingehende Behauptung hätte aufstellen wollen, hätte sie sich deutlicher ausgedrückt. Danach hat das Berufungsgericht mit Recht angenommen, daß die Anfechtungsklage innerhalb der Monatsfrist des § 271 HGB. erhoben worden ist.

Begründet ist dagegen die Rüge, daß § 539 ZPO. verletzt sei. Wie auch das Berufungsgericht annimmt, kommt eine unmittelbare Anwendung des § 539 ZPO. nicht in Frage. Denn wenn das Landgericht die Klage zu Unrecht abgewiesen hat, weil es rechtsirrtümlich glaubte, die Klage sei nicht rechtzeitig erhoben und der Generalversammlungs-Beschluß sei daher nicht wirksam angefochten, so kann darin nur ein Irrtum in der Entscheidung (error in judicando), kein Mangel des Verfahrens (error in procedendo) gefunden werden (RGZ. Bd. 9 S. 323, Bd. 102 S. 217; JW. 1921 S. 1243). Eine ausdehnende Auslegung des § 539 oder auch des § 538 ZPO. kommt schon deshalb nicht in Betracht, weil es sich bei der Entscheidung nicht nur um die Frage der rechtzeitigen Klagerhebung im Sinne des Prozeßrechts handelt, sondern auch darum, ob der Generalversammlungs-Beschluß im Sinne des materiellen Rechts wirksam angefochten worden ist. Das Landgericht hat also nicht ein Prozeßurteil erlassen, sondern über den Anfechtungsanspruch selbst sachlich entschieden, allerdings nur unter dem Gesichtspunkt, ob rechtzeitig angefochten oder ob das Anfechtungsrecht durch Ablauf der Ausschlußfrist des § 271 Abs. 2 HGB. erloschen ist. Ist aber über die Klage in irgendeiner Weise sachlich entschieden, so hat das Berufungsgericht den gesamten Prozeßstoff zu erledigen, und eine Zurückverweisung in die erste Instanz (abgesehen von dem hier nicht einschlagenden § 538 Nr. 3) ist ausgeschlossen. Danach hat der Berufungsrichter zunächst die weiteren sachlichen Einwendungen der Beklagten gegen die Anfechtungsklage zu prüfen und dann zu entscheiden, ob das klagabweisende Urteil des Landgerichts aufrechtzuerhalten oder abzuändern ist.

51. Sind Verträge rechtswirksam, welche bezwecken, die nach § 59 des Reichsbeamtengesetzes eintretende Beschränkung des Ruhegehalts zu verhüten?

III. Zivilsenat. Urt. v. 29. Januar 1929 i. S. Deutsche Reichspost (Bekl.) w. 1. Th. (Kl.), 2. Allg. Ortskrankenkasse H. (Streitgehilfin). III 161/28.

I. Landgericht Halle.
II. Oberlandesgericht Naumburg.

Der Kläger war nach seinem Ausscheiden aus dem Postdienst Angestellter der Streitgehilfin. Am 1. Januar 1922 verließ er auch diesen Dienst. Als „Abfindung" bewilligte sie ihm durch Vergleich vom 19. Mai 1921 eine lebenslängliche Jahreszahlung, neben welcher Hinterbliebenenbezüge und Kinderzulagen entsprechend den gesetzlichen Vorschriften gewährt werden sollten. Ferner wurde bestimmt:

> Unter gegebenen Umständen ist die Abfindungssumme auf die Höhe der Herrn Th. (dem Kläger) gegenwärtig zustehenden gesetzlichen Pension zu bringen.

Am 20. Juni 1922 vereinbarten der Kläger und die Streitgehilfin zur Behebung von Zweifeln u. a. folgendes:

> Die Parteien sind sich darüber einig, daß die Worte .... „gesetzliche Pension" so auszudeuten sind, daß darunter der Geldbetrag zu verstehen ist, welcher einem Beamten, der im Mai 1921 in den Ruhestand getreten ist, jeweils zukommt. Das mit den Worten „unter gegebenen Umständen" Gemeinte bezieht sich auf eine

etwaige Kürzung der Herrn Th. zufließenden Postpension. Der Fall ... ist gegeben, wenn diese Postpension ohne Verschulden des Herrn Th. gekürzt werden sollte.

Der Kläger hat gegen die jetzige Streitgehilfin Ansprüche aus dem Vergleich im Prozeßwege geltend gemacht und auch ein obsiegendes Urteil erstritten. In diesem Vorprozeß hatte die damalige Beklagte, jetzige Streitgehilfin, der jetzigen Beklagten, der Deutschen Reichspost, den Streit verkündet, und diese war ihr beigetreten. Der Kläger hat dann auf Grund des Vergleichs Zahlungen von der Streitgehilfin erhalten, und daraufhin wurden entsprechende Abzüge von seiner Postpension gemacht. Diese Abzüge berechnet der Kläger für die Zeit vom 1. Dezember 1925 bis 30. August 1927 auf 2019,66 RM. Er hat nach fruchtloser Anrufung der Verwaltungsbehörde Klage auf Zahlung dieses Betrags nebst Zinsen erhoben. Diesem Antrag ist die von ihm angerufene Streitgehilfin beigetreten. Die Klage ist im ersten Rechtszug abgewiesen worden. Das Berufungsgericht hat ihr stattgegeben. Die Revision führte zur Aufhebung des Berufungsurteils und zur Zurückverweisung.

Gründe:

Verklagt ist, worüber in diesem Rechtszuge die Parteien einig sind und wie es auch der Rechtslage — vgl. Reichspostfinanzgesetz vom 18. März 1924 (RGBl. I S. 287) — entspricht, die Deutsche Reichspost. Da ihre Beamten nach § 12 des genannten Gesetzes Reichsbeamte sind, ist gemäß § 547 ZPO. in Verbindung mit § 71 Abs. 2 Nr. 1 GVG. die Revision zulässig, obgleich der streitige Anspruch nicht gegen das Deutsche Reich erhoben ist (RGZ. Bd. 111 S. 341).

Auch sachlich finden, da § 12 a. a. O. nicht entgegensteht, die für Reichsbeamte geltenden Vorschriften auf den vorliegenden Fall Anwendung, so auch § 59 RBG., der bestimmt, daß dann, wenn ein Pensionär außerhalb des Reichsdienstes eine Pension erdient, die unmittelbar oder mittelbar aus öffentlichen Mitteln gewährt wird, neben ihr die Reichspension nur bis zur Erreichung des in § 58 Abs. 2 das. bezeichneten Betrags zu zahlen ist. Hiervon ausgehend hat die Beklagte die fragliche Kürzung vorgenommen. Die Streitgehilfin als Revisionsbeklagte bestreitet die Berechtigung dazu und trägt vor, ihre Zahlungen stellten nicht die Gewährung von Ruhegehaltsbezügen dar, sondern von Abfindungsbeträgen, zu deren Zahlung sie sich im Vergleich unter Ausschluß der Ruhegehaltsgewährung verpflichtet habe. Die Beklagte, so meint sie, sei nicht befugt, die Zahlungen rechtlich anders, etwa als Ruhegehaltszahlungen, anzusehen; denn in dem Prozeß, den der Kläger gegen sie, seine jetzige Streitgehilfin, geführt habe, sei rechtskräftig festgestellt worden, daß der Anspruch des Klägers auf die ihm im Vergleich gewährten Abfindungszahlungen kein Ruhegehalts-, sondern ein „rein bürgerlichrechtlicher Vertragsanspruch" sei. An diese rechtliche Feststellung sei die Beklagte gebunden, weil sie ihr damals als Streitgehilfin beigetreten sei. Das Berufungsgericht hat sich diese auf § 74 Abs. 3, § 68 ZPO. gestützte Rechtsauffassung zu eigen gemacht und ausgeführt: da hiernach keine Pension vorliege, finde auch § 59 RBG. keine Anwendung; folglich sei die Beklagte zu Abzügen nicht berechtigt gewesen.

Nun erstreckt sich allerdings die Rechtskraft des im Vorprozeß ergangenen Urteils der heutigen Beklagten gegenüber, welcher der Streit verkündet war, auf die tatsächlichen und rechtlichen Grundlagen der damaligen Entscheidung (RGZ. Bd. 55 S. 239). Sie muß es also gegen sich gelten lassen, daß der Kläger gegen die Streitgehilfin keinen Ruhegehalts-, sondern einen bürgerlichrechtlichen Anspruch hat. Damit ist indessen der Rechtsstreit noch nicht entschieden, sondern es ist folgendes zu erwägen.

Die jetzt maßgebende Fassung des § 59 RBG. beruht auf der neunten Ergänzung des Besoldungsgesetzes vom 18. Juni 1923 (RGBl. I S. 385). Denjenigen Reichspensionären, die bei Erlaß dieses Gesetzes schon Bezüge aus öffentlichen Mitteln erhielten, konnte ihr aus Reichsmitteln fließendes Ruhegehalt nur im Rahmen der bisherigen Bestimmungen entzogen werden, nicht aber nach Maßgabe der Neufassung und der damit verbundenen Erweiterung der Kürzungsvorschriften, nämlich des hier einschlägigen Art. 2 des genannten Gesetzes (RGZ. Bd. 115 S. 120). Auf diese ihm günstige Rechtslage kann sich aber der Kläger nicht berufen. Denn er beansprucht Zahlungen für die Zeit von 1. Dezember 1925 bis 31. August 1927. Für diesen Zeitraum gilt jedoch die auf dem Ermächtigungsgesetz vom 13. Oktober 1923 (RGBl. I S. 943) beruhende Gesetzgebung, die über etwaige Beamtenrechte hinweggehen konnte (RGZ. a. a. O. S. 119). Auf Grund dieses Ermächtigungsgesetzes ist die Reichs-Personal-Abbau-Verordnung vom 27. Oktober 1923 (RGBl. I S. 999) ergangen. Dort ist in Art. 10

§ 9 bestimmt, daß, wenn Versorgungsberechtigte im öffentlichen Dienste verwendet werden, ihre Bezüge nach Maßgabe der neunten Ergänzung des Besoldungsgesetzes zu kürzen sind. Das infolgedessen nun doch hier anzuwendende, oben erwähnte Gesetz vom 18. Juni 1923 sieht aber in Art. 2 und der hierdurch veranlaßten nunmehrigen Fassung des Reichsbeamtengesetzes die hier in Frage stehende Kürzung vor und bestimmt ferner, wer in solchem Fall als im öffentlichen Dienst verwendet angesehen werden soll. Trifft letzteres ebenfalls auf den Kläger zu, dann kann er den Schutz wohlerworbener Rechte nicht beanspruchen.

Nach dem in § 59 angezogenen und hier maßgebenden § 57 Nr. 2 a. a. O. ist davon auszugehen, daß die dem Kläger wegen seines Dienstes bei der Streitgehilfin gewährte Vergütung, mag sie auch in Form einer Abfindungsrente gewährt werden, aus öffentlichen Mitteln erfolgt. Das entspricht der in Verwaltung und Rechtsprechung anerkannten Auffassung (Erlaß des Reichsministers der Finanzen vom 14. Juni 1923 Nr. 3, RBesBl. S. 189; RGU. vom 19. Juni 1928 III 3/28, abgedr. Recht 1928 Nr. 2074 und Höchstr. Rspr. 1929 Nr. 150; vgl. auch RGZ. Bd. 119 S. 209 und Bd. 122 S. 295). Würde ihm die Vergütung als Ruhegehalt gewährt, so wäre sie unbestreitbar, wie geschehen, abzuziehen. Im Vergleich vom 19. Mai 1921 und im Abkommen vom 20. Juni 1922 wurden die oben wiedergegebenen Bestimmungen getroffen.

Die Fassung des Abkommens vom 20. Juni 1922, die Umstände, unter denen es geschlossen worden ist, sein Zweck und Ergebnis nötigen zu der Prüfung, ob damals der Kläger und die Streitgehilfin beabsichtigt haben, eine Rechtslage zu schaffen, die beim Kläger den Eintritt von Folgen verhütete, wie sie sich aus § 59 RBG. ergeben. Daß das in rechtswirksamer Weise geschehen konnte und hier geschehen ist, verstand sich aber keineswegs von selbst. Wäre das Abkommen zur absichtlichen Umgehung des Gesetzes getroffen worden, so wäre zu prüfen, ob es trotzdem wirksam war. Die planmäßige Umgehung eines Gesetzes kann, auch wenn sie kein besonderes Verbot verletzt, dennoch sittenwidrig und deshalb nichtig sein, zumal dann, wenn das betreffende Gesetz in der Not des Vaterlands und zu ihrer Bekämpfung erlassen worden ist. Die hiernach notwendige Prüfung des Zweckes der fraglichen Vereinbarung und ihrer Wirksamkeit wird auch nicht durch den Umstand erübrigt, daß das Gesetz vom 18. Juni 1923 noch nicht erlassen war, als das Abkommen getroffen wurde. Auch die Absicht, eine erwartete oder als möglich vorhergesehene Gesetzeslage zu umgehen, wird regelmäßig nicht anders zu beurteilen sein. ...

---

52. 1. Liegt in der Zusicherung, daß eine verkaufte Kuh von einem bestimmten Tag nach der Übergabe an eine gewisse Menge Milch gebe, die Vereinbarung einer Gewährfrist?

2. Welche Rechtsbehelfe hat der Käufer, wenn der Verkäufer mit der Zurücknahme des mangelhaften Tieres in Verzug gerät? Wann verliert er durch Untätigkeit oder durch Veräußerung des Tieres die Ansprüche aus der mangelhaften Lieferung?

BGB. §§ 481 flg.

II. Zivilsenat. Urt. v. 18. Dezember 1928 i. S. S. (Kl.) w. v. K. (Bekl.). II 239/28.

I. Landgericht Guben.
II. Kammergericht Berlin.

Mit schriftlichem Vertrag vom 16. Dezember 1924 verkaufte der Kläger an den Beklagten acht prima Kühe, hochtragend, 14 Tage vor dem Kalben, Alter etwa 8 Jahre mit garantiert gutem Euter, zum Preise von 800 RM. das Stück, lieferbar innerhalb 8 Tagen. Der Kläger lieferte am 23. Dezember neun Kühe statt acht; der Beklagte nahm die neun Kühe an. Am 29. Dezember wurde zwischen den Parteien weiter vereinbart: „Herr S. (Kläger) tauscht jede von den gelieferten Kühen, welche acht Tage nach dem Kalben unter 15 Liter Milch pro Tag gibt, auf seine Kosten um gegen ein gleichwertiges Stück." Vom Kaufpreis mit zusammen 7200 RM. sind 3600 RM. durch Aufrechnung getilgt. Mit der Klage verlangte der Kläger, nachdem er in erster Instanz nur einen Teilbetrag geltend gemacht hatte, u. a. Zahlung des Restbetrags von 3600 RM. Das Landgericht wies die Klage ab; die Berufung des Klägers wurde zurückgewiesen. Seine Revision hatte Erfolg.

Aus den Gründen:

Der Berufungsrichter legt die beiden Verträge dahin aus, daß der Kläger eine bestimmte Eigenschaft der Kühe, nämlich

Milchergiebigkeit von 15 Liter täglich acht Tage nach dem Kalben, zugesagt und sich beim Fehlen dieser Eigenschaft zur Lieferung eines der Zusicherung entsprechenden Ersatzstückes verpflichtet habe. Diese Vereinbarung — so führt das Urteil weiter aus — sei wirksam, da die §§ 481 flg. BGB. kein zwingendes Recht enthielten. Der Beklagte sei also nicht, wie der Kläger annehme, auf die Geltendmachung des gesetzlichen Wandlungsanspruchs beschränkt (RGZ. Bd. 60 S. 235). Auf die Vereinbarung sei § 492 BGB. anwendbar; sie bedeute, daß der Käufer erst acht Tage nach dem Kalben die zugesicherte Milchergiebigkeit zu prüfen gehabt und daß erst von diesem Tage an die Frist des § 490 BGB. zur Geltendmachung der Ansprüche aus der Mängelhaftung zu laufen begonnen habe. Zu diesen Ansprüchen gehöre sowohl der Anspruch auf Umtausch (§ 491 BGB.) als auch der Anspruch auf Ersatz des sich aus der mangelhaften Lieferung ergebenden Schadens. Der Berufungsrichter stellt auf Grund der Beweisaufnahme fest, daß von den neun Kühen nur zwei die zugesagte Milchergiebigkeit gehabt hätten. Die ersten beiden mangelhaften Kühe seien am 15. Januar 1925, dann nochmals mit der dritten am 1. Februar 1925, die letzten vier am 20. Februar 1925, also sämtlich noch innerhalb der Frist des § 490 BGB., beanstandet worden. Verfehlt sei die Annahme des Klägers, daß die Anzeige zwei Tage nach Ablieferung der Kühe oder mindestens zwei Tage nach dem achten Tag vom Kalben an hätte erfolgen müssen. Denn § 485 sei in § 492 nur für den Fall der Vereinbarung einer Gewährfrist für anwendbar erklärt. Eine besondere Gewährfrist sei aber hier nicht vereinbart. Die Vereinbarung des Stichtags für die zugesicherte Milchergiebigkeit sei nicht die Vereinbarung einer Gewährfrist. Danach könne der Kläger nur für zwei Kühe Zahlung des Kaufpreises verlangen; dieser sei aber durch die Verrechnung mit der Gegenlieferung gedeckt. Der Kläger könne auch nicht geltend machen, der Beklagte habe seine Rechte aus der Bemängelung der Kühe dadurch verloren, daß er die Tiere zum Teil jahrelang behalten und dann veräußert habe. Ein Verzicht auf die Rechte aus der Mängelrüge sei darin nicht zu sehen. Daß einzelne Kühe in der Folgezeit verendet seien, stehe der Geltendmachung der Ansprüche aus der Mängelhaftung nicht entgegen. Auch könne auf sich beruhen, ob der Beklagte es zu vertreten habe, daß er zur Rückgewähr einzelner Kühe infolge ihrer Weiterveräußerung außerstande sei. Nach § 487 Abs. 2 BGB. trete dann für den Beklagten an die Stelle der Rückgewähr die Vergütung des Wertes der Tiere. Ein dahingehender Anspruch des Klägers stehe aber hier nicht zur Entscheidung.

Die Revision rügt Verletzung der §§ 481 flg. BGB. Nach dem Vertrag sei der Beklagte an sich berechtigt gewesen, den Umtausch der Kühe zu verlangen. Von diesem Recht habe er aber nie Gebrauch gemacht, sondern Minderung begehrt, was nach Gesetz und Vertrag ausgeschlossen gewesen sei. Der Beklagte habe seine Ansprüche auch nicht rechtzeitig geltend gemacht. Es sei gleichgültig, wann der angegebene Mangel entdeckt worden sei; die Verjährungsfrist habe mit der Ablieferung der Tiere begonnen. Der Beklagte habe ferner die Tiere behalten und verwertet, also müsse er sie auch bezahlen. Der Berufungsrichter komme zu dem unannehmbaren Ergebnis, daß der Beklagte, nachdem er von dem ihm eingeräumten vertraglichen Rechte keinen Gebrauch gemacht habe, die Tiere ohne Entgelt behalten dürfe. Er stelle zwar fest, daß die Kühe nicht die zugesicherte Menge Milch gegeben hätten, lasse aber die Behauptung des Klägers offen, daß die Milchmenge nicht eine Woche nach dem Kalben gemessen worden sei.

Nicht begründet ist die Rüge, daß der Beklagte seine Rechte aus der Nichterfüllung der Zusage über Milchergiebigkeit verloren habe, weil er nicht innerhalb der zweitägigen Frist des § 485 BGB. den Mangel dem Verkäufer angezeigt oder eine der dort bezeichneten Handlungen vorgenommen habe. Nach § 492 BGB. findet bei Zusicherung einer Eigenschaft des verkauften Tieres § 485 BGB. nur dann entsprechende Anwendung, wenn eine Gewährfrist vereinbart ist. Das ist aber hier nicht der Fall. Der festgesetzte Stichtag bestimmt den Inhalt der Zusicherung (der achte Tag nach dem Kalben ist offenbar gewählt, weil dann wieder ein normaler Milchertrag zu erwarten ist), stellt aber keine Frist dar, innerhalb deren der Mangel der zugesicherten Eigenschaft sich zeigen müßte.

Wohl aber hat der Beklagte auf seine Rechte stillschweigend verzichtet. Läge weiter nichts vor, als daß er einige der Kühe verkauft hat, so wäre darin freilich noch nicht notwendig ein Verzicht zu finden. Wie das Wandlungsrecht, so bleibt beim Viehkauf auch der Nachlieferungsanspruch, auf den der Beklagte vertragsmäßig beschränkt war, durch eine Weiterveräußerung des verkauften Tieres grundsätzlich unberührt (§§ 491, 487 Abs. 2 BGB.). Ob eine in Kenntnis der Mangelhaftigkeit erfolgte Weiterveräußerung einen Verzicht auf Mängelgewähr enthält, läßt sich nicht allgemein beantworten, sondern bedarf der Prüfung im einzelnen Falle (Stölzle Viehkauf 6. Aufl. S. 257flg.). Im Streitfalle liegt aber mehr vor. Der Beklagte hat nach seinem eigenen Geständnis die mangelhaften Kühe in Kenntnis des Mangels behalten und jahrelang benutzt, bevor er sie an den Schlachter abgab. So durfte er nicht vorgehen, wenn er seine Gewährleistungsansprüche wahren wollte. Kraft des Nachlieferungsrechts (§ 480 BGB.) war er befugt, den Vertrag als unerfüllt zu behandeln. Er konnte also den Kläger in Annahmeverzug wegen der Rücknahme setzen, den Selbsthilfeverkauf vornehmen (§ 383 BGB.) und Lieferung vertragsmäßiger Kühe verlangen. Oder er konnte nach § 326 BGB. Schadensersatz wegen Nichterfüllung fordern, wobei er einen beim Deckungsverkauf erzielten Erlös in Anrechnung zu bringen hatte. Auch dies war ihm möglich; denn die Beschränkung auf das Nachlieferungsrecht schloß nur den nach §§ 490, 492 BGB. ohne weiteres gegebenen Schadensersatzanspruch aus und bezog sich nicht auf denjenigen Schadensersatzanspruch, der gegenüber dem im Leistungsverzug verharrenden Verkäufer aus § 326 herzuleiten war (Enneccerus Schuldverhältnisse § 336 I 1 Abs. 2; Staub-Könige HGB. § 377 Anm. 94). Wenn aber der Beklagte, der den Mangel gerügt hatte, keinen dieser beiden Wege einschlug, sondern die Tiere behielt und nutzte, so hat er damit auf Nachlieferung verzichtet. Es mag wohl sein, daß das seinem Willen nicht entsprach. Er mag geglaubt haben, durch Unterlassung der Vollzahlung des Kaufpreises das durch Gesetz (§ 487 Abs. 1 BGB.) und Vertrag ihm versagte Minderungsrecht im Ergebnis erzwingen zu können. Auf eine solche Absicht würde es indes nicht ankommen. Maßgebend war sein Verhalten, wie es nach Treu und Glauben bei Berücksichtigung der Verkehrssitte vom Kläger verstanden werden mußte, und dieses Verhalten ließ keinen anderen Schluß zu als den, daß er die gelieferten Kühe zuletzt doch noch genehmigt habe.

Hiernach muß der Beklagte den Kaufpreis für die 9 Kühe zahlen, soweit er nicht durch Gegenlieferungen ausgeglichen ist. . . .

53. 1. Über die Ausübung des Entlassungsrechts beim Dienstvertrag.
2. Zur Haftung der juristischen Person für Verschulden von Angestellten.

BGB. §§ 254, 278, 626.

II. Zivilsenat. Urt. v. 21. Dezember 1928 i. S. W. (Kl.) w. Deutsche Landwirtschaftsgesellschaft (Bekl.). II 393/28.

I. Landgericht I Berlin.
II. Kammergericht daselbst.

Der Kläger war seit dem 1. April 1908 von der Beklagten als Ingenieur und Geschäftsführer (Leiter) der Gerätebeschaffungsstelle, einer Unterabteilung der 9. Geräteabteilung, angestellt. Zum 31. März 1926 wurde ihm mit der vertraglichen Frist gekündigt. Nach seinem Anstellungsvertrag hat er einen Anspruch auf Ruhegehalt, der nach dem Vertrag zwischen der Beklagten und ihren oberen Beamten und nach seinem Dienstalter zur Zeit monatlich 633,30 RM. beträgt. Die Beklagte macht aus der Geschäftsführung des Klägers bei Kaufgeschäften mit der im November 1925 in Konkurs geratenen Aktiengesellschaft für motorische Bodenbearbeitung einen Schadensersatzanspruch von mindestens 100 000 RM. gegen den Kläger geltend. Sie hat ihm deswegen die Wirtschaftsbeihilfen für Oktober 1925 und Januar 1926, sowie das vertragsmäßige Weihnachtsgeld für 1925, insgesamt 1558,33 RM., nicht gewährt und will ihm bis zur Tilgung der Schadensersatzschuld den pfändbaren Teil seines Ruhegehalts abziehen. Demgemäß hat sie ihm für die ersten 3 Monate nach seiner am 1. April 1926 erfolgten Zurruhesetzung den Betrag von 1540,10 RM. nicht ausgezahlt. Der Kläger hat auf Zahlung der beiden Beträge von 1558,33 RM. und 1540,10 RM., zusammen 3098,43 RM., geklagt und die Feststellung beantragt, daß die Beklagte verpflichtet sei, ihm bis zu seinem Tode das ihm satzungsgemäß zustehende Ruhegehalt, sowie alle weiteren ihm nach der Satzung zustehenden Bezüge in voller Höhe auszuzahlen. Das Landgericht hat der Klage stattgegeben. Das Oberlandesgericht, vor dem die Beklagte geltend gemacht hat, daß sie zur fristlosen Entlassung des Klägers berechtigt gewesen und zur Gewährung von Ruhegehalt nicht verpflichtet sei, hat die Klage abgewiesen. Die Revision des Klägers war erfolglos.

Gründe:

Der hauptsächliche Entscheidungsgrund des Vorderrichters, die Beklagte sei zur pensionslosen Entlassung des Klägers und daher zur Ablehnung der Zahlung des Ruhegeldes berechtigt, ist nicht haltbar. Es bedarf für diesen Ausspruch keines näheren Eingehens auf die Frage, ob überhaupt ein Grund zur pensionslosen Entlassung vorgelegen hat. Denn es fehlt vor allem daran, daß die pensionslose Entlassung in einer dem Kläger gegenüber wirksamen Weise verfügt worden ist. Nach dem für das Rechtsverhältnis der Parteien maßgebenden „Vertrag zwischen der DLG. und ihren oberen Beamten" erfolgt die Bestimmung darüber, welches Ruhegehalt dem Beamten zusteht, durch den Vorstand der DLG. Dieser Vorstand, der aus dem Vorsitzenden, seinem Stellvertreter und 5 bis 8 Mitgliedern besteht, hat auch im Falle des Klägers nach den an ihn gerichteten Schreiben vom 22. September 1925 und vom 10. April 1926 Verfügung getroffen. Er hat die Kündigung des Dienstvertrags des Klägers zum 31. März 1926 beschlossen und am 22. September 1925 erklären lassen: „Die Bewilligung eines Ruhegehalts erfolgt unter dem Vorbehalt, daß die weitere Untersuchung nicht Anlaß zur fristlosen Entlassung bietet." Er hat sodann, wie dem Kläger am 10. April 1926 mitgeteilt wurde, das jetzt eingeklagte Ruhegehalt ab 1. April bewilligt. Es ist aber nicht behauptet worden, daß er dem Kläger das Ruhegeld wieder entzogen habe. Die Beklagte hat im Gegenteil noch im Rechtsstreit erklärt, der Kläger sei weder „per sofort" entlassen, noch sei seine Pension kassiert. Damit steht auch nicht im Widerspruch ihre spätere Erklärung: der Kläger habe ihr einen wichtigen Grund zur Kündigung gemäß § 626 BGB. gegeben, und daraus folge ihre Berechtigung zur Verweigerung des Ruhegehalts und der weiteren Beihilfen nach dem zwischen ihr und ihren oberen Beamten in Ansehung der Pensionsversorgung abgeschlossenen Vertrag; habe sie auch mit Rücksicht auf die lange Dienstzeit des Klägers von diesem Entlassungsrecht keinen Gebrauch gemacht, so bleibe sie doch berechtigt, ihre Abzüge auch aus diesem Gesichtspunkt zu rechtfertigen. Auch damit wird ausdrücklich zugegeben, daß keine pensionslose Entlassung des Klägers verfügt worden ist; dies hätte allein durch den Vorstand in seiner satzungsmäßigen Besetzung geschehen können. Das übrige Vorbringen der Beklagten ist reine Rechtsausführung, die für die Frage, ob der Kläger pensionslos entlassen ist, keine Rolle spielt; außerdem ist das Vorbringen unrichtig. Denn Folgen, die ein bestimmter Rechtsbehelf mit sich bringt, treten nicht ein, solange nicht von dem Behelf in rechtswirksamer Weise Gebrauch gemacht wird. Nach dem Vertrag mit den oberen Beamten ist gegen die Entscheidung des Vorstandes über das Ruhegeld der Rechtsweg ausgeschlossen und auf Anrufen des Beamten ein schiedsrichterliches Verfahren verordnet, und über die Frage eines Verschuldens, das eine pensionlose Entlassung rechtfertigt, entscheidet im Streitfall auf Anrufen des Beamten gleichfalls das Schiedsgericht mit Ausschluß des Rechtswegs. Alles das ist hier nicht beobachtet und konnte mangels einer Verfügung des Vorstands über die pensionslose Entlassung und Entziehung des Ruhegelds nicht beobachtet werden. Ein Übereinkommen der Parteien, für den gegenwärtigen Streifall vom schiedsrichterlichen Verfahren abzusehen und die Frage dem ordentlichen Gericht zu unterbreiten, liegt nicht vor. Eine Zustimmung des Klägers hierzu kann aus seiner Einlassung auf die vorgebrachten Beschuldigungen nicht entnommen werden. Seine Auffassung geht dahin, daß die Beklagte, nachdem sie ihm das Ruhegehalt bewilligt habe, nicht mehr auf die pensionslose Entlassung zurückkommen könne. . . .

Der Senat ist der Meinung, daß die Beklagte überhaupt nicht mehr auf eine pensionslose Entlassung zurückkommen kann. Über diese Frage, die außerhalb des Bereichs des vertraglich bestimmten Schiedsverfahrens liegt, kann im ordentlichen Rechtsstreit entschieden werden. Wie das Schreiben vom 22. September 1925 ersehen läßt, war schon am 8. Juni 1925 eine vorläufige Dienstenthebung gegen den Kläger verfügt. Mit der hier ausgesprochenen Dienstkündigung unter dem Vorbehalt fristloser Entlassung (je nach dem Ergebnis der weiteren Untersuchung) war auch der Vorbehalt des Ersatzes des aus der bisherigen Geschäftsführung entstandenen oder noch entstehenden Schadens verbunden. Hiernach und nach der im Schreiben vom 14. April 1926 gegebenen Schadensberechnung haben schon damals die jetzt im Rechtsstreit gegen den Kläger ins Feld geführten Geschäfte mit der erwähnten Aktiengesellschaft den Gegenstand der Untersuchung und den Anlaß zu den gegen ihn getroffenen Maßnahmen gebildet. In einem solchen für die ganze Existenz und die Zukunft des Angestellten grundlegenden Rechtsverhältnis ist es aber mit Treu und Glauben unvereinbar, wenn die Prüfung der Umstände und die endgültige Entschließung über die Zubilligung oder Versagung von Versorgungsansprüchen länger hinausgeschoben werden. Seit die Beklagte die „weitere Untersuchung" angezeigt und ihre Entschließung sich vorbehalten hat (22. September 1925) und seit dem Eintritt der Zahlungsunfähigkeit der Aktiengesellschaft sind 2 1/2 Jahre und mehr, seit der letzten Beweiserhebung im Rechtsstreit bis zur Schlußverhandlung der Vorinstanz mehr als 2 Monate verstrichen. Die Beklagte hat schon im April 1926 alle dem Kläger später zur Last gelegten Tatsachen gekannt, mit denen sie den Vorwurf einer fahrlässigen, ihren Interessen schädlichen Kreditgewährung begründet. Wenn sie diesen Tatbestand noch nicht für ausreichend zur Zurückziehung des Ruhegeldes hielt, wohl aber einzelne später hervorgetretene Züge des Gesamtbilds für durchschlagend erklären wollte, so mußte sie nun sofort handeln, falls es nicht überhaupt nach Treu und Glauben schon zu spät dazu war, weil sich diese Einzelheiten längst durch die eigene Untersuchung hätten gewinnen lassen oder weil sie ohnehin als vorhanden anzunehmen waren. Jetzt kann die Beklagte das Entlassungsrecht nicht mehr ausüben (RGZ. Bd. 122 S. 38).

Mit Unrecht hat also der Vorderrichter dem Kläger den Bezug von Ruhegeld überhaupt abgesprochen.

Trotzdem ist die Revision unbegründet, weil der Zahlungsanspruch des Klägers im ganzen durch den vom Vorderrichter rechtsirrtumsfrei festgestellten Schadensersatzanspruch der Beklagten aufgezehrt und dadurch auch der Feststellungsanspruch hinfällig gemacht wird. Der Vorderrichter stellt einen Schaden aus jener Kreditgewährung an die Aktiengesellschaft in Höhe von rund 100000 RM. fest, indem er erklärt, die Beklagte habe noch 134000 RM. von der im Konkurs befindlichen Schuldnerin zu fordern und werde darauf voraussichtlich nicht mehr als 34000 RM. erhalten. Auf die genaue Schadenshöhe kommt es hier nicht an; es genügt, daß ein den Zahlungsanspruch übersteigender Schaden vorhanden ist. Der Vorderrichter gibt hierzu von der Ansicht ausgehend, daß der Kläger keinen Anspruch auf Ruhegeld mehr habe, seine Überzeugung dahin kund, es sei nicht anzunehmen, daß die Beklagte selbst bei aller möglichen Vorsorge für die Einbringung des Geldes von der

Aktiengesellschaft „nicht einmal mit 1558,33 RM.", d. h. mit dem für die Zeit vor dem Ende des Anstellungsverhältnisses nachgeforderten Betrag, ausgefallen wäre. Es besteht kein Bedenken, diesem Ausspruch den Sinn unterzulegen, daß damit gerade nicht ein auf die angeführte Zahl beschränkter Schaden gemeint war, sondern jeder Schadensteil, der im Verhältnis zu dem entstandenen Schaden von 100000 RM. noch als klein erscheint, also auch der ganze vom Revisionsgericht als an sich entstanden anerkannte Zahlungsanspruch von nicht voll 3100 RM. und darüber.

Zur Schadenshaftung des Klägers genügt ein leichtes, nach § 276 BGB. zu vertretendes Verschulden, das für die Entstehung des Schadens ursächlich ist. Nun weist der Vorderrichter eingehend nach, daß der Kläger der Aktiengesellschaft in unkaufmännischer Weise einen hohen, schließlich auf 221585,80 RM. angewachsenen ungedeckten Kredit gewährt hat, der sich hauptsächlich dadurch auf rund 134000 RM. verminderte, daß der bei der Aktiengesellschaft und bei den mit ihr geschlossenen Geschäften beteiligte P. 80000 RM. auf sein Schuldkonto übertragen ließ. Die wesentlichen Züge der vom Berufungsrichter im einzelnen erörterten Geschäfte lassen die Feststellung als berechtigt erscheinen, daß das Verfahren des Klägers unkaufmännisch war und daß er mit der Einräumung eines derart hohen ungesicherten Kredits die Sorgfalt eines ordentlichen Kaufmanns verletzt hat. Die Fahrlässigkeit bleibt bestehen, auch wenn die Aktiengesellschaft damals nach außen noch günstig stand und wenn dem Kläger nicht zu widerlegen ist, daß er geglaubt hat, sie werde beim Verkauf von Maschinen hohen Gewinne erzielen und die Schuld an die Beklagte allmählich abtragen können, letztere werde daher, zumal bei den vereinbarten hohen Zinssätzen, keinen Schaden leiden. Denn die Verhältnisse eines Schuldners und seine Gewinnaussichten können sich nach kaufmännischer Erfahrung ändern; deswegen war auf ausreichende Sicherung des eigenen Geschäftsherrn Bedacht zu nehmen. Die Ursächlichkeit des Verhaltens des Klägers für den entstandenen Schaden stellt der Vorderricher gleichfalls einwandfrei fest. Seine Ausführung gegen die Berechtigung des vom Kläger erhobenen Vorwurfs, es sei vom November 1924, der Zeit des letzten Geschäftsabschlusses mit der Aktiengesellschaft, bis April 1925, wo die hohe ungedeckte Schuld klargestellt worden ist, nichts geschehen, um die Schuld bei zutreiben, wird von der Revision nicht angegriffen. Hier käme lediglich ein Verschulden anderer Angestellter in Frage, das ohne Verschulden des Klägers gar nicht hätte eintreten können und das weder sein Verschulden noch dessen Ursächlichkeit für die Schadensfolge beseitigt. Ein in dieser Richtung liegendes Verschulden des Vorstands der Beklagten, ihres gesetzlichen Vertreters, hält der Vorderrichter nicht für gegeben. Auch das wird nicht angegriffen.

Einen Erfolg kann auch der Revisionsangriff nicht haben, der aus dem Verhalten des Hauptgeschäftsführers der Beklagten, Dr. W., und den Rücksprachen des Klägers mit ihm entnommen wird. Hieraus kann weder eine Entlastung des Klägers von seiner Schuld noch eine Mithaftbarkeit der Beklagten für den Schaden abgeleitet werden. Der Kläger war, wie der Vorderrichter feststellt, als Leiter der Gerätebeschaffungsstelle zwar dem Hauptgeschäftsführer (und auch dem Leiter der Geräteabteilung, der aber hier keine Rolle spielt) unterstellt. Seine Stellung war jedoch selbständig und er hatte insbesondere die vorkommenden Rechtsgeschäfte allein abzuschließen. Nach der „Dienstanweisung für die Geschäftsführer der DLG." hat jeder Geschäftsführer die Verantwortung für den gesamten Betrieb seiner Geschäftsstelle. Der Hauptgeschäftsführer handelt und zeichnet in Vertretung des Vorstands und übt als dessen Vertreter die dem Vorstand zustehende Aufsicht über die Geschäftsstellen aus. Der Vorderrichter stellt fest, der Kläger habe allerdings mit Dr. W. über die mit der Aktiengesellschaft abzuschließenden Geschäfte vielfach Rücksprache genommen. Im Anschluß hieran wird aber ausgeführt, es könne sich dabei im wesentlichen nur um die Besprechung allgemeiner Grundsätze gehandelt haben. Um die Einzelheiten dieser Geschäfte habe sich Dr. W. nicht gekümmert und nicht kümmern können. Bestimmte Anordnungen, die der Kläger hätte befolgen müssen, habe Dr. W. nicht getroffen; er habe sich auf die Angaben des Klägers verlassen müssen. Daß der weiter festgestellte Mangel besonderer Sachkunde des Dr. W. hinsichtlich der Maschinen hier nicht von Bedeutung ist, kann dem Revisionskläger zugegeben werden, weil es sich um die Verletzung allgemeiner kaufmännischer Regeln handelt. Daß aber bei den Verhandlungen mit Dr. W. gerade diejenigen Punkte hervorgetreten sind, welche das Geschäftsgebahren des Klägers im Verkehr mit der Aktiengesellschaft zu einer Pflichtverletzung stempeln, ist nicht festgestellt; ebensowenig, daß Dr. W. die Pflicht zur Aufsichtführung verabsäumt habe. Hiermit ist zuvörderst ausgeschlossen, daß der Kläger etwa, weil nur einer Gehorsamspflicht genügend, eine eigene Verantwortung nicht zu tragen gehabt und eine Ursache für den Schaden gar nicht gesetzt hat. Der Kläger kann aber auch nicht geltend machen, daß eine mit seiner Anschauung übereinstimmende Beurteilung und Zulassung der Geschäfte durch den Hauptgeschäftsführer seinem Verhalten die Eigenschaft des Schuldhaften nehme. Wäre aber die Sache so, daß der Hauptgeschäftsführer das Pflichtwidrige der vom Kläger erledigten Geschäfte erkannt und sie gleichwohl zugelassen oder genehmigt hätte, so würde das zwar auch seine Verantwortlichkeit dem Geschäftsherrn gegenüber begründen, vermöchte aber nicht den Kläger zu entlasten. Daraus, daß etwa der Hauptgeschäftsführer die Pflichtwidrigkeit und Schädlichkeit der Geschäfte des Klägers hätte erkennen und daß er pflichtgemäß die Geschäfte hätte verhindern müssen, könnte keine Verpflichtung der Beklagten zur anteiligen Tragung des Schadens (gemäß §§ 254, 278 BGB.) abgeleitet werden. Der Hauptgeschäftsführer der Beklagten, der nur in Vertretung des Vorstands handelt, ist nicht ihr gesetzlicher Vertreter; nur für dessen Verschulden hätte sie einzustehen. Er ist aber auch nicht Erfüllungsgehilfe der Beklagten in Ansehung einer Verbindlichkeit zur Schadensverhütung. Wie der erkennende Senat schon wiederholt ausgesprochen hat, ist bei Gesellschaften oder Genossenschaften das schuldhafte Handeln eines Organs nicht ohne weiteres geeignet, die Haftung eines anderen Organs oder eines bevollmächtigten Geschäftsführers für sein Verschulden auszuschließen oder einzuschränken. Vgl. JW. 1900 S. 186 Nr. 15, 1920 S. 1032 Nr. 10; Seuff.Arch. Bd. 61 Nr. 89; Recht 1918 Nr. 692; Staub-Pinner HGB. § 241 Anm. 5, § 235 Anm. 7, 8; Brodmann Aktienrecht § 241 Anm. 1, 2b.

---

54. Wann beginnt die Verzinsung des Aufwertungsbetrags einer abgetretenen Grundschuld zugunsten des früheren Gläubigers, wenn die Grundschuld nicht auf den neuen Gläubiger umgeschrieben ist?

AufwG. § 21 Abs. 1 Nr. 2, § 31 Abs. 1 S. 1, § 28 Abs. 1 und 2. Ges. v. 9. Juli 1927 (RGBl. I S. 171) Art. I § 1 Abs. 1.

V. Zivilsenat. Beschl. v. 30. Januar 1929 i. S. Sparkasse der Stadt K. (Gläub.) w. F. (Schuldner). V B 55/28.

Aufwertungsstelle Rostock.

Auf einem Grundstück in R. hafteten für die Beschwerdegegnerin Grundschulden aus der Vorkriegszeit von zusammen 18000 M., die ihr zwar vom Grundstückseigentümer, dem Beschwerdeführer, am 5. Juli 1923 gegen Abtretungserklärung bezahlt, aber im Grundbuch auf den Beschwerdeführer nicht umgeschrieben wurden. Zwischen den Parteien ist streitig geworden, ob der an sich unstreitige Aufwertungsbetrag nach § 28 Abs. 1, § 31 Abs. 1 S. 1 des AufwG. schon seit 1. Januar 1925 zu verzinsen ist, oder nach § 28 Abs. 2, § 21 Abs. 1 Nr. 2 das. in Verb. mit Art. I § 1 Abs. 1 der Aufwertungsnovelle erst vom 1. April 1926 ab. Die Aufwertungsstelle, an die sich unter Vereinbarung ihrer Zuständigkeit die Parteien gemeinschaftlich wendeten, entschied dahin, daß die Verzinsung mit dem 1. Januar 1925 beginne. Der hiergegen vom Grundstückseigentümer beim Oberlandesgericht Rostock unmittelbar eingelegten sofortigen weiteren Beschwerde wollte das Beschwerdegericht stattgeben; es sieht sich jedoch hieran durch eine Entscheidung des Kammergerichts vom 10. November 1927 (AufwRspr. 1927 S. 814) gehindert und hat die Sache deshalb dem Reichsgericht zur Entscheidung vorgelegt. Dieses ist dem Kammergericht mit folgender Begründung beigetreten.

Im Anschluß an die der Entscheidung vom 29. Oktober 1926 (RGZ. Bd. 114 S. 178) ist schon im Urteil vom 29. Oktober 1927 (das. Bd. 118 S. 280) ausgesprochen worden, daß kein Anlaß vorliegt, die Vorschrift des § 28 Abs. 2 AufwG. über ihren unmittelbaren Bereich hinaus, der eine Wiedereintragung der Hypothek fordert, auszudehnen, wie denn auch Art. I der Aufwertungsnovelle von „gelöschten" Hypotheken und Grundschulden handelt. Wenn die Vorschrift des § 28 Abs. 2 AufwG. in RGZ. Bd. 121 S. 134 zuungunsten des früheren Gläubigers auf den Fall angewandt worden ist, daß Umschreibung der abgetretenen Hypothek erfolgt war, so unterschied sich dieser Fall von dem vorliegenden gerade dadurch, daß es dort einer Wiedereintragung wenigstens des früheren Gläubigers bedurfte, während hier nicht einmal diese erforderlich ist, sondern die ursprüngliche Eintragung im Grundbuch unverändert aufrechterhalten geblieben ist. Demgemäß ist auch in jener Entscheidung (S. 137) bereits anerkannt worden, daß, wenn bei der Abtretung überhaupt nichts gelöscht, sondern der Name des abtretenden Gläubigers stehengeblieben ist, der Abs. 2 des § 28 keine Anwendung findet. Hiergegen macht zwar das Oberlandesgericht Rostock unter Hinweis auf das oben erwähnte Urteil RGZ. Bd. 118 S. 280 geltend, daß im Fall einer Abtretung in öffentlich beglaubigter Form gemäß § 1155 BGB. die Eintragung des bisherigen Gläubigers nur noch zum Scheine fortbestehe. Dem ist aber entgegenzuhalten, daß bei der Beratung der Aufwertungsnovelle im Reichstagsausschuß (Drucks. 3604 S. 37 III. Wahlperiode 1924/27) von einem Vertreter der Regierung die fortbestehende Eintragung im Grundbuch immerhin als Legitimation gegenüber dem Hypothekenschuldner dahin gewürdigt worden ist, daß ihr Fehlen die Hinausschiebung des Verzinsungsbeginns rechtfertige, während bei ihrem Vorhandensein (oder Fortbestehen) die Voraussetzung für die Anwendung des § 28 Abs. 2 nicht gegeben sei.

Hiernach hat die Aufwertungsstelle mit Recht die Verzinsungspflicht schon vom 1. Januar 1925 ab festgestellt.

---

55. Betrifft der über ein Rechtsverhältnis aus § 14 der Aufwertungsnovelle vom 9. Juli 1927 geschlossene Vergleich auch dann lediglich dieses Rechtsverhältnis, wenn im Vergleich ein Verzicht auf etwaige weitere Aufwertungsansprüche aus einem späteren Gesetz enthalten ist?

Aufwertungsnovelle vom 9. Juli 1927 §§ 14, 17.

VII. Zivilsenat. Urt. v. 1. Februar 1929 i. S. A. Versicherungs-AG. (Kl.) w. G. E. GmbH. (Bekl.). VII 400/28.

I. Landgericht I Berlin.
II. Kammergericht daselbst.

Für die Versicherungsgesellschaft W. waren auf einem Grundstück in Berlin mehrere Hypotheken im Gesamtbetrag von 900000 M. eingetragen. Diese Hypotheken wurden der W. am 28. Oktober

1922 in Papiermark zum Nennbetrag bezahlt, und zwar durch den mit der Überweisung des Geldes beauftragten Notar M., der bei den Überweisungen die Beklagte als Zahlende bezeichnete. Als die Gläubigerin die Zahlung empfing und die löschungsfähige Quittung erteilte, auf Grund deren später die Hypotheken gelöscht wurden, war noch v. Th. als Eigentümer des Grundstücks eingetragen; der Beklagten war jedoch unterm 24. Oktober 1922 ein Kaufangebot über das Grundstück gemacht worden, wonach sie die für die W. eingetragenen Hypotheken in Anrechnung auf den Kaufpreis übernehmen sollte. Das war nach ihrer Behauptung auch der Grund, warum sie als Zahlende auftrat. Das ihr gemachte Kaufangebot hat sie am 6. November 1922 angenommen; sie ist nach erfolgter Auflassung demnächst auch als Eigentümerin eingetragen worden.

Die Klägerin hat als Rechtsnachfolgerin der W. später Aufwertungsansprüche gegen die Beklagte angemeldet, ist aber von der Aufwertungsstelle, da die Beklagte unter Berufung auf § 20 AufwG. wegen ihres guten Glaubens ihre Aufwertungspflicht bestritt, auf den Prozeßweg verwiesen worden. Sie hat deshalb Klage auf Feststellung ihres Aufwertungsanspruchs erhoben. Während des ersten Rechtsgangs haben sich die Parteien im Februar 1927 außergerichtlich dahin verglichen, daß die Beklagte zur Begleichung aller ihr aus den fraglichen Hypotheken obliegenden Verpflichtungen bis zum 1. April 1927 25000 RM. zahlen solle und daß damit alle irgendwie gearteten Ansprüche der Klägerin aus den Hypotheken gemäß den jetzigen und etwaigen späteren Aufwertungsgesetzen ein für allemal erledigt sein sollten. Von dem Vergleich wurde am 25./28. Februar 1927 dem Landgericht Mitteilung gemacht. Der Streit wurde aber von den Parteien nach dem Inkrafttreten der Novelle vom 9. Juli 1927 fortgesetzt, weil die Klägerin auf Grund des § 17 das. den Vergleich für unwirksam hielt.

In den Vorinstanzen wurde die Klage abgewiesen, weil die Voraussetzungen des § 17 der Novelle nicht für gegeben erachtet wurden. Die Revision der Klägerin führte zur Aufhebung des Kammergerichtsurteils und zur Zurückverweisung der Sache.

Gründe:

Es handelt sich um die Frage, ob der im Februar 1927 abgeschlossene Vergleich dem Aufwertungsanspruch der Klägerin entgegensteht oder ob er nach § 17 der Novelle vom 9. Juli 1927 unwirksam ist.

Die Vorinstanzen haben das erstere angenommen, und zwar das Landgericht deshalb, weil die Beklagte durch die Vergleichssumme der Klägerin nur den Verzicht auf die Rechte aus einer ihr etwa günstigeren späteren Gesetzgebung habe abkaufen wollen; das Berufungsgericht darum, weil durch den Vergleich nicht bloß der Streit oder die Ungewißheit über die Auslegung des § 20 AufwG. habe erledigt werden, sondern jeder irgendwie geartete Aufwertungsanspruch der Klägerin habe ausgeglichen sein sollen, letzteres aber über den Rahmen des im § 14 der Novelle bezeichneten Rechtsverhältnisses hinausgegangen sei. Beide Auffassungen sind nicht zutreffend.

Streit war unter den Parteien darüber, ob sich die Beklagte wegen ihres guten Glaubens auf die Vergünstigung des § 20 AufwG. berufen könne. Dieser Streit mag eine Abschwächung erfahren haben, als die Entscheidungen des Kammergerichts vom 13. Dezember 1926 und 26. Januar 1927 (Zeitschr. des Deutschen Notarvereins 1927 S. 94, AufwRspr. 1927 S. 202) auch dem Grundstückserwerber, der die Hypothek übernommen und selbst bezahlt hat, die Berufung auf den guten Glauben nach § 20 AufwG. zugestanden hatten, was später der V. Zivilsenat des Reichsgerichts in seinen Urteilen vom 30. April 1927 (RGZ. Bd. 116 S. 161) und vom 25. Februar 1928 (RGZ. Bd. 119 S. 178) als richtig anerkannt hat. Aber beim Vergleichsschluß lag nur die Rechtsprechung des Kammergerichts vor und diese beendigte nicht schon notwendig den Streit oder die Ungewißheit der Parteien über das Recht der Beklagten zur Berufung auf ihren guten Glauben; um so weniger, als die Parteien mit einer Änderung des Aufwertungsgesetzes rechneten und dabei auch in Betracht zogen, daß der den gutgläubigen Erwerb schützende § 20 AufwG. eine Änderung zuungunsten der Beklagten erfahren könne.

Unter diesen Umständen betraf aber der im Februar 1927 geschlossene Vergleich ein im § 14 der Novelle bezeichnetes Rechtsverhältnis, nämlich die Rechtsbeziehungen zwischen dem früheren Hypothekengläubiger und dem in Ansehung der Hypothek gutgläubigen Erwerber des Grundstücks, sodaß auch die Anwendung des § 17 der Novelle am Platze war. Dem kann nicht entgegengehalten werden, daß der Vergleich auch jeden späteren, durch die Änderung der Gesetzgebung hergestellten Aufwertungsanspruch der Gläubigerin habe beseitigen sollen und sich deshalb nicht lediglich auf ein Rechtsverhältnis der im § 14 a. a. O. bezeichneten Art bezogen habe. Denn der Verzicht der Klägerin auf etwaige ihr später erwachsende Aufwertungsansprüche war nur eine Vergleichsbedingung, unter der die Beklagte die geltend gemachten Aufwertungsansprüche der Klägerin trotz der von ihr in Anspruch genommenen Rechte aus dem guten Glauben anerkannte; aber er betraf nicht den Streit oder die Ungewißheit über ein anderes Rechtsverhältnis als das, welches bisher unter den Parteien streitig oder ungewiß gewesen war. Deshalb kann aus diesem Verzicht nicht geschlossen werden, daß dem bisherigen Streitgegenstand noch ein neuer hinzugefügt wurde, indem man — was eigentlich selbstverständlich war, weil die Vertragsparteien durch einen Vergleich Rechte und Verbindlichkeiten in der Regel endgültig regeln wollen — auch noch die aus einer Änderung der Gesetzgebung der Klägerin etwa später erwachsenden Aufwertungsrechte hineinzog. Vielmehr blieb es dabei, daß Gegenstand des Streits und Vergleichs die Rechtsbeziehungen waren, die sich aus dem guten Glauben der Beklagten für die Aufwertung ergaben. In diesem Sinne hat sich auch der V. Zivilsenat im Beschluß vom 4. Juli 1928 V B 34/28 ausgesprochen, nachdem er schon vorher für solche Verzichte einen ähnlichen Standpunkt bei den nach § 67 AufwG. zu beurteilenden Vergleichen eingenommen hatte (RGZ. Bd. 117 S. 226). Im Beschluß vom 4. Juli 1928 V B 28/28 (RGZ. Bd. 121 S. 371) hat er auch den von den Parteien in Bezug genommenen Meinungsstreit zwischen dem Kammergericht und dem Oberlandesgericht Stuttgart wegen dieser Frage in gleicher Weise entschieden.

Auch der Umstand, daß die Parteien nicht bloß über die Aufwertungspflicht, sondern zugleich über die Höhe der Aufwertung stritten, erweiterte den Vergleichsgegenstand nicht über das im § 14 der Novelle genannte Rechtsverhältnis hinaus. Denn immer blieben Gegenstand des Vergleichs die trotz des guten Glaubens der Beklagten bestehenden Aufwertungsrechte der Klägerin; Grund und Höhe des Aufwertungsanspruchs waren gleichmäßig Unterlagen dieses Anspruchs und ließen sich voneinander nicht trennen, wenn es sich darum handelte, ob der Klägerin gegen die Beklagte Aufwertungsansprüche zustehen.

56. 1. Ist der Rechtsweg zulässig für den Anspruch einer Gemeinde aus einem ihr gegebenen Versprechen, die einem Dritten obliegende Wertzuwachssteuer zu bezahlen?

2. Ist ein solches Versprechen rechtsgültig?

3. Zur Frage der Anfechtung wegen Irrtums.

4. Zur Frage der Zurückforderung wegen ungerechtfertigter Bereicherung.

GVG. § 13. BGB. §§ 119, 151, 305, 812. Reichsabgabenordnung §§ 1, 2, 100.

VI. Zivilsenat. Urt. v. 4. Februar 1929 i. S. v. R. (Bekl.) w. Stadtgemeinde B. (Kl.). VI 362/28.

I. Landgericht I Berlin.
II. Kammergericht daselbst.

Der Beklagte kaufte im Jahre 1925 von Dr. A. in Br. dessen Grundstück in B. für 28000 RM. und wurde nach Zahlung des Kaufpreises im Februar 1926 als Eigentümer eingetragen. Nach dem Vertrage hatte der Verkäufer dafür einzustehen, daß in der III. Abteilung des Grundbuchs keine Eintragungen enthalten seien; der Beklagte hatte außer Kosten, Stempel und Grunderwerbsteuer auch die Wertzuwachssteuer zu tragen. Die Klägerin veranlagte den Verkäufer zu 6600 RM. Wertzuwachssteuer und nimmt wegen dieses Betrags sowie wegen Zinsen, Verzugszuschlag und Gebühren, insgesamt wegen 7450,50 RM. nebst weiteren Zinsen, den Beklagten in Anspruch. Sie stützt die Klage auf mündliche und schriftliche Verpflichtungserklärungen des Beklagten ihr gegenüber, namentlich auf eine schriftliche Erklärung vom 15. Januar 1926, und auf einen Pfändungs- und Überweisungsbeschluß ihrer Steuerkasse, durch den sie den Befreiungsanspruch des Verkäufers gegen den Beklagten erfaßt hat. Der Beklagte will keine oder doch keine unbedingte Verpflichtung zur Zahlung der Steuer eingegangen sein, sondern mit dem Stadtsekretär Kl. vereinbart haben, daß seine Erklärung vom 15. Januar 1926 nur dann gelten solle, wenn er von keinem Aufwertungsgläubiger in Anspruch genommen werde; inzwischen habe aber eine Hypothekengläubigerin, deren Hypothek beim Kaufabschluß gelöscht gewesen sei, eine dingliche Aufwertung von

37000 RM. gegen ihn erstritten. Er meint, daß der Verkäufer ihn hiervon zu befreien habe, daß dann aber kein Wertzuwachs mehr bestehe. Auch macht er Anfechtung seiner etwaigen Verpflichtungserklärungen wegen Irrtums geltend. Die Inanspruchnahme aus dem Pfändungs- und Überweisungsbeschluß hält er mangels eines Rechtsschutzinteresses für unzulässig, weil die Klägerin ihn auf Grund ihrer Wertzuwachssteuerordnung unmittelbar heranziehen könne und weil dem gepfändeten Anspruche sein eigener Anspruch auf Befreiung von der Aufwertungslast entgegenstehe.

Das Landgericht verurteilte den Beklagten unter Ermäßigung des Zinsanspruchs, das Kammergericht wies seine Berufung zurück. Auch seine Revision hatte keinen Erfolg.

Gründe:

Beide Vorinstanzen haben die Verurteilung des Beklagten, unter Beiseitelassung des Pfändungs- und Überweisungsbeschlusses, nur auf sein Zahlungsversprechen gestützt. Die Zulässigkeit des Rechtswegs, über welche die Vorinstanzen sich nicht ausdrücklich ausgesprochen haben, ist für eine auf solcher rein privatrechtlichen Grundlage beruhende Klage unbedenklich gegeben (vgl. RGZ. Bd. 82 S. 328). Auch gegen die Gültigkeit einer bürgerlichrechtlichen Verpflichtungserklärung des Beklagten wegen Bezahlung der Steuer sind keine Bedenken zu erheben. Zwar haftete der Beklagte nach § 11 der Wertzuwachssteuerordnung der Klägerin bis zum Höchstbetrag von 25% des Veräußerungspreises für die Steuer selbst, aber doch nur dann, wenn sie vom Veräußerer nicht beigetrieben werden konnte; in diesem Falle war ihm nach § 17 a. a. O. eine besondere Veranlagung zuzustellen. Das war nicht geschehen, die Voraussetzung dazu auch nicht festgestellt. Es handelte sich also um die Steuerschuld eines anderen. Zu deren Bezahlung konnte der Beklagte sich durch bürgerlichrechtlichen Vertrag wirksam verpflichten. Die Reichsabgabenordnung, die allerdings hier keine Anwendung findet, weil die Wertzuwachssteuer weder ganz noch zum Teil zugunsten des Reichs erhoben wird (§ 1 Abs. 2 RAO., § 18 des Finanzausgleichgesetzes vom 27. April 1926 [RGBl. I S. 203], vgl. **Becker** zu § 1 RAO. Anm. 14), sieht einen solchen Vertrag in § 100 Abs. 2 ausdrücklich vor.

Daß der Beklagte sich in dieser Weise, und zwar unbedingt, für die Steuerschuld verpflichtet hat, die nach den gesetzlichen Bestimmungen dem Verkäufer obliegen werde, haben die Vorinstanzen auf Grund einer rechtlich unbedenklichen Auslegung des Schreibens vom 15. Januar 1926 angenommen. Im vollen Einklang damit steht der Wortlaut: „Die Wertzuwachssteuer, die noch nicht ganz festgestellt ist, verpflichte ich mich im Laufe von acht Monaten zu bezahlen, und zwar in gleichen Teilbeträgen 30. Juni und 30. Oktober 1926". Ausreichenden Anlaß zur Abgabe einer solchen Verpflichtungserklärung gab dem Beklagten der Umstand, daß er dem Verkäufer gegenüber gehalten war, die Steuer zu bezahlen, und die Möglichkeit, auf diese Weise eine Stundung zu erwirken. Der von der Revision angeregte Zweifel, ob der Stadtsekretär Kl. zum Austausch rechtsgeschäftlicher Erklärungen für die Klägerin befugt gewesen sei, ist für das Schreiben vom 15. Januar 1926 ohne Bedeutung. Denn das Schreiben war nicht an Kl., sondern an das Bezirksamt der Klägerin — irrig, aber unschädlich als „Finanzamt" bezeichnet — gerichtet und bedurfte nach den Vorbesprechungen mit Kl., zu denen er ohne Zweifel befugt war, und nach der Aufforderung des Bezirksamts im Schreiben vom 6. Januar 1926, den „Stundungsantrag" einzureichen, keiner besonderen Annahmeerklärung mehr. Der Vertrag kam nach § 151 BGB. dadurch zustande, daß das Bezirksamt nach dem Inhalte des Schreibens vom 15. Januar 1926 verfuhr, indem es nach endgültiger Festsetzung der Wertzuwachssteuer von der Beitreibung zunächst Abstand nahm und erst im Juli 1926 mahnte. Die Vertretungsbefugnis des Kl. könnte allenfalls bei dem Ferngespräch zwischen ihm und dem Beklagten vom 5. Juli 1926 in Frage kommen, wobei nach der Feststellung des Berufungsgerichts der Beklagte eine in seinem Schreiben vom 3. Mai 1926 etwa zu findende Anfechtung durch erneute Erklärung seiner Bereitwilligkeit zur Zahlung der Steuer zurückgenommen hat. Hierbei hat aber Kl. keine rechtsgeschäftliche Erklärung abgegeben, sondern nur eine solche des Beklagten entgegengenommen, was er unbedenklich tun konnte; höchstens käme eine Annahmeerklärung in Betracht, worauf noch eingegangen werden wird.

Auf die etwaige Anfechtung und ihre Zurücknahme, sowie auf die Wirksamkeit einer solchen Zurücknahme kommt es aber deshalb nicht an, weil der Beklagte keinen Anfechtungsgrund hatte. Die Voraussetzungen des § 119 BGB. lagen nicht vor. Ein Irrtum darüber, daß keine Aufwertungsansprüche beständen, konnte für die

Verpflichtungserklärung vom 15. Januar 1926 nur die Bedeutung eines Irrtums im Beweggrunde haben. Die Revision kommt denn auch auf den Gesichtspunkt der Anfechtung nicht zurück, aber sie meint, durch die Aufwertung der Hypothek sei die Sachlage so verändert gewesen, daß die Veranlagung des Verkäufers zur Wertzuwachssteuer habe nachgeprüft werden müssen und der Beklagte sein Schuldanerkenntnis nach §§ 812, 813 BGB. habe zurückfordern können. Wäre das richtig, so würde sich der Beklagte durch das Ferngespräch vom 5. Juli 1926 nach dessen festgestelltem Inhalt des Rückforderungsrechts durch Erlaßvertrag begeben haben; einer Annahmeerklärung ihm gegenüber hätte es nach § 151 BGB. wiederum nicht bedurft. Aber auch ein solches Rückforderungsrecht wegen ungerechtfertigter Bereicherung stand und steht ihm nicht zu. Denn die Veranlagung des Verkäufers ist rechtskräftig; sie bildet den Rechtsgrund für die Verpflichtungserklärung des Beklagten gegenüber der Klägerin. Dieser Rechtsgrund ist nicht fortgefallen, ein Fall des § 14 der Wertzuwachssteuerordnung liegt nicht vor, auch hat eine Ermäßigung oder Niederschlagung aus Billigkeitsgründen (§ 20 der Wertzuwachssteuerordnung), die im Ermessen der Klägerin steht, nicht stattgefunden. Es kann deshalb dahingestellt bleiben, ob die Aufwertung der Hypothek auf die Veranlagung des Verkäufers hätte Einfluß haben können. Wohl könnte die Aufwertung der Hypothek für das Verhältnis des Beklagten zum Verkäufer von Bedeutung werden, wenn der Beklagte von ihm Befreiung von der Aufwertungslast verlangte. Dieses Verlangen wäre nach den vom Reichsgericht in den Entscheidungen RGZ. Bd. 112 S. 329, Bd. 119 S. 133 entwickelten Grundsätzen unter dem Gesichtspunkte des § 242 BGB. zu beurteilen. Der Beklagte glaubt einen solchen Anspruch zu haben, und meint, daß er damit seine Pflicht, den Verkäufer von der Wertzuwachssteuer zu befreien, beseitigen könne. Allein selbst wenn dadurch diese Pflicht in Fortfall käme, so wäre durch die Abgabe der Verpflichtungserklärung vom 15. Januar 1926 die Klägerin nicht ohne Rechtsgrund bereichert, da sie ja die Steuer auf Grund rechtskräftiger Veranlagung zu fordern hat. Die Rechtsbeziehungen zwischen dem Beklagten und dem Verkäufer sind nicht Gegenstand des Rechtsstreits.

57. Ist eine Feststellungsklage auf Aufwertung des in einem Kaufangebot bestimmten Kaufpreises zulässig, wenn dabei noch in der Zukunft liegende Verhältnisse mit in Betracht kommen?

ZPO. § 256.

VI. Zivilsenat. Urt. v. 4. Februar 1929 i. S. M. u. Gen. (Bekl.) w. R. (Kl.). VI 675/28.

I. Landgericht Stettin.
II. Oberlandesgericht daselbst.

Die Erblasserin der Beklagten bot zu notariellem Protokoll vom 11. Juni 1910 ihr Grundstück dem Rechtsvorgänger der Klägerin für den Preis von 175000 M. zum Kauf an; die Übergabe sowie der Übergang der Nutzungen und Lasten des Grundstücks sollten am 1. April 1938 erfolgen, die Auflassung in den ersten drei Tagen des April 1938. Im Angebot verpflichtete sie sich, dafür zu sorgen, daß das Grundstück nicht mit Eintragungen belastet werde, die den Wert von 175000 M. überstiegen. Sie band sich an dieses Angebot bis zum 31. März 1938. Durch Vertrag vom 10. Juni 1910 und spätere Zusätze hatte der Rechtsvorgänger der Klägerin das Grundstück von der bezeichneten Eigentümerin für die Zeit bis zum 31. März 1938 gemietet. Im Jahre 1926 schlug die Klägerin den Beklagten vor, ihr das Grundstück schon jetzt zum Preise von 108000 RM. zu übereignen. Die Beklagten gingen anfänglich hierauf ein, forderten dann aber 220000 RM., was die Klägerin ablehnte. Diese klagt auf Feststellung, daß das Kaufangebot vom 11. Juni 1910 für die Beklagten mit der Maßgabe bindend sei, daß der Kaufpreis sich anstatt auf 175000 PM. auf 108000 RM. oder einen sonst vom Gericht zu bestimmenden Reichsmarkbetrag belaufe. Das Landgericht wies die Klage mangels rechtlichen Interesses der Klägerin an alsbaldiger Feststellung ab. Das Oberlandesgericht bejahte das Feststellungsinteresse. Auf die Revision der Beklagten wurde das landgerichtliche Urteil wiederhergestellt.

Gründe:

Das Berufungsgericht begründet seine Entscheidung, daß die Klägerin ein rechtliches Interesse an alsbaldiger Feststellung des nach dem Verkaufsangebot von 1910 zu zahlenden Kaufpreises habe, damit, daß die Klägerin mit Rücksicht auf die inzwischen eingetretene

Währungsänderung ein Recht habe, vor der Annahme des Angebots zu wissen, was für ein Kaufpreis danach von ihr zu zahlen sei. Die Klägerin, die jetzt anscheinend ernstlich prüfen wolle, ob sie das Angebot annehmen solle, beabsichtige sich damit gegen die Gefährdung zu schützen, die in der Zweifelhaftigkeit und Ungewißheit des durch das Verkaufsangebot begründeten Rechtsverhältnisses ihren Grund habe. Die verblaßte, nicht mehr verwertbare Zahl „175000 M." solle durch eine neue, verständliche und gültige ersetzt werden. Ihr Interesse an alsbaldiger Feststellung werde noch dadurch verstärkt, daß die Klägerin im Hinblick auf § 3 des Verkaufsangebots ferner erfahren wolle, in welcher Höhe das Grundstück von den Beklagten belastet werden dürfe.

Nach ständiger Rechtsprechung des Reichsgerichts können allerdings gemäß § 256 ZPO. zur Herbeiführung einer materiellen Entscheidung über ein ungewisses Rechtsverhältnis auch mögliche künftige rechtliche Beziehungen der Parteien die Grundlage einer Feststellungsklage bilden (RGZ. Bd. 74 S. 294). Es genügt auch das nur wirtschaftliche Interesse einer Partei, zu wissen, woran sie in Ansehung einer gewissen rechtlichen Beziehung zu der anderen Partei steht, um ihr Verhalten danach einrichten zu können. Ebenso können einzelne Rechtsbeziehungen, die nur Ausflüsse eines weiteren Rechtsverhältnisses sind, festgestellt werden, wenn sich das Interesse gerade auf sie bezieht. Nicht minder kann die festzustellende Berechtigung oder Verpflichtung bedingter Natur sein, und zwar auch in dem Sinne, daß der Einfluß der Rechtsänderung von der Ausübung eines dem Berechtigten zustehenden Rechtes, den sog. Rechten des rechtlichen Könnens, abhängt (Urt. v. 16. Juni 1902 VI 105/02; Urt. v. 30. Mai 1907 VI 342/06; RGZ. Bd. 92 S. 7).

Um rechtliche Beziehungen der Parteien in diesem Sinne handelt es sich hier. Die Klägerin hat das Recht, das Kaufangebot der Erblasserin der Beklagten mit Wirkung gegen diese bis zum 31. März 1938 anzunehmen. Das bestreiten auch die Beklagten nicht. Nur über die Kaufbedingungen herrscht insofern Uneinigkeit, als der vereinbarte Kaufpreis nicht mehr geleistet werden kann und der Aufwertung unterliegt. Das Maß dieser Aufwertung ist der eigentliche Streitpunkt, dessen Feststellung die Klägerin begehrt, um danach ihre weiteren Entschließungen wegen der Annahme des Angebots fassen zu können. Auszugehen ist bei dieser Aufwertung von dem Wert des festgesetzten Kaufpreises zur Zeit des Angebots. Aber es sind dabei auch alle anderen Verhältnisse, und zwar sowohl die allgemeinen als die besonderen Verhältnisse beider Parteien und des Grundstücks in Betracht zu ziehen. Da das Angebot zwar schon jetzt jederzeit angenommen werden kann, aber die Durchführung des Vertrages, insbesondere die Übergabe und Auflassung des Grundstücks, der Übergang seiner Nutzungen und Lasten und die Zahlung des Kaufpreises, erst in den ersten Tagen des April 1938 erfolgen sollen, so sind für die Aufwertung auch die in jenem Zeitpunkt herrschenden Verhältnisse heranzuziehen. Dementsprechend ist der Antrag der Klägerin — was sie auch nicht bestreitet — dahin zu verstehen, es solle ihr Annahmerecht unter Festsetzung des Kaufpreises festgestellt werden, den sie Anfang April 1938 zu zahlen haben werde. Erginge ein solches Feststellungsurteil so würde damit rechtskräftig feststehen, daß die Klägerin das Grundstück zu dem bestimmten Preise am 1. April 1938 übernehmen kann. Der Preis wäre also bindend, und die Beklagten hätten höchstens noch das Recht, mit der Begründung, daß sich nach Erlassung des Urteils die Verhältnisse anders gestaltet hätten, als im Urteil für den 1. April 1938 angenommen wäre, eine Änderung des Kaufpreises nach § 767 ZPO. zu verlangen, sei es durch Klage, sei es durch Einwendung gegen eine etwa von der Klägerin demnächst angestrengte Leistungsklage. Es müßte aber trotzdem schon im Feststellungsurteil die Aufwertung des Kaufpreises nicht nach den gegenwärtigen Verhältnissen, sondern nach den für April 1938 zu erwartenden festgesetzt werden. Das wäre jedoch nur möglich, wenn man zu der Annahme berechtigt wäre, daß die jetzt herrschenden Verhältnisse sich voraussichtlich bis zum April 1938 nicht wesentlich ändern würden, oder wenn die voraussichtliche Entwicklung dieser Verhältnisse sich mit einer gewissen Zuverlässigkeit überblicken ließe. Das ist hier nicht der Fall. Es kommen wesentlich die Verhältnisse auf dem Miets- und Grundstücksmarkt, sowie die besonderen Verhältnisse der Parteien in Betracht; alle diese Verhältnisse sind aber in der lebhaftesten Entwicklung begriffen. Die Gesetzgebung über die Miete, über die in Betracht kommenden Steuern und ebenso die allgemeinen wirtschaftlichen Verhältnisse, sowie die Verhältnisse der Klägerin, aber auch die der Beklagten oder ihrer Rechtsnachfolger werden vermutlich in dieser Zeit wesentliche Änderungen erfahren.

In welcher Richtung sie sich bewegen werden, läßt sich nicht überblicken. Welches Maß der Aufwertung am 1. April 1938 angemessen sein wird, läßt sich also jetzt überhaupt nicht mit irgendwelcher Sicherheit feststellen. Nur an einer solchen alsbaldigen Feststellung hätte aber die Klägerin ein Interesse, nicht an einer Festsetzung, die lediglich nach den jetzigen Verhältnissen bemessen werden könnte und für die wirklich in Betracht kommende Zeit keine maßgebende Bedeutung besäße (vgl. auch RGZ. Bd. 109 S. 46). Die Vereinbarung im Kaufangebot über das Maß der zulässigen Grundstücksbelastung kann schon deshalb an dieser Beurteilung nichts ändern, weil nichts dafür vorgebracht ist, daß in dieser Beziehung ein besonderer Anlaß für die Feststellung besteht. Es kann daher unerörtert bleiben, ob an sich eine solche beschränkte Feststellung über das Maß der Belastungsbefugnis angängig wäre, wenn dazu ein besonderer Anlaß vorläge.

---

58. Wie ist eine durch Irrtum beeinflußte Willenserklärung im Eherecht zu beurteilen? Kann eine Verzeihung als rechtsunwirksam angesehen werden, die ein Ehemann seiner Frau gewährt, nachdem sie ihm einen begangenen Ehebruch eingestanden, dabei aber verschwiegen hat, daß sie noch eine tiefe Neigung zu dem Ehebrecher hegt und auf eine spätere Vereinigung mit ihm hofft?

BGB. § 1570.

VIII. Zivilsenat. Urt. v. 4. Februar 1929 i. S. Ehefr. R. (Bekl.) w. Ehem. R. (Kl.). VIII 354/28.

I. Landgericht Verden.
II. Oberlandesgericht Celle.

Nach dem Urteil des Landgerichts war die Entscheidung über die Scheidungsklage des Mannes und die Widerklage der Frau von einem Eide der Beklagten abhängig gemacht. Auf Berufung des Klägers hat das Oberlandesgericht auf Scheidung aus alleinigem Verschulden der Beklagten wegen Ehebruchs mit C. erkannt. Die Revision der Beklagten blieb erfolglos.

Der Sachverhalt ergibt sich aus den Gründen:

Nach den Feststellungen des Berufungsrichters hat die Beklagte im April 1927 und später mit dem Hofbesitzer C. die Ehe gebrochen. Die Entscheidung hängt deshalb davon ab, ob — wie die Beklagte will — die Vorgänge vom Juni 1927 und das Zusammenwohnen der Parteien im August 1927 rechtlich als Verzeihung zu beurteilen sind. Das Berufungsgericht hat diese Frage verneint. Es sagt, die Verzeihung des Klägers könne sich nur auf die ihm bekannte und als abgeschlossen betrachtete Verfehlung der Beklagten bezogen haben. Das Vorbringen der Beklagten sei nur dahin zu verstehen, daß sie reumütig die hinter ihr liegende Verfehlung bekannt, sich in aufrichtiger, ehelicher Gesinnung dem Kläger wieder genähert und daraufhin seine Verzeihung empfangen habe. Nun ergebe aber ein Brief, den die Beklagte am 20. Juni 1927 an eine Frau P. gerichtet habe, daß sie keineswegs ihr Erlebnis mit C. als abgeschlossen betrachtet und daß sie sich nicht in aufrichtiger, ehelicher Gesinnung wieder zu ihrem Manne gefunden habe. Sie beteuere in diesem Briefe ihre Liebe und Treue zu C., die sie ihm, obwohl sie ihrem Manne angehören müsse, bis zum Tode bewahre. Sie spreche von dem Troste, daß C. wenigstens lebe und ihr nicht gestorben sei, daß ihre Liebe zu ihm in ihrem Herzen weiter lebe, und von der Hoffnung, daß doch noch irgendwo ein Glück für sie beide käme und wenn es auch im hohen Alter wäre. Schließlich bitte sie die Frau P., ihr Mitteilung zu machen, wenn sie irgend etwas von C. höre; man wisse ja nicht, wie es komme. Dieser Brief sei dem Kläger erst während des Rechtsstreits bekannt geworden; es sei ihm also um die Zeit, als die Verzeihung erfolgt sein solle, nicht bekannt gewesen, daß die Beklagte innerlich an C. festhalte und sogar noch die ausgesprochene Hoffnung auf eine Wiedervereinigung mit ihm hege. Dann könne aber seine Verzeihung die Verfehlung der Beklagten in ihrer die Ehe vernichtenden Gestalt nicht betroffen haben. Selbst wenn er den Ehebruch mit C. als vergangene Tatsache hätte verzeihen wollen, so habe er damit doch nicht den Ehebruch so, wie er sich nach dem Inhalte des Briefes darstelle — die Folge einer tiefen, noch fortdauernden und mit Hoffnungen genährten Liebe der Beklagten zu C. —, verziehen. Dazu komme, daß der Beklagten der aufrichtige Versöhnungswille gefehlt habe. Sie habe zwar formell wieder die ehelichen Pflichten auf sich nehmen wollen, habe sich aber innerlich nicht ihrem Manne zugewandt gehabt, sondern an ihrer Liebe zu C. sogar mit ausgesprochener Hoffnung auf Wiedervereinigung festgehalten. Der Kläger könne nicht an eine Verzeihung gebunden sein, die er — ohne Kenntnis von diesen inneren Gefühlen und Hoffnungen der Beklagten — in der selbstverständlichen Annahme gewährt habe, daß seine Frau endgültig und auch innerlich von C. los sei und sich in aufrichtig ehelicher Gesinnung zu ihm zurückgefunden habe.

Die Revision meint, es hätte wirksame Verzeihung angenommen werden müssen. Nach feststehender Rechtsprechung komme es nur darauf an, ob objektiv aus dem Verhalten des verletzten Teiles auf seine innere versöhnliche Gesinnung und seine Bereitwilligkeit zur Fortsetzung der Ehe zu schließen sei. Die Kundgebung dieser Gesinnung sei aus dem mehrmaligen Geschlechtsverkehr zu entnehmen, der im Anschluß an das Bekenntnis erfolgt sei. Habe sich der Kläger dabei über das innere Empfinden der Beklagten geirrt, so könne das die Wirkung der Kundgebung des Verzeihungswillens nicht beeinträchtigen. Eine Anfechtung wegen Irrtums — wie bei einer rechtsgeschäftlichen Erklärung — komme nicht in Frage.

Die Rüge ist nicht begründet. Es ist von dem Grundgedanken des § 1570 BGB. auszugehen, wonach der verletzte Ehegatte durch die Verzeihung zu erkennen gibt, daß er die Ehe durch das ehewidrige Verhalten des andern nicht oder nicht mehr als zerrüttet empfindet. Die daraus sich ergebende Folge, daß ihm von seinem persönlichen Standpunkt aus die Fortsetzung der Ehe weiterhin zuzumuten ist, gilt beim absoluten Scheidungsgrund des Ehebruchs nicht minder als bei den relativen des § 1568 BGB. (RGZ. Bd. 96 S. 268). Um zu erkennen, ob Anlaß dazu besteht, den Scheidungsgrund durch eine nachträgliche Willensäußerung des gekränkten Ehegatten als vernichtet anzusehen, bedarf es in jedem Falle der Prüfung, ob nicht diese Willensäußerung durch Willensmängel beeinflußt ist, die den Ehegatten bewogen haben, eine Verzeihung zu gewähren, die er ohne Vorliegen des Willensmangels bei richtiger Würdigung des Wesens der Ehe nicht gewährt hätte. Die für den Entschluß wesentliche Nichtkenntnis eines Sachverhalts, der sein Zustandekommen verhindert haben würde, muß auch bei der Verzeihung, obschon auf sie die §§ 119 und 121 BGB. keine Anwendung finden, die Wirksamkeit der Willenserklärung zunichte machen. Der hierfür in Betracht kommende Sachverhalt umfaßt nicht nur den Scheidungsgrund selbst, sondern auch alle Umstände, die für die Schwere der Verfehlung und ihre Folgeerscheinungen von Bedeutung sind; dabei spielt das persönliche Empfinden des verzeihenden Ehegatten eine ebenso große Rolle wie überhaupt das Wesen der Ehe als einer auf sittlicher Grundlage beruhenden Lebensgemeinschaft. Eine Verzeihung, zu welcher der verletzte Ehegatte durch Irrtum bestimmt worden war, kann deshalb auch ohne eine den §§ 119 und 121 BGB. entsprechende Anfechtung zurückgenommen werden (RGU. vom 28. September 1914 IV 206/14; vom 16. November 1922 IV 144/22).

Selbst wenn der Kläger bei der Verzeihung des Ehebruchs nicht geglaubt haben sollte, daß die Beklagte ihr Empfinden für den Ehebrecher völlig aufgegeben habe, so konnte er doch annehmen, daß sie bemüht sein werde, ihre Zuneigung zu C. der ehelichen Treupflicht zu opfern und sich von dem Ehebrecher abzuwenden. Mit Recht hat deshalb das Berufungsgericht die Sinnesart der Beklagten dahin gekennzeichnet, daß sie mit dem Wesen der Ehe in einem unversöhnlichen Gegensatze stehe, und hat die Unkenntnis des Klägers von dieser Sinnesart als ausschlaggebenden Willensmangel bei der Verzeihung betrachtet, weil die Beklagte zwar die Ehe mit dem Kläger nach außenhin fortführen wollte, aber trotzdem eine Fortsetzung der Beziehungen zu dem Ehebrecher und eine spätere Wiedervereinigung mit ihm erhoffte. Auch hat das Berufungsgericht aus dem Brief vom 20. Juni 1927 mit Recht gefolgert, daß sich die Beklagte weder in den Tagen vom 19. bis 24. Juni noch im August 1927 innerlich als Ehefrau des Klägers gefühlt hat. Es hatte deshalb keine Veranlassung, wie die Revision meint, für das Zusammenleben im August noch besonders festzustellen, daß sich die Beklagte auch damals dem Kläger nicht zugewendet hatte.

---

59. 1. Kann sich eine Vertragspartei, die aus einer ihr bekannten Tatsache keinen Grund zur Nichterfüllung eines Vertrags entnommen hat, nachträglich zur Rechtfertigung ihrer Nichterfüllung auf diese Tatsache berufen?

2. Stehen einer Partei, wenn sie selbst vertragswidrig handelt, wegen der Vertragsverletzungen des andern Teils Schadensersatzansprüche gegen ihn zu?

BGB. § 276.

VII. Zivilsenat. Urt. v. 5. Februar 1929 i. S. Société Internationale des Ecoles Berlitz (Bekl.) w. N. (Kl.). VII 506/28.

I. Landgericht Düsseldorf.
II. Oberlandesgericht daselbst.

Der Kläger hat von der Beklagten durch verschiedene Verträge aus den Jahren 1898 und 1900 das Recht erworben, in Deutschland, Holland und Skandinavien Berlitz-Schulen zu betreiben. Er behauptet, daß die Beklagte seit dem Jahr 1908 entgegen ihrer vertraglichen Verpflichtung seine Schulen nicht in ihre Listen und Prospekte aufgenommen und ihm ferner durch treuwidriges Verhalten auch den Verkauf seiner Schulen unmöglich gemacht habe. Den ihm dadurch entstandenen Schaden hat er eingeklagt. Die Beklagte hat eingewendet, daß der Kläger durch die Nichtzahlung der vertraglich ausbedungenen Lizenzgebühren und die unlautere Propaganda für eine andere Lehrmethode selbst gegen den Vertrag verstoßen habe und deshalb wegen der ihr vorgeworfenen Vertragsverletzungen keinen Schadensersatz von ihr fordern könne. Sein Schadensersatzanspruch wegen der Nichtaufnahme seiner Schulen in die Listen und Prospekte scheitere aber auch daran, daß sie wegen des schlechten Zustandes der vom Kläger betriebenen Schulen die behauptete Verpflichtung zur Aufnahme nicht habe zu erfüllen brauchen. Weiter liefen auch die Verträge, deren Verletzung bis in die neueste Zeit vom Kläger behauptet sei, gar nicht mehr, weil infolge der Nichtzahlung der Lizenzgebühren vertragsgemäß ohne weiteres ihre Lösung und der Verlust aller Rechte des Klägers eingetreten sei und weil außerdem die Beklagte wegen der Vertragsverletzungen des Klägers durch Schreiben vom 31. März 1914 ausdrücklich von den Verträgen zurückgetreten sei.

Das Berufungsgericht hat dem Kläger den verlangten Schadensersatz zum Teil zugesprochen. Die Revision der Beklagten blieb ohne Erfolg.

Aus den Gründen:

Mit der Berufung auf die Mißstände in den vom Kläger geführten Schulen kann die Beklagte ihre Schadensersatzpflicht wegen der Nichtaufnahme dieser Schulen in die von ihr herausgegebenen Listen und Prospekte nicht abwenden. Es enthält keinen Rechtsirrtum, wenn das Berufungsgericht diese Mißstände an sich zwar für geeignet ansieht, die Nichtaufführung der Schulen in den Listen usw. zu rechtfertigen, aber daraus doch keinen berechtigten Einwand gegen den Schadensersatzanspruch des Klägers entnimmt, weil die bezeichneten Mißstände für die Unterlassung der Beklagten nicht bestimmend gewesen seien. Daß es für die Frage, ob die Beklagte ihre Vertragspflichten verletzt hat, nicht auf die Beweggründe ihrer Unterlassung ankomme und daß die Beklagte, wenn sie objektiv einen Grund hatte, die Schulen nicht in die Listen aufzunehmen, durch die Nichtaufnahme auf keinen Fall vertragswidrig gehandelt habe, kann so allgemein der Revision nicht zugegeben werden. Denn wenn jemand aus einer ihm bekannten Tatsache keinen Grund entnimmt, einen Vertrag nicht zu erfüllen, so muß er ihn eben erfüllen. Tut er dies nicht, so muß er sich zum mindesten als vertragsuntreu behandeln lassen, weil es auf jeden Fall gegen Treu und Glauben verstößt, die Nichterfüllung eines Vertrags nachträglich mit einer Tatsache zu begründen, aus der vorher kein Grund zur Nichterfüllung hergeleitet wurde. Deshalb durfte die Beklagte, wenn sie aus den angeblichen Mißständen in den Schulen des Klägers, für ihn erkennbar, keinen Anlaß genommen hatte, die Aufnahme dieser Schulen in die Listen usw. zu verweigern, sich nicht hinterher darauf berufen, daß sie wegen der Zustände in jenen Schulen deren Aufführung in den Listen nicht zu bewirken brauchte. Dies um so weniger, als sie nach der Feststellung des Berufungsgerichts die Schulen später doch in die Listen aufgenommen hat, ohne daß ersichtlich ist, daß die Verhältnisse bei jenen Schulen inzwischen besser geworden wären. Bei der Kündigung aus wichtigem Grunde (§§ 626, 723 BGB.) hat die Rechtsprechung es allerdings zugelassen, einen ursprünglich nicht geltend gemachten Kündigungsgrund später „nachzuschieben“, sofern aus dem früheren Verhalten des Kündigenden nicht ein Verzicht auf sein Kündigungsrecht zu entnehmen ist (RGZ. Bd. 56 S. 372). Aber zwischen der Frage, ob eine erst auf die Zukunft berechnete Kündigung auch noch auf einen Grund gestützt werden kann, der früher nicht als Kündigungsgrund benutzt worden war, und der Frage, ob die in der Vergangenheit liegende Nichterfüllung eines Vertrags nachträglich mit Tatsachen gerechtfertigt werden kann, die in Wirklichkeit nicht der Grund der Nichterfüllung gewesen sind, ist ein Unterschied zu machen. Auch das Rücktrittsrecht der Beklagten hat das Berufungsgericht ohne Rechtsirrtum verneint. Die Beklagte konnte wegen der von ihr behaupteten Vertragsverletzungen des Klägers von den Verträgen nicht zurücktreten, wenn sie selbst vertragsuntreu war. Was die Revision dagegen anführt, kann keine Beachtung finden; insbesondere auch nicht die Meinung, daß das Berufungsgericht hätte prüfen müssen, welche der Parteien zuerst vertragsuntreu geworden ist. Denn es kommt nicht darauf an, ob die Vertragsuntreue der Beklagten erst durch das Verhalten des Klägers veranlaßt worden ist. Als sie am 31. März 1914 ihren Rücktritt von den Verträgen erklärte, war sie bereits vertragsuntreu, denn die Nichtaufnahme der vom Kläger betriebenen Schulen reicht bis in das Jahr 1908 zurück. Nach den Feststellungen des Berufungsgerichts ist sie nach ihrer Rücktrittserklärung auch niemals wieder vertragstreu geworden. Zu der vertragswidrig unterlassenen Aufnahme der Schulen in die Listen usw. kam auch ihr vertragswidriges Verhalten bei der Zustimmung zum Verkauf der Schulen des Klägers und ihr unlauterer Wettbewerb hinzu.

Die Revision geht aber weiter fehl, wenn sie meint, das Berufungsgericht habe aus den von der Beklagten behaupteten Vertragsverletzungen des Klägers auch sonst nicht die richtigen rechtlichen Folgen gezogen. Das Berufungsgericht stellt allerdings fest, daß der Kläger seit 1910 die Lizenzgebühren nicht mehr gezahlt hat. Aber selbst wenn er dies vertragswidrig unterlassen hat, wurde er dadurch seiner vertraglichen Rechte noch nicht verlustig. Auch nicht mit Rücksicht auf die Bestimmung, daß nach den Verträgen die Nichtzahlung der Lizenzgebühr die Lösung der Verträge und den Verlust aller Rechte aus ihnen zur Folge haben sollte. Denn dieses setzte voraus, daß die Beklagte selbst vertragstreu war. Der Kläger hat aber auch seine Schadensersatzansprüche wegen der von der Beklagten begangenen Vertragsverletzungen nicht eingebüßt, wenn er selbst vertragsuntreu war. Es ist nicht richtig, wenn die Revision nach dem Grundsatz, daß eine Vertragspartei, die selbst vertragsuntreu ist, wegen der Vertragsverletzung des anderen nicht vom Vertrage zurücktreten kann, auch den Satz aufstellen will, wer selbst vertragswidrig handle, könne auch keine Schadensersatzansprüche wegen der Vertragsverletzungen des anderen Teils geltend machen. Denn durch die Tatsache, daß beide Vertragsteile den Vertrag verletzt haben, werden die Schadensersatzansprüche, die jeder Teil durch die Vertragsverletzungen des anderen erlangt, nicht beseitigt; denn dies würde im Ergebnis dazu führen, daß überhaupt von keiner Vertragsverletzung gesprochen werden könnte, wenn beide Parteien den Vertrag nicht erfüllen. Es könnte höchstens in Frage kommen, ob das Zurückbehaltungsrecht, das jeder Teil wegen der Vertragsverletzung des anderen für seine eigene Leistung hat, bei ihm eine Verletzung des Vertrags nach den vom erkennenden Senat im Urteil vom 5. Februar 1926 VI 349/25 (Recht 1926 S. 164 Nr. 413) aufgestellten Gesichtspunkten ausgeschlossen hat. Dies käme aber nur in Betracht, soweit es sich um Vertragsverletzung durch Verzug handelt; denn positive Vertragsverletzungen sind einem Vertragsteil wegen einer Vertragsverletzung des anderen niemals gestattet. Im gegebenen Falle hat aber die Beklagte positive Vertragsverletzungen begangen....

---

60. 1. Ist auch der dingliche Gläubiger zur Anfechtung nach dem Anfechtungsgesetz berechtigt?

2. Unter welchen Voraussetzungen kann dem Anfechtungskläger mit der Einrede der Arglist entgegengehalten werden, daß er selbst seinen Schuldtitel auf anfechtbare Weise erlangt habe?

Anfechtungsgesetz vom 21. Juli 1879/20. Mai 1898 §§ 2, 3 Nr. 1.

VII. Zivilsenat. Urt. v. 5. Februar 1929 i. S. G. (Kl.) w. P. (Bekl.). VII 222/28.

I. Landgericht Düsseldorf.
II. Oberlandesgericht daselbst.

Die Klägerin war in den Jahren 1923 und 1924 Kundin des Bankhauses P. & Co. in D., das seit dem 1. Januar 1924 unter der Firma M. & Co. als Kommanditgesellschaft fortgeführt wurde. Sie hat der Bank Wertpapiere ins Depot gegeben, darunter nach ihrer Behauptung 77 Mannesmann-Aktien im heutigen Kurswert von 77000 RM. Im März 1924 sei sie, wie sie behauptet, von dritter Seite darauf aufmerksam gemacht worden, daß ihre Wertpapiere bei der Bank gefährdet seien, da diese schon längere Zeit kein eigenes Vermögen besitze und vor dem völligen Zusammenbruch stehe. Sie habe darauf ihre Wertpapiere zurückverlangt und nun habe sich herausgestellt, daß die Mannesmann-Aktien nicht mehr vorhanden gewesen seien, ebensowenig ein im November 1923 übergebener Geldbetrag von 30 Billionen Mark. Der damalige persönlich haftende Gesellschafter M. habe das in einem Vertrag vom 21. März 1924 anerkannt und gleichzeitig zur Sicherheit für die unterschlagenen Werte einschließlich der erwachsenden Schäden und Zinsansprüche in einer vollstreckbaren notariellen Urkunde zugunsten der Klägerin die Eintragung einer Grundschuld in Höhe des Wertes von 35840 g Feingold auf den Grundstücken des Bankhauses in D. bewilligt. Unstreitig ist diese Grundschuld am 31. März 1924 eingetragen worden. Auf denselben Grundstücken war jedoch am 23. November 1923 eine der Grundschuld der Klägerin im Range vorgehende Grundschuld in Höhe des Wertes von 52250 g Feingold für den Beklagten eingetragen worden, der früher Prokurist und Kommanditist des Bankhauses war.

Die Klägerin hat diese Grundschuldbestellung als ihr gegenüber unwirksam nach § 3 Nr. 1 AnfG. mit der Begründung angefochten, der persönlich haftende Gesellschafter der Bank M. habe die Grundschuld für den Beklagten in der Absicht bestellt, die Gläubiger der Bank zu benachteiligen. M. sei sich schon seit Juli 1923 über den unaufhaltbaren Zusammenbruch der Bank im klaren gewesen; der Beklagte habe keine Forderungen an die Bank gehabt. Verabredungsgemäß sei die Grundschuld für den Beklagten allein zu dem auch ihm bekannten Zwecke eingetragen worden, einen Zugriff der Gläubiger auf die Vermögensstücke der Bank unmöglich zu machen. Der Beklagte habe zur Zeit der Grundschuldbestellung von der zerrütteten Vermögenslage der Bank genaue Kenntnis gehabt. Die Vorinstanzen haben die Klage abgewiesen. Die Revision der Klägerin wurde zurückgewiesen.

Gründe:

Der Berufungsrichter hält die allgemeinen Voraussetzungen der Anfechtung nach § 2 AnfG. für gegeben, läßt aber dahingestellt, ob auch die besonderen Voraussetzungen des § 3 Nr. 1 das. vorliegen, weil er den vom Beklagten erhobenen Einwand der allgemeinen Arglist für durchgreifend ansieht...

Zwar kann die Meinung des Beklagten nicht gebilligt werden, daß der Vollstreckungstitel der Klägerin nicht als Schuldtitel im Sinne des § 2 AnfG. anzusehen sei. Gläubiger im Sinne des Anfechtungsgesetzes ist auch der Gläubiger, der kraft dinglichen

Rechts Zahlung einer Geldsumme aus dem belasteten Grundstück zu fordern berechtigt ist, also der Hypotheken-, Grundschuld-, Rentenschuld- und Reallastgläubiger. Ihm steht als Schuldner im Sinne des Anfechtungsgesetzes der Eigentümer des mit dem dinglichen Recht belasteten Grundstücks gegenüber. Das Anfechtungsgesetz gewährt daher auch dem dinglichen Gläubiger die Möglichkeit, auf Grund seines dinglichen Schuldtitels Rechtshandlungen des Eigentümers anzufechten, durch welche die Möglichkeit seiner Befriedigung aus dem verhafteten Gegenstand beeinträchtigt wird. Wie der persönliche Gläubiger Anspruch auf möglichst vollständige Befriedigung aus dem Schuldnervermögen hat, so auch der Gläubiger einer mit Titel versehenen dinglichen Forderung aus dem betreffenden Gegenstand. Daher ist ein im Besitz eines dinglichen Titels befindlicher Grundschuldgläubiger nicht auf seine Befriedigung aus dem Grundstück im Range der ihm bestellten Grundschuld beschränkt (WarnRspr. 1917 Nr. 70; vgl. auch RGZ. Bd. 17 S. 168, Bd. 52 S. 337; Jaeger, Gläubigeranfechtung § 2 Anm. 8 und 10; Falkmann, Anfechtung von Rechtshandlungen S. 18; Hartmann-Meikel, Anfechtungsgesetz 6. Aufl. S. 102). Zur Erfüllung der ferneren Voraussetzung des § 2, daß die Zwangsvollstreckung in das Vermögen des Schuldners nicht zu einer vollständigen Befriedigung des Gläubigers geführt hat, genügt der Nachweis des Grundschuldgläubigers, daß er aus dem Grundstück keine volle Befriedigung erlangt habe oder erlangen werde, weil er auf Grund des dinglichen Titels naturgemäß nur in das Grundstück vollstrecken kann. Auch das Vorliegen dieser Voraussetzung der Anfechtung hat der Berufungsrichter festgestellt.

Ohne rechtlichen Verstoß hat aber der Vorderrichter der Arglisteinrede des Beklagten stattgegeben. Wie der erkennende Senat schon im Urteil vom 17. März 1908 (RGZ. Bd. 68 S. 138) ausgesprochen hat, kann der Anfechtungsbeklagte gegenüber dem Anfechtungskläger unter Umständen die Einrede der Kollusion im Sinne einer Arglisteinrede erheben. Eine solche ist zwar nicht schon dann gegeben, wenn die Forderung des anfechtenden Gläubigers selbst auf einer anfechtbaren Rechtshandlung des Schuldners beruht. Denn die Anfechtbarkeit einer Rechtshandlung kann nur von dem geltend gemacht werden, in dessen Person die Voraussetzungen der §§ 2, 3 AnfG. vorliegen, und das ist beim Anfechtungsgegner für gewöhnlich nicht der Fall. Hat aber dieser, wie hier, auch seinerseits ausnahmsweise einen Vollstreckungstitel für eine Forderung gegen den Schuldner, so könnte, wenn er zurückgewähren müßte und dadurch der anfechtende Gläubiger aus dem Vermögen des Schuldners — bei dinglichen Ansprüchen aus dem den beiden Gläubigern verhafteten Vermögensstück — zum Nachteil des Anfechtungsgegners Befriedigung erlangte, dieser nunmehr seinerseits anfechten und Rückgewähr des Zurückgewährten beanspruchen. Deshalb kann er im Anfechtungsprozeß die Einrede der Arglist mit der Begründung erheben, daß auch die Rechtshandlung des Schuldners, durch die der Anfechtungskläger seinen Vollstreckungstitel in einverständlichem Zusammenspiel zwischen Schuldner und Gläubiger erlangt hat, der Anfechtung durch den Anfechtungsbeklagten unterliege. Denn arglistig handelt, wer das vom Gegner verlangt, was er diesem sofort zurückgeben muß (dolo facit qui petit, quod statim redditurus est; vgl. Falkmann a. a. O. S. 65 Nr. 14; Hartmann-Meikel a. a. O. S. 115 Nr. 6 und 7; Jaeger a. a. O. § 2 Anm. 40). In einem solchen Falle, wo mehrere Gläubiger sich auf anfechtbare Weise vollstreckbare Schuldtitel verschafft haben, kann keiner von ihnen eine Anfechtungsklage gegen den andern erheben. Für die Befriedigung ihrer Ansprüche aus dem Vermögen des Schuldners oder aus dem ihnen verhafteten Vermögensstück bleibt maßgebend die zeitliche Folge des Zugriffs oder der Begründung des dinglichen Rechts, hier also der Eintragung der Grundschulden. Abzulehnen ist die von Jaeger (Anm. 40 zu § 2) vertretene Ansicht, der sich der Berufungsrichter angeschlossen hat, daß beim Zusammentreffen zweier Anfechtungsansprüche die Stärke der beiderseitigen Ansprüche des Anfechtungsklägers und des Anfechtungsbeklagten abzuwägen sei. Es kommt daher im vorliegenden Fall nichts darauf an, ob der Beklagte zur Zeit der Eintragung seiner Grundschuld noch Prokurist oder Kommanditist der Schuldnerin war.

Die Anfechtbarkeit der für die Klägerin eingetragenen Grundschuld ist zu bejahen. Ohne Rechtsirrtum hat der Berufungsrichter daraus, daß M. sich im Frühjahr 1924 über den nicht mehr aufzuhaltenden Zusammenbruch seiner Bank im klaren war, also aus dessen Bewußtsein, daß durch das Rechtsgeschäft mit der Klägerin andere Gläubiger benachteiligt würden, auf seine Benachteiligungsabsicht geschlossen. Von einem ausgleichenden Deckungsgeschäft —

wie die Revision meint — kann keine Rede sein, wenn für eine bestehende Forderung eine nicht geschuldete Sicherung in Gestalt einer Grundschuld bestellt wird. Daß ein Bankunternehmen, wie das in Frage kommende, noch weitere Gläubiger hatte, war ohne weiteres anzunehmen und brauchte nicht besonders festgestellt zu werden. Die Feststellung, die Klägerin habe den Nachweis nicht erbracht, daß die Schuldurkunde des Beklagten für eine erdichtete Forderung ausgestellt sei, und die weitere Feststellung, daß die Grundschuld zur Sicherung des Anspruchs des Beklagten auf Herausgabe von Effekten bestellt sei, enthalten keinen Widerspruch, wie die Revision meint. Sollte dem Beklagten zur Sicherung seines Herausgabeanspruchs eine Grundschuld bestellt werden, so mußte dieser ein Geldanspruch zugrunde gelegt werden; daß der zu sichernde Anspruch nicht auf Geld ging, macht die auf 52250 g Feingold lautende Grundschuld nicht zu einer erdichteten...

---

61. Über die Frage der Auf- oder Umwertung der Haftsummen von Genossen einer in Konkurs geratenen Genossenschaft mit beschränkter Haftpflicht im Falle unterbliebener Umstellung.

GenG. §§ 131, 141. Zweite DurchfVo. z. GoldbilVo. § 48. BGB. § 242.

II. Zivilsenat. Urt. v. 8. Februar 1929 i. S. B. u. Gen. (Kl.) w. Dr. M. als Verwalter im Konkurs über das Vermögen der Mühlenvereinigung St., eGmbH. (Bekl.). II 267/28.

I. Landgericht Stuttgart.
II. Oberlandesgericht daselbst.

Im Gegensatz zur Auffassung des Vollstreckungsgerichts und der beiden Vorinstanzen ist obige Frage verneint worden. Der Sachverhalt ergibt sich aus den

Gründen:

Die gemeinschuldnerische Genossenschaft hat keine Umstellung vorgenommen. Auf die ihr vom Registerrichter gemäß § 50 der 2. DurchfVo. zur GoldbilVo. verb. mit § 15 Abs. 1 GoldbilVo.

bis 15. Juni 1925 gesetzte Frist hat die Generalversammlung am 22. Juni 1925 die Auflösung beschlossen, der am 16. Juli 1925 die Konkurseröffnung gefolgt ist. Eine zwangsweise Umstellung ist der Goldbilanzverordnung unbekannt. Diese verknüpft vielmehr mit der nicht rechtzeitigen Anmeldung der Umstellung zum Genossenschaftsregister als Rechtsfolge nur die Eintragung der Nichtigkeit der Genossenschaft durch den Registerrichter und damit die Vernichtung ihrer Rechtspersönlichkeit für die Zukunft (§ 4 der Vo. über die Eintragung der Nichtigkeit und die Löschung von Gesellschaften und Genossenschaften wegen Unterlassung der Umstellung vom 21. Mai 1926, RGBl. I S. 248). Der erkennende Senat hat sich in RGZ. Bd. 121 S. 246 (254) dahin ausgesprochen, daß auch einer schon in Liquidation befindlichen Genossenschaft die Möglichkeit nicht abgeschnitten werden darf, durch geeignete Umstellungsmaßnahmen die Eröffnung des Konkurses zu vermeiden; deshalb wurden Umstellungsbeschlüsse im Liquidationsabschnitt für rechtlich zulässig erklärt. Nach der Konkurseröffnung sind solche aber nicht mehr möglich (Quassowski-Susat Goldbilanzen Anm. III zu § 46 der 2. DurchfVo. z. GoldbilVo.; Rosendorff die Goldmarkbilanz S. 316 unten). Der § 14 GoldbilVo. gilt denn auch für Genossenschaften nicht; es verbleibt deshalb bei den Vorschriften der §§ 99, 140 GenG. Sondervorschriften darüber, wie es sich im Fall des Konkurses einer Genossenschaft mit beschränkter Haftpflicht, die nicht umgestellt hat, mit den Papiermarkhaftsummen verhalten soll, finden sich nirgends. Die sich hieraus ergebenden Fragen sind mithin an Hand der sonstigen Vorschriften des Genossenschaftsgesetzes und, soweit angängig, derjenigen des allgemeinen Rechts zu lösen.

Die Vorinstanzen sind der Meinung, daß eine Umwertung nach Aufwertungsgrundsätzen Platz greifen müsse, und zwar, weil es sich um Ansprüche aus einem Beteiligungsverhältnis handle, nach den Grundsätzen der sog. freien Aufwertung. Das Berufungsgericht begründet dies mit dem Hinweis auf §§ 105, 106 GenG., auf Treu und Glauben im Verkehr und mit der weiteren Erwägung, daß es in hohem Maße unbillig wäre, wenn eine Genossenschaft durch Unterlassung der Umstellung ihre Genossen von der gesetzlich festgelegten Haft- und Nachschußpflicht befreien könnte. Es führt weiter aus, daß die „Nachschüsse" einen Bestandteil des Vermögens der Genossenschaft bildeten, der allerdings bezüglich seiner „Geltendmachung" durch den Eintritt des Konkurses bedingt und seinem Umfang nach durch die Haftsumme begrenzt, aber als bedingter Anspruch schon mit dem Beitritt zur Genossenschaft und mit der Übernahme weiterer Geschäftsanteile entstanden sei; er beruhe auf einem vor dem 14. Februar 1924 begründeten Rechtsverhältnis und habe die Zahlung einer bestimmten in Mark ausgedrückten Geldsumme, hier von 5000 PM. für einen Geschäftsanteil, zum Gegenstand.

Keiner von diesen Gründen ist aber durchschlagend. Es ist schon nicht richtig, daß durch den Beitritt eines Genossen oder durch die Übernahme weiterer Geschäftsanteile von vornherein ein bedingter Anspruch der Genossenschaft auf Zahlung der Haftsumme entstehe. Der erkennende Senat hat diese Auffassung in RGZ. Bd. 85 S. 209 für die Genossenschaft mit unbeschränkter Haftpflicht mit eingehender Begründung abgelehnt. Zwischen dieser Genossenschaftsform und derjenigen mit beschränkter Haftpflicht besteht aber insoweit nur der eine Unterschied, daß bei letzterer das Höchstmaß der Haftung ziffermäßig festgelegt ist. Dieser Umstand rechtfertigt noch keine abweichende Beurteilung. Hier wie dort erwächst vielmehr erst durch die Konkurseröffnung in Verbindung mit den Vorschuß- und Nachschußberechnungen eine Schuldverbindlichkeit im Rahmen des Höchstbetrags der Haftsumme. Ihr Entstehen hängt nicht nur vom Beitritt des Genossen und von der Konkurseröffnung ab, sondern auch, soweit die Haftung gegenüber der Genossenschaft in Frage kommt, von der Zugehörigkeit noch zur Zeit der Auflösung oder von einem etwaigen Ausscheiden erst in den letzten 6 Monaten (§ 75 GmbHG.), ferner von der Unzulänglichkeit der Masse, der Höhe des Fehlbetrags und der etwaigen Zahlungsunfähigkeit anderer Genossen. Von einer Schuld, auch nur einer bedingten, geschweige denn von einer solchen auf Zahlung einer bestimmten Marksumme, kann unter diesen Umständen keine Rede sein. Was vorliegt, ist nur die Möglichkeit des künftigen Entstehens einer derartigen Schuld. Rechtsverhältnisse dieser Art sind aber einer Aufwertung nicht zugänglich. An eine solche wäre erst dann zu denken, wenn der Anspruch durch die Konkurseröffnung einmal entstanden ist.

Ebenso versagt der Hinweis auf Treu und Glauben und auf die Verkehrsbedürfnisse. Geht man davon aus, daß im Frühjahr 1924, also im Zeitpunkt des Entstehens der zur Tabelle angemeldeten Forderungen, rund 500 Geschäftsanteile ausgegeben gewesen sein mögen, so bedeutete dies eine Gesamthaftsumme von 500 mal 5000 = $2^1/_2$ Millionen PM., also beim Stand von 1 RM. = 1 Billion PM. einen Bruchteil von 1 Pfg. Mit anderen Worten: die Haftsummen hatten ihre gesetzliche Funktion als Kreditunterlage und Gläubigersicherheit durch den Währungsverfall längst vollständig und für jeden Verständigen erkennbar verloren. Wer unter solchen Umständen mit der Genossenschaft in geschäftlichen Verkehr trat und etwa mit Rücksicht auf die Haftsummen mit ihr Kreditgeschäfte abschloß, kann füglich nicht behaupten, daß Treu und Glauben eine Aufwertung erforderten. Wenn und soweit die Genossenschaften nicht durch fortschreitende Erhöhung der Haftsummen selbst oder durch Vervielfältigung der Pflichtgeschäftsanteile mit im Interesse der Gläubiger und der Aufrechterhaltung des Kredits einen gewissen, hinter dem Währungsverfall jedoch im allgemeinen stets weit zurückbleibenden Ausgleich schufen, ist bei allen Genossenschaften mit beschränkter Haftpflicht die Lage dieselbe, d. h. allenthalben hatten die Haftsummen ihre Eigenschaft als Kredit- und Gläubigersicherungsmittel für den geschäftlichen Verkehr unverkennbar verloren. Weder Kreditgewährung noch Kreditbelassung konnten sich vernünftigerweise mehr auf sie gründen und mit ihnen als einer wirklichen Kreditunterlage rechnen. Dann kann aber auch in der Ablehnung einer Aufwertungsmöglichkeit kein Verstoß gegen Treu und Glauben liegen.

Noch ein weiterer Gesichtspunkt kommt hinzu. Wie gerichtsbekannt, sind gerade die Genossenschaften und unter ihnen die Genossenschaften mit beschränkter Haftpflicht von den Folgen der Geldentwertung weitaus am stärksten betroffen worden und vielfach völlig zusammengebrochen. Die eingetragene Genossenschaft mbH. ist ferner die Genossenschaftsform, die den finanziell schwächeren Teilen der Bevölkerung die Möglichkeit des genossenschaftlichen Zusammenschlusses unter Beschränkung der damit verbundenen Haftpflicht auf einen bestimmten Betrag ermöglichen soll. Gerade diese Kreise hatten aber unter den Folgen der Geldentwertung mit am meisten zu leiden. Diesen Verhältnissen wurde ersichtlich auch bei Erlaß der Umstellungsvorschriften Rechnung getragen. In Geltung gelassen wurden die Vorschriften über die Verpflichtung zur Anmeldung des Konkursverfahrens. Im übrigen ist aber die Umstellung von Geschäftsanteil und Haftsumme ganz unabhängig vom Vermögensstand der eingetragenen Genossenschaft mbH. gestaltet und ihr insoweit freiester Spielraum gelassen worden. So kann die Umstellung für die Zwecke des finanziellen Wiederaufbaues der Genossenschaft unter weitgehendster Berücksichtigung der Leistungsfähigkeit der Genossen nutzbar gemacht werden. Denn auf die Umstellung des Geschäftsanteils und der Haftsumme finden nach § 48 der 2. DurchfVo. z. GoldbilVo. die Vorschriften über Erhöhung oder Herabsetzung des Geschäftsanteils und der Haftsumme keine Anwendung. Das bedeutet, daß in letzterer Hinsicht die Gläubigerschutzvorschrift des § 133 GenG. nicht Platz greift. Schranken sind insoweit, von der Grenze des § 131 Abs. 1 GenG. abgesehen, nicht gezogen, offenbar mit aus der Erwägung heraus, daß bei Zugrundelegung der letzten Papiermarkkurse im allgemeinen jeder in Reichsmark bezifferte Haftsummenbetrag die Papiermarkhaftsumme immer noch weit übersteigen werde. Daraus darf geschlossen werden, daß der Gesetzgeber von der Wertlosigkeit und damit auch von der Nichtaufwertbarkeit der Papiermarkhaftsumme ausgegangen ist und daß er mit deshalb als Rechtsfolge der Nichtumstellung nur die Herbeiführung der Nichtigkeit der Genossenschaft durch einen von Amts wegen vorzunehmenden Eintrag im Genossenschaftsregister vorgesehen hat. Zu alledem tritt noch hinzu, daß für die Errechnung des Goldmarkwerts der Haftsumme als Stichtag nur der Tag der Konkurseröffnung in Betracht kommen könnte; wird aber dieser Tag zugrunde gelegt, so ist der Goldmarkwert gleich Null. Die Wahl jedes anderen Tages wäre rein willkürlich und mit unannehmbaren Folgen verknüpft. Geht man z. B., wie das Berufungsgericht will, vom Tag des Beitritts oder der Übernahme weiterer Geschäftsanteile aus, so wird damit der Grundsatz der Gleichbehandlung der Genossen in einer mit den Vorschriften des Genossenschaftsgesetzes völlig unvereinbaren Weise durchbrochen und in Wahrheit an Stelle der gleichmäßigen eine individuell verschiedene Genossenhaftung gesetzt, die ihrerseits wieder zufolge der Mithaftung der Genossen für ausgefallene Fehlbeträge auf die Haftung der anderen Genossen einwirken müßte. Eine solche Gestaltung des Verhältnisses ist mit § 111 Abs. 2, §§ 131, 141 GenG. schlechthin unvereinbar.

Der Standpunkt des Berufungsgerichts würde sodann bei Genossenschaften aus der Vorkriegszeit dazu führen, daß diejenigen

Genossen, die durch ihre Einzahlungen in vollwertigem Geld wesentlich mit zum Gedeihen des Verbands beigetragen haben, ganz unverhältnismäßig stark herangezogen werden müßten, während die erst in der Inflationszeit beigetretenen Mitglieder frei oder so gut wie frei ausgingen. Zu ebenso unhaltbaren Ergebnissen führt die Wahl des Tages der Eintragung der Genossenschaft im Register oder des Tages eines etwaigen Erhöhungsbeschlusses. Dieses Verfahren wird zwar der Eigenart des Rechtsverhältnisses insofern eher gerecht, als es zu einer schematischen Umwertung führt und damit den Grundsatz der Gleichbehandlung der Genossen wahrt. Es läßt aber den obersten Aufwertungsgrundsatz völlig außer acht, daß im allgemeinen nicht über den so oder so errechneten Goldmarkwert einer Schuld hinaus aufgewertet werden kann. Von einer solchen „Schuld" könnte aber, von dem in RGZ. Bd. 85 S. 209 eingenommenen, hier festgehaltenen Standpunkt einmal abgesehen, doch frühestens vom Beitritt zur Genossenschaft oder von der Übernahme weiterer Geschäftsanteile an gesprochen werden, und zwar bestenfalls nur mit Wert von diesen Tagen. Ein derartiger Lösungsversuch müßte wiederum überall da zu ganz unhaltbaren Ergebnissen führen, wo es sich um Genossenschaften aus der Vorkriegszeit oder um solche Genossenschaften handelt, die eine gewisse Angleichung an die fortschreitende Geldentwertung nicht durch Erhöhung des Geschäftsanteils, sondern durch Vervielfältigung der Pflichtgeschäftsanteile gesucht haben und so zu Hunderttausenden und noch mehr solcher Anteile für den einzelnen Genossen gelangt sind (RGZ. Bd. 119 S. 339). Nach alledem muß es dabei verbleiben, daß eine Aufwertung der Papiermarkhaftsumme bei Genossenschaften mit beschränkter Haftpflicht rechtlich nicht möglich ist. Ebensowenig kann außerhalb des Umstellungsverfahrens eine Umwertung stattfinden. Auch dazu fehlt es an jeder rechtlichen Grundlage. Es kann endlich nicht zugegeben werden, daß der hier vertretene Standpunkt unvereinbar sei mit §§ 105 flg. GenG., auf die sich das Berufungsgericht bezieht. Zunächst ist dabei übersehen, daß nicht diese Vorschriften zur Anwendung kommen, sondern, weil es sich um eine Genossenschaft mit beschränkter Haftpflicht handelt, § 141 GenG., wonach Genossen über die Haftsumme hinaus weder von der Genossenschaft auf Leistung von Nachschüssen, noch von den Konkursgläubigern auf Zahlung in Anspruch genommen werden dürfen. Die Haftsumme beträgt hier 5000 PM. Sie ist wegen Verfalls des Wertmessers für die Gläubiger gegenstandslos geworden. Daraus folgt aber nicht, daß sie deshalb zwangsweise durch einen Reichsmarkbetrag ersetzt werden müßte oder könnte, der unter allen Umständen eine Erhöhung um ein vielfaches gegenüber dem zuletzt in diesem Maßstab ausgedrückten Werte bedeuten würde. Jeder Versuch dieser Art würde in Wahrheit an Stelle des nun einmal festgelegten Haftsummenbetrags in mehr oder weniger willkürlicher Weise unter völlig veränderten Verhältnissen der Haftpflicht einen wesentlich anderen Inhalt geben. Verfehlt ist auch der Gedanke an eine Werthaftung, die Vorstellung also, daß ein Genosse mit seinem Beitritt eine Haftung für den „inneren", hinterher wiederum nach einem mehr oder weniger willkürlich gewählten Maßstab und Zeitpunkt zu errechnenden Haftsummen-Wert übernommen habe. Dafür fehlt jeder Anhalt. Folgerichtig durchgeführt würde damit an die Stelle der ziffer- und maßstabmäßig beschränkten eine mehr oder weniger unbeschränkte Haftung gesetzt und im übrigen die Gefahr der Geldentwertung ganz auf die Genossen übergewälzt werden. Überdies würde ein solches Verfahren für die Fälle der Versuche, die Genossenhaftung durch Vervielfältigung der Pflichtgeschäftsanteile an den Währungsverfall anzugleichen, ebenfalls widersinnige Folgen nach sich ziehen. Hiernach ist die grundsätzliche Möglichkeit einer Auf- oder Umwertung der Haftsummen als solcher zu verneinen (anders z. B. bei Papiermarkschuldverpflichtungen aus Vorschußberechnungen der Geldentwertungszeit). . . .

---

62. Über den Erwerb eines Vorbenutzungsrechts nach § 5 PatG. Was bedeutet: eine Erfindung in Benutzung nehmen? Was bedeutet: die zur Benutzung erforderlichen Veranstaltungen treffen? Muß die Benutzung bis zur Patentanmeldung gedauert haben? Wie verhält es sich in dieser Beziehung mit dem Treffen von Veranstaltungen?

I. Zivilsenat. Urt. v. 9. Februar 1929 i. S. C. H. F. M. AG. (Bekl.) w. S.-R.-V. GmbH. (Kl.). I 240/28.

I. Landgericht I Berlin.
II. Kammergericht daselbst.

Durch das Patent 308490 ist der H. GmbH. mit Wirkung vom 22. Juni 1917 ein Verfahren zum Entgasen von Metallteilen in Vakuumröhren geschützt. Das Verfahren ist dadurch gekennzeichnet, daß die Metallteile durch die Wirkung eines außerhalb der Röhre erzeugten Hochfrequenzfeldes erhitzt werden. An dem Patent besitzt die Klägerin die ausschließliche Lizenz. Außerdem hat ihr die Patentinhaberin für den vorliegenden Rechtsstreit alle Ansprüche gegen die Beklagte abgetreten.

Die Beklagte stellt in ihrem Betrieb Vakuumröhren her, bei denen sie das Entgasungsverfahren nach Patent 308490 anwendet. Die Klägerin hat deshalb auf Unterlassung, Rechnungslegung und Feststellung der Schadensersatzpflicht geklagt. Die Beklagte wandte ein, daß sie ein Vorbenutzungsrecht an dem geschützten Verfahren habe. Sie habe nämlich bereits Ende 1915 und Anfang 1916 in ihrer Fabrik Vakuumröhren dadurch entgast, daß sie außerhalb der Röhren ein hochfrequentes Feld erzeugt und dadurch die Metallteile im Innern der Röhre erhitzt habe. Der Erfolg sei jedesmal sofort festgestellt worden. Allerdings habe sie fabrikmäßig das Verfahren bis zum Anmeldetag des Klagpatents nicht ausführen können, weil sie damals nur gashaltige Jonenröhren hergestellt und sich außerdem durch mehrere Patente behindert gesehen habe. Sie sei aber stets entschlossen gewesen, das Verfahren anzuwenden, sobald sich die Möglichkeit biete. Dieser Fall sei erst nach dem Tage der Anmeldung des Klagpatents eingetreten. Als sie dann später mit Herstellung der Therapie-Trockenröhren begonnen, habe sie sofort das Verfahren angewendet.

Das Landgericht gab der Klage statt. In den Gründen des landgerichtlichen Urteils heißt es: Unter Benutzung im Sinne von § 5 PatG. sei eine der Benutzungsarten des § 4 zu verstehen. Es genüge also nicht das bloße Entgasen von Metallteilen in Röhren und die Feststellung, daß das angewendete Verfahren hierzu geeignet sei, sondern es müsse noch hinzukommen die gewerbsmäßige Herstellung derartiger Röhren unter Anwendung des Entgasungsverfahrens oder die Feilhaltung so hergestellter Röhren. Eine solche Benutzung habe die Beklagte nicht vorgenommen, weil entgegenstehende Patente sie daran gehindert hätten. Allerdings brauche die Benutzung nicht unbedingt bis zum Anmeldungstag ununterbrochen gedauert zu haben. Immer aber müsse es wirklich zu einer

Benutzung gekommen sein. Die Beklagte habe aber auch nicht einmal Veranstaltungen im Sinne von § 5 PatG. getroffen gehabt, z. B. Einrichtung einer neuen Fabrikationsabteilung, Anschaffung von Maschinen, Beginn der Werbetätigkeit und ähnliches. Bei Anwendung auch nur geringer Sorgfalt habe sie erkennen müssen, daß ihr kein Vorbenutzungsrecht zustehe.

Die Berufung der Beklagten wurde zurückgewiesen. Ihre Revision hatte keinen Erfolg.

Gründe:

Ein Vorbenutzungsrecht der Beklagten hält der Vorderrichter nicht für dargetan. Der zutreffenden Begründung des Landgerichts, so führt er aus, sei beizutreten. Nach anerkannter Rechtsprechung genüge es zur Begründung eines Vorbenutzungsrechts nicht, daß der angeblich Berechtigte irgend einmal vor der Anmeldung des Patents die Erfindung in Benutzung genommen oder die dazu erforderlichen Anstalten getroffen habe. Es müsse erfordert werden, daß eine solche Benutzung bis zum Tage der Patentanmeldung gedauert habe, wenngleich zeitweilige Unterbrechung (Streik, Fabrikbrand, Erkrankungen von Angestellten u. dgl.) die Entstehung des Rechts nicht ohne weiteres ausschließe. Nach den Angaben der Beklagten sei aber anzunehmen, daß sie die Fortsetzung der Benutzung des Verfahrens mindestens auf unbestimmte Zeit aufgegeben habe. Denn es sei nicht abzusehen gewesen, wann die entgegenstehenden Schutzrechte erlöschen würden. Der bloß innere Entschluß, das Verfahren anzuwenden, ändere an der Beurteilung nichts, sei auch nicht erweisbar.

Hiergegen macht die Revision geltend: Nach dem Vorbringen der Beklagten sei davon auszugehen, daß sie selbständig die Erfindung gemacht und in Benutzung genommen, mindestens aber die zu ihrer Benutzung erforderlichen Veranstaltungen getroffen habe. Mit Recht hätten die Instanzgerichte deshalb den Erwerbsbesitz der Beklagten an der Erfindung bejaht. Das Berufungsgericht nehme jedoch Verlust des Vorbenutzungsrechts an, weil die Benutzung nicht bis zur Anmeldung des Klagpatents fortgesetzt worden sei. Dabei werde indes verkannt, daß die Unterbrechung der Benutzungstätigkeit nicht notwendig einen Verzicht auf den einmal erworbenen Erfindungsbesitz bedeuten müsse, sondern diese Bedeutung nur haben könne, dann nämlich, wenn aus ihrer Dauer in Verbindung mit den Gepflogenheiten gleichartiger Betriebe, mit den besonderen Verhältnissen des Einzelfalls oder mit bestimmten Handlungen des betreffenden auf die Aufgabe des Besitzwillens zu schließen sei. Hier aber habe die Beklagte dargelegt, daß unbeschadet der Fortdauer ihres Besitzwillens die Benutzung der Erfindung, zu Zwecken der Fabrikation während des Bestehens der „Konkurrenzpatente" habe unterbleiben müssen und daß sie nach deren Vernichtung alsbald aufgenommen worden sei. Der Wegfall eines einmal erworbenen Erfindungsbesitzes sei nicht zu vermuten.

Dabei übersieht jedoch die Revision, daß das Berufungsgericht aus der Lage des besonderen Falles ein vorläufiges Beiseitelegen der Erfindung, also einen einstweiligen Verzicht auf Benutzung der Erfindung, angenommen hat. Zu dieser Annahme ist der Vorderrichter aus dem Grunde gelangt, weil es völlig ungewiß war, wann die der Benutzung entgegenstehenden Patente beseitigt sein würden. Hiergegen lassen sich vom Rechtsstandpunkt aus keine Bedenken erheben. Das Patentgesetz erfordert in § 5 — von den dort erwähnten Veranstaltungen abgesehen — eine Benutzung der Erfindung. Es ist ganz klar, daß derjenige, der einsieht, daß der Benutzung seiner Erfindung Patente entgegenstehen, und der deshalb während dieses Zustandes von einer Verwendung der Erfindung bis auf weiteres Abstand nimmt, die Erfindung nicht benutzt. Der vielfach gebrauchte Begriff des Erfindungsbesitzes verleitet, wie die Revisionsbegründung zeigt, leicht dazu, Regeln vom Sachbesitz und Regeln über Verzichte auf Rechte, also Verzichte, die gemeinhin nicht vermutet werden, auf die Rechtslage des Vorbenutzers anzuwenden, was nicht angängig ist. Hier handelt es sich einfach um die Frage, ob die Beklagte ihre Erfindung noch benutzt hat, obwohl sie jahrelang im Hinblick auf entgegenstehende Patentrechte keinen Gebrauch von der Erfindung gemacht hat. Das hat der Vorderrichter verneint und hierin kann ihm nicht entgegengetreten werden. Keineswegs hat er verkannt, daß nicht jede Unterbrechung in der Benutzung dem Vorbenutzer schädlich zu sein braucht. In der Tat genügt es, daß die betreffende Maschine oder das betreffende Verfahren zu dem Bestande von technischen Mitteln gehören, deren sich das Unternehmen je nach Bedarf bedient. So lag aber nach den Feststellungen der Instanzgerichte der Fall hier nicht.

Es kommt hinzu, daß das Kammergericht, wenngleich es sich in seinen eigenen Ausführungen auf die Erörterung der Benutzungsunterbrechung beschränkte, im übrigen der Begründung des ersten Richters ausdrücklich beigetreten ist. Aus diesen vom Kammergericht gebilligten Ausführungen des Landgerichts ergibt sich jedoch, daß es überhaupt nicht zu einer Benutzung der Erfindung gekommen ist. Nach den dabei zugrunde gelegten Angaben der Beklagten hatte diese weiter nichts getan, als daß sie mehrfach Ende 1915 und Anfang 1916 das Entgasen der Metallteile in Vakuumröhren von außen her durch hochfrequente Felder vornahm und dabei jedesmal den Erfolg des Verfahrens nach der Entgasung sofort feststellte. Das lief, wie das Landgericht offensichtlich annimmt, auf ein bloßes Ausprobieren der Erfindung, auf Laboratoriumsversuche hinaus. Man wollte sehen, ob das der Beklagten von Dr. von D. beschriebene und empfohlene Verfahren ausführbar war. Deshalb prüfte man jedesmal hinterher, ob die Entgasung auch gelungen war. Damit schloß aber die Tätigkeit der Beklagten auf diesem Gebiete ab. Eine Benutzung der Erfindung wäre erst dann vorgenommen worden, wenn man die fabrikmäßige Herstellung der auf diese Weise entgasten Vakuumröhren begonnen hätte. Auf die im Laufe des Rechtsstreits erörterte Frage, ob die Benutzung gewerbsmäßig sein müsse oder auch die nicht gewerbsmäßige Benutzung genüge, kam es hier nicht an, weil das Verfahren, um das es sich handelt, für die beklagte Aktiengesellschaft, wenn sie es benutzte, immer nur gewerbsmäßig benutzbar war. Ebensowenig geht aber aus den Ausführungen der Beklagten hervor, daß sie irgendwelche Veranstaltungen zur Ausführung der Erfindung getroffen hätte, wie schon das Landgericht zutreffend dargelegt hat. Für solche Veranstaltungen kommt noch hinzu, daß sie bis zur Patentanmeldung nicht unterbrochen worden sein dürfen und in der Absicht sofortiger Ausführung der Erfindung vorgenommen sein müssen (RGZ. Bd. 30 S. 63, Bd. 78 S. 436 [439flg.]; RG. in LZ. 1915 Sp. 356 Nr. 7; RG. in PMZBl. 1917 S. 19; vgl. Isay PatG. 4. Aufl. S. 284 Anm. 12 zu § 5; Pietzcker Anm. 14 zu § 5). Aus welchen Gründen die Beklagte von einer alsbaldigen Benutzung der Erfindung Abstand genommen hat, ist dafür gleichgültig (WarnRspr. 1916 Nr. 177).

63. Über die Voraussetzungen der Legitimation eines im Ehebruch empfangenen Kindes durch nachfolgende Ehe zwischen seiner Mutter und seinem Erzeuger und über die Feststellung dieser Legitimation durch das Vormundschaftsgericht behufs Eintragung in das Geburtsregister.

BGB. §§ 1719, 1591 flg. Ges. über den Personenstand vom 11. Juni 1920 (RGBl. S. 1209) Art. 1 Nr. 3.

IV. Zivilsenat. Beschl. v. 11. Februar 1929 in der Personenstandssache G. IV B 69/28.

I. Amtsgericht Genthin.
II. Landgericht Magdeburg.

Der Sachverhalt und die Entscheidung ergeben sich aus den

Gründen:

Wolfgang G. ist am 22. Juli 1923 von der Frau Meta G. während ihrer Ehe mit Paul G. geboren. Die Mutter des Kindes lebte damals bei ihrem Vater in G., während ihr Ehemann in B. wohnhaft war. Die Ehe ist durch ein im Dezember 1923 rechtskräftig gewordenes Urteil geschieden. Im August 1924 hat sich die geschiedene Ehefrau mit Paul T. in G. wieder verheiratet. Im Februar 1925 ist Paul G. in B. gestorben.

Das Kreisjugendamt in G. hat beim dortigen Vormundschaftsgericht um „weitere Veranlassung im Sinne des § 26 des Personenstandsgesetzes" gebeten (genauer, wie in der Beschwerdeschrift klargestellt: im Sinne des § 26 Abs. 2 das.). Es macht geltend: Paul G. habe von seiner Frau schon seit Sommer 1920 getrennt gelebt und ihr während der gesetzlichen Empfängniszeit des Kindes nicht beigewohnt. Er habe dessen Geburt nie erfahren und sei sonach gestorben, ohne das Recht zur Anfechtung der Ehelichkeit verloren zu haben. Der Erzeuger des im Ehebruch empfangenen Kindes sei Paul T. Das uneheliche Kind habe dadurch, daß Paul T. sich mit der Mutter des Kindes verheiratet habe, die rechtliche Stellung eines ehelichen Kindes der Eheleute T. erlangt.

Das Amtsgericht hat ausgesprochen: Gemäß § 1591 BGB. gelte Wolfgang G. als das eheliche Kind von Paul G. und seiner damaligen Ehefrau. Dem Antrag, die Geburtsurkunde dahin zu berichtigen, daß er ein uneheliches Kind seiner Mutter sei, könne nicht entsprochen werden, da es am Nachweis der Unehelichkeit durch ein Urteil fehle, das sie auf eine Anfechtungsklage hin feststellte.

Die Beschwerde des Kreisjugendamts wurde vom Landgericht mit der Begründung zurückgewiesen: Wenn ein uneheliches Kind durch die Verheiratung des Vaters mit der Mutter die Rechtsstellung eines ehelichen Kindes erlangt habe, dann habe allerdings das Vormundschaftsgericht dies, ohne daß es eines Nachweises durch öffentliche Urkunden bedürfe, nach den Vorschriften über das Verfahren der freiwilligen Gerichtsbarkeit selbst festzustellen. Durch eine Vernehmung der Mutter des Kindes, ihres Ehemanns T. und ihres Vaters möge vielleicht der Nachweis erbracht werden können, daß ihr früherer Ehemann G. ihr in der Empfängniszeit nicht beigewohnt, sie das Kind vielmehr im Ehebruch mit T. empfangen habe. Es lasse sich aber nicht nachweisen, daß Paul G. die Geburt des Kindes nie oder erst so spät erfahren habe, daß die für die Anfechtung der Ehelichkeit in § 1594 BGB. vorgeschriebene Jahresfrist bei seinem Tode noch nicht abgelaufen gewesen sei. Daher könne auch die nach § 1593 BGB. erforderliche Feststellung nicht getroffen werden, daß Paul G. gestorben sei, ohne sein Anfechtungsrecht verloren zu haben. Aus diesem Grunde sei es zu billigen, daß das Amtsgericht die beantragte Beischreibung zu der Geburtsurkunde abgelehnt habe.

Gegen diesen Beschluß hat das Kreisjugendamt weitere Beschwerde eingelegt, mit der es kraft seines nach §57 Abs.1 Nr.9 FGG. gegebenen Beschwerderechts den (im Beschluß des Amtsgerichts nicht richtig wiedergegebenen) Antrag verfolgt, vormundsschaftsgerichtlich festzustellen, daß Wolfgang G. durch die Eheschließung zwischen Paul T. und seiner Mutter die Rechtsstellung eines ehelichen Kindes der Eheleute T. erlangt habe, und die Beischreibung dieser Feststellung am Rande der Geburtsurkunde anzuordnen. Das Kammergericht würde der weiteren Beschwerde stattgeben, wenn es für die Entscheidung darauf ankäme, ob Paul G. gestorben sei, ohne das Anfechtungsrecht verloren zu haben. Denn, so führt es aus, die Erwägung des Landgerichts, es lasse sich nicht nachweisen, daß Paul G. die Geburt des Kindes nie oder erst kürzere Zeit als ein Jahr vor seinem Tode erfahren habe, verletze den § 12 FGG., weil es insoweit bisher an einer ausreichenden Aufklärung des Sachverhalts fehle; ohne eine solche entbehre jene Annahme der erforderlichen tatsächlichen Grundlage. Das Kammergericht meint indessen, daß es auf die angegebene Voraussetzung nicht ankomme. Es stellt sich vielmehr auf den Standpunkt, daß angesichts der Vorschriften der §§ 1591 flg. BGB. bei einem während Bestehens einer Ehe (oder binnen 302 Tagen nach ihrer Auflösung) geborenen Kinde eine Legitimation nach § 1719 BGB. und deshalb auch ein vormundschaftsgerichtliches Verfahren nach § 26 Abs. 2 PStG. nur möglich sei, wenn der frühere Ehemann der Mutter die Ehelichkeit des Kindes angefochten habe und in diesem Anfechtungsprozeß — im Gegensatz zu der das Kind als ehelich ausweisenden Geburtsurkunde — die Unehelichkeit des Kindes durch rechtskräftiges Urteil mit Wirkung für und gegen alle festgestellt sei. Es gibt damit nicht nur seine (auf dem Boden der Bundesratsverordnung vom 18. Januar 1917) in dem Beschluß vom 31. Januar 1919 (KGJ. Bd. 51 S. 69, 72) allerdings nur beiläufig geäußerte abweichende Auffassung auf, sondern es will bei der Auslegung der im vorigen Satze angeführten reichsgesetzlichen Vorschriften auch abweichen von den auf weitere Beschwerde erlassenen Beschlüssen des hessischen Oberlandesgerichts vom 12. April 1923 (Zeitschrift für Standesamtswesen 1923 S. 90 Anm.) und des bayerischen Obersten Landesgerichts vom 23. Juli 1927 (Jahrb. f. FG. Bd. 5 S. 127; StAZ. 1927 S. 326), in denen beiden bei einem während bestehender Ehe im Ehebruch empfangenen, innerhalb 302 Tagen nach dem Tode des Ehemanns geborenen Kinde die Möglichkeit seiner Legitimation durch die nachfolgende Ehe zwischen seiner Mutter und seinem Erzeuger unterstellt und das Verfahren nach § 26 Abs. 2 PStG. für zulässig erklärt worden ist.

Mit der beabsichtigten Abweichung von den beiden angeführten Beschlüssen ist der Fall des § 28 Abs. 2 FGG. gegeben. Das Kammergericht hat demgemäß die weitere Beschwerde dem Reichsgericht zur Entscheidung vorgelegt. Sie ist im Sinne des Kammergerichts zu treffen.

Nach § 1719 BGB. erlangt ein uneheliches Kind dadurch, daß sich der Vater mit der Mutter verheiratet, mit der Eheschließung die rechtliche Stellung eines ehelichen Kindes. Für diesen Fall der „Legitimation durch nachfolgende Ehe" bestimmt das Personenstandsgesetz in § 26 Abs. 1, dem ursprünglich einzigen Absatz dieses

Paragraphen, daß der Vorgang, sofern er durch öffentliche Urkunden nachgewiesen wird, auf Antrag eines Beteiligten am Rande der über den Geburtsfall vorgenommenen Eintragung zu vermerken ist. Der Vermerk über die durch Legitimation eingetretene Veränderung der Standesrechte des Kindes kann danach im Geburtsregister nur vorgenommen werden, wenn die in § 1719 BGB. angegebenen Erfordernisse der Legitimation, nämlich die Unehelichkeit des Kindes, die Vaterschaft zu ihm und die Verheiratung des Vaters mit der Mutter, durch öffentliche Urkunden nachgewiesen werden. Die Unehelichkeit des Kindes ergibt sich in der Regel aus der Eintragung des Geburtsfalls, die dem Geburtsfall nachgefolgte Verheiratung der Mutter mit einem bestimmten Manne aus der Eintragung im Heiratsregister. Dagegen kann die Vaterschaft dieses Mannes, wenn er gestorben oder verschollen ist, ohne sie in öffentlicher Urkunde anerkannt zu haben (§ 1718 BGB., § 167 Abs. 2 FGG., § 25 PStG.), nicht durch öffentliche Urkunden nachgewiesen werden. Das hat schon vor dem Weltkrieg zu Härten geführt. Im Kriege ist insbesondere der wirtschaftliche Mißstand hervorgetreten, unter dem das legitimierte Kind in solchem Falle zu leiden hat. Dies gab, wie im zehnten Nachtrag zu der dem Reichstag vorgelegten „Denkschrift über wirtschaftliche Maßnahmen aus Anlaß des Krieges" (RT. 1914/17 Drucks. Nr. 650 S. 169flg.) dargelegt ist, den Anlaß zu der Verordnung des Bundesrats über die Eintragung der Legitimation unehelicher Kinder von Kriegsteilnehmern in das Geburtsregister vom 18. Januar 1917 (RGBl. S. 57). In der Verordnung wurde bestimmt:

> „Hat ein uneheliches Kind, dessen Vater Kriegsteilnehmer ist oder gewesen ist, dadurch die Rechtsstellung eines ehelichen Kindes erlangt, daß der Vater die Mutter geheiratet hat, so hat das Vormundschaftsgericht dies auf Antrag eines Beteiligten festzustellen und die Beischreibung der Feststellung am Rande der Geburtsurkunde anzuordnen. Die Beischreibung erfolgt in diesem Falle auf Ersuchen des Gerichts."

Das danach mit der Feststellung der Legitimation im Verfahren der freiwilligen Gerichtsbarkeit betraute Vormundschaftsgericht war bei seinen Ermittlungen und Beweiserhebungen, die es nach Anrufung durch einen Beteiligten gemäß § 12 FGG. von Amts wegen anzustellen hatte, nicht an den Nachweis durch öffentliche Urkunden gebunden; es konnte die Feststellung auf Beweismittel aller Art stützen.

Die auf Grund der Verordnung nur für ehelich gewordene Kinder von Kriegsteilnehmern geltende Wohltat einer erleichterten Verlautbarung ihrer Standesrechte im Geburtsregister ist durch Art. 1 Nr. 3 des Gesetzes über den Personenstand vom 11. Juni 1920 (RGBl. S. 1209) zur allgemeinen, sogar vom Antrag eines Beteiligten an das Vormundschaftsgericht unabhängigen Anwendung gebracht. Dem § 26 PStG. ist als Absatz 2 folgende Vorschrift angefügt worden:

„Hat ein uneheliches Kind dadurch die Rechtsstellung eines ehelichen Kindes erlangt, daß der Vater die Mutter geheiratet hat, so hat das Vormundschaftsgericht dies festzustellen und die Beischreibung der Feststellung am Rande der Geburtsurkunde anzuordnen. Die Beischreibung erfolgt in diesem Falle auf Anordnung des Gerichts."

Damit sei das Gesetz, so heißt es in der dem Gesetzentwurf beigegebenen Begründung (NatVers. 1919/20 Aktenstück Nr. 2050), dem in der Denkschrift von 1917 a. a. O. dargelegten Bedürfnis gerecht geworden, das sich nicht auf die Kreise der Kriegsteilnehmer beschränke.

Auch § 26 Abs. 2 PStG. verdankt hiernach seine Entstehung dem Bestreben, die Beischreibung der Legitimation im Geburtsregister in Fällen zu ermöglichen, in denen die Vaterschaft zum Kinde nicht durch öffentliche Urkunden nachgewiesen werden kann. Des Falles, daß die Unehelichkeit, insbesondere eines im Ehebruch empfangenen Kindes, nicht durch öffentliche Urkunden nachweisbar sein könnte, ist in den Materialien zur Verordnung von 1917 und zum Gesetz von 1920 nicht gedacht. Trotzdem ist zuzugeben, daß der allgemeine Inhalt des § 26 Abs. 2 PStG. und sein Zweck, die durch die nachfolgende Ehe eingetretene Legitimation eines unehelichen Kindes auch nach außen in die Erscheinung treten zu lassen und dadurch die wirtschaftliche und gesellschaftliche Stellung des Kindes zu verbessern, die Anwendung des Gesetzes über den Rahmen der bei seiner Erlassung angestellten Erwägungen hinaus auch dann rechtfertigen, wenn nicht (oder nicht nur) die Vaterschaft zu dem Kinde, sondern (auch) die beiden anderen oder eine der beiden anderen rechtlichen Voraussetzungen der Legitimation, sei es die

Unehelichkeit des Kindes oder die Verheiratung des Vaters mit der Mutter, des Nachweises durch öffentliche Urkunden entbehren.

Der § 26 Abs. 2 PStG. gibt indessen, gleich der Verordnung von 1917, nur Vorschriften über das Verfahren, in dem die nach § 1719 BGB. eingetretene Legitimation festzustellen ist, und über die Beischreibung dieser Feststellung im Geburtsregister. Die aus dem Bürgerlichen Gesetzbuch zu entnehmenden sachlichrechtlichen Voraussetzungen der Legitimation werden von jenen Vorschriften nicht berührt. Auf dem Boden des sachlichen (bürgerlichen) Rechts hat das Kammergericht im Vorlegungsbeschluß mit Recht die Frage aufgeworfen, ob ein während Bestehens einer Ehe oder binnen 302 Tagen nach ihrer Auflösung geborenes, im Ehebruch empfangenes Kind durch die Verheiratung der Mutter mit dem Erzeuger die rechtliche Stellung eines ehelichen Kindes dieser Ehegatten erlangt, wenn die Unehelichkeit seiner Geburt nicht auf eine Anfechtungsklage des früheren Ehemanns durch rechtskräftiges Urteil mit Wirkung für und gegen alle festgestellt ist. Diese entscheidende Frage hat eine Erörterung weder in den angeführten Beschlüssen des hessischen Oberlandesgerichts und des bayerischen Obersten Landesgerichts gefunden, noch auch bei Stölzel PStG. 3. Aufl. 1926 § 26 Anm. 7a, wo der vom hessischen Oberlandesgericht und früher (KGJ. Bd. 51 S. 69, 72) auch vom Kammergericht eingenommene Standpunkt gebilligt wird. Sie wird vom Kammergericht im Vorlegungsbeschluß verneint im Anschluß an Josef (StAZ. 1928 S. 184 flg.) und Schmauß (BayRpflZ. 1923 S. 223 flg., StAZ. 1924 S. 16 flg.); vgl. auch Pretzel (StAZ. 1923 S. 91). Der verneinenden Meinung ist beizutreten.

Die Beantwortung der aufgeworfenen Frage hängt davon ab, ob in dem dort angegebenen Falle das Kind, wie es § 1719 BGB. voraussetzt, „ein uneheliches Kind" ist. Hinsichtlich der rechtlichen Stellung eines während der Ehe oder innerhalb 302 Tagen nach ihrer Auflösung geborenen, im Ehebruch empfangenen Kindes sind verschiedene Möglichkeiten gegeben:

1. Der Ehemann der Mutter erkennt das Kind nach der Geburt als das seinige an (§ 1598 BGB.) oder er läßt die Jahresfrist des § 1594 BGB. verstreichen, ohne die Ehelichkeit des Kindes anzufechten. Dann gilt das Kind schlechthin als ehelich, auch wenn der Nachweis möglich oder erbracht ist und alle Beteiligten darüber

einig sind, daß der Ehemann innerhalb der Empfängniszeit der Frau nicht beigewohnt hat oder daß es den Umständen nach offenbar unmöglich ist, daß die Frau das Kind von ihm empfangen hat (§ 1591 BGB.). Der Ehemann, den das Gesetz (§§ 1593 flg. BGB.) wegen dieser seiner Eigenschaft für allein berechtigt zur Anfechtung der Ehelichkeit erklärt, hat es somit in der Hand, durch Anerkennung oder Unterlassung rechtzeitiger Anfechtung einem in Wirklichkeit unehelichen Kinde die ihm gemäß der Beiwohnungs- und Zeugungsvermutung des § 1591 Abs. 2, Abs. 1 Satz 2 BGB. zunächst nur vorläufig zukommende Rechtsstellung eines ehelichen Kindes mit Wirkung für und gegen alle endgültig zu verschaffen (vgl. Mot. Bd. 4 S. 659, Prot. Bd. 4 S. 466 flg.).

2. Der Ehemann ficht die Ehelichkeit mit der dafür in § 1596 BGB., §§ 641, 642 ZPO. vorgesehenen Klage an. Dann gilt das Kind mit der Rechtskraft des der Klage stattgebenden Urteils für und gegen alle (§ 643 ZPO.) als unehelich.

3. Ist der Ehemann gestorben, ohne die rechtskräftige Feststellung der Unehelichkeit des Kindes erwirkt, aber auch ohne das Anfechtungsrecht verloren zu haben, so findet eine „Anfechtung der Ehelichkeit", zu welcher nur der Ehemann berechtigt ist, nicht mehr statt. Doch kann nach § 1593 BGB. „die Unehelichkeit geltend gemacht werden", und zwar ohne zeitliche Beschränkung, von einem jeden, der an ihr ein rechtliches Interesse hat. Das kann entweder auf dem Wege der Feststellungsklage oder -widerklage geschehen, falls die prozeßrechtlichen Voraussetzungen der §§ 256, 280 ZPO. vorliegen, oder als bloße Vorfrage in Betracht kommen bei der Erhebung eines von der Unehelichkeit des Kindes abhängigen Anspruchs oder bei der Bekämpfung einer durch die Ehelichkeit des Kindes bedingten Verpflichtung (Mot. Bd. 4 S. 663). In jedem Falle steht ein solcher Rechtsstreit nicht unter den nach § 641 ZPO. für die Anfechtungsklage des Ehemanns geltenden, der Wahrheitsermittlung dienenden besonderen Vorschriften, sondern unter den allgemeinen Prozeßgrundsätzen; das ergehende Urteil wirkt nicht, wie das Urteil auf eine Anfechtungsklage (§ 643 ZPO.), für und gegen alle, sondern gemäß §§ 322, 325 ZPO. nur unter den Parteien. Es besteht deshalb die Möglichkeit einander widersprechender Urteile. So kann es vorkommen, daß das Kind in einem Rechtsstreit, in dem ihm wegen seiner Erzeugung im Ehebruch Verwandte des Ehemanns das Erb-

recht nach diesem oder nach dessen Eltern streitig machen, als ehelich, dagegen in einem Rechtsstreit, in dem es selbst von seinem Erzeuger Unterhaltsgewährung beansprucht, als unehelich angesehen wird oder umgekehrt.

Wie diese Betrachtung zeigt, kann nur der Ehemann die Ehelichkeit mit dem Erfolg bekämpfen, daß dem Kinde durch deklaratorisches Urteil die allgemeine Rechtsstellung eines unehelichen Kindes zuerkannt wird. Nach dem Tode des Ehemanns kann zwar unter den Voraussetzungen des § 1593 BGB. von einem Beteiligten gegenüber einem bestimmten Gegenbeteiligten die Unehelichkeit des Kindes mit Wirkung für das unter den Parteien streitige Rechtsverhältnis zur Geltung gebracht, dem Kinde aber nicht mehr die allgemeine Rechtsstellung eines ehelichen Kindes entzogen werden (so mit Recht Josef schon in DNotV. 1905 S. 341 flg. und in DJZ. 1912 Sp. 1180 gegenüber dem vom bayerischen Obersten Landesgericht im Beschluß vom 30. Dezember 1903, RJA. Bd. 4 S. 80, und vom Kammergericht im Beschluß vom 10. November 1911, KGJ. Bd. 42 S. 15, von beiden Gerichten auch in späteren Beschlüssen eingenommenen, vom Kammergericht aber jetzt aufgegebenen Standpunkt [in der Frage einer Vormundsbestellung für das im Ehebruch erzeugte Kind nach dem Tode des Ehemanns]). Danach ist das Kind in dem oben unter Nr. 3 erörterten Falle kein „uneheliches Kind", das durch die nachfolgende Ehe seiner Mutter mit seinem Erzeuger legitimiert werden könnte. „Aus dem im § 1579" (des Entwurfs = § 1719 BGB.) „aufgestellten Erfordernis der Unehelichkeit des Kindes ergibt sich", so heißt es in Mot. Bd. 4 S. 921, „daß solche Kinder, welche zwar in Wirklichkeit uneheliche Kinder der beiden Ehegatten sind, nach Maßgabe der §§ 1471 flg." (des Entwurfs = §§ 1593 flg. BGB.) „aber als eheliche Kinder eines anderen gelten, durch die nachfolgende Ehe ihrer Eltern nicht berührt werden. Ein solcher Fall kann namentlich dann eintreten, wenn das Kind mit einer Ehefrau im Ehebruch erzeugt ist, der frühere Ehemann aber die Ehelichkeit des Kindes mit Erfolg nicht angefochten oder sein Anfechtungsrecht verloren hat." Die zweite dieser beiden Möglichkeiten trifft, wie unter Nr. 1 dargelegt, dann zu, wenn der Ehemann die einjährige Anfechtungsfrist versäumt oder das Kind als das seinige anerkannt hat (§§ 1594, 1598 BGB.). Die erste Sachlage ist im Falle Nr. 3 gegeben.

Bei dieser Rechtslage würde Wolfgang G., vorausgesetzt, daß seine Mutter ihn nicht von ihrem ersten Ehemann empfangen haben kann, sondern von ihrem späteren Ehemann empfangen hat, durch die Eheschließung seiner Mutter mit seinem Erzeuger die rechtliche Stellung eines ehelichen Kindes dieser Eheleute selbst dann nicht erlangt haben, wenn die zweite Ehe erst eingegangen wäre, nachdem der erste Ehemann gestorben war, ohne die Geburt des Kindes erfahren zu haben. In Wahrheit hat die Mutter die zweite Ehe noch bei Lebzeiten ihres früheren Ehemanns, also zu einer Zeit geschlossen, als noch für diesen, wenn er die Geburt des Kindes noch nicht oder erst innerhalb des letzten Jahres vorher erfahren hatte, sowohl die Möglichkeit bestand, die Ehelichkeit des Kindes anzufechten, als auch die, das Kind ausdrücklich oder stillschweigend als das seinige anzuerkennen. Unter diesen Umständen kann die Eheschließung erst recht nicht die vom Beschwerdeführer vertretene Folge der Legitimation gehabt haben.

Ist nach alledem, auch bei Unterstellung der Richtigkeit der Behauptungen des Beschwerdeführers, der Eintritt einer Legitimation nach § 1719 BGB. und damit auch die Möglichkeit eines Verfahrens nach § 26 Abs. 2 PStG. zu verneinen, so ist die weitere Beschwerde zurückzuweisen.

---

64. Zur Ausübung des Vorpachtrechts, wenn der vom Vorpachtrecht ergriffene Raum zusammen mit anderen an einen Dritten verpachtet wird. Welche Bedeutung haben für das Vorpachtrecht Bedingungen, die im Vertrag mit dem Dritten für die Entstehung des Rechtes gesetzt sind?

BGB. §§ 508, 535, 581.

VIII. Zivilsenat. Urt. v. 14. Februar 1929 i. S. N. (Bekl.) w. T. (Kl.). VIII 388/28.

I. Landgericht Lübeck.
II. Oberlandesgericht Hamburg.

Durch notariellen Vertrag vom 7. Januar 1924 hat der Beklagte in seinem Haus dem Kläger die im Kellergeschoß gelegene

Bäckerei mit voller Einrichtung und dem im Erdgeschoß gelegenen Laden bis zum 31. Dezember 1924 verpachtet. Im Vertrag war dem Kläger „ein Vorpachtrecht für die erste auf den Ablauf dieses Pachtvertrags folgende Nachpachtung" so eingeräumt, daß er sich über die Ausübung des Vorpachtrechts innerhalb zweier Tage nach Mitteilung des mit dem Dritten geschlossenen Vertrags zu erklären habe. Der Pachtvertrag wurde durch Vereinbarung der Parteien vom 12. Dezember 1924 unter Erhöhung des Pachtzinses in einen solchen von unbestimmter Dauer umgestellt mit der Klausel, daß im übrigen die Bedingungen des ersten Vertrags bestehen bleiben sollten. Am 8. September 1927 schloß dann der Beklagte einen Vertrag mit dem Bäckermeister St., worin vorgesehen war, daß St. die Bäckereiräume, die dem Kläger zu kündigen seien, übernehmen solle, ferner aber auch den an den Laden des Klägers anstoßenden Laden mit Wohnung von M. Mit M. solle sich St. dahin verständigen, daß M. Wohnung und Laden räume. Die Entscheidung müsse bis zum 25. September fallen.
Danach heißt es:

> Vorausgesetzt, daß St. sich bis angegebenen Zeitpunkt mit M. verständigt und (der Kläger) bis zum 1. Januar 1928 räumt, schließen N. (der Bekl.) und St. folgenden Pachtvertrag.

Im Text dieses Pachtvertrags werden dann die Bäckerei und der M.sche Laden mit Wohnung als Pachtgegenstand angenommen. Die Pachtdauer wird bis zum 1. Januar 1938 bestimmt, der Pachtzins auf 3000 GM. Der Pächter verpflichtet sich, einen neuen Backofen im Anschlagswert von 6000 GM. setzen zu lassen (gegen teilweise Rückvergütung des Aufwands); dem Pächter wird ein Vorkaufsrecht auf das Grundstück eingeräumt. Am 21. September 1927 kündigte der Beklagte dem Kläger die Pacht zum Ende 1927 und teilte ihm gleichzeitig eine Abschrift des mit St. geschlossenen Vertrages mit. Am 23. September schrieb der Kläger an den Beklagten, daß er das Vorpachtrecht ausübe, soweit es mit dem Vertrag, der mit ihm abgeschlossen sei, „korrespondiere".

Demgegenüber stellte sich der Beklagte zunächst auf den Standpunkt, daß der Kläger sein Vorpachtrecht schon durch die Vertragsverlängerung vom 12. Dezember 1924 erschöpft habe, ließ aber am 27. November 1927 durch seinen Anwalt dem Kläger erklären, daß er das Vorpachtrecht anerkenne und auch, daß der Kläger es ausgeübt habe.

Fünf Tage später wies der Anwalt des Beklagten brieflich darauf hin, die Wirksamkeit des Vertrags mit St. sei dadurch bedingt, daß der Pächter sich mit M. über die Räumung von Wohnung und Laden verständige, und setzte dazu Frist bis zum 12. Dezember 1927. Der Kläger trat deshalb mit M. in Verbindung; es kam aber zu keiner Verständigung. Auf die Mitteilung davon erklärte der Beklagte den Vertrag mit St. vom 8. September 1927 für hinfällig.

Der Kläger verlangt Feststellung, daß zwischen den Parteien über die Bäckerei nebst Laden vom 1. Januar 1928 ab ein Pachtvertrag gemäß den Bestimmungen des Vertrags mit St. vom 8. September 1927 zustande gekommen sei. Der Beklagte erhob Widerklage auf Räumung. Das Landgericht gab dem Widerklagantrag statt und wies die Klage ab. Auf die Berufung des Klägers erkannte das Oberlandesgericht entgegengesetzt.

Die Revision des Beklagten blieb ohne Erfolg.

Gründe:

Der Berufungsrichter geht, insoweit von der Revision nicht bekämpft, davon aus, daß der Kläger durch sein Schreiben vom 23. September 1927 die Ausübung des Vorpachtrechts unter Beschränkung auf die Räume der Bäckerei erklärt habe. Er nimmt auf dieser Grundlage an, daß nach den entsprechend anzuwendenden Regeln des Vorkaufsrechts — insbesondere nach dem Gedanken des § 508 Abs. 2 BGB. — diese Beschränkung zulässig gewesen sei. Er sagt ferner, es stehe dem Zustandekommen des Vertrags auf Grund dieser Vorpachterklärung nicht entgegen, daß die „Voraussetzung" des St.'schen Vertrags, Verständigung mit M., in der Person des Klägers nicht eingetreten sei. Nach diesen beiden Richtungen tritt die Revision dem Berufungsurteil entgegen.

Soweit es sich um die Verständigung mit M. handelt, welche die Revision zutreffend als eine Abschlußbedingung des Vertrags vom 8. September 1927 ansieht, legt der Berufungsrichter dar, die Aufgabe der Verständigung mit M. habe sich nur auf die Räume bezogen, die der Kläger nicht übernehmen wolle, sodaß den Kläger diese Verpflichtung nicht treffe. St. habe sich aber mit M. sowohl wegen des Ladens wie auch wegen der Wohnung bereits geeinigt gehabt.

Wenn die Revision meint, diese Einigung sei für das Rechtsverhältnis der Parteien ohne Belang, so verkennt sie, daß das Berufungsgericht zwei verschiedenartige Bedingungen erörtert. Nach seinen Urteilsgründen kommt es einmal darauf an, ob der Vertrag vom 8. September 1927 durch den Eintritt seiner „Voraussetzungen" (aufschiebenden Bedingungen) wirksam geworden war, da die Rechtsprechung anerkennt, daß bei Ausfall der Bedingung und Hinfälligwerden des Vertrags zwischen den Verpflichteten und dem Dritten für die Ausübung einer Vorberechtigung kein Raum ist (RGZ. Bd. 98 S. 44; SeuffArch. Bd. 78 S. 25). War aber der Vertrag des Beklagten mit St. durch Verständigung mit M. zur Vollendung gelangt und damit der Grund für die Ausübung des Vorpachtrechts gelegt, so ist es eine weitere Frage, ob die Verständigung mit M. auch Bedingung für den Kläger war oder, wie der Berufungsrichter meint, ihn nichts angeht. Es ist also zwischen der Bedingung des Vorpachtrechts und der des Pachtrechts zu unterscheiden.

Der Berufungsrichter stellt nun fest, daß St. mit M. ein der Voraussetzung des Vertrags vom 8. September 1927 genügendes Abkommen getroffen hatte. Lag das vor, so war — von der Erklärung des Klägers, er übe das Vorpachtrecht aus, und ihren Folgen abgesehen — ein unbedingt gewordener Pachtvertrag zwischen dem Beklagten und St. geschlossen. Ob M. dann wirklich räumte, betraf, wie der Berufungsrichter mit Recht annimmt, im Verhältnis von St. zum Beklagten nicht das Zustandekommen, sondern allenfalls die Erfüllung des Vertrags. Die zweite im Vertrag vom 8. September 1927 bezeichnete „Voraussetzung" des Abschlusses ist nicht eingetreten. Mit Recht hat der Beklagte daraus das Hinfälligwerden des Vertrags mit St. nicht zu begründen versucht. Es würde dem Zwecke des Vorpachtrechts widersprechen, wenn die im Verhältnis des Verpflichteten zum Dritten berechtigte Sicherung für den Fall der Ausübung des Vorpachtrechts dem Vorberechtigten zur Vereitelung seines Vorpachtrechts entgegengehalten werden könnte. Die für das Vorkaufsrecht in § 506 BGB. gegebene Regel muß nach den Grundsätzen der §§ 157, 242 BGB. inhaltlich auch hier gelten.

Hat der Berufungsrichter danach ohne Rechtsfehler angenommen, daß der Vertragsabschluß vom 8. September 1927 das Vorpachtrecht des Klägers wirksam, und zwar endgültig wirksam, eingeschaltet hat, so ist damit noch nicht entschieden, daß die gewöhnliche Folge der Ausübung des Vorpachtrechts, die Geltung eines Pachtvertrags zwischen dem Vorberechtigten und dem Verpächter, eingetreten ist. Hätte der Kläger den Vertrag in dem Umfang zu übernehmen, wie ihn der Beklagte mit St. geschlossen hatte, so wäre bei der grundlegenden Bedeutung, die das Freiwerden der M.schen Räume für beide Vertragsteile haben mußte, nach dem Sinn wie nach dem Wortlaut des von St. übernommenen Vertrags auch für den Kläger Vorbedingung für den Erwerb des Pachtrechts seine Einigung mit M. gewesen.

Es ist aber einleuchtend, daß diese Verpflichtung des Pächters im Zusammenhang mit dem Inhalt des Pachtvertrags zu verstehen ist. Wird einmal unterstellt, daß der Kläger bei Ausübung der Vorpacht nicht verbunden war, auch die M.schen Räume zu übernehmen, so kann offenbar nicht die Rede davon sein, daß er Bedingungen erfüllen muß, die an die Übernahme gerade dieser und nur dieser Räume geknüpft sind. Danach hat der Berufungsrichter es ohne Rechtsfehler als ausschlaggebend angesehen, ob der Kläger das Vorpachtrecht in Beschränkung auf die Bäckerei und den Laden darüber ausüben durfte.

Die Rüge der Revision, daß sich der Vorberechtigte nicht den Teil des mit dem Dritten geschlossenen Vertrags aussuchen kann, der ihm gerade zusagt, trifft nicht den entscheidenden Punkt. Bei dem Widerstreit der Belange des Verpflichteten und des Vorberechtigten, wie er mit der Ausübung des Vorrechts regelmäßig eintritt, ist der Verpflichtete in der Abrede der Bedingungen des Vertrags mit dem Dritten (soweit sie nicht auf Vereitelung des Vorrechts zielen) grundsätzlich frei und nicht verpflichtet, dem Vorberechtigten die Ausübung seines Rechts möglich zu machen (RGZ. Bd. 88 S. 361, Bd. 101 S. 99, Bd. 121 S. 137). Aber bei der Überlassung der durch die Vorpacht betroffenen Sache zusammen mit anderen handelt es sich nicht mehr um Bedingungen, die eben nur diese Sache angehen. Für die Lösung des Widerstreits in diesem Falle hat der Berufungsrichter mit Recht auf die den gleichen Fall beim Vorkaufsrecht regelnde Vorschrift des § 508 BGB. verwiesen.

Auch wenn der Verpflichtete die durch das Vorkaufsrecht betroffene Sache zu einem Gesamtpreis mit anderen Sachen verkauft, werden in jedem Falle sachliche Belange des Verkäufers, die außer

Zusammenhang mit der Belastung durch das Vorkaufsrecht stehen, mit der Bestimmung über die im Vorkauf befangene Sache verknüpft. Die Herausnahme der befangenen Sache aus der Gesamtheit berührt das Geschäft des Verpflichteten mit dem Dritten im ganzen.

Dennoch setzt die Vorschrift des § 508 S. 1 BGB., wonach beim Mengekauf der Vorberechtigte einen verhältnismäßigen Teil des Gesamtpreises zu entrichten hat, voraus, daß in diesem Interessenstreit nicht etwa das Vorkaufsrecht hinter die freien Belange des Verpflichteten zurückzutreten hat. Vielmehr wirkt danach die Vorberechtigung in ihrem Bereich, und nur durch ein Einwandrecht des Verpflichteten wird als ausgleichender Rechtsbehelf zugelassen, daß er die Erstreckung des Kaufs auf alle Sachen verlangen kann, die nicht ohne Nachteil für ihn getrennt werden können. Dem Berufungsrichter ist darin zu folgen, daß diese Regeln entsprechend auch für den zur Entscheidung stehenden Fall der Vorpacht gelten müssen.

Nicht entschieden braucht zu werden, ob und mit welcher Folge das Recht der Geschäftserstreckung auch dann gilt, wenn zwar der Vorberechtigte in der Lage ist, die auf die befangenen Sachen entfallende Gegenleistung zu entrichten, jedoch der Übernahme des Vertrags in der erweiterten Form eine von ihm nicht erbringbare Gegenleistung, etwa eine nicht schätzbare Leistung (§ 507 Satz 2 BGB.) oder die Nichterfüllung einer Vorbedingung, wie im vorliegenden Falle, entgegensteht. Denn nach den Feststellungen des Berufungsrichters stand dem Beklagten kein Recht zu, die Geschäftserstreckung zu fordern, weil die im Pachtvertrag vom 8. September inbegriffenen Räume von M. ohne Nachteil für den Beklagten von den bisher von diesem innegehabten Räumen zu trennen sind.

Es kommt allerdings nicht auf eine allgemeine Scheidbarkeit in der Verwertung an, sondern auf die Trennung im Rahmen des streitigen Vertrags. Die Ausführungen des Berufungsrichters geben aber keinen Anhalt zu der Annahme, daß er das verkannt hätte. Die Aussonderung nach Maßgabe der Vorpacht ist hier dadurch erschwert, daß im Gesamtvertrag als Gegenleistung nicht nur ein Gesamtpachtzins eingesetzt, sondern daneben dem Pächter auch der Bau eines Backofens auferlegt ist. Gehört offenbar diese Verpflichtung zu der Überlassung der Bäckerei, so ist auf der anderen Seite dem Pächter der Gesamträume ein Vorkaufsrecht zugestanden, bei dem nicht ersichtlich ist, ob es auch bei der Teilpachtung (die der Kläger gewählt hat) bestehen bleiben soll. Indes sind das nur Schwierigkeiten für die künftige Vertragsauslegung, aber nicht Anzeichen dafür, daß die Trennung im Sinne von § 508 Abs. 2 BGB. für den Beklagten nachteilig sein muß.

---

65. 1. Inwieweit besteht für jemand, der als Sachverständiger in einem Strafverfahren vernommen worden ist, eine Verpflichtung zur Verschwiegenheit über das, was ihm dabei zur Kenntnis gekommen ist? Kann die Verletzung einer solchen Verpflichtung einen Verstoß gegen § 826 BGB. begründen?

2. Inwieweit ist für den Tatbestand des § 826 BGB. das Bewußtsein und die Willensrichtung des Handelnden von Bedeutung?

VI. Zivilsenat. Urt. v. 31. Januar 1929 i. S. Bücherrevisor L. (Bekl.) w. Rechtsanwalt W. (Kl.). VI 290/28.

I. Landgericht I Berlin.
II. Kammergericht daselbst.

Der Beklagte war in seiner Eigenschaft als Bücherrevisor von der Staatsanwaltschaft des Landgerichts I in Berlin als Sachverständiger in einer Strafsache gegen K. zugezogen worden. Er erstattete mehrere Gutachten, auf Grund deren die Staatsanwaltschaft die Verhaftung des Klägers beantragte und seine vorläufige Festnahme veranlaßte. Das Gericht lehnte jedoch den Erlaß eines Haftbefehls ab und beschloß, den Kläger außer Verfolgung zu setzen.

Der Beklagte ist der Meinung, daß dies zu Unrecht geschehen sei; er will erreichen, daß das umfassende Beweismaterial des erwähnten Strafprozesses gegen die nach seiner Ansicht hauptsächlich schuldigen, aber noch nicht angeklagten Personen, darunter den Kläger, unter Wiederaufnahme des Verfahrens voll verwertet werde. Am 26. April 1926 machte er an den Richter, der im Verfahren gegen K. die Verhandlung vor dem Schöffengericht geleitet hatte, eine Eingabe, worin er ausführte, daß er die von der Staatsanwaltschaft und dem Gericht bezüglich des Klägers getroffene Entscheidung für unrichtig halte. Er kündigte darin auch an, daß er seine Eingabe an mehrere, namhaft gemachte, Justizbehörden und an andere Stellen sende. Am 15. März 1927 richtete er eine als offenen Brief bezeichnete Eingabe an den preußischen Ministerpräsidenten, in deren Eingang er betonte, er habe als gerichtlicher Sachverständiger in den Prozessen gegen K. und Gen., H. und B. schwere Beschuldigungen gegen zwei an hervorragender Stelle im öffentlichen Leben wirkende Persönlichkeiten erhoben, unter denen sich der Kläger befinde; er fährt dann fort:

Wie bereits durch öffentliche Gerichtsverhandlungen, durch den B.-Ausschuß usw. bekannt geworden ist, habe ich in meinem umfangreichen Gutachten diejenigen Tatbestände angeführt, welche 1. bei dem Justizrat W. auf Betrug bzw. auf Beihilfe zu dem von K. gegenüber der preußischen Staatsbank begangenen Kreditbetruge schließen lassen und die mich veranlaßten, Herrn Justizrat W. als das Aushängeschild K.'s zu bezeichnen ...

Rechtlich sind nur zwei Folgen einer solchen Behauptung möglich; entweder es wird gegen die von mir Beschuldigten ein Strafverfahren eröffnet oder wegen Beleidigung gegen mich selbst. Eine der beiden Rechtsfolgen muß eintreten, wenn anders der Freistaat Preußen auf den Namen eines Rechtsstaates Anspruch erheben will.

Statt dessen bin ich unter haltlosen Begründungen verfolgt worden: die Industrie- und Handelskammer zu Berlin hat mir auf Betreiben des Justizrats W. meine Bestallung als beeidigter Bücherrevisor entzogen — wegen angeblich formaler „Verfehlungen" unter ausdrücklicher Ablehnung der Untersuchung des Tatbestandes ... Ich bin also sozusagen geschädigt worden. ...

Der Beklagte bittet in dem Briefe sodann, bei der Staatsregierung den Beschluß zu erwirken, daß das Justizministerium die Staatsanwaltschaft anweise, entweder gegen die Beschuldigten, und zwar gegen den Kläger mit Rücksicht auf das inzwischen neu hinzugetretene Belastungsmaterial, Anklage zu erheben oder gegen ihn selbst vorzugehen; den Weg des offenen Briefes beschreite er, weil er sich in dieser Angelegenheit bereits während des ganzen vorigen Jahres wiederholt an den Justizminister und an verschiedene Justizbehörden mit ausführlichen Eingaben gewandt habe, ohne einer Antwort gewürdigt worden zu sein. Am Schluß des Briefes teilt der Beklagte mit, an welche Stellen er eine Abschrift des Briefes richten wolle; das sind eine große Anzahl amtlicher Stellen und schließlich auch die juristischen Fachblätter und bestimmte Tageszeitungen.

Der Kläger sieht in dem Verhalten des Beklagten eine Verletzung der Schweigepflicht, die ihm als Sachverständigen obliege; der Beklagte habe seine Kenntnis von dem Tatbestand, den er in der angegebenen Art beurteile, nur in dem nicht öffentlichen Ermittlungsverfahren erlangt. Die Veröffentlichungen des Beklagten seien geeignet, den Kläger als Rechtsanwalt und Notar schwer zu schädigen.

Das Landgericht hat dem Klagantrag nur insoweit entsprochen, als es dem Beklagten untersagt hat, dasjenige, was er bloß in seiner Eigenschaft als Sachverständiger in der erwähnten Strafsache über den Kläger erfahren hat, anderen Personen als seinem Auftraggeber mitzuteilen. Die Einschränkung gegenüber dem Klageantrag bezieht sich einmal auf das, was der Beklagte über den Kläger — nicht über eine andere Person — erfahren habe, und sodann auf die Tatsachen, die er nur in seiner Eigenschaft als Sachverständiger erfahren habe. Das Landgericht führt dazu aus, daß nur das geheim gehalten werden könne, was noch geheim sei; der Beklagte stehe nicht schlechter als jeder, der das in öffentlicher Gerichtssitzung Verhandelte gehört habe. Das Berufungsgericht änderte auf die Anschlußberufung des Klägers das angefochtene Urteil dahin ab, daß dem Beklagten untersagt wurde, irgendwelche Angaben über das, was er als Sachverständiger in der erwähnten Strafsache über den Kläger erfahren habe, zu anderen Personen als seinem Auftraggeber zu machen. Die Hinzufügung des Wortes „nur" hielt es nicht für erforderlich, weil der Beklagte das, was jedem Teilnehmer an der öffentlichen Verhandlung habe bekannt werden können, nicht als Sachverständiger erfahren habe.

Die Revision des Beklagten führte zur Aufhebung des Berufungsurteils und zur Zurückverweisung in die Berufungsinstanz.

Gründe:

1. Der Kläger erklärt ausdrücklich, daß er die von ihm erhobene Unterlassungsklage nicht auf § 824 oder § 823 Abs. 2 BGB. in Verbindung mit § 185 oder § 186 StGB. stützen wolle. Er behauptet, daß der Beklagte Angaben über das, was er als Sachverständiger in der Strafsache gegen K. erfahren habe, entgegen seiner Schweigepflicht bereits gemacht habe und daß die Wiederholung solcher Angaben nach dem Verhalten des Beklagten zu befürchten sei. Es ist nicht ersichtlich, daß der Kläger ein Verhalten des Beklagten behaupten will, das im Wege der Strafverfolgung geahndet

werden könnte. Es braucht daher keine Stellung zu der Frage genommen zu werden, ob für die Erhebung der Unterlassungsklage der Nachweis eines besonderen Rechtsschutzbedürfnisses erforderlich ist, wenn Handlungen in Frage stehen, die durch öffentliche allgemeine Strafandrohung unter Strafe gestellt sind. (Vgl. RGZ. Bd. 98 S. 38, 39, Bd. 115 S. 184, 185, Bd. 116 S. 152, 153).

2. Das Berufungsgericht nimmt an, daß einem Sachverständigen, der in einem nicht öffentlich geführten Gerichtsverfahren — Ermittlungsverfahren und Voruntersuchung — Kenntnis von Tatsachen auf Grund seiner Hilfstätigkeit erlangt hat, die Geheimhaltungspflicht in bezug auf solche Tatsachen obliege. Das ist — mit einer Einschränkung — nicht zu beanstanden. Wenn Beamte in einem solchen Verfahren auf Grund ihrer amtlichen Tätigkeit Tatsachen erfahren, deren Geheimhaltung durch die Natur der Sache, insbesondere den Zweck des Verfahrens und die auf den Beschuldigten zu nehmende Rücksicht geboten ist, so sind sie auf Grund ihrer Pflicht zur Amtsverschwiegenheit zur Geheimhaltung dieser Tatsachen verpflichtet. Dem Sachverständigen liegt in einem solchen Verfahren die Aufgabe ob, als Gehilfe des Richters oder der Anklagebehörde diesen Stellen seine Kenntnis von Erfahrungssätzen auf bestimmten Gebieten zu vermitteln und, soweit erforderlich, diese Kenntnis auf den zu beurteilenden Prozeßstoff anzuwenden; er übt damit eine Tätigkeit aus, die an sich und endgültig dem Richter obliegt. Daraus ergibt sich, daß er in Ansehung der Pflicht zur Verschwiegenheit sich ebenso zu verhalten hat wie jener. Die Möglichkeit einer zulässigen Abweichung von dieser Regel im Einzelfall ist freilich nicht unbedingt ausgeschlossen (RGZ. Bd. 89 S. 16).

Da der Kläger ausdrücklich erklärt hat, daß er den Klaganspruch nicht auf § 824 und § 823 Abs. 2 BGB. in Verbindung mit §§ 185, 186 StGB. stützen wolle, hat das Berufungsgericht geprüft, ob dem Beklagten ein Verstoß gegen § 826 BGB. zur Last zu legen ist; es verneint ohne Rechtsirrtum die Frage, ob in der Verletzung der Schweigepflicht ein Verstoß gegen ein Schutzgesetz im Sinne des § 823 Abs. 2 BGB. liegt. Für eine vorbeugende Unterlassungsklage, die eine unerlaubte Handlung im Sinne von § 826 BGB. zum Gegenstand hat, ist Voraussetzung, daß der Tatbestand dieser Handlung für die Vergangenheit sowohl gegenständlich wie in bezug auf die innere Willensrichtung — neben der Wiederholungsgefahr — gegeben ist (RGRKomm. 6. Aufl. Vorbem. 6 III vor § 823). Das Berufungsgericht entnimmt den Tatbestand eines in der Vergangenheit liegenden Verstoßes gegen § 826 BGB. dem offenen Brief des Beklagten an den preußischen Ministerpräsidenten vom 15. März 1927, der mit Schreiben vom 16. März 1927 einer Reihe anderer Stellen und auch der Tagespresse mitgeteilt wurde. Die Ausführungen des Berufungsgerichts sind jedoch nach dieser Richtung nicht frei von Rechtsirrtum.

Zwar kann die Verletzung der Schweigepflicht durch einen Sachverständigen im einzelnen Falle ein Handeln gegen die guten Sitten enthalten. Durchaus beachtlich ist für die Frage des Handelns wider die guten Sitten auf seiten des Beklagten auch der Hinweis des Berufungsgerichts auf die Bedeutung der Tatsache, daß das zuständige Gericht den Kläger nach Prüfung des Sachverhalts außer Verfolgung gesetzt hatte. Allein bei der Würdigung des offenen Briefes sind nicht alle für die Frage der Verletzung der Schweigepflicht in Betracht kommenden Gesichtspunkte vom Berufungsgericht in Erwägung gezogen worden. Das fällt um so mehr ins Gewicht, als die positiven Feststellungen des Urteils Anlaß zu rechtlichen Bedenken über die Anwendbarkeit des § 826 BGB. geben. Das Urteil führt aus, es wäre eine Mitteilung nicht zu beanstanden gewesen, die etwa dahin ginge, daß der Sachverständige auf Grund der in seinem Gutachten näher angeführten Tatsachen zu dem Ergebnis gelangt sei, der Kläger habe betrogen oder zu dem Betrug Beihilfe geleistet; darin hätte nach Annahme des Berufungsgerichts keine Verletzung der Schweigepflicht gelegen. Aber der Beklagte nehme in dem Schreiben als Sachverständiger Stellung und spreche ein neues Urteil aus, wobei er durchblicken lasse, daß in den Akten der volle Beweis für die in öffentlicher Verhandlung erörterten Tatsachen enthalten sei. Allein es muß schon sehr zweifelhaft erscheinen, ob in der — wenn auch erneuten — Beurteilung der in öffentlicher Sitzung bekannt gewordenen Tatsachen für sich allein schon deshalb eine Verletzung der Schweigepflicht liegen kann, weil diese Tatsachen dem Sachverständigen in einem früheren, nicht öffentlichen Verfahren bekannt geworden waren. In der Äußerung eines solchen Urteils wird regelmäßig, wenn nicht besondere Umstände hinzukommen, eine Maßnahme zu erblicken sein, die auch anderen Personen an sich — abgesehen etwa von strafrechtlichen Gesichtspunkten — zusteht und die noch nicht deshalb wider die guten Sitten verstößt, weil der Sachverständige nach seinen persönlichen Eigenschaften vielleicht in der Lage ist, die Tatsachen in anderer Weise zu beleuchten als andere Personen. Es darf im vorliegenden Fall die Schwierigkeit nicht außer acht gelassen werden, die darin liegt, daß nach ausdrücklicher Erklärung des Klägers diejenigen Rechtsbehelfe, die ihm bei Unrichtigkeit der gegen ihn erhobenen Vorwürfe sonst zu Gebote stehen würden, nicht zur Begründung des Klaganspruchs verwendet werden sollen. Die Folge davon ist, daß nur die Frage der Verletzung der Schweigepflicht als solche geprüft werden kann, diese dann allerdings unter Berücksichtigung aller Umstände, insbesondere auch der Gedankenrichtung, von welcher der Beklagte bei der Abfassung des offenen Briefes beherrscht war. Nicht in Erwägung gezogen hat das Berufungsgericht den Teil dieses Schreibens, worin der Beklagte darauf hinweist, daß ihm von der Industrie- und Handelskammer auf Betreiben des Klägers seine Bestallung als beeidigter Bücherrevisor entzogen worden sei. Wenn der Beklagte auch hinzufügt, daß der Tatbestand als solcher von der Kammer nicht untersucht worden sei, so konnte ihm, wie er in der Revisionsinstanz noch besonders hervorgehoben hat, doch viel daran liegen, den Nachweis zu erbringen, daß er aus den erörterten Tatsachen den richtigen Schluß gezogen habe. Der Nachweis seiner Sachkunde konnte nicht nur für die Wiedererlangung der Stellung eines beeidigten Bücherrevisors (was nach der vom Beklagten vorgetragenen Begründung der Stellungnahme der Handels- und Industriekammer wohl weniger in Betracht kam), sondern auch deshalb von Bedeutung sein, weil seine sonstige Berufstätigkeit, aus der er seinen Lebensunterhalt bestritten hatte, wesentlich davon abhing, wie das Publikum über seine Fähigkeiten als Sachverständiger dachte. An einer Prüfung, ob und wieweit sich der Beklagte von dem wiedergegebenen Gedanken bei Abfassung des Briefes hat bestimmen lassen, durfte das Berufungsgericht nicht vorübergehen. Dazu kommt ein zweiter Gesichtspunkt. Der Beklagte wies in seinem Schreiben, und zwar gerade zur Begründung seines Antrags, entweder gegen den Kläger oder gegen ihn strafrechtlich vorzugehen, auch darauf hin, daß gegen den Kläger inzwischen neues Belastungsmaterial hinzugetreten sei. Auch diese

Frage bedurfte der Klärung; denn inwieweit das neue Belastungsmaterial noch mit der Schweigepflicht zusammenhängen könnte, ist mangels jeder tatsächlichen Feststellung nicht zu ersehen.

Ein weiteres rechtliches Bedenken ergibt sich nach folgender Richtung: Das Berufungsgericht gibt im Urteil zwar die Behauptung des Beklagten wieder, er habe in seinem Rundschreiben nicht mehr an Tatsachen mitgeteilt als das, was in öffentlicher Verhandlung des K.-Prozesses oder des B.-Ausschusses bekannt geworden sei. Es befaßt sich aber nicht weiter mit der Frage, ob diese Behauptung richtig sei, weil es die oben erörterte neue Beurteilung der Vorgänge durch den Beklagten in seinem offenen Brief für entscheidend hält. Da diese Erwägung, wie ausgeführt, nach den bisherigen Feststellungen das Urteil nicht stützen kann, wird zu der angegebenen Behauptung des Beklagten im einzelnen Stellung zu nehmen sein, und zwar auch in bezug auf die Verhandlungen des parlamentarischen sog. B.-Ausschusses. Die Behauptung ist für die Frage der Anwendbarkeit des § 826 BGB. erheblich. Sie wird aber auch in Verbindung mit der Angabe beider Parteien, daß ihr Kampf noch in anderen bürgerlichen Rechtsstreitigkeiten ausgefochten werde, für die Frage des Rechtsschutzbedürfnisses im jetzigen Rechtsstreit von Bedeutung. Sind die vom Beklagten gegen den Kläger erhobenen, in dem offenen Briefe zusammengefaßten Vorwürfe ohne Verletzung der Schweigepflicht des Beklagten in der Öffentlichkeit bekannt geworden und im wesentlichen schon vom Kläger zum Gegenstand einzelner Rechtsstreitigkeiten gemacht worden, so wird es sorgfältiger Prüfung bedürfen, ob und inwiefern in der Erörterung bereits in die Öffentlichkeit gelangter Tatsachen ein Verstoß gegen die guten Sitten gefunden werden kann. Nebenher mag bemerkt werden, daß der zur Begründung der Klage gleichfalls erwähnte, wenn auch anscheinend vom Berufungsgericht der Entscheidung nicht zugrunde gelegte Brief vom 12. Oktober 1927 am Schlusse hervorhebt, die dort wiedergegebenen Ausführungen gäben nur den Inhalt öffentlicher Verhandlungen (Gericht, Parlament usw.) wieder und nicht dasjenige, was der Beklagte als Sachverständiger erfahren habe.

Erhebliche Bedenken gegen die Anwendung des § 826 BGB. ergeben sich ferner nach folgender Richtung: Zutreffend geht das Berufungsgericht von dem Satze aus, daß ein Verstoß gegen die guten Sitten auch dann vorliegen könne, wenn der Handelnde sich eines solchen Verstoßes nicht bewußt sei. Der nach § 826 BGB. erforderliche Vorsatz braucht sich nach anerkannter Rechtsprechung nur auf die Schadenszufügung zu richten; es reicht das Bewußtsein aus, daß der andere infolge der Handlungsweise des Täters Schaden leiden könne, sofern der Täter den möglichen Erfolg in seinen Willen aufgenommen und für den Fall seines Eintritts gebilligt hat (Komm. v. RGR. Bem. 3 zu § 826 und die dort angeführten Urteile). Dagegen braucht der Täter nicht das Bewußtsein von der Sittenwidrigkeit seines Tuns zu haben. Zutreffend wird in der Rechtsprechung (vgl. RGZ. Bd. 79 S. 23) darauf hingewiesen, in einem heftigen Kampf werde oft derjenige, der gegen einen anderen in rücksichtsloser, dem Anstandsgefühl billig denkender Menschen widerstrebender Weise vorgeht, nicht erkennen, daß seine Ziele oder seine Mittel anstößig sind; der Zweck des § 826, solchen Kampfesauswüchsen entgegenzutreten, könnte nicht erreicht werden, wenn dem Täter das Bewußtsein von der Sittenwidrigkeit seines Tuns innewohnen müßte. Hieran ist ohne Einschränkung festzuhalten. Allein unabhängig von dieser, das persönliche Merkmal des § 826 betreffenden Frage ist die andere, ob nach der gegenständlichen Seite hin die innere Gesinnung des Handelnden ohne Bedeutung ist. Letztere Frage ist in dieser Allgemeinheit ohne Zweifel zu verneinen. Es mag zweifelhaft sein, ob die allgemeine Umschreibung der Frage in RGZ. Bd. 71 S. 112 nicht zu weit geht, wenn sie das Erfordernis aufstellt, es müsse geprüft werden, ob der Täter mit Rücksicht auf die Lage, in der er sich befand, seine Handlung als gegen das Rechts- und Anstandsgefühl aller billig und gerecht Denkenden verstoßend erkennen mußte, und ob er sie nicht nach seiner Kenntnis der tatsächlichen Verhältnisse als gerechtfertigt ansehen durfte. Es mag sein, daß diese Fassung mit anderen Entscheidungen des Reichsgerichts nicht im Einklang steht (vgl. dazu RGZ. Bd. 79 S. 23). Auch der in RGZ. Bd. 91 S. 359 enthaltene Satz, daß eine vorsätzliche Schädigung des Klägers in einer wider die guten Sitten verstoßenden Weise nicht gegeben sei, wenn der Beklagte sich keiner Rechtswidrigkeit bewußt gewesen sei, kann in dieser Fassung Bedenken hervorrufen. Das vorsätzliche Verschulden nach § 823 BGB. schließt zwar nicht nur die Erkenntnis des schädigenden Erfolgs, sondern auch die Erkenntnis der Rechtswidrigkeit in sich. Aber hiervon verschieden ist eben der Tatbestand des § 826 BGB. (vgl. RGZ. Bd. 72 S. 6 und 7 und die dort aufgeführten Entscheidungen). Für den letzteren Tatbestand kann die innere Gesinnung des Handelnden nur nach der gegenständlichen Seite des gesetzlichen Tatbestands in Betracht kommen. Regelmäßig wird ein Verstoß gegen die guten Sitten nicht angenommen werden können, wenn der Täter der redlichen Überzeugung ist, daß er in Verfolgung eines erlaubten Interesses so handeln dürfe, wie er handelt (JW. 1915 S. 913 Nr. 3). Die Umstände des einzelnen Falles können freilich auch zu einem anderen Ergebnis führen. Soviel kann aber grundsätzlich gesagt werden, daß nicht jeder Irrtum über die Zulässigkeit eines zur Erreichung eines Ziels gewählten Mittels den Vorwurf der Sittenwidrigkeit begründet und daß die Feststellung eines solchen Irrtums es keineswegs ohne weiteres ausschließt, jene redliche Überzeugung des Handelnden im gekennzeichneten Sinne zu beachten (RGZ. Bd. 79 S. 23; JW. 1925 S. 2246). Das Berufungsgericht stellt nun hier — im wesentlichen in Übereinstimmung mit dem Landgericht — fest, daß der Beklagte geglaubt hat, sittlich billigenswerte Ziele zu verfolgen; es nimmt an, er möge davon überzeugt sein, daß er durch seine Pflichtverletzung der Gesundheit des staatlichen Lebens einen höheren Dienst erweise, als wenn er seine mit dem Vertrauensverhältnis übernommenen Rechtspflichten treu befolge. Aber es meint, das vom Beklagten gewählte Mittel des Vertrauensbruches begründe den Verstoß gegen die guten Sitten. Das ist nach den obigen Ausführungen jedenfalls in dieser Allgemeinheit rechtsirrtümlich und wird durch die Feststellungen des Berufungsgerichts nicht gerechtfertigt, und zwar um so weniger, als, wie in anderem Zusammenhang näher dargelegt ist, der offene Brief bisher noch nicht in vollem Umfang vom Berufungsgericht gewürdigt ist, und als die Möglichkeit besteht, daß die Sachlage noch weiter in dem vom Berufungsgericht zugunsten des Beklagten angenommenen Sinne — hinsichtlich seiner inneren Gesinnung — geklärt wird.

---

66. 1. Gilt die Vorschrift in § 222 Abs. 4 HGB. über die Übertragung von Aktien nur für das Verfügungs- oder auch für das Verpflichtungsgeschäft?

2. Über die Bedeutung der Eintragung der Aktionäre in das Aktienbuch.

HGB. §§ 222, 223.

II. Zivilsenat. Urt. v. 5. Februar 1929 i. S. W.er Hütte AG. (Bekl.) w. T.er Hütte AG. (Kl.). II 332/28.

I. Landgericht Braunschweig, Kammer für Handelssachen.
II. Oberlandesgericht daselbst.

Die Aktien der im Jahr 1876 gegründeten beklagten Gesellschaft sind Namensaktien und lauten auf 150 M. Nach der Satzung in der Fassung vom Jahr 1887 war zur „rechtsgültigen" Übertragung die Zustimmung des Aufsichtsrats und der Generalversammlung, sowie eine die Person des Erwerbers bezeichnende gerichtlich oder notariell beglaubigte Erklärung des Veräußerers nötig. Die Beklagte führt ein (auch in ihrer Satzung vorgeschriebenes) Aktienbuch zur Verzeichnung und Umschreibung der Aktien. Bei der Goldmarkumstellung ist die bisherige Kapitalziffer, die Zahl (750) und die Stückelung der Aktien unverändert beibehalten worden. § 10 der Satzung bestimmt u. a., daß „die einzelne Aktie der Gesellschaft gegenüber nur den im Aktienbuch eingetragenen Inhaber legitimiere". Die Klägerin war bis zum 12. Juni 1922 im Aktienbuch der Beklagten mit 267 Aktien als Aktionärin eingetragen. An diesem Tag sind davon 200 Stück auf den Direktor H. in Köln und 67 Stück auf den Fabrik- und Rittergutsbesitzer Sch. daselbst im Aktienbuch umgeschrieben worden. Am 31. Oktober 1923 ist die Umschreibung der buchmäßig zunächst auf H. übertragenen 200 Aktien für Sch. erfolgt. Die Klägerin selbst ist seit dem 12. Juni 1922 im Aktienbuch nicht mehr als Aktionärin verzeichnet. Sie behauptet nun, die Umschreibung der 267 Aktien sei zu Unrecht geschehen; es habe an der Zustimmung des Aufsichtsrats und an einer gerichtlich oder notariell beglaubigten Übertragungserklärung gefehlt; sie selbst habe die Umschreibung als solche weder veranlaßt noch ihr zugestimmt oder sie genehmigt. Alles dies sei dem Vorstand der Beklagten von Anfang an bekannt gewesen. Die Klägerin verlangt daher Verurteilung der Beklagten zur Wiedereintragung der 267 Aktien im Aktienbuch auf ihren — der Klägerin — Namen.

Beide Vordergerichte gaben der Klage statt. Die Revision der Beklagten führte zur Abweisung der Klage.

Gründe:

Das Berufungsgericht ist der Ansicht, es sei bei keiner der erwähnten Umschreibungen zu einer rechtswirksamen Übertragung der Aktien gekommen. Denn es fehle durchweg an den nach § 222 Abs. 4 HGB. und § 9 der Satzung der Beklagten erforderlichen gerichtlich oder notariell beglaubigten Übertragungserklärungen, und der Formvorschrift sei auch nicht etwa durch gerichtliche Beurkundung der Abtretungserklärungen (§ 129 Abs. 2 BGB.) genügt. Demgemäß sei die Klägerin nach wie vor mit den 267 Aktien Aktionärin der Beklagten geblieben, und hieran sei auch durch die verschiedenen Umschreibungen im Aktienbuch nichts geändert worden. Dieser Teil der Gründe des Vorderrichters ist bedenkenfrei. Die Revision hat insoweit auch keinen besonderen Angriff erhoben.

Bei den weiteren Erörterungen läßt der Berufungsrichter — weil nach seiner Ansicht für die Entscheidung des Prozesses belanglos — die Frage offen, ob die Organe der Beklagten bei der Umschreibung der Aktien über das Vorhandensein der gesetzlichen und satzungsmäßigen Voraussetzungen des Rechtsübergangs gutgläubig gewesen seien. Er verneint sodann, daß die Klägerin der Umschreibung zugestimmt oder sie nachträglich genehmigt habe, wobei er übrigens die Rechtserheblichkeit dieses Vorbringens der Beklagten dahingestellt läßt, und lehnt grundsätzlich die Annahme ab, daß die Beklagte aus etwaigen vertraglichen Verpflichtungen der Klägerin dem Sch. gegenüber (auf Übertragung der Aktien) Einwendungen gegen die vorliegende Klage herleiten könne.

Die Revision macht zunächst geltend, daß zur Zeit ein schutzwürdiges Interesse der Klägerin an ihrer Wiedereintragung im Aktienbuch überhaupt nicht vorliege; sie wolle nur der Entscheidung in dem zwischen ihr und Sch. anhängigen anderen Rechtsstreit (über ihre vertragliche Verpflichtung zur Übertragung der Aktien) vorgreifen. Indessen ergibt sich das Rechtsschutzinteresse der Klägerin, das allerdings auch bei einer Leistungsklage vorhanden sein muß, ohne weiteres daraus, daß ihr die Beklagte unter Berufung auf den Stand des Aktienbuchs die Anerkennung als Aktionärin verweigert und die Ausübung der Aktionärrechte verwehrt.

Die Revision rügt mit Recht Verletzung des § 223 Abs. 3 HGB., der bestimmt, daß im Verhältnis zur Gesellschaft nur derjenige als Aktionär gilt, der als solcher im Aktienbuch verzeichnet ist. Von der Auslegung dieser Vorschrift, die sich inhaltlich mit § 10 Satz 2 der Satzung der Beklagten deckt, hängt die Entscheidung ab. Nun ist richtig, daß die Voraussetzungen für die rechtsgeschäftliche Übertragung von Namensaktien nicht in § 223, sondern in § 222 Abs. 2 bis 4 HGB. und in § 9 der Satzung der Beklagten geregelt sind. Hiernach ist die Eintragung im Aktienbuch nicht Erfordernis des Rechtsübergangs. Sie ändert an der Inhaberschaft der Aktien rechte nichts und ersetzt weder eine fehlende oder eine rechtsunwirksame Übertragungserklärung, noch heilt sie sonstige Mängel des Übereignungstatbestands. Vielmehr vollzieht sich die rechtsgeschäftliche Übertragung von Namensaktien in jeder Hinsicht außerhalb und unabhängig vom Buchstand. Darüber herrscht in Rechtsprechung und Schrifttum Einigkeit (RGZ. Bd. 79 S. 163, Bd. 86 S. 154, Bd. 92 S. 315; LZ. 1915 Sp. 1150 Nr. 20; Staub-Pinner Anm. 4 zu § 223 HGB.; Brodmann Aktienrecht Anm. 2 zu § 223). In diesem Sinne, aber auch nur insofern, läßt sich sagen, daß die Eintragung im Aktienbuch der rechtsbegründenden Wirkung entbehre. Das heißt aber nicht, daß sie überhaupt rechtlich belanglos ist. Ihre Bedeutung ergibt sich aus § 223 Abs. 3 HGB. Sie dient dem Interesse und dem Schutz der Gesellschaft, die eines äußeren Merkmals bedarf, um sicher zu wissen, wem sie die Dividenden auszahlen, an wen sie sich wegen etwaiger rückständiger Einzahlungen auf das Grundkapital halten, wen sie zur Ausübung von Aktionärrechten in der Generalversammlung zulassen kann und darf. Schon in RGZ. Bd. 86 S. 154 (158/159) ist dargelegt, daß sich die Tragweite des Bucheintrags keineswegs in einer durch Gegenbeweis entkräftbaren Vermutung für das Bestehen der Aktionäreigenschaft des Eingetragenen erschöpfe, daß vielmehr einer der Ausnahmefälle vorliege, in denen eine „Duplizität" des Rechtsträgers angenommen werden müsse. Während nämlich Dritten gegenüber Aktionär sei, wer die Mitgliedschaft durch Zeichnung oder durch Abtretung von einem Rechtsvorgänger erworben habe, werde im Verhältnis zur Gesellschaft der im Aktienbuch Eingetragene als Aktionär behandelt. Die Entscheidung im Bd. 86 S. 154 weist weiter darauf hin, daß sich demgemäß der im Aktienbuch Eingetragene der Gesellschaft gegenüber weder auf Mängel des schuldrechtlichen Veräußerungsgeschäfts (RGZ. Bd. 72 S. 295), noch auf das Fehlen der gesetzlich oder satzungsgemäß vorgeschriebenen Form der Übertragung (RGZ. Bd. 77 S. 276), noch auch, soweit Kleinaktien in Frage kommen, auf das Fehlen der Zustimmung des Aufsichtsrats oder der Generalversammlung (RGZ. Bd. 41 S. 16) berufen könne. Daran ist festzuhalten.

Nun handelt es sich hier allerdings nicht um das Verhältnis der Gesellschaft zum Buchaktionär, sondern um das zu einem nicht eingetragenen Aktionär. Aber auch insoweit müssen die vorstehenden Rechtsgrundsätze entsprechend gelten. Wollte man dies ablehnen, so würde der Schutzzweck des § 223 Abs. 3 HGB. nicht erreicht. Er würde sich vielmehr leicht in sein Gegenteil verkehren, wenn z. B. ein Nichteingetragener ohne weiteres unter Hinweis auf das bloße Fehlen des dinglichen Übertragungsgeschäfts einseitig, d. h. ohne Vorlegung der Zustimmungserklärung des Buchaktionärs oder eines sie ersetzenden verurteilenden Erkenntnisses (§ 894 ZPO.), die Gesellschaft auf Eintragung oder Wiedereintragung belangen könnte. Solche Mängel können längst geheilt sein; es kann ferner der Veräußerer auf Grund des Veräußerungsgeschäfts zur Beseitigung des Mangels verpflichtet sein, so daß der Erwerber und Buchaktionär einer Klage auf Zustimmung zur Berichtigung des Aktienbuchs mit Erfolg die Einrede aus dem Kaufgeschäft entgegensetzen könnte. Dieses Veräußerungsgeschäft bedarf auch nicht der Form des § 222 Abs. 4 HGB. Soweit sich die Revision für ihre gegenteilige Auffassung auf RGZ. Bd. 43 S. 136 und Bd. 50 S. 47 beruft, versagt dieser Hinweis schon um deswillen, weil es sich dort nicht um Kleinaktien, sondern um Geschäftsanteile einer Gesellschaft mbH. handelte und weil für solche § 15 Abs. 3 Satz 1 GmbHG. ausdrücklich auch in Ansehung des Verpflichtungsgeschäfts die Beobachtung der gerichtlichen oder notariellen Form vorschreibt. Eine solche Vorschrift enthält § 222 Abs. 4 HGB. für die gebundenen Kleinaktien gerade nicht. Der erkennende Senat hat denn auch schon wiederholt den Standpunkt vertreten, daß für den schuldrechtlichen Vertrag auf Übereignung von Kleinaktien die Voraussetzungen des § 222 Abs. 4 HGB. nicht gelten (LZ. 1913 Sp. 765 Nr. 2, 1919 Sp. 534 Nr. 9). Dabei muß es verbleiben. Der Zweck dieser Vorschrift, nämlich die Erschwerung der Umsatzfähigkeit solcher

Aktien, steht dieser Ansicht nicht entgegen. Er ist durch das Erfordernis der Zustimmung des Aufsichtsrats und der Generalversammlung für die dingliche Übereignung ohnehin vollständig sichergestellt. Es würde eine sachlich nicht gerechtfertigte Umständlichkeit bedeuten, wenn bei zeitlichem Auseinanderfallen des schuldrechtlichen Veräußerungsgeschäfts und der Abtretung beide Male die Formvorschriften gewahrt werden und Aufsichtsrat und Generalversammlung zweimal ihre Zustimmung erteilen müßten. Diese Auffassung wird denn auch im Schrifttum ganz überwiegend abgelehnt (Staub-Pinner Anm. 11 zu § 222 HGB.; Fischer in Ehrenbergs Handbuch III 1 S. 157; Goldschmit Anm. 20 zu § 222 HGB.; a. M. Brodmann a. a. O. Anm. 6b zu § 222 HGB.). Denselben Standpunkt vertritt RGZ. Bd. 75 S. 79 für den § 105 Preuß. Allg. Berggeſ. (vgl. auch Isay Anm. 26 zu § 105 dieses Gesetzes). Im übrigen mag gegenüber dem angefochtenen Urteil noch darauf hingewiesen werden, daß § 222 Abs. 4 HGB. durch die §§ 10, 17, 18 GoldbilVo. in Verb. mit § 45 der 2. DurchfVo. zur GoldbilVo. dahin abgeändert worden ist, daß an die Stelle eines Aktiennennbetrags von weniger als 1000 M. der Nennbetrag von 20 RM. getreten ist. Für die Entscheidung des vorliegenden Falls ist dies schon deshalb ohne Belang, weil die hier in Betracht kommenden Rechtsvorgänge in die Zeit vor dieser Gesetzesänderung fallen. Ob nun aber etwaige Mängel des ursprünglichen Übertragungsgeschäfts nicht inzwischen längst behoben worden sind und ob nicht der Veräußerer gegenüber dem Buchaktionär zur Ausstellung formrichtiger Übertragungserklärungen verpflichtet ist, kann die Gesellschaft nicht wissen, und wenn sie darüber zufällig unterrichtet ist, so ist dies hier rechtlich bedeutungslos.

Die Vorschrift des § 223 Abs. 3 HGB. gilt sodann keineswegs nur für die sog. gebundenen Kleinaktien, sondern für Namensaktien schlechthin, und zwar insbesondere auch für die Fälle, wo die Übertragung ohne Zustimmung der Gesellschaft möglich ist und durch Blankoindossament geschehen kann. Es ist nicht einzusehen, wie dann der Gesellschaft gegenüber der Beweis der Unrichtigkeit des Bucheintrags hinterher sollte geführt werden können. Im Aktienbuch ist gesetzlich nur die Tatsache der Übertragung zu vermerken, die Beweismittel sind nicht anzugeben. Eine den §§ 9, 29 GBO. entsprechende Vorschrift fehlt, konnte auch vom Gesetz nicht getroffen werden. Endlich kann der Streit zwischen Veräußerer und Erwerber oder Buchaktionär und angeblichem wirklichen Aktionär mit bindender Wirkung für beide unzweifelhaft nur zwischen ihnen ausgetragen werden. Wollte man trotz alledem so, wie es das Berufungsgericht tut, dem Veräußerer (z. B. wegen Mängel des dinglichen Übertragungsgeschäfts) das Recht zugestehen, ohne gleichzeitigen Nachweis der Zustimmung des Buchaktionärs oder eines ihn zur Bewilligung der Berichtigung verurteilenden Erkenntnisses seine Wiedereintragung von der Gesellschaft zu verlangen, so wäre diese, zumal wenn seit dem letzten Bucheintrag längere Zeit verstrichen ist, einem solchen Begehren gegenüber von vornherein in einer sehr mißlichen Lage. Sie wäre der Gefahr kostspieliger Prozesse mit ungewissem Ergebnis ausgesetzt und schließlich auch darüber im Ungewissen, wen sie nun als Aktionär behandeln kann und zur Ausübung der Gesellschaftsrechte zulassen darf. Ein solcher Rechtszustand ist mit dem unzweideutigen Zweck des § 223 Abs. 3 HGB. als einer Schutzvorschrift im Interesse der Gesellschaft schlechthin unvereinbar. Die Gesellschaft muß sich vielmehr, wie dem Buchaktionär, so auch dem nicht eingetragenen Aktionär gegenüber auf § 223 Abs. 3 berufen können. Wie der Buchaktionär ihr gegenüber nicht mit dem Hinweis auf Mängel des Übertragungsgeschäfts zu hören ist, ebensowenig kann der nicht oder nicht mehr eingetragene Aktionär auf dieser Grundlage allein seine Wiedereintragung verlangen. Ohne weiteres kann er dies nur dann tun, wenn das Anmeldeverfahren selbst an wesentlichen Mängeln leidet, sei es, daß der Bucheintrag überhaupt ohne Anmeldung oder Antrag erfolgt war, oder daß die Anmeldung, z. B. wegen Geschäftsunfähigkeit des Anmeldenden oder wegen erfolgreicher Anfechtung, nichtig war, oder daß es sich endlich um einen Fall arglistigen Zusammenwirkens der Organe der Gesellschaft mit dem neu einzutragenden Aktionär zum Schaden des früheren Buchaktionärs handelte. Tatbestände dieser Art kann aber auch der im Aktienbuch eingetragene Aktionär der Gesellschaft entgegenhalten, wenn sie aus dem Bucheintrag Rechte gegen ihn herleiten will. Auf diesem Boden steht schon RGZ. Bd. 77 S. 276; ähnlich wie hier Isay Anm. 5 Abs. 3 zu § 106 Preuß.Allg. Berggeſ., der mit Art. 183 Abs. 2 (Art. 220) Allg. D. HGB. und mit § 223 Abs. 4 HGB. übereinstimmt, und anscheinend auch Hueck Anfechtung und Nichtigkeit S. 135 Anm. 22.

Eine andere Frage ist, ob dann, wenn sich herausstellt, daß der Eingetragene nicht Aktionär geworden ist, die Gesellschaft das Recht hat, ihrerseits diesen Mangel aufzugreifen und den Eingetragenen aus dem Buch zu entfernen. Diese Frage ist nach wie vor zu bejahen (RGZ. Bd. 86 S. 161). Der Schutzzweck des § 223 Abs. 4 HGB. steht dem nicht entgegen. Im übrigen handelt die Gesellschaft insoweit auf ihre Gefahr.

Wendet man diese Rechtsgrundsätze auf den vorliegenden Fall an, so muß die Klage abgewiesen werden, und zwar aus mehreren Gründen. Unstreitig liegt keine Zustimmung des Buchaktionärs Sch. zur Berichtigung des Aktienbuchs durch die Streichung seines Namens und die Wiedereintragung der Klägerin vor. Im Gegenteil, Sch. verweigert sie und liegt mit der Klägerin im Prozeß über ihre Verpflichtung zur Übertragung der Aktien auf ihn und den Direktor H. Die Klägerin ist auch nicht im Besitz eines rechtskräftigen Urteils gegen Sch., wonach dieser verpflichtet wäre, seine Einwilligung zur Wiederumschreibung der streitigen Aktien auf ihren Namen zu erklären. Die Eintragung des Sch. und des H. im Aktienbuch der Beklagten ist seinerzeit auf deren Anmeldung hin geschehen. Daß sie nichtig wäre, behauptet die Klägerin selbst nicht, wenn man von ihrem Vorbringen über ein arglistiges Zusammenwirken der beiden mit den Organen der Beklagten absieht. Wenn sie mit der Umschreibung nicht einverstanden gewesen sein sollte, so ist dies unerheblich, weil das Gesetz zur Eintragung die Zustimmung des Veräußerers nicht erfordert.

Es kann sich auch nicht darum handeln, daß die Beklagte die Eintragung ohne jede Unterlage, also willkürlich vorgenommen hätte. Gefehlt hat es im Juni 1922 bei der Eintragung der Aktien auf Sch. und H. nur an den förmlichen Übertragungserklärungen im Sinne des § 222 Abs. 4 HGB. Dieser Mangel kann aber der Klage nicht zum Sieg verhelfen, reicht auch nicht aus, um für sich allein oder zusammen mit dem sonstigen Vorbringen der Klägerin den Vorwurf der Arglist zu rechtfertigen. Anstoß und Anlaß zu den ganzen damaligen Verschiebungen im Aktienbesitz der klagenden und der verklagten Hütte war der Mangel an Betriebsmitteln gewesen. Die geldlichen Grundlagen der Gesellschaften waren nicht stark, ihre Aktien, abgesehen von den 267 W.er Aktien der Klägerin, im wesentlichen in Splitter- und kapitalschwachem Kleinbesitz. So drohte den Gesellschaften beim Fortschreiten der Geldentwertung der Zusammenbruch. Um dem zu entgehen und beide Unternehmen im Interesse der ortseingesessenen werktätigen Bevölkerung im Gang zu erhalten, hatten beide Gesellschaften, die teilweise dieselben Vorstands- und Aufsichtsratsmitglieder hatten, im Frühjahr und Sommer 1922 im engsten beiderseitigen Benehmen finanzielle Anlehnung und Unterstützung gesucht. Diese fanden sie bei Sch. und bei der Firma A. E. & Co. in Köln, einer Kommanditgesellschaft mit Sch. als einzigem persönlich haftenden und geschäftsführenden Gesellschafter. Diese Gesellschaft, bei welcher H. Direktor war, sollte ursprünglich die sämtlichen Aktien beider Parteien den bisherigen Aktionären käuflich abnehmen. Tatsächlich haben dann auch A. E. & Co. bei der Generalversammlung der Klägerin vom 10. Juni 1922 von den 500 Aktien insgesamt 388 Stück durch Kauf an sich gebracht; weitere 100 Aktien kaufte im Benehmen mit ihnen ein gewisser A. auf. Sch. verfügte also durch den Aktienbesitz seiner Gesellschaft seit dem 10. Juni 1922 bei der Klägerin über mehr als eine Dreiviertelmehrheit. Die Klägerin trägt selbst vor, daß er nach einer zwischen ihm und A. getroffenen Abmachung die streitigen 267 Aktien der Beklagten um 5000 M. das Stück nach der Generalversammlung vom 10. Juni 1922 sollte erwerben können. Bei dieser Sachlage ist nicht ersichtlich, wie sich der Vorstand der Klägerin damals und auch später einem Ansinnen des Sch. auf Ausstellung formgerechter Übertragungserklärungen noch hätte widersetzen können. An der Aufsichtsratssitzung der Beklagten vom 12. Juni 1922, die sich mit der Übereignung der W.er Aktien an Sch. und H. befaßte, haben sodann die gleichzeitig dem Aufsichtsrat der Klägerin angehörenden Mitglieder teilgenommen und sich ebenso vorbehaltlos wie die übrigen Mitglieder für die Genehmigung ausgesprochen. Dabei hat es sich damals nicht nur um die im Besitz der Klägerin befindlichen 267 W.er Aktien, sondern noch um weitere 480 Stück gehandelt, die zersplittert waren und mehr als 180 Einzelaktionären gehörten. In der anschließenden Generalversammlung der Beklagten hat das Vorstandsmitglied L. der Klägerin, das zugleich dem Vorstand der Beklagten angehörte, die 267 Aktien der Klägerin vertreten, die er nach deren eigenem Vorbringen zu diesem Zweck mitbekommen hatte, und hat mit ihnen ebenfalls für die beantragte Genehmigung des Übergangs der Aktien an Sch. und H. gestimmt.

Außerdem hat er aber damals auch den listenmäßig vorbereiteten Umschreibungsantrag unterschrieben, der den Aktienbesitz der Klägerin genau nach Nummern angab. Daß er dies nur mit seinem Namen, ohne den Beisatz „T.er Hütte" tat, ist unerheblich. Daß dieser Antrag ebenso wie die gleichartigen Anträge der rund 180 erschienenen anderen Aktionäre als Grundlage für die Umschreibung im Aktienbuch der Beklagten dienen sollte, hat L. als Vorstandsmitglied der Beklagten sicherlich gewußt. Nach alledem kann weder bei Sch. oder H. noch bei den Organen der Beklagten von einer Arglist die Rede sein, geschweige denn von einem arglistigen Zusammenwirken dieser Personen in Absicht auf die damalige Umschreibung der Aktien der Klägerin. Mit diesen wurde nicht anders verfahren als mit den damals von Sch. aus zersplittertem Kleinbesitz zusammengekauften übrigen 480 Aktien der Beklagten. Schon deshalb ist der Klaganspruch, jedenfalls zur Zeit, nicht begründet.

Es kommt aber noch ein weiterer Grund hinzu. Zu Unrecht meint das Berufungsgericht, es habe an einer rechtswirksamen Zustimmungserklärung der Klägerin zur Umschreibung ihrer Aktien gefehlt. Eine solche Erklärung konnte formlos erfolgen; für sie bedurfte es insbesondere nicht der gerichtlichen oder notariellen Beglaubigung. Auf diesem Boden steht offenbar auch das Berufungsgericht. Lag eine Zustimmungserklärung der Klägerin vor, so konnte diese vollends nicht so, wie geschehen, einseitig mit einer Klage auf Berichtigung des Aktienbuchs gegen die Beklagte vorgehen. Zutreffend führt nun das Berufungsgericht aus, daß die Bestimmung der Satzung der Klägerin, wonach zur rechtsverbindlichen Zeichnung für sie neben der Unterschrift eines Vorstandsmitglieds diejenige des Aufsichtsratsvorsitzenden erforderlich ist, im Hinblick auf § 232 Abs. 2 HGB rechtsunwirksam sei. Richtig ist ferner, daß L., da der Vorstand der Klägerin aus mehreren Personen bestand, an und für sich nur Gesamtvertretungsmacht hatte. Dies schloß jedoch nicht aus, daß er von den übrigen Vorstandsmitgliedern Alleinvertretungsmacht erhalten hatte oder daß seine ohne solche für die Klägerin vorgenommenen Rechtshandlungen von ihnen nachträglich genehmigt wurden. Eine derartige, sei es vorgängige oder nachträgliche, Zustimmung kann auch stillschweigend erteilt werden und muß als erteilt gelten, wenn der andere Teil den Umständen nach mit Grund auf sie schließen muß. So lag es aber hier nach den angeführten Umständen für die Organe der Beklagten in Ansehung der Vertretungsmacht des L. bei Unterzeichnung des Umschreibungsantrags. Dazu kommt, daß die Klägerin in den darauf folgenden vier Jahren wegen der 267 Aktien nichts unternommen hat, daß sie deswegen insbesondere nicht an die Beklagte herangetreten ist. Daß die Aktien auf Sch. und H. umgeschrieben waren, wußte ihr Vorstandsmitglied L. als gleichzeitiges Vorstandsmitglied der Beklagten. Daran ist um so weniger zu zweifeln, als er am 25. Oktober 1925 als Vorstandsmitglied der Beklagten ihrer Generalversammlung anwohnte, in der nach dem Protokoll von den 750 Aktien der Beklagten 547 durch Sch. und 200 durch H. als Aktionäre vertreten waren. L. war damals noch Vorstandsmitglied auch der Klägerin. Anwesend waren ferner in ihrer gleichzeitigen Eigenschaft als Aufsichtsratsmitglieder der Beklagten noch zwei Aufsichtsratsmitglieder der Klägerin.

Mit diesem Sachverhalt ist die Annahme des Berufungsgerichts, die Klägerin habe von der Umschreibung ihrer Aktien nichts gewußt, tatächlich und rechtlich unvereinbar. Mit Recht sagt deshalb die Revision, die Beklagte habe nach Treu und Glauben das ganze nachherige Verhalten der Klägerin nur als Einverständnis mit der im Anschluß an die Generalversammlung vom 12. Juni 1922 und den Übereignungsantrag des L. vollzogenen Umschreibung der 267 Aktien auf Sch. und H. deuten können und müssen.

---

67. 1. Ist die Vorschrift in § 177 HGB. über den Tod eines Kommanditisten auf den Fall entsprechend anwendbar, daß eine Aktiengesellschaft, welche Kommanditistin einer Kommanditgesellschaft ist, dadurch untergeht, daß sie mit einer andern Aktiengesellschaft unter Ausschluß der Liquidation verschmolzen wird?

2. Zur Frage der Vertretung von Gesellschaftern einer Kommanditgesellschaft in der Gesellschafterversammlung.

HGB. §§ 119, 161, 163, 177, 306.

II. Zivilsenat. Urt. v. 12. Februar 1929 i. S. Stahlwerk H. Kommanditgesellschaft u. Gen. (Bekl.) w. H. u. Gen. (Kl.). II 295/28.

I. Landgericht Offenburg, Kammer für Handelssachen.
II. Oberlandesgericht Karlsruhe.

Die beklagte Kommanditgesellschaft ist im Jahr 1920 durch Umwandlung der offenen Handelsgesellschaft Eisen- und Stahlwerke H. entstanden, deren Gesellschafter der Kläger E. H., der inzwischen verstorbene Ehemann der Klägerin, S. H. und ein gewisser L. K. waren. Alleiniger persönlich haftender Gesellschafter der Kommanditgesellschaft war zunächst der Kläger H., Kommanditisten wurden die Aktiengesellschaft Bochumer Verein mit 2430000 M., H. H. und L. K. mit je 190000 M. Einlage. Soviel betrug auch die Kapitaleinlage des Klägers. In der Folge ist L. K. gestorben und sein Gesellschaftsanteil vom Bochumer Verein erworben worden; der Kläger E. H. wurde Kommanditist; die Klägerin S. H. trat an die Stelle ihres verstorbenen Ehemanns; persönlich haftende Gesellschafter, jedoch ohne Kapitalbeteiligung, wurden der Beklagte P. J. und der weitere Beklagte Ingenieur A. F. Der Bochumer Verein hat durch Vertrag vom 7. Dezember 1926 sein Vermögen als Ganzes unter Ausschluß der Liquidation auf die Gelsenkirchner Bergwerksaktiengesellschaft (im folgenden „Gelsenberg") übertragen; nach Genehmigung dieses Vertrags durch die Generalversammlung des Bochumer Vereins ist dessen Auflösung unter dem 30. Dezember 1926 und die Durchführung der Fusionsbeschlüsse bei der Gelsenberg unter dem 12. Januar 1927 im Handelsregister eingetragen worden.

In einer Gesellschafterversammlung der beklagten Kommanditgesellschaft vom 17. Dezember 1926 wurde entsprechend den Anträgen der Verwaltung beschlossen:

1. die Bilanz für das Geschäftsjahr 1925/26 nebst Gewinn- und Verlustrechnung zu genehmigen;
2. der Geschäftsführung für das Geschäftsjahr 1925/26 Entlastung zu erteilen;
3. die persönlich haftenden Gesellschafter zu ermächtigen, mit der Deutschen Edelstahlwerk AG. in Bochum einen Vertrag abzuschließen, laut dessen sie die sämtlichen Werkanlagen und Beteiligungen der beklagten Kommanditgesellschaft gegen Aktien der Edelstahlwerke im Nennbetrag von 694000 RM. übernehmen solle; Forderungen und Schulden sollten nicht mit übergehen, wohl aber die Bestände der Roh- und Betriebsmaterialien, sowie an halbfertigen Waren; sie sollten aber besonders bezahlt werden.

In der Gesellschafterversammlung war der Beklagte F. persönlich anwesend; der Bochumer Verein war durch seinen nicht zum Vorstand gehörigen Direktor v. A., der Beklagte J. durch einen Prokuristen G. vertreten. Die Kläger waren weder anwesend noch vertreten. Sie hatten aber, wie es der Gesellschaftsvertrag zuließ, schriftlich gegen die Anträge der Verwaltung gestimmt. Sie verlangen nun mit der Klage Feststellung der Nichtigkeit der damals gefaßten Gesellschafterbeschlüsse. Sie machen geltend, daß sich nach dem Gesellschaftsvertrag ein Gesellschafter in der Gesellschafterversammlung nur durch einen anderen Gesellschafter vertreten lassen könne, daß v. A. und G. weder Gesellschafter noch gesetzliche Vertreter von solchen seien und daß deshalb die Ausübung des Stimmrechts durch sie unzulässig und nichtig sei mit der Folge der Nichtigkeit aller damals gefaßten Beschlüsse. Zur Rechtsgültigkeit des Beschlusses Nr. 3, der eine Veräußerung des Vermögens der Gesellschaft im ganzen, die Auflösung der Gesellschaft vor der vertraglich festgesetzten Zeit (30. Juni 1930), jedenfalls aber eine Änderung des bisherigen Zwecks der Gesellschaft und des Gegenstands des Unternehmens bedeute, sei ferner unter allen Umständen Einstimmigkeit der Gesellschafter notwendig gewesen.

Das Landgericht gab der Klage in vollem Umfang statt. Im Berufungsverfahren machten die Beklagten geltend, daß die angegriffenen Beschlüsse in den Gesellschafterversammlungen vom 24. Oktober 1927 und 9. Januar 1928 wiederholt gefaßt worden seien; damit sei die Klage insoweit gegenstandslos. Die Kläger beantragten nunmehr im Weg der Anschlußberufung, auch die Nichtigkeit der in diesen beiden Gesellschafterversammlungen gefaßten Beschlüsse festzustellen. Sie behaupten insbesondere, die beklagte Gelsenkirchener Bergwerksgesellschaft sei nicht Kommanditistin der beklagten Kommanditgesellschaft geworden und deshalb nicht abstimmungsberechtigt gewesen. Das Oberlandesgericht wies die Berufung der Beklagten zurück und gab der Anschlußberufung statt. Die Revision der Beklagten hatte teilweise Erfolg. Aus den

Gründen:

... Das Berufungsgericht verneint, daß der rechtliche Vorgang der Verschmelzung zweier Aktiengesellschaften unter Ausschluß der Liquidation (§§ 306, 304 HGB.) dem Tod einer natürlichen Person gleichzustellen sei, und hat deshalb die Möglichkeit eines Eintritts der Gelsenberg als Kommanditistin an Stelle des Bochumer Vereins ohne die besondere, hier nicht vorliegende Zustimmung der übrigen Gesellschafter abgelehnt. Hierzu wird des näheren ausgeführt, daß auch bei solcher Verschmelzung die Gesamtrechtsnachfolge eine gewillkürte sei. Denn es hänge vom freien Belieben der Beteiligten ab, ob sie dazu schreiten wollten; im Verhältnis zur Kommanditgesellschaft sei es auch wirtschaftlich gleichbedeutend, ob der Bochumer Verein seine Gesellschafterrechte im Wege der Sonder- oder der Gesamtrechtsnachfolge auf die Beklagte Gelsenberg übertrage. Nach den Darlegungen der Kläger, deren Richtigkeit nicht zu bezweifeln sei, habe ferner bei den Verhandlungen über den Abschluß des Gesellschaftsvertrags gerade die Vorschrift des § 9 eine besondere Rolle gespielt. Eben wegen der überragenden Kapitalbeteiligung des Bochumer Vereins seien sich die Beteiligten darüber einig gewesen, daß besondere Sicherungen gegen eine dem Willen der Gesellschafter widersprechende Änderung in der Zusammensetzung der Gesellschaft zu schaffen seien. Dieser Zweck habe durch das Verbot der Übertragung von Geschäftsanteilen erreicht werden sollen. Deshalb sei es, so fährt das Berufungsgericht fort, auch mit dem Sinn des Vertrags unvereinbar, wenn hier gegen den Willen der übrigen Gesellschafter im Weg der „Fusion" ein Wechsel in den Kommanditisten herbeigeführt werden könnte. ...

Die Revision wendet sich gegen die Auffassung des Berufungsgerichts, daß der Gesellschaftsvertrag dem Eintritt der Gelsenberg in die Gesellschaft als Gesamtrechtsnachfolgerin des Bochumer Vereins auf Grund völliger Verschmelzung ohne Liquidation entgegenstehe. Sie macht unter Bezugnahme auf die Ausführungen Hachenburg's in Anm. 2 zu § 81 GmbHG. geltend, daß die Fusion dem Erbgang gleichzustellen sei. Zwar könne die Auslegung des Gesellschaftsvertrags aus besonderen Umständen ergeben, daß jede, also auch eine allgemeine, Rechtsnachfolge in den Gesellschaftsanteil ausgeschlossen sein solle. Dies müßte dann auch für eine „Fusion" gelten. Indessen liege es hier gerade umgekehrt. Wenn schon der in § 9 des Gesellschaftsvertrags ausgesprochene Grundsatz der Unübertragbarkeit von Geschäftsanteilen mit der überragenden Kapitalbeteiligung des Bochumer Vereins in gedankliche Verbindung gebracht werde, so dürfe nicht übersehen werden, daß § 9 Satz 2 für besondere Fälle eine Ausnahme mache und daß das dann vorgesehene

Vorkaufsrecht der Gesellschafter in erster Linie dem Bochumer Verein zustehen sollte. Gerade daraus sei aber mit Sicherheit zu entnehmen, daß bei Abschluß des Gesellschaftsvertrags der Wille der Gesellschafter nicht dahin gegangen sei, den Gesamtrechtsnachfolger des Bochumer Vereins von der Nachfolge in dessen Kommanditanteil auszuschließen, während gleichzeitig der Vertrag im Fall des Todes eines Kommanditisten die Nachfolge der Erben in die Gesellschafterrechte zulasse. Der Revisionsangriff ist begründet.

Zwei Fragen sind auseinanderzuhalten. Die eine ist grundsätzlicher Art und gipfelt darin, ob für das Schicksal der Mitgliedschaftsrechte der Kommanditisten einer Kommanditgesellschaft dem Tod einer natürlichen Person der Untergang einer Aktiengesellschaft durch sofortige Verschmelzung mit einer anderen Aktiengesellschaft unter Ausschluß der Liquidation dergestalt gleichzustellen ist, daß, wie im ersteren Fall nach § 177 HGB. die Vollrechte auf die Erben, so in entsprechender Anwendung dieser Vorschrift die Mitgliedschaft auf die übernehmende Aktiengesellschaft übergehen kann. Dies ist grundsätzlich zu bejahen. Im Gegensatz zu der Gesellschaft des bürgerlichen Rechts und zu der offenen Handelsgesellschaft sowie der Rechtsstellung der persönlich haftenden Gesellschafter der Kommanditgesellschaft tritt bei den Kommanditisten das Persönliche in seiner Wirkung auf die Mitgliedschaftsrechte an Bedeutung zurück. Wohl ist eine Veräußerung der Kommanditbeteiligung ohne Zustimmung der übrigen Gesellschafter nicht statthaft. Anders aber im Fall des Todes. Durch ihn soll nach gesetzlicher Vorschrift die Gesellschaft nicht aufgelöst werden, sondern es sollen in Ermanglung gegenteiliger Bestimmungen des Gesellschaftsvertrags die Erben des Verstorbenen — und zwar gleichgültig, ob gesetzliche oder gewillkürte — als Kommanditisten an die Stelle ihres Erblassers in der Gesellschaft eintreten. Einer Zustimmung der übrigen Gesellschafter bedarf es hierzu nicht. Sie müssen sich vielmehr, falls sie nicht im voraus eine solche Möglichkeit im Gesellschaftsvertrag ausgeschlossen haben, gefallen lassen, daß ohne, ja gegen ihren Willen nun dritte Personen kraft Erbfolge Mitgesellschafter werden. Wegen des Schicksals der Mitgliedschaftsrechte einer juristischen Person im allgemeinen und einer Aktiengesellschaft im Fall ihres Untergangs als Rechtspersönlichkeit im besonderen enthält das Gesetz keine Sondervorschrift. Seine Vorschriften sind insoweit auf natürliche Personen zugeschnitten.

Nun ist gewiß für die Frage der Beendigung und des Schicksals der Mitgliedschaft einer Aktiengesellschaft als Kommanditistin einer Kommanditgesellschaft die Auflösung dem Tod einer natürlichen Person nicht gleichzusetzen. Der erkennende Senat hat allerdings in RGZ. Bd. 87 S. 408 und neuerdings wiederum im Bd. 122 S. 253 ausgesprochen, daß die Auflösung einer Genossenschaft in Ansehung der Beendigung ihrer Mitgliedschaft bei einer andern Genossenschaft ebenso zu beurteilen ist wie der Tod einer natürlichen Person. Er hat diese Auffassung aber mit den Besonderheiten des Genossenschaftsrechts begründet und in der zuletzt erwähnten Entscheidung noch ausdrücklich betont, daß daraus keine Folgerungen für die Beendigung und das Schicksal der Mitgliedschaftsrechte juristischer Personen bei andern solchen Vereinigungen oder Personalgesellschaften hergeleitet werden könnten. Ohne Zweifel beendet die bloße Auflösung einer Aktiengesellschaft weder ihre Rechtspersönlichkeit noch ihre Mitgliedschaft bei andern solchen Verbänden oder Gesellschaften; insbesondere behält die Aktiengesellschaft als Kommanditistin einer Kommanditgesellschaft nach wie vor ihre vollen Mitgliedschaftsrechte, falls der Gesellschaftsvertrag nichts anderes bestimmt. Die Abwicklung auch dieser Rechtsbeziehungen ist Gegenstand des Liquidationsverfahrens, und die Aktiengesellschaft besteht bis zur vollen Durchführung dieses Verfahrens als Abwicklungsgesellschaft mit fortdauernder Rechtspersönlichkeit nach wie vor weiter. Es fehlt deshalb insofern an jeder Möglichkeit des Vergleichs mit dem Tod einer natürlichen Person. Dagegen läßt sich nicht in Abrede stellen, daß die Vollbeendigung einer juristischen Person, insbesondere einer Aktiengesellschaft, den Untergang ihrer Rechtspersönlichkeit zur Folge hat, dieser Untergang also mit dem Tod einer natürlichen Person auf einer Stufe steht. Um einen Fall solcher Vollbeendigung handelt es sich aber gerade auch bei der Fusion zweier Aktiengesellschaften mit sofortiger Verschmelzung ohne Liquidation (§§ 306, 304 HGB.) in Ansehung der übernommenen Gesellschaft. Wie bei einer verstorbenen und beerbten Person geht auch hier das ganze vorhandene Vermögen einschließlich der Schulden im Weg der Gesamtrechtsnachfolge auf die übernehmende Gesellschaft über; diese tritt allenthalben ohne weiteres (von der gleich zu erörternden Ausnahme abgesehen) in die Rechte und in die Pflichten der übernommenen Gesellschaft ein. Nur wenn und insoweit es sich um Rechtsverhältnisse handelt, die kraft positiver Vorschrift nicht auf den Erben übergehen (z. B. bei §§ 514, 1061 BGB.), muß auch im Fall der Vollverschmelzung ohne Liquidation ihr Erlöschen als Rechtsfolge eintreten. § 177 HGB. bestimmt aber für die Mitgliedsschaftsrechte eines Kommanditisten gerade das Gegenteil, nämlich ihre Vererblichkeit, und macht dabei, wie schon hervorgehoben, keinen Unterschied zwischen gesetzlicher und gewillkürter Erbfolge. Insofern ist es also dem Belieben des Kommanditisten überlassen, wen er im Fall seines Todes den Mitgesellschaftern als Rechtsnachfolger für seinen Anteil geben will.

Es kommen aber noch weitere Erwägungen hinzu, die für eine entsprechende Anwendung des § 177 HGB. im Falle des § 306 HGB. sprechen.

Es liegt auf der Hand, daß das persönliche Element, auf das schließlich die Vorschriften des § 727 BGB. und des § 131 Nr. 4 HGB. zurückgehen, bei einer Aktiengesellschaft als Kommanditistin völlig in den Hintergrund tritt. Deren Eigenart wird weder durch die Persönlichkeiten ihrer Gesellschafter noch durch die ihrer wechselnden Vorsteher, Aufsichtsratsmitglieder u. dgl. bestimmt. Sie erfährt vielmehr ihre Kennzeichnung im Verkehrs- und Geschäftsleben durch ihre finanziellen Grundlagen, ihren Kredit, die Art und Größe ihres Betriebs u. dgl., kurz durch die in ihrer Rechtspersönlichkeit verkörperten und zusammengefaßten wirtschaftlichen Interessen und Machtmittel. Diese Umstände sind es, die bei ihrer Aufnahme als Gesellschafterin oder als Kommanditistin die entscheidende Rolle spielen. Sie werden aber durch eine Verschmelzung ohne Liquidation gerade nicht berührt, gehen vielmehr im bisherigen Stand und Umfang auf die Gesamtrechtsnachfolgerin über und sind dort nach wie vor vorhanden. Dies verkennt das Berufungsgericht, wenn es meint, für die beklagte Kommanditgesellschaft mache es keinen Unterschied, ob es sich um eine solche Gesamtrechtsnachfolge oder nur um eine Veräußerung des Kommanditanteils handle. Um so unbedenklicher darf auf Fälle dieser Art der Rechtsgedanke des § 177 HGB. entsprechend angewendet werden.

Die Verschmelzung des Bochumer Vereins mit der Gelsenberg hätte an und für sich auch in der Weise durchgeführt werden können, daß der Bochumer Verein die Gelsenberg aufnahm. Hierdurch wäre die Stellung des Bochumer Vereins als Kommanditisten der beklagten Kommanditgesellschaft zweifellos nicht in Mitleidenschaft gezogen worden. Die Kläger hätten sich aber dann wirtschaftlich genau der gleichen Gruppierung gegenübergesehen wie jetzt. Ob diesen Interessen- und Machtverband der „Mantel" des Bochumer Vereins oder der Gelsenberg als Kommanditist der beklagten Kommanditgesellschaft deckte, war für die Kläger und die Kommanditgesellschaft im wesentlichen ein und dasselbe. Dabei mag noch darauf hingewiesen werden, daß weder die Kommanditgesellschaft selbst noch die Kläger nach dem Gesellschaftsvertrag irgendwelche Handhabe hatten, die Geschäftsgebarung und Geschäftsführung, die Betriebs- und Unternehmungsgestaltung oder -Umgestaltung des Bochumer Vereins zu beeinflussen. Der einzige Rechtsbehelf, der insoweit in Frage kommt, war allenfalls die Auflösungsklage des § 133 HGB. Er steht ihnen aber in gleicher Weise gegen die Gelsenberg zur Verfügung.

Das Berufungsgericht hat sich nicht darüber ausgelassen, was nun eigentlich von seinem Standpunkt aus Rechtens sein soll und was aus dem Kommanditanteil des Bochumer Vereins geworden sei. Der Gesellschaftsvertrag bietet für die Lösung dieser Frage keinen Anhalt. Rechtlich müßte in solchem Falle angenommen werden, daß ein Vermögensteil, nämlich eben die in der Mitgliedschaft des Bochumer Vereins als Kommanditisten verkörperten Rechte und Pflichten, trotz der Verschmelzung unter Ausschluß der Liquidation eben nicht übergegangen (Brodmann Anm. 1b zu § 306 u. Anm. 4a zu § 304 HGB.), sondern nach wie vor Vermögen des Bochumer Vereins geblieben wäre und daß mithin letzterer als Liquidationsgesellschaft bis zur Abwicklung auch dieser Rechtsbeziehungen bestehen bleiben würde. Käme keine Einigung der Gesellschafter zustande, so bliebe als letztes Mittel wiederum nur die — entweder vom Bochumer Verein oder von den Mitgesellschaftern anzustrengende — Auflösungsklage aus wichtigem Grund. Daß dann aber der Bochumer Verein bis zur Vollbeendigung der beklagten Kommanditgesellschaft nur noch Platzhalter für die Gelsenberg wäre, mit andern Worten, daß es im praktischen Ergebnis dasselbe bedeutet, ob er oder sie Kommanditist ist, liegt auf der Hand.

Hiernach ist grundsätzlich die Möglichkeit einer entsprechenden Anwendung des § 177 HGB. auf den Fall der Vollverschmelzung zweier Aktiengesellschaften unter Ausschluß der Liquidation allerdings zu bejahen. Es fragt sich nur noch, ob hier eine solche Gesamtrechtsnachfolge durch den Gesellschaftsvertrag ausgeschlossen ist. Dies müßte klar und deutlich geschehen sein. Davon kann aber keine Rede sein. Der Gesellschaftsvertrag hat im Gegenteil in Ansehung der Kommanditisten die gesetzliche Regel des § 177 HGB. voll übernommen, hat es also ausdrücklich dabei belassen, daß durch den Tod eines solchen Gesellschafters die Kommanditgesellschaft nicht aufgelöst wird, sondern die Erben, gleichviel welches Berufungsgrundes, in die Gesellschafterrechte des Verstorbenen einrücken. Mit anderen Worten: Der Vertrag bestimmt, daß es bei der Vererblichkeit der Kommanditanteile verbleiben soll. Daraus ergibt sich ein gleiches für die Beklagte Gelsenberg als Rechtsnachfolgerin des Bochumer Vereins zufolge sofortiger Verschmelzung ohne Liquidation. Es handelt sich insoweit eben nicht um eine Veräußerung des „Geschäftsanteils", wie sie §9 des Gesellschaftsvertrags im Auge hat, sondern um eine Gesamtrechtsnachfolge entsprechend der Erbfolge nach einem Verstorbenen. Solche Nachfolger müssen sich aber die Kläger nach § 11 des Gesellschaftsvertrags gefallen lassen. Insofern kann sich unzweifelhaft die Zusammensetzung der Gesellschaft ohne und gegen den Willen der übrigen Gesellschafter ändern.

Dies ist jedoch nicht einmal der einzige Fall. Ein gleiches bestimmt § 11 Abs. 2 des Gesellschaftsvertrags und zwar in Abweichung von der gesetzlichen Regel der § 161 Abs. 2, § 131 Nr. 4 HGB. auch für den Fall des Todes eines persönlich haftenden Gesellschafters. Insoweit müssen sich die übrigen Gesellschafter ebenfalls dem Eintritt Dritter kraft Erbfolge fügen. In diesem Zusammenhang verweist § 11 Abs. 2 des Gesellschaftsvertrags, wenn die Erben in die Rechtsstellung von Kommanditisten übertreten wollen oder sollen, wegen der Berufung eines neuen persönlich haftenden Gesellschafters auf § 6 daselbst. Nach dieser Bestimmung hat die Berufung durch die Gesellschafterversammlung zu erfolgen. Dazu sieht § 6 Abs. 2 weiter vor, daß die Kommanditisten, wenn sie in der Gesellschafterversammlung die Person des neuen persönlich haftenden Gesellschafters ablehnen, berechtigt sein sollen, vom Bochumer Verein die Übernahme ihrer Anteile zum jeweiligen Verkaufswert zu verlangen. Das kann aber doch wohl nur in dem Sinn verstanden werden, daß sie sich wegen der Person des neuen Gesellschafters dem Mehrheitswillen, d. h. der Stimmenübermacht des Bochumer Vereins unterwerfen müssen, und daß ihnen demgegenüber nur die Abstoßung ihrer Beteiligung an den Bochumer Verein freisteht. Endlich ist nicht ohne Belang (worauf die Revision mit Recht hinweist), daß § 9 sogar eine Veräußerung der Geschäftsanteile für sich allein gestattet, wenn auch nur an die übrigen Gesellschafter.

Nach alledem ist die Rechtsauffassung und Vertragsauslegung des Berufungsgerichts nicht zu billigen; es ist vielmehr unbedenklich anzunehmen, daß die Kommanditistenrechte des Bochumer Vereins in ihrem ganzen Umfang und Inhalt kraft Gesamtrechtsnachfolge auf die Gelsenberg übergegangen sind.

Dann sind aber die Beschlüsse der Gesellschafterversammlung vom 24. Oktober 1927/9. Januar 1928 über die Feststellung der Bilanz und des Gewinns für das Geschäftsjahr 1925/26, sowie über die Entlastung der persönlich haftenden Gesellschafter für dieselbe Zeit ohne weiteres rechtsgültig, während anderseits bei dieser Sachlage ein rechtliches Interesse der Kläger an der Feststellung einer etwaigen Nichtigkeit der gleichlautenden Beschlüsse vom 17. Dezember 1926 zu verneinen ist. Überdies ist dieser Streitpunkt auch sachlich durch die späteren Beschlüsse zuungunsten der Kläger erledigt.

Insoweit sind die Klagansprüche ohne weiteres zur Abweisung reif.

Es handelt sich nur noch um die Frage der Gültigkeit der Beschlüsse der Gesellschafterversammlungen vom 17. Dezember 1926 und 9. Januar 1928 über die Ermächtigung der geschäftsführenden Gesellschafter zum Abschluß des Einbringungsvertrags oder zu dessen Genehmigung. Das Berufungsgericht hat die Rechtsgültigkeit auch des Genehmigungsbeschlusses vom 9. Januar 1928 nur deshalb verneint, weil die Gelsenberg nicht Kommanditistin geworden sei und deshalb nicht habe abstimmen können. Dieser Grund ist nach den vorstehenden Ausführungen hinfällig.

Den zweiten Klaggrund, daß zur Fassung eines solchen Beschlusses nach Gesetz und Gesellschaftsvertrag Einstimmigkeit, d. h. Zustimmung aller Gesellschafter erforderlich sei, hat das Berufungsgericht nicht geprüft. Da es sich insoweit jedenfalls zugleich um eine Frage der Vertragsauslegung handelt, kann von hier aus in der Sache selbst nicht entschieden werden.

Ebensowenig hat das Berufungsgericht, was den Ermächtigungsbeschluß vom 17. Dezember 1926 betrifft, die ebenfalls einen selbständigen Nichtigkeitsgrund darstellende Behauptung der Kläger geprüft, es sei zur Fassung eines solchen Beschlusses die Einwilligung aller Gesellschafter nötig. Der Vorderrichter hat vielmehr ausdrücklich auch diese Frage offen gelassen, weil er den Beschluß aus anderen Gründen für nichtig hält. Wenn diese Gründe das Berufungsurteil nicht tragen, so müßte wiederum Zurückverweisung erfolgen. Mit den Klägern und dem Landgericht hält nun auch das Berufungsgericht den Beschluß schon um deswillen für ungültig, weil der Bochumer Verein in der Gesellschafterversammlung nicht durch einen Bevollmächtigten vertreten gewesen sei. Letzteres sei — so wird ausgeführt — nach § 5 Abs. 2 Satz 2 des Gesellschaftsvertrags unzulässig, weil nach diesen Bestimmungen ein Gesellschafter nur berechtigt sei, sich durch einen anderen Gesellschafter vertreten zu lassen. Dabei sei kein Unterschied zwischen natürlichen und juristischen Personen gemacht; letztere könnten sich daher in der Gesellschafterversammlung nur durch einen anderen Gesellschafter oder durch die Vorstandsmitglieder vertreten lassen.

Die Revision wendet ein, die Auslegung des Berufungsgerichts sei widersinnig. Nach ihr wäre — so meint sie — der Bochumer Verein insolange, als nicht eines seiner Vorstandsmitglieder zugleich Gesellschafter der Kommanditgesellschaft sei, auf den Weg der schriftlichen Abstimmung beschränkt gewesen. Denn die dem Berufungsurteil offenbar zugrundeliegende Ansicht, daß der Bochumer Verein durch ein nicht der beklagten Kommanditgesellschaft angehöriges, ihr ebenso wie jeder gewillkürte Vertreter fernstehendes Vorstandsmitglied seine Gesellschafterrechte ausüben könne, sei nicht folgerichtig. Der Revisionsangriff ist nicht begründet. Hat ein Gesellschafter einen gesetzlichen Vertreter oder ist eine Aktiengesellschaft oder eine sonstige juristische Person Mitglied einer offenen Handelsgesellschaft, so werden in aller Regel die sich aus dem Gesellschaftsverhältnis ergebenden Rechte in bezug auf die Geschäftsführung und Beschlußfassung vom gesetzlichen Vertreter oder vom Vorstand ausgeübt. Durch ihn tritt kraft Gesetzes die juristische Person im Rechtsverkehr handelnd auf. Dies ist anerkannten Rechtens (vgl. Flechtheim bei Düringer-Hachenburg Anm. 3 zu § 114 HGB.). Im übrigen ist gewillkürte Stellvertretung ausgeschlossen, soweit nicht der Gesellschaftsvertrag etwas abweichendes bestimmt oder die Gesellschafterversammlung von Fall zu Fall ein anderes beschließt. Demgegenüber erweitert § 5 Abs. 2 Satz 2 des Gesellschaftsvertrags, der sich, wie schon sein Wortlaut ergibt („darf sich vertreten lassen"), nur auf gewillkürte Stellvertretung bezieht, die Möglichkeit einer solchen insofern, als er sie wenigstens durch Gesellschafter zuläßt. Dies hat mit der Frage der gesetzlichen Vertretung nichts zu tun.

Die Revision macht weiter geltend, daß ein Dritter als gewillkürter Stellvertreter eines Gesellschafters zwar zurückgewiesen werden könne, daß es aber nicht angängig sei, seine Stimmrechtsausübung hinterher als unwirksam zu behandeln, obwohl er als Vertreter zugelassen wurde. Richtig ist, daß, wenn der Bevollmächtigte des Bochumer Vereins zu dessen Vertretung ausdrücklich oder stillschweigend von der Versammlung zugelassen worden wäre, seine Stimmrechtsausübung hinterher nicht mehr hätte beanstandet werden können. Allein ein rechtsgültiger Zulassungsbeschluß liegt schon deshalb nicht vor, weil der Gesellschafter J. ebenfalls nicht ordnungsmäßig vertreten war und die Stimme des allein persönlich anwesend gewesenen Gesellschafters F. nicht zählt, da er keine Kapitaleinlage hatte und von dieser nach dem Gesellschaftsvertrag die Stimmberechtigung abhängt. Ebensowenig kann die Revision damit durchdringen, daß das Berufungsgericht zu Unrecht eine schriftliche Abstimmung des Bochumer Vereins verneint habe. Die Ausführungen des Berufungsgerichts liegen insoweit auf rein tatsächlichem Gebiet; ein Rechtsirrtum ist nicht ersichtlich. Rechtlich einwandfrei hat sodann das Berufungsgericht die Behauptung der Beklagten über eine Abänderung des Gesellschaftsvertrags zurückgewiesen. Auch der Vorwurf ist nicht begründet, es verstoße gegen Treu und Glauben, wenn sich die Kläger auf § 5 Abs. 2 Satz 2 des Gesellschaftsvertrags berufen dürften. Denn so, wie die Dinge liegen, kann es den Klägern billigerweise nicht verübelt werden, wenn sie sich zur Bekämpfung von Beschlüssen, bei denen sie überstimmt werden sollten und die sie ihren Interessen für abträglich hielten, auf die bezeichnete Vertragsbestimmung stützen. Diese ist klar und unzweideutig. Die Kläger hatten sich schon vor der Gesellschafterversammlung gegen die Verwaltungsanträge erklärt. Wollte der Bochumer Verein ihr Widerstreben durch Ausübung seines Stimmrechts brechen, so hatte er alle Veranlassung, dabei streng nach dem Gesellschaftsvertrag zu verfahren . . .

68. Wann hat die Hinterlegung im Enteignungsverfahren befreiende Wirkung für den Unternehmer?

Preuß. Enteignungsgesetz vom 11. Juni 1874. §§ 32, 34, 37.

VII. Zivilsenat. Urt. v. 15. Februar 1929 i. S. v. Sch. (Kl.) w. Deutsche Reichsbahn-Gesellschaft (Bekl.). VII 342/28.

I. Landgericht München-Gladbach.
II. Oberlandesgericht Düsseldorf.

Am 29. Juni 1908 schloß die Eisenbahnverwaltung des Preußischen Staates, die Rechtsvorgängerin der Beklagten und im folgenden auch kurz als Beklagte bezeichnet, mit dem Kläger einen Vertrag, durch den ihr dieser den Besitz einer Anzahl von Trennstücken seines Fideikommißgutes einräumte. Die Beklagte brauchte sie zum Bau einer neuen Bahnstrecke. Der Besitz sollte mit dem Zeitpunkte des Baubeginns übergehen; der Bau ist am 16. Oktober 1908 begonnen worden. Die für die Übereignung des Landes zu zahlende Entschädigung sollte später durch Vereinbarung oder durch die Enteignungsbehörde oder auch durch die Gerichte festgestellt und vom Tage des Besitzübergangs bis zum Tage der Zahlung oder Hinterlegung mit 4% jährlich verzinst werden. Zu einer Vereinbarung kam es nicht. Im Enteignungsverfahren hat der Bezirksausschuß die Entschädigung durch Beschluß vom 24. November 1916 auf 33626,21 M. festgesetzt. Diesen Betrag nebst 4% Zinsen für die Zeit vom 1. November 1908 bis zum Tage der Hinterlegung hat die Beklagte am 5. April 1917 unter Verzicht auf das Recht der Rücknahme beim Amtsgericht in W. hinterlegt. Schon auf die Ankündigung dieser Hinterlegung schrieb der Kläger am 21. März 1917 der Beklagten, daß die Zinsen schon seit dem 16. Oktober 1908 liefen. Dieser Auffassung schloß sich die Beklagte an und sandte dem Kläger den fehlenden Zinsbetrag von 52,91 M. durch Postanweisung zu. Der Kläger nahm dieses Geld an. Mit der Entscheidung des Bezirksausschusses waren beide Parteien nicht einverstanden. Der Kläger verlangte im gegenwärtigen Rechtsstreit Erhöhung, die Beklagte in einem Nebenprozeß Herabsetzung der Entschädigungssumme. Das Landgericht setzte auf die Klage des Klägers die Enteignungsentschädigung auf 60637,80 RM. fest und verurteilte die Beklagte, diesen Betrag nebst 4% Zinsen seit dem 16. Oktober 1908 an den Kläger zu zahlen. Die unter den Parteien streitig gewordene Frage, ob sich der Kläger die hinterlegten Gelder anrechnen lassen müsse, verneinte das Landgericht. Hilfsweise hatte der Kläger beantragt, die Beklagte zu angemessener Aufwertung des hinterlegten Geldes zu verurteilen. Gegen die Entscheidung des Landgerichts legte die Beklagte Berufung ein, zunächst in vollem Umfang; später beschränkte sie das Rechtsmittel auf die Streitfrage wegen des hinterlegten Betrags. Wegen des streitig gebliebenen Betrags von 33626,21 RM. nebst Zinsen beantragte die Beklagte Abweisung der Klage. Der Kläger beantragte Zurückweisung der Berufung, schloß sich ihr „soweit erforderlich" an und stellte den oben bezeichneten Hilfsantrag. Das Oberlandesgericht wies die Anschließung des Klägers zurück und gab der Berufung der Beklagten statt, indem es die Klage in Höhe von 33626,21 RM. abwies. Die Revision des Klägers blieb ohne Erfolg.

Aus den Gründen:

1. Der Kläger fordert Zahlung der allein noch streitigen 33626,21 RM., weil er meint, daß die Hinterlegung vom 5. April 1917 die Beklagte auch nicht teilweise von ihrer Schuld befreit habe. Zur Entscheidung über diese Frage sind — trotz § 37 Abs. 3 Satz 1 des preußischen Enteignungsgesetzes — die ordentlichen Gerichte schon deshalb berufen, weil der hinterlegte Betrag noch nicht endgültig als Enteignungsentschädigung festgestellt und die Dringlichkeit des Verfahrens nicht angeordnet, die Hinterlegung also noch nicht notwendig war, vgl. §§ 32 und 34 EntG. und RGZ. Bd. 47 S. 260, Bd. 79 S. 276.

2. Da die Hinterlegung vom 5. April 1917 durch das Enteignungsgesetz noch nicht geboten war, auch keine der Voraussetzungen des § 372 BGB. vorlag, wirkte sie an sich nicht als Zahlung. Sie enthielt jedoch ein Zahlungsangebot, das der Empfangsberechtigte zwar nicht annehmen mußte, aber jederzeit annehmen konnte (RGZ. Bd. 49 S. 260). Da sonach die Ablehnung der Annahme der hinterlegten Summe durch den Kläger als bestritten zu gelten hat, war der Berufungsrichter genötigt, zu prüfen, ob die Ablehnung bewiesen sei. Er hat das nicht für dargetan erachtet und sogar angenommen, daß der Kläger die Annahme des hinterlegten Geldes nicht abgelehnt hat.

Diese Entscheidung liegt auf dem Gebiete der Beweiswürdigung und kann mit der Revision nicht angefochten werden.

3. Das Berufungsgericht will schon aus den beiden Tatsachen, daß die Beklagte das Geld zugunsten des Fideikommisses hinterlegt und daß der Kläger die Annahme des Geldes nicht abgelehnt hat, den Schluß ziehen, der Kläger sei mit der Hinterlegung einverstanden gewesen, weil er sich nach Treu und Glauben unzweideutig hätte erklären müssen. Mit Recht erachtet die Revision diesen Schluß für bedenklich. Da die Hinterlegung hier nur als Zahlungsangebot wirkte und der Regel nach niemand verpflichtet ist, sich auf ein Angebot zu äußern, so konnte das bloße Schweigen des Klägers wohl kaum als Annahmeerklärung angesehen werden. Indessen das Berufungsurteil beruht nicht auf der angeführten Folgerung. Das Gericht hat darüber hinaus noch festgestellt, daß der Kläger sein Einverständnis mit der — damals erst angekündigten — Hinterlegung deutlich zu erkennen gegeben hat, indem er sich den bei der Hinterlegung nicht berücksichtigten Teil der Zinsen persönlich auszahlen ließ. Die Revision will auch diesen Schluß bemängeln, weil es sich um einen geringen Betrag gehandelt habe. Die Höhe des Betrags ist aber nicht das wesentliche. Entscheidend ist für den Berufungsrichter vielmehr, daß der Kläger sich voll auf den Boden der bevorstehenden Hinterlegung stellte, als er die fraglichen Zinsen anforderte und sich später auch auszahlen ließ. Es begegnet keinem rechtlichen Bedenken, wenn der Berufungsrichter darin das Einverständnis des Klägers mit der Hinterlegung findet. Eine solche Würdigung des Tuns des Klägers verstößt nicht gegen Auslegungsregeln und kommt auch zu keinem in sich unmöglichen Ergebnis.

4. Die Revision beruft sich weiterhin auf § 363 BGB. und auf den in RGZ. Bd. 114 S. 403 dazu ausgesprochenen Satz, daß es nicht darauf ankomme, ob der Gläubiger befriedigt zu sein glaube, sondern darauf, ob er es wirklich sei. Wenn also auch der Kläger mit der Hinterlegung einverstanden gewesen sei, so habe sich doch herausgestellt, daß der hinterlegte Betrag nicht die ganze Forderung des Klägers gedeckt habe. Er brauche also die Leistung der Beklagten nicht als Erfüllung gelten zu lassen; den ihm dann obliegenden Beweis, daß die Leistung unvollständig gewesen sei, habe er geführt. Dabei übersieht die Revision, daß der Kläger die Leistung der Beklagten als Teilerfüllung angenommen hat. Wenn er die

Teilleistung der Beklagten jetzt nicht als Teilerfüllung gelten lassen will, dann müßte er nach § 363 BGB. dartun, daß die Teilleistung auch als solche unvollständig gewesen sei. Diesen Beweis hat er aber nicht geführt. Irgendwelche Bedenken gegen die Vollwertigkeit des am 5. April 1917 hinterlegten Geldes hat er nicht erhoben, auch nicht erheben können, und deshalb steht ihm der aus RGZ. Bd. 114 S. 403 herangezogene Satz nicht zur Seite. Dort wird die Frage erörtert, ob der Gläubiger, der während der Inflation und unter der Herrschaft des Satzes „Mark gleich Mark" entwertetes Geld als vollwertige Leistung entgegengenommen hat, noch Nachforderungen stellen darf. Damit haben die jetzigen Ansprüche des Klägers nichts zu tun.

5. Da nach den rechtlich bedenkenfreien Feststellungen des Oberlandesgerichts der Kläger die mit der Hinterlegung bewirkte Teilleistung der Beklagten als Erfüllung angenommen hat, so ist der daraus gezogene Schluß nicht zu beanstanden, daß der hinterlegte Betrag auf Gefahr des Klägers (oder des Fideikommisses) bei der Hinterlegungsstelle gelegen hat, also die eingetretene Entwertung des Geldes den Kläger (oder das Fideikommiß) trifft. Die Beklagte konnte über das hinterlegte Geld nicht mehr verfügen, wohl aber war der Kläger — unter Einhaltung der für Verfügungen über Fideikommißgegenstände vorgeschriebenen Formen — dazu in der Lage. Die Folgen seiner Unterlassung muß er tragen.

---

69. Genügt zur Begründung einer Restitutionsklage aus § 580 Nr. 7b ZPO. gegen ein Urteil erster Instanz auch eine Urkunde, die erst nach der Verkündung dieses Urteils, aber noch vor Ablauf der Berufungsfrist errichtet worden ist?

ZPO. § 580 Nr. 7b.

VII. Zivilsenat. Beschluß v. 15. Februar 1929 i. S. Ehefr. B. (Bekl.) w. Ehem. B. (Kl.) VII A 65/29.

I. Landgericht Halle.
II. Oberlandesgericht Naumburg.

Die Frage wurde bejaht aus folgenden, den Sachverhalt ergebenden

Gründen:

Die Ehe der Streitteile ist durch Urteil des Landgerichts vom 6. November 1926 geschieden und der Kläger für allein schuldig erklärt worden. Das Urteil hat am 27. Dezember 1926 die Rechtskraft erlangt. Mitte Februar 1927 ist dem Kläger die Urkunde über die Geburt eines am 12. November 1926 von der — seit November 1924 von ihm getrennt lebenden — Beklagten geborenen Kindes bekannt geworden, aus der er auf einen Ehebruch der Frau schließt. Er hat deshalb mit der Behauptung, daß eine ihm günstigere Entscheidung ergangen sein würde, wenn ihm die Geburtsurkunde schon früher bekannt und benutzbar gewesen wäre, auf Grund von § 580 Nr. 7b ZPO. die Restitutionsklage gegen die Beklagte erhoben; das Oberlandesgericht hat der Klage stattgegeben. Die Beklagte hat für die Revisionsinstanz das Armenrecht verlangt, weil sie meint, daß das Berufungsgericht die Geburtsurkunde vom 12. November 1926 rechtsirrig zur Begründung der Restitutionsklage für geeignet gehalten habe. Der Ansicht des Berufungsgerichts muß aber beigetreten werden.

In der Rechtsprechung des Reichsgerichts ist allerdings wiederholt ausgesprochen worden, daß die im § 580 Nr. 7b ZPO. bezeichnete Urkunde bereits bei Erlaß des mit der Restitutionsklage angefochtenen Urteils errichtet gewesen sein muß (RGZ. Bd. 48 S. 384, Bd. 68 S. 340, Bd. 80 S. 242; JW. 1912 S. 802 Nr. 22). Aber bei diesen Entscheidungen handelte es sich um Fälle, in denen die Urkunde entweder erst nach der Rechtskraft des früheren Urteils oder doch so spät errichtet worden war, daß ihre Benutzung in einer früheren Tatsachenverhandlung nicht mehr möglich gewesen wäre. Die hier in Frage kommende Geburtsurkunde ist aber vor der Rechtskraft des früheren landgerichtlichen Urteils während des Laufs der Berufungsfrist errichtet worden und hätte darum in der Berufungsverhandlung vom Kläger (damals Beklagten) benutzt werden können, wenn er von ihrem Bestehen Kenntnis gehabt hätte. Es läßt sich nicht einsehen, warum die Urkunde auch in diesem Fall den Voraussetzungen des § 580 Nr. 7b ZPO. nicht genügen soll, weil sie nicht schon bei Erlaß des Urteils errichtet gewesen ist, gegen das sich die Restitutionsklage wendet. Denn man muß festhalten, daß der Zweck dieser Vorschrift ist, unverschuldete Hindernisse ihrer Wirkung zu entkleiden und deshalb zur Beseitigung einer — angesichts des urkundlich nachgewiesenen Sachverhalts unerträglichen — Entscheidung auch die nachträgliche Benutzung von Urkunden zu gestatten, die der Restitutionskläger nur deshalb nicht benutzt hat, weil er ihr Vorhandensein ohne sein Verschulden nicht kannte. Es kann deshalb nur darauf ankommen, daß die Benutzung solcher Urkunden im früheren Verfahren möglich war. Das mag nicht der Fall sein, wenn die Urkunde erst nach Rechtskraft des früheren Urteils oder nach der letzten mündlichen Verhandlung in der Berufungsinstanz entstanden ist. Wenn sie aber nach Erlaß des erstinstanzlichen Urteils innerhalb der Berufungsfrist errichtet worden ist, dann konnte sie im Berufungsverfahren benutzt werden. Wortlaut und Sinn des § 580 Nr. 7b lassen nicht erkennen, daß die Urkunde notwendig schon vor Erlaß des mit der Restitutionsklage angegriffenen Urteils errichtet gewesen sein müßte. Denn die Vorschrift spricht ganz allgemein von der Möglichkeit einer günstigeren Entscheidung infolge der aufgefundenen und benutzbar gewordenen Urkunde, ohne darauf zu verweisen, daß diese Entscheidung mit ihr in der Instanz hätte erreicht werden können, in der das nachteilige Urteil ergangen ist. Es wäre auch widerspruchsvoll und nicht folgerichtig, wenn zwar die Restitutionsklage gegen das Berufungsurteil auf eine dem Restitutionskläger nachträglich bekannt gewordene Urkunde gestützt werden könnte, die vor Beginn oder während des Berufungsverfahrens errichtet worden ist, wenn dagegen eine in der Berufungsfrist errichtete Urkunde nicht zur Begründung der Restitutionsklage gegen das erstinstanzliche Urteil ausreichte, sofern wegen nicht oder nicht form- und fristgerecht eingelegter Berufung nur eine Restitutionsklage gegen das Urteil erster Instanz in Betracht kommt. Dies um so mehr, als das Unterbleiben der Berufung seinen Grund auch in der Nichtkenntnis der Urkunde gehabt haben kann. In gewissem Sinne spricht vielleicht auch die Vorschrift des § 582 ZPO. für diese Auffassung. Denn wenn es dort heißt, daß die Restitutionsklage nur zulässig ist, wenn die Partei ohne ihr Verschulden außerstande war, den Restitutionsgrund im früheren Verfahren, insbesondere durch Einspruch oder Berufung oder mittels Anschlußberufung geltend zu machen, so läßt auch dies erkennen, daß das Gesetz auch Urkunden, die erst oder noch in der Berufungsinstanz benutzbar waren, als Urkunden im Sinne des § 580 Nr. 7b ansieht weil es sonst nicht für einen besonderen Fall ihren Ausschluß als Restitutionsgrund festgelegt hätte. Daß dabei nur an Urkunden gedacht wäre, die bereits während des Verfahrens in erster Instanz errichtet waren, ist nicht anzunehmen. Dafür wäre kein Grund ersichtlich und auch der Wortlaut des § 582 rechtfertigt diese Einschränkung nicht, mag er auch nicht zwingend für ihre Ablehnung sprechen.

---

70. Darf ein Unterlassungsantrag wegen Verletzung von Urheberrechten so allgemein gefaßt sein, daß die Bezeichnung der Gegenstände und der Nachweis des Urheberrechts-Erwerbs, also auch die Bestimmung des Verbotsumfangs, ganz dem Zwangsvollstreckungsverfahren überlassen bleiben?

LitUrhG. §§ 11, 36. ZPO. § 253 Abs. 2 Nr. 2, § 890.

I. Zivilsenat. Urt. v. 16. Februar 1929 i. S. Gesellschaft A.K.M. u. Gen. (Kl.) w. S. (Bekl.). I 267/28.

I. Landgericht I Berlin.
II. Kammergericht daselbst.

Die Kläger — zwei zu einer bürgerlichrechtlichen Gesellschaft vereinigte Musikvertriebs-Verbände — behaupten, daß ihnen an einer großen Anzahl von Musikstücken von deren Urhebern oder Verlegern die urheberrechtlichen Befugnisse zu treuen Händen übertragen worden seien und daß die Beklagte in den Jahren 1923 bis 1927 in ihrem „Odeonspalast" zu H. viele jener Stücke habe spielen lassen. Mit der Klage verlangen sie Unterlassung und Schadenersatz. Und zwar Unterlassung „konzertmäßiger Aufführungen der vom Verbande zum Schutze musikalischer Aufführungsrechte für Deutschland kontrollierten Musikstücke". Das Landgericht hat beiden Klaganträgen entsprochen. Auf Berufung der Beklagten hat das Kammergericht durch Teilurteil die Kläger mit dem Unterlassungsanspruch abgewiesen, auch in der hilfsweise angekündigten Fassung: konzertmäßige Aufführungen solcher Musikstücke zu gewerblichen Zwecken zu unterlassen, für die den Klägern die Vergebung des Aufführungsrechts zusteht. Die Revision der Kläger blieb ohne Erfolg.

Aus den Gründen:

1. Die Kläger bringen vor, daß sie zur Lösung ihrer Aufgaben als Vertriebsgesellschaften zwei Gruppen von Verträgen zu schließen pflegen:

a) Verträge mit Tonkünstlern nach dem Muster der von ihnen vorgelegten Satzung. Danach übertragen die Künstler ihre Urheberrechte an Musikwerken unbeschränkt oder in beschränktem Umfange zu treuen Händen auf die Vertriebsgesellschaft; diese gewährt ihnen dafür Anteil an den Erträgen. Die Gesellschaft überwacht Musikaufführungen in Lichtspiel- und Kaffeehäusern und an sonstigen Stätten, wo leichte Musik geboten wird, stellt etwa beobachtete Urheberrechtsverletzungen fest und schreitet gegen die Verletzer ein. Sie verteilt den Überschuß der Erträge, die aus Aufführungsentgelt usw. erwachsen.

b) Verträge mit jenen gewerbsmäßigen „Musikverbrauchern" (Lichtspiel-, Gast-, Kaffeehäusern usw.). Danach dürfen diese Vergnügungsunternehmen alle die Musikstücke aufführen, an denen die Vertriebsgesellschaft Urheberrecht erworben hat; sie zahlen dafür eine gewisse Pauschvergütung.

Die Kläger behaupten: sie seien die einzigen deutschen Schutzverbände für Urheber leichter, „volkstümlicher" Musik, wie z. B. die Beklagte sie biete. Künstler, die solche Tonkunstwerke geschaffen hätten, seien so überwiegend Mitglieder der beiden Verbände, daß die wenigen außenbleibenden im Vergleich zur Gesamtzahl gar nicht in Betracht kämen. Weil nun die weitaus größte Menge der Tonkünstler den Verbänden ihre Urheberrechte durch Verträge wie die unter a) gekennzeichneten übertragen habe, so spreche kraft erfahrungsmäßiger Wahrscheinlichkeit eine tatsächliche Vermutung dafür, daß den Klägern das Urheberrecht an Musikstücken zustehe, die konzertmäßig zu gewerblichen Zwecken aufgeführt zu werden pflegten und deren Aufführungen deshalb, um etwa vorgekommene Urheberrechtsverletzungen festzustellen, von ihnen überwacht würden. Auf diese Erwägung gründen sich Haupt- und Hilfsantrag der Kläger, soweit Untersagung verlangt wird. . . .

Das Kammergericht findet beide Anträge der Kläger auf Untersagung schon deshalb unbegründet, weil ihnen die erforderliche Bestimmtheit fehle. Eine so allgemein gehaltene Verurteilung — die auch Stücke mitumfasse, welche künftig erst von den Klägern zu erwerben seien — würde die eigentliche Entscheidung des Streites zu einem wesentlichen Teile dem Vollstreckungsverfahren überlassen. Zwar schließe die Strafbestimmung in § 38 LitUrhG. die Verurteilung zur Unterlassung und die spätere Bestrafung nach § 890 ZPO. nicht aus. Aber die Strafvorschrift könne nicht allgemein, weit über den Rahmen bestimmter Verletzungshandlungen hinaus, im Verhältnis der Parteien zueinander im voraus dadurch verschärft werden, daß nach § 890 ZPO. eine Geldstrafe in unbeschränkter Höhe hinzukomme. Von dieser Auffassung ausgehend hatte das angefochtene Urteil keinen Anlaß festzustellen, ob die von den Klägern gegebene Darstellung der tatsächlichen Zustände richtig ist.

2. Die Revisionsangriffe dringen nicht durch.

a) Gegenstand eines Untersagungsanspruchs und Inhalt des ihm entsprechenden Urteilsgebots können in der Regel nur Zuwiderhandlungen sein, die tatsächlich stattgefunden haben (RGZ. Bd. 100 S. 187; JW. 1927 S. 114 Nr. 16). Der Anspruch muß nach Art und Umfang so genau bezeichnet werden, daß jede Ungewißheit vermieden wird. Demgemäß ist auch der Antrag bestimmt zu begrenzen. Die Anforderungen an solche Bestimmtheit müssen freilich je nach der Art des Falles verschieden sein. Genaue Bezeichnung ist aber in der Regel schon darum nötig, weil dem Beklagten vor der Verurteilung Gelegenheit gegeben werden muß, sich gegen den Klaganspruch ausgiebig zu verteidigen. Dies wird nicht dadurch ersetzt, daß der Schuldner im Zwangsvollstreckungsverfahren ebenfalls die Gewähr erhält, sich zu äußern (§§ 890, 891 ZPO.). Auch die Rücksicht auf Rechtskraftwirkung und Vollstreckung erheischt genaue Behauptungen darüber, welchen Inhalt und Umfang der Anspruch habe. Diese Vorfrage muß im Urteil entschieden werden. Demnach ist der Antrag auf bestimmte Rechtsverletzungen oder Verbotsübertretungen, auf Unterlassung ganz bestimmter Handlungen zu richten (JW. 1912 S. 591 Nr. 12). Soweit nötig, muß dann im Vollstreckungsverfahren nochmals geprüft und festgestellt werden, ob die einzelne nunmehr behauptete Übertretung des Urteilsverbots vorliege (RGZ. Bd. 99 S. 94). Das Verbot hat ausdrücklich zu sagen, welche Handlungen unterlassen werden sollen. Sonst würde der wesentlichste Teil des Rechtsstreites aus dem Entscheidungsverfahren in die Zwangsvollstreckung verschoben.

b) Allerdings billigt die Rechtsprechung aus Zweckmäßigkeitsgründen bei der Abwehrklage gegen Störungen unter Umständen eine allgemeine Verurteilung, Eingriffe gewisser Art zu unterlassen. Namentlich bei der Einwirkung durch Rauch, Lärm, Geruch, schädliche Gase und sonstige sog. Immissionen wird eine allgemeine Verurteilung zur Unterlassung zugestanden. Der Gläubiger muß dann im Zwangsvollstreckungsverfahren genau angeben, welche Maßregeln der Schuldner treffen soll; das Vollstreckungsgericht hat danach zu prüfen, ob die einzelne jetzt als Übertretung gerügte Belästigung übermäßig, die Abhilfemaßnahme angebracht sei (RGZ. Bd. 37 S. 172, Bd. 40 S. 184, Bd. 60 S. 121; JW. 1912 S. 591 Nr. 12; Gruch. Bd. 42 S. 108 Nr. 3). Hieraus lassen sich aber so allgemein gefaßte Untersagungsansprüche, wie der gegenwärtige der Kläger, nicht rechtfertigen. Denn bei störenden Einwirkungen auf Grundstücke (§ 906 BGB.) handelt es sich um Einflüsse genau angegebener Art aus bestimmter Quelle auf gewisse Liegenschaften. Anders in den Anträgen der Kläger. Hier bleiben die einzelnen bestimmten Werke der Tonkunst samt den Urheberrechten daran völlig unerwähnt; ja sie werden im Dunkel gelassen, und ihre Bestimmung soll durchaus der Zukunft anheimstehen; unerörtert soll im Erkenntnisverfahren bleiben, ob die Kläger das Urheberrecht an einem Werke schon erworben haben oder künftig erst erwerben werden. Die Frage, ob an gewissen Musikstücken — und zwar an welchen — Urheberrecht bestehe und auf die Kläger übertragen worden sei, soll also gänzlich in das Vollstreckungsverfahren hinausgeschoben werden. Hinreichende Gründe zu solcher Ausnahmebehandlung sind nicht dargetan.

c) Wenn ein Urheber seine Rechte selbst wahrnimmt, so liegt ihm ob, die Urheberbefugnisse und ihre Verletzung darzutun und, sofern er Untersagung beantragt, deren Umfang genau zu bezeichnen. Solche Darlegung und nähere Bestimmung ist — schon mit Rücksicht auf die dem Beklagten zu sichernde Verteidigung — auch dann erforderlich, wenn die behauptete Rechtsverletzung nicht bloß ein einzelnes Werk betrifft, sondern mehrere oder viele. Genügender Grund, die Darlegung des Urheberrechts und die genaue Bestimmung des Verbotsumfanges aus dem Erkenntnis- in das Vollstreckungsverfahren zu verschieben, ist hierin allein nicht zu finden. Grundsätzlich aber kann und darf der Erwerber, dem der

Urheber seine Befugnisse zu treuen Händen überläßt, für den Schutz der Rechte gegen Verletzung nicht besser gestellt werden, als der Urheber selbst. Keinesfalls wäre ihm solche Vergünstigung lediglich um seines eignen Vorteils willen einzuräumen. Unerörtert muß bleiben, ob sich etwa das Ergebnis anders gestaltete, wenn behauptet würde: Den Urhebern bleibe zur Wahrnehmung ihrer Rechte gegen Verletzungen vernünftigerweise kein anderer Weg als der einer Übertragung zu treuen Händen an die Kläger, und die notwendige Folge solcher Überlassung sei Verlegung des Rechtsnachweises aus dem Erkenntnis- in das Vollstreckungsverfahren. Denn auf diese Weise ist der Unterlassungsanspruch in den Tatsacheninstanzen — auch nach wiederholter Ausübung des Fragerechts durch das Berufungsgericht — nicht begründet worden. Ebensowenig braucht untersucht zu werden, ob einem Antrage gleicher oder ähnlicher Fassung, wie dem Hilfsantrag der Kläger, stattzugeben wäre, wenn seine Grundlage in der Behauptung bestünde: Aus dem rechtsverletzenden Verhalten der Beklagten in bezug auf gewisse den Klägern übertragene Werke sei den Umständen nach zu schließen, daß Wiederholung gleicher Verletzungen in unabsehbarem Umfang an den sonstigen zu treuen Händen erworbenen urheberrechtlichen Befugnissen der Kläger befürchtet werden müsse. Auch auf diese Weise ist der Unterlassungsanspruch — wie schon erwähnt, nach mehrmaliger richterlicher Frage im zweiten Rechtszug — nicht begründet worden.

d) Anerkannter Grundsatz ist zwar, daß zu weit gehende Anträge tunlichst nicht ganz abzuweisen, sondern im Urteil entsprechend einzuschränken sind (JW. 1909 S. 495 Nr. 18, 1910 S. 292 Nr. 28, 1912 S. 591 Nr. 12). Für seine Anwendung ist jedoch hier kein Raum. Es kam nach dem Tatbestand, den das Berufungsurteil ausweist, nicht in Frage, auf Untersagung etwa nur bei solchen Musikstücken zu erkennen, von denen dargetan sei, daß den Klägern daran ein Urheberrecht zustehe und daß die Beklagte sie unbefugt habe spielen lassen. Denn abgesehen von der schon erwähnten vergeblichen Frage des Gerichts ließen die Kläger keinen Zweifel darüber, daß ihnen mit dergleichen eingeschränkter Untersagung überhaupt nicht gedient sei und daß nur eine mindestens dem Hilfsantrag entsprechende allgemeine Untersagung ihren Zwecken genüge. Solche Verurteilung in Bausch und Bogen aber hat das Berufungsgericht aus den angegebenen Gründen mit Recht abgelehnt.

71. Erstreckt sich das einem Verleger eingeräumte „unbeschränkte dingliche Urheberrecht" auch auf die erst später aufgekommene Sendung durch Rundfunk, oder steht die Rundfunksendung dem Urheber zu?

LitUrhG. §§ 11, 12, 14. BGB. § 133.

I. Zivilsenat. Urt. v. 16. Februar 1929 i. S. F. A.-G. (Bekl.) w. N. und Gen. (Kl.). I 320/28.

I. Landgericht I Berlin.
II. Kammergericht daselbst.

Die Beklagte sendete vom 24. Oktober 1926 ab verschiedenes aus Wilhelm Busch's Werken durch Rundfunk. Sie lehnte das Verlangen der Kläger, ihnen dafür Entgelt zu zahlen, ab, weil sie schon an die „Gesellschaft für Senderechte GmbH." Vergütung entrichtet habe. Sie berief sich darauf, daß der B.sche Verlag, der Mitglied dieser Gesellschaft sei, auf Grund von Verträgen Wilhelm Busch's Werke auch durch Rundfunk verbreiten dürfe. Mit den Verträgen hat es folgende Bewandtnis:

Wilhelm Busch hatte fast alle Werke, die er seit 1871 während etwa 25 Jahren veröffentlichte, bei B. erscheinen lassen; dieser Verlag überließ ihm 45% des Rohertrags. Am 28. Oktober/6. November 1896 schloß Busch mit L. einen Vertrag, worin es heißt:

§ 1. Die in der F.schen Verlagsbuchhandlung erschienenen, seither auf gemeinschaftliche Rechnung mit dem Herrn Verfasser vertriebenen Werke des Herrn Wilhelm Busch gehen mit allen Vorräten, Holzstöcken und Klischees in den Alleinbesitz der B.schen Verlagsbuchhandlung zu unbeschränktem Verlagsbetrieb über und kann die Verlagsbuchhandlung darüber als über ihr Eigentum frei verfügen.

§ 2. Die B.sche Verlagsbuchhandlung zahlt dafür an Herrn Wilhelm Busch oder dessen Rechtsnachfolger als gänzliche Abfindung ... 50000 M. (in 3 Raten, 1897 bis 1899) ...

Nachdem Wilhelm Busch am 9. Januar 1908 gestorben war, entspann sich über die Auslegung des Vertrags von 1896 und anderer Vereinbarungen ein Rechtsstreit der Erben mit B. und zwei anderen Unternehmen. Mit der damaligen Klage verlangten die Erben vom B.schen Verlag, daß er Lichtbilder-Vorführungen Busch'scher Werke, kolorierte Ausgaben unkolorierter Werke und Abweichungen in der Selbstbeschreibung „Von mir über mich" unterlasse. Der Rechtsstreit wurde durch Vergleich beendigt. Soweit dieser den B.schen Verlag betraf, lautete er — am 10. Juli 1918 zu gerichtlichem Protokoll geschlossen — folgendermaßen:

I. Die Kläger anerkennen, daß der B.schen Verlagsbuchhandlung die unbeschränkten dinglichen Urheberrechte an sämtlichen bei ihr erschienenen Werken von Wilhelm Busch übertragen worden sind.

II. Die B.sche Verlagsbuchhandlung zahlt ohne Anerkennung einer Rechtsverbindlichkeit an die Kläger mit Rücksicht auf die durch § 53 des Kunstschutz-Gesetzes erfolgte Ausdehnung der Urheberrechte . . . 5000 M.

III. Die B.sche Verlagsbuchhandlung verpflichtet sich, bisher nicht koloriert erschienene Werke von Wilhelm Busch auch künftig nicht koloriert erscheinen zu lassen.

IV. Die Kläger erheben keine Einwendungen dagegen, daß die Selbstbiographie „Von mir über mich" in der bisherigen Fassung weiter erscheinen kann.

Nach der Meinung der Beklagten hat B.s Verlag durch den Vergleich von 1918 in Verbindung mit dem Vertrag von 1896 das unbeschränkte Urheberrecht und damit auch das Senderecht an allen von jenem Vergleich betroffenen Werken Wilhelm Busch's erworben.

Die Kläger dagegen meinen, daß ihnen allein das Recht zustehe, die Werke durch Rundfunk zu senden. Mit der vorliegenden Klage haben sie verlangt, daß die Beklagte ihnen 100 RM. Lizenzabgabe entrichte, und daß ihr untersagt werde, Wilhelm Busch's Werke ohne Genehmigung der Kläger durch Rundfunk zu senden. Diesem Antrag gemäß hat das Landgericht erkannt. Das Kammergericht hat die Berufung der Beklagten und ihrer beiden Streithelfer zurückgewiesen. Die Revision der Nebenintervenientin B. hatte keinen Erfolg.

Gründe:

1. Das Gesetz über das Urheberrecht an Werken der Literatur und Tonkunst bestimmt den Rechtskreis des Urhebers von Schriftwerken und Tonkunstwerken dahin, daß er die ausschließliche Be-

fugnis habe, das Werk zu vervielfältigen und gewerbsmäßig zu verbreiten (§ 11 Abs. 1 Satz 1), ferner die ausschließliche Befugnis, den wesentlichen Inhalt des Werkes öffentlich mitzuteilen, solange das noch nicht geschehen ist (§ 11 Abs. 1 Satz 2); bei Bühnenwerken und Werken der Tonkunst überdies die ausschließliche Befugnis, sie öffentlich aufzuführen (§ 11 Abs. 2); bei Schriftwerken und Vorträgen, solange das Werk nicht erschienen ist, die ausschließliche Befugnis, es öffentlich vorzutragen (§ 11 Abs. 3). Diese ausschließlichen Befugnisse erstrecken sich auch auf die Bearbeitungen des Werkes (§ 12 Abs. 1). Das Gesetz nennt einige Beispiele solcher Bearbeitung (§ 12 Abs. 2) und gedenkt dabei (in Zusätzen von 1910) der mechanischen Wiedergabe für das Gehör durch Instrumente mit auswechselbaren Scheiben usw. (Nr. 5) sowie der kinematographischen Bilddarstellung (Nr. 6).

In entsprechender Weise umgrenzt das Kunstschutz-Gesetz vom 9. Januar 1907 (§ 15) den Rechtskreis des Urhebers, indem es bestimmt, er habe die ausschließliche Befugnis, das Werk zu vervielfältigen, gewerbsmäßig zu verbreiten und gewerbsmäßig mittels mechanischer oder optischer Einrichtungen vorzuführen.

2. Die Wahl der Gesetzesworte wurde durch gewohnte Vorstellungen damals bekannter Mittel beeinflußt, deren man sich bediente, um Werke des Schrifttums, der Tonkunst, der bildenden Kunst anderen mitzuteilen, d. h. sinnlich wahrnehmbar zu machen.

a) Als gewöhnliche und wichtigste Art, den aufgezeichneten Gedankengang eines Geisteswerkes an die Öffentlichkeit zu bringen, schwebten Verfahren vor, die man zusammenfaßt oder nach Hauptmerkmalen kennzeichnet mit dem Worte „Druck". Durch ihn wird für unbestimmt viele Menschen das Schriftwerk, auch das Werk der Tonkunst, lesbar, das ferne Bild anschaulich. Der Gedanke an ihn bewog zur Wahl des Wortes „vervielfältigen". Der übliche weitere Verlauf der Mitteilung an viele, welcher die Vorstellung und Ausdrucksweise beherrschte, war der, daß die Vervielfältigungsstücke „gewerbsmäßig verbreitet" wurden: verkauft, vermietet (nach der Redeweise des Verkehrs und des Gesetzes „verliehen") usw. Von Bedeutung blieb daneben „öffentlicher Vortrag" des ungedruckten oder gedruckten Werkes. Bei Bühnenwerken und Werken der Tonkunst behauptete sich als praktisch bedeutungsvoll die besondere Mitteilungsweise der „öffentlichen Aufführung". Ihr schloß sich, als die Entwicklung und Ausnutzung mechanischer Wiedergabe für das Gehör (Grammophon, Phonograph u. dgl.) und die Darstellung im belebten Bilde (Kinematograph, Verfilmung) gesetzliche Regeln veranlaßten, die „öffentliche Vorführung" an. Aber während sie sich im Kunstschutz (§ 15 des Gesetzes vom 9. Januar 1907) unmittelbar zur Vervielfältigung und Verbreitung gesellte, wurde ihr im Schriftwerkschutz (§ 12 Abs. 2 Nr. 5 und 6, § 14 Nr. 4 und 5, verb. mit §§ 37, 38 Abs. 1 Nr. 2 des Gesetzes vom 19. Juni 1901, hinzugefügt unterm 22. Mai 1910) ein Platz unter den „Bearbeitungen" angewiesen, neben Übersetzung, Rückübersetzung, Umformung (aus dem Bühnenwerk in die Erzählung oder umgekehrt) und neben Herstellung von Auszügen aus Tonkunstwerken.

b) Schon die tatsächliche Verschiedenheit der Gebilde, die notbehelfsweise die gemeinsame Benennung „Bearbeitung" umfaßt, spricht gegen die grundsätzlichen Folgerungen, welche die Revision aus der gesetzlichen Einordnung ziehen will: daß die Vorschriften des § 14 Nr. 4 LitUrhG. über mechanische Vervielfältigung (nach den bei der Gesetzesberatung geäußerten Ansichten) nicht auf ältere urheberrechtliche Verträge zurückwirkten, in anderen Fällen also, auch in dem gegenwärtig streitigen, Rückwirkung anzunehmen sei, die „Verbreitung" demnach, heutiger Auslegung gemäß, die Sendung durch Rundfunk mitumfasse.

Nachdem die Rundfunksendung neue Wege und Mittel dargeboten hatte, den Gedankeninhalt von Schrift- und Tonwerken mitzuteilen, ordnete die Rechtsprechung sie unter das „Verbreiten" ein (RGZ. Bd. 113 S. 416/420). So wurde diesem Ausdruck, unter dem im Urheberrecht lange Zeit hindurch vornehmlich das Zugänglichmachen von Werkexemplaren verstanden worden war, ein dem Sprachgebrauch des Lebens angenäherter erweiterter Sinn verliehen. Man erwog: Das durch den Rundfunk völlig verwandelte Nachrichtenwesen dürfe den Begriff der Verbreitung nicht mehr beschränken auf Handlungen, durch welche ein Werkexemplar anderen als den bei der Herstellung Beteiligten zugänglich gemacht werde. Allgemeinem Sprachgebrauch angeglichen, müsse er als Übermittlung einer Kenntnis des Geisteswerks an andere verstanden werden (RGZ. a. a. O. S. 417, 418).

c) Daraus folgt aber keineswegs, daß auch in älteren Verträgen — aus Zeiten, die noch nichts vom Rundfunk wußten oder noch nicht gewohnt waren, ihn als verkehrswichtige Macht anzusehen — „verbreiten" regelmäßig so gedeutet werden müsse, als umfasse es schon die Rundfunksendung mit. Den dahingehenden Ausführungen der Revision ist nicht beizustimmen, weil sie den für die Vertragsauslegung wesentlichen Umständen etwas ihnen Fremdes zuschreiben. Rundfunksendung ist nicht, wie die Revision versicht, „einfache Verbreitung gleich jeder anderen". Für die Auslegung älterer Verträge ist sie etwas von den überkommenen, altbekannten Verbreitungsarten sehr Verschiedenes. Denn sie ermöglicht es, den Gedankeninhalt eines Werkes gleichzeitig an Hunderttausende, ja Millionen von Menschen bis in ferne Erdteile zu übermitteln. Dadurch hat sie das Nachrichtenwesen, und mit ihm ein wichtiges Stück des Verkehrs überhaupt, im Vergleich zu früheren Zeiten völlig verwandelt. Die sachlichen Grundlagen und Voraussetzungen für Verträge, die der Mitteilung von Geisteswerken dienen, sind auf ungeahnte Weise dadurch verändert, daß allerorten für sie ein neues Mittel zu Gebote steht; und zwar eines, das seiner Wirkung nach zu einer neuen Gattung gehört.

Eine solche durchaus umwälzende Verwandlung läßt sich nicht (mit der Revision) auf die Formel bringen: Der B.sche Verlag habe „die unbeschränkten dinglichen Urheberrechte" und somit sämtliche damals und später erwachsenden wirtschaftlichen Befugnisse aus diesen Rechten erworben; alles, was an Verwertungsmöglichkeiten durch die nachfolgende Entwicklung sich herausgestellt habe, falle nach allgemeinen Rechtsregeln (§§ 398 flg. BGB.) ihm zu. Dem wäre unbedenklich beizustimmen, wenn die neu entstandene Möglichkeit der Verwertung als Spielart oder Abspaltung bereits vorhandener Gattungen etwa darin bestände, daß ein neues Druckverfahren, eine Art, Werkexemplare auf ehedem unbekannte Weise herzustellen, das Gebiet vorteilhafter Ausnutzung erweiterte. Damit läßt es sich aber nicht gleichsetzen, wenn die Technik durch derart umwälzende Neuerungen wie den Rundfunk eine außerhalb alles Berechnens und Vermutens liegende Bahn eröffnet, ein ganz neues Wirkungsfeld des geistigen Verkehrs erschließt. Hier widerspräche es dem Vertragszweck, dem wahrscheinlichen Parteiwillen und der Billigkeit, der von der Revision vertretenen Auslegung zu folgen. Wohl bedarf das Gesetz, um in veränderter Umwelt, mit neuen Verkehrserscheinungen und wirtschaftlichen Gebilden seinem Zwecke zu genügen, einer anpassenden Auslegung. Sie gibt, wenn nötig, dem Wort einen anderen Sinn und Begriffsinhalt, als ihn etwa die Verfasser des Entwurfs und die ursprüngliche Rechtsanwendung damit verbanden (Kohler, Über die Interpretation von Gesetzen, Zeitschr. f. d. Privat- u. öffentliche Recht der Gegenwart Bd. 13 [1886] S. 1flg., 20, 27flg., 33, 35, 40, 42flg., 45, 49, 51, 55; ders., Lehrbuch des Bürgerlichen Rechts I [1906] S. 122flg.). Auf die Auslegung von Verträgen aber läßt sich dies nicht schlechthin übertragen. Denn hier ist und bleibt von maßgeblicher Bedeutung, was die Beteiligten beim Abschluß des Rechtsgeschäfts einhellig wollten und bezweckten. Dem Vertragsgegenstand darf nicht nachträglich ein Sinn und Umfang gegeben werden, der, statt auslegend jenen Willen nach Treu und Glauben weiter zu entwickeln, zu ihm in Widerspruch gerät.

3. Mit Recht geht auch das angegriffene Urteil davon aus, daß es stets auf den von beiden Vertragsteilen gehegten Willen, und für dessen Erkenntnis auf den Zweck des Rechtsgeschäfts und auf die den Abschluß begleitenden Umstände ankommt. Wenn es an sicherem Anhalt für den Willen fehlt, so gebührt für die ergänzende Auslegung wiederum dem Vertragszweck besondere Beachtung. ... Die Ausführung der Revision, daß das Berufungsgericht damit einer neuen unerprobten Lehre folge, trifft nicht zu. Dem Grundsatz, daß der Wille der Beteiligten aus der Gesamtheit der Bestimmungen des Geschäfts und nach dessen erkennbaren Zielen zu ermitteln sei, folgte im Anschluß an viele Belege der Quellen schon das Gemeine Recht (Dernburg Pandekten I § 123 bei Anm. 2; Regelsberger Pandekten I S. 642 § 177 II). Im Handelsrecht behielt man ihn bei und betonte: „Was die Vertragsteile für einen von ihnen nicht vorgesehenen Fall nach den Zwecken ihres Geschäfts und der herrschenden Auffassung gewollt hätten, das ist in Wahrheit ihr Wille" (ROHG. Bd. 22 S. 371). Ohne Bedenken trifft diese Regel auch für das jetzige bürgerliche Recht zu, besonders da der § 133 BGB. völlig dem Art. 278 AHGB. entspricht, bei dessen Auslegung jener Satz entwickelt wurde (JW. 1908 S. 544 Nr. 2). Das Berufungsurteil erwägt, daß jede Übertragung von Urheberrecht bestimmten Zwecken dienen solle. Sei nichts anderes vereinbart, so umfasse sie deshalb nach dem Parteiwillen in der Regel nur das, was zur Zeit des Vertragsabschlusses der

Erwerber nötig hatte, um die Aufgaben, die er sich gestellt, zu lösen, seinen Verpflichtungen zu genügen und die für das Vertragsziel getroffenen oder vorgesehenen Einrichtungen planmäßig zu verwenden (Goldbaum Urheberrecht 2. Aufl. S. 163 Anm. I zu § 14 LitUrhG.). Beim Abschluß des Prozeßvergleichs vom Juli 1918 kam Rundfunksendung als Verwertungsform urheberrechtlicher Befugnisse nicht in Betracht. Ob sie später — wie die Nebenintervenientin behauptet, was das Berufungsgericht jedoch als unrichtig bezeichnet — durchaus etwas dem Arbeitsgebiet des Buchverlags Zugehöriges geworden ist, kann dahingestellt bleiben. Denn der auf übereinstimmendem Parteiwillen beruhende Vertragsinhalt wäre dadurch nicht nachträglich geändert worden.

a) Allerdings umfaßten „die unbeschränkten dinglichen Urheberrechte", wie schon das Landgericht annimmt und das Kammergericht ausdrücklich billigt, die Gesamtheit urheberrechtlicher Befugnisse an den im B.schen Verlag erschienenen Werken Wilhelm Busch's. Das Urheberrecht wurde jedoch, wie die Vorinstanzen weiter übereinstimmend annehmen, trotz uneingeschränkter Übertragung nur in demjenigen Umfang abgetreten, der nach den damaligen Umständen als anerkannter, gesetzlich geschützter Inbegriff nutzbarer Befugnisse für den Verkehr in Betracht kam. Nach dieser wirtschaftlichen Größe bestimmte sich auch das dafür gewährte Entgelt. Wäre wirklich die Absicht gewesen, dem B.schen Verlage mit dem an ihn überlassenen Befugniskreis alle unvorhersehbaren Möglichkeiten der Ausnutzung zuzuwenden, die aus völlig neu erwachsenden Zweigen der Verkehrsmitteltechnik in Zukunft vielleicht entstehen würden, so hätte das deutlich kundgetan werden müssen. Mit Recht jedoch vermissen Landgericht und Kammergericht einen solchen Willensausdruck. Das Berufungsurteil findet ganz zutreffend im Punkt II des Vergleichs einen Anhalt für das Gegenteil. „Mit Rücksicht auf die Ausdehnung des Urheberrechts durch § 53 des Kunstschutzgesetzes" bewilligte der Verlag den Erben Wilhelm Busch's ein besonderes Entgelt von 5000 M. Wenngleich im Vertrage betont wurde, daß es ohne Anerkennung einer Rechtsverbindlichkeit geschehe, so blieb doch immerhin die gewichtige Tatsache beachtenswert. Das Berufungsgericht hält es darum für ausgeschlossen, daß die Kläger auf eine Sondervergütung für die weit bedeutsamere Ausnutzungsmöglichkeit der Rundfunksendung verzichtet hätten, wenn sie damals eine solche hätten in Erwägung ziehen können. Ohne Verstoß gegen Rechtsgrundsätze folgert das Kammergericht aus dem Vertrage selbst, aus den ihn begleitenden Umständen, zumal den damaligen Verhältnissen der Nachrichtsmitteltechnik, und aus den von ihr dargebotenen Ausnutzungswegen als übereinstimmenden Willen der Vertragsparteien: eine bei der Übertragung nicht vorausgesehene inhaltliche Vermehrung oder zeitliche Ausdehnung der Urheberrechte kommt dem veräußernden Urheber (hier Urheber-Erben) zugute. Hätten (so erwägt es) die Vergleichsbeteiligten diesen ihren Standpunkt für die Zukunft aufgeben wollen, so hätten sie dafür eine entsprechende Wortfassung gesucht und gefunden. Sie haben aber keine Ausdrucksweise gewählt, die einen solchen Willen kundtäte. Denn die Worte der Nr. I des Vergleichs, wonach der Firma B. „die unbeschränkten dinglichen Urheberrechte" eingeräumt sein sollten, deckten wie (Nr. II erkennen läßt) nur den Inbegriff der damals als geschützt angesehenen urheberrechtlichen Befugnisse.

b) Gelangte das Berufungsgericht auf Grund des Vergleichs selbst im Zusammenhang mit den seinen Abschluß begleitenden Umständen zu der Überzeugung, daß der in ihm enthaltene Willensausdruck so, wie angegeben, auszulegen sei, dann bedurfte es keiner Beweiserhebung, weder im Sinne der Kläger für, noch im Sinne der Beklagten und ihrer Streithelfer gegen das bereits aus der Urkunde gewonnene sichere Ergebnis. Dieses steht durchaus im Einklang mit dem Gedanken, der das geltende Urheberrecht beherrscht: in Zweifelsfällen müsse man bei Verträgen über die Veräußerung von Urheberrechten annehmen, eine Befugnis sei beim Urheber verblieben (RGZ. Bd. 118 S. 285). Aus §§ 12, 14 LitUrhG. erheben sich dawider keine Bedenken. Die in dieser Richtung unternommenen Angriffe der Revision dringen nicht durch. Gerade § 12 und namentlich § 14 geben der Vorstellung Ausdruck, daß das Urheberrecht keine unteilbare Einheit bilde, sondern einen Inbegriff von Befugnissen. Diese können dergestalt nebeneinander bestehen, daß einzelne veräußert werden, die anderen beim Urheber (oder dessen Erben) verbleiben. Wird „das Urheberrecht" übertragen, so geht auf den Erwerber im Zweifel nur die Befugnis über, das Werk in der vom Verfasser gewählten Form auszunutzen; und auch in dieser Form nur soweit, als nicht bestimmte Benutzungsarten gesetzlich dem Urheber vorbehalten sind. Selbst wenn das Urheberrecht ausdrücklich „unbeschränkt" überlassen wird, so darf dies nicht ausnahmslos so verstanden werden, als verbleibe nichts beim veräußernden Urheber, und der Erwerber habe mit dem Inbegriff erworbener Rechte auch alle unvorhersehbaren künftigen Ausnützungsmöglichkeiten überkommen, welche das Gesamtbild der Verwertung völlig verändern, bei der Bemessung des Entgelts aber gar nicht in Betracht gezogen werden konnten. Der Urheber behält in jedem Fall ein unveräußerliches Persönlichkeitsrecht, das der Vertrag unberührt läßt, auch wenn der andere „die unbeschränkten dinglichen Urheberrechte" und damit alle vermögensrechtlichen Bestandteile des urheberrechtlichen Befugniskreises erwirbt; ein Recht, das sich vornehmlich in der Abwehr gegen entstellende Veränderungen des Werkes (§ 9 LitUrhG.) zeigt (RGZ. Bd. 69 S. 244, Bd. 79 S. 398). Dem persönlichkeitsrechtlichen Kerne wächst an, was etwa nach dem Vertragsabschluß an vermögensrechtlichen Urheberbefugnissen durch gesetzliche Neuschöpfung in der Person der Veräußerers entsteht. Gleiches gilt von jenen ihrer Art und wirtschaftlichen Wirkung nach völlig neuen Möglichkeiten der Ausnutzung, die (wie der Rundfunk) keine bloße Weiterbildung oder Abspaltung bisheriger Verwertungsarten sind.

Ist also die Nebenintervenientin aus Verlagsvertrag und Prozeßvergleich nicht befugt, Werke Wilhelm Busch's durch Rundfunk zu senden, so haben die Vorinstanzen dem Untersagungsanspruch mit Recht stattgegeben. Auf den Bereicherungsanspruch einzugehen, ist entbehrlich (RGZ. Bd. 121 S. 258). Die Revision bemängelt insoweit das Berufungsurteil nicht.

---

72. 1. Über die Verpflichtung des See-Versicherungsnehmers zur sorgfältigen Behandlung des Versicherungsrisikos und über den Einfluß dieser Behandlungsweise auf die Leistungspflicht des Versicherers, insbesondere bei Haftungsbeschränkungen der Reederei.

2. Kann sich die Reederei, auch wenn ein sog. reines Konnossement ausgestellt worden ist, auf Vermerke im Kai-Empfangsschein berufen?

Allgemeine Deutsche Seeversicherungs-Bedingungen §§ 23, 33, 41.

I. Zivilsenat. Urt. v. 20. Februar 1929 i. S. K. (Kl.) w. The London Assurance (Bekl.). I 237/28.

I. Landgericht Hamburg, Kammer für Handelssachen.
II. Oberlandesgericht daselbst.

Die Firma A. in Hamburg hatte bei der Beklagten eine laufende Polize zur Deckung ihrer gesamten Transporte bis zur Höhe von 2000 engl. Pfund. Sie verschiffte laut Konnossement vom 28. Juli 1925 mit dem Hansadampfer „Schwarzenfels" neben anderen Frachtgütern eine Kiste Lederwaren (Damen-Handtaschen) im Gewicht von 83 kg von Hamburg nach Bombay und von dort mittels anderer Beförderungsgelegenheit nach Basrah, und zwar wurde die Kiste in Bombay in den Dampfer „Vita" umgeladen und von diesem nach Basrah gebracht. Dort wurde sie in den Dampfer „Jhsan" umgeladen, der sie nach ihrem endgültigen Bestimmungsort Bagdad schaffte. Über die Versicherung dieser Kiste auf Grund der laufenden Polize wurde die Einzelpolice (Separate Policy) vom 28. Juli/4. August 1925 für die Reise ab Lagerhaus (Speicher) der Firma A. in Hamburg bis Lagerhaus (Speicher) des legitimierten Empfängers in Bagdad ausgestellt. Die Versicherung unterstand den Allgemeinen Deutschen Seeversicherungs-Bedingungen von 1919 (ADS.). In Bagdad wurde über die Güter, zu denen die Kiste mit Lederwaren gehörte, der „Survey Report" vom 4. November 1925 errichtet, in dem es heißt: „Their external condition was 2 cases broken and 1 case intact. They showed signs of having been tampered with ... The goods were found to be short of contents as per schedule and the cause, after due examination, is attributed to: Theft, in course of transit." Es wurde ferner festgestellt, daß die hier in Betracht kommende Kiste nur 381 Handtaschen enthielt, während nach Angabe der Firma A. bei Beginn der Versicherungsreise in der Kiste 865 Stück Damenhandtaschen gewesen sein sollen. Die Firma A. behauptete, daß danach während der Reise aus der Kiste 484 Damenhandtaschen entwendet worden seien. Sie hat ihre Versicherungsansprüche an die Klägerin abgetreten. Diese verlangt jetzt auf Grund des Versicherungsvertrags Schadensersatz wegen der angeblich in Verlust geratenen 484 Damenhandtaschen. Die Beklagte hat den Klaganspruch nach Grund und Betrag bestritten.

Die Instanzgerichte haben die Klage abgewiesen. Die Revision hatte Erfolg.

Gründe:

Das Berufungsgericht hat folgendes ausgeführt. Die Kiste habe schon im Kaischuppen in Hamburg Eröffnungsspuren gezeigt. Die Firma A. habe dies gewußt und überdies bestätigt, daß solche Spuren vorhanden seien. Trotzdem habe sie den Auftrag zur Weiterbeförderung der Kiste erteilt. Damit habe sie sich ihre etwaigen Ersatzansprüche aus dem Versicherungsvertrag gegen die Beklagte abgeschnitten. Der Bestätigungsvermerk sei ausgestellt worden von dem Angestellten der Firma A., namens P. Dieser habe auf einem Schiffszettel (richtiger: Kai-Empfangsschein) den Vermerk unterschrieben: „Nr. 402 (das war die streitige Kiste) zeigt Eröffnungsspuren; kann so verladen werden." Auf solche Weise sei eine Verfolgung der aus der Beraubung der Kiste hergeleiteten Rechtsansprüche gegen die beim Transport tätig gewesenen Schiffahrtsgesellschaften wesentlich erschwert worden. Denn diese hätten sich darauf berufen können, daß die Kiste schon bei ihrer Übernahme verdächtige Spuren gezeigt habe. Sie hätten sich also mit weit mehr Aussicht auf Erfolg verteidigen können, als wenn festgestellt worden wäre, daß die Kiste bei der Übernahme noch ihren richtigen Inhalt gehabt habe. Es handle sich um eine Erhöhung der Gefahrstandspflicht; die Reisegefahr sei insofern erhöht worden, als der Beklagten der ihr nach dem Gesetz zustehende Rückgriff „bis zur Grenze der Unmöglichkeit" erschwert worden sei. Diese Gefahrerhöhung sei von der Klägerin schuldhaft herbeigeführt worden. Der Versicherte müsse diejenigen Maßnahmen zur Sicherung seiner Ansprüche treffen, die er als ordentlicher Kaufmann vornehmen würde, wenn er nicht versichert wäre. Jeder gewissenhafte Kaufmann würde aber unter den gegebenen Umständen eine Untersuchung der Kiste vor der Verladung auf das Seeschiff vorgenommen haben. Die von der Klägerin vorgeschützte Entschuldigung, daß die Verladung gedrängt habe, sei nicht stichhaltig, da eine nennenswerte Verzögerung durch die Untersuchung der Kiste in Hamburg nicht eingetreten wäre. Die Firma A. müsse für das schuldhafte Handeln des P. einstehen, das dieser begangen habe, als er in ihrer Vertretung die Untersuchung des Inhalts der Kiste trotz Kenntnis der Eröffnungsspuren abgelehnt, ihre Weiterbeförderung mit diesen

Eröffnungsspuren angeordnet und den erwähnten Vermerk auf dem Kai-Empfangsschein unterschrieben habe.

Zu Unrecht wendet demgegenüber die Revision ein, daß von einer den Versicherer befreienden Erhöhung der Gefahrstandspflicht nur im Sinne von § 87 ADS. die Rede sein könne. Nach §§ 23, 33 und 41 ADS. hat der Versicherungsnehmer die Gefahrstandspflicht, die Schadensverhütungs- sowie die Schadensabwendungs- und -minderungspflicht. Die Abgrenzung dieser Verbindlichkeiten gegeneinander kann im Einzelfalle Schwierigkeiten machen. Zutreffend weist Ritter, Das Recht der Seeversicherung § 33 Anm. 9 S. 554, darauf hin, daß zwischen der Verpflichtung des Versicherungsnehmers, die Gefahr nicht zu ändern, und seiner Verpflichtung, im Versicherungsfall Schaden abzuwenden und zu mindern, die Verpflichtung liegt, den Eintritt des Versicherungsfalls zu verhindern, wie überhaupt die Verpflichtung zur sorgfältigen Behandlung des Versicherungsrisikos. In RGZ. Bd. 83 S. 43/44 handelte es sich nur um ein nach Inhalt und Sinn des Versicherungsvertrags durch die Versicherung gedecktes Risiko. Der Fall war nach den Vorschriften des Versicherungsvertragsgesetzes zu beurteilen. Soweit dort abweichende Ausführungen gemacht sein sollten, wären sie auf Fälle der hier fraglichen Art nicht anwendbar.

Die danach bestehende Verpflichtung des Versicherungsnehmers zur sorgfältigen Risikobehandlung — wobei nach § 13 ADS. Treu und Glauben im höchsten Maße zu betätigen sind — kann in der vom Berufungsgericht festgestellten Weise verletzt worden sein. Denn es würde eine Verschlechterung der Rechtslage der Firma A. gegenüber den Transportunternehmern und damit eine Erhöhung des von ihr eingegangenen und grundsätzlich durch die Versicherung gedeckten Transportrisikos bedeuten, wenn der Nachweis eines von den Transportunternehmern zu vertretenden Schadens in der vom Berufungsgericht festgestellten Weise „bis zur Grenze der Unmöglichkeit" erschwert worden ist. Diese Erschwerung kann nicht nur gegenüber den vom Berufungsgericht besonders erwähnten Schiffahrtsgesellschaften, sondern auch gegenüber dem Unternehmer der Landbeförderung bis zum Kaischuppen in Hamburg eingetreten sein. Daß dies auf einem Verschulden des P. beruhen würde und daß für ein solches Verschulden die Klägerin einzustehen hätte, ist vom Berufungsgericht ohne Rechtsirrtum dargelegt worden. Und zwar gilt dies auch dann, wenn als Maßstab für die Maßnahmen, die ein Versicherungsnehmer zur Sicherung seiner Ansprüche in derartigen Fällen vornehmen muß, nicht schlechthin zu gelten hat, was er als ordentlicher Kaufmann tun würde, falls er nicht versichert wäre, sondern wenn dabei auch noch die besondere Verbindlichkeit in Betracht kommt, die für den Versicherungsnehmer gegenüber dem Versicherer durch den Versicherungsvertrag begründet worden ist. Es kann deshalb dahingestellt bleiben, ob die Gefahrstandspflicht grundsätzlich nur bei Verschulden des Versicherungsnehmers verletzt wird.

Aber die so begründete Erhöhung der Gefahrstandspflicht würde hier den Versicherer nur insoweit befreien, als dadurch der Eintritt des Versicherungsfalls oder der Umfang der Leistung des Versicherers beeinflußt worden ist (§ 24 Abs. 2, § 41 Abs. 3 ADS.). Es fragt sich also, in welchem Maß die Durchführung der Ansprüche der Firma A. gegen die Unternehmer des Versicherungstransports und entsprechend die Durchführung der Rückgriffansprüche der Beklagten beeinträchtigt worden ist. Dies hängt, wie die Revision mit Recht betont hat, davon ab, wie die Rechtslage der Klägerin den genannten Transportunternehmern gegenüber sein würde, wenn die Erhöhung der Gefahrstandspflicht nicht eingetreten wäre. Nicht anders würde das Ergebnis sein, wenn man annehmen wollte, daß keine Erhöhung der Gefahrstandspflicht im Sinne von §§ 23, 24 ADS. vorliegt, sondern daß die Firma A. nur die allgemeine Verpflichtung nach § 13 ADS. verletzt hat, Treu und Glauben im höchsten Maße zu betätigen. Ein Verstoß gegen letztere Verpflichtung würde die Firma A. der Beklagten gegenüber schadensersatzpflichtig gemacht haben. Dadurch wäre Art und Umfang der Verpflichtung der Beklagten aus dem Versicherungsvertrag in gleicher Weise beeinflußt worden, wie durch ihre Befreiung von der Leistungspflicht nach §§ 24, 23 ADS. Dies könnte die Beklagte nach § 404 BGB. auch der Klägerin gegenüber geltend machen.

Das Konnossement vom 28. Juli 1925 ist ein durchgehendes Konnossement (Durchkonnossement). Es ist gezeichnet für den der Deutschen Hansalinie gehörigen Dampfer „Schwarzenfels", der von Hamburg nach Bombay bestimmt war. Die Weiterbeförderung der Kiste von Bombay nach Basrah ist in diesem Konnossement vorgesehen und erfolgte mit dem Dampfer „Vita". Das Durchkonnossement lautet auf Auslieferung der Kiste an den legitimierten Empfänger in Basrah. Von Basrah nach Bagdad wurde die Kiste weiter versendet mit dem Dampfer „Ihsan" auf Grund eines von dem Durchkonnossement an sich nicht berührten Beförderungsvertrags. Ob der Schiffer des Dampfers „Schwarzenfels" oder wer sonst wegen der Beförderung von Bombay nach Basrah einen Frachtvertrag geschlossen hat, ob und inwieweit dabei die Bestimmungen des Durchkonnossements herangezogen worden sind, ob der Schiffer der „Vita" ein Sonderkonnossement ausgestellt hat, unter welchen Bedingungen die Kiste von Basrah an Bord des Dampfers „Ihsan" weiter befördert worden ist, über alles dies fehlt es an jedem tatsächlichen Anhalt. Die Bedingungen des Durchkonnossements, insbesondere die auf seiner Vorderseite mit Stempel aufgedrückte Sonderklausel, können nicht ohne weiteres für die Beförderung vom Lagerhaus bis zum Kaischuppen in Hamburg und von Basrah nach Bagdad herangezogen werden. Es ist sehr wohl möglich, daß für diese Reiseabschnitte Beförderungsbedingungen maßgebend sind, die anders lauten als die Bedingungen des Durchkonnossements und von ihnen unabhängig sind. Auch können für die Reise von Bombay nach Basrah neben dem Durchkonnossement besondere Vereinbarungen in Betracht kommen. Anderseits umfaßte die Versicherungsreise laut Einzelpolize vom 28. Juli/4. August 1925 den ganzen Transport der Kiste vom Verlassen des Lagerhauses (Speicher) der Firma A. in Hamburg bis zur Ablieferung im Lagerhaus des legitimierten Empfängers in Bagdad (binnen 30 Tagen nach dem Datum der Löschung), also „von Haus zu Haus". Es ist deshalb für einen Abschnitt oder mehrere Abschnitte der Versicherungsreise nicht ersichtlich, ob der Umstand, daß der Inhalt der Kiste vor ihrer Übernahme an Bord des Dampfers „Schwarzenfels" im Hamburger Kaischuppen nicht festgestellt worden war und daß P. als Vertreter der Firma A. jene Bescheinigung auf dem Kaiempfangsschein ausgestellt hatte, eine Gefahrstandsänderung im Sinne der Allgemeinen Deutschen Seeversicherungs-Bedingungen bedeutete und ob er auf den Eintritt des Versicherungsfalls oder auf den Umfang der Leistung des Versicherers Einfluß hatte.

Schon aus diesen Gründen muß das Berufungsurteil aufgehoben und die Sache an das Berufungsgericht zurückverwiesen werden. Es bedarf daher keines Eingehens auf die von der Revision erörterten Fragen, ob und in welchem Maße die Haftpflicht der Reedereien, soweit sie im Durchkonnossement geregelt ist, durch die vom Berufungsgericht festgestellte Erhöhung der Gefahrstandspflicht in einer das Rechtsverhältnis der Parteien berührenden Weise beeinflußt ist. Immerhin sei dazu noch folgendes bemerkt. Grundsätzlich geht zwar die mit Stempel aufgedruckte Klausel den formularmäßig gedruckten Bedingungen des Durchkonnossements vor. Das bedeutet aber keine Aufhebung der formularmäßigen Vorschrift auf Seite 1 des Durchkonnossements:

„The Owners of the steamer will not be responsible for ... any package exceeding £ 50 value, unless shipped in sealed packages under special shipping order with value declared thereon, delivered direct to the Master or chiefmate and the Bs/L are signed in accordance therewith.“

Vielmehr hat das Schiff für die Kiste, deren Wert über £ 50 war, weder im ganzen noch zum Teil einzustehen, wenn nicht die Bedingung erfüllt sein sollte, daß die Kiste versiegelt unter besonderer Verschiffungsorder mit darauf erklärter Wertangabe verschifft, direkt an den Kapitän oder seinen Vertreter übergeben und das Konnossement entsprechend gezeichnet war. Sollte dieser Bedingung entsprochen sein, so wäre nach der auf das Durchkonnossement aufgestempelten Klausel die Reederei zwar grundsätzlich für die Kiste haftbar, aber keinesfalls über den Betrag von 500 Rupien hinaus. Beide Haftungsbeschränkungen, sowohl die gedruckte über einen Kollowert von mehr als £ 50 als auch die im Stempelaufdruck enthaltene, gehen nicht über das verkehrsübliche Maß im Sinne von § 87 ADS. hinaus. Sie gelten aber an sich nur für den vom Durchgangskonnossement umfaßten Abschnitt der Versicherungsreise.

Die Revision verweist ferner darauf, daß sich der Vermerk des P. auf einem Kai-Empfangsschein (receipt) befinde, der nur für die Hamburger Kaiverwaltung bestimmt gewesen sei, und daß trotz dieses Vermerkes das Durchkonnossement als sog. reines Konnossement ausgestellt worden sei. Damit ist aber der Beklagten nicht ohne weiteres die Möglichkeit genommen, sich auch für die eigentliche Konnossementsreise auf die hier erörterte Gefahrstandserhöhung zu berufen. Die Konnossementsbescheinigung, daß die Kiste „in outward good order and condition“ an Bord des Dampfers

„Schwarzenfels" gekommen sei, verpflichtete allerdings grundsätzlich die Reederei des Schiffes, die Kiste in derselben äußeren Verfassung (nach Regel XIV des Durchkonnossements gelten „Gewicht, ... Inhalt ..., wenngleich im Konnossement erwähnt, als dem Schiffer unbekannt") in Bombay von Bord des Schiffes an die zuständige Stelle zu übergeben (nach der Regel X Abs. 3 ist „bei Gütern in Durchfracht ... die Verantwortung der Reederei auf ihre eigene Linie beschränkt"). Diese Gewährleistungshaftung (Schaps Seerecht § 651 Anm. 4a flg.) bedeutet aber nicht, daß die Reederei im Verhältnis zum Ablader und Befrachter, der Firma A., in jeder Beziehung so zu behandeln ist, als ob die Kiste keine Eröffnungsspuren gehabt hätte. Nach Regel II des Durchkonnossements haftet die Reederei für Diebstahl nur, wenn er von der Schiffsmannschaft begangen ist. Dies hat der legitimierte Konnossements-Inhaber zu beweisen, wenn er deshalb die Reederei in Anspruch nehmen will. Bei dieser Beweisführung hat die Zeichnung des reinen Konnossements für die Reederei nicht zur Folge, daß der wirkliche Zustand, in dem sich die Kiste bei ihrer Übernahme durch das Schiff befand, überhaupt nicht in Betracht kommt; sondern dieser wirkliche Zustand und die darüber im Kai-Empfangsschein enthaltene Bescheinigung können sehr wohl den Beweis, daß der Diebstahl durch die Schiffsmannschaft begangen worden sei, erheblich oder, wie das Berufungsgericht meint, „bis zur Grenze der Unmöglichkeit" erschweren.

---

73. Wirkt die Entschließung der Verwaltungsbehörde über Erteilung oder Versagung der Erwerbsgenehmigung nach der Bekanntmachung des Reichskanzlers vom 15. März 1918 (RGBl. S. 123) und nach dem preußischen Grundstücksverkehrsgesetz vom 10. Februar 1923 auf den Tag der Vornahme des Rechtsgeschäfts zurück?

VI. Zivilsenat. Urt. v. 21. Februar 1929 i. S. Sch. (Bekl.) w. F. (Kl.). VI 80/29.

I. Landgericht Breslau.
II. Oberlandesgericht daselbst.

Der Beklagte war Eigentümer eines Hausgrundstücks in B. Durch notariellen Vertrag vom 18. Juli 1922 verkaufte er das Grundstück an We. für 410000 M. Davon wurden 210000 M. dem Käufer gestundet und in eine Darlehensforderung umgewandelt, deren hypothekarische Sicherstellung bewilligt und beantragt wurde. Am 11. Oktober 1922 verkaufte We. das Grundstück an Wi. und dieser verkaufte es am 19. Dezember 1922/8. Februar 1923 weiter an den Kläger. Beide Käufer übernahmen die Forderung des Beklagten als Selbstschuldner in Anrechnung auf den Kaufpreis und die Verpflichtung des We. zur hypothekarischen Eintragung. Am 24. Juli 1923 wurde der Kläger als Eigentümer, und zwar auf Grund unmittelbarer Auflassung des Beklagten, und zugleich die Hypothek für den letzteren eingetragen. Der Eigentumserwerb des Klägers wurde, wie dieser behauptet, am 5. Februar 1926, nach der Behauptung des Beklagten aber erst am 26. April 1926 behördlich genehmigt. Zur Aufwertung gemäß § 12 AufwG. wurde die Forderung des Beklagten bis zum 1. April 1926 nicht angemeldet.

Entsprechend dem Klagantrag ist der Beklagte durch Versäumnisurteil vom 3. Januar 1927 zur Bewilligung der Löschung der Hypothek Zug um Zug gegen Zahlung von 20 RM. verurteilt worden. Im Einspruchsverfahren hat der Beklagte Klagabweisung begehrt und Widerklage erhoben mit dem Antrag, den Kläger zur Aufwertung der persönlichen Forderung nach billigem Ermessen zu verurteilen. Er steht auf dem Standpunkt, daß die Eintragung der Hypothek und die Eintragung des Klägers als Eigentümer erst am 26. April 1926 wirksam geworden seien, daß er daher zur Einhaltung der Frist des § 12 AufwG. außerstande gewesen sei und daß bei solcher Sachlage die Aufwertung seiner persönlichen Forderung überhaupt nicht nach den Vorschriften des Aufwertungsgesetzes, sondern nach den allgemeinen Vorschriften (§ 242 BGB.) zu erfolgen habe. Nachdem die Parteien vereinbart hatten, daß das Gericht auch über die Höhe des Aufwertungsbetrags der persönlichen Forderung entscheiden solle, hat das Landgericht das Versäumnisurteil vom 3. Januar 1927 aufrechterhalten und den Kläger, unter Abweisung des Mehranspruchs des Beklagten, zur Aufwertung der persönlichen Forderung des letzteren auf 486 RM. verurteilt. Das Oberlandesgericht hat die Berufung des Beklagten zurückgewiesen, die auf die Widerklgge beschränkt worden war und erheblich höhere Aufwertung als 486 RM. für die persönliche Forderung begehrt hatte.

Die Revision des Beklagten hatte keinen Erfolg.

Gründe:

Das Oberlandesgericht meint, weil die Aufwertung der Forderung des Beklagten auf über 25% des Goldmarkbetrags von der rechtzeitigen Stellung des Antrags aus § 12 AufwG. abhänge, hätte die Aufwertungsstelle gemäß § 68 das. — gemeint ist offenbar § 69 — ausschließlich über die Höhe der Aufwertung zu entscheiden gehabt. Wäre das richtig, so hätte das Berufungsgericht die Widerklage, soweit nicht schon vom Landgericht rechtskräftig darüber entschieden war, wegen Unzulässigkeit des Rechtswegs abweisen und sich einer sachlichen Entscheidung enthalten müssen. Die Auffassung des Berufungsrichters ist jedoch unzutreffend. Denn der Kläger hatte nicht nur keinen Aussetzungsantrag gemäß § 77 AufwG. gestellt, sondern die Parteien hatten die Zuständigkeit der ordentlichen Gerichte vereinbart. Eine solche Vereinbarung ist zulässig, wie sich aus § 77 a. a. O. ergibt (RGZ. Bd. 121 S. 207).

In der Sache selbst muß, da das Oberlandesgericht keine Feststellung über den Tag der behördlichen Genehmigung des Eigentumserwerbes getroffen hat, für diese Instanz die Behauptung des Beklagten als richtig unterstellt werden, daß die Genehmigung erst am 26. April 1926 erteilt worden sei, also nach Ablauf der Ausschlußfrist des § 12 S. 1 AufwG., deren Einhaltung die Voraussetzung für den Antrag aus § 15 der Novelle vom 9. Juli 1927 bildete (RGZ. Bd. 122 S. 19). In diesem Fall beruhte zwar gleichwohl der Anspruch des Beklagten dem We. gegenüber auf dem Kaufvertrag vom 18. Juli 1922, der nach § 15 des preuß. Grundstücksverkehrsgesetzes vom 10. Februar 1923 (GS. S. 25) nur unter besonderen, vom Beklagten nicht behaupteten Voraussetzungen genehmigungspflichtig gewesen wäre, also auf einem vor dem 14. Februar 1924 begründeten Rechtsverhältnis. Auch die übrigen in § 1 AufwG. für eine Aufwertung nach diesem Gesetz bezeichneten Voraussetzungen würden insoweit vorliegen. Aber immerhin gründet sich der Anspruch dem Kläger gegenüber auf den genehmigungsbedürftigen Vertrag vom 19. Dezember 1922/8. Februar 1923 und den im Anschluß hieran geschlossenen Schuldübernahmevertrag (§ 415 BGB.); bis zur Entschließung der Verwaltungsbehörde über die Erteilung oder Vertagung der Genehmigung zu dem Vertrag vom 19. Dezember 1922 bestand ein Zustand schwebender Unwirksamkeit. Daher entschied sich erst am 26. April 1926, ob der Beklagte oder der Kläger Eigentümer des Grundstücks war und ob die Hypothekeintragung zu Recht bestand, ob also die Forderung des Beklagten eine Kaufgeldforderung im Sinne des § 10 Abs. 1 Nr. 5 AufwG. war, die der Aufwertung nach Abs. 3 das. unterlag. Dies wäre jedoch, wenigstens grundsätzlich, nur dann der Fall, wenn vor dem 1. April 1926 ein entsprechender Antrag gemäß § 12 AufwG. gestellt wurde. Die Revision vertritt die Auffassung, daß bei dieser Sachlage und da die Annahme einer rückwirkenden Kraft der Genehmigung vom 26. April 1926 nicht angängig sei, die Forderung des Beklagten nach der allgemeinen Vorschrift des § 242 BGB. aufzuwerten sei, entweder unmittelbar, weil die Forderung dem Kläger gegenüber nicht vor dem 14. Februar 1924 begründet worden sei, oder auf dem Wege über § 62 AufwG. Es kann dahingestellt bleiben, ob dann, wenn dem Bescheid vom 26. April 1926 keine rückwirkende Kraft zukommen sollte, die hieraus von der Revision gezogenen Folgerungen als zutreffend anzuerkennen wären. Denn es muß der Auffassung des Berufungsgerichts beigetreten werden, daß dem Bescheid vom 26. April 1926 rückwirkende Kraft auf den Zeitpunkt des Vertragsabschlusses, d. h. auf den 19. Dezember 1922, beizumessen ist, daß also der Kläger mit der Eintragung vom 24. Juli 1923 Eigentum am Grundstück erlangt hat und die am gleichen Tage vorgenommene Hypothekeintragung wirksam geworden ist.

Der Revision ist zuzugeben, daß Zweifel über die Frage bestehen können, ob der Entschließung der Verwaltungsbehörde über Erteilung oder Versagung eines nach dem preuß. Gesetz vom 10. Februar 1923 — ebenso auch eines nach der Bekanntmachung des Reichskanzlers über den Verkehr mit landwirtschaftlichen Grundstücken vom 15. März 1918 (RGBl. S. 123) — genehmigungspflichtigen Rechtsgeschäfts rückwirkende Kraft innewohnt. Aus dem Wortlaut dieser Vorschriften ist für die Beantwortung der Frage ebensowenig zu entnehmen wie aus den gesetzgeberischen Vorarbeiten. Die für die privatrechtliche Genehmigung dritter Personen geltenden Vorschriften der §§ 182flg., insbesondere des § 184 Abs. 1 BGB., sind auf behördliche Zustimmungserklärungen als Staatshoheitsakte zum mindesten nicht unmittelbar anwendbar, wie in der Rechtsprechung des Reichsgerichts anerkannt ist (RGZ. Bd. 106 S. 145; Komm. v. RGR. Erl. 1 zu § 182). Endlich kann dahingestellt bleiben, ob die Erteilung der Erwerbsgenehmigung als eine den rechtsgeschäftlichen Bedingungen (§§ 158flg. BGB.) ähnliche gesetzliche Bedingung — aufschiebender oder auflösender Art — anzusehen ist (vgl. RGZ. Bd. 40 S. 237, Bd. 75 S. 406, Bd. 76 S. 385, Bd. 88 S. 339); denn auch auf Grund einer solchen Annahme läßt sich keine Entscheidung der hier zu beantwortenden Rückwirkungsfrage gewinnen. Die Entscheidung ist vielmehr aus der Zweckbestimmung zu entnehmen, die der Gesetzgeber mit der Einführung der behördlichen Genehmigung verfolgt hat. Dieser Zweck aber ist der, daß vom Standpunkt der öffentlichen Belange aus geprüft werden soll, ob die von den Beteiligten beabsichtigte Änderung in den Verhältnissen des Grundbesitzes und der Grundbewirtschaftung mit dem gemeinen Wohle vereinbar ist. Die Wahrnehmung der privaten Belange der Parteien, soweit sie nicht etwa, wie z. B. die Unangemessenheit des Entgelts, die öffentlichen Belange berühren, hat dem Gesetzgeber ferngelegen. Die Entschließung der Behörde über Erteilung oder Versagung der Genehmigung ist daher für die Vollendung der privatrechtlichen Bindung als solcher nicht von Bedeutung; sie enthält nur die Feststellung, ob vom Standpunkt des Gemeinwohls aus Bedenken gegen das Rechtsgeschäft bestehen. Ist durch Versagung der Genehmigung die Gemeinschädlichkeit des Geschäfts festgestellt, so ist es als von Anfang an nichtig anzusehen; denn der Gesetzgeber kann nicht gewollt haben, daß ein gemeinschädliches Geschäft für die Zwischenzeit, die bis zur behördlichen Entschließung vergangen ist, Rechtswirkungen ausüben soll. Ist dagegen durch Erteilung der Genehmigung die Verträglichkeit der Parteivereinbarungen mit den Anforderungen des Gemeinwohls festgestellt, so besteht für den Staat kein Interesse daran, den Willen der Parteien nicht so zur Durchführung kommen zu lassen, wie diese es vereinbart hatten; der Parteiwille aber wird regelmäßig dahin gehen, daß das Rechtsgeschäft vom Zeitpunkt seines Abschlusses ab wirken soll. In einem rechtsähnlich liegenden Falle, der Erforderlichkeit staatlicher Genehmigung zu einem Erwerb von Todes wegen, ist die Rückbeziehung der staatlichen Entschließung ausdrücklich angeordnet (Art. 86 S. 2 EG. z. BGB., vgl. Art. 6, auch Art. 7 Preuß. AG. z. BGB.). In dieser Vorschrift darf die Einzelanwendung eines allgemeinen Rechtsgedankens erblickt werden.

Es ist auch nicht ohne Bedeutung, daß die Fassung des § 1 S. 1 der Bekanntmachung vom 15. März 1918 und des § 1 des Gesetzes vom 10. Februar 1923 mit der Fassung des Art. 6 § 1 S. 1 Preuß. AG. z. BGB.: „.... bedürfen zu ihrer (Rechts-) Wirksamkeit ...." übereinstimmt. Für die Annahme rückwirkender Kraft der behördlichen Entschließung über die Erwerbsgenehmigung sprechen endlich auch überwiegende praktische Gründe, wenn auch nicht verkannt werden soll, daß die Annahme der Rückbeziehung einen Eingriff in inzwischen entstandene anderweitige Rechtsverhältnisse und damit im Einzelfalle Unbilligkeiten herbeiführen kann. Von einer solchen Unbilligkeit kann übrigens im vorliegenden Falle keine Rede sein. Denn einmal war der Beklagte befugt, wenn auch nicht verpflichtet gewesen, vorsorglich den Antrag aus § 12 AufwG. lange vor dem 1. April 1926 zu stellen; weiter stand ihm aber auch nach Lage der Umstände, wenn anders die behördliche Genehmigung dem Kläger erst am 26. April 1926 erteilt worden sein sollte, die Antragstellung gemäß § 12 S. 2 AufwG. noch bis zum 26. Juli 1926 offen. Daß der Antrag des Beklagten vom 27. September 1927 als verspätet abgelehnt worden ist, wie der Beklagte vorgetragen hat, ändert hieran nichts. Gerade das Aufwertungsgesetz erfordert die Annahme der Rückbeziehung; denn sonst könnte es dahin kommen, daß die Anwendbarkeit dieses Gesetzes im Hinblick auf § 1 oder § 12 von dem zufälligen Umstand abhinge, ob ein längst vor dem 14. Februar 1924 geschlossener genehmigungsbedürftiger Vertrag vor oder nach diesem Stichtag Genehmigung fände.

In der Rechtsprechung des Reichsgerichts ist, nachdem die Frage in RGZ. Bd. 106 S. 145 offen gelassen worden war, die rückwirkende Kraft der Genehmigung angenommen worden in RGZ. Bd. 108 S. 94 und im Urteil vom 7. Juni 1928 VI 476/27 in Ansehung der Bekanntmachung vom 15. März 1918, sowie, wenn auch nur in einer beiläufigen Bemerkung, im Urteil vom 2. Juli 1928 VI 8/28 in Ansehung des Gesetzes vom 10. Februar 1923. Auch das Schrifttum steht überwiegend auf dem hier vertretenen Standpunkt (vgl. u. a. die Erläuterungswerke zum Gesetze vom 10. Februar 1923 von Bergbohm-Wagemann Anm. 8 zu § 1 S. 16; Wolffsohn S. 26; Hagelberg-Friedländer S. 45—47; Predari bei Gruch. Bd. 62 S. 441; Wietfeld in DNotZ. 1927 S. 18; Ott im Deutschen Steuerblatt 1926 S. 537 Nr. 2; Elsaß in JRsch. 1929 S. 10; Isaac-

Salomon, Gültige und ungültige Grundstückskäufe, S. 86; Marcuse in JW. 1925 S. 1100. A. M. Rühl in JRsch. 1926 Sp. 471; Skalweit in JW. 1919 S. 494; Koehne in DJZ. 1928 Sp. 1471). Das Kammergericht hat sich in den Entscheidungen JRsch. 1927 Nr. 1138 = DNotZ. 1928 S. 39 (Grundbuchsenat) und DNotZ. 1928 S. 202 (Aufwertungssenat) für, in der Entscheidung DJZ. 1927 Sp. 1348 = DNotZ. 1928 S. 40 (14. Zivilsenat) gegen die Rückwirkung ausgesprochen.

---

74. 1. Findet § 7 der Entlastungsverordnung vom 13. Mai 1924 auch auf Ehesachen Anwendung?

2. Genügt bei einem auf Scheidung lautenden, ohne mündliche Verhandlung ergangenen Urteil eine einmalige Zustellung des ganzen Urteils, um als Ersatz der Verkündung zu dienen und zugleich die Rechtsmittelfrist in Lauf zu setzen?

ZPO. § 625. Entlastungsverordnung vom 13. Mai 1924 § 7.

IV. Zivilsenat. Urt. vom 21. Februar 1929 i. S. Ehem. Sch. (Bekl.) w. Ehefr. Sch. (Kl.) IV 546/28.

I. Landgericht Köln.
II. Oberlandesgericht daselbst.

Das Landgericht hat die Ehe der Parteien aus Verschulden des Beklagten geschieden. Das Urteil war mit Einverständnis der Parteien ohne mündliche Verhandlung erlassen worden und wurde beiden Parteien von Amts wegen am 3. Februar 1928 zugestellt. Der Beklagte legte am 7. März 1928 Berufung ein, die vom Oberlandesgericht als unzulässig, weil verspätet, verworfen wurde.

Die Revision des Beklagten hatte Erfolg.

Gründe:

Die Frage der Zulässigkeit der vom Beklagten am 7. März 1928 eingelegten Berufung hängt davon ab, ob durch die Zustellung einer Ausfertigung des landgerichtlichen Urteils, die am 3. Februar 1928 von Amts wegen an beide Parteien geschah, die Rechtsmittelfrist in Lauf gesetzt wurde. Da das Landgericht auf Scheidung erkannt hat, war das Urteil von Amts wegen zuzustellen. Die diesem Erfordernis entsprechende Zustellung vom 3. Februar 1928 hätte daher die Rechtsmittelfrist in Lauf gesetzt und demzufolge wäre die Berufung verspätet eingelegt, wenn das landgerichtliche Urteil gemäß § 311 ZPO. verkündet worden wäre. Es ist jedoch ohne mündliche Verhandlung ergangen, und in diesem Falle wird die Verkündung des Urteils dadurch ersetzt, daß die Urteilsformel durch Zustellung mitgeteilt wird (§ 7 der Bekanntmachung zur Entlastung der Gerichte in der Fassung vom 13. Mai 1924). Dabei erhebt sich die Frage, ob durch die erstmals am 3. Februar 1928 bewirkte Zustellung (des ganzen Urteils) nur die Verkündung ersetzt worden ist, sodaß eine abermalige Zustellung gemäß § 625 ZPO. hätte erfolgen müssen, um die Rechtsmittelfrist in Lauf zu setzen, oder ob die einmalige Zustellung des ganzen Urteils ausreichend ist, um die Verkündung zu ersetzen und zugleich die Rechtsmittelfrist in Lauf zu setzen. Das Oberlandesgericht hat das letztere angenommen.

Vorweg zu erörtern ist die Rüge der Revision, daß in einem Eheprozeß der § 7 EntlVo. überhaupt nicht anwendbar sei, indem das schriftliche Verfahren mit dem Wesen des Eheprozesses nicht vereinbar sei, weil es die Anwendung der besonderen Vorschriften der §§ 617 bis 622, 626, 627 ZPO. in Frage stelle. Der Verzicht auf die mündliche Verhandlung setze Einverständnis der Parteien voraus, und sie könnten das, so meint die Revision, nur dann erklären, wenn sie selbst die freie Verfügung über den Prozeßstoff hätten. Diese Rüge ist nicht begründet.

Der § 7 der Entlastungsverordnung, die als ein organischer Teil der Zivilprozeßordnung zu betrachten ist (RGZ. Bd. 95 S. 282), durchbricht den Grundsatz der Mündlichkeit und ist überall da anwendbar, wo sonst eine Entscheidung auf Grund mündlicher Verhandlung zu erlassen wäre. Er gilt daher auch für den Eheprozeß, da eine Ausnahme hierfür nicht gemacht ist. Dieser Auffassung stehen die von der Revision angezogenen, vom ordentlichen Verfahren abweichenden Vorschriften über das Verfahren in Ehesachen nicht im Wege. Sie tragen dem öffentlichen Interesse daran Rechnung, daß eine Ehe nicht aus Gründen geschieden wird, die das Gesetz nicht als Scheidungsgründe anerkennt, und schließen insbesondere die Verhandlungsmaxime für die sogenannten ehefeindlichen Tatsachen aus. Diese Grundsätze werden nicht gefährdet, wenn sich die Parteien darüber einigen, daß ohne mündliche Verhandlung entschieden werden soll. Denn darin liegt keine Verfügung zum Nachteil des Bestandes der Ehe, sondern nur eine der Beschleunigung des Verfahrens dienliche Maßnahme. Sie kann unbedenklich auch auf den Eheprozeß angewendet werden, da nicht die Parteien allein bestimmen, ob so verfahren werden soll, sondern die Entscheidung darüber, ob ihrem Einverständnis Folge gegeben werden soll, in der Hand des Gerichts liegt.

In zweiter Linie vertritt die Revision den Standpunkt, daß der Ersatz der Verkündung durch Zustellung der Urteilsformel gemäß § 7 EntlVo. und die durch § 625 ZPO. vorgeschriebene Urteilszustellung nicht in einem Akt, durch Zustellung des ganzen Urteils; bewirkt werden könnten. Diese Rüge ist begründet.

Wird nach § 7 EntlVo. den Parteien von Amts wegen die Urteilsformel zugestellt, so wird damit nur die Verkündung ersetzt. Die die Rechtsmittelfrist in Lauf setzende Urteilszustellung wird hierdurch niemals entbehrlich gemacht, mag das Urteil durch die Partei oder von Amts wegen zuzustellen sein. Wird nun die Formel für sich überhaupt nicht zugestellt, sondern erfolgt wie hier sogleich eine dem Erfordernis des § 625 ZPO. genügende Urteilszustellung, so ist diese Zustellung als Ersatz der Verkündung nicht zu beanstanden, wenn sie auch mehr enthält, als der gesetzlichen Vorschrift entspricht. Denn die in der Bekanntgabe des ganzen Urteils enthaltene Bekanntgabe der Formel wird nicht dadurch ungeschehen gemacht, daß entgegen der Vorschrift des § 7 EntlVo. nicht bloß die Formel, sondern auch Tatbestand und Gründe mitgeteilt werden. Fraglich ist daher nur, ob durch die von Amts wegen erfolgte Zustellung des ganzen Urteils auch die Rechtsmittelfrist in Lauf gesetzt werden kann. Das ist jedenfalls dann zu verneinen, wenn die Urteilszustellung durch die Partei zu erfolgen hat; denn so wenig eine vorgeschriebene Zustellung von Amts wegen durch eine Zustellung im Parteibetrieb ersetzt werden kann, so wenig ist das Umgekehrte der Fall. Die Urteilszustellung gemäß § 625 ZPO. erübrigt sich aber auch dann nicht, wenn den Parteien zum Ersatz der Verkündung nicht nur die Formel, sondern zugleich das ganze Urteil zugestellt wird. Daß beides nicht in einem Akt erfolgen kann, wird am deutlichsten, wenn man sich vergegenwärtigt, daß häufig die Zustellungen an die Parteien nicht am gleichen Tage erfolgen, sondern zeitlich auseinanderfallen. Dann wird es fraglich, wann der Akt bewirkt ist, der die Verkündung ersetzen soll. Ebenso wie die Verkündung geeignet und bestimmt ist, beiden Parteien die Kenntnis der Formel zu vermitteln, muß die Zustellung an beide Parteien erfolgen, wenn sich der die Verkündung ersetzende Akt vollenden soll. Geschieht die Zustellung nur an die eine Partei und bleibt sie für die andere aus, so ist das Urteil überhaupt nicht verkündet. Fallen die Zustellungen zeitlich auseinander, so ist die Verkündung erst mit der zweiten Zustellung bewirkt. Denn die Verkündung kann nicht teilweise wirksam werden; sonst könnten für die eine Partei Rechtsmittelfristen in Lauf gesetzt werden und möglicherweise schon abgelaufen sein, noch ehe das Urteil der anderen Partei gegenüber überhaupt verkündet wäre. Es wird zwar in der Rechtslehre (Stein-Jonas ZPO. 13. Auflage, Anhang zu § 128 III 5b) der Standpunkt vertreten, daß bei Zustellung der Formel zu verschiedenen Zeitpunkten die an die Verkündung sich knüpfenden Wirkungen schon mit der ersten Zustellung einträten. Die Meinung kann aber nicht geteilt werden. Auch Stein-Jonas ist der Ansicht, daß ein teilweises Existentwerden der Entscheidung logisch unmöglich sei. Dann muß aber angenommen werden, daß erst die letzte Zustellung die Vollendung der Verkündung bewirkt. Denn wenn etwa die Zustellung an eine Partei nicht zustande käme, dann bliebe dieser Partei, wenn schon die erste Zustellung die Verkündung ersetzen könnte, deren Zeitpunkt überhaupt unbekannt, sie erführe ihn denn auf einem Wege, der die vorgeschriebene Zustellung an sie nicht ersetzen könnte. Eine andere Auffassung kann aber auch nicht Platz greifen, so lange die zweite Zustellung nicht geschehen ist. Erst mit ihr ist daher das Urteil verkündet. Deshalb kann, ehe die zweite Zustellung gemäß § 7 EntlVo. vorliegt, die Zustellung nach § 625 ZPO. nicht beginnen. Bei zeitlichem Auseinanderfallen der Zustellungen des ganzen Urteils würde sonst der einen Partei ein Urteil zugestellt, das noch gar nicht verkündet ist, und damit würde der Vorschrift des § 317 Abs. 2 Satz 1 ZPO. zuwidergehandelt, wonach von nicht verkündeten Urteilen keinerlei Ausfertigungen oder Abschriften erteilt werden dürfen. Es kommt aber noch ein weiteres hinzu. Nach § 315 Abs. 3 ZPO. hat der Urkundsbeamte auf dem Urteil den Tag der Verkündung zu bemerken und diese Bemerkung zu unterschreiben. Die Vorschrift wird durch § 7 EntlVo. nicht entbehrlich gemacht. Da diese Verordnung als organischer Teil der Zivilprozeßordnung zu betrachten ist, so ist hier die Vorschrift des § 315 Abs. 3 ZPO. sinngemäß anzuwenden, d. h. der Urkundsbeamte hat, wenn das Urteil ohne mündliche Verhandlung ergangen ist, auf dem Urteil den Tag der Zustellung der Urteilsformel, womit der Ersatz der Verkündung vollendet wird, zu vermerken. Diese Vorschrift dient der Rechtssicherheit und soll die ordnungsmäßige Verkündung sicherstellen. Die Befolgung dieser Ordnungsvorschrift würde aber unmöglich gemacht, wenn durch Zustellung des ganzen Urteils den Vorschriften des § 7 EntlVo. und des § 625 ZPO. in einem Akt genügt werden könnte, und zwar auch dann, wenn wie hier die Zustellungen des ganzen Urteils an einem Tage erfolgt sind. Deshalb können die Fälle, in denen die Zustellungen zeitlich auseinanderfallen und diejenigen, in denen beiden Parteien am gleichen Tage zugestellt wird, grundsätzlich nicht verschieden behandelt werden. Die Befolgung der Vorschrift des § 315 Abs. 3 ZPO. ist aber auch gerade da notwendig, wo die eine Partei, der von Amts wegen zugestellt wird, nicht wissen kann, wann die zweite Zustellung an die andere Partei erfolgt ist und wann sich daher der Akt der Verkündung vollendet hat. Diesen Zeitpunkt mit der Urteilszustellung nach § 625 ZPO. amtlich zu erfahren, hat sie um so mehr ein rechtliches Interesse, als an die Verkündung selbst wichtige Rechtsfolgen geknüpft sind (§ 320 Abs. 2 Satz 3, § 516 Halbsatz 2, § 552 Halbsatz 2 ZPO.).

Es ist daher unzulässig, die Zustellung aus § 7 EntlVo. mit derjenigen aus § 625 ZPO. zu verbinden. Geschieht es gleichwohl, so wird hierdurch zwar die Verkündung ersetzt, aber nicht die Rechtsmittelfrist in Lauf gesetzt. Wer dies für einen überflüssigen Formalismus hält, übersieht nicht nur, daß es sich hier um eine Frage der Rechtssicherheit handelt, sondern auch, daß die Gerichte nicht gezwungen sind, um die Verkündung zu ersetzen, das ganze Urteil zuzustellen, wie es hier geschehen ist. Begnügen sie sich damit, die Formel zuzustellen, wie es dem Gesetz entspricht, so bleibt allerdings eine doppelte Zustellung, einmal der Formel und sodann des Urteils, nötig. Das ist aber auch dann der Fall, wenn das Urteil von Partei wegen zuzustellen ist. Jedenfalls sind die Gerichte nicht genötigt, zweimal das ganze Urteil zuzustellen. Daß es der Zweck der Entlastungsverordnung sei, eine Vereinfachung des Verfahrens herbeizuführen, und daß diesem Zweck, wie das Berufungsgericht meint, hier eine doppelte Zustellung widersprechen würde, kann die angefochtene Entscheidung nicht rechtfertigen. Die Entlastung, welche die Verordnung erreichen will, besteht darin, daß das Gericht von der mündlichen Verhandlung befreit werden soll. Die Verordnung sucht aber die Entlastung nicht in einer Vereinfachung des Zustellungswesens; dieses ist in § 7 dahin geregelt, daß die Zustellung der Formel die Verkündung ersetzt, und folgt im übrigen den Regeln der Zivilprozeßordnung, die das hier eingeschlagene Verfahren nicht als zulässig erscheinen lassen. Nach alledem ist für den Beklagten die Berufungsfrist noch nicht in Lauf gesetzt worden. Die Berufung war daher rechtzeitig eingelegt.

---

75. Muß sich eine Hypothekenbank nach Zwangsversteigerung eines von ihr beliehenen Grundstücks gefallen lassen, daß sie im Kaufgelderbelegungstermin von einem ihr nachstehenden Gläubiger für ihre nicht vom Ersteher zu übernehmende Hypothek in Liquidations-Goldpfandbriefen abgefunden wird?

BGB. §§ 1150, 268. AufwG. § 50. DurchfVo. v. 29. November 1925 Art. 84.

V. Zivilsenat. Urt. v. 27. Februar 1929 i. S. C. (Kl.) w. B. (Bekl.). V 200/28.

I. Landgericht II Berlin.

Das Grundstück des S., auf dem für die Beklagte Hypotheken eingetragen waren, kam auf Betreiben des an erster Stelle eingetragenen Hypothekengläubigers W. zur Zwangsversteigerung und wurde dem R. zugeschlagen. Im Verteilungstermin sollte der Beklagten auf zwei aufgewertete Darlehenshypotheken der volle von ihr angemeldete Betrag von 69847,64 RM. zugeteilt werden. Der Kläger, ein nachfolgender Grundschuldgläubiger, sollte mit einem Betrage von 12500 RM. ausfallen. Er erhob in dieser Höhe gegen den Anspruch der Beklagten Widerspruch, worauf der Betrag als Streitmasse hinterlegt wurde. Im Prozeß begehrt jede Partei Zuteilung der Streitmasse für sich. Der Kläger gründet seinen Widerspruch auf folgendes: Die Beklagte, eine Hypothekenbank, hat ihren aufwertungsberechtigten Pfandbriefgläubigern gemäß Art. 84 DurchfVo. vom 29. November 1925 Liquidations-Goldpfandbriefe ausgehändigt, wie sie am 15. Dezember 1926 entsprechend der Verordnung vom 28. Juli 1926 (RGBl. I S. 423) angekündigt hatte. Demgemäß wurde ihr der Kapitalbetrag ihrer Hypotheken, wie von ihr gefordert, ohne Abzug von Zwischenzins zugewiesen. Der Kläger bot der Beklagten im Verteilungstermin Rückzahlung ihrer Hypotheken in Liquidations-Goldpfandbriefen an; die Beklagte nahm sie nicht an. Der Kläger meint, die Beklagte hätte dieses Angebot annehmen müssen; dann würde, da die Pfandbriefe zum Kurse von etwa 73% zu beschaffen gewesen wären, ihm als nachfolgendem dinglich Berechtigten der Betrag des Kursgewinns zugeflossen sein; jedenfalls aber könne die Beklagte, wenn sie die Pfandbriefe nicht nehmen wollte, nicht Tilgung der Hypotheken ohne Abzug des Zwischenzinses fordern. Die Beklagte hält den Widerspruch aus Rechtsgründen für ungerechtfertigt.

Das Landgericht hat die Streitmasse auf die Widerklage der Beklagten zugesprochen. Die vom Kläger unmittelbar beim Reichsgericht eingelegte Revision blieb ohne Erfolg.

Gründe:

Der Vorderrichter nimmt mit Recht an, daß ein Ablösungsrecht des Klägers gegenüber der Beklagten gemäß § 268 BGB. im Verteilungstermin nicht bestanden habe. Auch mit dem Hinweis auf § 1150 BGB. kann die Revision keinen Erfolg erzielen. Die Wirkung des Zuschlags war nicht die, daß damit die durch Hypothek gesicherten Darlehensforderungen der Beklagten erloschen und nur noch ein Anspruch auf Auszahlung eines entsprechenden Teils des Versteigerungserlöses geblieben wäre. Vielmehr ist auch nach dem Zuschlage die gegen den früheren Grundstückseigentümer S. gerichtete Darlehensforderung bestehen geblieben; als Sicherung ist an Stelle des Grundstücks das aus der Hypothek fließende Recht auf den Versteigerungserlös getreten (RGZ. Bd. 75 S. 313, Bd. 88 S. 300, Bd. 102 S. 120). Es war deswegen möglich, noch im Verteilungstermin diese Forderung in der in Art. 84 Abs. 7 DurchfVo. vom 29. November 1925 vorgesehenen Weise durch Hingabe von Liquidations-Goldpfandbriefen zu tilgen. Solche Tilgung hätte der Schuldner-Eigentümer S. vornehmen können mit der Wirkung, daß dann das Recht der Beklagten auf Befriedigung aus dem Versteigerungserlös auf ihn übergegangen wäre (RGZ. Bd. 88 S. 300). Dagegen bestand kein Tilgungsrecht des Klägers aus §§ 1150, 268

BGB. Das in diesen Vorschriften gegebene Ablösungsrecht soll dem am Grundstück Berechtigten die Möglichkeit gewähren, sich seinen Haftungsgegenstand, das Grundstück, zu erhalten (RGZ. Bd. 91 S. 303). Er ist ablösungsberechtigt, wenn er Gefahr läuft, durch die Zwangsvollstreckung sein Recht an der Sache zu verlieren. Diese Zweckbestimmung des Ablösungsrechts kann dann nicht mehr erfüllt werden, wenn durch den Zuschlag das Recht am Grundstück erloschen ist. Eine Ablösung erst im Zeitpunkt des Verteilungstermins kann nicht der durch die Vorschrift des § 1150 BGB. gewollten Erhaltung dieses Rechts dienen. Deswegen besteht das Ablösungsrecht im Verteilungstermin überhaupt nicht mehr. Von einer Anwendbarkeit der §§ 1150, 268 BGB. kann da nicht die Rede sein, wo die Ablösung nicht dazu bestimmt ist, die Versteigerung zu beseitigen, sondern nur den Zweck hat, dem Ablösenden einen besseren Rang zu sichern (Planck Anm. 2b, 3 zu § 1150; Staudinger Anm. 1b zu § 1150; RG. in JW. 1916 S. 670 Nr. 2).

Im Verteilungstermin konnte allerdings der Kläger, wie jeder beliebige Dritte, eine Befriedigung der Beklagten auf Grund des § 267 BGB. vornehmen. Wäre aber die Beklagte auf dieses Anerbieten des Klägers eingegangen, so wäre das Recht auf den für die Hypotheken der Beklagten auszuweisenden Versteigerungserlös nicht dem Kläger, sondern auf Grund des § 1163 BGB. dem Eigentümer S. zugefallen. Ein Übergang der Forderung mit den ihr anhaftenden Rechten auf den Tilgenden findet im Falle einer Leistung gemäß § 267 BGB. nicht statt (RGZ. Bd. 94 S. 90, Bd. 96 S. 139). Ein Einrücken in die Stelle der Beklagten in bezug auf den Versteigerungserlös hätte der Kläger also auch dann nicht erlangt, wenn die Beklagte sein Angebot angenommen hätte und so befriedigt worden wäre. Durch Nichtannahme der angebotenen Leistung — hierbei zugunsten des Klägers unterstellt, daß ein ordnungsmäßiges Angebot im Sinne der §§ 294, 295 BGB. vorlag — war zwar die Beklagte in Annahmeverzug geraten. Das ist aber ohne weitere Bedeutung; das Schuldverhältnis ist gleich darauf durch die Zuteilung des Erlöses zum Erlöschen gebracht worden. Eine Schadensersatzpflicht entspringt solchem Annahmeverzug nicht. Mit ihrer Annahmeweigerung hat die Beklagte auch nicht irgendein Recht des Klägers in einer Weise verletzt, daß sie aus unerlaubter Handlung schadensersatzpflichtig sein könnte, wie dies bei Verletzung eines nach § 1150

BGB. bestehenden Ablösungsrechts der Fall sein möchte (vgl. RGZ. Bd. 83 S. 393, Bd. 90 S. 335). Übrigens ist durch die Annahmeweigerung für den Kläger kein Schaden entstanden, dessen ihm zustehender Ersatz seinen Widerspruch rechtfertigen könnte. Denn wie oben ausgeführt, wäre der Vorteil des Eintretens in die Stelle der Beklagten bei einer auf § 267 BGB. gestützten Ablösung durch den Kläger nicht ihm, sondern dem früheren Eigentümer zugefallen.

Wäre bei den Hypotheken der Beklagten der Zwischenzins gemäß Art. 21, 22 DurchfVo. vom 29. November 1925 vom Kapitalbetrag abzuziehen gewesen, so würde das allerdings dem Kläger zugute gekommen sein, weil er dann um soviel vorgerückt wäre. Da aber auf die Beklagte die Voraussetzungen des § 1 der Verordnung vom 28. Juli 1926 (RGBl. I S. 423) zutreffen, so hat sie nach § 2 das. Anspruch auf Tilgung ohne Abzug von Zwischenzins. Als wirtschaftlicher Ersatz für diese Höherbelastung des Eigentümers ist sein Recht zur Tilgung in Goldpfandbriefen anzusehen, die zu einem geringeren Betrag als dem Nennwerte zu beschaffen sind. Aber die Befugnis, den ganzen Kapitalbetrag zu fordern, ist in den gesetzlichen Bestimmungen nirgends davon abhängig gemacht, daß nun tatsächlich in Goldpfandbriefen getilgt werde. Diese Befugnis besteht gleichmäßig, ob in bar oder in Pfandbriefen getilgt wird.

---

76. 1. Inwieweit ist bei einer abgetretenen Hypothek ein vom neuen Gläubiger geschlossener Aufwertungsvergleich gegen den früheren Gläubiger wirksam?

2. Findet die Vorschrift des § 67 Abs. 2 AufwG. auch auf Vergleiche Anwendung, durch welche der Gläubiger die ihm gesetzlich zustehende Aufwertung oder mehr erhalten hat?

AufwG. §§ 17, 67.

VII. Zivilsenat. Urt. v. 1. März 1929 i. S. L. u. Gen. (Kl.) w. F. W. Lebensversicherungsges. (Bekl.). VII 413/28.

I. Landgericht I Berlin.
II. Kammergericht daselbst.

Die Beklagte hatte an einem den Klägern gehörenden Berliner Grundstück vier Hypotheken im Gesamtbetrag von 520000 M. und trat diese nach dem 15. Juni 1922 unter Annahme einer Gegenleistung an die V. Versicherungsgesellschaft ab. Diese schloß mit den Eigentümern im Januar 1924 ein Abkommen, wonach sie gegen Zahlung von 7000 GM. die Löschung jener vier Hypotheken, sowie einer weiteren für sie bestellten Hypothek von 380000 M. quittierend bewilligte. Nach der Löschung meldete die Beklagte die vier Hypotheken als frühere Gläubigerin auf Grund des Aufwertungsgesetzes zur Aufwertung an. Die Kläger erhoben Klage auf Feststellung, daß die Beklagte nicht mehr berechtigt sei, sie oder das Grundstück wegen der Hypotheken in Anspruch zu nehmen, weil sie an den von der neuen Gläubigerin geschlossenen Aufwertungsvergleich gebunden sei, dessen Wirksamkeit sich trotz der Zeit seines Abschlusses daraus ergebe, daß die V. Kaufmannseigenschaft habe und weder die Hypotheken noch deren Ablösungssummen in ihren Aufwertungsstock gelangt seien; ob die Beklagte ihr Aufwertungsverlangen für ihren Aufwertungsstock stelle, sei unerheblich. Die Klage wurde vom Landgericht abgewiesen, die Berufung der Kläger vom Kammergericht zurückgewiesen. Ihre Revision hatte Erfolg.

Gründe:

Das Berufungsgericht geht mit Recht davon aus, daß der dem früheren Gläubiger aus § 17 AufwG. zustehende Aufwertungsanspruch durch einen Vergleich des neuen Gläubigers mit dem Schuldner nur dann berührt wird, wenn der Vergleich nach § 67 AufwG. dem neuen Gläubiger entgegengehalten werden kann, und daß deshalb die Aufwertungsansprüche der Beklagten durch das Abkommen vom Januar 1924 zwischen der V. und den Klägern nur dann ausgeschlossen werden, wenn die Ausnahmebestimmungen des § 67 Abs. 2 auf dieses Abkommen im Verhältnis zwischen den Vertragsparteien nicht zutreffen (RGZ. Bd. 116 S. 184, Bd. 117 S. 306, Bd. 119 S. 48). Das Berufungsgericht glaubt aber mit Unrecht, bei der Frage, ob jene Ausnahmebestimmungen auf das Abkommen zutreffen, den hier tatsächlich gegebenen Umstand für unerheblich halten zu sollen, daß die neue Gläubigerin durch das Abkommen unbestrittenermaßen mehr erhalten hat, als ihr nach dem Aufwertungsgesetz zustehen würde.

Die Vorschrift des § 67 Abs. 2 besagt allerdings ihrem Wortlaut nach allgemein, daß ein in der Rückwirkungszeit von einem Nichtkaufmann oder zugunsten eines Aufwertungsstockes geschlossener

Vergleich den gesetzlichen Aufwertungsansprüchen nicht entgegensteht. Die Vorschrift bezweckt aber, wie schon in den Entscheidungen des V. Zivilsenats vom 2. Juni 1926 und 10. November 1928 (RGZ. Bd. 114 S. 49 und Bd. 122 S. 240) ausgeführt ist, lediglich „den Schutz des Gläubigers, der unter dem Drucke der Verhältnisse sich auf einen Vergleich eingelassen hat, der ihm weniger als das späterhin in Geltung getretene Gesetz gewährt". Nur dieser Zweck konnte auch eine so einschneidende Maßnahme rechtfertigen, wie die nachträgliche Unwirksamkeit nach bürgerlichem Rechte wirksam abgeschlossener Verträge. Es ist deshalb geboten, die Vorschrift gemäß diesem ihrem Zwecke einschränkend auszulegen und ihr die Anwendung auf Vergleiche zu versagen, durch die der Gläubiger die ihm gesetzlich zustehende Aufwertung oder mehr als ihren Betrag erhalten hat, ebenso wie in den eben erwähnten Entscheidungen dem Schuldner eine Berufung auf die Vorschrift mit Rücksicht auf ihren Zweck verwehrt wird. Bei Vergleichen solchen Inhalts würde auch jeder gesetzgeberische Grund für die Anwendung der die Sicherung der Teilungsmassen (Aufwertungsstöcke) und ihrer Gläubiger bezweckenden Unterausnahme entfallen. Die Erwägung des Berufungsgerichts, daß bei dieser Auslegung dem früheren Gläubiger, da die Wirksamkeit des Vergleichs gegen ihn sich nach dessen Wirksamkeit gegenüber dem neuen Gläubiger bestimme, sein Aufwertungsrecht aus § 17 AufwG. im Widerspruch zu dieser Vorschrift entzogen werde, kann nicht durchschlagen; denn gemäß jenem Grundsatz schließen auch im übrigen die vor dem Inkrafttreten des Aufwertungsgesetzes geschlossenen Vergleiche des neuen Gläubigers die Aufwertungsansprüche des früheren Gläubigers aus, sofern sie nach § 67 durch das Gesetz nicht berührt werden.

Hiernach sind durch das Abkommen vom Januar 1924, da es der V. mehr gewährt hat, als ihr nach dem Aufwertungsgesetz zustehen würde, die Ansprüche auf Aufwertung der darin behandelten Hypotheken in einer auch für die Beklagte verbindlichen und abschließenden Weise geregelt worden, gleichviel ob die V. das Abkommen für ihren Aufwertungsstock geschlossen hatte oder nicht. Die Klage ist daher, ohne daß es weiterer Erörterungen bedarf, unter Aufhebung der auf rechtsirriger Gesetzesanwendung beruhenden Vorentscheidungen ihrem ganzen Inhalte nach zuzusprechen.

77. Kann eine Stadtgemeinde, die eine Lustbarkeitssteuer erhebt, von den Theaterunternehmern, denen sie für die Vorstellungen eine aus Feuerwehrleuten bestehende Feuerwache stellt, auf Grund der bürgerrechtlichen Vorschriften über den Dienstvertrag eine Vergütung verlangen?

Preußisches Kommunalabgabengesetz §§ 4, 6.

III. Zivilsenat. Urt. v. 1. März 1929 i. S. St. (Kl.) w. Stadtgemeinde M. (Bekl.). III 294/28.

I. Landgericht Magdeburg.
II. Oberlandesgericht Naumburg a. S.

Der § 50 Abs. 2 der Polizeiverordnung des Regierungspräsidenten in M. vom 3. Juli 1909 über die baulichen Anlagen, die innere Einrichtung und den Betrieb von Theatern, öffentlichen Versammlungsräumen und Zirkusanlagen legt den Theaterunternehmern die Pflicht auf, bei jeder Vorstellung und Generalprobe für die Anwesenheit einer Feuerwache zu sorgen, die nicht aus Angestellten des Theaters bestehen darf und in der Regel der Ortsfeuerwehr zu entnehmen ist. Der Kläger, der seit dem 25. Juni 1926 Pächter des Zentraltheaters in M. ist, bedient sich einer von der Beklagten aus der städtischen Feuerwehr gestellten Feuerwache, für welche die Stadt nach Maßgabe ihres Tarifs für die freiwilligen Hilfeleistungen der Feuerwehr vom 15. März 1925 ein tägliches Entgelt von 21 RM. berechnet. Der Kläger, der dies bisher anstandslos gezahlt hat, ist jetzt der Ansicht, daß die Zahlungen ohne rechtlichen Grund erfolgt seien. Er meint, die Vergütung, die sich die Beklagte zahlen lasse, stelle in Wirklichkeit eine „Gebühr" dar, deren Forderung, da die Stadt von ihm eine Lustbarkeitssteuer erhebe, nach § 6 Abs. 1 Satz 2 des preußischen Kommunalabgabengesetzes unzulässig sei, und glaubt daher zur Rückforderung sämtlicher von ihm geleisteten Zahlungen berechtigt zu sein. Er beziffert sie auf insgesamt 8000 RM. und verlangte klagend die Verurteilung der Beklagten zur Rückgewähr eines Teilbetrags von 600 RM. Die Beklagte beantragte Abweisung der Klage und widerklagend Feststellung, daß dem Kläger ein Anspruch auf Rückzahlung von 4100 RM. für Feuerwachen nicht zustehe. Sie bestritt, daß das von ihr geforderte Entgelt die Eigenschaft einer Gebühr habe, da der städtischen Feuerwehr als öffentlicher Gemeindeanstalt pflichtmäßig nur das Feuerlöschwesen, nicht aber der vorbeugende Feuerschutz in den Theatern obliege. Dieser Schutz bilde vielmehr eine „freiwillige Hilfeleistung" nach Maßgabe ihrer, der Beklagten, Bedingungen über die Inanspruchnahme der Feuerwehr zu freiwilligen Hilfeleistungen vom 1. Oktober 1922, deren Nummern 1 bis 3 wie folgt lauten:

1. Die Feuerwehr der Stadt M. leistet Hilfe bei Brand- und Unglücksfällen, sowie zur Beseitigung von Verkehrshindernissen auf öffentlichen Straßen und Plätzen im Stadtkreise M. Bei Brandfällen innerhalb des Stadtkreises erfolgt die Hilfeleistung unentgeltlich.
2. Zu anderen Diensten ist die Feuerwehr nicht verpflichtet. Vielmehr steht die Entscheidung darüber, ob und welche freiwilligen Dienstleistungen von der Feuerwehr ausgeführt werden sollen, der Branddirektion oder dem Magistrat zu und wird von Fall zu Fall getroffen.
3. Für die von der Feuerwehr freiwillig geleisteten Dienste wird ein Entgelt nach dem dafür aufgestellten Tarif erhoben . . . .

Das Landgericht und das Oberlandesgericht wiesen die Klage ab und gaben der Widerklage statt. Die Revision des Klägers blieb erfolglos.

Gründe:

Die Beträge, um die sich der Streit dreht — darüber herrscht Einigkeit unter den Parteien — sind als privatrechtliche Vergütung für die Stellung von Feuerwachen gefordert und gezahlt worden. Der Kläger will jedoch die Beziehungen, die zwischen ihm und der Beklagten durch die Stellung der Feuerwachen begründet worden sind, als öffentlichrechtliche aufgefaßt wissen, und bestreitet deshalb, daß er der Beklagten aus einem privaten Rechtsverhältnis etwas schuldig geworden sei. Von diesem Gesichtspunkt aus ist der Rechtsweg zulässig. Denn der Kläger verlangt die Rückgewähr der streitigen Beträge nicht als zu Unrecht erhobener Gebühren, sondern deshalb, weil der Beklagten kein Privatrechtstitel zu ihrer Einforderung zur Seite gestanden habe. Das wäre der Fall gewesen, wenn die Feuerwehr, die von der Beklagten zweifellos als eine dem öffentlichen Interesse dienende Gemeindeanstalt geschaffen ist, vom Kläger auch in dieser Eigenschaft in Anspruch genommen worden wäre oder, mit anderen Worten, wenn der vorbeugende Feuerschutz in den Theatern zu ihren öffentlichrechtlichen Aufgaben gehörte. Die Entscheidung hierüber bedeutet nur die Beantwortung einer für das Schicksal des Rechtsstreits wesentlichen, öffentlichrechtlichen Vorfrage, nicht seine Entscheidung selbst. Diese Vorfrage aber hat das Oberlandesgericht im wesentlichen auf Grund irrevisibler Rechtsnormen und in tatsächlicher Würdigung des sonstigen Vorbringens rechtsirrtumsfrei verneint. Auf Grund seiner Feststellungen ergibt sich folgende Sach- und Rechtslage.

Maßgebend ist das Regulativ für das Feuerlöschwesen der Stadt M., das auf Grund der im Reskript des preußischen Ministers des Innern vom 8. Januar 1867 erteilten Ermächtigung am 30. April desselben Jahres ergangen ist. Danach hat die Stadt „die selbständige Verwaltung und Handhabung des Feuerlöschwesens" übernommen und fallen „die Bestimmung und Kontrollierung vorbeugender Maßnahmen gegen Feuersgefahr" nicht in ihren und der Feuerwehr öffentlichrechtlichen Pflichtenkreis, sondern bleiben, wie § 9 das. ausdrücklich betont, dem Aufgabenbereich der Polizei vorbehalten. Keine Änderung dieser Rechtslage brachte in Ansehung der Feuerwachen, deren Anwesenheit in den Theatern eine vorbeugende Maßnahme gegen Feuersgefahr darstellt, das vom damaligen Kgl. Polizeipräsidenten und der Stadtpolizeiverwaltung gemeinsam erlassene Regulativ vom 3. Januar 1883, wodurch die Vornahme periodischer feuer- und baupolizeilicher Revisionen in allen Gebäuden M.s durch Feuerwehrleute mit bauhandwerksmäßigen Kenntnissen unter Oberleitung des Branddirektors und des Baukommissarius angeordnet wurde. Auch das an die Polizeipräsidenten, Landräte und Stadtpolizeiverwaltungen gerichtete Rundschreiben des M.er Regierungspräsidenten vom 9. Mai 1906 änderte nichts an dieser Rechtslage. In diesem Schreiben verfügte der Regierungspräsident im Auftrag des Ministers der öffentlichen Arbeiten, daß Theater und andere zur Aufnahme größerer Menschenmengen dienende Gebäude von Zeit zu Zeit daraufhin zu prüfen seien, ob überall den baupolizeilichen Anordnungen genügt sei. Ebensowenig aber, wie durch einen obrigkeitlichen Akt, sind durch einen Gemeindebeschluß die öffentlichrechtlichen Pflichten der Stadt oder ihrer Feuerwehr zur Stellung von Theaterfeuerwachen und ein ihr entsprechender öffentlichrechtlicher Anspruch der Theaterunternehmer begründet worden. Im Gegenteil: die Stadt hat durch ihre „Bedingungen" vom 1. Oktober 1922 über die Inanspruchnahme der Feuerwehr zu freiwilligen Hilfeleistungen, wie das Berufungsgericht zutreffend darlegt, klar zum Ausdruck gebracht, daß die Feuerwehr zu allen in Nr. 1 das. nicht aufgeführten Diensten — und zu diesen gehört die Stellung von Theaterfeuerwachen — nicht verpflichtet sei, daß vielmehr dem Branddirektor oder dem Magistrat in jedem Einzelfall die Entscheidung darüber zustehe, ob und welche freiwilligen Dienste sie — und zwar nur gegen Entrichtung der festgesetzten tariflichen Vergütung — zu leisten habe. Das alles rechtfertigt ohne weiteres den Schluß, daß die Feuerwehr den vorbeugenden Schutz in Theatern nur auf Grund eines privatrechtlichen Dienstvertrags, als privatrechtliche Leistung gegen Zahlung eines privatrechtlichen Entgelts, übernehmen kann und darf. Eine Verpflichtung dazu besteht, wie das Berufungsgericht zutreffend ausführt, weder nach privatem noch nach öffentlichem Recht. Auch zwingt die dem Theaterunternehmer durch die eingangs erwähnte Polizeiverordnung auferlegte Verpflichtung — nach der Auslegung, die der Berufungsrichter dieser irrevisiblen Vorschrift gibt — den Unternehmer nicht dazu, die Feuerwache aus der städtischen Feuerwehr zu entnehmen. Er kann sie mit Zustimmung der Polizei auch aus anderen Mannschaften, außer eigenen Angestellten, bilden. Ein sog. Kontrahierungszwang bestand und besteht also für beide Teile weder tatsächlich noch rechtlich. Wenn daher der Kläger bei der Stellung der Feuerwachen an die Beklagte herantrat und sie ihm nach Maßgabe ihrer „Bedingungen" vom 1. Oktober 1922 und des Tarifs vom 15. März 1925 zu diesem Zweck Feuerwehrleute überwies, so traten die Parteien in ein privatrechtliches Vertragsverhältnis, das lediglich nach den Normen des Bürgerlichen Gesetzbuchs und zwar nach den Vorschriften über den Dienstvertrag zu beurteilen ist. Der Kläger benutzte die Feuerwehr nicht als eine dem Publikum, insbesondere den Inhabern von Theatern- und Versammlungslokalen, im öffentlichen Interesse zur Verfügung gestellte Gemeindeanstalt, sondern kraft besonderer privatrechtlicher Abmachungen, bei denen die Beklagte ihm nicht als Körperschaft des öffentlichen Rechts gegenüberstand, sondern als Privatrechtspersönlichkeit, als gewerbliche Unternehmerin. Hätte sie ihre Vertragspflicht schuldhaft oder nicht ordnungsgemäß erfüllt, so würde sie sich nach privatrechtlichen Grundsätzen schadensersatzpflichtig gemacht haben.

Gegen die gleichzeitige Verwendung einer öffentlichrechtlichen Gemeindeanstalt außerhalb ihrer öffentlichrechtlichen Aufgaben zu gewerblichen Zwecken und zur Erzielung privatrechtlicher Einnahmen sind keine Rechtsbedenken zu erheben. Das Verhältnis solcher Einnahmen zu den privatrechtlichen Gegenleistungen der Beklagten und deren Unkosten, sowie ihr Verwendungszweck sind für die privatrechtliche Eigenschaft gewerblicher Gemeindegeschäfte belanglos. Der Behauptung der Revision, daß die entgeltliche Überlassung von Feuerwehrleuten an den Kläger eine Umgehung der §§ 4 und 6 des preußischen Kommunalabgabengesetzes bedeute, fehlt es unter den geschilderten Umständen an jeder tatsächlichen und rechtlichen Unterlage. Hat der Kläger aber diejenigen Beträge, deren Erstattung er fordert, auf vertraglicher Grundlage gezahlt, so ist die Entscheidung des Berufungsgerichts nicht zu beanstanden. ...

---

78. Ist Aufrechnung mit einer Gegenforderung zulässig, über die nach früherer Vereinbarung der Parteien ein Schiedsgericht entscheiden soll?

BGB. §§ 387 flg. ZPO. § 1030.

II. Zivilsenat. Urt. v. 1. März 1929 i. S. Firma G. (Bekl.) w. Z. Gr.-Kompagnie AG. (Kl.). II 81/28.

I. Landgericht II Berlin.
II. Kammergericht daselbst.

Die Klägerin verlangt von der Beklagten Schadensersatz in Höhe von einigen tausend Reichsmark wegen Entwertung einer Sicherheit, welche die Klägerin im Februar 1923 zur Erlangung der vorläufigen Vollstreckbarkeit eines gegen die Beklagte erstrittenen Urteils des Landgerichts II Berlin in deutschen Werten (unverzinslichen Reichsschatzanweisungen) geleistet hat. Abgesehen von anderen Einwendungen, die hier nicht interessieren, erklärte die Beklagte, sie rechne mit einer aus Warenlieferung herrührenden Gegenforderung von 1769,02 holl. Gulden auf. Die Klägerin bestritt diese Gegenforderung nach Grund und Betrag und erklärte die Aufrechnung mit ihr im gegenwärtigen Rechtsstreit für unzulässig, weil die Parteien in bezug auf jene Warenlieferung vereinbart hätten, es sollten alle daraus entspringenden Streitigkeiten durch ein Schiedsgericht (der London Corn Trade Association) erledigt werden. Beide Vordergerichte schlossen sich dieser Auffassung an. Auch das Reichsgericht erklärte die Aufrechnung für unzulässig.

Aus den Gründen:

... Die Revision beschwert sich noch darüber, daß der Berufungsrichter die Aufrechnung mit der Gegenforderung von 1769,02 holl. Gulden für unzulässig erklärt hat. Dies ist mit der Begründung geschehen: diese von der Klägerin nach Grund und Betrag bestrittene Gegenforderung rühre aus einer Warenlieferung her, wegen der zwischen den Parteien vereinbart gewesen sei, es sollten alle etwaigen Streitigkeiten durch Spruch des bezeichneten Schiedsgerichts erledigt werden. Bei dieser Sachlage sei dem ordentlichen Richter die Entscheidung über die Gegenforderung entzogen. Der erkennende Senat tritt der Ansicht des Berufungsgerichts bei.

Die Frage, ob die Aufrechnung mit einer Gegenforderung möglich ist, über deren Bestehen nach Vereinbarung der Parteien ein Schiedsgericht entscheiden soll, ist im Schrifttum bestritten. Das Reichsgericht hat sich im Urteil VII 129/11 vom 21. November 1911 (JW. 1912 S. 132 Nr. 3 = Gruch. Bd. 56 S. 590) für die Verneinung ausgesprochen. Die Begründung geht dahin, daß der angerufene Richter eine Feststellung darüber, ob dem Aufrechnenden die Gegenforderung zustehe, nur dann treffen könne, wenn ihm die Entscheidung über ihr Bestehen nicht entzogen sei. Das sei aber der Fall, wenn die Parteien vereinbart hätten, daß ein Schiedsgericht über die Gegenforderung entscheiden solle. Der gleichen Ansicht sind die Oberlandesgerichte Hamburg (ROLG. Bd. 31 S. 47, Bd. 43 S. 171) und München (LZ. 1916 Sp. 1564 Nr. 6).

Die Vorschrift des § 390 BGB. (wonach eine Forderung, der eine Einrede entgegensteht, nicht aufgerechnet werden kann) würde die Aufrechnung einer an sich vor ein Schiedsgericht gehörenden Forderung nicht ausschließen. Denn § 390 Satz 1 a. a. O. hat nur materielle Einreden, nicht dagegen bloße Prozeßeinreden im Auge. Eine solche Aufrechnung ist aber deshalb unzulässig, weil die Schiedsvereinbarung im Zweifel dahin ausgelegt werden muß, daß die Vertragschließenden die Entscheidung über das Bestehen der Forderung dem ordentlichen Richter entziehen und aus besonderem Vertrauen dem Schiedsgericht übertragen wollten. Dieser Sinn und Zweck der Schiedsvereinbarung ist allein maßgebend für die Beantwortung der streitigen Frage. Der vor dem ordentlichen Gericht klagende Teil braucht sich nicht gefallen zu lassen, daß sich die verklagte Partei über diese Vereinbarung einfach hinwegsetzt, indem sie eine durch die Schiedsvereinbarung vor den Schiedsrichter verwiesene Forderung im ordentlichen Verfahren zur Aufrechnung verstellt. Die so aufgefaßte rechtliche Bedeutung der Schiedsklausel führt dazu, daß zwischen der Geltendmachung einer Forderung einerseits im Wege der Klage und anderseits im Wege der Aufrechnung kein Unterschied gemacht werden kann. Denn auch im Rahmen der Aufrechnung wird endgültig darüber entschieden, ob die Forderung dem, der sie geltend macht, zusteht.

Von den Gegnern der hier vertretenen Ansicht wird zum Teil darauf hingewiesen, daß nach herrschender Meinung im schiedsgerichtlichen Verfahren auch mit einer von den Parteien nicht dem Schiedsgericht überwiesenen Forderung aufgerechnet werden könne. Hieraus soll die Zulässigkeit der Aufrechnung auch in einem Falle wie dem hier vorliegenden folgen. Allein dieser Schluß ist nicht richtig. In jenem Falle steht der Aufrechnung (mit einer von der Schiedsklausel nicht oder nicht ausdrücklich umfaßten Forderung) keine Vereinbarung entgegen, welche die Entscheidung über den Anspruch dem Schiedsrichter entzieht. Hier aber ist die Befassung des ordentlichen Richters mit der Gegenforderung vertragsmäßig ausgeschlossen. Gerade deshalb geht auch die Bezugnahme der Revision auf die Entscheidungen RGZ. Bd. 77 S. 411 und Bd. 80 S. 371 fehl. In diesen beiden Urteilen wird die Frage erörtert (und verneint), ob der Rechtsweg dadurch ausgeschlossen werde, daß der Beklagte dem vor den ordentlichen Richter gehörenden Klaganspruch eine sich auf öffentliches Recht gründende Gegenforderung entgegensetzt, über die nach den maßgebenden Zuständigkeitsnormen an sich Verwaltungsbehörden oder Verwaltungsgerichte zu entscheiden haben. Mit dem vorliegenden Fall, in dem es sich im wesentlichen um Auslegung und Rechtsfolgen der Schiedsvereinbarung handelt, haben also jene früheren Entscheidungen des Reichsgerichts nichts zu tun.

Keiner weiteren Ausführung bedarf, daß der Aufrechnungsgegner sein Einverständnis mit der an sich schiedsvertragswidrigen

Geltendmachung der Aufrechnung erklären und dadurch bewirken kann, daß der ordentliche Richter über die Gegenforderung zu entscheiden hat. Im gegenwärtigen Rechtsstreit hat aber die Klägerin keine solche Erklärung abgegeben; sie hat vielmehr der Verwendung der (bestrittenen!) Gegenforderung von 1769,02 fl. zur Aufrechnung widersprochen.

---

79. 1. Gelten die Mitglieder des Aufsichtsrats einer Aktiengesellschaft als Arbeitnehmer im Sinne von § 65 AufwG.?

2. Fallen Einlagen des Arbeitnehmers bei seinem Arbeitgeber unter Absatz 1 oder Absatz 3 Satz 1 von § 63 AufwG.?

I. Zivilsenat. Urt. v. 2. März 1929 i. S. W. (Kl.) w. A. M.-Fabrik AG. (Bekl.). I 324/28.

I. Landgericht Nordhausen.
II. Oberlandesgericht Naumburg a. S.

Der am 7. September 1919 verstorbene Ehemann der Klägerin, Fritz W., war Mitglied des Aufsichtsrats der verklagten Aktiengesellschaft und bezog dafür Tantieme. Diese Bezüge hob er zum Teil nicht ab, sondern ließ sie bei der Beklagten stehen, wo sie ihm verzinst wurden. Nach Behauptung der Klägerin rührt das Guthaben ihres Mannes bei der Beklagten teilweise auch aus anderen Einzahlungen von ihm her.

Am 31. Dezember 1917 betrug das Guthaben 27766,21 M., am 15. Juni 1922 noch 17645,43 M. Den letzteren Betrag verlangt die Klägerin — als Alleinerbin ihres Mannes — aufgewertet, und zwar mit 25%, „obgleich es sich nicht um eine Vermögensanlage handle". Sie berechnet sich hiernach 4411,43 GM., wovon sie ihre späteren Abhebungen im Betrag von zusammen 61,23 GM. abzieht. Mit der Klage fordert sie daher Verurteilung der Beklagten zur Zahlung von 4350,20 RM. nebst Zinsen.

Die Beklagte macht geltend, daß die verlangte Aufwertung gesetzlich unzulässig sei. Hilfsweise wendet sie ein, daß der Klägerin bei einer Aufwertung von 25% nach dem Zeitwert vom 15. Juni 1922 höchstens 47,67 RM. zuständen.

Das Landgericht gab der Klage nur in Höhe von 4304,20 RM. nebst Zinsen statt, das Oberlandesgericht wies sie gänzlich ab. Die Revision der Klägerin führte zur Aufhebung und Zurückverweisung.

Gründe:

Das Berufungsgericht nimmt an, daß der Klage Ansprüche aus einem Kontokorrent zugrunde lägen, daß mithin das Aufwertungsverbot des § 65 AufwG. Platz greife, und daß keiner der dort vorgesehenen Ausnahmefälle gegeben sei. Dies wird in folgender Weise begründet. Das Abrechnungsverhältnis zwischen W. und der Beklagten sei eine sog. uneigentliche laufende Rechnung gewesen. Zwar seien Ansprüche nur auf seiten von W. entstanden. Aber es liege eine Mehrheit von Schuldposten vor, die lediglich als Rechnungsgrößen für den regelmäßig alle Vierteljahre gezogenen Saldo behandelt worden seien. Denn der die Zinsen mitenthaltende Saldo sei wieder verzinst worden. W. habe von den regelmäßigen Vierteljahrsabschlüssen Kenntnis erhalten und sie anerkannt. Das Anerkenntnis liege darin, daß er jahrelang die Geschäftsverbindung fortgesetzt habe, ohne der rechnungsmäßigen Behandlung seiner Ansprüche zu widersprechen. Als Einlage eines Arbeitnehmers könne das Guthaben W. nicht angesehen werden. Möge man auch den Begriff des Arbeitnehmers weit fassen, so falle doch das Mitglied eines Aufsichtsrats nicht darunter, da es durch keinen Arbeitsvertrag mit der Gesellschaft verbunden sei. Ebensowenig liege einer der Fälle des § 63 Abs. 2 AufwG. vor (wird näher ausgeführt).

Soweit hiernach angenommen worden ist, daß zwischen W. und der Beklagten eine uneigentliche laufende Rechnung geführt worden sei, bestehen rechtlich keine Bedenken. Die Revision meint, es fehle an einem auf Begründung dieses Verhältnisses gerichteten Vertragswillen; die Art, wie die Beklagte die Einzahlungen verbucht und verzinst habe, genüge nicht zu einer solchen Annahme; Kontoauszüge seien nicht übersandt worden. Dabei wird aber übersehen, daß die Beklagte nicht allein die dargelegte Buchung vorgenommen hat, sondern daß W. nach ausdrücklicher Feststellung des Berufungsgerichts diese Buchungsweise auch genehmigt hat. Darin liegt der von der Revision vermißte Vertragswille beider Teile. Daß aber ein solcher Tatbestand für das Vorhandensein einer laufenden Rechnung im Sinne von § 65 AufwG. genügt, entspricht der ständigen Rechtsprechung des Reichsgerichts (vgl. aus letzter Zeit Urteile vom 24. Oktober 1928 I 214/28 und vom 5. Dezember 1928 I 187/28). Ebensowenig läßt die Annahme des Vorderrichters, daß kein Gesellschafts- oder Beteiligungsverhältnis bestanden habe, einen Verstoß gegen Rechtsregeln erkennen. Die Revision weiß auch hiergegen nichts von Belang anzuführen.

Rechtlich unzutreffend ist dagegen die Annahme des Berufungsgerichts, daß der erste Ausnahmefall vom Aufwertungsverbot des § 65 AufwG. — Einlage eines Arbeitnehmers bei seinem Arbeitgeber — nicht gegeben sei. Sie wird augenscheinlich von zwei Irrtümern beherrscht. Einmal dem, daß darunter im wesentlichen nur Arbeitnehmer fielen, die Dienste niederer Art leisteten; ferner daß zwischen W. und der Beklagten kein „Arbeitsvertrag" bestanden habe. Beides ist unrichtig. Bereits in seinem Urteil vom 13. April 1927 (RGZ. Bd. 117 S. 34 flg.) hat der erkennende Senat angenommen, daß auch die Vertreter juristischer Personen zu den Arbeitnehmern im Sinne des § 65 AufwG. gehörten. Diese Ansicht ist auch im Schrifttum überwiegend gebilligt worden (Mügel 5. Aufl. S. 936 Anm. 9 zu § 65; Quassowski 5. Aufl. S. 509 Anm. II zu § 65; Lehmann-Boesebeck S. 308 Anm. 11). Allerdings hat der III. Zivilsenat des Reichsgerichts in einem Urteil vom 23. März 1928 (Zeiler Nr. 1184) das Vorliegen einer Arbeitnehmereinlage verneint für einen Fall, wo ein Rechtsanwalt, der gegen feste Bezahlung Rechtsberater einer Bank war, seine Bezüge bei der Bank hatte stehen lassen. In dem Urteil ist aber ausdrücklich bemerkt, daß die Entscheidung nur auf Grund der besonderen Lage des dortigen Streitfalls ergangen sei und eine grundsätzliche Abweichung von dem Urteil in RGZ. Bd. 117 S. 34 nicht beabsichtigt sei. Ein Anlaß zur Anrufung der Vereinigten Zivilsenate besteht deshalb nicht. An der Ansicht, daß das Aufwertungsverbot des § 65 AufwG., das eine Ausnahme von der allgemeinen Aufwertbarkeit darstellt, eng auszulegen ist, hält der erkennende Senat fest. Der Begriff des Arbeitnehmers nach § 65 AufwG. ist ähnlich demjenigen, den das Einkommensteuergesetz damit verbindet, wo zwischen selbständiger Berufstätigkeit und nichtselbständiger Arbeit unterschieden wird. Entscheidend ist nach § 65 AufwG. immer nur, ob der Tätigkeit des Betreffenden ein Dienstvertrag zugrunde liegt (vgl. das angeführte Schrifttum). Das ist aber auch der Fall bei einem Mitglied des Aufsichtsrats, das auf Tantieme angestellt ist. Wenn der Vorderrichter das in Abrede stellt, so irrt er rechtlich; die Tatsachen selbst stehen fest. Daß das Aufsichtsratsmitglied in Vertragsbeziehungen zur Aktiengesellschaft steht, ist selbstverständlich. Gegenstand seiner Vertragsleistungen sind Dienste, die der Gesellschaft zu leisten sind. Für die Dienste wird Entgelt in Form von Tantieme gewährt. Es fehlt also nichts zum Tatbestand des Dienstvertrags. Darüber besteht auch in Rechtsprechung und Rechtslehre vollkommenes Einverständnis (Beschlüsse des Kammergerichts im KJB. Bd. 29 S. A 98 und in RJA. Bd. 12 S. 40; Bernau in Jahrb. f. Dogm. Bd. 44 S. 236; Zitelmann in Z.f.H.R. Bd. 52 S. 49; Brodmann Aktienrecht S. 277 Anm. 3 zu § 243 HGB.). Wenn die Beklagte endlich noch vorbringt, das Vorstandsmitglied einer Aktiengesellschaft stehe in einem Abhängigkeitsverhältnis, während dies bei dem Aufsichtsratsmitglied nicht der Fall sei, so kann auch dem nicht beigetreten werden. Die Art, wie Vorstand und Aufsichtsrat ihre Pflichten- und Aufgabenkreise gegeneinander abgrenzen, kann bei dem Spielraum, den das Gesetz dafür läßt (vgl. Staub Einleitung vor Anm. 1 zu § 246 HGB.) sehr verschieden geregelt sein und ist es auch tatsächlich, wie dem Senat von großen Aktiengesellschaften bekannt ist. Aber rechtlich ist dies hier kein maßgebender Gesichtspunkt; Dienstherr oder Arbeitgeber ist in beiden Fällen die Gesellschaft. Der rechtlich entscheidende Gesichtspunkt ist allemal, ob ein Dienstvertrag besteht.

Die Einlagen, die W. bei der Beklagten gemacht hat, fallen durchweg unter die erste Ausnahme des § 65 AufwG., auch die, welche nicht aus Tantieme herrührten. Denn das Gesetz unterscheidet in § 65 nicht nach der Quelle der Einlage, sondern nach der Person des Einlegers; auch darüber herrscht überall Einigkeit.

Damit ist bereits dem angegriffenen Urteil der Boden entzogen. Für die weitere Behandlung der Sache sei noch folgendes bemerkt. Die Saldoanerkenntnisse des verstorbenen Kontoinhabers werden dadurch beseitigt, daß seine Rechtsnachfolgerin, die Klägerin, sie spätestens mit der Klage durch Geltendmachen des Aufwertungsverlangens nach § 812 BGB. zurückgefordert hat (RGZ. Bd. 117 S. 39). Infolgedessen kann nun die laufende Rechnung rückwärts aufgerollt werden bis zu dem Zeitpunkt, wo der Währungsverfall so weit vorgeschritten war, daß zwischen dem Wert der vorher gemachten Einlagen und der Inlandskaufkraft der Papiermark ein die Aufwertung nach § 242 BGB. begründendes unbilliges Mißverhältnis eingetreten ist. Rechtsgrundsätzlich läßt sich hierüber nichts weiter angeben; die Bestimmung des Zeitpunkts ist Sache des Tatrichters. Nach der Entwicklung ferner, welche die reichsgerichtliche Rechtsprechung genommen hat, muß bei Anwendung des § 63 AufwG. unterschieden werden zwischen Einlagen des Arbeitnehmers, die aus dem Arbeitsverhältnis herrühren (hier: Tantiemen) und anderen Einlagen. Erstere behalten auch nach Beendigung des Arbeitsverhältnisses ihren Charakter als Ansprüche aus einem zweiseitigen Vertrag. Sie gehören daher unter die Ausnahmefälle des dritten Absatzes des § 63 AufwG., einerlei, ob sie, rein wirtschaftlich betrachtet, ebenfalls als Vermögensanlagen zu betrachten wären (vgl. die Urteile dieses Senats vom 9. Mai 1928 I 318/27 in JW. 1928 S. 2906 Nr. 2 und bei Zeiler Nr. 1242, sowie vom 12. Mai 1928 I 2/28 in JW. 1928 S. 1801 Nr. 18 und bei Zeiler Nr. 1267).

---

80. Zur Frage der Versagung des rechtlichen Gehörs im schiedsrichterlichen Verfahren.

ZPO. § 1041 Abs. 1 Nr. 4.

VII. Zivilsenat. Urt. v. 5. März 1929 i. S. B. GmbH. (Bekl.) w. Soc. d. M. d. L. (Kl.). VII 370/28.

I. Landgericht Stettin.
II. Oberlandesgericht daselbst.

Durch Schiedsspruch vom 29./30. Oktober 1927 wurde die jetzige Klägerin verurteilt, an die jetzige Beklagte 141390,68 RM. zu zahlen. Durch Beschluß des Landgerichts vom 31. Dezember 1927 wurde der Schiedsspruch für vorläufig vollstreckbar erklärt. Die Klägerin beantragt nunmehr, den Schiedsspruch aufzuheben. Sie führt u. a. aus, daß ihr im schiedsricherlichen Verfahren das rechtliche Gehör nicht gewährt worden sei. Das Landgericht wies die Klage ab. Auf Berufung des Klägers hob das Oberlandesgericht den Schiedsspruch und den Beschluß vom 31. Dezember 1927 auf. Auf die Revision der Beklagten schränkte das Reichsgericht die Entscheidung dahin ein, daß der Schiedsspruch und der bezeichnete Beschluß nur insoweit aufgehoben wurden, als der Schiedsspruch die Klägerin zu mehr als 29058,56 RM. verurteilt hatte.

Aus den Gründen:

... Das Berufungsgericht hat für erwiesen angesehen, daß der Klägerin, einer Zusage des Schiedsgerichts zuwider, das rechtliche Gehör nicht gewährt worden ist. In dieser Richtung steht folgendes fest: In der Klage vor dem Schiedsgericht verlangte die jetzige Beklagte von der Klägerin Schadensersatz wegen Nichterfüllung eines Vertrags über die Lieferung von Holz, das die Klägerin von ihr gekauft, aber zum größten Teil nicht abgenommen hatte. Sie behauptete, daß es sich um einen Rest von 8359 Faden handle, der für 601728 RM. an die Klägerin verkauft gewesen sei. Das Holz habe die Beklagte von ihrer Lieferfirma zum Preise von 40 RM. je Faden eingekauft. Zuzüglich der Spesen (15 M. für den Faden) berechnete sie den Einkaufspreis auf 55 × 8359 = 459745 RM.; der Unterschied zwischen dieser Summe und dem mit der Klägerin vereinbarten Preise stelle ihren Schaden dar, von dem sie einen Teilbetrag von 5000 RM. verlange.

Als Vertreter der Klägerin meldete sich beim Schiedsgericht der Rechtsanwalt Dr. Z. mit einer Vollmacht, worin angegeben war, daß sich der Streit, über den die Schiedssache sich erhebe, auf 5000 RM. belaufe. In der Verhandlung vor dem Schiedsgericht vom 29. Oktober 1927 wurde der Klagantrag auf 144149,15 RM. erhöht. Rechtsanwalt Z. beantragte Vertagung; der Antrag wurde abgelehnt, weil die volle Schadensberechnung bereits in der Klage vorgetragen sei. Darauf erklärte Z., daß er nur bis zu einem Gegenstand von 5000 RM. bevollmächtigt sei, er nehme an der weiteren Verhandlung nur teil, soweit über diesen Betrag verhandelt und entschieden werde; im übrigen betrachte er seine Partei als unvertreten. Der Obmann stellte fest, daß die Klägerin nicht vertreten sei, soweit über den Klagantrag hinaus verhandelt und entschieden werde. Es wurde beschlossen und verkündet, daß die Verhandlung trotz der Abwesenheit der Klägerin gegen sie in Höhe des vollen Klagantrags fortgesetzt werde. Rechtsanwalt Z. entfernte sich. In der weiteren Verhandlung ging die Beklagte von der in der Klage enthaltenen Begründung ihrer Forderung ab. Während sie dort nach der Auffassung des Berufungsgerichts behauptet hatte, sie sei bei ihrer Lieferfirma wegen der gesamten Restlieferung von

8359 Faden eingedeckt gewesen, hat sie diese Behauptung auf 2200 Faden beschränkt und im übrigen geltend gemacht, daß es ihr möglich gewesen sei, anderwärts zum gleichen Preise einzukaufen.

Das Berufungsgericht ist der Ansicht, das Schiedsgericht hätte über dieses neue Vorbringen nicht sofort verhandeln dürfen. Es hätte mit Rücksicht auf die Begründung der Ablehnung des Vertagungsantrags diese Ablehnung widerrufen müssen. In dieser Begründung sei die Zusage an die Klägerin enthalten, daß nur über den Inhalt der Klage, so wie sie damals vorgelegen habe, verhandelt werden würde.

Die Revision hält diese Auslegung des Beschlusses für unmöglich, hat es aber an einer schlüssigen Begründung in dieser Richtung fehlen lassen. Die Folgerung, die das Berufungsgericht aus der Begründung des Ablehnungsbeschlusses auf die gleichzeitige stillschweigende Erklärung zieht, neues Vorbringen solle nicht zugelassen werden, muß als möglich und naheliegend bezeichnet werden. In eine weitergehende Prüfung der Auslegung auf ihre Richtigkeit konnte das Revisionsgericht nicht eintreten. Die Feststellung des Inhalts der im Protokoll des Schiedsgerichts vom 29. Oktober 1927, einer Privaturkunde, wiedergegebenen Vorgänge betrifft die Auslegung von Erklärungen, die außerhalb des vorliegenden Prozesses abgegeben sind, sodaß sie in das Gebiet der in der Revisionsinstanz nicht nachprüfbaren tatsächlichen Würdigung fällt.

Die Revision bemängelt sodann, daß das Berufungsgericht das neue Vorbringen als wesentlich angesehen habe, nämlich die Einführung der Behauptung, daß die Beklagte das Holz, soweit es nicht bei ihrem Lieferer gekauft war, zu gleichen Bedingungen von anderer Seite beschaffen konnte. Auch darin ist ihr nicht beizustimmen. Es handelt sich zwar nicht um eine Klagänderung, aber doch um eine Behauptung, durch die der größere Teil der Klageforderung unter Abstandnahme von der seitherigen Begründung, also auf veränderter Grundlage, aufgebaut werden sollte; statt konkreten Schadens wurde abstrakter geltend gemacht. Demgegenüber war eine andere Verteidigung der Klägerin denkbar. Deshalb hat das Berufungsgericht ohne Rechtsirrtum angenommen, daß mit Rücksicht auf das bezeichnete Verhalten des Schiedsgerichts gegenüber dem Vertagungsantrag und auf die darin zu erblickende Zusage eine sofortige Verhandlung im Rahmen des neuen Vorbringens nicht zulässig war.

Daran vermag auch der Umstand nichts zu ändern, daß die Klägerin, wenn man von der erwähnten Zusage absieht, keinen Grund gehabt hätte, sich über die Verweigerung rechtlichen Gehörs zu beschweren. Sie war zur mündlichen Verhandlung über die Klage vor das Schiedsgericht geladen und mußte dafür sorgen, daß sie in allen Verhandlungen vertreten war. Beschränkte sie die Vollmacht ihres Vertreters, so tat sie das auf eigene Gefahr; sie hat von der ihr gegebenen Möglichkeit, ihre Einwendungen vorzubringen, keinen ausreichenden Gebrauch gemacht. Das rechtliche Gehör ist ihr nicht versagt worden, sondern sie hat es abgelehnt. Auf diese Rechtslage kann sich aber die Revision gegenüber der Zusage des Schiedsgerichts nicht berufen, da deren Wirksamkeit nicht dadurch beeinträchtigt wurde, daß für das Schiedsgericht keine Verpflichtung zu der Zusage bestand.

Zu weit geht das Berufungsgericht, indem es den Schiedsspruch in vollem Umfang aufhebt. Soweit die Klageforderung auch nach dem Abgang des Rechtsanwalts Z. auf die seitherige Begründung gestützt wurde, ist das Verfahren nicht durch den Mangel der nicht gehaltenen Zusage des Schiedsgerichts betroffen, und soweit sich der Schiedsspruch dieser Begründung angeschlossen hat, durfte er nicht aufgehoben werden (RGZ. Bd. 46 S. 421). (Es wird näher ausgeführt, daß danach der Schiedsspruch zum Betrag von 29058,65 RM. zu Recht besteht.)

---

81. Wie gestaltet sich die Frage der Anwendung des § 137 Abs. 3 der preuß. Kreisordnung für die östlichen Provinzen vom 13. Dezember 1872/19. März 1881, wenn der Kreistag den Kreisausschuß zum Abschluß eines Vertrags für den Kreis bevollmächtigt?

VII. Zivilsenat. Urt. v. 8. März 1929 i. S. Kreis W. (Bekl.) w. Stadtgemeinde W. (Kl.). VII 364/28.

I. Landgericht Neuruppin.
II. Kammergericht Berlin.

Die Klägerin schloß mit dem Beklagten am 23. August 1920 einen Energielieferungsvertrag als Stromlieferantin, in dem sie ihm ein Vorpachtungs- und das Vorkaufsrecht für ihr Kraftwerk und sämtliche dazu gehörige Anlagen einräumte. Als sie im Jahre 1922 ihr Werk an die Brandenburgischen Kreiselektrizitätswerke in Spandau verpachten wollte, machte der Beklagte von seinem Vorpachtungsrecht Gebrauch und schloß mit der Klägerin einen das Werk betreffenden Pachtvertrag. Im § 12 dieses Vertrags haben sich die Vertragsteile für alle Streitigkeiten aus dem Vertrag einem Schiedsgericht unterworfen. Die Klägerin hält den Pachtvertrag für unwirksam, weil darin der Beschluß des Kreistags vom 18. Dezember 1922, durch den der Kreisausschuß vom Kreistag zu weitgehendsten Entscheidungen in bezug auf den Abschluß eines Pachtvertrags ermächtigt worden war, nicht angeführt worden sei. Sie hat deshalb gegen den Beklagten auf Herausgabe des in seinem Pachtbesitz befindlichen Elektrizitätswerks geklagt. Der Beklagte hat die Einrede des Schiedsvertrags erhoben; die Klägerin hält sie wegen der Ungültigkeit des Pachtvertrags für unbegründet.

Das Landgericht verwarf die Einrede des Schiedsvertrags durch Zwischenurteil; die Berufung hiergegen wurde vom Kammergericht zurückgewiesen. Die Revision des Beklagten führte zur Aufhebung des Berufungsurteils und zur Zurückverweisung.

Gründe:

Nach § 137 Abs. 3 der preußischen Kreisordnung für die östlichen Provinzen vom 13. Dezember 1872/19. März 1881 müssen Urkunden über Rechtsgeschäfte, welche den Kreis gegen Dritte verbinden sollen, ingleichen Vollmachten, unter Anführung des betreffenden Beschlusses des Kreistags bzw. Kreisausschusses von dem Landrat und zwei Mitgliedern des Kreisausschusses bzw. der mit der Angelegenheit betrauten Kommission unterschrieben und mit dem Siegel des Landrats versehen sein.

Im gegebenen Fall hatte der Kreistag in der Sitzung vom 18. Dezember 1922 den Beschluß gefaßt, mit Rücksicht darauf, daß die Verhandlungen in der Elektrizitätsfrage unter Umständen sehr schnelle Entschlüsse erforderten, den Kreisausschuß zu weitgehendsten Entscheidungen wegen eines über das Elektrizitätswerk abzuschließenden Pachtvertrags zu ermächtigen. Dieser Beschluß war für sich allein nur eine für den inneren Geschäftsgang bestimmte Maßnahme des Kreistags (RGZ. Bd. 64 S. 414), die nicht den

Willen enthielt, die dem Kreistag gesetzlich zustehenden Befugnisse einem anderen Organ der Kreisverwaltung, dem Kreisausschuß, zu delegieren, was auch nicht zulässig gewesen wäre. Sie bedeutete vielmehr nur den Entschluß, den Kreisausschuß zum Abschluß eines Pachtvertrags mit der Klägerin zu bevollmächtigen. Die nach außen wirkende Vollmachtserteilung auf Grund dieses Beschlusses hatte an sich der Kreisausschuß für den Kreistag zu bewirken, da er nach dem Gesetz dessen Beschlüsse auszuführen hatte (vgl. auch JW. 1924 S. 1520). Wäre eine solche Vollmacht vom Kreisausschuß tatsächlich ausgestellt worden, so wäre zwar in dieser die Anführung des Beschlusses des Kreistags vom 18. Dezember 1922 erforderlich gewesen; im Pachtvertrag selbst aber kam sie nicht in Frage. Sie hätte dort geschehen müssen, wenn der Kreistagsbeschluß den Abschluß des demnächstigen Pachtvertrags unmittelbar zum Inhalt gehabt hätte und der Pachtvertrag, den daraufhin der Kreisausschuß mit der Klägerin schloß, lediglich die Ausführung dieses Kreistagsbeschlusses gewesen wäre. So aber lag hier der Fall nicht. Denn der Kreistagsbeschluß vom 18. Dezember 1922 betraf nur die Bevollmächtigung des Kreisausschusses, nicht aber den Pachtvertrag selbst, wegen dessen die Entschließungen allein dem Kreisausschuß überlassen bleiben sollten. Der Standpunkt des Berufungsgerichts, daß in „entsprechender" Anwendung des § 137 Abs. 3 der Kreisordnung auch in solchem Fall der Kreistagsbeschluß vom 18. Dezember 1922 im Pachtvertrag zu erwähnen gewesen wäre, findet im Gesetz keine Stütze. Einer solchen Ausdehnung bedarf es auch nicht, weil schon die Anführung des Beschlusses in der Vollmacht die Belange der Beteiligten genügend schützte. Es wäre auch die Vollmacht in § 137 Abs. 3 a. a. O. nicht neben den Rechtsgeschäften erwähnt worden, die den Kreistag gegen Dritte verbinden, wenn das Gesetz nicht die Wahrung der vorgeschriebenen Förmlichkeiten bei ihrer Ausstellung für einen Fall für ausreichend gehalten hätte, wo der Beschluß lediglich die Vollmachtserteilung zum Inhalt hatte. Infolgedessen ist auch in der Rechtsprechung des Reichsgerichts ständig angenommen worden, daß es beim Vorliegen einer ordnungsmäßigen Vollmacht für die im Rahmen der Bevollmächtigung abgegebenen Erklärungen nicht der Formen des § 137 Abs. 3 der Kreisordnung und ebensowenig der des § 56 Nr. 8 der preußischen Städteordnung für die östlichen Provinzen vom 30. Mai 1853 bedarf (Gruch.

Bd. 47 S. 1119; LZ. 1926 Sp. 1341; Urteile des erkennenden Senats vom 16. März 1923 VII 174/22 und 14. Mai 1926 VII 23/26).

Hätte der Kreisausschuß die vom Kreistag am 18. Dezember 1922 beschlossene Vollmachtserteilung dem Gesetz gemäß ausgeführt, so hätte dies entweder so geschehen müssen, daß er die Vollmacht auf sich selbst ausstellte, was im Hinblick auf § 181 BGB. vielleicht zulässig gewesen wäre, oder so, daß er gemäß § 167 BGB. namens des Kreistags die Vollmacht gegenüber der Klägerin erklärte. Daß dies geschehen sei, hat der Beklagte nicht behauptet. Es bleiben deshalb nur die Möglichkeiten, daß die Erteilung der Vollmacht durch eine vom Kreistag gemachte Mitteilung des den Kreisausschuß ermächtigenden Beschlusses vom 18. Dezember 1922 an die Klägerin bewirkt ist, oder daß der Kreistag in Ausführung seines Beschlusses selber dem Kreisausschuß die Vollmacht erteilt hat. Eine Mitteilung des Beschlusses an die Klägerin als Vertragsgegnerin des Kreises ist nach der Feststellung des Berufungsgerichts nicht erfolgt. Dagegen ist das Berufungsgericht nicht in die Prüfung der Frage eingetreten, ob nicht eine unmittelbare Bevollmächtigung des Kreisausschusses durch den Kreistag stattgefunden hat. Eine solche Art der Vollmachtserteilung war möglich. Denn mag es auch nicht die Regel sein, daß der Kreistag selbst Rechtshandlungen nach außen vornimmt, so ist es doch nicht ausgeschlossen, daß die ganze Kreistagsversammlung solches tut und tun kann. Hier lag es für sie um so näher, die Ausführung des Beschlusses vom 18. Dezember 1922 nicht dem Kreisausschuß zu überlassen, sondern selbst vorzunehmen, als der Kreisausschuß selbst der zu Bevollmächtigende war. Die Erteilung der Vollmacht an den Kreisausschuß konnte nach Lage des Falles auch schon in der Zufertigung des Protokolls über die Sitzung vom 18. Dezember 1922 an den Kreisausschuß gefunden werden. Daß diese geschehen ist, kann ohne weiteres angenommen werden, weil der Kreisausschuß demnächst im Sinne des Beschlusses tätig geworden ist. Der Ausschuß hat die Zusendung des Beschlusses aber offenbar auch als Vollmachtserteilung des Kreistags aufgefaßt, weil er sonst selber die Ausstellung der Vollmacht auf Grund des Kreistagsbeschlusses in Erwägung gezogen hätte. Er hat sie auch als solche auffassen können, weil es nahe lag, daß die Kreistagsversammlung mit Rücksicht auf die eigene Bevollmächtigung des Kreisausschusses die Vollmacht an diesen von sich aus erklären wollte. Ersichtlich hat die Kreistagsversammlung aus diesem Grunde die Zufertigung ihres Beschlusses an den Kreisausschuß auch in dem hervorgehobenen Sinne verstanden wissen wollen, weil es, um den Kreisausschuß nicht selbst Erklärungen zu seinen Gunsten abgeben zu lassen, tatsächlich der einfachste Weg der Vollmachtserteilung an ihn war. Ist aber die Erteilung der Vollmacht an den Kreisausschuß auf diesem Wege zustande gekommen, so kam eine Anführung des Kreistagsbeschlusses auch in der Vollmacht nicht in Frage, weil die eigenen Maßnahmen der Kreistagsversammlung sie überflüssig machten. Daß darum etwa die Anführung des Beschlusses vom 18. Dezember 1922 im Pachtvertrag notwendig gewesen wäre, dafür gibt das Gesetz keine Handhabe; es müßte auch schon aus dem bereits angegebenen Grunde verneint werden, daß der Pachtvertrag selbst gar nicht der eigentliche Gegenstand dieses Beschlusses gewesen ist.

In Frage könnte nur kommen, ob nicht etwa mit Rücksicht darauf, daß auch für die verpflichtenden Erklärungen des Kreisausschusses die Form des § 137 Abs. 3 der Kreisordnung vorgeschrieben ist, der den Abschluß des Pachtvertrags betreffende Beschluß des Kreisausschusses im Pachtvertrag anzuführen war, wenn nicht auch hier eine Bevollmächtigung der Mitglieder, die den Pachtvertrag abgeschlossen haben, durch den Kreisausschuß vorgelegen haben sollte. Aber auch dies ist zu verneinen. Denn auf den Fall, daß der Kreisausschuß lediglich als Bevollmächtigter handelt, bezieht sich die Vorschrift des § 137 Abs. 3 a. a. O. nicht. Es wäre auch nicht folgerichtig, wenn man beim Vorliegen einer ordnungsmäßigen Vollmacht des Kreistages auf einen privaten Dritten diesem die Vertragsschließung für den Kreis ohne jede Form ermöglichte, sie aber erschweren wollte, wenn der Kreisausschuß der Bevollmächtigte ist. Das würde auch zu einem übertriebenen Formalismus führen. Denn wird schon durch die formgerechte Vollmachtserteilung der Schutz der Beteiligten gesichert, so müßte es lästig erscheinen, die vom Gesetz aufgestellten Formerfordernisse weiter noch für die Erklärungen des Bevollmächtigten zu verlangen, bloß weil der Kreisausschuß der Bevollmächtigte ist. Da in der Vorschrift des § 137 Abs. 3 nur eine Beschränkung der Vertretungsmacht der Kreisorgane zu sehen ist, so ist für eine solche Überspannung der Form auch kein Raum. Denn die Vorschrift hat nur die Beschränkung der gesetzlichen Vertretungsmacht im Auge, nicht das Handeln kraft Vollmacht.

Hiernach kann aus § 137 Abs. 3 der Kreisordnung kein Grund für die Nichtigkeit des Pachtvertrags entnommen werden. Das Berufungsgericht wird deshalb das weitere Vorbringen der Klägerin gegen die Einrede des Schiedsvertrags erörtern müssen.

---

82. Wie verhält es sich mit der Einrede der rechtskräftig entschiedenen Sache, wenn in einem Vorprozeß die Klage wegen mangelnder Sachbefugnis und — bei unterstellter Sachbefugnis — auch als unbegründet abgewiesen worden ist; kann die Einrede auf beide Abweisungsgründe gestützt werden?

ZPO. § 322.

VII. Zivilsenat: Urt. v. 12. März 1929 i. S. A. (Kl.) w. U. F.-AG. (Bekl.). VII 406/28.

I. Landgericht I Berlin.
II. Kammergericht daselbst.

Die Frage wurde bejaht aus den nachstehenden

Gründen:

Das Kammergericht, das in Übereinstimmung mit dem ersten Richter die Klage abweist, unterscheidet zwischen dem „etwa in der Person des Klägers entstandenen" und dem ihm von der D. u. N.-Bank abgetretenen Aufwertungsanspruch. Den ersteren läßt es an dem Einwand der rechtskräftig entschiedenen Sache scheitern. Insoweit hat die Revision keine Bedenken angeregt und auch von Amts wegen sind solche nicht zu erheben. Ob auch dem angeblich durch Abtretung erworbenen Anspruch der Einwand der rechtskräftig entschiedenen Sache entgegenstehe, hat das Kammergericht nicht erörtert. Mit Recht hat aber die Beklagte in der Revisionsinstanz hervorgehoben, daß ihr Einwand sich auch auf diesen Anspruch beziehe. Der Streit der Parteien hat sich darum gedreht, ob der nicht auf das eigene Recht des Klägers gegründete Anspruch im Vorprozeß nur deshalb abgewiesen worden ist, weil der Anspruch an die D. u. N.-Bank abgetreten war, oder — bei unterstellter Rückabtretung — auch deshalb, weil ein Aufwertungsanspruch in der Hand der Bank überhaupt nicht entstanden war, die Bank einen solchen deshalb auf den Kläger gar nicht übertragen konnte. Tatsächlich finden sich im Urteil des Vorprozesses beide Erwägungen. In erster

Linie wird die Sachbefugnis des Klägers verneint und hilfsweise wird ausgeführt, daß die Bank dem Kläger keinen Aufwertungsanspruch habe abtreten können, weil sie selbst keinen besessen habe. Auch dieser Hilfsgrund ist ein selbständiger Grund für die Abweisung der Klage gewesen; auch auf ihn kann sich die Beklagte mit dem Einwand der rechtskräftig entschiedenen Sache berufen. Die Lage ist anders, als wenn eine Klage in erster Linie wegen Unzulässigkeit des Rechtswegs oder wegen unzulässiger Klagänderung abgewiesen worden ist und dann noch Erwägungen angeknüpft sind, in denen die Klage auch als sachlich unbegründet hingestellt wird. Solche Erwägungen müssen als nicht geschrieben gelten, sie begründen keine Rechtskraft, weil zunächst das ganze Verfahren als unzulässig abgelehnt worden ist und in diesem unzulässigen Verfahren keine sachlich wirksame Entscheidung ergehen kann. Im gegenwärtigen Falle hat das Kammergericht die Zulässigkeit des ganzen Verfahrens nicht beanstandet, aber auf Grund der gegebenen Unterlagen die Abweisung der Klage auf zwei sachliche Gründe gestützt. Diese sind nebeneinander wirksam. Danach kann die Beklagte auch geltend machen, daß der Aufwertungsanspruch des Klägers im Vorprozeß als nicht bestehend abgewiesen worden sei ... (es wird noch dargelegt, daß gegenwärtig dieselben 5000 RM. eingeklagt sind, die schon im Vorprozeß eingeklagt waren).

---

83. 1. Inwieweit gilt das Erfordernis einer Beschwer für die Zulässigkeit der Berufung in Ehesachen?
2. Kann in Ehesachen Berufung lediglich zum Zwecke der Erhebung einer Widerklage eingelegt werden?

ZPO. §§ 511, 616.

IV. Zivilsenat. Beschl. v. 14. März 1929 i. S. Ehem. Sch. (Bekl.) w. Ehefr. Sch. (Kl.). IV B 11/29.

I. Landgericht Heidelberg.
II. Oberlandesgericht Karlsruhe.

Sachverhalt und Entscheidung ergeben sich aus den

Gründen:

Gegenüber der Scheidungsklage der Frau hatte der Beklagte lediglich Abweisung der Klage beantragt. Diesem Antrage gab das

Landgericht statt. Gegen das Urteil legte der Beklagte Berufung ein, und zwar mit der Erklärung, daß er Widerklage erhebe und neben der Abweisung der Klage in erster Linie Scheidung der Ehe aus Verschulden der Frau, hilfsweise ihre Verurteilung zur Wiederherstellung der ehelichen Gemeinschaft beantragen werde. Das Oberlandesgericht verwarf die Berufung als unzulässig, weil der Beklagte durch das angefochtene Urteil nicht beschwert sei und weil die Einlegung der Berufung nur zum Zwecke der Erhebung einer Widerklage auch im Ehescheidungsverfahren unzulässig sei.

Die gegen diesen Beschluß eingelegte sofortige Beschwerde ist unbegründet.

In Ehesachen gelten die allgemeinen Prozeßgrundsätze, soweit nicht Ausnahmen besonders angeordnet sind oder sich aus der Natur des Streitgegenstands ergeben. Als Rechtsmittel setzt die Berufung eine Beschwerung des Berufungsklägers voraus; das anzufechtende Urteil muß (bei prozessualer Betrachtung) zu seinen Ungunsten ergangen sein, sodaß eine Abänderung zu seinen Gunsten möglich ist. Dieses Erfordernis einer formellen Beschwerung des Berufungsklägers ist nicht erfüllt, wenn der erste Richter seinem Antrage voll entsprochen hat. Eine Ausnahme von dem Erfordernis ist in feststehender Rechtsprechung des Reichsgerichts nur zur Aufrechterhaltung der Ehe zugelassen, wenn nämlich der siegreiche Scheidungskläger einen gänzlichen oder teilweisen Verzicht auf die Urteilsfolgen dadurch zur Geltung bringen will, daß er die Klage zurücknimmt oder auf den Scheidungsanspruch gemäß § 306 ZPO. verzichtet oder von der Scheidungsklage zur Klage auf Aufhebung der ehelichen Gemeinschaft übergeht (RGZ. Bd. 91 S. 365, Bd. 100 S. 208; JW. 1926 S. 2436 Nr. 9). Ein derartiger Ausnahmefall steht hier nicht in Frage.

Der allgemeine Ausspruch im angefochtenen Beschluß, daß die Einlegung der Berufung nur zum Zwecke der Erhebung einer Widerklage auch im Ehescheidungsverfahren unzulässig sei, geht allerdings zu weit. Gegen ein aus den §§ 1565 bis 1568, § 1574 Abs. 1 BGB. ergangenes Scheidungsurteil kann der unterlegene Beklagte Berufung lediglich zu dem Zwecke eingelegt um (mit der Wirkung des § 1574 Abs. 2) eine Scheidungswiderklage zu erheben oder (gemäß § 1574 Abs. 3 BGB.) einen Antrag auf Mitschuldigerklärung zu stellen (RGZ. Bd. 106 S. 221, Bd. 115

S. 86; JW. 1928 S. 2132 Nr. 15). Das rechtfertigt sich damit, daß der Beklagte in diesen Fällen, wenn er sich auch nicht gegen die aus seinem Verschulden ausgesprochene Ehescheidung wendet, doch das Urteil des Landgerichts insoweit angreift, als er für allein schuldig erklärt worden ist; seine Berufung dient der Beseitigung der darin liegenden Beschwer. Ausgeschlossen ist es dagegen wegen fehlender Beschwer, daß der obsiegende Beklagte gegen ein die Scheidungsklage abweisendes Urteil zum Zwecke nunmehriger Erhebung einer Widerklage Berufung einlegt.

Daß der Beschwerdeführer, wenn die Abweisung der Scheidungsklage seiner Frau rechtskräftig wird, sein etwaiges Recht, die Scheidung zu verlangen, nach § 616 ZPO. nicht mehr auf Tatsachen gründen kann, auf die er im ersten Rechtszug eine Widerklage hätte gründen können, bedeutet für ihn keine Beschwer durch das ganz nach seinem Antrag ergangene Urteil. Jene die Aufrechterhaltung der Ehe begünstigende Rechtsfolge kann auch nicht als ein Grund dafür angeführt werden, daß in den von dieser Rechtsfolge bedrohten Fällen die Berufung von den ihr sonst durch das Erfordernis der Beschwer gesetzten Schranken befreit und die Möglichkeit gewährt werden müßte, den neuen, gegen das Bestehen der Ehe gerichteten Antrag noch im anhängigen Rechtsstreit zu stellen. Das ist gegenüber dem in der Beschwerde angeführten Urteil des Oberlandesgerichts im Hamburg vom 20. Januar 1899 (HansGZ. Bd. 20 Beibl. S. 41) in dem dieses Urteil aufhebenden Urteil des Reichsgerichts vom 2. Oktober 1899 (RGZ. Bd. 45 S. 321) näher dargelegt und vom Reichsgericht seitdem in ständiger Rechtsprechung festgehalten worden (RGZ. Bd. 59 S. 347; JW. 1926 S. 2436 Nr. 9).

---

84. Kann nach dem Tode eines mit Hinterlassung mehrerer Erben verstorbenen Kommanditisten an seiner Stelle die Erbengemeinschaft als Kommanditistin im Handelsregister eingetragen werden?

HGB. § 177.

II. Zivilsenat. Beschl. v. 15. März 1929 in der Handelsregistersache betr. die Firma B., D. & Co. in Eibenstock. II B 3/29.

I. Amtsgericht Eibenstock.
II. Landgericht Zwickau.

Im Handelsregister des Amtsgerichts Eibenstock ist seit mehreren Jahren die dortige Kommanditgesellschaft in Firma B. D. & Co. eingetragen. Die Gesellschaft bestand zuletzt aus drei persönlich haftenden Gesellschaftern und neun Kommanditisten, mit Einlagen, die zwischen 9000 und 41000 RM. betrugen. Der Gesellschaftsvertrag bestimmt u. a.:

„Durch den Tod eines persönlich haftenden Gesellschafters wird die Gesellschaft nicht aufgelöst, die Erben des Verstorbenen treten ohne weitere Erklärung in die Stellung von Kommanditisten, und die Kapitaleinlage des Verstorbenen wird Kommanditeinlage der Erben.

Stirbt ein Kommanditist, so treten dessen Erben ebenfalls an dessen Stelle.

In allen Fällen, in denen die Erben an Stelle eines verstorbenen Gesellschafters treten, haben dieselben sowohl vor als auch nach der Teilung unter sich einen gemeinschaftlichen Vertreter zu bestellen und können stets ihre Gesellschafterrechte nur durch diesen Vertreter ausüben ... Erfolgt die Bestellung nicht, so ruhen die Gesellschafterrechte für deren Ausübung in der Gesellschafterversammlung ..."

Am 18. Juli 1928 wurde beim Amtsgericht zur Eintragung in das Handelsregister angemeldet, daß die Kommanditisten Ferdinand B. und Louis K. durch Tod aus der Gesellschaft ausgeschieden seien; an die Stelle des Kommanditisten B. seien seine fünf Erben (mit Namen angeführt) und an die Stelle des Kommanditisten K. dessen zwei Erben (folgen die Namen), je in Erbengemeinschaft, getreten.

Das Amtsgericht hat die Eintragung abgelehnt, weil mehrere Erben eines Kommanditisten nur je für ihre Person, nicht in Erbengemeinschaft Kommanditisten sein könnten. Die hiergegen eingelegte Beschwerde wurde vom Landgericht zurückgewiesen. Der weiteren Beschwerde der Antragsteller möchte das Oberlandesgericht Dresden stattgeben. Es sieht sich aber hieran gehindert durch den Beschluß des Oberlandesgerichts Hamburg vom 9. Oktober 1912 (HansGZ. Jahrgang 33 Nr. 134), der die Eintragung der Erben eines verstorbenen Kommanditisten in ungeteilter Erbengemeinschaft für unzulässig erklärt. Das Oberlandesgericht Dresden hat daher die weitere Beschwerde gemäß § 28 Abs. 2 FGG. dem Reichsgericht zur Entscheidung vorgelegt. Hierbei geht es davon aus, daß allerdings als

Kommanditisten nur rechtsfähige Persönlichkeiten auftreten und demgemäß im Handelsregister eingetragen werden könnten, d. h. entweder einzelne natürliche oder juristische Personen, oder Personen-Vereinigungen, die — wie die offene Handesgesellschaft — als solche imstande seien, Rechte zu erwerben und Verbindlichkeiten einzugehen. Die Erbengemeinschaft habe keine solche Rechtsfähigkeit. Bei ihr seien vielmehr die Miterben die Träger der erbschaftlichen Rechte und Verbindlichkeiten, ihre Zusammenfassung ergebe kein selbständiges Rechtsgebilde. Soweit die Gründung einer Kommanditgesellschaft oder der Eintritt einer Erbengemeinschaft in eine solche auf Grund Vertrags in Frage komme, werde denn auch die Zulässigkeit der Beteiligung einer solchen Gemeinschaft zu verneinen sein. Anders, wenn ein Kommanditist unter Hinterlassung mehrerer Erben sterbe. Nach § 177 HGB. habe der Tod eines Kommanditisten nicht die Auflösung der Gesellschaft zur Folge, die Erben des Kommanditisten träten vielmehr in seine Rechtsstellung ein. Dies bewirke aber nicht, daß nunmehr die mehreren Erben jeder für sich ohne weiteres Kommanditisten würden, denn die Rechte des Erblassers stünden zunächst der Gemeinschaft der Erben zu, und zwar solange, als diese sich nicht auseinandergesetzt hätten. Wie lange die Erben in der Gemeinschaft verbleiben wollten, sei ihre Sache; es gebe keine Vorschrift, nach der sie zur Auseinandersetzung gezwungen werden könnten. Die auf sie übergegangenen Rechte des Erblassers aus der Kommanditbeteiligung könnten die Erben vor der Auseinandersetzung nur in ihrer Vereinigung zur Gemeinschaft wahrnehmen. Auf der anderen Seite könnten sie auf Leistungen, die der Erblasser etwa noch nicht erfüllt gehabt habe, insbesondere auf Zahlung der Einlage, in ihrer Gesamtheit in Anspruch genommen werden (§ 2059 Abs. 2 BGB.); den Gläubigern stehe aber auch das Recht zu, sie wegen der gemeinschaftlichen Nachlaßverbindlichkeiten als Gesamtschuldner zu belangen. Der Tatsache, daß den Miterben die Fortsetzung der Erbengemeinschaft nicht verwehrt sei, müsse auch durch Eintragung in das Handelsregister Rechnung getragen werden. Der Vorschrift, daß jeder einzelne Kommanditist unter Angabe seiner Einlage einzutragen sei, könne dann eben nicht Genüge geschehen; die Ausübung eines Zwanges in der Richtung, daß sich die Miterben über die Verteilung der Einlage einigen müßten, komme nicht in Frage. § 162 HGB. sei hier nicht anwendbar, weil nicht mehrere einzelne Kommanditisten in die Gesellschaft eingetreten seien, sondern lediglich die Erbengemeinschaft, welche die Rechtsstellung des Erblassers fortsetze. Irgendwelche Rechte Dritter würden durch die Eintragung der Erbengemeinschaft nicht gefährdet. Habe der Erblasser seine Einlage nicht geleistet, so gehe diese Verpflichtung, wenn sich die Miterben nicht über die Kommanditbeteiligung auseinandersetzten, auf sie als Gesamtschuldner über, sie hafteten dann bis zur Höhe der fehlenden Einlage mit dem Nachlaß und auch persönlich.

Das Reichsgericht tritt der Auffassung des Oberlandesgerichts Dresden bei.

Darüber ist kein Zweifel, daß Kommanditist grundsätzlich nur eine physische oder juristische Person oder auch eine Handelsgesellschaft sein kann, die zwar nicht mit juristischer Persönlichkeit ausgestattet ist, die aber unter ihrer Firma Rechte zu erwerben und Verbindlichkeiten einzugehen in der Lage ist. Deshalb scheiden z. B. die bürgerlichrechtliche Gesellschaft und eine Gütergemeinschaft aus. Dasselbe gilt ohne Frage für die Erbengemeinschaft, soweit es sich darum handelt, ob eine Kommanditgesellschaft mit einer Erbengemeinschaft als Kommanditistin gegründet werden oder ob eine solche Gemeinschaft in eine bestehende Kommanditgesellschaft als Kommanditistin eintreten kann. Denn der Erbengemeinschaft fehlt die Möglichkeit des selbständigen Auftretens im Rechtsverkehr; sie ist, wie das Oberlandesgericht Dresden richtig bemerkt, in ihrer Zusammenfassung kein besonderes Rechtsgebilde, das als solches Rechte erwerben und Verbindlichkeiten übernehmen könnte. Daraus folgt aber nichts für die Frage, wie es zu halten ist, wenn ein Kommanditist mit Hinterlassung mehrerer Erben stirbt, ob nicht in diesem Falle die Erbengemeinschaft als Kommanditistin in das Handelsregister eingetragen werden kann oder gar muß. Diese Frage ist allein aus § 177 HGB. zu entscheiden, wonach der Tod eines Kommanditisten die Auflösung der Kommanditgesellschaft nicht zur Folge hat. Danach treten die Erben des Kommanditisten ohne weiteres, ohne irgendwelche Erklärung von ihrer Seite, in die Rechtsstellung des Verstorbenen als Kommanditisten-Gesellschafters ein, sofern nicht der Gesellschaftsvertrag die Fortsetzung der Gesellschaft mit dem oder den Erben des Kommanditisten ausschließt (was im vorliegenden Falle nicht zutrifft). Solange die Erbschaft noch nicht auseinandergesetzt ist, die ungeteilte Erbengemeinschaft also noch besteht, kann vom Vorhandensein mehrerer einzelner Kommanditisten als Erben des verstorbenen Kommanditisten nicht die Rede sein. Denn der Nachlaß des Erblassers ist insolange noch Gesamtgut, an dem die Miterben zwar nach Maßgabe ihrer Erbteile berechtigt sind, an dessen einzelnen Bestandteilen aber keinem von ihnen ein Bruchteil zusteht. Das gilt auch von der Kommanditeinlage des Verstorbenen; auch sie gehört bis zur Auseinandersetzung den Miterben gemeinschaftlich zur gesamten Hand. Infolgedessen ist während Bestehens der Erbengemeinschaft auch eine Eintragung der mehreren Erben als Kommanditisten — je mit einer bestimmten Einlage als Teil der Einlage des Erblassers — nicht möglich. Da die Erben zur Aufgabe der Gemeinschaft nicht gezwungen werden können, bleibt in solchem Falle nichts anderes übrig, als daß die Erbengemeinschaft als Kommanditistin eingetragen wird. Dasselbe muß der Fall sein, wenn der Erblasser-Kommanditist beim Vorhandensein mehrerer Erben die Auseinandersetzung ausgeschlossen hat (§ 2044 BGB.) oder wenn aus den in §§ 2043, 2045 BGB. erwähnten Gründen ein Aufschub der Teilung nötig wird. Es handelt sich hierbei um eine lediglich als Folge der Vorschrift des § 177 HGB. anzusehende und auf ihr beruhende unvermeidliche Ausnahme von dem Grundsatz, daß eine Erbengemeinschaft nicht Kommanditisten-Eigenschaft haben kann, weil sie kein selbständiges Rechtsgebilde und nicht selbst Träger der erbschaftlichen Rechte und der Nachlaßverbindlichkeiten ist. Wollte man diese Ausnahme nicht zulassen, so wäre die Folge, daß während der Dauer der Erbengemeinschaft überhaupt keine der wahren Sach- und Rechtslage entsprechende Eintragung gemacht werden könnte.

Rechte Dritter werden durch die Zulassung der Erbengemeinschaft als Kommanditistin nicht beeinträchtigt. Das Oberlandesgericht Dresden bemerkt mit Recht, daß die Verpflichtung zur Leistung der vom Erblasser-Kommanditisten nicht oder nicht voll eingezahlten Einlage auf die Miterben als Gesamtschuldner übergeht und daß sie mit dem Nachlaß und auch persönlich für das Fehlende haften.

Aus diesen Gründen hat der Senat im Anschluß an die Entscheidung des Kammergerichts vom 10. Januar 1913 (KGJ. Bd. 44 A Nr. 33) der weiteren Beschwerde stattgegeben; a. M. Oberlandesgericht Hamburg in der oben angeführten Entscheidung; Staub-Pinner HGB. 13. und 14. Aufl. § 161 Anm. 6, § 177 Anm. 1;

Düringer-Hachenburg HGB. 4. Bd. § 177 Anm. 5; Kretzschmar im ZentrBl. für freiwill. Gerichtsbarkeit und Notariat 1917 S. 1flg., besonders S. 10 bis 12.

---

85. Sind bei der sog. freien Aufwertung nur die Vermögensverhältnisse der Beteiligten zu Anfang des Jahres 1924 zu berücksichtigen, oder können auch später eingetretene Vermögenseinbußen des Verpflichteten für das Maß der Aufwertung in Betracht gezogen werden?

BGB. § 242.

II. Zivilsenat. Urt. v. 15. Januar 1929 i. S. Adele T. u. Gen. (Bekl.) w. Dora T. (Kl.). II 273/28.

I. Landgericht Lüneburg.
II. Oberlandesgericht Celle.

Die Klägerin ist die Witwe des am 30. August 1919 kinderlos verstorbenen Richard T., der durch Testament die vier Kinder seiner Schwester Agnes M. geb. T. und die zwei Kinder seines Bruders Wilhelm T. zu seinen Erben eingesetzt hatte. Richard T. hatte mit seinem im November 1919 verstorbenen Bruder Julius T. unter der Firma W. Kr. ein Mühlenunternehmen in offener Handelsgesellschaft betrieben. Nach dem zwischen beiden Brüdern am 12. Dezember 1912 abgeschlossenen Vertrag sollte das Geschäft, wenn Richard vor dem 1. Mai 1924 sterben würde, als Ganzes auf Julius T. übergehen; der Geschäftsanteil des Richard sollte bei dessen Tode unverzüglich festgestellt werden und bis zum 1. Mai 1924 als Darlehen der Erben dem Geschäft weiter zur Verfügung stehen, so jedoch, daß Julius und seine Erben es mit 5% zu verzinsen hatten und es ihrerseits jederzeit zurückzahlen durften.

Dementsprechend wurde nach dem Tode des Richard T. sein Bruder Julius T. Alleininhaber der Firma W. Kr. Das Guthaben der 6 Erben wurde am 30. August 1919 auf 740000 M. festgestellt. Als dann Julius T. im November 1919 starb, wurde er von den Beklagten zu 1 bis 3, seiner Witwe und seinen Kindern Julius und Ilse beerbt. Die Tochter wurde abgefunden und das Geschäft wurde dann unter der alten Firma von der Witwe und dem Sohn Julius fortgesetzt.

Nach einer am 14. August 1920 erfolgten Zahlung der Firma an die Richard T.schen Erben in Höhe von 240000 M. belief sich deren Restguthaben noch auf 500000 M. Nach Beendigung der Inflation verhandelten die Richard T.schen Erben mit der Firma W. Kr. über die Aufwertung dieses Restguthabens auf der Grundlage von 46000 GM. Bei Erlaß der Dritten Steuernotverordnung vom 14. Februar 1924 waren diese Verhandlungen noch im Fluß. Nunmehr bot die Firma den Erben am 21. Februar 1924 15% von 46000 GM. = 6900 GM., zahlbar am 1. Mai 1924, an. Das Angebot blieb jedoch unbeantwortet.

Die Firma W. Kr. wurde am 14. März 1924 mit Aktiven und Passiven in die neugegründete R.-Aktiengesellschaft eingebracht, wobei diese (die Beklagte zu 4) die hier fragliche Schuld einschließlich aller Nebenkosten und der etwaigen Aufwertungssteuer bis zum Betrag von 15000 GM. übernahm. Demgemäß hat sie den Erben des Richard T. je 1150 GM., insgesamt also die erwähnten 6900 GM., am 14. Mai 1924 zur Verfügung gestellt und später auch ausgezahlt.

Die Klägerin hat weitere Aufwertung beansprucht mit der Behauptung, die Erben des Richard T. hätten ihr mit Urkunde vom 10. August 1925 ihre Ansprüche gegen die Julius T.schen Erben und die Beklagte zu 4 abgetreten. Sie meint, durch die Zahlung der 6900 GM. im Jahre 1924 seien ihre Aufwertungsrechte nicht erloschen; da es sich um ein gesellschaftsähnliches Beteiligungsverhältnis handle, sei gemäß §§ 62, 63 Abs. 2 Nr. 1 AufwG. Aufwertung nach allgemeinen Grundsätzen ohne Beschränkung auf 25% des Goldmarkbetrags zulässig. Unter Vorbehalt weitergehender Ansprüche verlangt sie nunmehr Verurteilung der 4 Beklagten als Gesamtschuldner zur Zahlung von 30000 GM. nebst Zinsen. Die Beklagten erblicken in der Annahme der 6900 RM. durch die Erben des Richard T. einen Vergleich, der die Sache endgültig erledigt habe. Da es sich um eine Vermögensanlage handle, könne die Aufwertung nicht über 25% hinausgehen. Abgesehen hiervon ließen auch die Vermögensverhältnisse der Beklagten ein Hinausgehen über diese Grenze nicht zu.

Nachdem das Landgericht gegen die Beklagten ein Teilurteil in Höhe von 8000 RM. erlassen und das Oberlandesgericht durch rechtskräftig gewordenes Erkenntnis die Berufung der Beklagten zurückgewiesen hat, ist jetzt nur noch der Restbetrag von 22000 RM. im Streit. Das Landgericht hat die Beklagten zu 1 bis 3 als Gesamtschuldner zur Zahlung weiterer 22000 RM. nebst Zinsen, die Beklagte zu 4 dagegen nur in Höhe weiterer 100 RM. als Gesamtschuldnerin verurteilt. Die Berufung der Beklagten zu 1 bis 3 war erfolglos. Ihre Revision führte zur Aufhebung und Zurückverweisung.

Gründe:

Der Berufungsrichter wendet die Grundsätze der freien Aufwertung an, indem er das Vorliegen einer Vermögensanlage verneint. Es habe sich lediglich um eine Stundung der Herausgabe des Geschäftsanteils des verstorbenen Richard T. gehandelt; an dem Beteiligungsverhältnis sei nichts geändert, nur die demnächst auszuzahlende Summe und der Zeitpunkt der Zahlung seien festgelegt worden. Der Wille, unter Aufhebung des alten Schuldverhältnisses an dessen Stelle einen neuen Schuldgrund zu setzen, habe gefehlt. Ein solcher Schuldumwandlungswille könne sich zwar auch aus den begleitenden Umständen ergeben; es sei jedoch aus einer Vereinbarung dahin, daß der Schuldbetrag darlehensweise geschuldet werden solle, für sich allein nicht zu folgern, daß der Anspruch seine ursprüngliche rechtliche Bedeutung eingebüßt habe. Demnach liege ein Fall der Aufwertung nach allgemeinen Vorschriften vor (AufwG. §§ 62, 63 Abs. 2 Nr. 1).

Diese Ausführungen des Berufungsrichters stehen im Einklang mit der ständigen Rechtsprechung des Reichsgerichts (RGZ. Bd. 113 S. 201; JW. 1927 S. 1360) und enthalten keinen rechtlichen Verstoß.

Nicht zu billigen ist es dagegen, wenn der Berufungsrichter für die Höhe der Aufwertung nur die Vermögensverhältnisse der Rechtsvorgänger der Klägerin und die der Beklagten in der Zeit von Anfang 1924 als ausschlaggebend ansieht und es grundsätzlich ablehnt, auch Vermögenseinbußen zu berücksichtigen, welche die Beklagten zu 1 und 2 in der späteren Zeit erlitten haben sollen. Dieser Standpunkt würde dazu führen, daß der Richter unter Umständen den Schuldner zur Zahlung einer Aufwertungssumme verurteilen müßte, die zwar seinen Vermögensverhältnissen von Anfang 1924 entsprechen, seine wirtschaftlichen Kräfte zur Zeit des Urteils aber völlig erschöpfen und seine Zahlungsunfähigkeit herbeiführen oder seine wirtschaftliche Existenz vernichten würde. Gerade der zur Entscheidung stehende Fall zeigt (die Richtigkeit der Behauptungen der Beklagten vorausgesetzt), zu welch unbilliger Härte die Auffassung des Berufungsrichters führen kann. Wie das angefochtene Urteil feststellt, hatten die Beklagten zu 1 und 2 zu Anfang 1924 die ihnen gehörige Firma W. Kr. in die Aktiengesellschaft R. aufgehen lassen. Für ihre mit 300000 RM. bewertete Sacheinlage erhielten sie je 150000 RM. Aktien, die damals auch nach Annahme des Berufungsrichters einen tatsächlichen Wert von zusammen 300000 RM. hatten. Die Aktiengesellschaft hat jedoch angeblich mit Verlust gearbeitet, was sehr bald ein außerordentliches Sinken des Kurses der Aktien herbeigeführt haben soll; und wenn die im März 1928 unternommenen Verhandlungen wegen Verkaufs der R. zum Ziele führen, sollen die Beklagten zu 1 und 2 statt der 300000 RM. Aktien insgesamt 40000 RM. erhalten, d. h. den nämlichen Betrag, den die Klägerin durch Zahlung der R. (mit 15000 RM.) und als Aufwertung der 240000 M. (mit 20000 bis 25000 RM.) bereits erhalten hat.

Weist schon der § 63 Abs. 4 AufwG. durch die Bezugnahme auf die §§ 25, 26 und 28 und durch seine Bestimmungen über die Fälligkeit und die Verzinsung darauf hin, daß im Rahmen des „billigen Ermessens" auch bei der sog. freien Aufwertung der wirtschaftlichen Lage des Schuldners Rechnung zu tragen ist, so kommt noch hinzu, daß die rechtliche Grundlage für die freie Aufwertung der § 242 BGB. bildet. Nach den Grundsätzen von Treu und Glauben ist ein billiger Ausgleich der beiderseitigen Interessen zu suchen. Billig kann man aber einen Ausgleich nur dann nennen, wenn nicht außer acht bleibt, wie weit Gläubiger und Schuldner von den Wirkungen der Inflation betroffen worden sind. Der Berufungsrichter begründet seine Meinung, daß der Anfang des Jahres 1924 der maßgebende Zeitpunkt für die Beurteilung der beiderseitigen Vermögensverhältnisse sei und nachträgliche Änderungen außer Betracht zu bleiben hätten, damit, daß um jene Zeit feste Währungsverhältnisse eingetreten seien und von da an das Schwinden der Kaufkraft nicht mehr auf der Inflation beruhe.

An dieser Begründung ist soviel richtig, daß die Aufwertung im wesentlichen dazu dienen soll, die Wirkungen der Geldentwertung möglichst (d. h. unter Berücksichtigung aller Belange der beiden Parteien) wieder auszugleichen, und daß durch die Festigung der deutschen

Währung einer weiteren Geldentwertung mit ihrer den Gläubiger schädigenden Wirkung vorgebeugt wurde. Durch die Einführung der Renten- und später der Reichsmark wurde es möglich, den wirklichen Wert von Forderungen aus der Inflationszeit in eine für die Zukunft stets gleich bleibende, in Renten- und Reichsmark auszudrückende Größe umzurechnen. Die so ausgedrückte Größe ist jedoch noch nicht die Aufwertungsforderung, sondern stellt nur deren Höchstbetrag dar (Aufwertung zu 100%). Aus der Tatsache, daß Anfang 1924 oder richtiger im letzten Drittel des November 1923 feste Währungsverhältnisse eintraten, ergibt sich keineswegs, daß nun auch für die Aufwertung ausschließlich die Vermögensverhältnisse beider Teile, wie sie damals waren, zugrunde gelegt werden müßten. Das folgt auch nicht daraus, daß damit das Schwinden der Kaufkraft nicht mehr auf der Inflation beruht hat. Richtig ist zwar, daß die Kaufkraft der Reichsmark seit Anfang 1924 abgenommen hat, daß eine ähnliche Beobachtung der schwindenden Kaufkraft des Geldes auch in Ländern mit fester Valuta gemacht worden ist, und daß die in Deutschland beobachtete Erscheinung nicht mit einer Verschlechterung der deutschen Valuta zusammenzuhängen braucht. Allein inwiefern die Kaufkraft der Reichsmark und ihr Schwinden mit der hier zu beantwortenden Frage in Zusammenhang zu bringen sein soll, ist nicht ohne weiteres verständlich. Denn die Entwicklung der Vermögensverhältnisse der Beklagten nach dem Jahre 1924 hat mit der Kaufkraft der deutschen Reichsmark nichts zu tun. Der Wert der Aktien der Beklagten soll ja nicht durch die Kaufkraft der Reichsmark beeinflußt worden sein, sondern dadurch, daß das Werk schlecht arbeitet, seit Jahren keine Dividende verteilt und auch für die Zukunft kein Gedeihen verspricht.

Wenn der Berufungsrichter weiter ausführt, daß etwaige nachträgliche Vermögensverluste der Beklagten zu 1 und 2 ebensowenig zu einer Verminderung ihrer Schuld führen könnten, wie vor dem Kriege die Entwicklung der Vermögensverhältnisse des Schuldners Einfluß auf das Bestehen des Schuldanspruchs gehabt habe, so ist auch das nicht stichhaltig. In dieser Beziehung genügt es, auf die Ausführungen des IV. Zivilsenats im Urteil vom 6. Februar 1928 IV 261/27 (JW. 1928 S. 1390) und auf die Ausführungen Mügels daselbst und zum Urteil des VII. Zivilsenats vom 2. Oktober 1928 VII 67/28 (JW. 1929 S. 361) hinzuweisen. Im erstgenannten Urteil heißt es: „Durch die Entstehung oder Erhebung eines Aufwertungsanspruchs, als des Anspruchs auf eine durch die Geldentwertung notwendig gewordene anderweitige Bestimmung des Betrags einer in entwerteter Währung ausgedrückten Geldforderung, wird zwar die alte Forderung noch nicht in eine solche auf eine Geldsumme von anderem Nennbetrag umgewandelt. Zu jeder Zeit ist ein bestimmter Geldbetrag als der derzeitige Aufwertungsbetrag anzusehen. Er ist aber nur in dem Sinne Inhalt des Schuldverhältnisses, daß er je nach der weiteren Entwicklung der Verhältnisse Änderungen unterliegt. Zum Abschluß kommt die Entwicklung erst, wenn die Art der Leistung durch Vertrag oder Urteil festgestellt wird. Erst von da an tritt an die Stelle des Anspruchs auf eine nach Treu und Glauben zu bestimmende Leistung wieder ein Anspruch auf Zahlung einer bestimmten Geldsumme". Im Verlauf jener Entscheidung wird dann das Vorgehen des damaligen Berufungsrichters gebilligt, der zwar nicht vom Vermögensstand zur Zeit des Urteils, sondern aus bestimmten, näher dargelegten Gründen vom 6. November 1924 ausgegangen ist und die vom Schuldner später vorgenommenen Vermögensschiebungen berücksichtigt hat

Wenn sich die Aufwertung erst durch das Urteil selbst vollzieht, und wenn bei den vom Richter zu berücksichtigenden beiderseitigen Interessen auch die Vermögensverhältnisse der Parteien und das Maß, in dem sie von der Inflation betroffen wurden, in Betracht zu ziehen sind, so würde der Richter, der sich ein zutreffendes Bild von den Vermögensumständen der Beteiligten verschaffen soll, vor eine häufig sehr schwierige Aufgabe gestellt sein, falls er gerade den Anfang des Jahres 1924 zugrundelegen müßte. Auch die Parteien werden sehr häufig nicht mehr in der Lage sein, nachträglich in zuverlässiger Weise ihre damaligen Vermögensverhältnisse wiederzugeben. Man darf dabei nicht außer acht lassen, daß das Aufwertungsgesetz selbst erst vom 16. Juli 1925 datiert, daß über das Recht auf Aufwertung, ihr Maß usw. in allen Kreisen große Ungewißheit herrschte und daß sich zwar die Wende des Jahres 1923 auf 1924 als der Zeitpunkt, wo wieder feste Geldverhältnisse eintraten, stark abhob, daß dieser Zeitpunkt aber noch keineswegs eine Beruhigung in den wirtschaftlichen Verhältnissen brachte. Denn die schädlichen Wirkungen der Inflation, die unser wirtschaftliches Leben erschüttert hatten, hörten mit der Festigung der Währung nicht ohne weiteres auf. Einmal blieb die Kaufkraft der Goldmark von Anfang Januar 1924 nicht gleich, genau so, wie die sog. Preissteigerung der Waren während der Inflation mit dem Sinken der Papiermark nicht gleichen Schritt gehalten hatte, sondern ihm immer erst nachgefolgt war, so daß tatsächlich die Kaufkraft der Papiermark, gemessen an der Goldmark oder dem Dollar, während der Inflation weit größer war als ihr Goldwert. Sodann setzte sich dieses Nachhinken noch mehrere Monate nach der Festigung fort, sodaß erst während der zweiten Hälfte des Jahres 1924 ein wirklicher Ausgleich in den Warenpreisen eingetreten war. Vor allem hatte aber die zu Beginn des Jahres 1924 eingetretene Geldknappheit im Zusammenhang mit dem ungewöhnlich hohen Zinsfuß für Kredite (bis zu 6% monatlich, später bis zu 4% und 2%) verheerende Wirkungen für das deutsche Wirtschaftsleben; viele Vermögen, welche die Inflation überdauert hatten, wurden dadurch zerstört oder doch stark verringert. Wollte man dies bei der Höhe der Aufwertung völlig außer acht lassen, so würde man dem Grundgedanken, der Billigkeit, nicht gerecht. Denn jene Wirkungen waren die Folge der mit der Festigung der Währung verbundenen Beschränkung der Geldumlaufsmittel. Da es nur durch diese in unser Wirtschaftsleben tief einschneidende Maßregel möglich war, der Inflation entgegenzutreten, waren die genannten Wirkungen im Jahre 1924 mittelbar noch immer die Folge der durch die Inflation geschaffenen Sachlage, also letzten Endes auch auf die Inflation zurückzuführen.

Wie weit der Richter bei der im Rahmen der freien Aufwertung vorzunehmenden Prüfung der Verhältnisse der Parteien über den 1. Januar 1924 hinausgehen darf oder muß, richtet sich nach den Umständen des einzelnen Falles. Deshalb ist er ohne weiteres in der Lage, augenscheinlichen Verschleppungsversuchen der Parteien zu begegnen, mit denen bezweckt wird, die spätere Entwicklung der eigenen oder der gegnerischen Vermögensverhältnisse bei der Höhe der Aufwertung in die Wagschale zu werfen. So wird sich auch der im Verzug befindliche Schuldner nicht auf eine nach Eintritt seines Verzugs entstandene ungünstige Vermögenslage berufen können.

86. 1. Zur Frage der Sachbefugnis bei abgetretenen Ansprüchen auf Schadensersatz wegen nicht rechtzeitiger Erfüllung. 2. Welcher Verjährung unterliegt ein Anspruch auf Vergütung, die für die Übertragung von Auflassungsrechten an Grundstücken vereinbart ist?

BGB. §§ 195, 196 Nr. 7, § 398.

II. Zivilsenat. Urt. v. 22. Januar 1929 i. S. Sch. (Kl.) w. Elektrowerke AG. (Bekl.). II 315/28.

I. Landgericht III Berlin.
II. Kammergericht daselbst.

Der Kläger, von Beruf Bauingenieur, bohrte seit dem Jahre 1908 in der Bitterfelder Gegend nach Kohlen. Er erwirkte im Jahre 1910 von Grundbesitzern in der Gemarkung P. notarielle Urkunden, worin ihm zu bestimmten Preisen Äcker und Wiesen mit bindender Wirkung zum Kauf angeboten wurden, im ersten Falle bis zum 1. Oktober 1912, im zweiten bis zum 15. April 1914. Er nahm diese Angebote am 28. September 1912 und 15. April 1914 in notariellen Urkunden an, und zwar im zweiten Falle namens einer am selben 15. April 1914 von ihm und seiner Ehefrau mit 20000 M. Stammkapital gegründeten Gesellschaft mbH. M. M., deren Geschäftsführer er war und die im Juni 1914 ins Handelsregister eingetragen wurde. Am 15. Juli 1914 wurden mit der S. Braunkohlengesellschaft mbH. in H., deren gesamtes Vermögen später von der jetzigen Beklagten übernommen worden ist, drei Urkunden verabredet und aufgenommen. In der ersten, notariellen Urkunde trug der Kläger seine Rechte auf den Erwerb des Eigentums an den Grundstücken von R., wie 1910/12 erworben, zu gleichen Bedingungen der S. Braunkohlengesellschaft mbH. an, die am 29. September 1915 rechtzeitig annahm. Mit der zweiten, ebenfalls notariellen Urkunde traten der Kläger und seine Frau die gesamten Geschäftsanteile der M. M. GmbH. gegen Erstattung der nach Angabe des Klägers auf das Stammkapital eingezahlten 5000 M. gleichfalls an die S. Braunkohlengesellschaft mbH. ab, welche die 5000 M. am 8. Oktober 1915 zu zahlen hatte. Mit der dritten (privatschriftlichen) Urkunde versprachen die Geschäftsführer der S. Braunkohlengesellschaft mbH. dem Kläger für die Zuführung mehrerer Geschäfte betreffend den Erwerb von Kohlenfeldern, insbesondere in den Fluren von R., eine „Gesamtprovision" von 100000 M., zahlbar unter bestimmten Voraussetzungen gleichfalls am 8. Oktober 1915. In einem durch drei Instanzen gegangenen Vorprozeß, den die Ehefrau des Klägers in abgetretenen Rechten ihres Mannes gegen die S. Braunkohlengesellschaft mbH. angestrengt und gegen die jetzige Beklagte zu Ende geführt hat, sind der damaligen Klägerin im Jahre 1924 in aufgewerteter, wertbeständiger Form 105000 M. für die Geschäftsanteile und die Gesamtprovision rechtskräftig zugesprochen worden.

Mit der jetzigen, am 9. Mai 1927 zugestellten Klage verlangt der Kläger Schadensersatz wegen verspäteter Zahlung der 105000 M. im Teilbetrag von 5000 RM. Die Beklagte hat die Sachbefugnis des Klägers für die Zeit nach der Abtretung bestritten und gegen den gesamten Anspruch die Einrede der Verjährung erhoben. In beiden Vorinstanzen wurde der Kläger abgewiesen. Auf seine Revision wurde das Urteil aufgehoben und die Sache an das Berufungsgericht zurückverwiesen.

Aus den Gründen:

Der Vorderrichter hält den Kläger zur Geltendmachung des nach der Abtretung vom Oktober 1916 erwachsenen Schadens nicht für sachberechtigt, auch nicht für befugt, den § 1380 BGB. zur Begründung seiner Sachberechtigung heranzuziehen, weil darin eine Klagänderung liege. Wegen des älteren Schadens erachtet er die Einrede der Verjährung für durchgreifend. Diese Entscheidung ist in keinem Teile haltbar.

1. Der Kläger hat an seine Ehefrau nicht seine gesamten Ansprüche aus dem Rechtsverhältnis zur S. Braunkohlengesellschaft mbH. abgetreten, sondern, wie im Berufungs- und im Revisionsurteil des Vorprozesses gesagt ist, seine Forderungen aus den Verträgen mit der S. Braunkohlengesellschaft „in Höhe von 125000 M.". Aus dem Inhalt dieser Abtretung kann nichts dafür abgeleitet werden, daß der Kläger seiner Ehefrau neben den Hauptansprüchen auch Schadensersatzansprüche in irgendwelchem Umfang mit abgetreten habe, die nach § 288 Abs. 2 BGB. wegen nicht rechtzeitiger Erfüllung neben dem im Vorprozeß geltend gemachten und zuerkannten Verzugszinsenanspruch begründet waren. Dementsprechend hat im

gegenwärtigen Rechtsstreit der erste Richter mit Recht ausgesprochen, es lägen keinerlei Umstände vor, aus denen der Wille zu einer solchen Abtretung hervorgehe; eine Abtretung der vor 1917 entstandenen Schadensersatzansprüche könne daher nicht angenommen werden. Auch das Berufungsgericht hat erklärt, es sei nicht ohne weiteres anzunehmen, daß mit der Abtretung Schadensersatzansprüche aus der Zeit vor der Abtretung auf die Ehefrau übergegangen seien. Die Unterscheidung zwischen Schadensersatzansprüchen „aus der Zeit vor der Abtretung", die verjährt sein sollen, und „aus der Zeit nach der Abtretung", wofür der Kläger nicht sachberechtigt sein soll, darf aber auch in dem — gegebenen — Falle, daß jene Abtretung nicht vorliegt, nicht in der geschehenen Weise gemacht werden. Einmal ist zu beachten, daß aus der Nichtzahlung auf den im Vorprozeß angenommenen Verfalltag (8. Oktober 1915, also über ein Jahr vor der Abtretung) Schadenswirkungen beim damaligen Gläubiger, dem Kläger, eingetreten sein können, die im Zeitpunkt der Abtretung noch nicht abgeschlossen waren. Das erhellt sofort, wenn man sich den Fall denkt, daß der Kläger gegen Gewährung des Nennbetrags von 105000 M. abgetreten, also nur die geschuldete Geldsumme in die Hand bekommen hätte. Damit wären Schäden, die dadurch erwuchsen, daß er nicht die Summe ein Jahr zuvor zur Verfügung hatte, mit ihr arbeiten, eingegangene Geschäfte ausführen konnte, weder beseitigt noch beendigt gewesen. Gerade in solcher Richtung bewegt sich aber die Schadensbegründung des Klägers: er habe außer dem in den Abmachungen mit der S. Braunkohlengesellschaft verwerteten Felderwerb noch andere Kaufangebote über Grubenfelder und Baustellenland abgeschlossen, habe aber beim Mangel des ihm geschuldeten Kapitals diese Erwerbungen nicht verwerten können; auch habe er für die Erschließung von Kohlenfeldern, die er infolge des Zahlungsverzugs der Beklagten nicht habe ankaufen können, 7000 M. vergeblich verauslagt, endlich seiner Ehefrau 10000 GM. für Prozeßkosten zur Verfügung stellen müssen. Dafür sei die nicht rechtzeitige Zahlung des geschuldeten Betrags an ihn ursächlich. Seine Absicht sei dahin gegangen, die Kohlenfelder zu verwerten, indem er nach und nach, sobald er in den Besitz der 105000 M. gelangt wäre, die Kaufangebote angenommen und die Kohlenfelder dann weiter verkauft und dies immer wiederholt hätte. Die Abtretung an seine Frau würde auch gar nicht erfolgt sein, wenn die Zahlung am 8. Oktober 1915 rechtzeitig geschehen wäre. Der Kläger sucht also den ganzen geltendgemachten Schaden damit zu begründen, daß nicht an ihn, solange er Gläubiger war, gezahlt worden sei. Indessen kommt es hierauf nicht einmal an. Allerdings können dann, wenn die Abtretung eine Vermögenszuwendung enthält, spätere mit der Person des Abtretungsempfängers zusammenhängende Ereignisse einen weiteren Schaden verursachen, der für diesen selbst einen Ersatzanspruch entstehen läßt. Anders liegt aber die Sache hier. Der Kläger hat in der Klage behauptet (und das hat sich schon im Vorprozeß ergeben, wo die Nichtigkeit der Abtretung eingewendet war), er habe die Forderungsabtretung an seine Ehefrau nur zur Sicherung wegen ihres eingebrachten Gutes von rund 19000 M. vorgenommen, und er behauptet weiter, im Innenverhältnis zwischen ihnen beiden sei sie verpflichtet gewesen, ihm die überschießenden rund 85000 M. sofort herauszugeben, womit er seine Geschäfte hätte abwickeln können. In solchem Falle liegt die Sache rechtlich so: Zwar ist auch die Abtretung zu Sicherungszwecken als Vollabtretung anzusehen mit der Folge, daß zum Wiedererwerb Rückabtretung erforderlich ist (RGZ. Bd. 99 S. 143, Bd. 102 S. 386; JW. 1929 S. 182 Nr. 15); auch kann eine Abtretung zum Einzug unter der Form der Vollabtretung vor sich gehen. Aber eine Vermögenszuwendung ist damit nicht verbunden, wie denn die Forderung z. B. im Konkurse der Frau vom Manne ausgesondert werden kann und gar nicht in das eingebrachte Gut der Ehefrau als Abtretungsempfängerin fällt. Damit scheidet die Heranziehung des § 1380 BGB. für die Berechtigung des Klägers am Klaganspruch sachlich aus. In solchem Falle ist der wirklich Geschädigte bei weiterer Nichtzahlung auch nur der Abtretende, nicht die Frau, in deren Person hier die Entstehung anderen Schadens als des bereits im Vorprozeß ausgeglichenen Geldentwertungsschadens gar nicht behauptet wird. Diesen *seinen* Schaden aus Ursachen, die nach der Abtretung liegen — einen Schaden, den nach RGZ. Bd. 107 S. 134 auch die Frau hätte mitverfolgen können — muß der Kläger, der zudem offenbar mit Zustimmung seiner Frau handelt, auch selbst geltend machen können. Hiernach ist er berechtigt, den gesamten Schaden wegen verzögerter Erfüllung beizutreiben, soweit er nicht schon im Vorprozeß ausgeglichen ist.

2. Die von der Beklagten erhobene Einrede der Verjährung ist nicht begründet. Die Rechtsgeschäfte mit der S. Braunkohlen-

gesellschaft vom 15. Juli 1914 haben in Ansehung der Geschäftsanteile der GmbH. die Rechtsform der Abtretung gegen Entgelt, also eines Kaufs der Geschäftsanteile. Hierbei sind als Verkäufer zu 19 Teilen der Kläger, zu einem Teil seine Ehefrau bezeichnet. Wegen der Felder auf Gemarkung R. hat der Kläger ein — am 29. September 1915 angenommenes — Angebot auf Erwerb seiner Auflassungsansprüche gegen Übernahme der ihm obliegenden Zahlungen gemacht; es handelt sich also wieder um einen Kauf von Rechten. Das Provisionsversprechen von 100000 M. ist für Zuführung von Erwerbsgeschäften über Kohlenfelder, also für Leistung von Diensten gegeben. Die Gerichte der zweiten und dritten Instanz im Vorprozeß haben aber hierin ein einheitliches Geschäft, eine käufliche Überlassung der Auflassungsansprüche an die Grundbesitzer von R. und P. für 100000 M. gesehen.

Im gegenwärtigen Rechtsstreit erklärt das Berufungsgericht im Anschluß an die Ausführungen des ersten Richters wieder, auf die Rechtsform komme es nicht an, sondern auf die vom Kläger ausgeübte wirtschaftliche Funktion, und findet in den Geschäften nur eine Vermittlertätigkeit, weil sie den Bergbauinteressenten die Möglichkeit zum Erwerb der erforderlichen Felder hätten verschaffen sollen, sei es durch Weiterveräußerung der Felder selbst, sei es durch Übertragung von Optionsrechten. Der Kläger habe, sagt der Vorderrichter, die Felder mangels des erforderlichen Kapitals gar nicht selbst oder durch die von ihm gegründete Gesellschaft ausbeuten wollen. Er geht damit über die unter Beweis gestellte Behauptung des Klägers weg, dieser habe ursprünglich die von ihm in der Bitterfelder Gegend erschlossenen oder sichergestellten Kohlenfelder selbst oder durch die von ihm gegründete Gesellschaft mbH. auszubeuten beabsichtigt und gar nicht daran gedacht, sie an Dritte zu verkaufen. Für unerheblich erachtet das Berufungsgericht die weitere Erklärung des Klägers, er sei durch Versprechungen zu den Abmachungen vom 15. Juli 1914 „verleitet" worden; die Wahl der Anstellung der Grubenfelder zum gleichen Preis und eines „Gesamtprovisionsanspruchs" sei nur aus steuerlichen Rücksichten erfolgt.

Endlich unterstellt der Vorderrichter die dem Kläger versprochene Vergütung durchweg der kurzen Verjährung des § 196 Nr. 7 BGB. Dem kann nicht beigepflichtet werden. Der § 196 BGB. stellt eine Reihe von Ansprüchen bestimmter Art zusammen, die unter den

Gesichtspunkt der Geschäfte des täglichen Verkehrs fallen und nach ihrer Zahl und ihrer in der Regel untergeordneten Bedeutung in kurzer Zeit vollständig abzuwickeln sind. Hierbei liegt neben dem Beruf des Anspruchsberechtigten und dem Gegenstand des Anspruchs auch auf der rechtlichen Natur der Ansprüche entscheidendes Gewicht. Wirtschaftliche Betrachtungen können die Anwendung dieser Vorschriften nicht begründen. Im Streitfall handelt es sich überall um Ansprüche aus Verkauf von Rechten, nicht aus Dienstverträgen irgendwelcher Art, wie sie § 196 Nr. 7 BGB. für die Regel voraussetzt. Dafür, wie die Überlassung von Geschäftsanteilen einer Gesellschaft mbH. als Leistung von Diensten oder als Besorgung eines fremden Geschäfts soll betrachtet werden können, bleibt der Vorderrichter jede nähere Begründung schuldig. Zwar kann die Gründung einer Gesellschaft mbH. den Gegenstand eines Auftrags und der Leistung von Diensten oder der Besorgung eines fremden Geschäfts bilden (RGZ. Bd. 72 S. 179); aber um einen Auftrag handelt es sich hier nicht, sondern um eine eigene Gründung, wobei die Gesellschaft mbH., zur Eintragung in das Handelsregister zugelassen, einen selbständigen Geschäftszweck gehabt haben muß, § 3 Nr. 2 GmbHG. Dieser Geschäftszweck ist auch mit dem Vertrag vom 15. Juli 1914 nicht einfach weggefallen, so wenig wie die Gesellschaft mbH. selbst. Denn in dem Vertrag ist eine Bestimmung enthalten, welche den Kläger und seine Frau zum „Rückerwerb der veräußerten Geschäftsanteile" verpflichtet, falls die S. Braunkohlengesellschaft mbH. dies bis zum 1. Oktober 1915 verlange. Die bisher unterbliebene Feststellung des satzungsmäßigen Geschäftszwecks dieser Gesellschaft mbH. wäre ein wichtiger Fingerzeig für die rechtliche und wirtschaftliche Bedeutung der Tätigkeit des Klägers überhaupt gewesen. Daß diese auch im weiteren nicht unter den rechtlichen Gesichtspunkt des Dienstvertrags gebracht werden kann, ergibt sich schon aus folgender Erwägung: Dem Kläger, der eine über Jahr und Tag sich hinziehende Spekulation in Grubenfeldern eingeleitet hat und der für seine Rechte auch andere Verwertungsmöglichkeiten gehabt hätte als die Abgabe an andere Bergbauinteressenten (z. B. die Einbringung in eine Gesellschaft anderer Art und Zusammensetzung als die hier gewählte), stand zunächst ein zur Vergütung Verpflichteter überhaupt nicht gegenüber. Nicht einmal ein Unbekannter, den die Tätigkeit anging, war vorhanden. Vielmehr vollzog der Kläger seine

Arbeit in spekulativer Absicht für sich selbst. Die Art und Weise der Verwertung ihres Ergebnisses war der Zukunft vorbehalten, wenn der Kläger dabei auch, und vielleicht in erster Linie, an den Verkauf seiner Rechte an Dritte gedacht haben mag. In gewissem Sinne, rein wirtschaftlich betrachtet, ist jede Handelstätigkeit Vermittlung von Gütern, ohne daß deshalb, wie § 196 Nr. 1 BGB. zeigt, von einer Anwendung der Nr. 7 das. auf die dadurch erworbenen Ansprüche die Rede sein könnte. Bei dieser Vorschrift ist wesentlich, daß gerade durch den gewerbsmäßigen Betrieb der Besorgung fremder Geschäfte oder der Leistung von Diensten selbst schon „gebührende Vergütungen mit Einschluß der Auslagen" erworben werden. Hiervon war keine Rede beim Kläger, der nachträglich die Ergebnisse seiner Arbeit verkauft hat. Wie es sich auch mit den von ihm unter Beweis gestellten Verwertungsabsichten verhalten mag, jedenfalls ist auf die von ihm erst am 15. Juli 1914 durch Verträge erworbenen Ansprüche § 196 Nr. 7 unanwendbar. Das Eingreifen einer andern Vorschrift des § 196, insbesondere der Nr. 1, ist weder behauptet noch ersichtlich. Danach greift hier nur die ordentliche 30jährige Verjährung Platz.

---

87. 1. Liegt ein Kontokorrent oder eine andere laufende Rechnung im Sinne von § 65 AufwG. vor, wenn bei allen Ein- und Auszahlungen stets sofort der sich danach ergebende Rechnungsstand gebucht wird? Wie ist die Rechtslage dann, wenn eine solche Buchungsweise nur im Abrechnungsbuch des Einlegers vorgenommen wird, der andere Teil aber für sich die Ein- und Auszahlungen getrennt auf der Soll- und Habenseite verbucht und nur einmal im Jahr abrechnet?

2. Zum Begriff der Vermögensanlage im Sinne von § 63 Abs. 1 AufwG. und des Beteiligungsverhältnisses nach § 63 Abs. 2 Nr. 1 das. bei einem kurzfristigen Darlehen.

I. Zivilsenat. Urt. v. 9. März 1929 i. S. F. Brauerei A.-G. (Bekl.) w. H. als Testamentsvollstrecker des Nachlasses W. (Kl.) I 316/28.

I. Landgericht Flensburg.
II. Oberlandesgericht Kiel.

Der verstorbene Rentner W. war Mitglied des Aufsichtsrats der F. Brauerei-Aktiengesellschaft und ihrer Rechtsvorgängerin, der F. E. Brauerei-Aktiengesellschaft (im folgenden zusammengefaßt als die Beklagte). Bis zu seinem Tode am 1. Januar 1923 hatte er bei der Beklagten Gelder verzinslich angelegt. Die Ein- und Auszahlungen sowie die Zinsgutschriften wurden unter sofortiger Feststellung des jeweiligen Rechnungsstandes in ein in seinen Händen befindliches Buch eingetragen. In den Büchern der Beklagten hatte W. ein Konto, worin die stattgehabten Bewegungen getrennt auf der Soll- und Habenseite gebucht und im September jeden Jahres abgerechnet werden. W. sah die Bücher der Beklagten häufiger ein und setzte bei seinem Konto, bei dem nie Beanstandungen erfolgt sind, häufiger ein „W" hinzu.

Der Kläger als Testamentsvollstrecker des W.schen Nachlasses fordert Aufwertung des Guthabens, das er für den 15. Juni 1922 zunächst auf 62812,86 GM. umrechnete und später auf 11670,29 RM. bemaß. Die Beklagte lehnte unter Berufung auf § 66 Abs. 1 und § 65 AufwG. die verlangte Aufwertung ab. Das Landgericht entsprach dem ursprünglichen Klagantrag. Die Berufung der Beklagten wurde unter Berücksichtigung des ermäßigten Klagantrags zurückgewiesen. Ihre Revision hatte keinen Erfolg.

Gründe:

Die Aufwertbarkeit der vom Erblasser der Beklagten dargeliehenen Beträge hängt in erster Linie davon ab, ob die aus der Hingabe erwachsenen Ansprüche nach dem Willen der Beteiligten in ein Kontokorrent (oder eine andere laufende Rechnung) aufgenommen worden waren. Ein Geschäftsbetrieb der in § 66 Abs. 1 AufwG. bezeichneten Art kommt bei der Beklagten nicht in Frage. Mit Recht hat das Berufungsgericht ausgeführt, ein Brauereiunternehmen werde nicht dadurch zu einem Unternehmen, dessen Geschäftsbetrieb der Anschaffung und Verleihung von Geld diene, daß es zur Förderung seines Bierabsatzes gastwirtschaftliche Betriebe mit Darlehen unterstütze und den Geldbedarf hierfür seinerseits aus Darlehen decke. Der Brauereibetrieb wird durch diese Art der Geldbeschaffung und -verwendung nicht zu einem bankmäßigen, zu dessen Gunsten das Aufwertungsverbot des § 66 geschaffen worden ist. Auszuschließen ist mit dem Berufungsgericht auch, daß es sich um den Anspruch aus einem Beteiligungsverhältnis im Sinne von § 63 Abs. 2 Nr. 1 AufwG. handle. Nach dem Vertrag als solchem war das Interesse des W. mit der Darlehenshingabe nur insoweit verknüpft, als ihm wirtschaftliche Vorteile, wie günstiger Zinssatz und erleichterte Kündigung, zugesichert waren. Er mag mit der Darlehenshingabe auch mittelbar seinen Vorteil insoweit verfolgt haben, als aus der Versorgung der Beklagten mit flüssigen Mitteln die Möglichkeit gewinnbringender Geschäftsführung und damit einer Erhöhung der ihm in seiner Eigenschaft als Aufsichtsrat zufließenden Bezüge entsprang. Insoweit liegt aber eine zum Vertragszweck gemachte wirtschaftliche Interessenverknüpfung nicht vor und damit fehlen die Kennzeichen eines Beteiligungsverhältnisses (vgl. Zeiler Nr. 838, 1257).

Demnach ist, wenn man von dem Fall der Arbeitnehmereinlage absieht, für die Frage der Aufwertbarkeit allein noch entscheidend, ob die Beteiligten im Kontokorrentverkehr (oder in einer anderen laufenden Rechnung) gestanden haben. Das angefochtene Urteil verneint ohne Rechtsirrtum, daß Beziehungen dieser Art vorgelegen hätten. Ein wesentliches Erfordernis des Kontokorrentverkehrs und der laufenden Rechnung im Sinne von § 65 AufwG. ist, daß auf Grund ausdrücklicher oder stillschweigender Vereinbarung Ansprüche und Leistungen der Parteien in regelmäßigen Zeitabschnitten gegen einander aufgerechnet werden und das Ergebnis in einem Saldo ausgedrückt wird, der eine selbständige Forderung begründet (RGZ. Bd. 115 S. 393, Bd. 117 S. 34; WarnRspr. 1926 Nr. 27, 204).

In dem Kontobuch, das der Darlehensgeber in Händen hatte, ist nun durchweg nach jeder Bewegung auf dem Konto ohne Bindung an bestimmte Zeitabschnitte der jeweilige Rechnungsstand ermittelt, vorgetragen und von der Beklagten durch Unterschrift anerkannt worden. Es sind danach keine Umstände ersichtlich, die auf den Willen der Parteien schließen ließen, in regelmäßigen Zeitabschnitten abzurechnen. Die in regelmäßigen Abschnitten erfolgte Gutschrift der Zinsen kann hierfür nicht verwandt werden, da eine solche Art der Gutschrift sich zwanglos schon aus dem Zeitpunkt der Fälligkeit dieser Nebenansprüche erklärt. Die Voraussetzungen auch nur einer laufenden Rechnung sind schon danach nicht gegeben. Es fehlt das Einverständnis der Parteien mit der Einbeziehung der Einzelposten in ein Rechnungsverhältnis, bei dem es nicht mehr auf diese Einzelposten, sondern auf den in bestimmten Zeitabschnitten ermittelten Überschuß ankommen soll. Mit Recht erachtet ferner das Berufungsgericht, das im wesentlichen auf gleichem Boden steht, an sich als unerheblich, ob die Beklagte in ihrer eigenen Buchführung das Konto des Erblassers nach Art einer laufenden Rechnung unter regelmäßigem jährlichem Abschluß geführt hat (RGZ. Bd. 115 S. 393). Nur wenn aus irgendwelchen Umständen geschlossen werden könnte, daß diese Art der Rechnungsführung, wenn auch nur im stillschweigenden Einverständnis der Parteien, die maßgebende Grundlage ihres Abrechnungsverhältnisses bilden sollte, wären die Voraussetzungen für eine laufende Rechnung und damit für das Aufwertungsverbot gegeben. Ein solcher Wille des Erblassers kann aber nicht daraus entnommen werden, daß er bei den in seiner Eigenschaft als Aufsichtsratsmitglied vorgenommenen Prüfungen der Bücher der Beklagten bei seinem eigenen Konto als Zeichen der Billigung den Anfangsbuchstaben seines Namens hinzugefügt hat. Denn in dem Buch, das der Erblasser in Händen hatte, fand keine Feststellung des Rechnungsverhältnisses nach Zeitabschnitten statt. Die Hinzufügung des Buchstabens „W" in den Büchern der Beklagten durch den Erblasser ist deshalb nicht geeignet, seine grundsätzliche Zustimmung zu der Abrechnungsweise in den Büchern der Beklagten darzutun; sie kann nach der gegebenen Sachlage ohne weiteres auch nur als Billigung lediglich des bezeichneten einzelnen rechnerischen Ergebnisses, nicht also als Bindung an das ganze Abrechnungsverfahren verstanden werden ... (Es folgt Erörterung eines weiteren Grundes des Berufungsgerichts.)

Das Aufwertungsverbot des § 65 AufwG. kommt somit schon aus diesen Gründen[1]) nicht in Betracht. Nicht beanstandet von der Revision und auch nicht zu beanstanden ist die fernere Annahme des Berufungsgerichts, daß es sich bei diesen Einzahlungen um eine Vermögensanlage handle. Die Möglichkeit kurzfristiger Rückforderung spricht nicht zwingend gegen solche Auffassung (JW. 1927 S. 1835 Nr. 15). Die Umstände des Falles (günstigere Verzinsung als bei der Anlage in einer Sparkasse in Verbindung mit der durch die eigenen Interessen des Erblassers gebotenen Rücksichtnahme auf die Geschäftslage der Beklagten bei Rückforderung größerer Beträge) sprechen vielmehr zugunsten der Auffassung des Berufungsgerichts (vgl. JW. 1928 S. 1370 Nr. 30; RGZ. Bd. 117 S. 34).

---

[1] Vgl. S. 351 dieses Bandes. D. R.

Sonach ist die Einlage des Erblassers gemäß § 63 Abs. 1, §§ 2, 3, 15, 18 AufwG. aufzuwerten. Die Berechnung des Aufwertungsbetrags selbst ist nicht beanstandet worden.

---

88. 1. Welche Wirkungen hat die Fristsetzung des Rücktrittsberechtigten gemäß § 354 BGB.?

2. Wie gestaltet sich im Falle des § 717 Abs. 2 ZPO. die Verpflichtung des Gläubigers zum Schadensersatz, wenn es sich um die Rückgabe einer im Wege der Zwangsvollstreckung weggenommenen Sachgesamtheit handelt?

II. Zivilsenat. Urt. v. 26. Februar 1929 i. S. M. K. M.-Kasinogesellschaft S. & Co., Kommanditgesellschaft (Kl.) w. B. (Bekl.). II 336/28.

I. Landgericht Breslau, Kammer für Handelssachen.
II. Oberlandesgericht daselbst.

Die Klägerin fordert vom Beklagten Rückgewähr eines an ihn verkauften Lichtspieltheaters. Der Kauf war am 4. März 1924 geschlossen worden; am 4. Juni 1924 hatten die Parteien in einem Arrestprozeß wegen Nichtzahlung von Kaufpreisraten einen Vergleich geschlossen. Da der Beklagte weiterhin in Zahlungsverzug kam, erklärte die Klägerin vertragsgemäß den Rücktritt vom Verkauf. (Der Kaufpreis betrug 60000 GM., wovon bis zum Rücktritt 32000 GM. gezahlt waren.) Auf diesen Rücktritt stützt die Klägerin den Herausgabeanspruch. Hilfsweise hat sie Herausgabe der unter Eigentumsvorbehalt mitverkauften Einrichtungsgegenstände dieses Theaters verlangt. Der Beklagte hat geltend gemacht, der Rücktritt der Klägerin sei nach seiner vergeblichen Fristsetzung wegen Nichtzahlung seiner von ihm zuerst auf mindestens 18000 GM. berechneten Rückgewähransprüche für den bezahlten Kaufpreis gemäß § 354 BGB. unwirksam geworden; hilfsweise hat er den Kaufvertrag wegen arglistiger Täuschung angefochten. Das Landgericht hat den Beklagten zur Zurückgabe des Lichtspieltheaters verurteilt, Zug um Zug gegen Zahlung von 2453,76 RM. als des nach dem Vergleich allein fällig gewordenen Drittels der vom Gericht auf 7361,28 RM. berechneten Rückgewährschuld der Klägerin. Dabei wurde Zahlung für Rechnung des Beklagten an die Kaufleute B. und C. angeordnet, zu deren Gunsten am 12. August 1924 der Rückzahlungsanspruch des Beklagten für eine Forderung von 24000 GM. und 300 GM. wöchentlicher Zinsen seit 18. Juli 1924 gepfändet und zur Einziehung überwiesen worden war.

Auf Grund einer von der Klägerin erwirkten einstweiligen Verfügung vom 30. August 1924 wurde das Lichtspieltheater am 19. September 1924 an den gerichtlich ernannten Verwalter bis zur rechtskräftigen Entscheidung des Hauptprozesses herausgegeben. Die Klägerin hat auf Grund des (gegen Sicherheitsleistung vorläufig vollstreckbaren) landgerichtlichen Urteils einen Vollstreckungsakt vornehmen lassen, worin festgestellt wurde, daß sich der Gläubiger bereits im Besitz des Lichtspieltheaters befinde und daß dieses dem Schuldner weggenommen und dem Gläubiger übergeben worden sei.

Gegen das landgerichtliche Urteil hat der Beklagte Berufung, die Klägerin Anschlußberufung eingelegt. Mit dieser hat die Klägerin noch Verurteilung des Beklagten nach dem Hilfsantrag der Klage verlangt. Das Oberlandesgericht verurteilte unter Zurückweisung der Anschlußberufung die Klägerin zur Rückgabe des Lichtspieltheaters an den Beklagten oder an einen Sequester, und zwar Zug um Zug gegen Zahlung von 17789,51 RM. nebst Zinsen.

Von den beiderseits eingelegten Revisionen hatte diejenige der Klägerin keinen Erfolg. Die Revision des Beklagten führte zur Aufhebung des angefochtenen Urteils sowie zur Abweisung der Klage und zur Verurteilung der Klägerin, dem Beklagten das Lichtspieltheater zurückzugeben.

Aus den Gründen:

Auf der Grundlage des Kaufvertrags und des Vergleichs bezeichnet der Vorderrichter die Berechtigung der Klägerin zu dem am 15. Juli 1924 wegen ferneren Zahlungsverzugs des Beklagten erklärten Rücktritt vom Kaufvertrag als unbedenklich. Dieses Rücktrittsrecht war und ist unstreitig. Dem Standpunkt der Klägerin entsprechend hält der Vorderrichter den Rücktritt aber auch nicht für nachträglich beseitigt durch die Fristsetzungen des Beklagten gemäß § 354 BGB.; er spricht deshalb dem Beklagten ein vertragsmäßiges Recht auf den Besitz und die Nutzungen des jetzt in der Verfügungsgewalt der Klägerin befindlichen Theaters ab. Hiergegen richtet sich der für alles weitere ausschlaggebende Revisionsangriff des Beklagten.

Die Entscheidung des Vorderrichters ist in diesem Punkte nicht aufrecht zu erhalten. Das Berufungsgericht meint, der Beklagte habe den Kaufpreisrest von 28000 GM. nebst Zinsen bei der Fristsetzung weder tatsächlich noch wörtlich angeboten. Nach dem Rücktritt der Klägerin bestand aber zu dieser Zeit, vor dem Unwirksamwerden des Rücktritts, keine Kaufpreisschuld des Beklagten mehr. Denn die Vertragsverpflichtungen aus dem Kauf waren durch den Rücktritt gemäß § 346 BGB. in die Rückgewährpflichten nach Maßgabe von Gesetz und Vergleich verwandelt; der Beklagte hatte keinen Kaufpreis mehr zu zahlen, sondern das Theater zurückzugewähren. Nachdem sich die Klägerin am 24. März 1925 auf Grund des erstinstanzlichen Urteils in den Besitz des Theaters gesetzt hatte, kam eine weitere Leistung des Beklagten in diesem Punkte nicht mehr in Frage. Unbefriedigt war dagegen sein Anspruch auf vergleichsgemäße Rückgewähr seiner Kaufpreiszahlungen. Sie zu fordern, war sein Recht und sie zu leisten, Pflicht der Beklagten, welche dem nicht nachgekommen ist. Nach der Feststellung des Vorderrichters ist die Rückgewähr des Theaters alsbald nach dem Rücktritt der Klägerin nicht an einer unbegründeten Weigerung des Beklagten gescheitert, sondern daran, daß die Klägerin ihre gemäß § 348 BGB. Zug um Zug zu erfüllende Rückgewährschuld unrichtig berechnet und dem Beklagten nur den geringen Betrag von 289,20 GM. angeboten hat. Gegen diese Zahlung hat der Beklagte, der die Berechnung sofort beanstandete, nach der zutreffenden Annahme des Vorderrichters die Rückgabe des Theaters mit Recht abgelehnt. Nach dem Vergleich waren die Zahlungen des Beklagten im Betrage von 32000 GM. zu 75% = 24000 GM. zurückzuerstatten. Auch wenn dabei nach §§ 346, 347 BGB. die damals noch nicht so stark angewachsenen Nutzungen und Schäden zum Ausgleich zu bringen waren und wenn auch der dann noch zurückzuzahlende Betrag zunächst nur zu einem Drittel, im übrigen in 5 gleichen Monatsbeträgen fällig wurde, so war doch das damalige Angebot, verglichen mit den Berechnungen des ersten und zweiten Richters, viel zu gering. Als Folge dieses Verhaltens der Klägerin, das die nach dem Vergleich rechtzeitige Rückgabe des Theaters verhindert hat, stellt der Vorderrichter das Fälligwerden des ganzen Anspruchs des Beklagten fest, sodaß im Zeitpunkt der

Wiedererlangung des Theaters, am 24. März 1925, auch die ganze Rückgewährforderung des Beklagten, die der Vorderrichter auf die von der Revision nicht beanstandete Summe von 17789,51 RM. berechnet, im damaligen Betrag fällig geworden war. Der Beklagte konnte nun von der Befugnis des § 354 BGB. im Verhältnis zur Klägerin ohne weiteres Gebrauch machen. Nachdem er ihr schon am 14. August 1924 eine Frist gemäß § 354 BGB. gesetzt hatte, war sie jedenfalls von da ab mit ihrer vergleichsmäßigen Zahlung im Verzug.

Der Einwand der Revision, im Vergleich seien die Folgen der Nichtzahlung durch die kassatorische Klausel erschöpfend geregelt und es sei daher für eine Befugnis des Beklagten nach § 354 BGB. kein Raum, kann nicht als begründet anerkannt werden. Dazu genügt auch nicht der Hinweis darauf, daß zwar der Klägerin für den Fall des Zahlungsverzugs des Beklagten ein Recht zum Rücktritt vom Kaufvertrag eingeräumt sei, nicht aber dem Beklagten die Befugnis, von dem Rechtsbehelf des § 354 BGB. Gebrauch zu machen. Denn zur Begründung eines vertraglichen Rücktrittsrechts — im Gegensatz zu dem auf dem Wege des § 326 BGB. zu erreichenden gesetzlichen Rücktrittsrecht — bedurfte es eines vertraglichen Vorbehalts, zur Begründung der Befugnis aus § 354 BGB. nach erfolgtem Rücktritt aber nicht. Vielmehr wäre umgekehrt zum Ausschluß dieses gesetzlichen Rechts eine vertragliche Bestimmung nötig gewesen. Alle rechtlichen Wirkungen der getroffenen Bestimmungen in einem Vergleich zu ordnen, ist für die Regel nicht angängig; es kann daher aus dem Unterbleiben einer Bestimmung über gesetzliche Folgen nicht auf deren Außerkraftsetzung durch den Parteiwillen geschlossen werden. Um eine Auslegung tatsächlicher Art handelt es sich hier nicht, weil das Vorbringen der Revision nicht auf irgendwelche äußere Umstände der Feststellung des Vergleichsinhalts gegründet, sondern rein aus dem Wortlaut der Vergleichsurkunde abgeleitet wird. Da ein gerichtlicher Vergleich in Frage steht, bei dem in besonderem Maße davon ausgegangen werden kann, daß jeder rechtlich erhebliche Vergleichswille in der Urkunde zum Ausdruck gebracht worden wäre, ist die hier wiedergegebene rechtliche Beurteilung des Urkundeninhalts um so sicherer begründet.

Der Ausübung des Rechtsbehelfs aus § 354 BGB. kann aber auch nicht mit dem Einwand der Arglist in der Weise begegnet werden, wie es der Vorderrichter im Anschluß an die unbegründete Bemängelung, der Beklagte habe bei der Fristsetzung den Kaufpreis nicht angeboten, mit der Erklärung tut, der Beklagte wolle die Verpflichtungen aus dem Kaufvertrag — auch in Zukunft — nicht erfüllen; zur Erreichung eines vertragswidrigen Zustands dürfe die Befugnis des § 354 BGB. nicht dienen; die Klägerin sei, da der Beklagte die Zahlung des Kaufpreises verweigere, abgesehen von dem Rücktrittsrecht auch auf Grund des § 326 BGB. jederzeit berechtigt, die Rückgabe des Theaters vom Beklagten zu fordern. Die Frage, ob dieser in Zukunft zahlen würde, wenn mit der Unwirksamkeit des Rücktritts der Klägerin seine Kaufpreisschuld wiederauflebte, spielt rechtlich keine Rolle für die andere Frage, ob er den Rücktritt infolge des gegnerischen Verzugs in der Rückgewähr unwirksam machen darf. Sie ist auch nicht damit entschieden, daß der Beklagte nach Fristsetzung und Fristablauf nicht gezahlt hat, wozu er infolge der Unwirksamkeit des Rücktritts der Klägerin an sich verpflichtet gewesen wäre. Der Ausspruch des Vorderrichters über das Fehlen seiner Erfüllungsbereitschaft und über seine Zahlungsweigerung ist einerseits durch die irrige Annahme bedingt, daß er schon vor dem Unwirksamwerden des Rücktritts den Kaufgeldrest anzubieten gehabt hätte, anderseits durch die von der Revision des Beklagten bekämpfte Erwägung, daß die vom Beklagten gegen den Restkaufpreis zur Aufrechnung gestellte, nach der Seite des Betrags vom Vorderrichter nicht geprüfte Schadensersatzforderung von 60000 RM. wegen der dem Beklagten in den Jahren 1925 bis 1927 durch die Klägerin entzogenen Nutzungen nicht zu Recht bestehe. Muß anerkannt werden, daß diese Schadensersatzforderung dem Grunde nach besteht, so entfällt die Berechtigung, von einer Zahlungsverweigerung zu reden, weil die Aufrechnung im Umfang der Schadensersatzforderung die Kaufpreisschuld getilgt hätte. Ein Verbot solcher Aufrechnung ist dem Vergleich nicht zu entnehmen. Der Grund, warum der Vorderrichter das Bestehen dieser Schadensersatzforderung dem Grunde nach verneint, ist wiederum seine irrige Meinung vom Vorhandensein einer Kaufpreisschuld vor dem Unwirksamwerden des Rücktritts. Mit dem Unwirksamwerden des Rücktritts durch berechtigte und erfolglose Fristsetzung nach § 354 BGB. ist aber, gleichzeitig mit der Kaufpreisschuld des Beklagten, auch sein vertragliches Recht auf die Nutzungen des Theaters wieder in Kraft getreten, gleich als ob der Rücktritt vom 15. Juli 1924 nicht erfolgt wäre. Weil die Klägerin durch die Erwirkung der einstweiligen Verfügung und die Vollstreckung des erstinstanzlichen Urteils dem Beklagten den Bezug der Nutzungen unmöglich gemacht hat, ist sie ihm nun schon nach dem Vertrag, aber auch gemäß § 717 Abs. 2 ZPO. schadensersatzpflichtig. Es ist auch nicht richtig, daß die Klägerin wegen neuen Zahlungsverzugs des Beklagten nach Wiederaufleben seiner Kaufpreisschuld kraft Vertrags oder Gesetzes (§ 326 BGB.) wieder vom Kaufvertrag zurücktreten und damit bei beiderseitiger Zahlungsunwilligkeit oder Zahlungsunfähigkeit den Kreislauf von neuem eröffnen könnte. Die Kaufpreisschuld des Beklagten war vor dem Rücktritt der Klägerin in vollem Umfang fällig und ist mit dem Unwirksamwerden des Rücktritts als in vollem Umfang fällige Schuld wieder aufgelebt. Wegen ihrer Nichtzahlung kann der vertragliche und der schon zur Zeit des Vergleichs wegen Verzugs des Beklagten nach § 326 BGB. mögliche gesetzliche Rücktritt, den der Vergleich näher regelt, nur einmal ausgeübt werden. Der Fall, daß die neu auflebende Vertragsschuld in Zeitabständen zu erfüllen ist und daß im Hinblick auf früher nicht fällig gewesene Leistungen von neuem Verzug und damit auch von neuem Anlaß zum Rücktritt entstehen kann, steht hier nicht zur Entscheidung. Im vorliegenden Fall muß dasselbe gelten, wie bei dem im Gesetz als Wandlung bezeichneten vereinbarten Rücktritt vom Kaufvertrag (§ 465 BGB.) wegen eines Mangels des Kaufgegenstandes. Der Wandlungsberechtigte, dem gegenüber nach § 467 BGB. der § 354 BGB. entsprechende Anwendung findet, kann nicht von neuem wandeln, wenn er mit der Rückgabe der Kaufsache in Verzug kommt und die ihm nach § 354 gesetzte Frist ergebnislos verstreichen läßt. Er hat durch sein schuldhaftes Verhalten den ihm gebotenen Behelf unwirksam gemacht und kann sich dieses Behelfs nicht noch einmal bedienen (vgl. Planck, BGB. § 467 Anm. 2g mit Nachweisen, dazu auch Staub-Könige HGB. § 377 Anm. 74b und 109). Nachdem gemäß der Fristsetzung der Gegenstand der Rückgewähr abgelehnt, aber der Vertrag wieder aufgelebt ist, bleibt dem vordem Rücktrittsberechtigten aus diesem Vertrag nur noch der Erfüllungsanspruch und der dazu tretende Schadensersatzanspruch wegen verzögerter Erfüllung. Wer vom Vertrag zurücktritt, trifft damit unter den ihm vertraglich und gesetzlich gebotenen Rechtsbehelfen die Wahl und kann weder den einen noch den andern durch eigenes schuldhaftes Verhalten zurückgewinnen.

Der von der Revision erhobene Einwand der Verwirkung des Behelfs aus § 354 BGB. ist unbegründet. Der Beklagte hat seine erste Fristsetzung vom 14. August 1924, welche die Klägerin nicht anerkannt hat, mit der zweiten vom 14. September 1925 ausdrücklich aufgegeben. Der letzteren hat die Klägerin in ihrer Antwort vom 26. September 1925 entgegengehalten, daß höhere, zur Aufrechnung gestellte Gegenforderungen bestünden. Das Gericht hat den Beklagten in der mündlichen Verhandlung darauf hingewiesen, daß nicht die zur wirksamen Fristsetzung erforderliche Zustimmung aller Pfändungspfandgläubiger beigebracht sei. In letzterer Richtung hat der Beklagte bis zur Vornahme der neuen Fristsetzungen vom Dezember 1927 Abhilfe geschaffen. Inzwischen blieb seine Behauptung wirksamer Fristsetzung im Rechtsstreit aufrechterhalten und sein Antrag auf Klagabweisung bestehen. Daher kann von einer Verwirkung des Rechtsbehelfs keine Rede sein, selbst wenn seine Geltendmachung wegen Fehlens eines rechtlichen Erfordernisses zunächst wirkungslos war. Das Erfordernis wirksamer Fristsetzung nachzuholen und nun von dem Behelf mit Rechtswirkung Gebrauch zu machen, stand dem Beklagten frei, wenn nicht schon die frühere Fristsetzung ihre Wirkung getan hatte. Für die hier zu treffende Entscheidung kommt es aber nur darauf an, daß die eine oder die andere Fristsetzung rechtswirksam war. Dies gilt, wenn keine frühere wirksam war, jedenfalls von der letzten Fristsetzung, bei welcher der Beklagte einen bestimmten — von dem ihm zuerkannten Betrag der Rückerstattungsschuld der Klägerin überschrittenen — Teilbetrag von 10000 RM. gefordert und die Zustimmung aller im Rechtsstreit genannten Pfändungspfandgläubiger urkundlich beigebracht hat. Daher braucht nicht erörtert zu werden, ob die Zustimmung dieser Gläubiger, die lediglich das Forderungsrecht pfänden und sich überweisen ließen, zu dieser Fristsetzung erforderlich war, die in erster Linie eine Verfügung über das der Forderung zugrundeliegende Schuldverhältnis enthält (Stein-Jonas ZPO. § 829 VI 2). Darüber kann aber kein Zweifel sein, daß die Fristsetzung mit Zustimmung dieser Gläubiger zulässig war, auch wenn sie im Ergebnis zum Wegfall der gepfändeten Rückgewährforderung führte, somit in dieser Hinsicht ihnen nachteilig war (Stein-Jonas a. a. O. VI 1 bei Note 84). Die Zustimmung dieser sämtlichen Pfändungspfandgläubiger ist der Klägerin auch mit der Fristsetzung vom 1. Dezember 1927 bekannt gegeben worden. Endlich sind die gesetzten Zahlungsfristen von zwei Wochen bei dem längst bestehenden Verzug der Klägerin ausreichend bemessen.

Ist sonach der Rücktritt der Klägerin vom Kaufvertrag unwirksam geworden, so besteht nach diesem Vertrag der Anspruch des Beklagten auf die Übergabe und daher auch auf das Behalten der Kaufsache, § 433 BGB. Danach ist der Hauptanspruch der Klägerin unbegründet. Gleiches gilt aber auch von ihrem Hilfsanspruch auf Herausgabe der mit Eigentumsvorbehalt verkauften und übergebenen einzelnen Gegenstände des Lichtspieltheaters. Auch diesem Anspruch steht der vertragliche Übergabeanspruch des Beklagten entgegen, der das Eigentumsrecht an sich unberührt läßt. Auf eine Verletzung des § 455 BGB. kann die Revision nicht gestützt werden. Diese Vorschrift, die dem Verkäufer mit Vorbehalt bei Zahlungsverzug „im Zweifel" ein Rücktrittsrecht gewährt, ist durch den Vergleich vom 4. Juni 1924 außer Wirkung gesetzt worden. Demgemäß ist auf die Revision des Beklagten die Klage im vollen Umfang abzuweisen und insoweit das erste Urteil abzuändern.

Wie sich schon aus dem Erkenntnis des Berufungsgerichts ergibt, folgt aus der völligen Klagabweisung, daß die Klägerin auf den nach § 717 Abs. 2 ZPO. gestellten Zwischenantrag des Beklagten das auf Grund des erstinstanzlichen Urteils in ihre Gewalt gebrachte Theater an den Beklagten zurückzugeben hat. Der Vorderrichter stellt aus tatsächlichen Gründen fest, die Klägerin habe sich im Wege der Vollstreckung jenes Urteils oder zufolge einer vom damaligen gerichtlichen Verwalter zu deren Abwendung vorgenommenen Handlung im März 1925 in den Besitz des Theaters gesetzt. Als Ersatz des Schadens aus der ungerechtfertigten Vollstreckung spricht er dem Beklagten mit Recht die Wiederherstellung des früheren Besitzzustandes zu, wobei nunmehr, da eine Rückgewähr an die Klägerin nicht mehr in Betracht kommt, die Zurückgabe an einen gerichtlich bestellten Verwalter wegfallen muß. Ein Zurückbehaltungsrecht auf Grund sachlichen Rechts kann die Klägerin wegen ihres Kaufgeldanspruchs gegenüber dem Schadensersatzanspruch aus § 717 Abs. 2 ZPO. nicht geltend machen. Nach dem sachlichen Recht ist die Rechtslage die, daß der Beklagte auf den Besitz des Theaters, die Klägerin auf ihr Geld und auf Verzugsschaden, nicht aber auf den Besitz des Theaters Anspruch hat. Der Umstand, daß sie sich nach dem jetzigen Ergebnis unberechtigterweise in den Besitz des Theaters gesetzt hat, kann ihr nicht zu einem bürgerlichrechtlichen Zurückbehaltungsrecht verhelfen. Die nach Prozeßrecht bestehende Pflicht zur Wiederherstellung des früheren Zustandes, die nach § 249 BGB. den Inhalt der Schadensersatzpflicht ausmacht, kann somit nicht von diesem sachlichrechtlichen Gesichtspunkt aus durchkreuzt werden. Das Prozeßrechtsverhältnis, aus dem sie das Theater zurückzugeben hat, und der bürgerlichrechtliche Kaufvertrag, aus dem ihr ein Geldanspruch zusteht, sind auch nicht dasselbe rechtliche Verhältnis im Sinne des § 273 BGB.

Die weiteren Einwendungen, welche die Revision gegen diese prozeßrechtliche Rückgabepflicht vorbringt, sind gleichfalls nicht stichhaltig. Es wird geltend gemacht, das Lichtspieltheater sei, nach der Wegnahme im Wege der Zwangsvollstreckung, mit Neuanschaffungen im Werte von 15000 RM. ausgestattet worden; das Verlangen des Beklagten gehe daher, weil auf Herausgabe auch der neuangeschafften Gegenstände gerichtet, über den Schadensersatzanspruch des § 717 Abs. 2 ZPO. hinaus. Diese Rückgabepflicht ist aber im Sinne der Wiederherstellung des früheren Zustands, wie er vor der Urteilsvollstreckung bestand, nach § 249 BGB. zu verstehen. Wenn also auch die Verurteilung auf die (nach § 883 ZPO. zu vollstreckende) Herausgabe einer Sachgesamtheit lautet und diese in dem Zustand ergreifen wird, in dem sie sich zur Zeit der Vollstreckung befindet, so steht doch nichts im Wege, daß die Klägerin Anschaffungen, die zur früheren Zusammensetzung hinzugetreten sind, insoweit wegnimmt, als dies den früheren Zustand unangetastet läßt. Ersatzeinrichtungen, mögen sie auch Verbesserungen darstellen, muß sie dagegen belassen. Nicht vorgegriffen wird dadurch Ansprüchen der Klägerin, die sich hieraus ergeben und bei denen auch ihr fortbestehender Eigentumsvorbehalt an den übergebenen und etwa ersetzten Sachen in Betracht zu ziehen ist. Jedenfalls sind die Neuanschaffungen, die nach den Erörterungen des Vorderrichters über den Betrag der Rückgewährschuld keine nachgewiesene Erhöhung des Wertes des Theaters erbracht haben, weit davon entfernt, den Untergang der alten Sachgesamtheit herbeizuführen. Um willkürlicher Änderungen willen, die keine solche Folge gehabt haben, kann dem Beklagten der geltend gemachte Schadensersatzanspruch nicht versagt werden. Die Klägerin muß Wirkungen, die sie belasten und die gegenüber der

Verurteilung nicht rückgängig gemacht oder sonst ausgeglichen werden können, als Folge ihres eigenen Handelns leiden, wie ihr schon der Vorderrichter entgegengehalten hat.

---

89. Unter welchen Umständen kann ein Tilgungsplan als Darlehensschuldschein im Sinne des Anleiheablösungsgesetzes betrachtet werden?

AnlAblG. § 30 Abs. 3, § 40 Abs. 3.

IV. Zivilsenat. Urt. v. 28. Februar 1929 i. S. R. V.-Anstalt (Kl.) w. B. Sp. u. G.-Verband (Bekl.). IV 445/28.

I. Landgericht I Berlin.
II. Kammergericht daselbst.

Die Klägerin verlangt Aufwertung eines Darlehens von 10 Millionen M. auf 25% des Goldmarkwerts gemäß § 63 Abs. 1 AufwG. Das Darlehen soll dem Beklagten entsprechend der Urkunde vom 26. Februar/19. April 1921 und des ihr beigehefteten Tilgungsplans ausweislich der Quittungen vom 2. Juni und 11. Juli 1921 gewährt worden sein.

Der Beklagte bestreitet den Anspruch nach Grund und Höhe, und beruft sich auf § 40 AnlAblG., weil es sich um ein Darlehen handle, für das ein Schuldschein ausgestellt sei, sodaß eine Aufwertung weder nach dem Aufwertungsgesetz, noch nach allgemeinen Grundsätzen in Frage komme. Beide Vorinstanzen haben die Klage abgewiesen. Die Revision des Klägers blieb erfolglos.

Gründe:

Das Berufungsgericht hat dem Darlehensanspruch der Klägerin die Aufwertung aus einem doppelten Grunde versagt: einmal weil ihm § 66 AufwG. entgegenstehe, und sodann, hilfsweise, weil es sich um ein Schuldscheindarlehen im Sinne der § 30 Abs. 3, § 40 Abs. 3 AnlAblG. handle.

Beide Entscheidungsgründe werden von der Revision angegriffen. In erster Reihe ist zu prüfen, ob es sich um ein Schuldscheindarlehen eines Gemeindeverbands im Sinne des Anleiheablösungsgesetzes handelt; denn wenn dies der Fall ist, finden die Bestimmungen des Aufwertungsgesetzes keine Anwendung (§ 1 Abs. 2 AufwG.), und die Klage ist als unbegründet abzuweisen (RGZ. Bd. 116 S. 169, Bd. 119 S. 108).

Nach § 30 Abs. 3 AnlAblG. werden als Markanleihen der Länder, neben den Schuldverpflichtungen aus Schuldverschreibungen, Buchschulden und verzinslichen Schatzanweisungen, auch Darlehen bezeichnet, über welche Schuldscheine ausgestellt sind; nach § 40 Abs. 3 das. gilt für Gemeinden und Gemeindeverbände das gleiche.

Die Revision stellt zur Nachprüfung, ob es sich beim beklagten Giroverband um einen solchen Gemeindeverband handle, obwohl er sich nicht nur aus Stadt- oder Landgemeinden, sondern auch aus Landkreisen zusammensetzt.

Dieses Bedenken der Revision ist nicht begründet. Nach § 1 der Satzung haben sich unter der Bezeichnung „Giroverband der kommunalen Verbände der Provinz Brandenburg" die am Schlusse der Satzung verzeichneten kommunalen Verbände zu einem Zweckverband im Sinne des preuß. Gesetzes vom 19. Juli 1911 (GS. S. 115) verbunden. Nach § 1 dieses Gesetzes können sich aber nicht nur Städte und Landgemeinden, Gutsbezirke, Bürgermeistereien und Ämter, sondern auch Landkreise zur Erfüllung einzelner kommunaler Aufgaben zu einem Zweckverband zusammenschließen. Auch sind in § 16 Abs. 1 Nr. 3 der 2. DurchfVo. zum AnlAblG. vom 2. Juli 1926 die Vorschriften der §§ 40 bis 45 AnlAblG. u. a. ausdrücklich auf die Sparkassen- und Giroverbände ausgedehnt worden. Der Anwendung des Anleiheablösungsgesetzes steht also insoweit nichts im Wege.

Zwischen den Parteien ist am 26. Februar/19. April 1921 unter der Überschrift „Schuldurkunde über 10 Millionen M., mit $4^1/_2$% zu verzinsendes und zu $1^1/_4$% zu tilgendes Darlehen an den Giroverband der Provinz Brandenburg", ein Darlehensvorvertrag geschlossen worden, in dem sämtliche Bedingungen für das zu gewährende Darlehen geregelt sind und der in § 4 die Bestimmung enthält, daß für die Berechnung der Zins- und Tilgungsbeträge der von der Klägerin noch aufzustellende Tilgungsplan — der ebenfalls rechtsverbindlich zu vollziehen und dem Vertrage beizuheften sei — nach Prüfung durch den Giroverband für beide Teile maßgebend sein solle. Das Darlehen selbst hat der Beklagte laut Quittungen in Teilbeträgen und zwar die eine Hälfte am 2. Juni 1921, die andere am 11. Juli 1921 empfangen. Der dem Darlehensvorvertrag beigeheftete Tilgungsplan trägt die Überschrift „Plan über die Verzinsung und Tilgung des dem Giroverband der kommunalen Verbände der Provinz Brandenburg von der Reichsversicherungsanstalt gewährten Schuldscheindarlehens über 10000000 M." Es folgt unter der Bezeichnung „Zinsen, Tilgung und Zahlungstage" eine Zusammenfassung der vierteljährlich zahlbaren Zins- und Tilgungsbeträge, der Fälligkeitstermine, des Tages der ersten und letzten Zinszahlung (31. Dezember 1921 und 31. März 1956) und des Tages der ersten und letzten Tilgungsratenzahlung (31. März 1922 und 31. März 1956). Der Tilgungsplan schließt mit einer genauen, nach Vierteljahren berechneten Aufstellung der Zinsen, der ersparten Zinsbeträge, der Tilgungsbeträge unter Angabe der jeweiligen Restschuld bis 31. März 1956. Er wurde im Juli 1921 von beiden Teilen unterschrieben (von der Beklagten unter dem beigefügten Wort „anerkannt") und dem Vorvertrag beigeheftet.

Hiernach ist der Berufungsrichter zu der Auffassung gelangt, daß der Tilgungsplan nach Absicht der Parteien dem Zweck der Beweissicherung dienen sollte, daß er die Hingabe des Darlehens durch die Worte „über das gewährte Darlehen" bezeuge und daß infolge der äußerlichen und innerlichen Verbindung des Darlehensvorvertrags und des Tilgungsplans diese beiden Urkunden eine einheitliche Gesamturkunde geworden seien, die dem Begriff des Schuldscheins vollauf genüge.

Die Revision meint, der Tilgungsplan, möge er auch den Anleihebedingungen beigeheftet worden sein, sei kein Schuldschein, da sein Zweck nicht der sei, die Hingabe des Darlehens und die Einzelheiten der Darlehensverpflichtung zu beweisen, sondern nur der, die Art und Weise und die Zeit der Rückzahlung festzulegen. Dieser Auffassung kann nicht beigepflichtet werden.

Es ist in der Rechtsprechung des Reichsgerichts anerkannt, daß unter einem Schuldschein im Sinne des § 30 Abs. 3 AnlAblG. eine die Schuldverpflichtung begründende oder bestätigende Beweisurkunde zu verstehen ist, und daß diese Urkunde den Inhalt der Schuldverpflichtung wenigstens im wesentlichen wiedergeben und geeignet sein muß, für sich allein den Beweis des wesentlichen Inhalts der Schuldverpflichtung zu erbringen (RGZ. Bd. 116 S. 173, Bd. 117 S. 60, Bd. 119 S. 109). An dieser Auffassung ist auch gegenüber den im Schrifttum (vgl. die Aufsätze von Tietz und Wandel in der Deutschen Steuerzeitung 1928 S. 374 und 948) erneut geäußerten Bedenken festzuhalten.

Indessen können auch zwei Urkunden zusammengenommen den Begriff des Schuldscheins erfüllen, dann nämlich, wenn sie entweder eine rechtliche Einheit bilden, wie Vertrag und Nachtragsvertrag (vgl. RGU. vom 22. November 1928 IV 246/1928), oder wenn in der einen Urkunde auf eine unmittelbar und dauernd beigefügte Anlage zur Ergänzung ihres Inhalts Bezug genommen wird (JW. 1928 S. 2632 Nr. 17).

Der Eigenschaft der Urkunde als Beweisurkunde steht nicht entgegen, wenn die Darlehenssumme erst nach Ausstellung des Schuldscheins ausgezahlt worden ist — was übrigens hier nicht der Fall ist; denn der Schein kann auch in Erwartung der Darlehenshingabe ausgestellt sein und wird vielfach in dieser Erwartung ausgestellt und hingegeben, was an der Natur des Schuldscheins nichts ändert (RGU. vom 3. Dezember 1928 IV 462/1928).

Auch ein Tilgungsplan kann, sei es zusammen mit einem Darlehensvorvertrag, wenn er diesem unmittelbar und dauernd beigefügt ist, sei es für sich betrachtet, als selbständige Urkunde die Erfordernisse eines Schuldscheins erfüllen. Enthält er indessen nur das, was sein Name besagt, nämlich eine rein rechnerische Aufstellung der zu zahlenden Zins- und Abzahlungsbeträge unter Berechnung der jeweiligen Restsumme, ohne irgendwie ein Empfangsbekenntnis ersichtlich zu machen, oder soll er nur als Unterlage dienen für die innere behördliche Abwicklung der Rückzahlung, so wird er grundsätzlich nicht als Schuldschein in Betracht kommen. Ist aber der Plan vom Schuldner nicht nur unterschriftlich vollzogen, sondern enthält er neben der rechnerischen Aufstellung auch ein Bekenntnis des Darlehensempfangs und die wesentlichen Bedingungen der Schuldverpflichtung, so steht rechtlich nichts im Wege, ihn auch für sich allein als Schuldschein gelten zu lassen, wie dies der erkennende Senat bereits in seinem Urteil vom 5. Juli 1928 IV 26/28 grundsätzlich anerkannt hat.

Daß sich dabei im Einzelfall eine unterschiedliche rechtliche Behandlung der Tilgungspläne ergeben kann, ist lediglich eine Folge des bestehenden gesetzlichen Rechtszustands. Man hat daher zu unterscheiden, ob der Tilgungsplan nur von einem erst aufzunehmenden Darlehen spricht oder ob er bezeugt und bezeugen soll, daß das Darlehen bereits gewährt sei. Letzteres nimmt der Berufungsrichter ohne Rechtsirrtum hier an. Dem steht nicht im Wege, daß die Worte „Plan über die Verzinsung .... des gewährten Darlehens von 10 Millionen M. ....", die das Empfangsbekenntnis über die Darlehenssumme darstellen sollen, sich nur in der Überschrift des Tilgungsplanes befinden; und zwar um so weniger, als der Plan nach dem Vorvertrag diesem beizuheften war, auch beigeheftet worden ist und daher vom Berufungsrichter schon aus diesem Grunde auch als Beweisurkunde betrachtet werden durfte. Ob der Tilgungsplan allein auch im übrigen den aufgestellten Erfordernissen entspricht, braucht nicht untersucht zu werden, da sich rechtliche Bedenken jedenfalls dagegen nicht erheben lassen, daß er als dauernd beigefügte Anlage des Vorvertrags mit diesem zusammen einen Schuldschein darstellt.

Auf den vom Beklagten weiter erhobenen Einwand aus § 66 AufwG. kommt es unter diesen Umständen nicht an, da das Aufwertungsgesetz überhaupt nicht anwendbar ist.

---

90. 1. Welche Bedeutung hat die Abtretung der Rechte, die dem Abtretenden gegenüber einer noch nicht eingetragenen Aktiengesellschaft zustehen, insbesondere die Abtretung des Rechts auf Aushändigung von Aktien?

2. Bezieht sich die Vorschrift des § 200 Abs. 2 HGB. nur auf das Verfügungsgeschäft über Anteilsrechte im Sinne der Übertragung von solchen Rechten, oder auch auf die Übernahme der schuldrechtlichen Verpflichtung, solche Rechte zu übertragen?

BGB. §§ 133, 157, 323 Abs. 3, 820. HGB. § 200 Abs. 2.

II. Zivilsenat. Urt. v. 15. März 1929 i. S. H. (Kl.) w. M. (Bekl.). II 383/28.

I. Landgericht Görlitz.
II. Oberlandesgericht Breslau.

Am 25. September 1924 schloß der Kläger folgenden schriftlichen Vertrag mit dem Kommerzienrat Dr. Sch. ab:

„Ich (der Kläger) bin als Aktionär an dem Walzmühlenwerk AG. in N. beteiligt. Mir stehen eintausend Aktien als Anteile am Gesellschaftsvermögen zu. Der Gegenwert hierfür ist voll eingezahlt. Die Aktien sind noch nicht ausgegeben.

Ich trete alle Rechte, die mir gegen die bezeichnete Aktiengesellschaft zustehen, insbesondere das Recht auf Aushändigung bzw. Herausgabe der Aktien oder etwaiger Ersatzpapiere, das mir gegen die Gesellschaft zusteht, an Dr. Sch. ab.

Für den Fall, daß die Aktien bzw. Ersatzpapiere entgegen der obigen Erklärung ganz oder zum Teil in meine Hände gelangen sollten, verpflichte ich mich, sie sofort Herrn Dr. Sch. auszuhändigen.

Falls auf Grund der vorbezeichneten Anteilsrechte noch Nachzahlungen zu leisten sind, verpflichte ich mich, diese zu tragen."

Der im Abs. 1 dieser Abtretungserklärung erwähnte „voll eingezahlte" Gegenwert betrug unbestrittenermaßen 12000 GM. Wie der Abtretungsempfänger am 25. September 1924 wußte, war die sog. Aktiengesellschaft Walzmühlenwerk damals noch nicht in das Handelsregister eingetragen; dies war auch bei Abschluß des Berufungsverfahrens noch nicht der Fall. Dr. Sch. hat den Anspruch auf Rückzahlung der 12000 GM., den er dem Beklagten gegenüber zu haben glaubt, in der Folge an den Kläger abgetreten. Dieser verlangt nunmehr vom Beklagten zunächst einen Teilbetrag von 600 RM. Er stützt den Anspruch darauf, daß die Abtretungserklärung vom 25. September 1924 wegen der Nichteintragung der Aktiengesellschaft in das Handelsregister nach § 200 Abs. 2 HGB. nichtig und der Beklagte daher in Höhe des Gegenwerts von 12000 GM. ungerechtfertigt bereichert sei. Jedenfalls, auch im Falle der Wirksamkeit der Abtretung, sei aber der Anspruch nach § 323 Abs. 1 und 3 BGB. gerechtfertigt. Denn die vom Beklagten in dem Schein übernommene Verpflichtung (Verschaffung der Aktionärrechte und der Aktien) sei nachträglich unmöglich geworden, weil an eine Eintragung der Aktiengesellschaft und an eine Ausgabe von Aktien nicht mehr zu denken sei. Der Beklagte beantragt widerklagend wegen eines Betrags von 4100 RM. Feststellung dahin, daß dem Kläger aus dem Vertrag vom 25. September 1924 kein Anspruch gegen ihn zustehe.

Beide Vordergerichte wiesen die Klage ab und gaben der Widerklage statt. Die Revision des Klägers führte zur Aufhebung und Zurückverweisung.

Gründe:

Das Berufungsgericht faßt das Abkommen vom 25. September 1924 dahin auf, daß der Beklagte die von ihm erworbenen Anteilsrechte mit sofortiger Wirkung an Dr. Sch. abgetreten, also dinglich über sie verfügt habe. Er habe — heißt es im angefochtenen Urteil weiter — nicht die schuldrechtliche Verpflichtung übernommen, ihm etwa ausgehändigte Aktien an Sch. herauszugeben, sondern sein aufschiebend bedingtes Recht auf Aushändigung der Aktien mit alsbaldiger Wirkung abgetreten. Diese Auslegung wird der Sachlage, wie sie bei Vertragsabschluß bestand, nicht gerecht. Die sog. Aktiengesellschaft Walzmühlenwerk in N. war am 25. September 1924 noch nicht ins Handelsregister eingetragen; Aktien waren infolgedessen noch nicht ausgegeben. Auch späterhin kam es nicht zu ihrer Eintragung. Die bezeichneten Verhältnisse waren bei Abschluß des Abkommens nicht bloß dem Beklagten bekannt, sondern auch dem Dr. Sch., dem Rechtsvorgänger des Klägers. Wenn unter diesen Umständen der Beklagte erklärte, er trete alle ihm gegen die Aktiengesellschaft zustehenden Rechte, insbesondere das Recht auf Aushändigung der 1000 Aktien oder etwaiger Ersatzpapiere, an Dr. Sch. ab, so kann das trotz des Gebrauchs der Gegenwartsform („ich trete ab") nichts anderes bedeutet haben, als daß er sich für den Zeitpunkt, in dem die Aktiengesellschaft ins Leben treten würde, zur Abtretung jener Rechte verpflichtete. Die hauptsächlichste Verpflichtung, die der Beklagte nach Eintragung der Aktiengesellschaft dem Dr. Sch. oder dessen Rechtsnachfolger gegenüber zu erfüllen hatte, war also die Abtretung seines Anspruchs auf Ausfolgung der 1000 Aktien oder etwaiger Ersatzpapiere und weiterhin die Aushändigung dieser Papiere selbst. Gerade die Verschaffung der Aktionär-Stellung (mit 1000 Aktien) war die schon bei Abschluß der Vereinbarung in Aussicht genommene Leistung des Beklagten, für die ihm Dr. Sch. den

Gegenwert von 12000 RM. gezahlt hat. Ein gegenwärtiges Anteilsrecht und ein Anspruch auf Ausfolgung von Aktien stand dem Beklagten am 25. September 1924 nicht zu, weil keine Aktiengesellschaft bestand, gegen die sich diese Ansprüche hätten richten können. Demgemäß konnte der Beklagte auch keine solchen Rechte mit sofortiger Wirkung übertragen. Er konnte sich nur schuldrechtlich verpflichten, diese Rechte dann, wenn er selbst sie nach Eintragung der Aktiengesellschaft erworben haben würde, an seinen Vertragsgegner abzutreten.

Nach alledem erweist sich die Auslegung, die der Berufungsrichter dem Abkommen hat zuteil werden lassen, als nach der Sachlage nicht möglich und deshalb als rechtsirrtümlich.

An der Rechtswirksamkeit einer schuldrechtlichen Vereinbarung des erwähnten Inhalts ist nicht zu zweifeln. Die Vorschrift des § 200 Abs. 2 HGB. steht ihr keinesfalls entgegen. Denn es handelt sich dabei um kein Verfügungsgeschäft über Anteilsrechte im Sinne der Übertragung von solchen Rechten. Es braucht also nicht zu der Frage Stellung genommen zu werden, ob ein derartiges vor der Eintragung der Aktiengesellschaft vorgenommenes Verfügungsgeschäft nach § 200 Abs. 2 a. a. O. nur der Gesellschaft gegenüber oder auch im Verhältnis der Vertragschließenden zueinander unwirksam gewesen wäre. Auf ein schuldrechtliches Verpflichtungsgeschäft, wie es hier vorliegt, bezieht sich aber die genannte Vorschrift überhaupt nicht (vgl. auch Denkschrift zum HGB. S. 138). Ein solches Geschäft ist ohne Frage auch vor Eintragung der Gesellschaft wirksam. Auf den ersten Klagegrund — Unwirksamkeit des Vertrags vom 25. September 1924 — läßt sich daher die Klage nicht stützen.

Wohl aber greift die Rüge durch, daß der Vorderrichter rechtsirrtümlich die Anwendbarkeit des § 323 Abs. 1 und 3 BGB. verneint habe. Ein Rechtsirrtum liegt auch dann vor, wenn man mit dem angefochtenen Urteil annimmt, der Inhalt des Vertrags habe sich erschöpft in der Übertragung der dem Beklagten aus seinem Rechtsverhältnis zur Gesellschaft zustehenden Rechte, zu denen auch der Anspruch auf demnächstige Aushändigung der Aktien gehört habe. Denn die Übertragung dieser Rechte an Dr. Sch. war nicht Selbstzweck in dem Sinne, daß gesagt werden könnte, der Abtretungsempfänger habe schon durch die Abtretung als solche, ohne Rücksicht darauf, ob die geplante Aktiengesellschaft auch wirklich zustandekommen würde, den vereinbarten Gegenwert für die gezahlten 12000 GM. erhalten. Eine solche Betrachtung, aus der sich ergeben würde, daß der Beklagte schon mit der Abtretung allein seine Vertragspflicht vollständig erfüllt hätte und daher die 12000 GM. auch im Falle des Nichtzustandekommens der Aktiengesellschaft in ihrem vollen Werte behalten dürfte, ist lediglich das Ergebnis einer lebensfremden juristischen Konstruktion. Wirtschaftlich betrachtet war der mit der Zahlung der 12000 GM. bezweckte Erfolg nach Ansicht beider Vertragsteile der, daß Dr. Sch. oder sein etwaiger Rechtsnachfolger die im Abkommen erwähnten 1000 Aktien der (künftigen) Aktiengesellschaft zu Eigentum erhalten sollte. Nur dafür, nicht für Einräumung der bloßen Möglichkeit, im Falle des Zustandekommens der Aktiengesellschaft deren Aktionär zu werden, hat Dr. Sch., wie auch dem Beklagten nicht verborgen sein konnte, die 12000 GM. gezahlt, mochte auch der Vertrag nichts weiter sagen, als daß dieser Betrag den Gegenwert bilde für die Übertragung der dem Beklagten zustehenden Anteilsrechte. Eine andere Beurteilung hätte dann Platz zu greifen, wenn feststünde, daß Dr. Sch. bei Vertragsabschluß das Risiko des Zustandekommens der Aktiengesellschaft auf sich übernommen hat. Eine solche Feststellung enthält aber das angefochtene Urteil nicht.

Daraus folgt, daß die Annahme, der Beklagte habe die ihm durch das Abkommen auferlegte Verpflichtung erfüllt, nicht gerechtfertigt ist. Von solcher Erfüllung kann aber erst recht nicht die Rede sein, wenn man von der hier vertretenen, nach Lage der Dinge allein möglichen Auffassung des Abkommens ausgeht: daß der Beklagte am 25. September 1924 nur die Verpflichtung übernommen habe, nach dem Zustandekommen (der Eintragung) der Aktiengesellschaft seine Anteilsrechte einschließlich des Anspruchs auf Aushändigung der 1000 Aktien an Dr. Sch. abzutreten. Diese Leistung ist dem Beklagten dadurch unmöglich geworden, daß sich die Errichtung der geplanten Aktiengesellschaft in der Zwischenzeit zerschlagen hat. Dafür, daß den Beklagten ein Verschulden am Nichtzustandekommen der Aktiengesellschaft träfe, liegt nichts vor; dasselbe gilt von Dr. Sch. und dem Kläger. Da hiernach keiner von beiden Teilen die Unmöglichkeit zu vertreten hat, kann der Kläger die von seinem Rechtsvorgänger gezahlten 12000 RM. nach den Vorschriften über die Herausgabe einer ungerechtfertigten Bereicherung zurückfordern (§ 323 Abs. 1 u. 3 BGB.).

Das angefochtene Urteil muß daher aufgehoben werden. Der Klaganspruch kann aber noch nicht dem Grunde nach für gerechtfertigt erklärt werden, weil jedenfalls eine Einwendung des Beklagten, welche die Abweisung des eingeklagten Anspruchs zum Ziele hat, vom Berufungsgericht noch nicht beschieden ist. Der Beklagte hat nämlich Beweis dafür angetreten, daß der Rechtsvorgänger des Klägers bei Abschluß des Abkommens vom 25. September 1924 dem Beklagten gegenüber das Risiko des Zustandekommens der Aktiengesellschaft übernommen habe und daß gerade deshalb die von ihm zu zahlende Summe auf den „erheblich niedrigeren" Betrag von 12000 GM. bemessen worden sei. Als schlechthin unmöglich kann eine derartige Vereinbarung nicht bezeichnet werden. Das weitere Vorbringen des Beklagten, daß seine Bereicherung weggefallen sei, weil er durch fehlgeschlagene geschäftliche Maßnahmen den ganzen als Gegenwert erhaltenen Betrag von 12000 RM. wieder eingebüßt habe, würde der Feststellung des Klageanspruchs dem Grunde nach nicht entgegenstehen. Denn nach dem Vorbringen des Beklagten selbst war mit der Leistung des Rechtsvorgängers des Klägers ein Erfolg bezweckt, dessen Eintritt nach dem Inhalt des Rechtsgeschäfts als ungewiß angesehen wurde. Nach § 820 Abs. 1 Satz 1 BGB. ist daher der Beklagte, da der Erfolg bei dem Nichtzustandekommen der Aktiengesellschaft nicht eintrat, zur Herausgabe so verpflichtet, wie wenn der Herausgabeanspruch zur Zeit des Empfangs rechtshängig geworden wäre. Infolgedessen kann er sich nicht auf den angeblichen Verlust der 12000 RM. berufen.

---

91. 1. Ist die Verordnung zur Änderung des Telegraphenwegegesetzes vom 13. Februar 1924 (RGBl. I S. 118) rechtsgültig erlassen?

2. Hat die Aufhebungsverordnung vom 18. Oktober 1924 (RGBl. I S. 715) rückwirkende Kraft?

3. Welchen Zweck hat die Verordnung vom 13. Februar 1924 mit der Einfügung des § 6a in das Telegraphenwegegesetz verfolgt?

4. Was ist unter elektrischen Anlagen im Sinne des § 6a zu verstehen?

VI. Zivilsenat. Urt. v. 18. März 1929 i. S. Stadtgemeinde B. (Kl.) w. Deutsche Reichspost (Bekl.). VI 556/28.

I. Landgericht I Berlin.
II. Kammergericht daselbst.

Die Klägerin legte im Jahre 1924 eine neue Strecke einer elektrischen Untergrundbahn unter städtischen Straßen, für die sie wegeunterhaltungspflichtig ist. Um den Tunnel der Untergrundbahn nicht tiefer legen zu müssen, als es ohnehin notwendig war, verlangte sie von der Reichspost auf Grund des Telegraphenwegegesetzes die Verlegung von Telegraphen- und Fernsprechlinien. Diesem im April 1924 gestellten Verlangen wurde im Sommer 1924 entsprochen. Die Reichspost verlangte jedoch Erstattung ihrer Aufwendungen und stützte sich dabei auf den § 6a des oben angeführten Gesetzes, der diesem Gesetz durch eine am 13. Februar 1924 erlassene, am 18. Oktober 1924 auf Verlangen des Reichsrats wieder aufgehobene Verordnung eingefügt worden war. Der von ihr angerufene Polizeipräsident in B. entschied am 2. März 1927 dahin, daß ihr die Klägerin 47398,26 RM. zu erstatten habe. Gegen diese Entscheidung erhob die Klägerin innerhalb der in § 13 Abs. 3 des Gesetzes vorgeschriebenen Frist Klage im ordentlichen Rechtsweg mit dem Antrag, die Entscheidung des Polizeipräsidenten aufzuheben und festzustellen, daß der Reichspost der Entschädigungsanspruch nicht zustehe. Sie meint, daß § 6 des Gesetzes angewendet werden und danach die Telegraphenverwaltung die Kosten der Verlegung selbst tragen müsse. Die Verordnung, durch welche § 6a eingefügt worden ist, hält sie für rechtsungültig oder doch für rückwirkend aufgehoben, und ist auch der Meinung, daß § 6a nach seinem Wortlaut und Sinne nicht zutreffe. Die Reichspost vertritt in alledem den entgegengesetzten Standpunkt. Die Klägerin bestreitet den Anspruch auch der Höhe nach.

Das Landgericht gab nach Vernehmung eines technischen Sachverständigen der Klage statt. Auf die Berufung der Reichspost erklärte das Kammergericht den Erstattungsanspruch der Reichspost dem Grunde nach für gerechtfertigt und verwies wegen der Höhe die Sache an das Landgericht zurück.

Die Revision der Klägerin blieb ohne Erfolg.

Gründe:

Die in den Vorinstanzen von der Klägerin erhobenen Angriffe gegen die Rechtsgültigkeit der Verordnung vom 13. Februar 1924 werden von der Revision nicht wiederholt. Sie sind auch vom Berufungsgericht bereits mit zutreffender Begründung zurückgewiesen worden. Die Verordnung beruhte auf dem Ermächtigungsgesetz vom 8. Dezember 1923 (RGBl. I S. 1179), demselben Gesetz, auf das sich auch die Dritte Steuernotverordnung stützt. Was über deren Rechtsgültigkeit in RGZ. Bd. 107 S. 373 gesagt ist, gilt im wesentlichen auch hier. Wie die Begründung ergibt, mit der die Verordnung vor ihrer Verkündung den Ausschüssen des Reichsrats und des Reichstags vorgelegt wurde (Archiv für Post und Telegraphie 1924 S. 51 flg.), hielt die Reichsregierung sie wegen der Finanznot des Reiches für erforderlich und dringend. Dieser Grund kann gerichtlich nicht nachgeprüft werden. Eine Abweichung von den Vorschriften der Reichsverfassung enthielt die Verordnung nicht. Sie regelte nur die Frage, wie es bei einer Änderung des zwischen Telegraphen- und anderen Anlagen bestehenden Zustandes mit der Kostentragung gehalten werden sollte, in einer vom Telegraphenwegegesetz zum Teil abweichenden Weise. Eine entschädigungslose Enteignung kann in der Verordnung mit noch weniger Recht gefunden werden als in der Dritten Steuernotverordnung; wollte man sie aber darin finden, so wäre damit nur von einer Möglichkeit Gebrauch gemacht worden, die in Art. 153 Abs. 2 Satz 2 RVerf. ausdrücklich vorgesehen ist. Dabei steht die auf Grund eines Reichsgesetzes von der Reichsregierung erlassene Rechtsverordnung einem Reichsgesetze gleich (RGZ. Bd. 107 S. 375).

Die Revision wiederholt aber den Angriff, daß die Verordnung mit rückwirkender Kraft aufgehoben sei, mithin als niemals in Geltung gewesen behandelt werden müsse. Auch dieser Angriff ist vom Berufungsgericht zutreffend zurückgewiesen worden. Indem das Ermächtigungsgesetz vom 8. Dezember 1923 bestimmte, daß die erlassenen Verordnungen dem Reichstag und dem Reichsrat unverzüglich zur Kenntnis zu bringen und auf Verlangen des Reichstags oder des Reichsrats aufzuheben seien, hat es keineswegs, wie die Revision meint, eine Art von Genehmigungsverfahren in dem Sinne angeordnet, daß bei Versagung der Genehmigung die Verordnungen als nicht ergangen zu gelten hätten. Einer solchen Genehmigung bedurfte es schon darum nicht, weil die Ermächtigung erteilt, übrigens auch die Anhörung von Ausschüssen des Reichsrats und des Reichstags vor dem Erlaß der Verordnungen vorgeschrieben war. Wenn die Revision meint, der Reichstag sei ohnehin in der Lage gewesen, im Wege des Gesetzes jede Verordnung aufzuheben, die Aufhebung auf Verlangen des Reichstags sei daher mit rückwirkender Kraft zu verstehen, weil doch das Ermächtigungsgesetz nichts Überflüssiges habe sagen wollen, so übersieht sie, daß der Weg der Gesetzgebung nach den Artikeln 68flg. RVerf. sehr viel umständlicher ist als das bloße Verlangen der Aufhebung, und daß nach Art. 74 einem vom Reichstag beschlossenen Gesetz das Einspruchsrecht des Reichsrats gegenübersteht. Das Ermächtigungsgesetz vom 8. Dezember 1923 enthält keine Andeutung, daß die Aufhebung im Falle des Verlangens mit rückwirkender Kraft auszustatten sei, so wenig wie die ähnlichen Vorschriften in Art. 48 Abs. 3 und 4 RVerf. und in Art. 55 der preußischen Verfassung. Auch im Verfassungsausschuß der Nationalversammlung ist bei der Beratung des Art. 48 (damals Art. 68) RVerf. eine solche Meinung nicht hervorgetreten; auf die Ähnlichkeit mit dem preußischen Notverordnungsrecht ist damals vom Reichsminister Dr. Preuß hingewiesen worden (Protokoll der 26. Sitzung S. 7). Das Notverordnungsrecht, das einem Notstand abhelfen soll, würde seinen Zweck kaum erfüllen können, wenn regelmäßig mit einer rückwirkenden Aufhebung der Notverordnung gerechnet werden müßte. In Preußen, wo das Notverordnungsrecht aus der alten in die neue Verfassung herübergenommen worden ist, wird denn auch allgemein angenommen, daß die Aufhebung einer Notverordnung auf Verlangen des Landtags keine bis zum Erlaß der Verordnung rückwirkende Kraft hat (Huber Art. 55 Anm. 8; Vogels Art. 55 Anm. VI; Waldecker 2. Aufl. Art. 55 Anm. 9; Arndt Art. 55 Anm.; Stier-Somlo S. 76; für das ehemalige preußische Staatsrecht v. Rönne-Zorn, 5. Auflage, Bd. 3 S. 30). Daß sich die Verordnung vom 18. Oktober 1924 keine rückwirkende Kraft beigelegt hat, ergibt ihr Wortlaut.

Hiernach ist davon auszugehen, daß zu der Zeit, als das Verlangen der Klägerin nach Verlegung der Telegraphenlinien gestellt und erfüllt wurde, der durch jene Verordnung dem Telegraphenwegegesetz eingefügte § 6a in Geltung war, und es bleibt nur zu prüfen, ob diese Vorschrift richtig angewendet worden ist. Über den Zweck, der mit der Einfügung des § 6a verfolgt wurde, kann nach seinem Zusammenhang mit den §§ 5 und 6 des Gesetzes, nach seinem Wortlaut und nach der Begründung der Verordnung (Archiv für Post und Telegraphie 1924 S. 51 flg.), endlich auch nach der amtlichen Erläuterung im Amtsblatt des Reichspostministeriums von 1924 S. 149 kein Zweifel sein. Mit Unrecht hatte das Landgericht den Zweck darin gesehen, daß die Telegraphenlinien vor Einwirkungen elektrischen Stromes aus neuen Anlagen geschützt werden sollten. Diesen Sinn hatte § 6a nicht, und es kam daher nicht auf die technische Frage an, ob solche Wirkungen von der Anlage der Klägerin zu befürchten waren. Der Irrtum des Landgerichts erklärt sich daraus, daß im Absatz 2 des § 6a bestimmt war, die spätere besondere (elektrische) Anlage sei nach Möglichkeit so auszuführen, daß sie die vorhandene Telegraphenlinie nicht störend beeinflusse. Das war aber nichts Neues, sondern nur eine Wiederholung dessen, was in § 6 für alle späteren besonderen Anlagen bereits vorgeschrieben war. Das Neue lag darin, daß nach dem folgenden Satze die spätere elektrische Anlage in jedem Falle die Kosten erforderlicher Schutzvorkehrungen zu tragen hatte, während nach § 6 Abs. 3 solche Kosten im Falle des Abs. 2 der Telegraphenverwaltung zur Last fallen. Ebenso lag in dem dritten, hier in Betracht kommenden Absatz des § 6a der Schwerpunkt darauf, daß die Telegraphenverwaltung zu entschädigen war, wenn sie wegen der späteren elektrischen Anlage eine Telegraphenlinie auf Verlangen verlegen mußte, gleichviel aus welchem Grunde das Verlangen gestellt wurde. Auch das wich von § 6 ab; denn im Falle des Abs. 2 des § 6 ist die Telegraphenlinie auf Kosten der Telegraphenverwaltung zu verlegen. Nur dieser finanzielle Gesichtspunkt, nicht irgendein technischer, beherrschte die Verordnung. Das hat das Berufungsgericht zutreffend erkannt und demgemäß ohne Rücksicht auf technische Fragen sich auf die Prüfung beschränkt, ob die Untergrundbahn der Klägerin eine elektrische Anlage und der Tunnel deren notwendiger Bestandteil ist, da im übrigen der Tatbestand des § 6a Abs. 3 von der Klägerin nicht bestritten ist und nicht bestritten werden kann.

Die Bedenken, welche die Revision dagegen erhebt, daß das Berufungsgericht die elektrisch betriebene Untergrundbahn mit Einschluß des Tunnels als elektrische Anlage erachtet hat, sind unbegründet. Die Revision macht sich zwar nicht das in den Vorinstanzen erhobene Bedenken zu eigen, daß unter den in § 5 des Telegraphenwegegesetzes aufgeführten Beispielen besonderer Anlagen auch in der Fassung der Verordnung vom 13. Februar 1924 Schienenbahnen neben elektrischen Anlagen genannt sind. Der daraus gezogene Schluß, daß Schienenbahnen keine elektrischen Anlagen im Sinne des Gesetzes sein könnten, ist offensichtlich verfehlt. Wenn mehrere Beispiele aufgezählt werden, so folgt daraus nicht, daß nicht gewisse Dinge sowohl unter den einen wie unter den andern Begriff fallen können. Das Berufungsgericht hat denn auch aus der Rechtsprechung des Reichsgerichts eine Reihe von Entscheidungen angeführt, in denen elektrisch betriebene Schienenbahnen als elektrische Anlagen bezeichnet sind (vgl. besonders RGZ. Bd. 78 S. 233). Die Revision meint aber, das Berufungsgericht habe seine an sich richtige Bestimmung des Begriffs einer elektrischen Anlage nicht folgerichtig angewandt. Hätte die Revision damit Recht, so wäre das zwar ein Fehler des Berufungsurteils, aber doch kein solcher, der mit dem Fehlen von Entscheidungsgründen auf eine Stufe zu stellen wäre und eine Rüge aus § 551 Nr. 7 ZPO. begründen könnte, wie die Revision will. Indessen hat sich das Berufungsgericht durch seine Begriffsbestimmung die Sache nur unnötig erschwert. Danach soll der Begriff der einzelnen Anlageart durch ihren Zweck bestimmt werden, und es sollen elektrische Anlagen solche sein, die ihrer ganzen Zweckbestimmung nach auf die Benutzung elektrischer Kraft angewiesen sind. Die Verwendung des Zweckes als Begriffsmerkmal ist hier überflüssig. Der gewöhnliche Sprachgebrauch versteht unter elektrischen Anlagen solche, denen die Verwendung elektrischer Kraft wesentlich ist. Dafür, daß die Verordnung vom 13. Februar 1924 in dem von ihr geschaffenen § 6a darunter etwas anderes habe verstehen wollen, gibt weder ihr Wortlaut noch ihre Begründung irgendwelchen Anhalt. Unter den Begriff der elektrischen Anlage fallen daher elektrisch betriebene Schienenbahnen nicht weniger als elektrische Überlandzentralen, bei denen die Revision keine Bedenken hat, und es bedarf keiner Untersuchung der Verschiedenheit ihrer Zwecke. Da nun zu einer elektrisch betriebenen Untergrundbahn ebenso wie zu jeder Untergrundbahn notwendig ein Tunnel gehört, wie auf der Hand liegt und vom Berufungsgericht auch tatsächlich festgestellt ist, so bildet der Tunnel einen notwendigen Bestandteil der gesamten Anlage und, wenn diese eine elektrische ist, einen notwendigen Bestandteil der elektrischen Anlage. Daß für den Tunnel auch ein anderer Verwendungszweck in Frage gekommen wäre, ist in den Vorinstanzen nicht behauptet worden; die von der Klägerin in der mündlichen Verhandlung vor dem Revisionsgericht hierüber gemachten Ausführungen können daher nicht beachtet werden. Die Klägerin hat die Verlegung der Telegraphenlinien verlangt, weil ihr die Herstellung dieses notwendigen Bestandteils ihrer elektrischen Anlage sonst wesentlich erschwert worden wäre. Damit hat sie die Voraussetzung geschaffen, unter der nach § 6a Abs. 3 Satz 1 die Telegraphenverwaltung für die Erfüllung des Verlangens Entschädigung zu beanspruchen hat.

Anhang:

Entscheidungen des Staatsgerichtshofs.

1.

In der verfassungsrechtlichen Streitsache

1. der Deutschen Demokratischen Partei in Bayern,
2. des Landesverbandes Bayern der Reichspartei des Deutschen Mittelstandes (Wirtschaftspartei),

Antragsteller,

gegen

das Land Bayern,

Antragsgegner,

wegen Feststellung der Verfassungswidrigkeit von Bestimmungen des Bayerischen Landeswahlgesetzes (StGH. 6/28)

hat der Staatsgerichtshof für das Deutsche Reich in der öffentlichen Sitzung vom 19. Januar 1929 für Recht erkannt:

Die Anträge der Deutschen Demokratischen Partei in Bayern und des Landesverbandes Bayern der Reichspartei des Deutschen Mittelstandes (Wirtschaftspartei) werden wegen Unzuständigkeit des Staatsgerichtshofs für das Deutsche Reich zurückgewiesen.

Gründe:

I

Die Fraktion der freien Vereinigung des Bayerischen Landtages und die Deutsche Demokratische Partei in Bayern haben durch Schriftsatz vom 26. März 1928 beim Staatsgerichtshof für das Deutsche Reich den Antrag gestellt,

zu entscheiden, daß Absatz IV des Art. 55 des Bayerischen Landeswahlgesetzes in seiner Fassung vom 18. Juli 1925 gegen § 26 der Bayerischen Verfassungsurkunde und Art. 17 der Reichsverfassung verstößt und rechtsunwirksam ist.

Ihnen hat sich durch Erklärung vom 1. Juni 1928 der Landesverband Bayern der Reichspartei des Deutschen Mittelstandes (Wirtschaftspartei) angeschlossen und beim Staatsgerichtshof für das Deutsche Reich den Antrag gestellt,

er möge erkennen, daß Art. 41, 42, 54, 55, 58 des Bayerischen Landeswahlgesetzes in der Fassung vom 30. März 1928 in Widerspruch zu Art. 17 der Reichsverfassung und § 26 der Bayerischen Verfassungsurkunde stehen und rechtsunwirksam sind.

Der Antragsgegner, das Land Bayern, hat in erster Reihe die Zuständigkeit des Staatsgerichtshofs für das Deutsche Reich bestritten, da zur Erledigung des Streits über die Verfassungsmäßigkeit des Bayerischen Landeswahlgesetzes in Bayern selbst ein Gerichtshof bestehe, der Bayerische Staatsgerichtshof, dessen Zuständigkeit nach Art. 19 Abs. 1 RVerf. der des Staatsgerichtshofs für das Deutsche Reich vorgehe. Mit Rücksicht auf diesen Einwand hat der Vorsitzende des Staatsgerichtshofs für das Deutsche Reich die Verhandlung und Entscheidung zunächst auf die Frage der Zuständigkeit des angegangenen Gerichts beschränkt. Im Termin zur Verhandlung hierüber haben die Prozeßbeteiligten übereinstimmend erklärt, die Fraktion der freien Vereinigung des Bayerischen Landtags sei nach der inzwischen erfolgten Neuwahl des Landtags nicht wieder zusammengetreten, sie bestehe nicht mehr. Die von ihr und der Deutschen Demokratischen Partei in Bayern gemeinsam bestellten Prozeßbevollmächtigten haben deshalb keine Anträge mehr für sie gestellt, sondern nur noch für die letztgenannte Partei beantragt:

Der Staatsgerichtshof für das Deutsche Reich möge erkennen, daß Art. 41, 42, 43, 54, 55, 58 des Bayerischen Landeswahlgesetzes in der Fassung vom 30. März 1928 in Widerspruch zu Art. 17 der Reichsverfassung und § 26 der Bayerischen Verfassungsurkunde stehen und rechtsunwirksam sind.

Der Landesverband Bayern der Reichspartei des Deutschen Mittelstandes (Wirtschaftspartei) hat den gleichen Antrag gestellt. Das Land Bayern hat demgegenüber beantragt:

Der Staatsgerichtshof möge wie folgt entscheiden:

in erster Linie möge er das Verfahren aussetzen bis zur Entscheidung der Sache durch den Bayerischen Staatsgerichtshof,

in zweiter Linie möge er die gestellten Sachanträge der Antrag-

steller wegen Unzuständigkeit des Staatsgerichtshofs für das Deutsche Reich ablehnen,
in dritter Linie möge er die Sache wegen seiner Unzuständigkeit an den Bayerischen Staatsgerichtshof verweisen.

II.

Der Staatsgerichtshof für das Deutsche Reich hat sich mit dem Verhältnis seiner Zuständigkeit zu der eines Landes-Staatsgerichtshofs befaßt in seiner eine Verfassungsstreitigkeit im Lande Mecklenburg-Schwerin betreffenden Entscheidung vom 12. Mai 1928 (RGZ. Bd. 120 Anh. S. 19). Dort hat er ausgeführt, daß sich der Begriff der Verfassungsstreitigkeit nach der sachlichen wie nach der persönlichen Seite aus der Reichsverfassung selbst ergebe und daß er durch das Landesrecht nicht eingeschränkt werden könne. Art. 19 RVerf. solle es ermöglichen, daß alle Verfassungsstreitigkeiten innerhalb eines Landes in einem gerichtlichen Verfahren ausgetragen würden. Zwar sei den Ländern freigestellt, den Staatsgerichtshof für das Deutsche Reich durch ein anderes Gericht zu ersetzen. Die Zuständigkeit des ersteren sei aber nicht schon dann ausgeschlossen, wenn zur Erledigung von Verfassungsstreitigkeiten innerhalb eines Landes im allgemeinen ein Gericht dieses Landes bestehe. Vielmehr müsse es vorhanden sein zur Erledigung gerade der besonderen Einzelstreitsache.

Die Antragsteller, politische Parteien, machen die Verfassungswidrigkeit von landeswahlgesetzlichen Bestimmungen geltend. Daß politische Parteien, wenigstens in gewissem Umfang, Verfassungsstreitigkeiten betreiben können, daß sie insbesondere befugt sind, verfassungswidrige Wahlgesetze anzufechten, steht in der Rechtsprechung des Staatsgerichtshofs für das Deutsche Reich fest. Für seine Zuständigkeit kommt es deshalb im vorliegenden Falle darauf an, ob sich die Antragsteller mit ihrem Klagbegehren an den Bayerischen Staatsgerichtshof wenden können, was sie dann auch tun müssen.

Den in der oben genannten Entscheidung des Staatsgerichtshofs für das Deutsche Reich entwickelten Grundsätzen ist das Land Bayern allerdings mit eingehenden Ausführungen entgegengetreten. Es hat darzulegen versucht, daß dem Art. 19 Abs. 1 RVerf. ein bestimmter Begriff der Verfassungsstreitigkeit nicht zu entnehmen sei. Dieser richte sich vielmehr nach dem jeweiligen Landesrecht. Für die nach diesem als Verfassungsstreitigkeiten anzusehenden

Rechtsstreitigkeiten stelle die Reichsverfassung den Ländern den Staatsgerichtshof für das Deutsche Reich zur Verfügung, falls sie selbst keinen eigenen Staatsgerichtshof einrichten wollten. Bayern besitze nun einen Staatsgerichtshof. Er sei für alle Verfassungsstreitigkeiten im Sinne des bayerischen Rechts zuständig. Für eine Entscheidung des Staatsgerichtshofs für das Deutsche Reich sei also kein Raum.

Diesen Darlegungen kann indessen nicht beigetreten werden. Vielmehr ist an dem Urteil vom 12. Mai 1928 und seiner Begründung festzuhalten, besonders an dem die damalige Entscheidung tragenden Satze, daß die Reichsverfassung den Umfang des für Verfassungsstreitigkeiten eines Landes zu gewährenden Rechtsschutzes selbst bestimmt, seine Abgrenzung nicht den Ländern überlassen hat. Schon allein die Tatsache, daß Art. 19 Abs. 1 RVerf. von Verfassungsstreitigkeiten innerhalb eines Landes spricht, zwingt zu der Annahme, daß der Verfassungsgesetzgeber mit diesem Ausdruck einen allgemein gültigen, nicht einen je nach der Gesetzgebung der einzelnen Länder verschiedenen Sinn verbunden hat. Die Vorschrift setzt voraus, daß es Länder gibt, die keine eigene Verfassungsgerichtsbarkeit besitzen und für die deshalb der Verfassungsgerichtshof des Reichs eintritt. In dem Recht dieser Länder fehlt es notwendigerweise an einer Bestimmung des Begriffs der Verfassungsstreitigkeit. Für sie kann er also nur aus dem Reichsrecht gewonnen werden. Dann ist es aber geboten, diesen reichsrechtlichen Begriff auch in den Ländern mit eigener Verfassungsgerichtsbarkeit anzuwenden. Denn es muß als ausgeschlossen gelten, daß die Reichsverfassung in dieser Hinsicht einen Unterschied hat machen wollen zwischen den Ländern, die einen eigenen Gerichtshof zur Erledigung ihrer Verfassungsstreitigkeiten einrichten, und denen, die diese Rechtsprechung dem Reich anvertrauen. In den ersteren darf nach den Grundsätzen der Reichsverfassung kein geringerer Rechtsschutz in Verfassungsfragen bestehen als in den letzteren. Die Richtigkeit dieser Erwägungen wird bestätigt durch ein Heranziehen des Art. 17 RVerf. Er gibt Vorschriften für die Verfassungen der Länder. Streitigkeiten über sie sind, wie der Staatsgerichtshof für das Deutsche Reich schon mehrfach entschieden hat, Verfassungsstreitigkeiten. Es handelt sich hier also um Normen der Reichsverfassung, die diese selbst unter verfassungsrechtlichen Schutz stellt. Wollte man den Ländern, die eigene Staatsgerichtshöfe errichten, das Recht zugestehen, diesen Schutz sogar für die aus der Anwendung des Art. 17 RVerf. herrührenden Streitigkeiten einzuschränken, so würde das dem klaren Sinn der Reichsverfassung widersprechen. Eine solche Streitigkeit liegt aber im gegenwärtigen Fall vor.

Von dem reichsverfassungsrechtlichen Begriff der Verfassungsstreitigkeit, wie er aus Art. 19 Abs. 1 RVerf. durch die Rechtsprechung des Staatsgerichtshofs für das Deutsche Reich entwickelt worden ist, hat auch die Prüfung der Frage auszugehen, ob in einem Lande ein Gericht zur Erledigung von Verfassungsstreitigkeiten besteht. Die Länder sind nicht gezwungen, alle Verfassungsstreitigkeiten im Sinne der Reichsverfassung einem eigenen Gerichtshof zu überweisen; sie können seine Zuständigkeit auf einen Teil dieser Streitigkeiten beschränken. Tun sie das aber, so besteht für die übrigen kein Landesgericht zu ihrer Erledigung. Sie unterliegen der Entscheidung durch den Staatsgerichtshof für das Deutsche Reich. So kommt es auch für den gegenwärtigen Streitfall, der sich, wie bereits gesagt, nach Reichsrecht als Verfassungsstreitigkeit darstellt, darauf an, ob für ihn die Zuständigkeit des Bayerischen Staatsgerichtshofs begründet ist.

III.

§ 70 der Verfassungsurkunde des Freistaats Bayern vom 14. August 1919 (BayGVBl. S. 531) in der Fassung von Art. 3 des Änderungsgesetzes vom 18. September 1925 (BayGVBl. S. 245) bestimmt in Absatz I:

„Über Anklagen gegen Minister und Abgeordnete, Verfassungsbeschwerden und Verfassungsstreitigkeiten, für welche ein Rechtsweg nicht eröffnet ist, entscheidet der Staatsgerichtshof"

und in Absatz IV:

„Das Verfahren des Staatsgerichtshofs wird durch Gesetz geregelt."

Das demgemäß ergangene Gesetz vom 11. Juni 1920 über den Staatsgerichtshof (BayGVBl. S. 323) sagt über die Zuständigkeit des Staatsgerichtshofs in Verfassungsstreitigkeiten in § 2 folgendes:

„Der Staatsgerichtshof ist zuständig zur Entscheidung . . .

3. über Verfassungsstreitigkeiten zwischen Landtag und Regierung (§ 70 Abs. 1 der Verfassungsurkunde, Art. 19 Abs. 1 der Reichsverfassung)."

Durch Artikel I des Gesetzes zur Änderung des Gesetzes vom 11. Juni 1920 über den Staatsgerichtshof vom 28. April 1928 (BayGVBl. S. 322), das nach Art. III mit Wirkung vom 15. März 1928 in Kraft getreten ist, sind jedoch in dem vorstehend wiedergegebenen § 2 Nr. 3 die Worte „zwischen Landtag und Regierung" gestrichen worden.

Zu § 70 BayVerfUrk. soll vorweg bemerkt werden, daß die Zuständigkeit des Bayerischen Staatsgerichtshofs für Verfassungsbeschwerden im vorliegenden Falle ausscheidet. Das Recht der Verfassungsbeschwerde an den Staatsgerichtshof haben nach § 93 BayVerfUrk. jeder bayerische Staatsangehörige und jede juristische Person, die in Bayern ihren Sitz hat, dann, wenn sie glauben, durch die Tätigkeit einer Behörde in ihrem Recht unter Verletzung der Bayerischen Verfassung geschädigt zu sein. Die Verfassungsbeschwerde richtet sich also gegen verfassungswidrige Verfügungen von Behörden, nicht gegen verfassungswidrige Gesetze, wie ein solches hier den Streitgegenstand bildet.

Mit der Bestimmung des § 70 BayVerfUrk., daß über Verfassungsstreitigkeiten der Staatsgerichtshof entscheidet, wollte der bayerische Verfassungsgesetzgeber von der in Art. 19 Abs. 1 RVerf. den Ländern gegebenen Ermächtigung Gebrauch machen. Er wollte die dort begründete Zuständigkeit des Staatsgerichtshofs für das Deutsche Reich ausschließen und an seine Stelle ein bayerisches Gericht, den Bayerischen Staatsgerichtshof, treten lassen. Ebenso wie das in der oben angeführten Entscheidung des Staatsgerichtshofs für das Deutsche Reich vom 12. Mai 1928 (a. a. O. S. 21) für § 66 der Verfassung des Freistaates Mecklenburg-Schwerin angenommen worden ist, muß auch für § 70 BayVerfUrk. anerkannt werden, daß er den Ausdruck „Verfassungsstreitigkeiten" in demselben Sinne braucht wie Art. 19 RVerf. Es ist schlechterdings kein Grund ersichtlich, aus dem Bayern einen Teil seiner innerstaatlichen Verfassungsstreitigkeiten, für welche die Reichsverfassung ein gerichtliches Verfahren vorgeschrieben hat, dem Staatsgerichtshof für das Deutsche Reich belassen haben könnte. Gerade einem Lande wie Bayern, das auf Wahrung seiner Eigenstaatlichkeit in jeder Hinsicht aufs äußerste bedacht ist, das die ihm vom Reich belassenen Zuständigkeiten stets voll ausnutzt, kann nicht zugetraut werden, daß es irgendwelche seiner innerstaatlichen Verfassungsstreitigkeiten durch ein Reichsorgan hat entscheiden lassen wollen. So hat denn auch bei Beratung des Verfassungsentwurfs im Verfassungsausschuß des Bayerischen Landtags der zweite Mitberichterstatter Dr. Piloty erklärt, durch die fragliche Vorschrift werde erreicht, daß „unsere bayerischen Verfassungsstreitigkeiten nicht vor die Reichsinstanz zu bringen sein werden" (Verhandlungen des Bayer. Landtags 1919, Beilage 324 S. 170). Entsprechend hat sich der Regierungskommissär Dr. Graßmann damals dahin geäußert, daß die Reichsverfassung zwinge, auch Verfassungsstreitigkeiten einem Staatsgerichtshof zu überweisen, wenn diese nicht vor dem Gerichtshof des Deutschen Reiches nach Art. 19 ausgetragen werden sollen (a. a. O.). Er hat im Anschluß daran den Begriff der Verfassungsstreitigkeit erörtert und ausgeführt, daß dies Streitigkeiten zwischen Ministerium und Landtag, zwischen einer Religionsgemeinschaft über ihre Rechte gegenüber dem Ministerium, auch solche über Schulfragen, Rechte der Verbände der Selbstverwaltung usw. sein könnten; es werde Sache der Auslegung sein, das zu ergänzen (a. a. O. S. 171). An eine Beschränkung der Vorschrift des § 70 BayVerfUrk. auf Verfassungsstreitigkeiten zwischen Landtag und Regierung hat man, wie hieraus ersichtlich, bei Schaffung der Verfassung überhaupt nicht gedacht.

Bei diesem aus der Sache selbst sich ergebenden, durch die bei der Beratung der Bayerischen Verfassung gemachten Äußerungen bestätigten Zusammenhang zwischen Art. 19 RVerf. und § 70 BayVerfUrk. ist es unerheblich, daß letzterer den Begriff der Verfassungsstreitigkeit nicht besonders umschreibt, auch keinen ausdrücklichen Hinweis auf die ihm zugrunde liegende Vorschrift der Reichsverfassung enthält. Die Übernahme des Wortes „Verfassungsstreitigkeiten" aus der Reichsverfassung hat dem § 70 BayVerfUrk. den objektiven Inhalt gegeben, der in dieser Hinsicht dem Artikel 19 Abs. 1 RVerf. zukommt. Die Auslegung, die der Begriff der Verfassungsstreitigkeit für letzteren gefunden hat, erstreckt sich daher ohne weiteres auch auf § 70 BayVerfUrk.

Abzulehnen ist die Annahme, daß § 70 BayVerfUrk. einen bloßen Programmsatz enthalte. Er geht über die in Art. 87 der Verfassung des Freistaates Preußen vom 30. November 1920 (PrGS. S. 543) enthaltene Bestimmung: „Verfassungsstreitigkeiten werden vom Staatsgerichtshof entschieden" weit hinaus. Diese Vorschrift bezieht sich allerdings auf ein kommendes Gesetz über einen Preußischen Staatsgerichtshof und besitzt vor dessen Erlaß keine praktische Bedeutung. Anders dagegen verhält es sich mit § 70 BayVerfUrk. Er beschränkt sich nicht bloß darauf, die Errichtung eines Bayerischen Staatsgerichtshofs anzuordnen, sondern errichtet ihn bereits selbst. Denn in Abs. II regelt er die Zusammensetzung des Staatsgerichtshofs, der danach aus dem Präsidenten des Obersten Landesgerichts, aus 8 Richtern und 10 vom Landtage zu wählenden Mitgliedern besteht. Abs. III enthält eingehende Vorschriften über die Ernennung der richterlichen Mitglieder des Staatsgerichtshofs. Ergänzt wird § 70 BayVerfUrk. hinsichtlich der Zuständigkeit des Bayerischen Staatsgerichtshofs noch durch die §§ 41 (Anklagen gegen Abgeordnete), 56 (Anklagen gegen Minister) und 93 (Verfassungsbeschwerden). Angesichts dieser Regelung der Zuständigkeit und der Zusammensetzung des Bayerischen Staatsgerichtshofs durch die Bayerische Verfassungsurkunde bedurfte es eines besonderen Gesetzes nur zur Regelung seines Verfahrens. Nur dieses Gebiet behält denn auch § 70 Abs. IV der gesetzlichen Regelung vor.

Das bayerische Gesetz über den Staatsgerichtshof vom 11. Juni 1920 enthielt nun allerdings bis zu seiner Änderung durch das Gesetz vom 28. April 1928 in § 2 Nr. 3 die Vorschrift, daß der Bayerische Staatsgerichtshof zuständig sei zur Entscheidung über Verfassungsstreitigkeiten zwischen Landtag und Regierung. Der in dieser Fassung zutage tretende Gegensatz zwischen der Bayerischen Verfassungsurkunde und dem Gesetz über den Staatsgerichtshof ist indessen nur äußerlicher Art. In Wirklichkeit hat die Bestimmung keine Änderung der Verfassung bewirkt. Die dem Gesetz über den Staatsgerichtshof durch § 70 Abs. IV BayVerfUrk. gestellte Aufgabe war, das Verfahren des Staatsgerichtshofs zu regeln, es zu regeln für den Bereich der dem Staatsgerichtshof durch die Verfassung übertragenen Zuständigkeiten. Diese Zuständigkeiten einzuschränken, war nicht die Absicht des Gesetzes vom 11. Juni 1920, insbesondere nicht die Absicht, die mit § 2 Nr. 3 verfolgt wurde, wo wie überhaupt im ganzen § 2 nur die Zuständigkeitsregelung der Verfassungsurkunde wiederholt worden ist. Dies wird völlig außer Zweifel gestellt durch die ausdrückliche Verweisung auf § 70 Abs. I BayVerfUrk. und Art. 19 Abs. 1 RVerf., die keine andere Bedeutung haben kann, als daß sich der Begriff der Verfassungsstreitigkeit aus den genannten beiden Verfassungsvorschriften ergebe. Der Zusatz in § 2 Nr. 3 „zwischen Landtag und Regierung" läßt sich gerade, wenn die Anführung der beiden Verfassungsbestimmungen einen Sinn haben soll, nur damit erklären, daß man bei Erlaß des Gesetzes vom 11. Juni 1920 — allerdings im Gegensatz zu den oben wiedergegebenen Ausführungen des Regierungskommissärs bei der Verfassungsberatung — geglaubt hat, auch Art. 19 RVerf. und ihm entsprechend § 70 BayVerfUrk. verstehe unter Verfassungsstreitigkeiten innerhalb eines Landes lediglich solche zwischen Landtag und Regierung. Diese Ansicht war damals durchaus begreiflich. Denn die wirkliche Tragweite des Art. 19, der auch bei Beratung der Reichsverfassung von der Reichsregierung ausschließlich auf Streitigkeiten zwischen der Regierung und der Volksvertretung eines Landes bezogen wurde (vgl. RGZ. Bd. 102 S. 419, 420), stand damals noch nicht fest und ist erst später durch die Rechtsprechung des Staatsgerichtshofs für das Deutsche Reich geklärt worden. Auch der mündlich erstattete Bericht des Bayerischen Landtagsausschusses für Verfassungsfragen zum Entwurf eines Gesetzes über den Staatsgerichtshof (Sitzung des Bayerischen Landtags vom 1. Juni 1920, StenBer. Bd. III S. 332) bietet keinen Anhalt dafür, daß man mit der vom Ausschuß vorgenommenen Änderung des Entwurfs, der die Zuständigkeit des Staatsgerichtshofs für Verfassungsstreitigkeiten ohne jeden Zusatz vorgesehen hatte (Verhandlungen des Bayer. Landtags 1919/20 Beilage 1350 S. 800; Begründung dazu S. 806), in § 70 BayVerfUrk. hat eingreifen wollen. Der Berichterstatter hat zu diesem Punkte nur bemerkt:

> „Verfassungsstreitigkeiten im Sinne des Gesetzes sollen übrigens nach den Ausschußbeschlüssen entgegen der Begründung der Vorlage lediglich zwischen Landtag und Regierung, nicht aber auch zwischen Körperschaften des öffentlichen Rechts und der Regierung — wie der Entwurf wollte — möglich sein. Diese letzteren Fälle sollen auf dem Wege der Verfassungsbeschwerde ausgetragen werden."

Diese Worte zeugen dafür, daß § 2 Nr. 3 BayStGHGes. nur auf einer ungenügenden Erkenntnis der Bedeutung beruht, die das Wort „Verfassungsstreitigkeiten" in Art. 19 RVerf. und in dem mit ihm übereinstimmenden § 70 BayVerfUrk. besitzt, und daß der Bayerische Landtag nicht daran gedacht hat, die durch § 70 begründete umfassende Zuständigkeit des Bayerischen Staatsgerichtshofs für bayerische Verfassungsstreitigkeiten durch die von ihm dem § 2 Nr. 3 gegebene Fassung einzuschränken. Es ist denn auch bei der Annahme des Gesetzes vom 11. Juni 1920 nicht festgestellt worden, daß die zu Verfassungsänderungen erforderliche Mehrheit erreicht sei. Als authentische Interpretation des § 70 kann § 2 Nr. 3 schon deshalb nicht bezeichnet werden, weil er keinen Zweifel über dessen Tragweite hat beseitigen, nicht dessen Inhalt hat feststellen sollen. Vielmehr sind mit ihm lediglich Folgerungen aus § 70 BayVerfUrk. gezogen worden, die sich später als unzutreffend erwiesen haben. § 70 Abs. IV ist versehentlich nicht völlig ausgeschöpft worden. Bayern an der damaligen irrigen Auffassung seines Landtages festzuhalten, ist angesichts des unverändert gebliebenen § 70 unmöglich.

Die Annahme, daß § 2 Nr. 3 BayStGHGes. den § 70 BayVerfUrk. unberührt läßt, steht nicht im Widerspruch zu dem, was in der bereits genannten Entscheidung des Staatsgerichtshofs für das Deutsche Reich vom 12. Mai 1928 (a. a. O. S. 22/23) über das Verhältnis des § 70 der Verfassung des Freistaates Mecklenburg-Schwerin zu § 66 Abs. 1 Satz 1 das. ausgeführt worden ist. Der entscheidende Unterschied zwischen beiden Fällen liegt darin, daß § 70 der mecklenburgischen Verfassung, wonach der Landes-Staatsgerichtshof nur vom Staatsministerium, vom Landtag und durch Volksbegehren angerufen werden kann, der gleichen Rechtsquelle angehört wie § 66 Abs. 1 Satz 1, also die Kraft besaß, die in der letztgenannten Vorschrift allgemein ausgesprochene Zuständigkeit des Landes-Staatsgerichtshofs zu beschränken. In Bayern handelt es sich dagegen um die Wirkung eines einfachen Landesgesetzes, das, später als die Verfassung erlassen, keine Einheit mit dieser bildet, und für das kein Anhalt vorliegt, daß es in sie hat eingreifen sollen.

§ 2 Nr. 3 BayStGHGes. in seiner ursprünglichen Fassung war mithin für die Zuständigkeit des Bayerischen Staatsgerichtshofs ohne Belang. Eine Lücke ließ die Vorschrift freilich insofern, als sich nunmehr die im Gesetz über den Staatsgerichtshof getroffene Verfahrensregelung nur auf Verfassungsstreitigkeiten zwischen Landtag und Regierung bezog. Für andere Verfassungsstreitigkeiten fehlte es an einer ausdrücklichen Verfahrensordnung. Eine Prüfung der Verfahrensvorschriften des genannten Gesetzes ergibt jedoch, daß ihre entsprechende Anwendung auch auf Verfassungsstreitigkeiten möglich war, an denen andere Parteien als Landtag und Regierung beteiligt waren. Vor dem Bayerischen Staatsgerichtshof hätte also auch schon vor der Änderung des Gesetzes vom 11. Juni 1920 jede Verfassungsstreitigkeit zum Austrag gebracht werden können. Etwa in Hinsicht auf das Verfahren noch bestehende Zweifel sind dann durch das Gesetz vom 28. April 1928 ausgeräumt worden.

Dieses Gesetz gibt keine Veranlassung, die Frage zu entscheiden, ob die Landesgesetzgebung befugt ist, die Zuständigkeit des Staatsgerichtshofs für das Deutsche Reich noch für solche Verfassungsstreitigkeiten auszuschließen, die bei ihm bereits ordnungsmäßig anhängig gemacht worden sind. Es kann deshalb auch dahingestellt bleiben, ob die Rückwirkungsklausel in Art. III des Gesetzes vom 28. April 1928 gültig ist. Denn wie sich aus dem bisher Ausgeführten ergibt, hat das Gesetz nicht für die Zuständigkeit des Bayerischen Staatsgerichtshofs, sondern nur für das Verfahren vor ihm Bedeutung. Schon vor Stellung des ersten Antrags beim Staatsgerichtshof für das Deutsche Reich war der Bayerische Staatsgerichtshof nach § 70 BayVerfUrk. zuständig für die gegenwärtige Verfassungsstreitigkeit. Es fehlte höchstens an einer unzweideutigen Regelung des Verfahrens vor ihm für eine Verfassungsstreitigkeit der hier vorliegenden Art. Diese Lücke des Gesetzes aus Anlaß der Erhebung einer derartigen Klage auszufüllen, die vorhandene Unklarheit zu beseitigen und so die ordnungsmäßige Erledigung des Streits durch den für ihn zuständigen Staatsgerichtshof sicherzustellen, war nicht bloß statthaft, sondern geradezu geboten. Ein unzulässiges Eingreifen in ein schwebendes Verfahren hat sich das Land Bayern durch das Gesetz vom 28. April 1928 nicht zuschulden kommen lassen.

Daß § 70 BayVerfUrk. nur die Verfassungsstreitigkeiten dem Bayerischen Staatsgerichtshof zuweist, für die ein Rechtsweg nicht eröffnet ist, schließt seine Zuständigkeit für die vorliegende Streitsache nicht aus. Unrichtig ist die Meinung der Antragsteller, ein solcher Rechtsweg werde durch Art. 19 RVerf. vor dem Staatsgerichtshof für das Deutsche Reich eröffnet. Der Rechtsweg ist der Weg vor den ordentlichen Gerichten (RGZ. Bd. 119 S. 300), im Sinne des § 70 BayVerfUrk. auch wohl das Verwaltungsrechtsverfahren (§ 71 BayVerfUrk.; vgl. Äußerung des Regierungskommissärs Dr. Graßmann, Verhdl. d. Verfassungsausschusses

a. a. O. S. 170). Die Anrufung des Staatsgerichtshofs für das Deutsche Reich fällt nicht darunter.

Der Bildung des Bayerischen Staatsgerichtshofs steht kein Hindernis im Wege, auch nicht, soweit es sich um die Bestellung der vom Landtage zu bestimmenden Mitglieder handelt, die keineswegs Abgeordnete zu sein brauchen (Verhdl. des VerfAussch. a. a. O. S. 170). Ihre Wahl erfolgt durch den Landtag mit Zweidrittelmehrheit der anwesenden Mitglieder (§ 70 Abs. II BayVerfUrk.), kann also vorgenommen werden, da am 20. Mai 1928 in Bayern ein neuer Landtag gewählt worden ist. Daß dieser Landtag gewählt worden ist nach einem Wahlgesetz, dessen Gültigkeit in verschiedenen Punkten angefochten wird, und daß der Streit hierüber gerade den Gegenstand des gegenwärtigen Verfahrens bildet, nimmt ihm nicht das Recht zur Wahl von Mitgliedern des Staatsgerichtshofs. In der Entscheidung vom 17. Dezember 1927 (RGZ. Bd. 118 Anh. S. 22) hat der Staatsgerichtshof für das Deutsche Reich allerdings dem Beschluß des Mecklenburg-Strelitzschen Landtags, die Notverordnung zu genehmigen, auf Grund deren er gewählt worden war, die Wirksamkeit versagt, da der Landtag nicht berechtigt sei, die Zweifel, die gegen die Rechtsbeständigkeit der durch die Notverordnung getroffenen Neuordnung des Wahlrechts erhoben seien, selbst zu beseitigen (S. 32). Mit der Genehmigung einer das Wahlrecht in unzulässiger Weise ändernden Notverordnung läßt sich aber die hier in Frage stehende Bestellung von Mitgliedern des Bayerischen Staatsgerichtshofs durch den bayerischen Landtag nicht auf die gleiche Stufe stellen. Durch die Abordnung von Mitgliedern des Staatsgerichtshofs will der Landtag nicht das Gesetz, auf Grund dessen er gewählt worden ist, der gerichtlichen Nachprüfung entziehen, diese vielmehr gerade ermöglichen. Ob demnächst ein Anlaß für die Antragsteller besteht, die gewählten Mitglieder des Bayerischen Staatsgerichtshofs abzulehnen und welche Folgen diese Ablehnung haben wird, das zu prüfen ist im gegenwärtigen Verfahren weder erforderlich noch angängig.

Der Bayerische Staatsgerichtshof ist demnach zur Entscheidung über die von den Klägern gestellten Anträge zuständig. Freilich ist er an eine Entscheidung des Staatsgerichtshofs für das Deutsche Reich, durch die dieser seine Zuständigkeit mit Rücksicht auf die Zuständigkeit des Landes-Staatsgerichtshofs verneint, formell nicht gebunden. Die Möglichkeit gegensätzlicher Entscheidungen ist also gegeben. Sollte demnächst etwa ein derartiger negativer Kompetenzkonflikt entstehen, so muß entweder für den gegenwärtigen Fall eine Lücke im Verfahrensrechtsschutz anerkannt werden. Oder die abweichende Entscheidung des Bayerischen Staatsgerichtshofs stellt eine neue Tatsache dar, die eine wiederholte Anrufung des Staatsgerichtshofs für das Deutsche Reich gestattet, damit dieser den von der Reichsverfassung umfassend gestalteten Verfassungsrechtsschutz auch den Antragstellern zuteil werden läßt. Diese Frage bedarf jedoch noch keiner Entscheidung, da eine abweichende Stellungnahme des Bayerischen Staatsgerichtshofs bisher nicht vorliegt. Daß sie möglich ist, bildet keinen Grund, das gegenwärtige Verfahren bis zur Entscheidung des Bayerischen Staatsgerichtshofs auszusetzen. Der Staatsgerichtshof für das Deutsche Reich hat vielmehr, nachdem er angerufen worden ist, den Anträgen der Parteien entsprechend seine Zuständigkeit selbst zu prüfen. Die Entscheidung darüber kann er keinem anderen Gerichtshof anvertrauen, mag auch sein Spruch, wie schon bemerkt, den Bayerischen Staatsgerichtshof formell nicht binden. Eine Verweisung der Sache an diesen ist nicht angängig, da bei ihm noch kein Verfahren anhängig ist und es außerdem an einer Gesetzesnorm fehlt, die solche Verweisung als für den Landes-Staatsgerichtshof verbindlich erklärt. Es muß demnach, dem zweiten Antrage des Landes Bayern entsprechend, lediglich auf Abweisung der Anträge der Antragsteller wegen Unzuständigkeit des Staatsgerichtshofs für das Deutsche Reich erkannt werden.

2.

In der verfassungsrechtlichen Streitsache

der Sozialdemokratischen Fraktion des Sächsischen Landtags,
Antragstellerin,

gegen

das Land Sachsen,
Antragsgegner,

wegen Feststellung der Verfassungswidrigkeit der Landtagswahl vom vom 31. Oktober 1926 (StGH. 13/28)

hat der Staatsgerichtshof für das Deutsche Reich in der öffentlichen Sitzung vom 22. März 1929 für Recht erkannt:

I. Die Wahlen vom 31. Oktober 1926 zum Sächsischen Landtage sind ungültig.

II. Die Regierung des Freistaates Sachsen ist verpflichtet, die Neuwahl des Landtags herbeizuführen.

Gründe:

I.

Das Landeswahlgesetz für den Freistaat Sachsen in seiner Fassung vom 6. Oktober 1926 (SächsGesBl. S. 365) enthielt als § 14 Abs. 8 folgende neue Vorschrift:

„Wahlvorschläge einer Partei, die im letzten Landtag nicht vertreten gewesen ist, sind nur zuzulassen, wenn diese Partei spätestens am siebzehnten Tage vor dem Wahltage beim Landeswahlleiter den Betrag von dreitausend Reichsmark eingezahlt hat. Dieser Betrag wird zurückgezahlt, wenn der Partei bei der Verteilung der Abgeordnetensitze (§§ 26, 29 und 30) mindestens ein Sitz zugewiesen worden ist; andernfalls verfällt er zugunsten der Staatskasse."

Ihrer Ausführung dienten § 30 Abs. 2 und § 36 Abs. 1 Satz 2 der Landeswahlordnung vom gleichen Tage (SächsGesBl. S. 369). Auf Grund des neugefaßten Wahlgesetzes und der Landeswahlordnung hat am 31. Oktober 1926 eine Neuwahl des Sächsischen Landtages stattgefunden. Fünf Parteien haben vor der Wahl die Sicherheit von 3000 RM. eingezahlt, zwei von ihnen haben einen Abgeordnetensitz erreicht. Ihnen sind die 3000 RM. alsbald, den übrigen Parteien erst im Dezember 1928 zurückgezahlt worden. Kein Wahlvorschlag ist wegen Nichtleistung der Sicherheit zurückgewiesen worden. In der Sitzung vom 24. März 1927 hat der neugewählte Landtag die Wahl für gültig erklärt, ohne daß bei dieser Gelegenheit der § 14 Abs. 8 SächsLWG. erörtert worden wäre.

Nachdem der Staatsgerichtshof für das Deutsche Reich durch seine Urteile vom 17. Dezember 1927 einige dem § 14 Abs. 8 SächsLWG. ähnliche Bestimmungen in Wahlgesetzen anderer deutscher Länder für unvereinbar mit Art. 17 RVerf. erklärt hatte, wurde auch die Verfassungsmäßigkeit der genannten Vorschrift des sächsischen Landeswahlgesetzes zweifelhaft. Die Antragstellerin, die Sozialdemokratische Fraktion des Sächsischen Landtags, vertrat die Auffassung, daß § 14 Abs. 8 SächsLWG. gegen Art. 17 RVerf. verstoße, da er für die Zulassung der Wahlvorschläge der verschiedenen Parteien ungleiche Bedingungen geschaffen habe und somit den Grundsatz der Gleichheit der Wahl verletze. Aus der Verfassungswidrigkeit des § 14 Abs. 8 SächsLWG. folgert die Antragstellerin, daß die auf Grund des ihn enthaltenden neuen Landeswahlgesetzes vorgenommene Landtagswahl in ihrem Ergebnis verfälscht worden und daher ungültig sei. Sie hat deshalb beim Staatsgerichtshof für das Deutsche Reich Klage gegen das Land Sachsen, vertreten durch den Ministerpräsidenten, erhoben und beantragt, dahin zu erkennen:

1. § 14 Abs. 8 des Landeswahlgesetzes für den Freistaat Sachsen in der Fassung vom 6. Oktober 1926 (Sächs. Gesetzblatt 1926, S. 365f.), sowie §§ 30 Abs. 2, 36 Abs. 1 Satz 2 der Landeswahlordnung vom 6. Oktober 1926 (SächsGesetzbl. 1926 S. 369f.) verstoßen gegen Artikel 17 der Reichsverfassung.
2. Die am 31. Oktober 1926 stattgefundene Wahl des Sächsischen Landtages ist ungültig. Der Landtag besteht in seiner gegenwärtigen Zusammensetzung zu Unrecht, er wird aufgelöst. Die Regierung des Freistaates Sachsen ist verpflichtet, die Neuwahl des Sächsischen Landtages auf Grund der Bestimmungen des Landeswahlgesetzes in der Fassung vom 6. Oktober 1926 unter Fortfall des § 14 Abs. 8 herbeizuführen.

Das Land Sachsen als Antragsgegner hat in erster Reihe beantragt, die Klage als unzulässig, in zweiter Reihe, sie als unbegründet zurückzuweisen. Für die Unzulässigkeit des Klagantrags 1 hat es sich auf Art. 13 Abs. 2 RVerf. berufen. Nach dieser Vorschrift habe über die Vereinbarkeit von Landesrecht mit dem Reichsrecht nur das Reichsgericht zu entscheiden. Dieses allein sei befugt, die Reichsverfassungswidrigkeit des § 14 Abs. 8 SächsLWG. auszusprechen. In Verfolg dieser Rechtsauffassung hat der Sächsische Ministerpräsident namens des Sächsischen Gesamtministeriums beim Reichsgericht den Antrag gestellt, darüber zu entscheiden, ob der genannte § 14 Abs. 8 mit dem Reichsrecht vereinbar sei. Der vom Präsidenten des Reichsgerichts für die Entscheidung über diesen Antrag bestimmte

III. Zivilsenat des Reichsgerichts hat durch Beschluß vom 23. November 1928 dahin erkannt, daß § 14 Abs. 8 des Landeswahlgesetzes für den Freistaat Sachsen in der Fassung vom 6. Oktober 1926 nicht mit dem Reichsrecht vereinbar sei, da er die nach Art. 17 RVerf. aufgestellten Grundsätze der Gleichheit und der Allgemeinheit der Wahl verletze. Der Beschluß ist im RGBl. 1928 I S. 414 bekanntgemacht und in RGZ. Bd. 122 S. 306 mit Gründen veröffentlicht worden. Der Entscheidung des Reichsgerichts hat das Land Sachsen durch das zweite Gesetz zur Änderung des Landtagswahlgesetzes vom 13. Februar 1929 (SächsGesBl. S. 8), Rechnung getragen und den § 14 Abs. 8 SächsLWG. ausdrücklich gestrichen. Ebenso sind durch Verordnung vom gleichen Tage in der Landeswahlordnung § 30 Abs. 2 und § 36 Abs. 1 Satz 2 gestrichen worden. Der Beschluß des Reichsgerichts vom 23. November 1928 hat ferner den Sächsischen Landtag veranlaßt, nochmals in eine Prüfung der Gültigkeit der Wahlen vom 31. Oktober 1926 einzutreten. Am 19. Februar 1929 hat er nach eingehender Erörterung der Sach- und Rechtslage im Prüfungsausschuß wie in der Vollversammlung beschlossen, die Wahlen erneut für gültig zu erklären.

Die Parteien sind darüber einig, daß sich durch diese nach Anhängigmachung der gegenwärtigen Streitsache eingetretenen Ereignisse der Klagantrag 1 erledigt hat. Sie haben in der mündlichen Verhandlung vor dem Staatsgerichtshof nur noch über den Klagantrag 2 gestritten, zu dessen Rechtfertigung sich die Antragstellerin nunmehr in erster Reihe auf die Entscheidung des Reichsgerichts beruft. Aus ihr ergebe sich, daß die Wahlen vom 31. Oktober 1926 zum Sächsischen Landtage nicht den in der Reichsverfassung zwingend aufgestellten Grundsätzen der Allgemeinheit und Gleichheit der Wahl entsprochen hätten. Ein so gewählter Landtag sei überhaupt keine verfassungsmäßige Volksvertretung. Eine Neuwahl sei geboten, ohne daß noch zu prüfen sei, ob die Anwendung des verfassungswidrigen § 14 Abs. 8 SächsLWG. das Wahlergebnis beeinflußt habe. Auch das sei jedoch, falls es darauf ankomme, zu bejahen, wie die Antragstellerin unter Berufung auf den Bericht der Minderheit des Prüfungsausschusses des Landtages (Landtagsdrucks. Nr. 1113 vom 13. Februar 1929 S. 13 flg.) näher darzulegen versucht hat.

Der Antragsgegner hat dem Klagantrag 2 gegenüber zunächst seine Unzulässigkeit geltend gemacht. Die Verfassungsstreitigkeit über die Gültigkeit des § 14 Abs. 8 SächsLWG. sei durch den Spruch des Reichsgerichts beendigt worden. Das Landeswahlgesetz sei ihm entsprechend geändert worden. Die Gültigkeit der Landtagswahlen vom 31. Oktober 1926 sei auf Grund der durch den Beschluß des Reichsgerichts geschaffenen Rechtslage vom Landtag erneut geprüft worden. Diesem stehe nach Art. 17 der Verfassung des Freistaates Sachsen vom 1. November 1920 (SächsGesBl. S. 445) die Entscheidung hierüber zu. Zu einer Nachprüfung seines die Gültigkeit der Wahlen bejahenden Beschlusses sei der Staatsgerichtshof für das Deutsche Reich nicht berechtigt.

Ferner bestreitet der Antragsgegner seine Passivlegitimation. Die Sächsische Regierung sei mit der Wahlprüfung nicht befaßt, sie sei nicht befugt, den Sächsischen Landtag aufzulösen. Die Klage betreffe danach Maßnahmen, die zur ausschließlichen Zuständigkeit des Sächsischen Landtages gehörten. Gegen ihn hätte die Klage gerichtet werden müssen.

Ebensowenig sei die Sozialdemokratische Fraktion des Sächsischen Landtages aktiv legitimiert, die Wahlen vom 31. Oktober 1926 unter Berufung auf die Verfassungswidrigkeit des § 14 Abs. 8 SächsLWG. anzufechten. Denn sie habe seinerzeit dem Sächsischen Landeswahlgesetz vom 6. Oktober 1926 zugestimmt. Außerdem sei die Vorschrift gegen die Sozialdemokratische Partei, da sie ja im letzten Landtage vertreten gewesen sei, überhaupt nicht angewandt worden, sodaß sie sich nicht beschwert fühlen könne.

In der Sache selbst geht das Land Sachsen davon aus, daß es nicht angängig sei, den gegenwärtigen Sächsischen Landtag wegen der Anwendung des verfassungswidrigen § 14 Abs. 8 SächsLWG. bei seiner Wahl als überhaupt nicht bestehend anzusehen. Es müsse deshalb gefragt werden, ob ein Anhalt dafür vorliege, daß das Wahlergebnis durch den vorgekommenen Wahlfehler wesentlich beeinflußt worden sei. Die Antragstellerin, welche die Wahl anfechte, treffe in diesem Punkte die Beweislast. Eine Einwirkung des § 14 Abs. 8 auf das Wahlergebnis habe sie aber nicht darzutun vermocht. Den von der Antragstellerin in dieser Hinsicht gemachten Ausführungen ist das Land Sachsen mit ebenso eingehenden, sich an den Bericht der Mehrheit des Prüfungsausschusses des Landtags (a. a. O. S. 1 flg.) anschließenden Darlegungen entgegengetreten.

Die Antragstellerin hat demgegenüber bestritten, daß die Bejahung der Gültigkeit der Wahlen vom 31. Oktober 1926 durch den

Landtag für den Staatsgerichtshof bindend sei. Die Einwendungen gegen die Passivlegitimation des Antragsgegners hält die Antragstellerin für unbegründet. Das Gesamtministerium sei durchaus in der Lage, eine Auflösung des Landtages herbeizuführen, da es nach Art. 9 Abs. 2 Sächs. Verf. befugt sei, einen dahingehenden Volksentscheid zu beantragen. Außerdem sei es Aufgabe der Regierung, die Neuwahlen, deren Vornahme verlangt werde, auszuschreiben. Es liege überhaupt eine vom Staatsministerium, das sich nur auf das Vertrauen einer unrechtmäßig gewählten Volksvertretung stützen könne, und von dieser, dem Landtage, gemeinsam begangene Verfassungsverletzung vor. Es könne sich also nur darum handeln, ob der Landtag hätte mitverklagt werden müssen. Für den Fall, daß das dem Staatsgerichtshof als notwendig erscheine, hat die Sozialdemokratische Fraktion beantragt, die Verhandlung zu vertagen, damit der Landtag, vertreten durch seinen Präsidenten, von Amts wegen beigeladen werde, oder damit sie die Klage nachträglich auf ihn erstrecken könne. Sie hat weiter ausgeführt, daß es zur Begründung der Aktivlegitimation im Verfahren vor dem Staatsgerichtshof nicht nötig sei, daß die klagende Partei in ihrem subjektiven Recht verletzt worden sei. Jeder Staatsbürger sei grundsätzlich befugt, Verfassungswidrigkeiten zu verfolgen. Auch den Ausführungen des Antragsgegners zur Sache selbst ist die Antragstellerin entgegengetreten.

II.

Der Staatsgerichtshof für das Deutsche Reich entscheidet nach Art. 19 Abs. 1 RVerf. über Verfassungsstreitigkeiten innerhalb eines Landes. Dem gegenwärtigen Streit liegt Art. 17 Abs. 1 Satz 2 RVerf. zugrunde, der für die Volksvertretungen der Länder bestimmt, daß sie in allgemeiner, gleicher, unmittelbarer und geheimer Wahl nach den Grundsätzen der Verhältniswahl gewählt werden müssen. Es handelt sich bei ihm um eine Vorschrift der Reichsverfassung, die auf die Landesverfassungen einwirkt und ihrer Ergänzung dient. Die Bestimmung kann daher, wie in der Rechtsprechung des Staatsgerichtshofs anerkannt ist (RGZ. Bd. 118 Anh. S. 28), den Gegenstand einer Verfassungsstreitigkeit innerhalb eines Landes bilden.

Nun darf allerdings nicht jede Verletzung der in Art. 17 RVerf. aufgestellten Wahlgrundsätze, die sich bei einer Landtagswahl ereignet haben soll, im Wege der Verfassungsklage dem Staatsgerichtshof unterbreitet werden. Es ist Aufgabe des Wahlprüfungsverfahrens, das durch Art. 7 SächsVerf. dem Landtag übertragen worden ist, das Vorkommen solcher Verstöße festzustellen und die sich daraus für die Gültigkeit der Wahl ergebenden Folgerungen zu ziehen. Es würde deshalb kein Raum für eine Entscheidung des Staatsgerichtshofs sein, wenn die Antragstellerin zur Rechtfertigung ihres allein noch im Streit stehenden Antrages 2 auf Ungültigkeitserklärung der Sächsischen Landtagswahlen vom 31. Oktober 1926 lediglich geltend machen könnte, bei diesen Wahlen sei den Grundsätzen der Gleichheit und der Allgemeinheit der Wahl tatsächlich zuwidergehandelt worden. Die Klagbegründung geht jedoch darüber hinaus, insofern sie sich auf die Verfassungswidrigkeit des zur Anwendung gelangten Wahlgesetzes selbst stützt. Die Antragstellerin leitet die Ungültigkeit der streitigen Wahlen unmittelbar aus Art. 17 RVerf. ab, indem sie behauptet, daß der Wahl eines Landtags, die auf Grund eines den dort vorgeschriebenen Grundsätzen widerstreitenden Landeswahlgesetzes vorgenommen sei, schon kraft der Reichsverfassung keine Rechtsgültigkeit innewohne. Mit ihrer so begründeten Klage hat die Antragstellerin allerdings eine Verfassungsstreitigkeit im Sinne von Art. 19 RVerf. anhängig gemacht. Denn es handelt sich insoweit um die Frage, ob ein vom Lande Sachsen unter Nichtbeachtung der Reichsverfassung erlassenes Gesetz die Wirkung gehabt hat, daß der Landtag, das oberste Organ, durch welches das sächsische Volk seine Staatsgewalt ausübt (Art. 2 SächsVerf.), nicht zu Recht besteht. Diese Frage ist streitig zwischen dem Lande Sachsen und der Sozialdemokratischen Landtagsfraktion, die im Landtage zur Mitwirkung bei der staatlichen Willensbildung berufen ist. Ein solcher Streit ist eine Verfassungsstreitigkeit innerhalb des Landes Sachsen und unterliegt daher der Entscheidung durch den Staatsgerichtshof für das Deutsche Reich.

Diese Entscheidungsbefugnis wird dem Staatsgerichtshof nicht dadurch genommen, daß der Sächsische Landtag bei der ihm nach Art. 7 SächsVerf. zustehenden Entscheidung über die Gültigkeit der Wahlen vom 31. Oktober 1926 nicht bloß die tatsächliche Einwirkung des verfassungswidrigen § 14 Abs. 8 SächsLWG. auf sie, sondern zunächst auch die verfassungsrechtliche Vorfrage geprüft hat, die Frage, ob aus der Anwendung der genannten verfassungswidrigen Bestimmung ohne weiteres die Ungültigkeit der umstrittenen Wahlen folgt. Der Sächsische Landtag war allerdings zur Beurteilung dieser Frage zuständig; denn ohne ihre Beantwortung wäre er nicht in der Lage gewesen, über die Gültigkeit der Wahlen zu befinden, deren Prüfung ihm Art. 7 SächsVerf. uneingeschränkt überträgt. Seine Entscheidung in diesem Punkte bindet indessen den Staatsgerichtshof für das Deutsche Reich nicht. Nach Art. 19 Abs. 1 RVerf. ist dieser zur Entscheidung aller Verfassungsstreitigkeiten innerhalb eines Landes berufen, in dem kein Gericht zu ihrer Erledigung besteht. In Sachsen fehlt es daran. Der Sächsische Landtag ist kein Gericht im Sinne der genannten Verfassungsvorschrift, wenngleich er bei der Prüfung der Gültigkeit von Wahlen an die für diese aufgestellten, insbesondere in der Reichsverfassung, in der Verfassung des Freistaates Sachsen und im Sächsischen Landeswahlgesetz enthaltenen Rechtsgrundsätze gebunden ist. Auch daraus, daß der Landtag oberstes Staatsorgan ist, folgt nicht seine Befugnis, die für die Gültigkeit einer Landtagswahl grundlegenden Verfassungsfragen abschließend mit bindender Kraft sogar für den Staatsgerichtshof für das Deutsche Reich zu erledigen. Die Reichsverfassung sieht die Wahlprüfung durch die Volksvertretung selbst nicht als einen notwendigen Bestandteil der Parlamentshoheit an, wie Art. 31 RVerf. unzweideutig zeigt, der die Prüfung der Wahlen zum Reichstag einem besonderen Gericht übertragen hat. Nach der Reichsverfassung — auf sie allein, nicht auf die Verfassung des Freistaates Sachsen kommt es in diesem Zusammenhang an — ist es also mit dem Wesen einer freistaatlichen Verfassung, damit, daß das vom Volke gewählte Parlament das oberste Staatsorgan ist, vereinbar, daß der Wahlakt gerichtlicher Nachprüfung untersteht. Es entspricht deshalb der Reichsverfassung, wenn der Staatsgerichtshof für das Deutsche Reich sich nicht für gebunden erachtet an die Entscheidung von Verfassungsstreitfragen, die ein Landtag im Wahlprüfungsverfahren trifft.

III.

In den Wahlrechtsstreitigkeiten, die bisher vor dem Staatsgerichtshof für das Deutsche Reich anhängig gemacht worden sind, war die Klage stets gegen das betreffende Land gerichtet, ohne daß von irgendeiner Seite hiergegen eine Beanstandung erhoben worden wäre. Auch die Bedenken, die das Land Sachsen im gegenwärtigen Streit gegen seine Passivlegitimation vorträgt, sind nicht gerechtfertigt. Die Antragstellerin greift nicht den die Wahlen vom 31. Oktober 1926 für gültig erklärenden Landtagsbeschluß an. Sie macht vielmehr geltend, daß das Land Sachsen eines rechtmäßig gebildeten Landtags entbehre. Für eine den Gesetzen entsprechende Zusammensetzung seiner Volksvertretung muß aber das Land selbst als Gesamtorganismus einstehen. Es ist also im vorliegenden Streitfall der richtige Beklagte und wird hier, wie grundsätzlich auch sonst (Art. 28 Satz 1 SächsVerf.), durch den Ministerpräsidenten vertreten. Da der Landtag nicht bloß über die Gültigkeit seiner Wahlen entscheidet (Art. 7 SächsVerf.), sondern auch sich selbst auflösen kann (Art. 9 Abs. 1 Satz 1 das.), wäre es vielleicht zulässig gewesen, die Klage ebenfalls gegen ihn zu richten. Ein Zwang hierzu bestand indessen für die Antragstellerin nicht. Damit erledigt sich ihr hilfsweise gestellter Antrag auf Vertagung zum Zweck der Einbeziehung des Landtags in den Streit.

IV.

Die gegen die Aktivlegitimation der Antragstellerin vom Antragsgegner geltend gemachten Einwendungen mögen zur Zeit der Erhebung der Klage nicht unbegründet gewesen sein. Indessen bedarf weder die Zustimmung der Sozialdemokratischen Fraktion des früheren Landtags zum Sächsischen Landeswahlgesetz und zu seinem § 14 Abs. 8, noch die Nichtanwendung dieser Vorschrift auf die Sozialdemokratische Partei näherer Erörterung. Denn die gesamte Rechtslage hat eine durchgreifende Änderung erfahren durch den während Schwebens des gegenwärtigen Streites ergangenen Beschluß des Reichsgerichts vom 23. November 1928. Er hat mit Gesetzeskraft ausgesprochen, daß § 14 Abs. 8 SächsLWG. mit dem Reichsrecht, und zwar mit der Reichsverfassung, nicht vereinbar ist. Durch diese Feststellung wurde ohne weiteres die Frage aufgeworfen, ob der unter Anwendung der verfassungswidrigen Vorschrift gewählte Landtag zu Recht besteht. Die Gültigkeit seiner Wahl wurde und wird vielfach bezweifelt, sein Rechtsbestand und damit die Rechtswirksamkeit seiner Beschlüsse ist seitdem ins Ungewisse gerückt. Diese Rechtsunsicherheit zu beseitigen, daran hat aber nicht bloß der Landtag, sondern haben ebenso die ihm angehörigen Fraktionen ein rechtliches Interesse. Denn auch sie müssen wissen, ob sie ihre Tätigkeit unter rechtlich zulässigen Bedingungen ausüben. Deshalb ist jede Fraktion befugt, darauf hinzuwirken, daß die durch den Beschluß des Reichsgerichts hervorgerufenen und das Verfassungsleben des Freistaates Sachsen dauernd beunruhigenden Zweifel an der Rechtmäßigkeit des gegenwärtigen Landtags beseitigt werden. Der gebotene Weg dafür ist die Anrufung des Staatsgerichtshofs für das Deutsche Reich, damit er durch einen für alle Beteiligten bindenden Spruch die Rechtslage klarstellt und, soweit das erforderlich ist, für ihre Neubefestigung Raum schafft. Den Staatsgerichtshof anzugehen, kann daher der Antragstellerin, wie auch immer früher ihre Stellungnahme zu § 14 Abs. 8 SächsLWG. gewesen sein mag, nicht verwehrt werden, zumal da sie beim Wahlprüfungsverfahren des Landtags mit ihrer Rechtsauffassung über die verfassungsmäßigen Folgen des Reichsgerichtsbeschlusses und mit ihrem entsprechenden Sachantrag in der Minderheit geblieben ist.

V.

Nach dem zu II Ausgeführten bildet den Gegenstand der gegenwärtigen Verfassungsstreitigkeit nicht die tatsächliche Beeinflussung des Ergebnisses der Landtagswahlen vom 31. Oktober 1926 durch den verfassungswidrigen § 14 Abs. 8 SächsLWG. Vielmehr hat der Staatsgerichtshof sachlich nur darüber zu entscheiden, ob die gegenüber mehreren Parteien erfolgte Anwendung dieser Vorschrift einen so erheblichen Verstoß gegen die Reichsverfassung enthält, daß sie mit rechtlicher Notwendigkeit die Ungültigkeit der streitigen Wahlen im Gefolge hat. Diese Frage ist zugunsten der Antragstellerin zu bejahen.

Der Art. 17 RVerf., mit dem nach dem Beschluß des Reichsgerichts vom 23. November 1928 der § 14 Abs. 8 SächsLWG. als unvereinbar zu gelten hat, ist eine der grundlegenden Vorschriften des heutigen Verfassungsrechts. Er gestaltet die Länder nach dem Vorbilde des Reichs zu demokratischen Republiken. Seine Wahlrechtsregeln für die Volksvertretungen der Länder, die einzigen, welche die Reichsverfassung für sie gibt, stehen in Übereinstimmung mit denen, die Art. 22 RVerf. für den Reichstag aufstellt. Die staatliche Willensbildung in den Ländern soll auf dem gleichen demokratischen Wahlverfahren beruhen wie im Reich. Dieses von der Reichsverfassung gewollte Ziel wird nur erreicht, wenn keine landesgesetzliche Abweichung von den in ihr enthaltenen Wahlgrundsätzen, von der Allgemeinheit, Gleichheit, Unmittelbarkeit und Geheimhaltung der Wahl geduldet wird. Ihre tatsächliche Nichtbeachtung durch Wahlbehörden oder durch sonst an der Wahl beteiligte Personen mag im Einzelfall daraufhin untersucht werden können, ob das Wahlergebnis dadurch beeinflußt worden ist. Das ist aber nicht angängig, wenn das Landeswahlgesetz selbst dem Grundgesetz, auf dem es beruht, dem Art. 17 RVerf., zuwiderläuft. Dann handelt es sich nicht mehr um die unrichtige Anwendung gesetzlicher Vorschriften durch die dazu berufenen Behörden oder um die Nichtverhinderung von Verstößen gegen sie. Solche Vorkommnisse können je nach ihrer wirklichen Tragweite verschieden bewertet werden. Das Gesetz selbst, nach dem die Wahl vorgenommen wurde, ist fehlerhaft. Und dieser Fehler ist so grundsätzlicher Natur, daß es auf seine größere oder geringere tatsächliche Erheblichkeit nicht ankommen kann. Wollte man hier die Entscheidung von der Einwirkung des verfassungswidrigen Gesetzes auf die einzelne Wahl abhängig machen, so würden an die Stelle von rechtlichen Erwägungen, zu denen allein der Staatsgerichtshof befugt ist, politische, von Zweckmäßigkeitsgründen beeinflußte Erwägungen treten müssen. Solchen darf der Staatsgerichtshof keinen Einfluß auf seine Entschließungen einräumen. Die nicht leicht zu überschätzende verfassungsrechtliche Bedeutung der Wahlregeln des Art. 17 RVerf. zwingt deshalb dazu, an ihre Nichtbeachtung durch das Landeswahlgesetz die Ungültigkeit einer nach ihm vorgenommenen Wahl zu knüpfen.

Die Kennzeichnung der Wahlen vom 31. Oktober 1926 als fehlerhaft hat nicht die Folge, daß der damals gewählte Sächsische Landtag als von vornherein nicht bestehend angesehen werden müßte. Die Vorschrift des § 14 Abs. 8 SächsLWG. bezweckte, gewisse als schädlich erachtete Wirkungen des Verhältniswahlrechts zu beseitigen. In nicht genügender Erkenntnis der Bedeutung, welche die Grundsätze der Allgemeinheit und Gleichheit der Wahl für das Verhältniswahlverfahren besitzen, hat man bei diesem gesetzgeberischen Vorgehen den Art. 17 RVerf. verletzt. Bis zum Erlaß der oben erwähnten Entscheidungen des Staatsgerichtshofs vom 17. Dezember 1927 war das nicht erkannt worden, geschweige denn, daß eine Verfassungsverletzung beabsichtigt gewesen wäre. So hat denn der am 31. Oktober 1926 gewählte Landtag bis zum Beginn des Jahres 1928 völlig unbeanstandet seine Tätigkeit ausgeübt. Auch seitdem ist die Ungültigkeit seiner Wahl keineswegs allgemein anerkannt worden, sondern ist Gegenstand von ernsthaften Meinungsverschiedenheiten geblieben. Wie alle diese Umstände zeigen, ist der Landtag nicht mit einem solchen Fehler ins Leben getreten, daß man ihn von Anfang an nicht als eine verfassungsmäßige Volksvertretung hätte ansehen dürfen. Seinen Handlungen, den von ihm erlassenen Gesetzen und seinen sonstigen Beschlüssen muß deshalb Rechtswirksamkeit zuerkannt werden, jedoch nur denen, die bis zu dem Zeitpunkte vorgenommen sind, in dem die Ungültigkeit seiner Wahl und damit der seinem rechtlichen Bestand anhaftende Mangel maßgeblich festgestellt und ausgesprochen wird, d. h. den vor der Verkündung des gegenwärtigen Urteils des Staatsgerichtshofs liegenden Handlungen. Von jetzt an kommt ihm allerdings die Stellung eines Landtags nicht mehr zu. Etwaige weitere Handlungen, die er vornimmt, sind ohne rechtliche Bedeutung.

Der vorstehend dargelegten Rechtslage entspricht es, wenn, wie die Antragstellerin im ersten Satze des noch streitigen Klagantrags 2 fordert, die Ungültigkeit der Wahlen zum Sächsischen Landtage vom 31. Oktober 1926 ausgesprochen wird. Damit endigen die Befugnisse, die der auf Grund dieser Wahlen zusammengesetzte Landtag bisher ausgeübt hat. Der weiter noch begehrten Auflösung des Landtags bedarf es unter diesen Umständen nicht mehr. Dagegen erschien es zweckmäßig klarzustellen, daß die Regierung des Freistaates Sachsen nunmehr verpflichtet ist, die Neuwahl des Landtags herbeizuführen. Darauf, daß diese unter Fortfall des § 14 Abs. 8 SächsLWG. zu erfolgen hat, braucht im entscheidenden Teil nicht mehr hingewiesen werden, da die Vorschrift bereits beseitigt worden ist.

Register.

Die Zahlen bedeuten die Seiten.

A. Sachregister.

A

B

F

G

H

J

K

B. Gesetzesregister.

1. Reichsrecht.

a. Bürgerliches Gesetzbuch.

b. Einführungsgesetz zum Bürgerlichen Gesetzbuche.

c. Allgemeines Deutsches Handelsgesetzbuch (a. F.).

d. Handelsgesetzbuch von 1897.

e. Gerichtsverfassungsgesetz.

f. Zivilprozeßordnung.

g. Gesetz über die Angelegenheiten der freiwilligen Gerichtsbarkeit.

h. Grundbuchordnung.

i. Strafgesetzbuch.

k. Einzelne Gesetze und Verordnungen.

2. Landesrecht.

Bayern.

Mecklenburg-Schwerin.

Preußen.

a) Allgemeines Landrecht.

b) Einzelne Gesetze und Verordnungen.

C. Zusammenstellung der Entscheidungen nach der Zeitfolge.

Entscheidungen des Staatsgerichtshofs.

Zusammenstellung

der

im 123. Bande

mitgeteilten Entscheidungen

nach

Oberlandesgerichtsbezirken.

(Die Zahlen bezeichnen die Nummern der Entscheidungen.)

Berlin . . . . 6. 7. 8. 11. 14. 17. 20. 23. 29. 33. 44. 45. 46. 52. 53. 55. 56. 62. 65. 70. 71. 76. 78. 81. 82. 86. 89. 91.
Braunschweig . . 66.
Breslau . . . . . 48. 73. 88. 90.
Celle . . . . 21. 27. 40. 49. 50. 58. 85.
Darmstadt . . . . 32.
Dresden . . . . . 1. 2. 26. 30.
Düsseldorf . . . 10. 15. 16. 24. 41. 59. 60. 68.
Frankfurt a. M. 3. 12. 47.
Hamburg . . . . 4. 5. 18. 25. 35. 64. 72.
Karlsruhe . . . 67. 83.
Kassel . . . . . . 39.
Kiel . . . . 87.
Köln . . . . 42. 74.
Naumburg a. S. 36. 37. 51. 69. 77. 79.
Nürnberg . . . . 9.
Stettin . . . . . . 57. 80.
Stuttgart . . . . 38. 61.

Aufwertungsstelle Rostock . . . . 54.
Landgericht II Berlin . . . . 75.
Landgericht Beuthen Ob. Schl. . . . . 31.
Landgericht Breslau . . . . 19.
Landgericht Darmstadt . . . . 43.
Landgericht Köln . . . . 34.
Landgericht Magdeburg . . . . 63.
Landgericht Meiningen . . . . 22.
Landgericht Stendal . . . . 13.
Landgericht Zwickau . . . . 84.
Reichspatentamt . . . . 28.
Staatsgerichtshof. Anhang . . . . 1. 2.

Berichtigungen.

Hundertdreiundzwanzigster Band.

S. 51 Z. 20/21 v. o. statt: „daß verlangt worden sei, er müsse die Hypothek beseitigen" lies: „daß er die Beseitigung der Hypothek verlangt habe".
„ 134 „ 2 v. u. statt: „17. Januar" lies: „24. Januar".
„ 365 „ 4 v. u. statt „eingelegt" lies: „einlegen,".
„ 402 „ 5 und 7 v. o. statt „der Kläger" lies: „der Beklagte".

FSC
www.fsc.org
MIX
Papier | Fördert gute Waldnutzung
FSC® C083411

Kolibri 360 GmbH
Ferdinand-Jühlke-Straße 7
99095 Erfurt, Deutschland
produktsicherheit@kolibri360.de